AF275091

COLEX

Disfrute gratuitamente **DURANTE UN AÑO** de los eBook y audiolibros de las obras de Editorial Colex*

- ⊘ Acceda a la página web de la editorial **www.colex.es**

- ⊘ Identifíquese con su usuario y contraseña. En caso de no disponer de una cuenta regístrese.

- ⊘ Acceda en el menú de usuario a la pestaña «Mis códigos» e introduzca el que aparece a continuación:

RASCAR PARA VISUALIZAR EL CÓDIGO

- ⊘ Una vez se valide el código, aparecerá una ventana de confirmación y su eBook y/o audiolibro estará disponible **durante 1 año desde su activación** en la pestaña «Mis libros» en el menú de usuario.

> * Los audiolibros están disponibles en las ediciones más recientes de nuestras obras. Se excluyen expresamente las colecciones «Códigos comentados», «Biblioteca digital» y los productos de www.vademecumlegal.es.

No se admitirá la devolución si el código promocional ha sido manipulado y/o utilizado.

¡Gracias por confiar en nosotros!

La obra que acaba de adquirir incluye de forma gratuita la versión electrónica. Acceda a nuestra página web para aprovechar todas las funcionalidades de las que dispone en nuestro lector.

Funcionalidades eBook

Acceso desde cualquier dispositivo con conexión a internet

Idéntica visualización a la edición de papel

Navegación intuitiva

Tamaño del texto adaptable

Síguenos en:

CÓDIGO CIVIL

Contiene concordancias, modificaciones resaltadas e índice analítico

26.ª EDICIÓN 2026

(Edición actualizada a 15 de enero de 2026)

COLEX 2026

© Editorial Colex, S.L.
Calle Costa Rica, número 5, 3º B (local comercial)
A Coruña, 15004, A Coruña (Galicia)
info@colex.es
www.colex.es

I.S.B.N.: 979-13-7011-544-9
Depósito Legal: C 46-2026

MODIFICACIONES LEGISLATIVAS

TEXTO MODIFICADO   **TEXTO NUEVO**

ABREVIATURAS

ART.	Artículo
CC	Código Civil
C DE C	Código de Comercio
CE	Constitución Española, de 27 de diciembre de 1978
CP	Código Penal (LO 10/1995, de 23 de noviembre)
DA / D.A.	Disposición adicional
DDT / D.DT.	Disposición derogatoria
DF / D.F.	Disposición final
DT / D.T.	Disposición transitoria
EOMF	Estatuto Orgánico del Ministerio Fiscal (Ley 50/1981, de 30 de diciembre)
LA	Ley de Aguas (RDLeg. 1/2001, de 20 de julio)
LAR	Ley de Arrendamientos Rústicos (Ley 49/2003, de 26 de noviembre)
LAU	Ley de Arrendamientos Urbanos (Ley 29/1994, de 24 de noviembre)
LCCH	Ley Cambiaria y del Cheque (Ley 19/1985, de 16 de julio)
LDPJ	Ley sobre Demarcación y Planta Judicial (Ley 38/1988, de 28 de diciembre)
LEC/LECiv	Ley de Enjuiciamiento Civil (Ley 1/2000, de 7 de enero)
LECR	Ley de Enjuiciamiento Criminal (RD. de 14 de septiembre de 1882)
LEF	Ley de Expropiación Forzosa (Ley de 16 de diciembre de 1954)
LH	Ley Hipotecaria (Decreto de 8 de febrero de 1946)
LHM Y PSD	Ley de Hipoteca Mobiliaria y Prenda sin Desplazamiento de Posesión (Ley de 16 de diciembre de 1954)
LJV	Ley de Jurisdicción Voluntaria (Ley 15/2015, de 2 de julio)
LN	Ley del Notariado (Ley de 28 de mayo de 1862)
LOPJ	Ley Orgánica del Poder Judicial (LO 6/1985, de 1 de julio)

LOTC	Ley Orgánica del Tribunal Constitucional (LO 2/1979, de 3 de octubre)
LPAC	Ley del Procedimiento Administrativo Común de las Administraciones Públicas (Ley 39/2015, de 1 de octubre)
LPHE	Ley de Patrimonio Histórico Español (Ley 16/1985, de 25 de junio)
LPH	Ley de Propiedad Horizontal (Ley 49/1960, de 21 de julio)
LBRL	Ley reguladora de las Bases del Régimen Local (Ley 7/1985, de 2 de abril)
LRC	Ley del Registro Civil (Ley 20/2011, de 21 de julio)
LRJSP	Ley de Régimen Jurídico del Sector Público (Ley 40/2015, de 1 de octubre)
LGSS / TRLGSS	Texto refundido de la Ley General de la Seguridad Social (RDLeg. 8/2015, de 30 de octubre)
RC	Registro Civil
RDPH	Reglamento del Dominio Público Hidráulico (RD. 849/1986, de 11 de abril,)
RH	Reglamento Hipotecario (Decreto de 14 de febrero de 1947)
RN	Reglamento Notarial (Decreto de 2 de junio de 1944)
RPE	Reglamento del Patrimonio del Estado (RD. 1373/2009, de 28 de agosto)
RRC	Reglamento del Registro Civil (Decreto de 14 de noviembre de 1958)
RRM	Reglamento del Registro Mercantil (RD. 1784/1996, de 19 de julio)
SIGS	Siguientes

SUMARIO

CÓDIGO CIVIL

CÓDIGO CIVIL

CÓDIGO CIVIL

–Gaceta de Madrid n.º 206 a 208, de 25, 26 y 27 de julio de 1889–

Teniendo presente lo dispuesto en la ley de 26 de Mayo último; conformándome con lo propuesto por el Ministro de Gracia y Justicia, y de acuerdo con el parecer de mi Consejo de Ministros;

En nombre de mi Augusto Hijo el Rey D. Alfonso XIII, y como Reina Regente del Reino,

Vengo en decretar que se publique e inserte en la Gaceta de Madrid el adjunto texto de la nueva edición del Código Civil, hecha con las enmiendas y adiciones propuestas por la Sección de lo civil de la Comisión general de codificación, según el resultado de la discusión habida en ambos Cuerpos Colegisladores, y en cumplimiento de lo preceptuado por la mencionada ley de 26 de Mayo último.

Dado en San Ildefonso a veinticuatro de Julio de mil ochocientos ochenta y nueve.

MARÍA CRISTINA

El Ministro de Gracia y Justicia,

JOSÉ CANALEJAS Y MÉNDEZ.

TÍTULO PRELIMINAR
De las normas jurídicas, su aplicación y eficacia

CAPÍTULO I
Fuentes del derecho

ART. 1.

1. Las fuentes del ordenamiento jurídico español son la ley, la costumbre y los principios generales del derecho.

2. Carecerán de validez las disposiciones que contradigan otra de rango superior.

3. La costumbre sólo regirá en defecto de ley aplicable, siempre que no sea contraria a la moral o al orden público, y que resulte probada.

Los usos jurídicos que no sean meramente interpretativos de una declaración de voluntad, tendrán la consideración de costumbre.

4. Los principios generales del derecho se aplicarán en defecto de ley o costumbre, sin perjuicio de su carácter informador del ordenamiento jurídico.

5. Las normas jurídicas contenidas en los tratados internacionales no serán de aplicación directa en España en tanto no hayan pasado a formar parte del ordenamiento interno mediante su publicación íntegra en el «Boletín Oficial del Estado».

6. La jurisprudencia complementará el ordenamiento jurídico con la doctrina que, de modo reiterado, establezca el Tribunal Supremo al interpretar y aplicar la ley, la costumbre y los principios generales del derecho.

7. Los Jueces y Tribunales tienen el deber inexcusable de resolver en todo caso los asuntos de que conozcan, ateniéndose al sistema de fuentes establecido.

Ver arts. 9.3, 81 a 92 y 93 a 96, 149.1.8, 161 y 163 CE; 2.1, 31 a 34, 40, 76 a 78 LOTC; 485, 570, 571 y 587, 1520, 1574, 1579 y 1580, 1695, 1750 CC; art. 2 Código de Comercio; 1 a 8 Compilación de Navarra; arts. 1 y 2 Código de Derecho Foral de Aragón; art. 1.3 Compilación de Baleares; 11.3 LOPJ; 448 y 449 CP.

ART. 2.

1. Las leyes entrarán en vigor a los veinte días de su completa publicación en el «Boletín Oficial del Estado», si en ellas no se dispone otra cosa.

2. Las leyes sólo se derogan por otras posteriores. La derogación tendrá el alcance que expresamente se disponga y se extenderá siempre a todo aquello que en la ley nueva, sobre la misma materia sea incompatible con la anterior. Por la simple derogación de una ley no recobran vigencia las que ésta hubiere derogado.

3. Las leyes no tendrán efecto retroactivo, si no dispusieren lo contrario.

Ver art. 9.3 CE; arts. 1, 4, 13, 1939, 1976 y disp. trans. 1, 3 y 4 CC; art. 2 LEC 1/2000; art. 111-10 Ley 29/2002, de 30 de diciembre, Primera del Código Civil de Cataluña; 2 CP; 37 LPAC.

CAPÍTULO II
Aplicación de las normas jurídicas

ART. 3.

1. Las normas se interpretarán según el sentido propio de sus palabras, en relación con el contexto, los antecedentes históricos y legislativos, y la realidad social del tiempo en que han de ser aplicadas, atendiendo fundamentalmente al espíritu y finalidad de aquéllas.

2. La equidad habrá de ponderarse en la aplicación de las normas, si bien las resoluciones de los Tribunales sólo podrán descansar de manera exclusiva en ella cuando la ley expresamente lo permita.

Ver arts. 13, 1103, 1154 y 1930 CC; art. 111.2 y 9 Ley 29/2002 de Cataluña; leyes 1 y 75 Compilación de Navarra; art. 2.3 Ley 2/2006 de Derecho Civil de Galicia; art. 1.2 Compilación de Baleares; Ley 60/2003, de 23 de diciembre, de Arbitraje; art. 149.1.8.ª CE.

ART. 4.

1. Procederá la aplicación analógica de las normas cuando éstas no contemplen un supuesto específico, pero regulen otro semejante entre los que se aprecie identidad de razón.

2. Las leyes penales, las excepcionales y las de ámbito temporal no se aplicarán a supuestos ni en momentos distintos de los comprendidos expresamente en ellas.

3. Las disposiciones de este Código se aplicarán como supletorias en las materias regidas por otras leyes.

Ver art. 9.3 CE; 13 CC; 2.2 CP; 2.1 y 50 C de c.

ART. 5.

1. Siempre que no se establezca otra cosa, en los plazos señalados por días, a contar de uno determinado, quedará éste excluido del cómputo, el cual deberá empezar en el día siguiente; y si los plazos estuviesen fijados por meses o años, se computarán de fecha a fecha. Cuando en el mes del vencimiento no hubiera día equivalente al inicial del cómputo, se entenderá que el plazo expira el último del mes.

2. En el cómputo civil de los plazos no se excluyen los días inhábiles.

Ver arts. 132 a 136 y 303 y ss. LEC; 60 C de c; 1130 y 1960.3 CC; 185 LOPJ; 197 a 215 LECr; 30 LPAC y Ley 60/2003, de 23 de diciembre, de Arbitraje.

CAPÍTULO III
Eficacia general de las normas jurídicas

ART. 6.

1. La ignorancia de las leyes no excusa de su cumplimiento.

El error de derecho producirá únicamente aquellos efectos que las leyes determinen.

2. La exclusión voluntaria de la ley aplicable y la renuncia a los derechos en ella reconocidos sólo serán válidas cuando no contraríen el interés o el orden público ni perjudiquen a terceros.

3. Los actos contrarios a las normas imperativas y a las prohibitivas son nulos de pleno derecho, salvo que en ellas se establezca un efecto distinto para el caso de contravención.

4. Los actos realizados al amparo del texto de una norma que persigan un resultado prohibido por el ordenamiento jurídico, o contrario a él, se considerarán ejecutados en fraude de ley y no impedirán la debida aplicación de la norma que se hubiere tratado de eludir.

Ver arts. 79, 433, 1164, 1266 y 1895 CC; arts. 4 y 6 Ley 29/1994, de 24 de noviembre, de Arrendamientos Urbanos; arts. 9 y 11 Ley 49/2003, de 26 de noviembre, de arrendamientos rústicos; art. 39 LOTC; arts. 11.2 y 238 a 243 LOPJ; leyes 7 a 9 y 17, 19, 22 Compilación de Navarra; art. 4 Ley 5/2015 de Derecho Civil Vasco; art. 532-4 Ley 5/2006 de Cataluña.

ART. 7.

1. Los derechos deberán ejercitarse conforme a las exigencias de la buena fe.

2. La Ley no ampara el abuso del derecho o el ejercicio antisocial del mismo. Todo acto u omisión que por la intención de su autor, por su objeto o por las circunstancias en que se realice sobrepase manifiestamente los límites normales del ejercicio de un derecho, con daño para tercero, dará lugar a la correspondiente indemnización y a la adopción de las medidas judiciales o administrativas que impidan la persistencia en el abuso.

Ver arts. 13, 1258, 1902 CC; art. 247 LEC 1/2000; arts. 11.1, 11.2 y 437 LOPJ; ley 17 Compilación de Navarra; art. 111-7 y 111-8 Ley 29/2002 de Cataluña; 4, 6 y 13.2 LAU.

CAPÍTULO IV
Normas de Derecho Internacional Privado

ART. 8.

1. Las leyes penales, las de policía y las de seguridad pública obligan a todos los que se hallen en territorio español.

2. (*Derogado*)

Apartado 2 derogado por la Ley 1/2000, de 7 de enero, de Enjuiciamiento Civil

ART. 9.

1. La ley personal correspondiente a las personas físicas es la determinada por su nacionalidad. Dicha ley regirá la capacidad y el estado civil, los derechos y deberes de familia y la sucesión por causa de muerte.

El cambio de ley personal no afectará a la mayoría de edad adquirida de conformidad con la ley personal anterior.

2. Los efectos del matrimonio se regirán por la ley personal común de los cónyuges al tiempo de contraerlo; en defecto de esta ley, por la ley personal o de la residencia habitual de cualquiera de ellos, elegida por ambos en documento auténtico otorgado antes de la celebración del matrimonio; a falta de esta elección, por la ley de la residencia habitual común inmediatamente posterior a la celebración, y, a falta de dicha residencia, por la del lugar de celebración del matrimonio.

La nulidad, la separación y el divorcio se regirán por la ley que determina el artículo 107.

3. Los pactos o capitulaciones por los que se estipule, modifique o sustituya el régimen económico del matrimonio serán válidos cuando sean conformes bien a la ley que rija los efectos del matrimonio, bien a la ley de la nacionalidad o de la residencia habitual de cualquiera de las partes al tiempo del otorgamiento.

4. La determinación y el carácter de la filiación por naturaleza se regirán por la ley de la residencia habitual del hijo en el momento del establecimiento de la filiación. A falta de residencia habitual del hijo, o si esta ley no permitiere el establecimiento de la filiación, se aplicará la ley nacional del hijo en ese momento. Si esta ley no permitiere el establecimiento de la filiación o si el hijo careciere de residencia habitual y de nacionalidad, se aplicará la ley sustantiva española. En lo relativo al establecimiento de la filiación por adopción, se estará a lo dispuesto en el apartado 5.

La ley aplicable al contenido de la filiación, por naturaleza o por adopción, y al ejercicio de la responsabilidad parental, se determinará con arreglo al Convenio de La Haya, de 19 de octubre de 1996, relativo a la competencia, la ley aplicable, el reconocimiento, la ejecución y la cooperación en materia de responsabilidad parental y de medidas de protección de los niños.

5. La adopción internacional se regirá por las normas contenidas en la Ley de Adopción Internacional. Igualmente, las adopciones constituidas por autoridades extranjeras surtirán efectos en España con arreglo a las disposiciones de la citada Ley de Adopción Internacional.

6. La ley aplicable a la protección de menores se determinará de acuerdo con el Convenio de La Haya, de 19 de octubre de 1996, a que se hace referencia en el apartado 4 de este artículo.

La ley aplicable a las medidas de apoyo para personas con discapacidad será la de su residencia habitual. En el caso de cambio de residencia a otro Estado, se aplicará la ley de la nueva residencia habitual, sin perjuicio del reconocimiento en España de las medidas de apoyo acordadas en otros Estados. Será de aplicación, sin embargo, la ley española para la adopción de medidas de apoyo provisionales o urgentes.

7. La ley aplicable a las obligaciones de alimentos entre parientes se determinará de acuerdo con el Protocolo de La Haya, de 23 de noviembre de 2007, sobre la ley aplicable a las obligaciones alimenticias o texto legal que lo sustituya.

8. La sucesión por causa de muerte se regirá por la Ley nacional del causante en el momento de su fallecimiento, cualesquiera que sean la naturaleza de los bienes y el país donde se encuentren. Sin embargo, las disposiciones hechas en testamento y los pactos sucesorios ordenados conforme a la Ley nacional del testador o del disponente en el momento de su otorgamiento conservarán su validez, aunque sea otra la ley que rija la sucesión, si bien las legítimas se ajustarán, en su caso, a esta última. Los derechos que por ministerio de la ley se atribuyan al cónyuge supérstite se regirán por la misma ley que regule los efectos del matrimonio, a salvo siempre las legítimas de los descendientes.

9. A los efectos de este capítulo, respecto de las situaciones de doble nacionalidad previstas en las leyes españolas se estará a lo que determinen los tratados internacionales, y, si nada estableciesen, será preferida la nacionalidad coincidente con la última residencia habitual y, en su defecto, la última adquirida.

Prevalecerá en todo caso la nacionalidad española del que ostente además otra no prevista en nuestras leyes o en los tratados internacionales. Si ostentare dos o más nacionalidades y ninguna de ellas fuera la española, se estará a lo que establece el apartado siguiente.

10. Se considerará como ley personal de los que carecieren de nacionalidad o la tuvieren indeterminada, la ley del lugar de su residencia habitual.

11. La ley personal correspondiente a las personas jurídicas es la determinada por su nacionalidad, y regirá en todo lo relativo a capacidad, constitución, representación, funcionamiento, transformación, disolución y extinción.

En la fusión de sociedades de distinta nacionalidad se tendrán en cuenta las respectivas leyes personales.

Apdo. 6, segundo párrafo, modificado por Ley 8/2021, de 2 de junio, por la que se reforma la legislación civil y procesal para el apoyo a las personas con discapacidad en el ejercicio de su capacidad jurídica (BOE de 03-06-2021). En vigor desde el 3 de septiembre de 2021.

Apdos. 4, 6 y 7 anteriormente modificados por Ley 26/2015, de 28 de julio, de modificación del sistema de protección a la infancia y a la adolescencia. (BOE de 29-07-2015).

Ver arts. 17 a 28, 40 y 41, 50, 60 a 71, 107 a 180, 249 a 300, 657 a 1087 y 1315 y ss. CC; Convenio de La Haya sobre Protección del Niño y Cooperación en materia de Adopción Internacional de 29-5-1993, ratificado por España (BOE de 1-8-1995); Instrumento de ratificación del Convenio sobre la Ley aplicable a las obligaciones alimenticias, hecho en la Haya el 2 de octubre de 1973 y el Instrumento de ratificación del Convenio referente al reconocimiento y a la ejecución de las resoluciones relativas a las obligaciones alimenticias, hecho en la Haya el 2 de octubre de 1973; arts. 10 y 41 Ley 15/2015, de 2 de julio, de Jurisdicción Voluntaria.

Apdo. 1: Ver Instrumento de Ratificación del Convenio sobre la Ley aplicable a las obligaciones alimenticias, hecho en La Haya el 2 de octubre de 1973 (BOE 16/09/1986) e Instrumento de ratificación del Convenio referente al reconocimiento y a la ejecución de las resoluciones relativas a las obligaciones alimenticias, hecho en La Haya el 2 de octubre de 1973. (BOE 12/08/1987)

Apdo. 6: Ver Instrumento de Ratificación del Convenio sobre competencia de las Autoridades y la Ley aplicable en materia de protección de menores, hecho en La Haya el 5 de octubre de 1961 (BOE 20/08/1987); Instrumento de Ratificación del Convenio sobre los aspectos civiles de la sustracción internacional de menores, hecho en La Haya el 25 de octubre de 1980. (BOE 24/08/1987); Instrumento de Ratificación del Convenio relativo a la competencia, la ley aplicable, el reconocimiento, la ejecución y la cooperación en materia de responsabilidad parental y de medidas de protección de los niños, hecho en La Haya el 19 de octubre de 1996 (BOE 02/12/2010). Ver arts. 172, 249 a 300 CC.

Apdo. 7: Ver Reglamento (CE) N.º 4/2009 del Consejo de 18 de diciembre de 2008 relativo a la competencia, la ley aplicable, el reconocimiento y la ejecución de las resoluciones y la cooperación en materia de obligaciones de alimentos.

Apdo. 8: Ver Instrumento de Ratificación del Convenio relativo al establecimiento de un sistema de inscripción de testamentos, hecho en Basilea el 16 de mayo de 1972. (BOE 05/10/1985)

Apdo. 10: Ver Ley 12/2009, de 30 de octubre, reguladora del derecho de asilo y de la protección subsidiaria y Real Decreto 203/1995, de 10 de febrero.

Apdo. 11: Ver art. 28 CC

ART. 10.

1. La posesión, la propiedad y los demás derechos sobre bienes inmuebles, así como su publicidad, se regirán por la ley del lugar donde se hallen.

La misma ley será aplicable a los bienes muebles.

A los efectos de la constitución o cesión de derechos sobre bienes en tránsito, éstos se considerarán situados en el lugar de su expedición, salvo que el remitente y el destinatario hayan convenido, expresa o tácitamente, que se consideren situados en el lugar de su destino.

2. Los buques, las aeronaves y los medios de transporte por ferrocarril, así como todos los derechos que se constituyan sobre ellos, quedarán sometidos a la ley del lugar de su abanderamiento, matrícula o registro. Los automóviles y otros medios de transporte por carretera quedarán sometidos a la ley del lugar donde se hallen.

3. La emisión de los títulos-valores se atendrá a la ley del lugar en que se produzca.

4. Los derechos de propiedad intelectual e industrial se protegerán dentro del territorio español de acuerdo con la ley española, sin perjuicio de lo establecido por los convenios y tratados internacionales en los que España sea parte.

5. Se aplicará a las obligaciones contractuales la ley a que las partes se hayan sometido expresamente, siempre que tenga alguna conexión con el negocio de que se trate; en su defecto, la ley nacional común a las partes; a falta de ella, la de la residencia habitual común, y, en último término, la ley del lugar de celebración del contrato.

No obstante lo dispuesto en el párrafo anterior, a falta de sometimiento expreso, se aplicará a los contratos relativos a bienes inmuebles la ley del lugar donde estén sitos, y a las compraventas de muebles corporales realizadas en establecimientos mercantiles, la ley del lugar en que éstos radiquen.

6. A las obligaciones derivadas del contrato de trabajo, en defecto de sometimiento expreso de las partes y sin perjuicio de lo dispuesto en el apartado 1 del artículo 8, les será de aplicación la ley del lugar donde se presten los servicios.

7. Las donaciones se regirán, en todo caso, por la ley nacional del donante.

8. En los contratos celebrados entre personas que se encuentren en España, las personas físicas que gocen de capacidad de conformidad con la ley española solo podrán invocar su discapacidad resultante de la ley de otro país si, en el momento de la celebración del contrato, la otra parte hubiera conocido tal discapacidad o la hubiera ignorado en virtud de negligencia por su parte.

9. Las obligaciones no contractuales se regirán por la ley del lugar donde hubiere ocurrido el hecho de que deriven.

La gestión de negocios se regulará por la ley del lugar donde el gestor realice la principal actividad.

En el enriquecimiento sin causa se aplicará la ley en virtud de la cual se produjo la transferencia del valor patrimonial en favor del enriquecido.

10. La ley reguladora de una obligación se extiende a los requisitos del cumplimiento y a las consecuencias del incumplimiento, así como a su extinción. Sin embargo, se aplicará la ley del lugar de cumplimiento a las modalidades de la ejecución que requieran intervención judicial o administrativa.

11. A la representación legal se aplicará la ley reguladora de la relación jurídica de la que nacen las facultades del representante, y a la voluntaria, de no mediar sometimiento expreso, la ley del país en donde se ejerciten las facultades conferidas.

Apdo. 8 modificado por Ley 8/2021, de 2 de junio, por la que se reforma la legislación civil y procesal para el apoyo a las personas con discapacidad en el ejercicio de su capacidad jurídica (BOE de 03-06-2021). En vigor desde el 3 de septiembre de 2021.

Ver RD Legislativo 1/1996, de 12 de abril, por el que se aprueba el Texto Refundido de la Ley de Propiedad Intelectual; 52 LEC; 98 a 105 y 162 a 167 LCCH.

ART. 11.

1. Las formas y solemnidades de los contratos, testamentos y demás actos jurídicos se regirán por la ley del país en que se otorguen. No obstante, serán también válidos los celebrados con las formas y solemnidades exigidas por la ley aplicable a su contenido, así como los celebrados conforme a la ley personal del disponente o la común de los otorgantes. Igualmente serán válidos los actos y contratos relativos a bienes inmuebles otorgados con arreglo a las formas y solemnidades del lugar en que éstos radiquen.

Si tales actos fueren otorgados a bordo de buques o aeronaves durante su navegación, se entenderán celebrados en el país de su abanderamiento, matrícula o registro. Los navíos y las aeronaves militares se consideran como parte del territorio del Estado al que pertenezcan.

2. Si la ley reguladora del contenido de los actos y contratos exigiere para su validez una determinada forma o solemnidad, será siempre aplicada, incluso en el caso de otorgarse aquéllos en el extranjero.

3. Será de aplicación la ley española a los contratos, testamentos y demás actos jurídicos autorizados por funcionarios diplomáticos o consulares de España en el extranjero.

Ver arts. 49, 732 a 836, 1012 CC; art. 323 LEC 1/2000, arts. 51 y 52 Código de Comercio.

ART. 12.

1. La calificación para determinar la norma de conflicto aplicable se hará siempre con arreglo a la ley española.

2. La remisión al derecho extranjero se entenderá hecha a su ley material, sin tener en cuenta el reenvío que sus normas de conflicto puedan hacer a otra ley que no sea la española.

3. En ningún caso tendrá aplicación la ley extranjera cuando resulte contraria al orden público.

4. Se considerará como fraude de ley la utilización de una norma de conflicto con el fin de eludir una ley imperativa española.

5. Cuando una norma de conflicto remita a la legislación de un Estado en el que coexistan diferentes sistemas legislativos, la determinación del que sea aplicable entre ellos se hará conforme a la legislación de dicho Estado.

6. Los Tribunales y autoridades aplicarán de oficio las normas de conflicto del derecho español.

Ver arts. 6.4 y 16 CC; art. 281 LEC 1/2000.

CAPÍTULO V
Ámbito de aplicación de los regímenes jurídicos civiles coexistentes en el territorio nacional

ART. 13.

1. Las disposiciones de este Título Preliminar, en cuanto determinan los efectos de las leyes y las reglas generales para su aplicación, así como las del Título IV del Libro I, con excepción de las normas de este último relativas al régimen económico matrimonial, tendrán aplicación general y directa en toda España.

2. En lo demás, y con pleno respeto a los derechos especiales o forales de las provincias o territorios en que están vigentes, regirá el Código Civil como derecho supletorio, en defecto del que lo sea en cada una de aquéllas según sus normas especiales.

Ver arts. 149.1.8, 149.3 y disp. adic. 1.ª CE; arts. 2 a 7 y 16 CC; art. 111.5 Ley 29/2002 de Cataluña; leyes 2 y 6 Compilación de Navarra; art. 1.3 y disp. final 2.ª Compilación de Baleares; arts. 3 y 8 Ley 5/2015 de Derecho Civil Vasco.

Derechos forales: Código de Derecho Foral de Aragón, aprobado por Decreto Legislativo 1/2011, de 22 de marzo, que aprueba el Texto Refundido de las Leyes civiles aragonesas; Ley 2/2006, de 14 de junio de Derecho Civil de Galicia; Ley 5/2015, de 25 de junio, de Derecho Civil Vasco; Compilación del Derecho Civil Foral de Navarra, aprobada por Ley 1/1973, de 1 de marzo; Texto Refundido de la Compilación de Derecho Civil de las Islas Baleares aprobada por Decreto Legislativo 79/1990, de 6 de septiembre; Cataluña: Ley 29/2002, de 30 de diciembre, primera Ley del Código Civil de Cataluña; Ley 25/2010, de 29 de julio, del Libro Segundo del Código Civil de Cataluña, relativo a la persona y la familia; Ley 4/2008, de 24 de abril, del Libro Tercero del Código Civil de Cataluña, relativo a las personas jurídicas; Ley 10/2008, de 10 de julio, del Libro Cuarto del Código Civil de Cataluña, relativo a las sucesiones; Ley 5/2006, de 10 de mayo, del libro quinto del Código Civil de Cataluña; relativo a los derechos reales; Ley 3/2017, de 15 de febrero, del libro sexto del Código Civil de Cataluña; relativo a las obligaciones y contratos y de modificación de los libros primero, segundo, tercero, cuarto y quinto.

ART. 14.

1. La sujeción al derecho civil común o al especial o foral se determina por la vecindad civil.

2. Tienen vecindad civil en territorio de derecho común, o en uno de los de derecho especial o foral, los nacidos de padres que tengan tal vecindad.

Por la adopción, el adoptado no emancipado adquiere la vecindad civil de los adoptantes.

3. Si al nacer el hijo, o al ser adoptado, los padres tuvieren distinta vecindad civil, el hijo tendrá la que corresponda a aquel de los dos respecto del cual la filiación haya sido determinada antes; en su defecto, tendrá la del lugar del nacimiento y, en último término, la vecindad de derecho común.

Sin embargo, los padres, o el que de ellos ejerza o le haya sido atribuida la patria potestad, podrán atribuir al hijo la vecindad civil de cualquiera de ellos en tanto no transcurran los seis meses siguientes al nacimiento o a la adopción.

La privación o suspensión en el ejercicio de la patria potestad, o el cambio de vecindad de los padres, no afectarán a la vecindad civil de los hijos.

En todo caso el hijo desde que cumpla catorce años y hasta que transcurra un año después de su emancipación podrá optar bien por la vecindad civil del lugar de su nacimiento, bien por la última vecindad de cualquiera de sus padres. Si no estuviera emancipado, habrá de ser asistido en la opción por el representante legal.

4. El matrimonio no altera la vecindad civil. No obstante, cualquiera de los cónyuges no separados, ya sea legalmente o de hecho, podrá, en todo momento, optar por la vecindad civil del otro.

5. La vecindad civil se adquiere:

1.º Por residencia continuada durante dos años, siempre que el interesado manifieste ser esa su voluntad.

2.º Por residencia continuada de diez años, sin declaración en contrario durante este plazo.

Ambas declaraciones se harán constar en el Registro Civil y no necesitan ser reiteradas.

6. En caso de duda prevalecerá la vecindad civil que corresponda al lugar de nacimiento.

Ver arts. 15 y 16, 108.2, 115 a 126, 154, 156, 159 y 170, 239 a 248 CC; leyes 11 a 16 Compilación de Navarra; arts. 10 y 11 Ley 5/2005 de Derecho Civil Vasco; art. 111-3 Ley 29/2002 de Cataluña; arts. 3 y 4 Ley 2/2006, de Derecho Civil de Galicia; art. 2 Compilación de Baleares; arts. 68.1, 69, 92.1 b Ley 20/2011, de 21 de julio, del Registro Civil; arts. 225 a 229, 231, 236 y 237 Reglamento de la Ley del Registro Civil de 1958.

ART. 15.

1. El extranjero que adquiera la nacionalidad española deberá optar, al inscribir la adquisición de la nacionalidad, por cualquiera de las vecindades siguientes:

a) La correspondiente al lugar de residencia.

b) La del lugar del nacimiento.

c) La última vecindad de cualquiera de sus progenitores o adoptantes.

d) La del cónyuge.

Esta declaración de opción se formulará, según los casos, por el propio optante, solo o con los apoyos que la persona con discapacidad, en su caso, precise, o por su representante legal. Cuando la adquisición de la nacionalidad se haga por declaración o a petición del representante legal, la autorización necesaria deberá determinar la vecindad civil por la que se ha de optar.

2. El extranjero que adquiera la nacionalidad por carta de naturaleza tendrá la vecindad civil que el Real Decreto de concesión determine, teniendo en cuenta la opción de aquél, de acuerdo con lo que dispone el apartado anterior u otras circunstancias que concurran en el peticionario.

3. La recuperación de la nacionalidad española lleva consigo la de aquella vecindad civil que ostentara el interesado al tiempo de su pérdida.

4. La dependencia personal respecto a una comarca o localidad con especialidad civil propia o distinta, dentro de la legislación especial o foral del territorio correspondiente, se regirá por las disposiciones de este artículo y las del anterior.

Apdo. 1, segundo párrafo, modificado por Ley 8/2021, de 2 de junio, por la que se reforma la legislación civil y procesal para el apoyo a las personas con discapacidad en el ejercicio de su capacidad jurídica (BOE de 03-06-2021). En vigor desde el 3 de septiembre de 2021.

Ver arts. 14, 16, 17 a 26 CC; leyes 12 y 13 Compilación de Navarra; art. 10 Ley 5/2015 de Derecho Civil Vasco; art. 111-3.3 Ley 29/2002 de Cataluña; art. 29 Ley 20/2011, de 21 de julio, del Registro Civil; art. 225 Reglamento para la aplicación de la Ley del Registro Civil de 1958.

ART. 16.

1. Los conflictos de leyes que puedan surgir por la coexistencia de distintas legislaciones civiles en el territorio nacional se resolverán según las normas contenidas en el capítulo IV con las siguientes particularidades:

1.ª Será ley personal la determinada por la vecindad civil.

2.ª No será aplicable lo dispuesto en los apartados 1, 2 y 3 del artículo 12 sobre calificación, remisión y orden público.

2. El derecho de viudedad regulado en la Compilación aragonesa corresponde a los cónyuges sometidos al régimen económico matrimonial de dicha Compilación, aunque después cambie su vecindad civil, con exclusión en este caso de la legítima que establezca la ley sucesoria.

El derecho expectante de viudedad no podrá oponerse al adquirente a título oneroso y de buena fe de los bienes que no radiquen en territorio donde se reconozca tal derecho, si el contrato se hubiera celebrado fuera de dicho territorio, sin haber hecho constar el régimen económico matrimonial del transmitente.

El usufructo viudal corresponde también al cónyuge supérstite cuando el premuerto tuviese vecindad civil aragonesa en el momento de su muerte.

3. Los efectos del matrimonio entre españoles se regularán por la ley española que resulte aplicable según los criterios del artículo 9 y, en su defecto, por el Código Civil.

En este último caso se aplicará el régimen de separación de bienes del Código Civil si conforme a una y otra ley personal de los contrayentes hubiera de regir un sistema de separación.

Ver 149.1.8 CE; arts. 8 a 12, 14, 15, 1315 y ss., 1435 a 1444 CC; art. 111.3 Ley 29/2002 de Cataluña; art. 3 Ley de Derecho Civil de Galicia; art. 2 Compilación de Baleares; art. 9 Ley 5/2005 de Derecho Civil Vasco; arts. 271 a 302 Código de Derecho Foral de Aragón.

LIBRO I
DE LAS PERSONAS

TÍTULO I
De los españoles y extranjeros

ART. 17.

1. Son españoles de origen:

a) Los nacidos de padre o madre españoles.

b) Los nacidos en España de padres extranjeros si, al menos, uno de ellos hubiera nacido también en España. Se exceptúan los hijos de funcionario diplomático o consular acreditado en España.

c) Los nacidos en España de padres extranjeros, si ambos carecieren de nacionalidad o si la legislación de ninguno de ellos atribuye al hijo una nacionalidad.

d) Los nacidos en España cuya filiación no resulte determinada. A estos efectos, se presumen nacidos en territorio español los menores de edad cuyo primer lugar conocido de estancia sea territorio español.

2. La filiación o el nacimiento en España, cuya determinación se produzca después de los dieciocho años de edad, no son por sí solos causa de adquisición de la nacionalidad española. El interesado tiene entonces derecho a optar por la nacionalidad española de origen en el plazo de dos años a contar desde aquella determinación.

Ver arts. 9, 20, 24, 112, 113, y 115 a 126 del CC; D.T. 1.ª de la Ley sobre reforma del Código Civil en materia de nacionalidad; art. 11.2 de la Constitución Española; arts. 69 y 92 de la Ley del Registro Civil de 2011; Reglamento Registro Civil; Ley Orgánica sobre derechos y libertades de los extranjeros en España y su integración social; Instrucción de la DGRN de 20 de marzo de 1991.

ART. 18.

La posesión y utilización continuada de la nacionalidad española durante diez años, con buena fe y basada en un título inscrito en el Registro Civil, es causa de consolidación de la nacionalidad, aunque se anule el título que la originó.

Ver arts. 17, 25.2, 433 y siguientes, y 464 del CC; Instrucción de la DGRN de 20 de marzo de 1991.

ART. 19.

1. El extranjero menor de dieciocho años adoptado por un español adquiere, desde la adopción, la nacionalidad española de origen.

2. Si el adoptado es mayor de dieciocho años, podrá optar por la nacionalidad española de origen en el plazo de dos años a partir de la constitución de la adopción.

3. Sin perjuicio de lo dispuesto en el apartado 1, si de acuerdo con el sistema jurídico del país de origen el menor adoptado mantiene su nacionalidad, ésta será reconocida también en España.

Modificado por Ley 26/2015, de 28 de julio, de modificación del sistema de protección a la infancia y a la adolescencia. (BOE de 29-07-2015).

Ver arts. 15, 17, 20, 108 y 175 a 180 del CC; art. 11.1 de la Constitución Española; art. 30.3 de la Ley 54/2007, de 28 de diciembre, de Adopción internacional.

ART. 20.

1. Tienen derecho a optar por la nacionalidad española:

a) Las personas que estén o hayan estado sujetas a la patria potestad de un español.

b) Aquellas cuyo padre o madre hubiera sido originariamente español y nacido en España.

c) Las que se hallen comprendidas en el segundo apartado de los artículos 17 y 19.

2. La declaración de opción se formulará:

a) Por el representante legal del optante menor de catorce años. En caso de discrepancia entre los representantes legales del menor de catorce años sobre la tramitación de la declaración de opción, se tramitará el expediente de jurisdicción voluntaria previsto al efecto.

b) Por el propio interesado, asistido por su representante legal, cuando aquél sea mayor de catorce años.

c) Por el interesado, por sí solo, si está emancipado o es mayor de dieciocho años. La opción caducará a los veinte años de edad, pero si el optante no estuviera emancipado según su ley personal al llegar a los dieciocho años, el plazo para optar se prolongará hasta que transcurran dos años desde la emancipación.

d) Por el interesado con discapacidad con los apoyos y ajustes de procedimiento que, en su caso, precise.

e) Por el interesado, por sí solo, dentro de los dos años siguientes a la extinción de las medidas de apoyo que le hubieran impedido ejercitarla con anterioridad.

3. No obstante lo dispuesto en el apartado anterior, el ejercicio del derecho de opción previsto en el apartado 1.b) de este artículo no estará sujeto a límite alguno de edad.

Apdo. 2 modificado por Ley 8/2021, de 2 de junio, por la que se reforma la legislación civil y procesal para el apoyo a las personas con discapacidad en el ejercicio de su capacidad jurídica (BOE de 03-06-2021). En vigor desde el 3 de septiembre de 2021.

Ver arts. 22.2, 154 y 162 del CC; art. 11.1 de la Constitución Española; art. 68 y siguientes, D.A. 3.ª, D.F. 6.ª de la Ley 20/2011, del Registro Civil; arts. 226 a 230 del Reglamento de la Ley del Registro Civil; Instrucción de la DGRN de 4 de noviembre de 2008; Instrucción de la DGRN de 20 de marzo de 1991.

ART. 21.

1. La nacionalidad española se adquiere por carta de naturaleza, otorgada discrecionalmente mediante Real Decreto, cuando en el interesado concurran circunstancias excepcionales.

2. La nacionalidad española también se adquiere por residencia en España, en las condiciones que señala el artículo siguiente y mediante la concesión otorgada por el Ministro de Justicia, que podrá denegarla por motivos razonados de orden público o interés nacional.

3. En uno y otro caso la solicitud podrá formularla:

a) El interesado emancipado o mayor de dieciocho años.

b) El mayor de catorce años asistido por su representante legal.

c) El representante legal del menor de catorce años. En caso de discrepancia entre los representantes legales sobre la solicitud de nacionalidad por residencia, se tramitará el expediente de jurisdicción voluntaria previsto al efecto.

d) El interesado con discapacidad con los apoyos y ajustes de procedimiento que, en su caso, precise.

En este caso y en el anterior, el representante legal sólo podrá formular la solicitud si previamente ha obtenido autorización conforme a lo previsto en la letra a) del apartado 2 del artículo anterior.

4. Las concesiones por carta de naturaleza o por residencia caducan a los ciento ochenta días siguientes a su notificación, si en este plazo no comparece el interesado ante funcionario competente para cumplir los requisitos del artículo 23.

Apdo. 3, letras c) y d), modificado por Ley 8/2021, de 2 de junio, por la que se reforma la legislación civil y procesal para el apoyo a las personas con discapacidad en el ejercicio de su capacidad jurídica (BOE de 03-06-2021). En vigor desde el 3 de septiembre de 2021.

Ver arts. 15, 20.2, 22 y 23 del CC; Ley Orgánica sobre derechos y libertades de los extranjeros en España y su integración social; Reglamento por el que se regula el procedimiento para la adquisición de la nacionalidad española por residencia; art. 68 y siguientes, D.A. 3.ª, D.F. 6.ª de la Ley 20/2011, del Registro Civil; arts. 220 a 237 y 335 a 366 del Reglamento de la Ley del Registro Civil; Instrucción de la DGRN de 5 de julio de 2013; Instrucción de la DGRN de 2 de octubre de 2012; Instrucción de la DGRN de 26 de julio de 2007; Instrucción de la DGRN de 20 de marzo de 1991.

ART. 22.

1. Para la concesión de la nacionalidad por residencia se requiere que ésta haya durado diez años. Serán suficientes cinco años para los que hayan obtenido la condición de refugiado y dos años cuando se trate de nacionales de origen de países iberoamericanos, Andorra, Filipinas, Guinea Ecuatorial o Portugal o de sefardíes.

2. Bastará el tiempo de residencia de un año para:

a) El que haya nacido en territorio español.

b) El que no haya ejercitado oportunamente la facultad de optar.

c) El que haya estado sujeto legalmente a la tutela, curatela con facultades de representación plena, guarda o acogimiento de un ciudadano o institución españoles durante dos años consecutivos, incluso si continuare en esta situación en el momento de la solicitud.

d) El que al tiempo de la solicitud llevare un año casado con español o española y no estuviere separado legalmente o de hecho.

e) El viudo o viuda de española o español, si a la muerte del cónyuge no existiera separación legal o de hecho.

f) El nacido fuera de España de padre o madre, abuelo o abuela, que originariamente hubieran sido españoles.

3. En todos los casos, la residencia habrá de ser legal, continuada e inmediatamente anterior a la petición.

A los efectos de lo previsto en el párrafo d) del apartado anterior, se entenderá que tiene residencia legal en España el cónyuge que conviva con funcionario diplomático o consular español acreditado en el extranjero.

4. El interesado deberá justificar, en el expediente regulado por la legislación del Registro Civil, buena conducta cívica y suficiente grado de integración en la sociedad española.

5. La concesión o denegación de la nacionalidad por residencia deja a salvo la vía judicial contencioso-administrativa.

Apdo. 2, letra c), modificado por Ley 8/2021, de 2 de junio, por la que se reforma la legislación civil y procesal para el apoyo a las personas con discapacidad en el ejercicio de su capacidad jurídica (BOE de 03-06-2021). En vigor desde el 3 de septiembre de 2021.

Ver arts. 15, 17 y 20 del CC; art. 68 y siguientes, D.A. 3.ª, D.F. 6.ª de la Ley 20/2011, del Registro Civil; arts. 220 a 224 del Reglamento de la Ley del Registro Civil; Instrucción de la DGRN de 5 de julio de 2013; Instrucción de la DGRN de 2 de octubre de 2012; Instrucción de la DGRN de 26 de julio de 2007; Instrucción de la DGRN de 31 de enero de 2006; Instrucción de la DGRN de 28 de febrero de 2006; Instrucción de la DGRN de 20 de marzo de 1991.

ART. 23.

Son requisitos comunes para la validez de la adquisición de la nacionalidad española por opción, carta de naturaleza o residencia:

a) Que el mayor de catorce años y capaz para prestar una declaración por sí jure o prometa fidelidad al Rey y obediencia a la Constitución y a las leyes.

b) Que la misma persona declare que renuncia a su anterior nacionalidad. Quedan a salvo de este requisito los naturales de países mencionados en el apartado 1 del artículo 24 y los sefardíes originarios de España.

c) Que la adquisición se inscriba en el Registro Civil español.

Modificado por Ley 12/2015, de 24 de junio, en materia de concesión de la nacionalidad española a los sefardíes originarios de España. (BOE de 25-06-2015).

Ver arts. 20 a 22 del CC; Reglamento por el que se regula el procedimiento para la adquisición de la nacionalidad española por residencia; art. 68 y siguientes, D.A. 3.ª, D.F. 6.ª de la Ley 20/2011, del Registro Civil; arts. 220 a 237 del Reglamento de la Ley del Registro Civil; Instrucción de la DGRN de 13 de mayo de 2015; Instrucción de la DGRN de 5 de julio de 2013; Instrucción de la DGRN de 2 de octubre de 2012; Instrucción de la DGRN de 26 de julio de 2007; Instrucción de la DGRN de 28 de febrero de 2006.

ART. 24.

1. Pierden la nacionalidad española los emancipados que, residiendo habitualmente en el extranjero, adquieran voluntariamente otra nacionalidad o utilicen exclusivamente la nacionalidad extranjera que tuvieran atribuida antes de la emancipación. La pérdida se producirá una vez que transcurran tres años, a contar, respectivamente, desde la adquisición de la nacionalidad extranjera o desde la emancipación. No obstante, los interesados podrán evitar la pérdida si dentro del plazo indicado declaran su voluntad de conservar la nacionalidad española al encargado del Registro Civil.

La adquisición de la nacionalidad de países iberoamericanos, Andorra, Filipinas, Guinea Ecuatorial o Portugal no es bastante para producir, conforme a este apartado, la pérdida de la nacionalidad española de origen.

2. En todo caso, pierden la nacionalidad española los españoles emancipados que renuncien expresamente a ella, si tienen otra nacionalidad y residen habitualmente en el extranjero.

3. Los que habiendo nacido y residiendo en el extranjero ostenten la nacionalidad española por ser hijos de padre o madre españoles, también nacidos en el extranjero, cuando las leyes del país donde residan les atribuyan la nacionalidad del mismo, perderán, en todo caso, la nacionalidad española si no declaran su voluntad de conservarla ante el encargado del Registro Civil en el plazo de tres años, a contar desde su mayoría de edad o emancipación.

4. No se pierde la nacionalidad española, en virtud de lo dispuesto en este precepto, si España se hallare en guerra.

Ver arts. 9.9, 17.1. a), 20 a 23, 25 y 26 del CC; D.T. 1.ª de la Ley sobre reforma del Código Civil en materia de nacionalidad; art. 11.1 de la Constitución Española; art. 68 y siguientes, D.A. 3.ª, D.F. 6.ª de la Ley 20/2011, del Registro Civil; arts. 226 y 230 a 233 del Reglamento de la Ley del Registro Civil.

ART. 25.

1. Los españoles que no lo sean de origen perderán la nacionalidad:

a) Cuando durante un período de tres años utilicen exclusivamente la nacionalidad a la que hubieran declarado renunciar al adquirir la nacionalidad española.

b) Cuando entren voluntariamente al servicio de las armas o ejerzan cargo político en un Estado extranjero contra la prohibición expresa del Gobierno.

2. La sentencia firme que declare que el interesado ha incurrido en falsedad, ocultación o fraude en la adquisición de la nacionalidad española produce la nulidad de tal adquisición, si bien no se derivarán de ella efectos perjudiciales para terceros de buena fe. La acción de nulidad deberá ejercitarse por el Ministerio Fiscal de oficio o en virtud de denuncia, dentro del plazo de quince años.

Ver arts. 20 a 23 del CC; art. 11.2 de la Constitución Española; art. 68 y siguientes, D.A. 3.ª, D.F. 6.ª de la Ley 20/2011, del Registro Civil; arts. 232 y 233 del Reglamento de la Ley del Registro Civil; art. 6 de la Ley Orgánica de derechos y deberes de los miembros de las Fuerzas Armadas.

ART. 26.

1. Quien haya perdido la nacionalidad española podrá recuperarla cumpliendo los siguientes requisitos:

a) Ser residente legal en España. Este requisito no será de aplicación a los emigrantes ni a los hijos de emigrantes. En los demás casos podrá ser dispensado por el Ministro de Justicia cuando concurran circunstancias excepcionales.

b) Declarar ante el encargado del Registro Civil su voluntad de recuperar la nacionalidad española.

c) Inscribir la recuperación en el Registro Civil.

2. No podrán recuperar o adquirir, en su caso, la nacionalidad española sin previa habilitación concedida discrecionalmente por el Gobierno, los que se encuentren incursos en cualquiera de los supuestos previstos en el artículo anterior.

Ver arts. 15.3 y 25 del CC; Reglamento por el que se regula el procedimiento para la adquisición de la nacionalidad española por residencia; arts. 220 a 237 del Reglamento de la Ley del Registro Civil; art. 68 y siguientes, D.A. 3.ª, D.F. 6.ª de la Ley 20/2011, del Registro Civil; Instrucción de la DGRN de 20 de marzo de 1991.

ART. 27.

Los extranjeros gozan en España de los mismos derechos civiles que los españoles salvo lo dispuesto en las Leyes especiales y en los Tratados.

Ver art. 13 de la Constitución Española; Ley Orgánica sobre derechos y libertades de los extranjeros en España y su integración social; Reglamento de la Ley Orgánica sobre derechos y libertades de los extranjeros en España y su integración social; art. 15 del Código de Comercio; art. 176 de la Ley Orgánica del régimen general electoral; art. 3.2 de la Ley de Patentes; art. 3 de la Ley de Marcas; art. 7 de la Ley de servicios de la sociedad de la información y de comercio electrónico; art. 309 del Reglamento del Registro Mercantil.

ART. 28.

Las corporaciones, fundaciones y asociaciones, reconocidas por la ley y domiciliadas en España, gozarán de la nacionalidad española, siempre que tengan el concepto de personas jurídicas con arreglo a las disposiciones del presente Código.

Las asociaciones domiciliadas en el extranjero tendrán en España la consideración y los derechos que determinen los tratados o leyes especiales.

Ver art. 9.11, 35 a 39 y 41 del CC; art. 15 del Código de Comercio; art. 8 de la Ley de Sociedades de Capital; arts. 295 a 309 del Reglamento del Registro Mercantil; arts. 4, 6 y 7 de la Ley de Fundaciones.

TÍTULO II
Del nacimiento y de la extinción de la personalidad civil

CAPÍTULO I
De las personas naturales

ART. 29.

El nacimiento determina la personalidad; pero el concebido se tiene por nacido para todos los efectos que le sean favorables, siempre que nazca con las condiciones que expresa el artículo siguiente.

Ver arts. 108 y siguientes, 627, 745, y 959 a 967 del CC; arts. 14 a 38 de la Constitución Española; art. 68 y siguientes de la Ley 20/2011, del Registro Civil; Ley Orgánica de protección civil del derecho al honor, a la intimidad personal y familiar y a la propia imagen; Leyes 63, 154, 161.3 y 224.2 de la Compilación del Derecho Civil Foral de Navarra; art. 211-1 del Libro segundo del código civil de Cataluña, relativo a la persona y la familia; art. 427-14.3 del Libro Cuarto del código civil de Cataluña, relativo a las sucesiones; art. 325.1 del Código de Derecho Foral de Aragón.

ART. 30.

La personalidad se adquiere en el momento del nacimiento con vida, una vez producido el entero desprendimiento del seno materno.

Modificado por Ley 20/2011, de 21 de julio, del Registro Civil. (BOE de 22-07-2011).

Ver arts. 745 y 960 del CC; arts. 44.1 de la Ley del Registro Civil de 2011; arts. 165 a 174 del Reglamento de la Ley del Registro Civil; art. 1 de la Convención sobre los Derechos del Niño.

ART. 31.

La prioridad del nacimiento, en el caso de partos dobles, da al primer nacido los derechos que la ley reconozca al primogénito.

Ver arts. 627, 781, 814 y 959 a 967 del CC; art. 170.1 del Reglamento de la Ley del Registro Civil; art. 15 de la Constitución Española.

ART. 32.

La personalidad civil se extingue por la muerte de las personas.

Ver arts. 193 a 197 del CC; art. 62.4 de la Ley del Registro Civil de 2011; arts. 273 a 282 del Reglamento de la Ley del Registro Civil; art. 211-1 del Libro segundo del código civil de Cataluña, relativo a la persona y la familia.

ART. 33.

Si se duda, entre dos o más personas llamadas a sucederse, quién de ellas ha muerto primero, el que sostenga la muerte anterior de una o de otra, debe probarla; a falta de prueba, se presumen muertas al mismo tiempo y no tiene lugar la transmisión de derechos de uno a otro.

Ver art. 211-2 del Libro segundo del código civil de Cataluña, relativo a la persona y la familia; art. 320.2 del Código de Derecho Foral de Aragón.

ART. 34.

Respecto a la presunción de muerte del ausente y sus efectos, se estará a lo dispuesto en el Título VIII de este Libro.

Ver arts. 181 a 198 del CC.

CAPÍTULO II
De las personas jurídicas

ART. 35.

Son personas jurídicas:

1.º Las corporaciones, asociaciones y fundaciones de interés público reconocidas por la ley.

Su personalidad empieza desde el instante mismo en que, con arreglo a derecho, hubiesen quedado válidamente constituidas.

2.º Las asociaciones de interés particular, sean civiles, mercantiles o industriales, a las que la ley conceda personalidad propia, independiente de la de cada uno de los asociados.

Ver arts. 36, 1665 y siguientes del CC; arts. 1, 6, 7, 22, 28, 34, 36, 38, 128.2 y 137 de la Constitución Española; Leyes 42 a 47 de la Compilación del Derecho Civil Foral de Navarra; arts. 311.2 y 3, 321.1 y 331.1 del Libro Tercero del Código civil de Cataluña, relativo a las personas jurídicas; art. 16 de la Ley de Derecho Civil Vasco; Ley 40/2015, de 1 de octubre, de Régimen Jurídico del Sector Público; arts. 1 y 4.6 de la Ley de Colegios Profesionales; Ley Orgánica reguladora del Derecho de Asociación y las correspondientes autonómicas; Ley de Fundaciones; Reglamento de fundaciones de competencia estatal; Ley de Sociedades de Capital; art. 17, 24, 116, 118 y 119 del Código de Comercio; Ley General de Cooperativas; Ley Orgánica de Partidos Políticos; art. 4 de la Ley Orgánica de Libertad Sindical; arts. 5 y 7 de la Ley de Economía Social; arts. 12 a 45 de la Ley del Deporte; art. 22 y siguientes de la Ley General para la Defensa de los Consumidores y Usuarios y otras leyes complementarias; arts. 2, 4, 10 y 12 de la Ley de entidades de derecho público; Ley 39/2015, de 1 de octubre, del Procedimiento Administrativo Común de las Administraciones Públicas; Ley Orgánica de universidades; Ley 4/2014, de 1 de abril, Básica de las Cámaras Oficiales de Comercio, Industria, Servicios y Navegación.

ART. 36.

Las asociaciones a que se refiere el número 2.º del artículo anterior se regirán por las disposiciones relativas al contrato de sociedad, según la naturaleza de éste.

Ver arts. 1665 a 1708 del CC; art. 22 de Constitución Española; art. 3 de la Ley de Sociedades de Capital; arts. 116 a 243 del Código de Comercio; Ley 44/2015, de 14 de octubre, de Sociedades Laborales y Participadas; Ley General de Cooperativas; Ley de Sociedades profesionales.

ART. 37.

La capacidad civil de las Corporaciones se regulará por las leyes que las hayan creado o reconocido; la de las asociaciones por sus estatutos, y la de las fundaciones por las reglas de su institución, debidamente aprobadas por disposición administrativa, cuando este requisito fuere necesario.

Ver Reglamento de fundaciones de competencia estatal; Reglamento del Registro de fundaciones de competencia estatal; art. 11 de la Ley Orgánica 1/2002, de 22 de marzo, reguladora del Derecho de Asociación; arts. 4 y 11 de la Ley de Fundaciones; Ley 40/2015, de 1 de octubre, de Régimen Jurídico del Sector Público; arts. 2, 4, 10, 12 Ley entidades derecho público; Ley 39/2015, de 1 de octubre, del Procedimiento Administrativo Común de las Administraciones Públicas

Ver arts. 1 y 4.6 Ley 2/1974, de 13 de febrero, sobre Colegios Profesionales; Ley 45 de la Compilación del Derecho Civil Foral de Navarra; art. 311.3 del Libro Tercero del Código civil de Cataluña, relativo a las personas jurídicas.

ART. 38.

Las personas jurídicas pueden adquirir y poseer bienes de todas clases, así como contraer obligaciones y ejercitar acciones civiles o criminales, conforme a las leyes y reglas de su constitución.

La Iglesia se regirá en este punto por lo concordado entre ambas potestades, y los establecimientos de instrucción y beneficencia por lo que dispongan las leyes especiales.

Ver arts. 229, 279, 515, 744, 745.2, 746, 748, 956 a 958, 993, 994, y 1812 del CC; art. 7.3 de la Ley Orgánica del Poder Judicial; art. 31, 31 bis y 120 del Código Penal; art. 311.3 del Libro Tercero del Código civil de Cataluña, relativo a las personas jurídicas; art. 73 LO Poder judicial

Ver arts. 20 a 22, 24 y 26 de la Ley de Fundaciones.

ART. 39.

Si por haber expirado el plazo durante el cual funcionaban legalmente, o por haber realizado el fin para el cual se constituyeron, o por ser ya imposible aplicar a éste la actividad y los medios de que disponían, dejasen de funcionar las corporaciones, asociaciones y fundaciones, se dará a sus bienes la aplicación que las leyes, o los estatutos, o las cláusulas fundacionales, les hubiesen en esta previsión asignado. Si nada se hubiere establecido previamente, se aplicarán esos bienes a la realización de fines análogos, en interés de la región, provincia o municipio que principalmente debieran recoger los beneficios de las instituciones extinguidas.

Ver arts. 515 y 1666 del CC; arts. 360 a 370 y 391 a 394 de la Ley de Sociedades de Capital; arts. 221 a 223 y 227 y siguientes del Código de Comercio; arts. 314-4 y siguientes, 324-4 y 6, 335-4 y 5 del Libro Tercero del Código civil de Cataluña, relativo a las personas jurídicas; Ley 47 de la Compilación del Derecho Civil Foral de Navarra; arts. 17 y 18 de la Ley Orgánica reguladora del Derecho de Asociación; Ley 40/2015, de 1 de octubre, de Régimen Jurídico del Sector Público; arts. 31 a 33 de la Ley de Fundaciones; RDLeg. 1/2020, TR de la Ley Concursal; art. 75 de la Ley General de Cooperativas.

TÍTULO III
Del domicilio

ART. 40.

Para el ejercicio de los derechos y el cumplimiento de las obligaciones civiles, el domicilio de las personas naturales es el lugar de su residencia habitual, y, en su caso, el que determine la Ley de Enjuiciamiento Civil.

El domicilio de los diplomáticos residentes por razón de su cargo en el extranjero, que gocen del derecho de extraterritorialidad, será el último que hubieren tenido en territorio español.

Ver art. 70 del CC; arts. 18.2 y 19 de la Constitución Española; arts. 50 a 60 de Ley de Enjuiciamiento Civil; Ley 15 de Compilación del Derecho Civil Foral de Navarra; arts. 202, 204 y 534.1 del Código Penal; art. 545 de la Ley de Enjuiciamiento Criminal; arts. 22.ter.2 y 91.2 de la Ley Orgánica del Poder Judicial; art. 15 de la Ley Orgánica de Protección de la seguridad ciudadana; art. 48 de la Ley General Tributaria; art. 9 de la Ley del Impuesto sobre la Renta de las Personas Físicas y de modificación parcial de las leyes de los Impuestos sobre Sociedades, sobre la Renta de no Residentes y sobre el Patrimonio; art. 11 de la Ley del Impuesto sobre la Renta de no Residentes; art. 5 de la Ley del Impuesto sobre el Patrimonio.

ART. 41.

Cuando ni la ley que las haya creado o reconocido, ni los estatutos o las reglas de fundación fijaren el domicilio de las personas jurídicas, se entenderá que lo tienen en el lugar en que se halle establecida su representación legal, o donde ejerzan las principales funciones de su instituto.

Ver arts. 28 y 70 del CC; arts. 51, 155 y 156 de la Ley de Enjuiciamiento Civil; arts. 17 a 20, 120.1, 182.1, 209.3, 265.6, 269, 296, 297.1.2, 300 del Reglamento del Registro Mercantil; art. 311-8 de Libro tercero del Código civil de Cataluña, relativo a las personas jurídicas; art. 22.ter.2 de la Ley Orgánica del Poder Judicial; art. 6 de la Ley de Fundaciones; arts. 9 y 10 de la Ley de Sociedades de Capital; arts. 92 y siguientes de la Ley de Modificaciones estructurales de sociedades mercantiles; arts. 18 a 20, 120 y 182 del Reglamento del Registro Mercantil; art. 9 de la Ley Orgánica reguladora del Derecho de Asociación

Ver art. 2 de la Ley de servicios de la sociedad de la información y de comercio electrónico; art. 3 de la Ley de Cooperativas

Ver art. 203 del Código Penal.

TÍTULO IV
Del matrimonio

CAPÍTULO I
De la promesa de matrimonio

ART. 42.

La promesa de matrimonio no produce obligación de contraerlo ni de cumplir lo que se hubiere estipulado para el supuesto de su no celebración.

No se admitirá a trámite la demanda en que se pretenda su cumplimiento.

Ver arts. 45 y 1334 del CC; art. 770 de Ley de Enjuiciamiento Civil.

ART. 43.

El incumplimiento sin causa de la promesa cierta de matrimonio hecha por persona mayor de edad o por menor emancipado sólo producirá la obligación de resarcir a la otra parte de los gastos hechos y las obligaciones contraídas en consideración al matrimonio prometido.

Esta acción caducará al año contado desde el día de la negativa a la celebración del matrimonio.

Ver arts. 42, 45, 1101, 1107, 1334, 1342 y 1902 del CC.

CAPÍTULO II
De los requisitos del matrimonio

ART. 44.

Toda persona tiene derecho a contraer matrimonio conforme a las disposiciones de este Código.

El matrimonio tendrá los mismos requisitos y efectos cuando ambos contrayentes sean del mismo o de diferente sexo.

Modificado por Ley 4/2023, de 28 de febrero, para la igualdad real y efectiva de las personas trans y para la garantía de los derechos de las personas LGTBI. (BOE de 01/03/2023).

Ver arts. 66 y 793 del CC; arts. 14 y 32.1 de la Constitución Española; Ley Orgánica para la igualdad efectiva de mujeres y hombres; arts. 7.3, 8.1 y 8.2 de la Ley sobre técnicas de reproducción humana asistida; art. 16 de la Declaración Universal de Derechos Humanos; normativa autonómica relacionada.

ART. 45.

No hay matrimonio sin consentimiento matrimonial.

La condición, término o modo del consentimiento se tendrá por no puesta.

Ver arts. 58, 73.1, 1116, 1255 y 1262 del CC; art. 32 de la Constitución Española; Circular 1/2002 de la Fiscalía General del Estado; Instrucción de 31 de enero de 2006 de la DGRN, sobre los matrimonios de complacencia; Instrucción de 9 de enero de 1995, sobre el expediente previo al matrimonio cuando uno de los contrayentes está domiciliado en el extranjero; art. 16 de la Declaración Universal de Derechos Humanos; Instrucción de 31 de enero de 2006 de la DGRN sobre los matrimonios de complacencia.

ART. 46.

No pueden contraer matrimonio:

1.º Los menores de edad no emancipados.

2.º Los que estén ligados con vínculo matrimonial.

Ver arts. 47 y 48, 73 y 75 del CC; Ley por la que se modifica la regulación del matrimonio en el Código Civil y se determina el procedimiento a seguir en las causas de nulidad, separación y divorcio; art. 32 de la Constitución Española; RDL sobre mayoría de edad; arts. 217 a 219 del Código Penal; art. 247 del Reglamento de la Ley del Registro Civil.

ART. 47.

Tampoco pueden contraer matrimonio entre sí:

1. Los parientes en línea recta por consanguinidad o adopción.

2. Los colaterales por consanguinidad hasta el tercer grado.

3. Los condenados por haber tenido participación en la muerte dolosa del cónyuge o persona con la que hubiera estado unida por análoga relación de afectividad a la conyugal.

Modificado por Ley 15/2015, de 2 de julio, de la Jurisdicción Voluntaria. (BOE de 03-07-2015).

Ver arts. 46, 48, 73.2, 178 y 914 y siguientes del CC; arts. 138 y siguientes, 218 y 219 del Código Penal; art. 247 del Reglamento de la Ley del Registro Civil.

ART. 48.

El Juez podrá dispensar, con justa causa y a instancia de parte, mediante resolución previa dictada en expediente de jurisdicción voluntaria, los impedimentos de muerte dolosa del cónyuge o persona con la que hubiera estado unida por análoga relación de afectividad a la conyugal y de parentesco de grado tercero entre colaterales. La dispensa ulterior convalida, desde su celebración, el matrimonio cuya nulidad no haya sido instada judicialmente por alguna de las partes.

Modificado por Ley 15/2015, de 2 de julio, de la Jurisdicción Voluntaria. (BOE de 03-07-2015).

Ver arts. 46 y 47 y 73.2 del CC; arts. 81 a 83 de la Ley de Jurisdicción Voluntaria.

CAPÍTULO III
De la forma de celebración del matrimonio

Sección 1.ª Disposiciones Generales

ART. 49.

Cualquier español podrá contraer matrimonio dentro o fuera de España:

1.º En la forma regulada en este Código.

2.º En la forma religiosa legalmente prevista.

También podrá contraer matrimonio fuera de España con arreglo a la forma establecida por la Ley del lugar de celebración.

Modificado por Ley 15/2015, de 2 de julio, de la Jurisdicción Voluntaria. (BOE de 03-07-2015). Esta modificación es aplicable desde el 30/04/2021, fecha de entrada en vigor de la Ley 20/2011, de 21 de julio, del Registro Civil.

Ver arts. 11, 51 a 58, y 59 y 60 del CC; art. 32.2 de la Constitución Española; D.T. 4.2 de la Ley de Jurisdicción Voluntaria; arts. 58, 58 bis y 59.2 de la Ley sobre el Registro Civil de 2011; Ley Orgánica de Libertad Religiosa; Acuerdo entre el Estado español y la Santa Sede sobre asuntos económicos, firmado en Ciudad del Vaticano el 3 de enero de 1979; Instrumento de Ratificación del Acuerdo entre el Estado español y la Santa Sede sobre asuntos económicos, firmado en Ciudad del Vaticano el 3 de enero de 1979; Instrumento de Ratificación del Acuerdo entre el Estado español y la Santa Sede sobre asuntos jurídicos, firmado el 3 de enero de 1979 en la Ciudad del Vaticano; Resolución-Circular de la DGRN de 29 de julio de 2005; Circular de 16 de julio de 1984, de la DGRN, sobre duplicidad de matrimonios; Instrucción de 26 de enero de 1995, de la DGRN, sobre autorización del matrimonio civil por los Alcaldes.

ART. 50.

Si ambos contrayentes son extranjeros, podrá celebrarse el matrimonio en España con arreglo a la forma prescrita para los españoles o cumpliendo la establecida por la ley personal de cualquiera de ellos.

Ver art. 9 del CC; Resolución-Circular de 29 julio de 2005, de la DGRN, sobre matrimonios civiles entre personas del mismo sexo.

Sección 2.ª De la celebración del matrimonio

Modificado por Ley 15/2015, de 2 de julio, de la Jurisdicción Voluntaria. (BOE de 03-07-2015).

ART. 51.

1. La competencia para constatar mediante acta o expediente el cumplimiento de los requisitos de capacidad de ambos contrayentes y la inexistencia de impedimentos o su dispensa, o cualquier género de obstáculos para contraer matrimonio corresponderá al Secretario judicial, Notario o Encargado del Registro Civil del lugar del domicilio de uno de los contrayentes o al funcionario diplomático o consular Encargado del Registro Civil si residiesen en el extranjero.

2. Será competente para celebrar el matrimonio:

1.º El Alcalde del municipio donde se celebre el matrimonio o concejal en quien éste delegue.

2.º El Secretario judicial o Notario libremente elegido por ambos contrayentes que sea competente en el lugar de celebración.

3.º El funcionario diplomático o consular Encargado del Registro Civil en el extranjero.

Ordinal 1 del apdo. 2 modificado por Ley Orgánica 1/2025, de 2 de enero, de medidas en materia de eficiencia del Servicio Público de Justicia. (BOE 03-01-2025). Esta modificación entró en vigor el 03-04-2025.

Anteriormente modificado por Ley 15/2015, de 2 de julio, de la Jurisdicción Voluntaria. (BOE de 03-07-2015). Esta modificación es aplicable desde el 30/04/2021, fecha de entrada en vigor de la Ley 20/2011, de 21 de julio, del Registro Civil.

Ver arts. 11.3, 49, 57, 58 y 73 del CC; arts. 58 y D.F. 2.ª de la Ley sobre el Registro Civil de 2011; arts. 238 a 254 del Reglamento de la Ley del Registro Civil; D.T. 4.2 de la Ley de Jurisdicción Voluntaria; Resolución-Circular de la DGRN de 29 de julio de 2005; Instrucción de 26 de enero de 1995, de la DGRN, sobre autorización del matrimonio civil por los Alcaldes; Instrucción de 10 de enero de 2013, de la DGRN, sobre lugar de celebración de matrimonios civiles por los alcaldes.

ART. 52.

Podrán celebrar el matrimonio del que se halle en peligro de muerte:

1.º El Alcalde o Concejal en quien delegue, letrado o letrada de la Administración de Justicia, notario o notaria, o personal funcionario a que se refiere el artículo 51.

2.º El Oficial o Jefe superior inmediato respecto de los militares en campaña.

3.º El Capitán o Comandante respecto de los matrimonios que se celebren a bordo de nave o aeronave.

El matrimonio en peligro de muerte no requerirá para su celebración la previa tramitación del acta o expediente matrimonial, pero sí la presencia, en su celebración, de dos testigos mayores de edad y, cuando el peligro de muerte derive de enfermedad o estado físico de alguno de los contrayentes, dictamen médico sobre su capacidad para la prestación del consentimiento y la gravedad de la situación, salvo imposibilidad acreditada, sin perjuicio de lo establecido en el artículo 65.

Ordinal 1 modificado por Ley Orgánica 1/2025, de 2 de enero, de medidas en materia de eficiencia del Servicio Público de Justicia. (BOE 03-01-2025). Esta modificación entró en vigor el 03-04-2025.

Anteriormente modificado por Ley 15/2015, de 2 de julio, de la Jurisdicción Voluntaria. (BOE de 03-07-2015). Esta modificación es aplicable desde el 30/04/2021, fecha de entrada en vigor de la Ley 20/2011, de 21 de julio, del Registro Civil.

Ver arts. 51 y 73.3 del CC; arts. 58 y siguientes de la Ley sobre el Registro Civil de 2011; arts. 71, 75, 80, 253, 256, 271, 272 del Reglamento de la Ley del Registro Civil; art. 52.3 de la Ley de Notariado; Instrucción de 26 de enero de 1995, de la DGRN, sobre autorización del matrimonio civil por los Alcaldes; art. 178 de la Ley de Navegación Marítima.

ART. 53.

La validez del matrimonio no quedará afectada por la incompetencia o falta de nombramiento del Alcalde, Concejal/a, letrado o letrada de la Administración de Justicia, notario o notaria, o personal funcionario ante quien se celebre, siempre que al menos uno de los cónyuges hubiera procedido de buena fe y aquellos ejercieran sus funciones públicamente.

Modificado por Ley Orgánica 1/2025, de 2 de enero, de medidas en materia de eficiencia del Servicio Público de Justicia. (BOE 03-01-2025). Esta modificación entró en vigor el 03-04-2025.

Anteriormente modificado por Ley 15/2015, de 2 de julio, de la Jurisdicción Voluntaria. (BOE de 03-07-2015). Esta modificación es aplicable desde el 30/04/2021, fecha de entrada en vigor de la Ley 20/2011, de 21 de julio, del Registro Civil.

Ver arts. 73.3 y 78 del CC.

ART. 54.

Cuando concurra causa grave suficientemente probada, el Ministro de Justicia podrá autorizar el matrimonio secreto. En este caso, el expediente se tramitará reservadamente, sin la publicación de edictos o proclamas.

Ver art. 64 del CC; art. 83.1.f de la Ley sobre el Registro Civil de 2011; arts. 260, 261, y 267 a 270 del Reglamento de la Ley del Registro Civil.

ART. 55.

Uno de los contrayentes podrá contraer matrimonio por apoderado, a quien tendrá que haber concedido poder especial en forma auténtica, siendo siempre necesaria la asistencia personal del otro contrayente.

En el poder se determinará la persona con quien ha de celebrarse el matrimonio, con expresión de las circunstancias personales precisas para establecer su identidad, debiendo apreciar su validez el Secretario judicial, Notario, Encargado del Registro Civil o funcionario que tramite el acta o expediente matrimonial previo al matrimonio.

El poder se extinguirá por la revocación del poderdante, por la renuncia del apoderado o por la muerte de cualquiera de ellos. En caso de revocación por el poderdante bastará su manifestación en forma auténtica antes de la celebración del matrimonio. La revocación se notificará de inmediato al Secretario judicial, Notario, Encargado del Registro Civil o funcionario que tramite el acta o expediente previo al matrimonio, y si ya estuviera finalizado a quien vaya a celebrarlo.

Modificado por Ley 15/2015, de 2 de julio, de la Jurisdicción Voluntaria. (BOE de 03-07-2015). Esta modificación es aplicable desde el 30/04/2021, fecha de entrada en vigor de la Ley 20/2011, de 21 de julio, del Registro Civil.

Ver arts. 1280.5, 1710 y 1712 y 1732 y siguientes del CC; art. 258 del Reglamento de la Ley del Registro Civil; Instrucción de 9 de enero de 1995, de la DGRN, sobre el expediente previo al matrimonio cuando uno de los contrayentes está domiciliado en el extranjero; Instrucción de 26 de enero de 1995, de la DGRN, sobre autorización del matrimonio civil por los Alcaldes.

ART. 56.

Quienes deseen contraer matrimonio acreditarán previamente en acta o expediente tramitado conforme a la legislación del Registro Civil, que reúnen los requisitos de capacidad o la inexistencia de impedimentos o su dispensa, de acuerdo con lo previsto en este Código.

El Letrado de la Administración de Justicia, Notario, Encargado del Registro Civil o funcionario que tramite el acta o expediente, cuando sea necesario, podrá recabar de las Administraciones o entidades de iniciativa social de promoción y protección de los derechos de las personas con discapacidad, la provisión de apoyos humanos, técnicos y materiales que faciliten la emisión, interpretación y recepción del consentimiento del o los contrayentes. Solo en el caso excepcional de que alguno de los contrayentes presentare una condición de salud que, de modo evidente, categórico y sustancial, pueda impedirle prestar el consentimiento matrimonial pese a las medidas de apoyo, se recabará dictamen médico sobre su aptitud para prestar el consentimiento.

Modificado por Ley 15/2015, de 2 de julio, de la Jurisdicción Voluntaria (BOE de 03-07-2015), en la redacción posterior de la norma dada por la Ley 4/2017, de 28 de junio. Esta modificación es aplicable desde el 30/04/2021, fecha de entrada en vigor de la Ley 20/2011, de 21 de julio, del Registro Civil.

Ver arts. 46 a 48 y 200 del CC; D.T. 4.2 de la Ley de Jurisdicción Voluntaria; arts. 58.1 a 4 de la Ley sobre el Registro Civil de 2011; arts. 238 a 259 del Reglamento de la Ley del Registro Civil; art. 51.1 de la Ley de Notariado; Circular de 16 de julio de 1984, de la DGRN, sobre duplicidad de matrimonios; Instrucción de 9 de enero de 1995, de la DGRN, sobre el expediente previo al matrimonio cuando uno de los contrayentes está domiciliado en el extranjero.

ART. 57.

El matrimonio tramitado por el letrado o letrada de la Administración de Justicia o por personal funcionario consular o diplomático podrá celebrarse ante el mismo u otro distinto, o ante Alcalde o Concejal en quien este delegue, a elección de los contrayentes. Si se hubiere tramitado por el Encargado o Encargada del Registro Civil, el matrimonio deberá celebrarse ante el Alcalde o Concejal en quien éste delegue, que designen los contrayentes.

Finalmente, si fuera el notario o la notaria quien hubiera extendido el acta matrimonial, los contrayentes podrán otorgar el consentimiento, a su elección, ante el mismo notario o notaria u otro distinto del que hubiera tramitado el acta previa, Alcalde o Concejal en quien este delegue.

Modificado por Ley Orgánica 1/2025, de 2 de enero, de medidas en materia de eficiencia del Servicio Público de Justicia. (BOE 03-01-2025). Esta modificación entró en vigor el 03-04-2025.

Anteriormente modificado por Ley 15/2015, de 2 de julio, de la Jurisdicción Voluntaria. (BOE de 03-07-2015). Esta modificación es aplicable desde el 30/04/2021, fecha de entrada en vigor de la Ley 20/2011, de 21 de julio, del Registro Civil.

Ver arts. precedentes y 73.3 del CC; art. 52 de la Ley del Notariado; arts. 58.8 de la Ley sobre el Registro Civil de 2011; arts. 249 a 251 y 255 del Reglamento de la Ley del Registro Civil; Instrucción de 26 de enero de 1995, de la DGRN, sobre autorización del matrimonio civil por los Alcaldes.

ART. 58.

El Alcalde, Concejal, letrado o letrada de la Administración de Justicia, notario o notaria, o personal funcionario, después de leídos los artículos 66, 67 y 68, preguntará a cada uno de los contrayentes si consiente en contraer matrimonio con el otro y si efectivamente lo contrae en dicho acto y, respondiendo ambos afirmativamente, declarará que los mismos quedan unidos en matrimonio y extenderá el acta o autorizará la escritura correspondiente.

Modificado por Ley Orgánica 1/2025, de 2 de enero, de medidas en materia de eficiencia del Servicio Público de Justicia. (BOE 03-01-2025). Esta modificación entró en vigor el 03-04-2025.

Anteriormente modificado por Ley 15/2015, de 2 de julio, de la Jurisdicción Voluntaria. (BOE de 03-07-2015). Esta modificación es aplicable desde el 30/04/2021, fecha de entrada en vigor de la Ley 20/2011, de 21 de julio, del Registro Civil.

Ver arts. 45, 51, 61, 62 y 66 a 68 del CC; arts. 58.5 a 8 de la Ley sobre el Registro Civil de 2011; art. 249 del Reglamento de la Ley del Registro Civil; D.T. 4.2 de la Ley de Jurisdicción Voluntaria; Instrucción de 26 de enero de 1995, de la DGRN, sobre autorización del matrimonio civil por los Alcaldes.

Sección 3.ª De la celebración en forma religiosa

ART. 59.

El consentimiento matrimonial podrá prestarse en la forma prevista por una confesión religiosa inscrita, en los términos acordados con el Estado o, en su defecto, autorizados por la legislación de éste.

Ver arts. 49.2 y 60 del CC; Ley Orgánica de Libertad Religiosa

Ver arts. 58 bis de la Ley sobre el Registro Civil de 2011; Acuerdo entre el Estado español y la Santa Sede sobre asuntos económicos, firmado en Ciudad del Vaticano el 3 de enero de 1979; Instrumento de Ratificación del Acuerdo entre el Estado español y la Santa Sede sobre asuntos económicos, firmado en Ciudad del Vaticano el 3 de enero de 1979; Instrumento de Ratificación del Acuerdo entre el Estado español y la Santa Sede sobre asuntos jurídicos, firmado el 3 de enero de 1979 en la Ciudad del Vaticano; Orden JUS/577/2016, de 19 de abril, sobre inscripción en el Registro Civil de determinados matrimonios celebrados en forma religiosa y aprobación del modelo de certificado de capacidad matrimonial y de celebración de matrimonio religioso.

ART. 60.

1. El matrimonio celebrado según las normas del Derecho canónico o en cualquiera de otras formas religiosas previstas en los acuerdos de cooperación entre el Estado y las confesiones religiosas produce efectos civiles.

2. Igualmente, se reconocen efectos civiles al matrimonio celebrado en la forma religiosa prevista por las iglesias, confesiones, comunidades religiosas o federaciones de las mismas que, inscritas en el Registro de Entidades Religiosas, hayan obtenido el reconocimiento de notorio arraigo en España.

En este supuesto, el reconocimiento de efectos civiles requerirá el cumplimiento de los siguientes requisitos:

a) La tramitación de un acta o expediente previo de capacidad matrimonial con arreglo a la normativa del Registro Civil.

b) La libre manifestación del consentimiento ante un ministro de culto debidamente acreditado y dos testigos mayores de edad.

La condición de ministro de culto será acreditada mediante certificación expedida por la iglesia, confesión o comunidad religiosa que haya obtenido el reconocimiento de notorio arraigo en España, con la conformidad de la federación que, en su caso, hubiere solicitado dicho reconocimiento.

3. Para el pleno reconocimiento de los efectos civiles del matrimonio celebrado en forma religiosa se estará a lo dispuesto en el Capítulo siguiente.

Modificado por Ley 15/2015, de 2 de julio, de la Jurisdicción Voluntaria. (BOE de 03-07-2015).

Ver art. precedente y 63 del CC; D.T. 5.º de la Ley de Jurisdicción Voluntaria; Orden JUS/577/2016, de 19 de abril, sobre inscripción en el Registro Civil de determinados matrimonios celebrados en forma religiosa y aprobación del modelo de certificado de capacidad matrimonial y de celebración de matrimonio religioso; Instrumento de Ratificación del Acuerdo entre el Estado español y la Santa Sede sobre asuntos económicos, firmado en Ciudad del Vaticano el 3 de enero de 1979; Instrumento de Ratificación del Acuerdo entre el Estado español y la Santa Sede sobre asuntos jurídicos, firmado el 3 de enero de 1979 en la Ciudad del Vaticano; Acuerdo entre el Estado español y la Santa Sede sobre asuntos económicos, firmado en Ciudad del Vaticano el 3 de enero de 1979.

CAPÍTULO IV
De la inscripción del matrimonio en el Registro Civil

ART. 61.

El matrimonio produce efectos civiles desde su celebración.

Para el pleno reconocimiento de los mismos será necesaria su inscripción en el Registro Civil.

El matrimonio no inscrito no perjudicará los derechos adquiridos de buena fe por terceras personas.

Ver arts. 19 y 59.4 de la Ley sobre el Registro Civil de 2011; art. 255 del Reglamento de la Ley del Registro Civil.

ART. 62.

La celebración del matrimonio se hará constar mediante acta o escritura pública que será firmada por aquél ante quien se celebre, los contrayentes y dos testigos.

Extendida el acta o autorizada la escritura pública, se remitirá por el autorizante copia acreditativa de la celebración del matrimonio al Registro Civil competente, para su inscripción, previa calificación por el Encargado del mismo.

Modificado por Ley 15/2015, de 2 de julio, de la Jurisdicción Voluntaria. (BOE de 03-07-2015). Esta modificación es aplicable desde el 30/04/2021, fecha de entrada en vigor de la Ley 20/2011, de 21 de julio, del Registro Civil.

Ver arts. 58 del CC; D.T. 4.2 de la Ley de Jurisdicción Voluntaria; arts. 36 y 255 a 259 del Reglamento de la Ley del Registro Civil; Instrucción de 17 de abril de 1995, de la DGRN, sobre comunicación a determinados Registros extranjeros de nacimiento de matrimonios y defunciones inscritos en España.

ART. 63.

La inscripción del matrimonio celebrado en España en forma religiosa se practicará con la simple presentación de la certificación de la iglesia, o confesión, comunidad religiosa o federación respectiva, que habrá de expresar las circunstancias exigidas por la legislación del Registro Civil.

Se denegará la práctica del asiento cuando de los documentos presentados o de los asientos del Registro conste que el matrimonio no reúne los requisitos que para su validez se exigen en este Título.

Modificado por Ley 15/2015, de 2 de julio, de la Jurisdicción Voluntaria. (BOE de 03-07-2015).

Ver arts. 58 bis 2 y 59.3 de la Ley sobre el Registro Civil de 2011; arts. 256 a 259 del Reglamento de la Ley del Registro Civil; Acuerdo entre el Estado español y la Santa Sede sobre asuntos económicos, firmado en Ciudad del Vaticano el 3 de enero de 1979; Instrumento de Ratificación del Acuerdo entre el Estado español y la Santa Sede sobre asuntos económicos, firmado en Ciudad del Vaticano el 3 de enero de 1979; Instrumento de Ratificación del Acuerdo entre el Estado español y la Santa Sede sobre asuntos jurídicos, firmado el 3 de enero de 1979 en la Ciudad del Vaticano.

ART. 64.

Para el reconocimiento del matrimonio secreto basta su inscripción en el libro especial del Registro Civil Central, pero no perjudicará los derechos adquiridos de buena fe por terceras personas sino desde su publicación en el Registro Civil ordinario.

Ver art. 54 del CC; art. 19 de la Ley sobre el Registro Civil de 2011; arts. 267 a 270 del Reglamento de la Ley del Registro Civil.

ART. 65.

En los casos en que el matrimonio se hubiere celebrado sin haberse tramitado el correspondiente expediente o acta previa, si éste fuera necesario, el Secretario judicial, Notario, o el funcionario diplomático o consular Encargado del Registro Civil que lo haya celebrado, antes de realizar las actuaciones que procedan para su inscripción, deberá comprobar si concurren los requisitos legales para su validez, mediante la tramitación del acta o expediente al que se refiere este artículo.

Si la celebración del matrimonio hubiera sido realizada ante autoridad o persona competente distinta de las indicadas en el párrafo anterior, el acta de aquélla se remitirá al Encargado del Registro Civil del lugar de celebración para que proceda a la comprobación de los requisitos de validez, mediante el expediente correspondiente. Efectuada esa comprobación, el Encargado del Registro Civil procederá a su inscripción.

Modificado por Ley 15/2015, de 2 de julio, de la Jurisdicción Voluntaria. (BOE de 03-07-2015). Esta modificación es aplicable desde el 30/04/2021, fecha de entrada en vigor de la Ley 20/2011, de 21 de julio, del Registro Civil.

Ver arts. 44 a 48 del CC; arts. 58.10 de la Ley sobre el Registro Civil de 2011; arts. 256 y 257 del Reglamento de la Ley del Registro Civil; Instrucción de 31 de enero de 2006, de la DGRN, sobre los matrimonios de complacencia.

CAPÍTULO V
De los derechos y deberes de los cónyuges

ART. 66.

Los cónyuges son iguales en derechos y deberes.

Ver arts. 44, 70, 110, 154, 1319 y 1328 del CC; arts. 14 y 32 de la Constitución Española; arts. 3 y 14.10 de la Ley Orgánica para la igualdad efectiva de mujeres y hombres; art. 183.1 del Código del Derecho Foral Aragón; art. 231-2.2 del Libro segundo del Código civil de Cataluña, relativo a la persona y la familia; Ley 53 de la Compilación del Derecho Civil Foral de Navarra.

ART. 67.

Los cónyuges deben respetarse y ayudarse mutuamente y actuar en interés de la familia.

Ver arts. 68, 90.2, 154, 1318, 1362 y 1438 del CC; art. 183.2 del Código del Derecho Foral Aragón; art. 231-2.2 y 231-4 del Libro segundo del Código civil de Cataluña, relativo a la persona y la familia.

ART. 68.

Los cónyuges están obligados a vivir juntos, guardarse fidelidad y socorrerse mutuamente. Deberán, además, compartir las responsabilidades domésticas y el cuidado y atención de ascendientes y descendientes y otras personas dependientes a su cargo.

Ver arts. 70, 82, 102, 105, 142 y siguientes, 852, 855, 1362 y 1438 del CC; art. 183.2 del Código del Derecho Foral Aragón; art. 231-2 del Libro segundo del Código civil de Cataluña, relativo a la persona y la familia; arts. 226 a 228 del Código Penal.

ART. 69.

Se presume, salvo prueba en contrario, que los cónyuges viven juntos.

Ver arts. 82, 83, 86, 87, 102.1, 105 y 156.5 del CC; art. 231-3 del Libro segundo del Código civil de Cataluña, relativo a la persona y la familia; art. 184.2 del Código del Derecho Foral Aragón.

ART. 70.

Los cónyuges fijarán de común acuerdo el domicilio conyugal y, en caso de discrepancia, resolverá el Juez, teniendo en cuenta el interés de la familia.

Ver arts. 96 y 103.2 del CC; art. 90 de la Ley de Jurisdicción Voluntaria; art. 184 del Código del Derecho Foral Aragón; art. 231-3 del Libro segundo del Código civil de Cataluña, relativo a la persona y la familia.

ART. 71.

Ninguno de los cónyuges puede atribuirse la representación del otro sin que le hubiere sido conferida.

Ver arts. 102.2, 1259, 1319, 1322, 1376 a 1378 y 1382 del CC; Ley 60 de la Compilación del Derecho Civil Foral de Navarra; art. 231-4 del Libro segundo del Código civil de Cataluña, relativo a la persona y la familia.

ART. 72.

(SUPRIMIDO)

Suprimido por la Ley 30/1981, de 7 de julio.

CAPÍTULO VI
De la nulidad del matrimonio

ART. 73.

Es nulo cualquiera que sea la forma de su celebración:

1.º El matrimonio celebrado sin consentimiento matrimonial.

2.º El matrimonio celebrado entre las personas a que se refieren los artículos 46 y 47, salvo los casos de dispensa conforme al artículo 48.

3.º El que se contraiga sin la intervención del Alcalde o Concejal, letrado o letrada de la Administración de Justicia, notario o notaria, o personal funcionario ante quien deba celebrarse, o sin la de los testigos.

4.º El celebrado por error en la identidad de la persona del otro contrayente o en aquellas cualidades personales que, por su entidad, hubieren sido determinantes de la prestación del consentimiento.

5.º El contraído por coacción o miedo grave.

Ordinal 3.º modificado por Ley Orgánica 1/2025, de 2 de enero, de medidas en materia de eficiencia del Servicio Público de Justicia. (BOE 03-01-2025). Esta modificación entró en vigor el 03-04-2025.

Anteriormente modificado por Ley 15/2015, de 2 de julio, de la Jurisdicción Voluntaria. (BOE de 03-07-2015). Esta modificación es aplicable desde el 30/04/2021, fecha de entrada en vigor de la Ley 20/2011, de 21 de julio, del Registro Civil.

Ver art. 45, 51 a 53, 57, 76, 78, 95, 1265 a 1268, 1392.2 y 1395 del CC; arts. 172 bis, 177 bis 1 e, 217 a 219 del Código Penal; Instrucción de 31 de enero de 2006, de la DGRN, sobre los matrimonios de complacencia; Circular 1/2002 de la Fiscalía General del Estado; Resolución-Circular de 29 de julio de 2005, de la DGRN, sobre matrimonios civiles entre personas del mismo sexo.

ART. 74.

La acción para pedir la nulidad del matrimonio corresponde a los cónyuges, al Ministerio Fiscal y a cualquier persona que tenga interés directo y legítimo en ella, salvo lo dispuesto en los artículos siguientes.

Ver arts. 1300 a 1302 del CC; arts. 75 y 76, 748 a 755 y 769 a 778 de la Ley de Enjuiciamiento Civil; arts. 3.6 y 3.7 de la Ley por la que se regula el Estatuto Orgánico del Ministerio Fiscal; Instrucción de 31 de enero de 2006, de la DGRN, sobre los matrimonios de complacencia; Circular 1/2001, de 5 abril: Incidencia de la nueva Ley de Enjuiciamiento Civil en la intervención del Fiscal en los procesos civiles; Resolución-Circular de 29 de julio de 2005, de la DGRN, sobre matrimonios civiles entre personas del mismo sexo.

ART. 75.

Si la causa de nulidad fuere la falta de edad, mientras el contrayente sea menor sólo podrá ejercitar la acción cualquiera de sus padres, tutores o guardadores y, en todo caso, el Ministerio Fiscal.

Al llegar a la mayoría de edad sólo podrá ejercitar la acción el contrayente menor, salvo que los cónyuges hubieren vivido juntos durante un año después de alcanzada aquélla.

Ver arts. precedentes y 46, 162, 225 y 240 del CC; art. 3.7 de la Ley por la que se regula el Estatuto Orgánico del Ministerio Fiscal.

ART. 76.

En los casos de error, coacción o miedo grave solamente podrá ejercitar la acción de nulidad el cónyuge que hubiera sufrido el vicio.

Caduca la acción y se convalida el matrimonio si los cónyuges hubieran vivido juntos durante un año después de desvanecido el error o de haber cesado la fuerza o la causa del miedo.

Ver arts. precedentes y 1265 a 1268 y 1300 a 1302 del CC.

ART. 77.

(SUPRIMIDO)

Suprimido por la Ley 30/1981, de 7 de julio.

ART. 78.

El Juez no acordará la nulidad de un matrimonio por defecto de forma, si al menos uno de los cónyuges lo contrajo de buena fe, salvo lo dispuesto en el número 3 del artículo 73.

Ver art. 53 CC.

ART. 79.

La declaración de nulidad del matrimonio no invalidará los efectos ya producidos respecto de los hijos y del contrayente o contrayentes de buena fe.

La buena fe se presume.

Ver arts. 95 y 98 del CC; arts. 263 y 264 del Reglamento de la Ley del Registro Civil; art. 4.3 del Código del Derecho Foral Aragón; Resolución-Circular de 29 de julio de 2005, de la DGRN, sobre matrimonios civiles entre personas del mismo sexo.

ART. 80.

Las resoluciones dictadas por los Tribunales eclesiásticos sobre nulidad de matrimonio canónico o las decisiones pontificias sobre matrimonio rato y no consumado tendrán eficacia en el orden civil, a solicitud de cualquiera de las partes, si se declaran ajustados al Derecho del Estado en resolución dictada por el Juez civil competente conforme a las condiciones a las que se refiere el artículo 954 de la Ley de Enjuiciamiento Civil.

Ver arts. 748.5, 753, 769 y siguientes y 778 de la Ley de Enjuiciamiento Civil (el artículo 954, al que se refiere el artículo, pertenece a la LEC 1881, y ha sido derogados por la Ley 29/2015, de 30 de julio, de cooperación jurídica internacional en materia civil); arts. 40.6 y 61.2 de la Ley sobre el Registro Civil de 2011; art. 265 del Reglamento de la Ley del Registro Civil; Circular 1/2001, de 5 abril: Incidencia de la nueva Ley de Enjuiciamiento Civil en la intervención del Fiscal en los procesos civiles; Acuerdo entre el Estado español y la Santa Sede sobre asuntos económicos, firmado en Ciudad del Vaticano el 3 de enero de 1979; Instrumento de Ratificación del Acuerdo entre el Estado español y la Santa Sede sobre asuntos jurídicos, firmado el 3 de enero de 1979 en la Ciudad del Vaticano.

CAPÍTULO VII
De la separación

ART. 81.

Se decretará judicialmente la separación cuando existan hijos menores no emancipados o hijos mayores respecto de los que se hayan establecido judicialmente medidas de apoyo atribuidas a sus progenitores, cualquiera que sea la forma de celebración del matrimonio:

1.º A petición de ambos cónyuges o de uno con el consentimiento del otro, una vez transcurridos tres meses desde la celebración del matrimonio. A la demanda se acompañará una propuesta de convenio regulador redactada conforme al artículo 90 de este Código.

2.º A petición de uno solo de los cónyuges, una vez transcurridos tres meses desde la celebración del matrimonio. No será preciso el transcurso de este plazo para la interposición de la demanda cuando se acredite la existencia de un riesgo para la vida, la integridad física, la libertad, la integridad moral o libertad e indemnidad sexual del cónyuge demandante o de los hijos de ambos o de cualquiera de los miembros del matrimonio.

A la demanda se acompañará propuesta fundada de las medidas que hayan de regular los efectos derivados de la separación.

Primer párrafo modificado por Ley 8/2021, de 2 de junio, por la que se reforma la legislación civil y procesal para el apoyo a las personas con discapacidad en el ejercicio de su capacidad jurídica (BOE de 03-06-2021). En vigor desde el 3 de septiembre de 2021.

Anteriormente modificado por Ley 15/2015, de 2 de julio, de la Jurisdicción Voluntaria. (BOE de 03-07-2015).

Ver arts. 49, 86 y 239 del CC; arts. 49 bis, 748.3, 753, 769, 770 y 777 de la Ley de Enjuiciamiento Civil; art. 87 ter de la Ley Orgánica del Poder Judicial.

ART. 82.

1. Los cónyuges podrán acordar su separación de mutuo acuerdo transcurridos tres meses desde la celebración del matrimonio mediante la formulación de un convenio regulador ante el letrado de la Administración de Justicia o en escritura pública ante Notario, en el que, junto a la voluntad inequívoca de separarse, determinarán las medidas que hayan de regular los efectos derivados de la separación en los términos establecidos en el artículo 90. Los funcionarios diplomáticos o consulares, en ejercicio de las funciones notariales que tienen atribuidas, no podrán autorizar la escritura pública de separación.

Los cónyuges deberán intervenir en el otorgamiento de modo personal, sin perjuicio de que deban estar asistidos por letrado en ejercicio, prestando su consentimiento ante el letrado de la Administración de Justicia o notario. Igualmente los hijos mayores o menores emancipados deberán otorgar el consentimiento ante el letrado de la Administración de Justicia o Notario respecto de las medidas que les afecten por carecer de ingresos propios y convivir en el domicilio familiar.

2. No será de aplicación lo dispuesto en este artículo cuando existan hijos en la situación a la que se refiere el artículo anterior.

Modificado por Ley 8/2021, de 2 de junio, por la que se reforma la legislación civil y procesal para el apoyo a las personas con discapacidad en el ejercicio de su capacidad jurídica (BOE de 03-06-2021). En vigor desde el 3 de septiembre de 2021.

Ver art. 777 de la Ley de Enjuiciamiento Civil; art. 54 de la Ley del Notariado.

ART. 83.

La sentencia o decreto de separación o el otorgamiento de la escritura pública del convenio regulador que la determine producen la suspensión de la vida común de los casados y cesa la posibilidad de vincular bienes del otro cónyuge en el ejercicio de la potestad doméstica.

Los efectos de la separación matrimonial se producirán desde la firmeza de la sentencia o decreto que así la declare o desde la manifestación del consentimiento de ambos cónyuges otorgado en escritura pública conforme a lo dispuesto en el artículo 82. Se remitirá testimonio de la sentencia o decreto, o copia de la escritura pública al Registro Civil para su inscripción, sin que, hasta que esta tenga lugar, se produzcan plenos efectos frente a terceros de buena fe.

Modificado por Ley 15/2015, de 2 de julio, de la Jurisdicción Voluntaria. (BOE de 03-07-2015).

Ver arts. 68, 69, 84, 90 a 98, 102.2, 177.2, 834, 835, 945 y 1319 del CC; art. 61.1 de la Ley sobre el Registro Civil de 2011.

ART. 84.

La reconciliación pone término al procedimiento de separación y deja sin efecto ulterior lo resuelto en él, pero ambos cónyuges separadamente deberán ponerlo en conocimiento del Juez que entienda o haya entendido en el litigio. Ello no obstante, mediante resolución judicial, serán mantenidas o modificadas las medidas adoptadas en relación a los hijos, cuando exista causa que lo justifique.

Cuando la separación hubiere tenido lugar sin intervención judicial, en la forma prevista en el artículo 82, la reconciliación deberá formalizase en escritura pública o acta de manifestaciones.

La reconciliación deberá inscribirse, para su eficacia frente a terceros, en el Registro Civil correspondiente.

Modificado por Ley 15/2015, de 2 de julio, de la Jurisdicción Voluntaria. (BOE de 03-07-2015).

Ver arts. 82, 88, 835 y 1443 del CC; art. 19.2 de la Ley sobre el Registro Civil de 2011.

CAPÍTULO VIII
De la disolución del matrimonio

ART. 85.

El matrimonio se disuelve, sea cual fuere la forma y el tiempo de su celebración, por la muerte o la declaración de fallecimiento de uno de los cónyuges y por el divorcio.

Ver arts. 88 y 89, 193 a 197 y 1392.1 del CC; arts. 234-4 y 240-5 del Libro segundo del Código civil de Cataluña, relativo a la persona y la familia; art. 309 del Código del Derecho Foral Aragón; art. 5 de la Ley de Uniones de Hecho Formalizadas de la Comunidad Valenciana; art. 6 de la Ley de Uniones de Hecho de la Comunidad de Madrid; art. 8 de la Ley de parejas estables (Baleares); art. 12 de la Ley de Parejas de Hecho (Andalucía); art. 9 de la Ley para la regulación de las Parejas de Hecho en la Comunidad Autónoma de Canarias; art. 5 de la Ley de Parejas de Hecho de la Comunidad Autónoma de Extremadura; art. 18 de la Ley reguladora de las parejas de hecho; art. 12 de la Ley de Parejas de Hecho de la Comunidad Autónoma de Cantabria.

ART. 86.

Se decretará judicialmente el divorcio, cualquiera que sea la forma de celebración del matrimonio, a petición de uno solo de los cónyuges, de ambos o de uno con el consentimiento del otro, cuando concurran los requisitos y circunstancias exigidos en el artículo 81.

Ver arts. 81 y 90 del CC; arts. 748, 753, 769 y 770 de la Ley de Enjuiciamiento Civil.

ART. 87.

Los cónyuges también podrán acordar su divorcio de mutuo acuerdo mediante la formulación de un convenio regulador ante el Secretario judicial o en escritura pública ante Notario, en la forma y con el contenido regulado en el artículo 82, debiendo concurrir los mismos requisitos y circunstancias exigidas en él. Los funcionarios diplomáticos o consulares, en ejercicio de las funciones notariales que tienen atribuidas, no podrán autorizar la escritura pública de divorcio.

Añadido por Ley 15/2015, de 2 de julio, de la Jurisdicción Voluntaria. (BOE de 03-07-2015).

Ver arts. 82, 86 y 90 del CC; art. 54 de la Ley del Notariado; art. 777 de la Ley de Enjuiciamiento Civil.

ART. 88.

La acción de divorcio se extingue por la muerte de cualquiera de los cónyuges y por su reconciliación, que deberá ser expresa cuando se produzca después de interpuesta la demanda.

La reconciliación posterior al divorcio no produce efectos legales, si bien los divorciados podrán contraer entre sí nuevo matrimonio.

Ver arts. 84, 85 y 659 del CC.

ART. 89.

Los efectos de la disolución del matrimonio por divorcio se producirán desde la firmeza de la sentencia o decreto que así lo declare o desde la manifestación del consentimiento de ambos cónyuges otorgado en escritura pública conforme a lo dispuesto en el artículo 87. No perjudicará a terceros de buena fe sino a partir de su respectiva inscripción en el Registro Civil.

Modificado por Ley 15/2015, de 2 de julio, de la Jurisdicción Voluntaria. (BOE de 03-07-2015).

Ver arts. 19 y 61 de la Ley sobre el Registro Civil de 2011; arts. 263 a 265 del Reglamento de la Ley del Registro Civil; art. 207.2 de la Ley de Enjuiciamiento Civil.

CAPÍTULO IX
De los efectos comunes a la nulidad, separación y divorcio

ART. 90.

1. El convenio regulador a que se refieren los artículos 81, 82, 83, 86 y 87 deberá contener, al menos y siempre que fueran aplicables, los siguientes extremos:

a) El cuidado de los hijos sujetos a la patria potestad de ambos, el ejercicio de ésta y, en su caso, el régimen de comunicación y estancia de los hijos con el progenitor que no viva habitualmente con ellos.

b) Si se considera necesario, el régimen de visitas y comunicación de los nietos con sus abuelos, teniendo en cuenta, siempre, el interés de aquéllos.

b) bis. El destino de los animales de compañía, en caso de que existan, teniendo en cuenta el interés de los miembros de la familia y el bienestar del animal; el reparto de los tiempos de convivencia y cuidado si fuere necesario, así como las cargas asociadas al cuidado del animal.

c) La atribución del uso de la vivienda y ajuar familiar.

d) La contribución a las cargas del matrimonio y alimentos, así como sus bases de actualización y garantías en su caso.

e) La liquidación, cuando proceda, del régimen económico del matrimonio.

f) La pensión que conforme al artículo 97 correspondiere satisfacer, en su caso, a uno de los cónyuges.

2. Los acuerdos de los cónyuges adoptados para regular las consecuencias de la nulidad, separación y divorcio presentados ante el órgano judicial serán aprobados por el juez salvo si son dañosos para los hijos o gravemente perjudiciales para uno de los cónyuges.

Si fueran gravemente perjudiciales para el bienestar de los animales de compañía, la autoridad judicial ordenará las medidas a adoptar, sin perjuicio del convenio aprobado.

Si las partes proponen un régimen de visitas y comunicación de los nietos con los abuelos, el juez podrá aprobarlo previa audiencia de los abuelos en la que estos presten su consentimiento. La denegación de los acuerdos habrá de hacerse mediante resolución motivada y en este caso los cónyuges deberán someter, a la consideración del juez, nueva propuesta para su aprobación, si procede.

Cuando los cónyuges formalizasen los acuerdos ante el letrado de la Administración de Justicia o notario y éstos considerasen que, a su juicio, alguno de ellos pudiera ser dañoso o gravemente perjudicial para uno de los cónyuges o para los hijos mayores o menores emancipados afectados, o gravemente perjudiciales para el bienestar de los animales de compañía, lo advertirán a los otorgantes y darán por terminado el expediente. En este caso, los cónyuges sólo podrán acudir ante el juez para la aprobación de la propuesta de convenio regulador.

Desde la aprobación del convenio regulador o el otorgamiento de la escritura pública, podrán hacerse efectivos los acuerdos por la vía de apremio.

3. Las medidas que el juez adopte en defecto de acuerdo o las convenidas por los cónyuges judicialmente, podrán ser modificadas judicialmente o por nuevo convenio aprobado por el juez, cuando así lo aconsejen las nuevas necesidades de los hijos o el cambio de las circunstancias de los cónyuges.

Asimismo, podrá modificarse el convenio o solicitarse modificación de las medidas sobre los animales de compañía si se hubieran alterado gravemente sus circunstancias.

Las medidas que hubieran sido convenidas ante el letrado de la Administración de Justicia o en escritura pública podrán ser modificadas por un nuevo acuerdo, sujeto a los mismos requisitos exigidos en este Código.

4. El juez o las partes podrán establecer las garantías reales o personales que requiera el cumplimiento del convenio.

Apdo. 1 (se añade letra b) bis), apdo. 2 y apdo. 3 se modifican por Ley 17/2021, de 15 de diciembre, de modificación del Código Civil, la Ley Hipotecaria y la Ley de Enjuiciamiento Civil, sobre el régimen jurídico de los animales (BOE de 16-12-2021). Modificación vigente desde el 5 de enero de 2022.

Anteriormente modificado por Ley 15/2015, de 2 de julio, de la Jurisdicción Voluntaria. (BOE de 03-07-2015).

Ver arts. 91 a 101, 142 a 153, 159, 160, 1255, 1318, 1320, 1392 a 1410, 1417 a 1434 del CC; arts. 748.3, 753, 774, 775 y 777 de la Ley de Enjuiciamiento Civil; Circular 1/2001, de 5 abril: Incidencia de la nueva Ley de Enjuiciamiento Civil en la intervención del Fiscal en los procesos civiles; arts. 3, 4, 5 y 13.4 de la Ley de relaciones familiares en supuestos de separación o ruptura de los progenitores (País Vasco); art. 77 y D.A. del Código del Derecho Foral Aragón; arts. 233-2, 233-3 y 233-7 del Libro segundo del Código civil de Cataluña, relativo a la persona y la familia; art. 15 de la Ley de Arrendamientos Urbanos.

ART. 91.

En las sentencias de nulidad, separación o divorcio, o en ejecución de las mismas, la autoridad judicial, en defecto de acuerdo de los cónyuges o en caso de no aprobación del mismo, determinará conforme a lo establecido en los artículos siguientes las medidas que hayan de sustituir a las ya adoptadas con anterioridad en relación con los hijos, la vivienda familiar, el destino de los animales de compañía, las cargas del matrimonio, liquidación del régimen económico y las cautelas o garantías respectivas, estableciendo las que procedan si para alguno de estos conceptos no se hubiera adoptado ninguna. Estas medidas podrán ser modificadas cuando se alteren sustancialmente las circunstancias.

Cuando al tiempo de la nulidad, separación o divorcio existieran hijos comunes mayores de dieciséis años que se hallasen en situación de necesitar medidas de apoyo por razón de su discapacidad, la sentencia correspondiente, previa audiencia del menor, resolverá también sobre el establecimiento y modo de ejercicio de éstas, las cuáles, en su caso, entrarán en vigor cuando el hijo alcance los dieciocho años de edad. En estos casos la legitimación para instarlas, las especialidades de prueba y el contenido de la sentencia se regirán por lo dispuesto en la Ley de Enjuiciamiento Civil acerca de la provisión judicial de medidas de apoyo a las personas con discapacidad.

Modificado por Ley 17/2021, de 15 de diciembre, de modificación del Código Civil, la Ley Hipotecaria y la Ley de Enjuiciamiento Civil, sobre el régimen jurídico de los animales (BOE de 16-12-2021). Modificación vigente desde el 5 de enero de 2022.

Segundo párrafo se añade por Ley 8/2021, de 2 de junio, por la que se reforma la legislación civil y procesal para el apoyo a las personas con discapacidad en el ejercicio de su capacidad jurídica (BOE de 03-06-2021). En vigor desde el 3 de septiembre de 2021.

Ver arts. 90, 92, 101 y 106 del CC; arts. 748.3, 753, 769, 770, 774 y 775 de la Ley de Enjuiciamiento Civil; Circular 1/2001, de 5 abril: Incidencia de la nueva Ley de Enjuiciamiento Civil en la intervención del Fiscal en los procesos civiles; arts. 3.7 y 13.4 de la Ley de relaciones familiares en supuestos de separación o ruptura de los progenitores (País Vasco); arts. 233-4 del Libro segundo del Código civil de Cataluña, relativo a la persona y la familia; arts. 13 a 15 de la Ley sobre titularidad compartida de las explotaciones agrarias.

ART. 92.

1. La separación, la nulidad y el divorcio no eximen a los padres de sus obligaciones para con los hijos.

2. El Juez, cuando deba adoptar cualquier medida sobre la custodia, el cuidado y la educación de los hijos menores, velará por el cumplimiento de su derecho a ser oídos y emitirá una resolución motivada en el interés superior del menor sobre esta cuestión.

3. En la sentencia se acordará la privación de la patria potestad cuando en el proceso se revele causa para ello.

4. Los padres podrán acordar en el convenio regulador o el Juez podrá decidir, en beneficio de los hijos, que la patria potestad sea ejercida total o parcialmente por uno de los cónyuges.

5. Se acordará el ejercicio compartido de la guarda y custodia de los hijos cuando así lo soliciten los padres en la propuesta de convenio regulador o cuando ambos lleguen a este acuerdo en el transcurso del procedimiento.

6. En todo caso, antes de acordar el régimen de guarda y custodia, el Juez deberá recabar informe del Ministerio Fiscal, oír a los menores que tengan suficiente juicio cuando se estime necesario de oficio o a petición del Fiscal, las partes o miembros del Equipo Técnico Judicial, o del propio menor, y valorar las alegaciones de las partes, la prueba practicada, y la relación que los padres mantengan entre sí y con sus hijos para determinar su idoneidad con el régimen de guarda.

7. No procederá la guarda conjunta cuando cualquiera de los progenitores esté incurso en un proceso penal iniciado por intentar atentar contra la vida, la integridad física, la libertad, la integridad moral o la libertad e indemnidad sexual del otro cónyuge o de los hijos que convivan con ambos. Tampoco procederá cuando el juez advierta, de las alegaciones de las partes y las pruebas practicadas, la existencia de indicios fundados de violencia doméstica o de género. Se apreciará también a estos efectos la existencia de malos tratos a animales, o la amenaza de causarlos, como medio para controlar o victimizar a cualquiera de estas personas.

8. Excepcionalmente, aun cuando no se den los supuestos del apartado cinco de este artículo, el Juez, a instancia de una de las partes, con informe del Ministerio Fiscal, podrá acordar la guarda y custodia compartida fundamentándola en que solo de esta forma se protege adecuadamente el interés superior del menor.

9. El Juez, antes de adoptar alguna de las decisiones a que se refieren los apartados anteriores, de oficio o a instancia de parte, del Fiscal o miembros del Equipo Técnico Judicial, o del propio menor, podrá recabar dictamen de especialistas debidamente cualificados, relativo a la idoneidad del modo de ejercicio de la patria potestad y del régimen de custodia de las personas menores de edad para asegurar su interés superior.

10. El Juez adoptará, al acordar fundadamente el régimen de guarda y custodia, así como el de estancia, relación y comunicación, las cautelas necesarias, procedentes y adecuadas para el eficaz cumplimiento de los regímenes establecidos, procurando no separar a los hermanos.

Apdo. 7 modificado por Ley 16/2022, de 5 de septiembre, de reforma del texto refundido de la Ley Concursal, aprobado por el Real Decreto Legislativo 1/2020, de 5 de mayo, para la transposición de la Directiva (UE) 2019/1023 del Parlamento Europeo y del Consejo, de 20 de junio de 2019, sobre marcos de reestructuración preventiva, exoneración de deudas e inhabilitaciones, y sobre medidas para aumentar la eficiencia de los procedimientos de reestructuración, insolvencia y exoneración de deudas, y por la que se modifica la Directiva (UE) 2017/1132 del Parlamento Europeo y del Consejo, sobre determinados aspectos del Derecho de sociedades (Directiva sobre reestructuración e insolvencia). (BOE de 06/09/2022). (Modificación vigente desde el 26 de septiembre de 2022). Anteriormente este apdo. se modificó por Ley 17/2021, de 15 de diciembre, de modificación del Código Civil, la Ley Hipotecaria y la Ley de Enjuiciamiento Civil, sobre el régimen jurídico de los animales (BOE de 16-12-2021).

Ver arts. 90.1.a, 93, 94, 103.1, 106, 154, 156, 159 y 170 del CC; arts. 224 y 225 bis del Código Penal; arts. 180, 263 y 264 del Reglamento de la Ley del Registro Civil; art. 71.1 de la Ley sobre el Registro Civil de 2011; arts. 770.6 y 776.2 de la Ley de Enjuiciamiento Civil; art. 65 de la Ley Orgánica de Medidas de Protección Integral contra la Violencia de Género; arts. 2 y 9 de la Ley Orgánica de Protección Jurídica del Menor, de modificación parcial del Código Civil y de la Ley de Enjuiciamiento Civil; Instrucción 1/2006, de 7 de marzo, sobre la guardia y custodia compartida y el empadronamiento de los hijos menores; arts. 3 y 9 de la Ley de relaciones familiares en supuestos de separación o ruptura de los progenitores (País Vasco); arts. 6, 7, 75 y 80 y D.A. del Código del Derecho Foral Aragón; arts. 1 y 3 de la Ley Foral sobre custodia de los hijos en los casos de ruptura de la convivencia de los padres (Navarra); art. 20.1 de la Ley de protección integral de la infancia y la adolescencia de la Comunidad Valenciana; art. 7 de la Ley de los derechos y las oportunidades en la infancia y la adolescencia (Cataluña); arts. 233-8 a 233-11 del Libro segundo del Código civil de Cataluña, relativo a la persona y la familia; legislación autonómica en relación con parejas de hecho o estables relacionada en el artículo 90.

ART. 93.

El Juez, en todo caso, determinará la contribución de cada progenitor para satisfacer los alimentos y adoptará las medidas convenientes para asegurar la efectividad y acomodación de las prestaciones a las circunstancias económicas y necesidades de los hijos en cada momento.

Si convivieran en el domicilio familiar hijos mayores de edad o emancipados que carecieran de ingresos propios, el Juez, en la misma resolución, fijará los alimentos que sean debidos conforme a los artículos 142 y siguientes de este Código.

Ver arts. 90.1.d, 111, 142 y siguientes, 154.1, 1318, 1319 y 1438 del CC; arts. 608 y 776.1 de la Ley de Enjuiciamiento Civil; art. 227 del Código Penal; art. 27.4 del Instrumento de Ratificación de la Convención sobre los Derechos del Niño, adoptada por la Asamblea General de las Naciones Unidas el 20 de noviembre de 1989; art. 10 de la Ley de relaciones familiares en supuestos de separación o ruptura de los progenitores (País Vasco); art. 82 del Código del Derecho Foral Aragón; arts. 123 y 124 del RDLeg. 1/2020, TR de la Ley Concursal.

ART. 94.

La autoridad judicial determinará el tiempo, modo y lugar en que el progenitor que no tenga consigo a los hijos menores podrá ejercitar el derecho de visitarlos, comunicar con ellos y tenerlos en su compañía.

Respecto de los hijos con discapacidad mayores de edad o emancipados que precisen apoyo para tomar la decisión, el progenitor que no los tenga en su compañía podrá solicitar, en el mismo procedimiento de nulidad, separación o divorcio, que se establezca el modo en que se ejercitará el derecho previsto en el párrafo anterior.

La autoridad judicial adoptará la resolución prevista en los párrafos anteriores, previa audiencia del hijo y del Ministerio Fiscal. Así mismo, la autoridad judicial podrá limitar o suspender los derechos previstos en los párrafos anteriores si se dieran circunstancias relevantes que así lo aconsejen o se incumplieran grave o reiteradamente los deberes impuestos por la resolución judicial.

No procederá el establecimiento de un régimen de visita o estancia, y si existiera se suspenderá, respecto del progenitor que esté incurso en un proceso penal iniciado por atentar contra la vida, la integridad física, la libertad, la integridad moral o la libertad e indemnidad sexual del otro cónyuge o sus hijos. Tampoco procederá cuando la autoridad judicial advierta, de las alegaciones de las partes y las pruebas practicadas, la existencia de indicios fundados de violencia doméstica o de género. No obstante, la autoridad judicial podrá establecer un régimen de visita, comunicación o estancia en resolución motivada en el interés superior del menor o en la voluntad, deseos y preferencias del mayor con discapacidad necesitado de apoyos y previa evaluación de la situación de la relación paternofilial.

No procederá en ningún caso el establecimiento de un régimen de visitas respecto del progenitor en situación de prisión, provisional o por sentencia firme, acordada en procedimiento penal por los delitos previstos en el párrafo anterior.

Igualmente, la autoridad judicial podrá reconocer el derecho de comunicación y visita previsto en el apartado segundo del artículo 160, previa audiencia de los progenitores y de quien lo hubiera solicitado por su condición de hermano, abuelo, pariente o allegado del menor o del mayor con discapacidad que precise apoyo para tomar la decisión, que deberán prestar su consentimiento. La autoridad judicial resolverá teniendo siempre presente el interés del menor o la voluntad, deseos y preferencias del mayor con discapacidad.

Modificado por Ley 8/2021, de 2 de junio, por la que se reforma la legislación civil y procesal para el apoyo a las personas con discapacidad en el ejercicio de su capacidad jurídica (BOE de 03-06-2021). En vigor desde el 3 de septiembre de 2021.

Ver arts. 90.1.a y b, 103.1, 160 y 161 del CC; art. 776.3 de la Ley de Enjuiciamiento Civil; arts. 48.2 y 57.2 del Código Penal; art. 66 de la Ley Orgánica de Medidas de Protección Integral contra la Violencia de Género; arts. 2 de la Ley Orgánica de Protección Jurídica del Menor, de modificación parcial del Código Civil y de la Ley de Enjuiciamiento Civil; arts. 9 y 10 del Instrumento de Ratificación de la Convención sobre los Derechos del Niño, adoptada por la Asamblea General de las Naciones Unidas el 20 de noviembre de 1989; arts. 3 y 11 de la Ley de relaciones familiares en supuestos de separación o ruptura de los progenitores (País Vasco); arts. 233-12 y 233-13 del Libro segundo del Código civil de Cataluña, relativo a la persona y la familia; art. 38 de la Ley de los derechos y las oportunidades en la infancia y la adolescencia (Cataluña); art. 22 de la Ley de protección integral de la infancia y la adolescencia de la Comunidad Valenciana; art. 47.2 de la Ley de Atención y Protección a la Infancia y la Adolescencia (País Vasco); art. 3.6 de la Ley Foral sobre custodia de los hijos en los casos de ruptura de la convivencia de los padres (Navarra).

ART. 94 bis.

La autoridad judicial confiará para su cuidado a los animales de compañía a uno o ambos cónyuges, y determinará, en su caso, la forma en la que el cónyuge al que no se le hayan confiado podrá tenerlos en su compañía, así como el reparto de las cargas asociadas al cuidado del animal, todo ello atendiendo al interés de los miembros de la familia y al bienestar del animal, con independencia de la titularidad dominical de este y de quién le haya sido confiado para su cuidado. Esta circunstancia se hará constar en el correspondiente registro de identificación de animales.

Añadido por Ley 17/2021, de 15 de diciembre, de modificación del Código Civil, la Ley Hipotecaria y la Ley de Enjuiciamiento Civil, sobre el régimen jurídico de los animales (BOE de 16-12-2021). Modificación vigente desde el 5 de enero de 2022.

ART. 95.

La sentencia firme, el decreto firme o la escritura pública que formalicen el convenio regulador, en su caso, producirán, respecto de los bienes del matrimonio, la disolución o extinción del régimen económico matrimonial y aprobará su liquidación si hubiera mutuo acuerdo entre los cónyuges al respecto.

Si la sentencia de nulidad declarara la mala fe de uno solo de los cónyuges, el que hubiere obrado de buena fe podrá optar por aplicar en la liquidación del régimen económico matrimonial las disposiciones relativas al régimen de participación y el de mala fe no tendrá derecho a participar en las ganancias obtenidas por su consorte.

Modificado por Ley 15/2015, de 2 de julio, de la Jurisdicción Voluntaria. (BOE de 03-07-2015).

Ver arts. 1392 y 1415 CC; arts. 90.1.e, 1333, 1392, 1395, 1411 a 1435 y 1438 del CC; arts. 207.2 y 806 de la Ley de Enjuiciamiento Civil; Leyes 87, 97, 122 y 127 de la Compilación del Derecho Civil Foral de Navarra; arts. 60 y 61 de la Ley sobre el Registro Civil de 2011; art. 263 del Reglamento de la Ley del Registro Civil.

ART. 96.

1. En defecto de acuerdo de los cónyuges aprobado por la autoridad judicial, el uso de la vivienda familiar y de los objetos de uso ordinario de ella corresponderá a los hijos comunes menores de edad y al cónyuge en cuya compañía queden, hasta que todos aquellos alcancen la mayoría de edad. Si entre los hijos menores hubiera alguno en una situación de discapacidad que hiciera conveniente la continuación en el uso de la vivienda familiar después de su mayoría de edad, la autoridad judicial determinará el plazo de duración de ese derecho, en función de las circunstancias concurrentes.

A los efectos del párrafo anterior, los hijos comunes mayores de edad que al tiempo de la nulidad, separación o divorcio estuvieran en una situación de discapacidad que hiciera conveniente la continuación en el uso de la vivienda familiar, se equiparan a los hijos menores que se hallen en similar situación.

Extinguido el uso previsto en el párrafo primero, las necesidades de vivienda de los que carezcan de independencia económica se atenderán según lo previsto en el Título VI de este Libro, relativo a los alimentos entre parientes.

Cuando algunos de los hijos queden en la compañía de uno de los cónyuges y los restantes en la del otro, la autoridad judicial resolverá lo procedente.

2. No habiendo hijos, podrá acordarse que el uso de tales bienes corresponda al cónyuge no titular por el tiempo que prudencialmente se fije siempre que, atendidas las circunstancias, lo hicieran aconsejable y su interés fuera el más necesitado de protección.

3. Para disponer de todo o parte de la vivienda y bienes indicados cuyo uso haya sido atribuido conforme a los párrafos anteriores, se requerirá el consentimiento de ambos cónyuges o, en su defecto, autorización judicial. Esta restricción en la facultad dispositiva sobre la vivienda familiar se hará constar en el Registro de la Propiedad. La manifestación errónea o falsa del disponente sobre el uso de la vivienda no perjudicará al adquirente de buena fe.

Modificado por Ley 8/2021, de 2 de junio, por la que se reforma la legislación civil y procesal para el apoyo a las personas con discapacidad en el ejercicio de su capacidad jurídica (BOE de 03-06-2021). En vigor desde el 3 de septiembre de 2021.

Ver arts. 103.2 y 1320 CC; arts. 90.1 c, 103.2 y 1320 del CC; art. 169 del Reglamento de la organización y régimen del Notariado; Ley 55 de la Compilación del Derecho Civil Foral de Navarra; art. 12 de la Ley de relaciones familiares en supuestos de separación o ruptura de los progenitores (País Vasco); art. 81 del Código del Derecho Foral Aragón; arts. 233-20, 233-25 y 234-8 del del Libro segundo del Código civil de Cataluña, relativo a la persona y la familia; art. 91 del Reglamento Hipotecario; art. 4.4 de la Ley del Impuesto sobre el Patrimonio; arts. 7, 12 y 15 de la Ley de Arrendamientos Urbanos; art. 64.2 de la Ley Orgánica de Medidas de Protección Integral contra la Violencia de Género.

ART. 97.

El cónyuge al que la separación o el divorcio produzca un desequilibrio económico en relación con la posición del otro, que implique un empeoramiento en su situación anterior en el matrimonio, tendrá derecho a una compensación que podrá consistir en una pensión temporal o por tiempo indefinido, o en una prestación única, según se determine en el convenio regulador o en la sentencia.

A falta de acuerdo de los cónyuges, el Juez, en sentencia, determinará su importe teniendo en cuenta las siguientes circunstancias:

1.ª Los acuerdos a que hubieran llegado los cónyuges.
2.ª La edad y el estado de salud.
3.ª La cualificación profesional y las probabilidades de acceso a un empleo.
4.ª La dedicación pasada y futura a la familia.
5.ª La colaboración con su trabajo en las actividades mercantiles, industriales o profesionales del otro cónyuge.
6.ª La duración del matrimonio y de la convivencia conyugal.
7.ª La pérdida eventual de un derecho de pensión.
8.ª El caudal y los medios económicos y las necesidades de uno y otro cónyuge.
9.ª Cualquier otra circunstancia relevante.

En la resolución judicial o en el convenio regulador formalizado ante el Secretario judicial o el Notario se fijarán la periodicidad, la forma de pago, las bases para actualizar la pensión, la duración o el momento de cese y las garantías para su efectividad.

Modificado por Ley 15/2015, de 2 de julio, de la Jurisdicción Voluntaria. (BOE de 03-07-2015).

Ver arts. 90, 99, 100, 101, 142 y siguientes del CC; art. 227 del Código Penal; art. 220 del Real Decreto Legislativo 8/2015, de 30 de octubre, por el que se aprueba el texto refundido de la Ley General de la

Seguridad Social; art. 38.2 del Texto Refundido de Ley de Clases Pasivas del Estado; art. 83 del Código del Derecho Foral Aragón; art. 233-14 y 15 del Libro segundo del Código civil de Cataluña, relativo a la persona y la familia; legislación autonómica parejas de hecho y estables referida en el art. 90.

ART. 98.

El cónyuge de buena fe cuyo matrimonio haya sido declarado nulo tendrá derecho a una indemnización si ha existido convivencia conyugal, atendidas las circunstancias previstas en el artículo 97.

Ver arts. 78 a 80, 85 y 1395 del CC; art. 227 del Código Penal; art. 263 del Reglamento de la Ley del Registro Civil; art. 220 del Real Decreto Legislativo 8/2015, de 30 de octubre, por el que se aprueba el texto refundido de la Ley General de la Seguridad Social.

ART. 99.

En cualquier momento podrá convenirse la sustitución de la pensión fijada judicialmente o por convenio regulador formalizado conforme al artículo 97 por la constitución de una renta vitalicia, el usufructo de determinados bienes o la entrega de un capital en bienes o en dinero.

Modificado por Ley 15/2015, de 2 de julio, de la Jurisdicción Voluntaria. (BOE de 03-07-2015).

Ver arts. 467 a 522, y 1802 a 1808 del CC; art. 233-17 del Libro segundo del Código civil de Cataluña, relativo a la persona y la familia.

ART. 100.

Fijada la pensión y las bases de su actualización en la sentencia de separación o de divorcio, sólo podrá ser modificada por alteraciones en la fortuna de uno u otro cónyuge que así lo aconsejen.

La pensión y las bases de actualización fijadas en el convenio regulador formalizado ante el Secretario judicial o Notario podrán modificarse mediante nuevo convenio, sujeto a los mismos requisitos exigidos en este Código.

Modificado por Ley 15/2015, de 2 de julio, de la Jurisdicción Voluntaria. (BOE de 03-07-2015).

Ver arts. 90.3, 97, 146 y 147 del CC; art. 233-18 del Libro segundo del Código civil de Cataluña, relativo a la persona y la familia.

ART. 101.

El derecho a la pensión se extingue por el cese de la causa que lo motivó, por contraer el acreedor nuevo matrimonio o por vivir maritalmente con otra persona.

El derecho a la pensión no se extingue por el solo hecho de la muerte del deudor. No obstante, los herederos de éste podrán solicitar del Juez la reducción o supresión de aquélla, si el caudal hereditario no pudiera satisfacer las necesidades de la deuda o afectara a sus derechos en la legítima.

Ver arts. 806 y ss. CC; arts. 97, 806 a 822, 834 y 835 y 945 del CC; art. 233-19 del Libro segundo del Código civil de Cataluña, relativo a la persona y la familia.

CAPÍTULO X
De las medidas provisionales por demanda de nulidad, separación y divorcio

ART. 102.

Admitida la demanda de nulidad, separación o divorcio, se producen, por ministerio de la Ley, los efectos siguientes:

1.º Los cónyuges podrán vivir separados y cesa la presunción de convivencia conyugal.

2.º Quedan revocados los consentimientos y poderes que cualquiera de los cónyuges hubiera otorgado al otro.

Asimismo, salvo pacto en contrario, cesa la posibilidad de vincular los bienes privativos del otro cónyuge en el ejercicio de la potestad doméstica.

A estos efectos, cualquiera de las partes podrá instar la oportuna anotación en el Registro Civil y, en su caso, en los de la Propiedad y Mercantil.

Ver arts. 69, 71, 83, 89, 106, 1319, 1333, 1376 a 1378 y 1382 del CC; arts. 34 y 40.3.1.º Ley sobre el Registro Civil de 2011; arts. 263 a 265 y 272 del Reglamento de la Ley del Registro Civil; art. 42 de la Ley Hipotecaria; arts. 87 y 93 del Reglamento del Registro Mercantil; art. 13.2 de la Ley de relaciones familiares en supuestos de separación o ruptura de los progenitores (País Vasco).

ART. 103.

Admitida la demanda, el Juez, a falta de acuerdo de ambos cónyuges aprobado judicialmente, adoptará, con audiencia de éstos, las medidas siguientes:

1.ª Determinar, en interés de los hijos, con cuál de los cónyuges han de quedar los sujetos a la patria potestad de ambos y tomar las disposiciones apropiadas de acuerdo con lo establecido en este Código y, en particular, la forma en que el cónyuge que no ejerza la guarda y custodia de los hijos podrá cumplir el deber de velar por éstos y el tiempo, modo y lugar en que podrá comunicar con ellos y tenerlos en su compañía.

Excepcionalmente, los hijos podrán ser encomendados a los abuelos, parientes u otras personas que así lo consintieren y, de no haberlos, a una institución idónea, confiriéndoseles las funciones tutelares que ejercerán bajo la autoridad del juez.

Cuando exista riesgo de sustracción del menor por alguno de los cónyuges o por terceras personas podrán adoptarse las medidas necesarias y, en particular, las siguientes:

a) Prohibición de salida del territorio nacional, salvo autorización judicial previa.

b) Prohibición de expedición del pasaporte al menor o retirada del mismo si ya se hubiere expedido.

c) Sometimiento a autorización judicial previa de cualquier cambio de domicilio del menor.

1.ª bis. Determinar, atendiendo al interés de los miembros de la familia y al bienestar del animal, si los animales de compañía se confían a uno o a ambos cónyuges, la forma en que el cónyuge al que no se hayan confiado podrá tenerlos en su compañía, así como también las medidas cautelares convenientes para conservar el derecho de cada uno.

2.ª Determinar, teniendo en cuenta el interés familiar más necesitado de protección, cuál de los cónyuges ha de continuar en el uso de la vivienda familiar y asimismo, previo inventario, los bienes y objetos del ajuar que continúan en ésta y los que se ha de llevar el otro cónyuge, así como también las medidas cautelares convenientes para conservar el derecho de cada uno.

3.ª Fijar, la contribución de cada cónyuge a las cargas del matrimonio, incluidas si procede las «litis expensas», establecer las bases para la actualización de cantidades y disponer las garantías, depósitos, retenciones u otras medidas cautelares convenientes, a fin de asegurar la efectividad de lo que por estos conceptos un cónyuge haya de abonar al otro.

Se considerará contribución a dichas cargas el trabajo que uno de los cónyuges dedicará a la atención de los hijos comunes sujetos a patria potestad.

4.ª Señalar, atendidas las circunstancias, los bienes gananciales o comunes que, previo inventario, se hayan de entregar a uno u otro cónyuge y las reglas que deban observar en la administración y disposición, así como en la obligatoria rendición de cuentas sobre los bienes comunes o parte de ellos que reciban y los que adquieran en lo sucesivo.

5.ª Determinar, en su caso, el régimen de administración y disposición de aquellos bienes privativos que por capitulaciones o escritura pública estuvieran especialmente afectados a las cargas del matrimonio.

Medida 1.ª bis añadida por Ley 17/2021, de 15 de diciembre, de modificación del Código Civil, la Ley Hipotecaria y la Ley de Enjuiciamiento Civil, sobre el régimen jurídico de los animales (BOE de 16-12-2021). Modificación vigente desde el 5 de enero de 2022.

Ver art. 90, 92 a 96, 104, 106, 1318.3 del CC; arts. 773 a 777 de la Ley de Enjuiciamiento Civil; arts. 224 y 225 bis del Código Penal; arts. 3.3 y 36.4 de la Ley de Asistencia Jurídica Gratuita; art. 233-1 del Libro segundo del Código civil de Cataluña, relativo a la persona y la familia; arts. 84 y 246 del Código del Derecho Foral Aragón; art. 13.2 de la Ley de relaciones familiares en supuestos de separación o ruptura de los progenitores (País Vasco).

ART. 104.

El cónyuge que se proponga demandar la nulidad, separación o divorcio de su matrimonio puede solicitar los efectos y medidas a que se refieren los dos artículos anteriores.

Estos efectos y medidas sólo subsistirán si, dentro de los treinta días siguientes a contar desde que fueron inicialmente adoptados, se presenta la demanda ante el Juez o Tribunal competente.

Ver arts. 769 a 778 de la Ley de Enjuiciamiento Civil; art. 544.ter.7 de la Ley de Enjuiciamiento Criminal; Instrucción 4/2004, de 14 de junio, de la Fiscalía General del Estado, acerca de la protección de las víctimas y el reforzamiento de las medidas cautelares en relación con los delitos de violencia doméstica; art. 61 y 64 de la Ley Orgánica de Medidas de Protección Integral contra la Violencia de Género; art. 13.1 de la Ley 7/2015, de 30 de junio, de relaciones familiares en supuestos de separación o ruptura de los progenitores (País Vasco); art. 84 del Código del Derecho Foral Aragón.

ART. 105.

No incumple el deber de convivencia el cónyuge que sale del domicilio conyugal por una causa razonable y en el plazo de treinta días presenta la demanda o solicitud a que se refieren los artículos anteriores.

Ver arts. 68, 69 y 87 del CC.

ART. 106.

Los efectos y medidas previstos en este capítulo terminan, en todo caso, cuando sean sustituidos por los de la sentencia estimatoria o se ponga fin al procedimiento de otro modo.

La revocación de consentimientos y poderes se entiende definitiva.

Ver arts. 99 a 103 del CC; art. 774.4 de la Ley de Enjuiciamiento Civil; art. 13.3 de la Ley 7/2015, de 30 de junio, de relaciones familiares en supuestos de separación o ruptura de los progenitores (País Vasco)

CAPÍTULO XI
Ley aplicable a la nulidad, la separación y el divorcio.

ART. 107.

1. La nulidad del matrimonio y sus efectos se determinarán de conformidad con la ley aplicable a su celebración.

2. La separación y el divorcio legal se regirán por las normas de la Unión Europea o españolas de Derecho internacional privado.

Modificado por Ley 15/2015, de 2 de julio, de la Jurisdicción Voluntaria. (BOE de 03-07-2015).

Ver arts. 9.2 y 12 del CC; art. 85.5 de la Ley Orgánica del Poder Judicial; D.F. 22 de la Ley de Enjuiciamiento Civil; arts. 11 y 12 de la Ley de Jurisdicción Voluntaria; arts. 41 a 61 de la Ley 29/2015, de 30 de julio, de cooperación jurídica internacional en materia civil.

TÍTULO V
De la paternidad y filiación

CAPÍTULO I
De la filiación y sus efectos

ART. 108.

La filiación puede tener lugar por naturaleza y por adopción. La filiación por naturaleza puede ser matrimonial y no matrimonial. Es matrimonial cuando los progenitores están casados entre sí.

La filiación matrimonial y la no matrimonial, así como la adoptiva, surten los mismos efectos, conforme a las disposiciones de este Código.

Modificado por Ley 4/2023, de 28 de febrero, para la igualdad real y efectiva de las personas trans y para la garantía de los derechos de las personas LGTBI. (BOE de 01/03/2023).

Ver arts. 115, 120, 175 a 180 y 931 del CC; arts. 14 y 39 de la Constitución Española; art. 3 de la Ley Orgánica de Protección Jurídica del Menor, de modificación parcial del Código Civil y de la Ley de Enjuiciamiento Civil; arts. 235-1 y 235-2.1 del Libro segundo del Código civil de Cataluña, relativo a la persona y la familia; art. 443-1.1 del Libro cuarto del Código civil de Cataluña, relativo a las sucesiones; Ley 68 de la Compilación del Derecho Civil Foral de Navarra; art. 56 del Código del Derecho Foral Aragón; art. 28.2 del Texto Refundido de la Compilación del Derecho Civil de las Islas Baleares; Orden de 4 de noviembre de 1985 por la que se aclara e interpreta la Ley en el ámbito de reconocimiento de pensiones de orfandad del sistema de Clases Pasivas del Estado.

ART. 109.

La filiación determina los apellidos con arreglo a lo dispuesto en la ley.

Si la filiación está determinada por ambas líneas, los progenitores de común acuerdo podrán decidir el orden de transmisión de su respectivo primer apellido, antes de la inscripción registral. Si no se ejercita esta opción, regirá lo dispuesto en la ley.

El orden de apellidos inscrito para el mayor de los hijos regirá en las inscripciones de nacimiento posteriores de sus hermanos del mismo vínculo.

El hijo, al alcanzar la mayoría de edad, podrá solicitar que se altere el orden de los apellidos.

Modificado por Ley 4/2023, de 28 de febrero, para la igualdad real y efectiva de las personas trans y para la garantía de los derechos de las personas LGTBI. (BOE de 01/03/2023).

Ver D.T.U. de la Ley sobre nombre y apellidos y orden de los mismos; arts. 192 a 219 del Reglamento de la Ley del Registro Civil; arts. 44, 49.2 y 53 de la Ley sobre el Registro Civil de 2011; Ley 72 de la Compilación del Derecho Civil Foral de Navarra; art. 57 del Código del Derecho Foral Aragón; arts. 235-2.2 y 235-2.3 del Libro segundo del Código civil de Cataluña, relativo a la persona y la familia; Instrumento de ratificación del Convenio relativo a la expedición de un Certificado de diversidad de apellidos, hecho en La Haya el 8 de septiembre de 1982; Instrumento de ratificación del Convenio número 19, de la Comisión Internacional del Estado Civil (CIEC), relativo a la Ley aplicable a los nombres y los apellidos, hecho en Munich el 5 de septiembre de 1980; Instrucción de 23 de mayo de 2007, de la DGRN, sobre apellidos de los extranjeros nacionalizados españoles y su consignación en el Registro Civil español; Instrucción de 24 de febrero de 2010, de la DGRN, sobre reconocimiento de los apellidos inscritos en los Registros Civiles de otros países miembros de la Unión Europea.

ART. 110.

Aunque no ostenten la patria potestad, ambos progenitores están obligados a velar por los hijos menores y a prestarles alimentos.

Modificado por Ley 4/2023, de 28 de febrero, para la igualdad real y efectiva de las personas trans y para la garantía de los derechos de las personas LGTBI. (BOE de 01/03/2023).

Ver arts. 90.1.d, 93, 111, 143.2, 144.2, 154.1, 1362.1 y 1438 del CC; art. 39.3 de la Constitución Española; art. 46 del Código Penal; Ley 72.3 de la Compilación del Derecho Civil Foral de Navarra; arts. 235-2.2 del Libro segundo del Código civil de Cataluña, relativo a la persona y la familia; arts. 58.2 y 59 del Código del Derecho Foral Aragón.

ART. 111.

Quedará excluido de la patria potestad y demás funciones tuitivas y no ostentará derechos por ministerio de la Ley respecto del hijo o de sus descendientes, o en sus herencias, el progenitor:

1.° Cuando haya sido condenado a causa de las relaciones a que obedezca la generación, según sentencia penal firme.

2.° Cuando la filiación haya sido judicialmente determinada contra su oposición.

En ambos supuestos el hijo no ostentará el apellido del progenitor en cuestión más que si lo solicita él mismo o su representante legal.

Dejarán de producir efecto estas restricciones por determinación del representante legal del hijo aprobada judicialmente, o por voluntad del propio hijo una vez alcanzada la plena capacidad.

Quedarán siempre a salvo las obligaciones de velar por los hijos y prestarles alimentos.

Ver arts. 110, 115.2, 120.3, 143, 169 y 170 del CC; arts. 178 a 183 y 193 del Código Penal; Ley 72.2 de la Compilación del Derecho Civil Foral de Navarra; art. 235-14 del Libro segundo del Código civil de Cataluña, relativo a la persona y la familia; art. 61 del Código del Derecho Foral Aragón.

CAPÍTULO II
De la determinación y prueba de la filiación

Sección 1.ª Disposiciones generales

ART. 112.

La filiación produce sus efectos desde que tiene lugar. Su determinación legal tiene efectos retroactivos siempre que la retroactividad sea compatible con la naturaleza de aquéllos y la Ley no dispusiere lo contrario.

En todo caso conservarán su validez los actos otorgados en nombre del hijo menor por su representante legal o, en el caso de los mayores con discapacidad que tuvieran previstas medidas de apoyo, los realizados conforme a estas, antes de que la filiación hubiera sido determinada.

Segundo párrafo modificado por Ley 8/2021, de 2 de junio, por la que se reforma la legislación civil y procesal para el apoyo a las personas con discapacidad en el ejercicio de su capacidad jurídica (BOE de 03-06-2021). En vigor desde el 3 de septiembre de 2021.

Ver art. 180.4 del CC.

ART. 113.

La filiación se acredita por la inscripción en el Registro Civil, por el documento o sentencia que la determina legalmente, por la presunción de paternidad matrimonial y, a falta de los medios anteriores, por la posesión de estado. Para la admisión de pruebas distintas a la inscripción se estará a lo dispuesto en la Ley de Registro Civil.

No será eficaz la determinación de una filiación en tanto resulte acreditada otra contradictoria.

Ver arts. 115 a 126, 134, 139 y 176 del CC; arts. 181 a 191 del Reglamento de la Ley del Registro Civil; art. 19 de la Ley sobre el Registro Civil de 2011; Ley 68 de la Compilación del Derecho Civil Foral de Navarra; art. 235-19 del Libro segundo del Código civil de Cataluña, relativo a la persona y la familia; art. 11 de la Ley de Atención y Protección a la Infancia y la Adolescencia (País Vasco).

ART. 114.

Los asientos de filiación podrán ser rectificados conforme a la Ley de Registro Civil, sin perjuicio de lo especialmente dispuesto en el presente título sobre acciones de impugnación.

Podrán también rectificarse en cualquier momento los asientos que resulten contradictorios con los hechos que una sentencia penal declare probados.

Ver arts. 136 y siguientes del CC; arts. 293 a 310 del Reglamento de la Ley del Registro Civil.

Sección 2.ª De la determinación de la filiación matrimonial

ART. 115.

La filiación matrimonial materna y paterna quedará determinada legalmente:
1.º Por la inscripción del nacimiento junto con la del matrimonio de los padres.
2.º Por sentencia firme.

Ver arts. 165 a 170 del Reglamento de la Ley del Registro Civil; art. 764.1 de la Ley de Enjuiciamiento Civil; arts. 44.3 a 5 de la Ley sobre el Registro Civil de 2011; Ley 68 de la Compilación del Derecho Civil Foral de Navarra; art. 235-3 del Libro segundo del Código civil de Cataluña, relativo a la persona y la familia.

ART. 116.

Se presumen hijos del marido los nacidos después de la celebración del matrimonio y antes de los trescientos días siguientes a su disolución o a la separación legal o de hecho de los cónyuges.

Ver art. 83 del CC; art. 385 de la Ley de Enjuiciamiento Civil; art. 44.4 de la Ley sobre el Registro Civil de 2011; Ley 68 de la Compilación del Derecho Civil Foral de Navarra; arts. 235-4 y 235-5.1 del Libro segundo del Código civil de Cataluña, relativo a la persona y la familia.

ART. 117.

Nacido el hijo dentro de los ciento ochenta días siguientes a la celebración del matrimonio, podrá el marido destruir la presunción mediante declaración auténtica en contrario formalizada dentro de los seis meses siguientes al conocimiento del parto. Se exceptúan los casos en que hubiere reconocido la paternidad expresa o tácitamente o hubiese conocido el embarazo de la mujer con anterioridad a la celebración del matrimonio, salvo que, en este último supuesto, la declaración auténtica se hubiera formalizado con el consentimiento de ambos, antes del matrimonio o después del mismo, dentro de los seis meses siguientes al nacimiento del hijo.

Ver art. 184 del Reglamento de la Ley del Registro Civil; Ley 68 de la Compilación del Derecho Civil Foral de Navarra; art. 235-6 del Libro segundo del Código civil de Cataluña, relativo a la persona y la familia; art. 44.4 de la Ley sobre el Registro Civil de 2011.

ART. 118.

Aun faltando la presunción de paternidad del marido por causa de la separación legal o de hecho de los cónyuges, podrá inscribirse la filiación como matrimonial si concurre el consentimiento de ambos.

Ver art. 116 del CC; Ley 68.3 de la Compilación del Derecho Civil Foral de Navarra; art. 44.4 de la Ley sobre el Registro Civil de 2011.

ART. 119.

La filiación adquiere el carácter de matrimonial desde la fecha del matrimonio de los progenitores cuando éste tenga lugar con posterioridad al nacimiento del hijo siempre que el hecho de la filiación quede determinado legalmente conforme a lo dispuesto en la sección siguiente.

Lo establecido en el párrafo anterior aprovechará, en su caso, a los descendientes del hijo fallecido.

Ver art. 115 del CC; Ley 68.4 de la Compilación del Derecho Civil Foral de Navarra; art. 235-7 del Libro segundo del Código civil de Cataluña, relativo a la persona y la familia.

Sección 3.ª De la determinación de la filiación no matrimonial

ART. 120.

La filiación no matrimonial quedará determinada legalmente:

1.º En el momento de la inscripción del nacimiento, por la declaración conforme realizada por el padre o progenitor no gestante en el correspondiente formulario oficial a que se refiere la legislación del Registro Civil.

2.º Por el reconocimiento ante el Encargado del Registro Civil, en testamento o en otro documento público.

3.º Por resolución recaída en expediente tramitado con arreglo a la legislación del Registro Civil.

4.º Por sentencia firme.

5.º Respecto de la madre o progenitor gestante, cuando se haga constar su filiación en la inscripción de nacimiento practicada dentro de plazo, de acuerdo con lo dispuesto en la Ley del Registro Civil.

Modificado por Ley 4/2023, de 28 de febrero, para la igualdad real y efectiva de las personas trans y para la garantía de los derechos de las personas LGTBI. (BOE de 01/03/2023).

Modificado anteriormente por Ley 19/2015, de 13 de julio, de medidas de reforma administrativa en el ámbito de la Administración de Justicia y del Registro Civil. (BOE de 14-07-2015).

Ver arts. 115.2, 134.2, 180.4, 121 a 124, 126, 741 y 764.1 del CC; arts. 7, 8, 44.4 de la Ley sobre el Registro Civil de 2011; arts. 181 a 189 del Reglamento de la Ley del Registro Civil; arts. 8, 9.3 y 10 de la Ley sobre técnicas de reproducción humana asistida; art. 17.2 de la Ley básica reguladora de la autonomía del paciente y de derechos y obligaciones en materia de información y documentación clínica; Leyes 68 y 69 de la Compilación del Derecho Civil Foral de Navarra; arts. 235-3 y 235-9 del Libro segundo del Código civil de Cataluña, relativo a la persona y la familia; art. 11 de la Ley de Atención y Protección a la Infancia y la Adolescencia (País Vasco).

ART. 121.

El reconocimiento otorgado por menores no emancipados necesitará para su validez aprobación judicial con audiencia del Ministerio Fiscal.

Para la validez del reconocimiento otorgado por personas mayores de edad respecto de las que hayan establecido medidas de apoyo se estará a lo que resulte de la resolución judicial o escritura pública que las haya establecido. Si nada se hubiese dispuesto y no hubiera medidas voluntarias de apoyo, se instruirá la correspondiente revisión de las medidas de apoyo judicialmente adoptadas para completarlas a este fin.

Modificado por Ley 8/2021, de 2 de junio, por la que se reforma la legislación civil y procesal para el apoyo a las personas con discapacidad en el ejercicio de su capacidad jurídica (BOE de 03-06-2021). En vigor desde el 3 de septiembre de 2021.

Ver arts. 46 y 124 del CC; art. 23 de la Ley de la Jurisdicción Voluntaria; Ley 69.3 de la Compilación del Derecho Civil Foral de Navarra; art. 235-11.2 del Libro segundo del Código civil de Cataluña, relativo a la persona y la familia.

ART. 122.

Cuando un progenitor hiciere el reconocimiento separadamente, no podrá manifestar en él la identidad del otro a no ser que esté ya determinada legalmente.

Ver art. 120 del CC; art. 181 del Reglamento de la Ley del Registro Civil; Ley 69.2 de la Compilación del Derecho Civil Foral de Navarra; art. 235-9 del Libro segundo del Código civil de Cataluña, relativo a la persona y la familia.

ART. 123.

El reconocimiento de un hijo mayor de edad no producirá efectos sin su consentimiento expreso o tácito.

El consentimiento para la eficacia del reconocimiento de la persona mayor de edad con discapacidad se prestará por esta, de manera expresa o tácita, con los apoyos que requiera para ello. En caso de que exista resolución judicial o escritura pública que haya establecido medidas de apoyo, se estará a lo allí dispuesto.

Modificado por Ley 8/2021, de 2 de junio, por la que se reforma la legislación civil y procesal para el apoyo a las personas con discapacidad en el ejercicio de su capacidad jurídica (BOE de 03-06-2021). En vigor desde el 3 de septiembre de 2021.

Ver art. 240 del CC; art. 187 del Reglamento de la Ley del Registro Civil; art. 44.7 de la Ley sobre el Registro Civil de 2011; Ley 69.4 de la Compilación del Derecho Civil Foral de Navarra; art. 235-12.1 del Libro segundo del Código civil de Cataluña, relativo a la persona y la familia

ART. 124.

La eficacia del reconocimiento de la persona menor de edad requerirá el consentimiento expreso de su representante legal o la aprobación judicial con audiencia del Ministerio Fiscal y del progenitor legalmente conocido.

No será necesario el consentimiento o la aprobación si el reconocimiento se hubiere efectuado en testamento o dentro del plazo establecido para practicar la inscripción del nacimiento. La inscripción de la filiación del padre o progenitor no gestante así practicada podrá suspenderse a simple petición de la madre o progenitor gestante durante el año siguiente al nacimiento. Si el padre o progenitor no gestante solicitara la confirmación de la inscripción, será necesaria la aprobación judicial con audiencia del Ministerio Fiscal.

Modificado por Ley 4/2023, de 28 de febrero, para la igualdad real y efectiva de las personas trans y para la garantía de los derechos de las personas LGTBI. (BOE de 01/03/2023).

Modificado anteriormente por Ley 8/2021, de 2 de junio, por la que se reforma la legislación civil y procesal para el apoyo a las personas con discapacidad en el ejercicio de su capacidad jurídica (BOE de 03-06-2021). En vigor desde el 3 de septiembre de 2021.

Ver arts. 120.1 y 741 del CC; art. 188 del Reglamento de la Ley del Registro Civil; art. 44.7 de la Ley sobre el Registro Civil de 2011; arts. 23 y 26 de la Ley de la Jurisdicción Voluntaria; Ley 69.4 de la Compilación del Derecho Civil Foral de Navarra; art. 235-12.3 del Libro segundo del Código civil de Cataluña, relativo a la persona y la familia

ART. 125.

Cuando los progenitores del menor fueren hermanos o consanguíneos en línea recta, legalmente determinada la filiación respecto de uno, solo podrá quedar determinada legalmente respecto del otro previa autorización judicial, que se otorgará con audiencia del Ministerio Fiscal, cuando convenga al interés del menor.

El menor podrá, alcanzada la mayoría de edad, invalidar mediante declaración auténtica esta última determinación si no la hubiere consentido.

Modificado por Ley 8/2021, de 2 de junio, por la que se reforma la legislación civil y procesal para el apoyo a las personas con discapacidad en el ejercicio de su capacidad jurídica (BOE de 03-06-2021). En vigor desde el 3 de septiembre de 2021.

Ver art. 188 del Reglamento de la Ley del Registro Civil; arts. 23 y 26 de la Ley de la Jurisdicción Voluntaria.

ART. 126.

El reconocimiento del ya fallecido sólo surtirá efecto si lo consintieren sus descendientes por sí o por sus representantes legales.

Ver art. 235-12.4 del Libro segundo del Código civil de Cataluña, relativo a la persona y la familia

Ver art. 188 del Reglamento de la Ley del Registro Civil.

CAPÍTULO III
De las acciones de filiación

Sección 1.ª Disposiciones generales

ART. 127 A 130.
(DEROGADOS)

Estos artículos fueron derogados por la Disposición Derogatoria única 2.1.º de la LEC 1/2000, de 7 de enero, y han sido sustituidos por los arts. 748, 755 y 764 a 768 de la Ley de Enjuiciamiento Civil.

Sección 2.ª De la reclamación

ART. 131.

Cualquier persona con interés legítimo tiene acción para que se declare la filiación manifestada por la constante posesión de estado.

Se exceptúa el supuesto en que la filiación que se reclame contradiga otra legalmente determinada.

Ver arts. 113 y 134 del CC; arts. 748 a 755, 764 a 768 de la Ley de Enjuiciamiento Civil; Leyes 70.2 y 71 de la Compilación del Derecho Civil Foral de Navarra; arts. 235-19 y 235-20 del Libro segundo del Código civil de Cataluña, relativo a la persona y la familia.

ART. 132.

A falta de la correspondiente posesión de estado, la acción de reclamación de la filiación matrimonial, que es imprescriptible, corresponde a cualquiera de los dos progenitores o al hijo.

Si el hijo falleciere antes de transcurrir cuatro años desde que alcanzase plena capacidad, o durante el año siguiente al descubrimiento de las pruebas en que se haya de fundar la demanda, su acción corresponde a sus herederos por el tiempo que faltare para completar dichos plazos.

Modificado por Ley 4/2023, de 28 de febrero, para la igualdad real y efectiva de las personas trans y para la garantía de los derechos de las personas LGTBI. (BOE de 01/03/2023).

Ver arts. 133 y 134 del CC; Ley 71 de la Compilación del Derecho Civil Foral de Navarra; art. 235-20 del Libro segundo del Código civil de Cataluña, relativo a la persona y la familia.

ART. 133.

1. La acción de reclamación de filiación no matrimonial, cuando falte la respectiva posesión de estado, corresponderá al hijo durante toda su vida.

Si el hijo falleciere antes de transcurrir cuatro años desde que alcanzare la mayoría de edad o desde que se eliminaren las medidas de apoyo que tuviera previstas a tales efectos, o durante el año siguiente al descubrimiento de las pruebas en que se funde la demanda, su acción corresponderá a sus herederos por el tiempo que faltare para completar dichos plazos.

2. Igualmente podrán ejercitar la presente acción de filiación los progenitores en el plazo de un año contado desde que hubieran tenido conocimiento de los hechos en que hayan de basar su reclamación.

Esta acción no será transmisible a los herederos quienes solo podrán continuar la acción que el progenitor hubiere iniciado en vida.

Apdo. 1 modificado por Ley 8/2021, de 2 de junio, por la que se reforma la legislación civil y procesal para el apoyo a las personas con discapacidad en el ejercicio de su capacidad jurídica (BOE de 03-06-2021). En vigor desde el 3 de septiembre de 2021.

Ver arts. 132, 134, 136 y 137 del CC; Ley 71 de la Compilación del Derecho Civil Foral de Navarra; art. 235-21 del Libro segundo del Código civil de Cataluña, relativo a la persona y la familia.

ART. 134.

El ejercicio de la acción de reclamación, conforme a los artículos anteriores, por el hijo o el progenitor, permitirá en todo caso la impugnación de la filiación contradictoria.

Ver arts. 113.2, 115.2, 120.3 y 131.2 del CC; Ley 70.2 de la Compilación del Derecho Civil Foral de Navarra; art. 235-22 del Libro segundo del Código civil de Cataluña, relativo a la persona y la familia.

ART. 135.

(DEROGADO)

La LEC 1/2000, de 7 de enero, dejó sin efecto este artículo, que habrá que estimar sustituido por el art. 769, párr. 3.º de la nueva LEC.

Sección 3.ª De la impugnación

ART. 136.

1. El marido podrá ejercitar la acción de impugnación de la paternidad en el plazo de un año contado desde la inscripción de la filiación en el Registro Civil. Sin embargo, el plazo no correrá mientras el marido ignore el nacimiento. Fallecido el marido sin conocer el nacimiento, el año se contará desde que lo conozca el heredero.

2. Si el marido, pese a conocer el hecho del nacimiento de quien ha sido inscrito como hijo suyo, desconociera su falta de paternidad biológica, el cómputo del plazo de un año comenzará a contar desde que tuviera tal conocimiento.

3. Si el marido falleciere antes de transcurrir el plazo señalado en los párrafos anteriores, la acción corresponderá a cada heredero por el tiempo que faltare para completar dicho plazo.

Modificado por Ley 26/2015, de 28 de julio, de modificación del sistema de protección a la infancia y a la adolescencia. (BOE de 29-07-2015).

Ver arts. 116, 133 y 137 del CC; art. 9.1 de la Ley sobre técnicas de reproducción humana asistida; Ley 70 de la Compilación del Derecho Civil Foral de Navarra; art. 235-23 del Libro segundo del Código civil de Cataluña, relativo a la persona y la familia.

ART. 137.

1. La filiación del padre o progenitor no gestante podrá ser impugnada por el hijo durante el año siguiente a la inscripción de la filiación. Si fuere menor o persona con discapacidad con medidas de apoyo, para impugnarla, el plazo del año se contará desde la mayoría de edad o desde la extinción de las medidas de apoyo.

El ejercicio de la acción, en interés del hijo que sea menor, corresponderá, asimismo, durante el año siguiente a la inscripción de la filiación, a la madre o progenitor gestante que ostente la patria potestad, a su representante legal o al Ministerio Fiscal.

Si se tratare de persona con discapacidad con medidas de apoyo, esta, quien preste el apoyo y se encuentre expresamente facultado para ello o, en su defecto, el Ministerio Fiscal, podrán, asimismo, ejercitar la acción de impugnación durante el año siguiente a la inscripción de la filiación.

2. Si el hijo, pese a haber transcurrido más de un año desde la inscripción en el registro, desde su mayoría de edad o desde la extinción de la medida de apoyo, desconociera la falta de paternidad biológica de quien aparece inscrito como su padre o progenitor no gestante, el cómputo del plazo de un año comenzará a contar desde que tuviera tal conocimiento.

3. Cuando el hijo falleciere antes de transcurrir los plazos establecidos en los párrafos anteriores, su acción corresponderá a sus herederos por el tiempo que faltare para completar dichos plazos.

4. Si falta en las relaciones familiares la posesión de estado de filiación matrimonial, la demanda podrá ser interpuesta en cualquier tiempo por el hijo o sus herederos.

Modificado por Ley 4/2023, de 28 de febrero, para la igualdad real y efectiva de las personas trans y para la garantía de los derechos de las personas LGTBI. (BOE de 01/03/2023).

Apdos. 1 y 2 modificados por Ley 8/2021, de 2 de junio, por la que se reforma la legislación civil y procesal para el apoyo a las personas con discapacidad en el ejercicio de su capacidad jurídica (BOE de 03-06-2021). En vigor desde el 3 de septiembre de 2021.

Ver arts. 116, 133 y 136 del CC; art. 765.1 de la Ley de Enjuiciamiento Civil; art. 3.7 de la Ley Reguladora del Estatuto Orgánico del Ministerio Fiscal; Circular 1/2001, de 5 abril: Incidencia de la nueva Ley de Enjuiciamiento Civil en la intervención del Fiscal en los procesos civiles; Ley 70 de la Compilación del Derecho Civil Foral de Navarra; arts. 235-24 y 25 del Libro segundo del Código civil de Cataluña, relativo a la persona y la familia.

ART. 138.

El reconocimiento y demás actos jurídicos que determinen conforme a la ley una filiación matrimonial o no matrimonial podrán ser impugnados por vicio de consentimiento según lo dispuesto en el artículo 141. La impugnación de la paternidad por otras causas se atenderá a las normas contenidas en esta sección.

Modificado por Ley 26/2015, de 28 de julio, de modificación del sistema de protección a la infancia y a la adolescencia. (BOE de 29-07-2015).

Ver arts. 117 a 119, 141, 1265 y 1270 del CC; Ley 70 de la Compilación del Derecho Civil Foral de Navarra; art. 235-27 del Libro segundo del Código civil de Cataluña, relativo a la persona y la familia.

ART. 139.

La madre o progenitor que conste como gestante podrá ejercitar la acción de impugnación de la filiación justificando la suposición del parto o no ser cierta la identidad del hijo.

Modificado por Ley 4/2023, de 28 de febrero, para la igualdad real y efectiva de las personas trans y para la garantía de los derechos de las personas LGTBI. (BOE de 01/03/2023).

Ver arts. 115.1 y 120.5 del CC; arts. 220, 390 y 392 del Código Penal; arts. 44 y siguientes de la Ley sobre el Registro Civil de 2011; art. 9.1 de la Ley sobre técnicas de reproducción humana asistida; Ley 70.6 de la Compilación del Derecho Civil Foral de Navarra; art. 235-29 del Libro segundo del Código civil de Cataluña, relativo a la persona y la familia.

ART. 140.

Cuando falte en las relaciones familiares la posesión de estado, la filiación paterna o materna no matrimonial podrá ser impugnada por aquellos a quienes perjudique.

Cuando exista posesión de estado, la acción de impugnación corresponderá a quien aparece como hijo o progenitor y a quienes por la filiación puedan resultar afectados en su calidad de herederos forzosos. La acción caducará pasados cuatro años desde que el hijo, una vez inscrita la filiación, goce de la posesión de estado correspondiente.

Los hijos tendrán en todo caso acción durante un año después de alcanzar la mayoría de edad o de recobrar capacidad suficiente a tales efectos.

Modificado por Ley 26/2015, de 28 de julio, de modificación del sistema de protección a la infancia y a la adolescencia. (BOE de 29-07-2015).

Ver Ley 70 de la Compilación del Derecho Civil Foral de Navarra; art. 235-26 del Libro segundo del Código civil de Cataluña, relativo a la persona y la familia.

ART. 141.

La acción de impugnación del reconocimiento realizado mediante error, violencia o intimidación corresponde a quien lo hubiere otorgado. La acción caducará al año del reconocimiento o desde que cesó el vicio de consentimiento, y podrá ser ejercitada o continuada por los herederos de aquél, si hubiere fallecido antes de transcurrir el año.

Ver arts. 117 a 119, 121 a 124, 138, 1265, 1267 y 1268 del CC; art. 765.2 de la Ley de Enjuiciamiento Civil; Ley 70 de la Compilación del Derecho Civil Foral de Navarra; arts. 235-20 y 235-27 del Libro segundo del Código civil de Cataluña, relativo a la persona y la familia.

TÍTULO VI
De los alimentos entre parientes

ART. 142.

Se entiende por alimentos todo lo que es indispensable para el sustento, habitación, vestido y asistencia médica.

Los alimentos comprenden también la educación e instrucción del alimentista mientras sea menor de edad y aun después cuando no haya terminado su formación por causa que no le sea imputable.

Entre los alimentos se incluirán los gastos de embarazo y parto, en cuanto no estén cubiertos de otro modo.

Ver art. 9.7 CC; arts. 9.7, 110, 111, 146, 154, 879, 1041, 1042, 1362, 1814 y 1894 del CC; art. 39.3 de la Constitución Española; art. 237-1 del Libro segundo del Código civil de Cataluña, relativo a la persona y la familia; art. 427-30 del Libro cuarto del Código civil de Cataluña, relativo a las sucesiones.

ART. 143.

Están obligados recíprocamente a darse alimentos en toda la extensión que señala el artículo precedente:

1.º Los cónyuges.

2.º Los ascendientes y descendientes.

Los hermanos sólo se deben los auxilios necesarios para la vida, cuando los necesiten por cualquier causa que no sea imputable al alimentista, y se extenderán en su caso a los que precisen para su educación.

Ver art. 39.3 CE; arts. 68, 90.1.d, 110, 111, 153, 154, 173, 228, 853 a 855, 1362 y 1438 del CC; art. 39.3 de la Constitución Española; Leyes 63, 72, 84.1, 85.1, 130 y 133 de la Compilación del Derecho Civil Foral de Navarra; arts. 237-2 y 234-10 del Libro segundo del Código civil de Cataluña, relativo a la persona y la familia; art. 313 del Código del Derecho Foral Aragón; art. 6 de la Ley de parejas estables; arts. 226 y 227 del Código Penal; arts. 123 y 124 del RDLeg. 1/2020, TR de la Ley Concursal.

ART. 144.

La reclamación de alimentos cuando proceda y sean dos o más los obligados a prestarlos se hará por el orden siguiente:

1.° Al cónyuge.

2.° A los descendientes de grado más próximo.

3.° A los ascendientes, también de grado más próximo.

4.° A los hermanos, pero estando obligados en último lugar los que sólo sean uterinos o consanguíneos.

Entre los descendientes y ascendientes se regulará la gradación por el orden en que sean llamados a la sucesión legítima de la persona que tenga derecho a los alimentos.

Ver arts. 930 a 938, 946 a 955, 1137 y siguientes, y 1894 del CC; arts. 250.1.8 .° y 437 y siguientes de la Ley de Enjuiciamiento Civil; art. 237-6 del Libro segundo del Código civil de Cataluña, relativo a la persona y la familia; arts. 123 y 124 del RDLeg. 1/2020, TR de la Ley Concursal.

ART. 145.

Cuando recaiga sobre dos o más personas la obligación de dar alimentos, se repartirá entre ellas el pago de la pensión en cantidad proporcional a su caudal respectivo.

Sin embargo, en caso de urgente necesidad y por circunstancias especiales, podrá el Juez obligar a una sola de ellas a que los preste provisionalmente, sin perjuicio de su derecho a reclamar de los demás obligados la parte que les corresponda.

Cuando dos o más alimentistas reclamaren a la vez alimentos de una misma persona obligada legalmente a darlos, y ésta no tuviere fortuna bastante para atender a todos, se guardará el orden establecido en el artículo anterior, a no ser que los alimentistas concurrentes fuesen el cónyuge y un hijo sujeto a la patria potestad, en cuyo caso éste será preferido a aquél.

Ver art. 1438 del CC; arts. 237-7 y 8 del Libro segundo del Código civil de Cataluña, relativo a la persona y la familia

ART. 146.

La cuantía de los alimentos será proporcionada al caudal o medios de quien los da y a las necesidades de quien los recibe.

Ver arts. 142, 147, 152 y 1793 del CC; art. 608 de la Ley de Enjuiciamiento Civil; art. 237-9 del Libro segundo del Código civil de Cataluña, relativo a la persona y la familia.

ART. 147.

Los alimentos, en los casos a que se refiere el artículo anterior, se reducirán o aumentarán proporcionalmente según el aumento o disminución que sufran las necesidades del alimentista y la fortuna del que hubiere de satisfacerlos.

Ver arts. 90.1.d, 91, 93, 97, 100 y 146 del CC; art. 237-9.2 del Libro segundo del Código civil de Cataluña, relativo a la persona y la familia.

ART. 148.

La obligación de dar alimentos será exigible desde que los necesitare, para subsistir, la persona que tenga derecho a percibirlos, pero no se abonarán sino desde la fecha en que se interponga la demanda.

Se verificará el pago por meses anticipados, y, cuando fallezca el alimentista, sus herederos no estarán obligados a devolver lo que éste hubiese recibido anticipadamente.

El Juez, a petición del alimentista o del Ministerio Fiscal, ordenará con urgencia las medidas cautelares oportunas para asegurar los anticipos que haga una Entidad pública u otra persona y proveer a las futuras necesidades.

Ver arts. 880 y 1894 del CC; arts. 237-4, 5 y 11.2 del Libro segundo del Código civil de Cataluña, relativo a la persona y la familia.

ART. 149.

El obligado a prestar alimentos podrá, a su elección, satisfacerlos, o pagando la pensión que se fije, o recibiendo y manteniendo en su propia casa al que tiene derecho a ellos.

Esta elección no será posible en cuanto contradiga la situación de convivencia determinada para el alimentista por las normas aplicables o por resolución judicial. También podrá ser rechazada cuando concurra justa causa o perjudique el interés del alimentista menor de edad.

Ver arts. 90 a 94, 102.1, 103.1, 111, 156, 159, 170 y 1792 del CC; art. 237-10 del Libro segundo del Código civil de Cataluña, relativo a la persona y la familia.

ART. 150.

La obligación de suministrar alimentos cesa con la muerte del obligado, aunque los prestase en cumplimiento de una sentencia firme.

Ver art. 659 del CC; art. 237-13 del Libro segundo del Código civil de Cataluña, relativo a la persona y la familia.

ART. 151.

No es renunciable ni transmisible a un tercero el derecho a los alimentos. Tampoco pueden compensarse con lo que el alimentista deba al que ha de prestarlos.

Pero podrán compensarse y renunciarse las pensiones alimenticias atrasadas, y transmitirse a título oneroso o gratuito el derecho a demandarlas.

Ver arts. 1200 y 1814 del CC; art. 237-12 del Libro segundo del Código civil de Cataluña, relativo a la persona y la familia.

ART. 152.

Cesará también la obligación de dar alimentos:

1.º Por muerte del alimentista.

2.º Cuando la fortuna del obligado a darlos se hubiere reducido hasta el punto de no poder satisfacerlos sin desatender sus propias necesidades y las de su familia.

3.º Cuando el alimentista pueda ejercer un oficio, profesión o industria, o haya adquirido un destino o mejorado de fortuna, de suerte que no le sea necesaria la pensión alimenticia para su subsistencia.

4.º Cuando el alimentista, sea o no heredero forzoso, hubiese cometido alguna falta de las que dan lugar a la desheredación.

5.º Cuando el alimentista sea descendiente del obligado a dar alimentos, y la necesidad de aquél provenga de mala conducta o de falta de aplicación al trabajo, mientras subsista esta causa.

Ver arts. 146, 147, 150, 848 a 857 y 1794 del CC; art. 237-13 del Libro segundo del Código civil de Cataluña, relativo a la persona y la familia

ART. 153.

Las disposiciones que preceden son aplicables a los demás casos en que por este Código, por testamento o por pacto se tenga derecho a alimentos, salvo lo pactado, lo ordenado por el testador o lo dispuesto por la ley para el caso especial de que se trate.

Ver arts. 173, 225.1, 879, 964, 1408, y 1791 a 1797 del CC; Leyes 89, 115.7, 115.12 y 131 de la Compilación del Derecho Civil Foral de Navarra; art. 237-14 del Libro segundo del Código civil de Cataluña, relativo a la persona y la familia

Ver arts. 123 y 124 del RDLeg. 1/2020, TR de la Ley Concursal.

TÍTULO VII
De las relaciones paterno-filiales

CAPÍTULO I
Disposiciones generales

ART. 154.

Los hijos e hijas no emancipados están bajo la patria potestad de los progenitores.

La patria potestad, como responsabilidad parental, se ejercerá siempre en interés de los hijos e hijas, de acuerdo con su personalidad, y con respeto a sus derechos, su integridad física y mental.

Esta función comprende los siguientes deberes y facultades:

1.º Velar por ellos, tenerlos en su compañía, alimentarlos, educarlos y procurarles una formación integral.

2.º Representarlos y administrar sus bienes.

3.º Decidir el lugar de residencia habitual de la persona menor de edad, que solo podrá ser modificado con el consentimiento de ambos progenitores o, en su defecto, por autorización judicial.

Si los hijos o hijas tuvieren suficiente madurez deberán ser oídos siempre antes de adoptar decisiones que les afecten sea en procedimiento contencioso o de mutuo acuerdo. En todo caso, se garantizará que puedan ser oídas en condiciones idóneas, en términos que les sean accesibles, comprensibles y adaptados a su edad, madurez y circunstancias, recabando el auxilio de especialistas cuando ello fuera necesario.

Los progenitores podrán, en el ejercicio de su función, recabar el auxilio de la autoridad.

Modificado por Ley Orgánica 8/2021, de 4 de junio, de protección integral a la infancia y la adolescencia frente a la violencia (BOE de 05-06-2021). En vigor desde el 25 de junio de 2021.

Previamente modificado por Ley 26/2015, de 28 de julio, de modificación del sistema de protección a la infancia y a la adolescencia. (BOE de 29-07-2015).

Ver art. 39.2 CE; Arts. 108 a 111, 142 a 153, 156, 158, 162 a 170, 1903.2 CC.

ART. 155.

Los hijos deben:

1.º Obedecer a sus padres mientras permanezcan bajo su potestad, y respetarles siempre.

2.º Contribuir equitativamente, según sus posibilidades, al levantamiento de las cargas de la familia mientras convivan con ella.

Ver art. 165.2 CC; ley 63.1.3 y 63.3 de la Compilación de Navarra; arts. 236-17.3 y 236-22 de la Ley 25/2010 de Cataluña y art. 18 de la Ley 14/2010, de 27 de mayo, de los derechos y las oportunidades en la infancia y la adolescencia de Cataluña; arts. 5.5, 66 y 67 del Código de Derecho Foral de Aragón; art. 45 de la Ley 3/2011, de 30 de junio, de apoyo a la familia y a la convivencia de Galicia; arts. 9 bis y 9 ter de la LO 1/1996, de 15 de enero, de Protección Jurídica del Menor; art. 87.1 Ley 15/2015, de 2 de julio, de Jurisdicción Voluntaria.

ART. 156.

La patria potestad se ejercerá conjuntamente por ambos progenitores o por uno solo con el consentimiento expreso o tácito del otro. Serán válidos los actos que realice uno de ellos conforme al uso social y a las circunstancias o en situaciones de urgente necesidad.

Dictada una sentencia condenatoria y mientras no se extinga la responsabilidad penal o iniciado un procedimiento penal contra uno de los progenitores por atentar contra la vida, la integridad física, la libertad, la integridad moral o la libertad e indemnidad sexual de los hijos o hijas comunes menores de edad, o por atentar contra el otro progenitor, bastará el consentimiento de este para la atención y asistencia psicológica de los hijos e hijas menores de edad, debiendo el primero ser informado previamente. Lo anterior será igualmente aplicable, aunque no se haya interpuesto denuncia previa, cuando la mujer esté recibiendo asistencia en un servicio especializado de violencia de género, siempre que medie informe emitido por dicho servicio que acredite dicha situación. Si la asistencia hubiera de prestarse a los hijos e hijas mayores de dieciséis años se precisará en todo caso el consentimiento expreso de estos.

En caso de desacuerdo en el ejercicio de la patria potestad, cualquiera de los dos podrá acudir a la autoridad judicial, quien, después de oír a ambos y al hijo si tuviera suficiente madurez y, en todo caso, si fuera mayor de doce años, atribuirá la facultad de decidir a uno de los dos progenitores. Si los desacuerdos fueran reiterados o concurriera cualquier otra causa que entorpezca gravemente el ejercicio de la patria potestad, podrá atribuirla total o parcialmente a uno de los progenitores o distribuir entre ellos sus funciones. Esta medida tendrá vigencia durante el plazo que se fije, que no podrá nunca exceder de dos años. En los supuestos de los párrafos anteriores, respecto de terceros de buena fe, se presumirá que cada uno de los progenitores actúa en el ejercicio ordinario de la patria potestad con el consentimiento del otro.

En defecto o por ausencia o imposibilidad de uno de los progenitores, la patria potestad será ejercida exclusivamente por el otro.

Si los progenitores viven separados, la patria potestad se ejercerá por aquel con quien el hijo conviva. Sin embargo, la autoridad judicial, a solicitud fundada del otro progenitor, podrá, en interés del hijo, atribuir al solicitante la patria potestad para que la ejerza conjuntamente con el otro progenitor o distribuir entre ambos las funciones inherentes a su ejercicio.

Modificado por Ley 8/2021, de 2 de junio, por la que se reforma la legislación civil y procesal para el apoyo a las personas con discapacidad en el ejercicio de su capacidad jurídica (BOE de 03-06-2021). En vigor desde el 3 de septiembre de 2021.

Ver arts. 90, 92, 94, 103, 159 a 161 CC; ley 63 Compilación de Navarra, arts. 1 y 3 Ley Foral de Navarra 3/2011, de 17 de marzo, sobre custodia de los hijos en los casos de ruptura de la convivencia de los padres; arts. 71,72, 74 del Código de Derecho Foral de Aragón; arts. 236-8, 236-9, 236-10, 236-11 y 236-13; arts. 3 y 8 Ley 7/2015, de 30 de junio, de relaciones familiares en supuestos de separación o ruptura de los progenitores, del País Vasco; arts. 2 y 9 de la LO 1/1996, de 15 de enero de Protección Jurídica del Menor; art. 86 de la Ley 15/2015, de 2 de julio, de Jurisdicción Voluntaria.

ART. 157.

El menor no emancipado ejercerá la patria potestad sobre sus hijos con la asistencia de sus padres y, a falta de ambos, de su tutor; en casos de desacuerdo o imposibilidad, con la del Juez.

Ver arts. 154, 199 y 239 y ss. CC; art. 236-16 Ley 25/2010, de 29 de julio, de Cataluña; art. 73 Código Derecho Foral de Aragón; arts. 85.1 y 86 de la Ley 15/2015, de 2 de julio, de Jurisdicción Voluntaria.

ART. 158.

El Juez, de oficio o a instancia del propio hijo, de cualquier pariente o del Ministerio Fiscal, dictará:

1.º Las medidas convenientes para asegurar la prestación de alimentos y proveer a las futuras necesidades del hijo, en caso de incumplimiento de este deber, por sus padres.

2.º Las disposiciones apropiadas a fin de evitar a los hijos perturbaciones dañosas en los caso de cambio de titular de la potestad de guarda.

3.º Las medidas necesarias para evitar la sustracción de los hijos menores por alguno de los progenitores o por terceras personas y, en particular, las siguientes:

a) Prohibición de salida del territorio nacional, salvo autorización judicial previa.

b) Prohibición de expedición del pasaporte al menor o retirada del mismo si ya se hubiere expedido.

c) Sometimiento a autorización judicial previa de cualquier cambio de domicilio del menor.

4.º La medida de prohibición a los progenitores, tutores, a otros parientes o a terceras personas de aproximarse al menor y acercarse a su domicilio o centro educativo y a otros lugares que frecuente, con respecto al principio de proporcionalidad.

5.º La medida de prohibición de comunicación con el menor, que impedirá a los progenitores, tutores, a otros parientes o a terceras personas establecer contacto escrito, verbal o visual por cualquier medio de comunicación o medio informático o telemático, con respeto al principio de proporcionalidad.

6.º La suspensión cautelar en el ejercicio de la patria potestad y/o en el ejercicio de la guarda y custodia, la suspensión cautelar del régimen de visitas y comunicaciones establecidos en resolución judicial o convenio judicialmente aprobado y, en general, las demás disposiciones que considere oportunas, a fin de apartar al menor de un peligro o de evitarle perjuicios en su entorno familiar o frente a terceras personas.

En caso de posible desamparo del menor, el Juzgado comunicará las medidas a la Entidad Pública. Todas estas medidas podrán adoptarse dentro de cualquier proceso judicial o penal o bien en un expediente de jurisdicción voluntaria, en que la autoridad judicial habrá de garantizar la audiencia de la persona menor de edad, pudiendo el Tribunal ser auxiliado por personas externas para garantizar que pueda ejercitarse este derecho por sí misma.

Modificado por Ley Orgánica 8/2021, de 4 de junio, de protección integral a la infancia y la adolescencia frente a la violencia (BOE de 05-06-2021). En vigor desde el 25 de junio de 2021.

Previamente modificado por Ley 26/2015, de 28 de julio, de modificación del sistema de protección a la infancia y a la adolescencia. (BOE de 29-07-2015).

Ver arts. 167, 172, 200 CC; Arts. 87.1 y 88 Ley 15/2015 de Jurisdicción Voluntaria, arts. 2 y 9 y D.A. 1.ª 1.º LO 1/1996 de Protección Jurídica del Menor; art. 71.1 Ley 20/2011, de 21 de julio, del Registro Civil; arts. 61, 64 a 66 LO 1/2004, de 28 de diciembre, de medidas de protección integral contra la violencia de género; arts. 748, 749, 769 y 778 bis, 778 ter, 778 quater Ley 1/2000 de Enjuiciamiento Civil; art. 10 Código Derecho Foral de Aragón; art. 236-3 Ley 25/2010 de Cataluña; arts. 48.2, 57.2 y 223 y ss CP; arts. 544 ter y 544 quinquies Lecrim.

ART. 159.

Si los padres viven separados y no decidieren de común acuerdo, el Juez decidirá, siempre en beneficio de los hijos, al cuidado de qué progenitor quedarán los hijos menores de edad. El Juez oirá, antes de tomar esta medida, a los hijos que tuvieran suficiente juicio y, en todo caso, a los que fueran mayores de doce años.

Ver arts. 92 y 156.5 CC; arts. 76 y 80 Código Derecho Foral de Aragón; art. 236-11.4 de la Ley 25/2010 de Cataluña; art. 10 de la Ley Foral de Navarra 6/2000 para la igualdad jurídica de las parejas estables; art. 47.1 Ley 3/2005 del País Vasco sobre atención y protección a la infancia y a la adolescencia; arts. 2 y 9 LO 1/1996 de Protección Jurídica del Menor; arts. 748.4, 753, 769.3 y 770.6 de la Ley 1/2000 de Enjuiciamiento Civil.

ART. 160.

1. Los hijos menores tienen derecho a relacionarse con sus progenitores aunque éstos no ejerzan la patria potestad, salvo que se disponga otra cosa por resolución judicial o por la Entidad Pública en los casos establecidos en el artículo 161. En caso de privación de libertad de los progenitores, y siempre que el interés superior del menor recomiende visitas a aquellos, la Administración deberá facilitar el traslado acompañado del menor al centro penitenciario, ya sea por un familiar designado por la administración competente o por un profesional que velarán por la preparación del menor a dicha visita. Asimismo la visita a un centro penitenciario se deberá realizar fuera de horario escolar y en un entorno adecuado para el menor.

Los menores adoptados por otra persona, solo podrán relacionarse con su familia de origen en los términos previstos en el artículo 178.4.

2. No podrán impedirse sin justa causa las relaciones personales del menor con sus hermanos, abuelos y otros parientes y allegados.

En caso de oposición, el Juez, a petición del menor, hermanos, abuelos, parientes o allegados, resolverá atendidas las circunstancias. Especialmente deberá asegurar que las medidas que se puedan fijar para favorecer las relaciones entre hermanos, y entre abuelos y nietos, no faculten la infracción de las resoluciones judiciales que restrinjan o suspendan las relaciones de los menores con alguno de sus progenitores.

Modificado por Ley 26/2015, de 28 de julio, de modificación del sistema de protección a la infancia y a la adolescencia. (BOE de 29-07-2015).

Ver arts. 90.1 b), 94, 103.1, 161 y 178 CC; Disp. Trans. 10.ª Ley 11/1981, de 13 de mayo y Disp. Adic. 2.ª Ley 21/1987; art. 250.1.13 Ley 1/2000 de Enjuiciamiento Civil; art. 66 LO 1/2004, de 28 de diciembre, de medidas de protección integral contra la violencia de género; art. 38.3 LO 1/1979, de 26 de septiembre, General Penitenciaria; Convenio de la Haya de 25 de octubre de 1980, sobre aspectos civiles de las sustracción internacional de menores, ratificado el 28 de mayo de 1987; arts. 9 y 10 de la Convención sobre los Derechos de los niños de 20 de noviembre de 1989, ratificado el 30 de noviembre de 1990; arts. 3 a 10 Convenio europeo sobre el ejercicio de los derechos de los niños, hecho en Estrasburgo el 15 de enero de 199, ratificado el 11 de noviembre de 2014; art. 31 Convenio del Consejo de Europa sobre la prevención y lucha contra la violencia contra la mujer y la violencia doméstica, hecho en Estambul el 11 de mayo de 2011 y ratificado el 18 de marzo de 2014; art. 60 Código de Derecho Foral de Aragón y art. 21.1 Ley 12/2001 de 2 de julio de la infancia y la adolescencia; art. 236-4 y 236-5 Ley 25/2010 de Cataluña; art. 38 Ley 14/2010 de 27 de mayo, de los derechos y las oportunidades en la infancia y la adolescencia de Cataluña; Ley Foral 15/2005, de 5 de diciembre, de Navarra, de promoción, atención y protección a la infancia y a la adolescencia; art. 47.1 y 47.2 Ley 3/2005, de 18 de febrero, del País Vasco, sobre atención y protección a la infancia y a la adolescencia; Ley 26/2018, de 21 de diciembre, de derechos y garantías de la infancia y la adolescencia de la Comunidad Valenciana; art. 48.2 y 57.2 CP.

ART. 161.

La Entidad Pública a la que, en el respectivo territorio, esté encomendada la protección de menores regulará las visitas y comunicaciones que correspondan a los progenitores, abuelos, hermanos y demás parientes y allegados respecto a los menores en situación de desamparo, pudiendo acordar motivadamente, en interés del menor, la suspensión temporal de las mismas previa audiencia de los afectados y del menor si tuviere suficiente madurez y, en todo caso, si fuera mayor de doce años, con inmediata notificación al Ministerio Fiscal. A tal efecto, el Director del centro de acogimiento residencial o la familia acogedora u otros agentes o profesionales implicados informarán a la Entidad Pública de cualquier indicio de los efectos nocivos de estas visitas sobre el menor.

El menor, los afectados y el Ministerio Fiscal podrán oponerse a dichas resoluciones administrativas conforme a la Ley de Enjuiciamiento Civil.

Modificado por Ley 26/2015, de 28 de julio, de modificación del sistema de protección a la infancia y a la adolescencia. (BOE de 29-07-2015).

Ver arts. 160, 176 bis. 2 y 178.4 CC; arts. 20.3, 34, 35 LO 1/1996, de 15 de enero, de protección jurídica del menor; art. 31 Convenio del Consejo de Europa sobre la prevención y lucha contra la violencia contra la mujer y la violencia doméstica, hecho en Estambul el 11 de mayo de 2011 y ratificado el 18 de marzo de 2014; 250.1.12 Ley 1/2000 de Enjuiciamiento Civil; art. 228-8 Ley 25/2010 de Cataluña; ley 72.4 Compilación de Navarra; arts. 48.2 y 57.2 CP.

CAPÍTULO II
De la representación legal de los hijos

ART. 162.

Los padres que ostenten la patria potestad tienen la representación legal de sus hijos menores no emancipados.

Se exceptúan:

1.º Los actos relativos a los derechos de la personalidad que el hijo, de acuerdo con su madurez, pueda ejercitar por sí mismo.

No obstante, los responsables parentales intervendrán en estos casos en virtud de sus deberes de cuidado y asistencia.

2.º Aquellos en que exista conflicto de intereses entre los padres y el hijo.

3.º Los relativos a bienes que estén excluidos de la administración de los padres.

Para celebrar contratos que obliguen al hijo a realizar prestaciones personales se requiere el previo consentimiento de éste si tuviere suficiente juicio, sin perjuicio de lo establecido en el artículo 158.

Modificado por Ley 26/2015, de 28 de julio, de modificación del sistema de protección a la infancia y a la adolescencia. (BOE de 29-07-2015).

Ver arts. 154.2, 163 y 164.2 CC; arts. 27.2, 59 y 60 Ley 15/2015, de 2 de julio, de Jurisdicción Voluntaria; art. 7.2 Ley 1/2000 de Enjuiciamiento Civil, art. 168.2 Reglamento Notarial; arts. 2 a 10 LO 1/1996 de Protección Jurídica del Menor; ley 63.2 Compilación de Navarra; arts. 7, 12, 20, 21. 22, 23 y 24 Código Derecho Foral de Aragón; arts. 211-5, 212-2.1; 236-18, 236-19 Ley 25/2010 de Cataluña y art. 17 Ley 14/2010 de los derechos y las oportunidades en la infancia y en la adolescencia, de Cataluña.

ART. 163.

Siempre que en algún asunto los progenitores tengan un interés opuesto al de sus hijos no emancipados, se nombrará a éstos un defensor que los represente en juicio y fuera de él. Se procederá también a este nombramiento cuando los progenitores tengan un interés opuesto al del hijo menor emancipado cuya capacidad deban completar.

Si el conflicto de intereses existiera solo con uno de los progenitores, corresponde al otro por Ley y sin necesidad de especial nombramiento representar al menor o completar su capacidad.

Modificado por Ley 4/2023, de 28 de febrero, para la igualdad real y efectiva de las personas trans y para la garantía de los derechos de las personas LGTBI. (BOE de 01/03/2023).

Ver arts. 235 y 236 CC; art. 27.1 a y 3 Ley 15/2015, de 2 de julio, de Jurisdicción Voluntaria; art. 4, 5 y 9 Convenio Europeo sobre el ejercicio de los derechos de los niños, hecho en Estrasburgo el 15 de enero de 1996 y ratificado el 11 de noviembre de 2014; art. 13.2 Ley 4/2005 de 27 de abril, del Estatuto de la Víctima del delito; leyes 64 y 105 Compilación de Navarra; arts. 13 y 28 Código Derecho Foral de Aragón; art. 236-20 Ley 25/2010 de Cataluña; art. 17 Ley 3/2005, de 18 de febrero, sobre atención y protección a la infancia y a la adolescencia.

CAPÍTULO III
De los bienes de los hijos y de su administración

ART. 164.

Los padres administrarán los bienes de los hijos con la misma diligencia que los suyos propios, cumpliendo las obligaciones generales de todo administrador y las especiales establecidas en la Ley Hipotecaria.

Se exceptúan de la administración paterna:

1. Los bienes adquiridos por título gratuito cuando el disponente lo hubiere ordenado de manera expresa. Se cumplirá estrictamente la voluntad de éste sobre la administración de estos bienes y destino de sus frutos.

2. Los adquiridos por sucesión en que uno o ambos de los que ejerzan la patria potestad hubieran sido justamente desheredados o no hubieran podido heredar por causa de indignidad, que serán administrados por la persona designada por el causante y, en su defecto y sucesivamente, por el otro progenitor o por un administrador judicial especialmente nombrado.

3. Los que el hijo mayor de dieciséis años hubiera adquirido con su trabajo o industria. Los actos de administración ordinaria serán realizados por el hijo, que necesitará el consentimiento de los padres para los que excedan de ella.

Ver art. 1810 CC; arts. 169.3, 190 y 191 de Decreto de 8 de febrero de 1946 por el que se aprueba la nueva redacción oficial de la Ley Hipotecaria.; arts. 266 y 267 de Decreto de 14 de febrero 1947 por el que aprueba el Reglamento Hipotecario; arts. 62.2 y 87.1 Ley 15/2015, de 2 de julio de Jurisdicción Voluntaria; leyes 63 y 65 Compilación de Navarra; arts. 9, 26 y 94 Código Derecho Foral de Aragón; arts. 236-21, 236-25, 236-26 Ley 25/2010 de Cataluña.

ART. 165.

Pertenecen siempre al hijo no emancipado los frutos de sus bienes, así como todo lo que adquiera con su trabajo o industria.

No obstante, los padres podrán destinar los del menor que viva con ambos o con uno sólo de ellos, en la parte que le corresponda, al levantamiento de las cargas familiares, y no estarán obligados a rendir cuentas de lo que hubiesen consumido en tales atenciones.

Con este fin se entregarán a los padres, en la medida adecuada, los frutos de los bienes que ellos no administren. Se exceptúan los frutos de los bienes a que se refieren los números 1 y 2 del artículo anterior y los de aquellos donados o dejados a los hijos especialmente para su educación o carrera, pero si los padres carecieren de medios podrán pedir al Juez que se les entregue la parte que en equidad proceda.

Ver art. 155 CC; art. 87.1 Ley 15/2015, de 2 de julio, de Jurisdicción Voluntaria; art. 236-22 Ley 25/2010 de Cataluña; arts. 8 y 67 Código Derecho Foral de Aragón.

ART. 166.

Los padres no podrán renunciar a los derechos de que los hijos sean titulares ni enajenar o gravar sus bienes inmuebles, establecimientos mercantiles o industriales, objetos preciosos y valores mobiliarios, salvo el derecho de suscripción preferente de acciones, sino por causas justificadas de utilidad o necesidad y previa la autorización del Juez del domicilio, con audiencia del Ministerio Fiscal.

Los padres deberán recabar autorización judicial para repudiar la herencia o legado deferidos al hijo. Si el Juez denegase la autorización, la herencia sólo podrá ser aceptada a beneficio de inventario.

No será necesaria autorización judicial si el menor hubiese cumplido dieciséis años y consintiere en documento público, ni para la enajenación de valores mobiliarios siempre que su importe se reinvierta en bienes o valores seguros.

Ver arts. 988 y ss.; 1010 y ss. y 1810 CC; arts. 168.3, 190, 191 de Decreto de 8 de febrero de 1946 por el que se aprueba la nueva redacción oficial de la Ley Hipotecaria.; arts. 61 a 66 y 93 a 95 Ley 15/2015, de 2 de julio, de Jurisdicción Voluntaria; leyes 65 y 154.3 de la Compilación de Navarra; arts. 14, 15, 18 y 346.2 Código de Derecho Foral de Aragón; arts. 236-27, 236-28, 236-29, 236-30 Ley 25/2010 de Cataluña; art. 461-9.2 Ley 10/2008 de Cataluña.

ART. 167.

Cuando la administración de los progenitores ponga en peligro el patrimonio del hijo, el Juez, a petición del propio hijo, del Ministerio Fiscal o de cualquier pariente del menor, podrá adoptar las medidas que estime necesarias para la seguridad y recaudo de los bienes, exigir caución o fianza para la continuación en la administración o incluso nombrar un Administrador.

Modificado por Ley 15/2015, de 2 de julio, de la Jurisdicción Voluntaria. (BOE de 03-07-2015).

Ver art. 1810, 1903 de CC; art. 168.4, 190, 191 del Decreto de 8 de febrero de 1946 por el que se aprueba la nueva redacción oficial de la Ley Hipotecaria; art. 266, 267 de Decreto de 14 de febrero 1947 por el que aprueba el Reglamento Hipotecario; ley 65.2 Compilación de Navarra; art. 236-3 Ley 25/2010 de Cataluña; art. 98 Código Derecho Foral Aragón.

ART. 168.

Al término de la patria potestad podrán los hijos exigir a los padres la rendición de cuentas de la administración que ejercieron sobre sus bienes hasta entonces. La acción para exigir el cumplimiento de esta obligación prescribirá a los tres años.

En caso de pérdida o deterioro de los bienes por dolo o culpa grave, responderán los padres de los daños y perjuicios sufridos.

Ver arts. 231 a 234 CC; ley 65.3 Compilación de Navarra; art. 236-24 Ley 25/2010 de Cataluña; arts. 95, 96, 99 Código Derecho Foral de Aragón.

CAPÍTULO IV
De la extinción de la patria potestad

ART. 169.

La patria potestad se acaba:
1.° Por la muerte o la declaración de fallecimiento de los padres o del hijo.
2.° Por la emancipación.
3.° Por la adopción del hijo.

Ver arts. 175 a 180, 231 a 234 y 239 y ss. CC; art. 71.2 Ley 20/2011, de 21 de julio del Registro Civil; ley 66.1 Compilación de Navarra; art. 236-32 y 236-36 Ley 25/2010 de Cataluña; art. 93 Código Derecho Foral de Aragón.

ART. 170.

Cualquiera de los progenitores podrá ser privado total o parcialmente de su potestad por sentencia fundada en el incumplimiento de los deberes inherentes a la misma o dictada en causa criminal o matrimonial.

Los Tribunales podrán, en beneficio e interés del hijo, acordar la recuperación de la patria potestad cuando hubiere cesado la causa que motivó la privación.

Modificado por Ley 4/2023, de 28 de febrero, para la igualdad real y efectiva de las personas trans y para la garantía de los derechos de las personas LGTBI. (BOE de 01/03/2023).

Ver arts. 92, 111, 172.1 y 231 CC; art. 2 LO 1/1996, de 15 de enero, de Protección Jurídica del Menor; art. 9 Convención sobre los derechos de los niños, hecha en Estrasburgo el 15 de enero de 1996, ratificada el 11 de noviembre de 2014; art. 71.2 Ley 20/2011, de 21 de julio, del Registro Civil; ley 66.1 y 66.5 Compilación de Navarra; art. 90 Código Derecho Foral de Aragón; art. 236-6 Ley 25/2010 de Cataluña; Ley 7/2015, de 30 de junio, de relaciones familiares en supuestos de separación o ruptura de los progenitores, del País Vasco.

ART. 171.

(SUPRIMIDO)

Suprimido por Ley 8/2021, de 2 de junio, por la que se reforma la legislación civil y procesal para el apoyo a las personas con discapacidad en el ejercicio de su capacidad jurídica (BOE de 03-06-2021). En vigor desde el 3 de septiembre de 2021.

CAPÍTULO V
De la adopción y otras formas de protección de menores

Ver LO 1/1996, de Protección Jurídica del Menor.

Sección 1.ª De la guarda y acogimiento de menores

ART. 172.

1. Cuando la Entidad Pública a la que, en el respectivo territorio, esté encomendada la protección de los menores constate que un menor se encuentra en situación de desamparo, tiene por ministerio de la ley la tutela del mismo y deberá adoptar las medidas de protección necesarias para su guarda, poniéndolo en conocimiento del Ministerio Fiscal y, en su caso, del Juez que acordó la tutela ordinaria. La resolución administrativa que declare la situación de desamparo y las medidas adoptadas se notificará en legal forma a los progenitores, tutores o guardadores y al menor afectado si tuviere suficiente madurez y, en todo caso, si fuere mayor de doce años, de forma inmediata sin que sobrepase el plazo máximo de cuarenta y ocho horas. La información será clara, comprensible y en formato accesible, incluyendo las causas que dieron lugar a la intervención de la Administración y los efectos de la decisión

adoptada, y en el caso del menor, adaptada a su grado de madurez. Siempre que sea posible, y especialmente en el caso del menor, esta información se facilitará de forma presencial.

Se considera como situación de desamparo la que se produce de hecho a causa del incumplimiento o del imposible o inadecuado ejercicio de los deberes de protección establecidos por las leyes para la guarda de los menores, cuando éstos queden privados de la necesaria asistencia moral o material.

La asunción de la tutela atribuida a la Entidad Pública lleva consigo la suspensión de la patria potestad o de la tutela ordinaria. No obstante, serán válidos los actos de contenido patrimonial que realicen los progenitores o tutores en representación del menor y que sean en interés de éste.

La Entidad Pública y el Ministerio Fiscal podrán promover, si procediere, la privación de la patria potestad y la remoción de la tutela.

2. Durante el plazo de dos años desde la notificación de la resolución administrativa por la que se declare la situación de desamparo, los progenitores que continúen ostentando la patria potestad pero la tengan suspendida conforme a lo previsto en el apartado 1, o los tutores que, conforme al mismo apartado, tengan suspendida la tutela, podrán solicitar a la Entidad Pública que cese la suspensión y quede revocada la declaración de situación de desamparo del menor, si, por cambio de las circunstancias que la motivaron, entienden que se encuentran en condiciones de asumir nuevamente la patria potestad o la tutela.

Igualmente, durante el mismo plazo podrán oponerse a las decisiones que se adopten respecto a la protección del menor.

Pasado dicho plazo decaerá el derecho de los progenitores o tutores a solicitar u oponerse a las decisiones o medidas que se adopten para la protección del menor. No obstante, podrán facilitar información a la Entidad Pública y al Ministerio Fiscal sobre cualquier cambio de las circunstancias que dieron lugar a la declaración de situación de desamparo.

En todo caso, transcurridos los dos años, únicamente el Ministerio Fiscal estará legitimado para oponerse a la resolución de la Entidad Pública.

Durante ese plazo de dos años, la Entidad Pública, ponderando la situación y poniéndola en conocimiento del Ministerio Fiscal, podrá adoptar cualquier medida de protección, incluida la propuesta de adopción, cuando exista un pronóstico fundado de imposibilidad definitiva de retorno a la familia de origen.

3. La Entidad Pública, de oficio o a instancia del Ministerio Fiscal o de persona o entidad interesada, podrá revocar la declaración de situación de desamparo y decidir el retorno del menor con su familia, siempre que se entienda que es lo más adecuado para su interés. Dicha decisión se notificará al Ministerio Fiscal.

4. En cumplimiento de la obligación de prestar la atención inmediata, la Entidad Pública podrá asumir la guarda provisional de un menor mediante resolución administrativa, y lo comunicará al Ministerio Fiscal, procediendo simultáneamente a practicar las diligencias precisas para identificar al menor, investigar sus circunstancias y constatar, en su caso, la situación real de desamparo.

Tales diligencias se realizarán en el plazo más breve posible, durante el cual deberá procederse, en su caso, a la declaración de la situación de desamparo y consecuente asunción de la tutela o a la promoción de la medida de protección procedente. Si existieran personas que, por sus relaciones con el menor o por otras circunstancias, pudieran asumir la tutela en interés de éste, se promoverá el nombramiento de tutor conforme a las reglas ordinarias.

Cuando hubiera transcurrido el plazo señalado y no se hubiera formalizado la tutela o adoptado otra resolución, el Ministerio Fiscal promoverá las acciones procedentes para asegurar la adopción de la medida de protección más adecuada del menor por parte de la Entidad Pública.

5. La Entidad Pública cesará en la tutela que ostente sobre los menores declarados en situación de desamparo cuando constate, mediante los correspondientes informes, la desaparición de las causas que motivaron su asunción, por alguno de los supuestos previstos en los artículos 276 y 277.1, y cuando compruebe fehacientemente alguna de las siguientes circunstancias:

a) Que el menor se ha trasladado voluntariamente a otro país.

b) Que el menor se encuentra en el territorio de otra comunidad autónoma, en cuyo caso se procederá al traslado del expediente de protección y cuya Entidad Pública hubiere dictado resolución sobre declaración de situación de desamparo y asumido su tutela o medida de protección correspondiente, o entendiere que ya no es necesario adoptar medidas de protección a tenor de la situación del menor.

c) Que hayan transcurrido doce meses desde que el menor abandonó voluntariamente el centro de protección, encontrándose en paradero desconocido.

La guarda provisional cesará por las mismas causas que la tutela.

Apdo. 5 modificado por Ley Orgánica 8/2021, de 4 de junio, de protección integral a la infancia y la adolescencia frente a la violencia (BOE de 05-06-2021). En vigor desde el 25 de junio de 2021.

Artículo previamente modificado por Ley 26/2015, de 28 de julio, de modificación del sistema de protección a la infancia y a la adolescencia. (BOE de 29-07-2015).

Ver art. 39.4 CE; arts. 154, 174, 199 y 222 CC; art. 40.9 Ley 22/2011, de 2 de julio, del Registro Civil; 748.6 y 779 y 780 LEC 1/2000; arts. 2, 11 a 19 bis, D.A. 1.ª.2 LO 1/1996, de 15 de enero, de Protección jurídica del menor; art. 5, 118 a 22 y 160 a 162 Código de derecho foral de Aragón y Ley 12/2001, de 2 de julio, de protección de la infancia y la adolescencia de Aragón; arts. 5 a 15 y 26 Ley 2/2006, de 14 de junio, de Derecho Civil de Galicia y arts. 52 a 69 Ley 3/2011, de 30 de junio, de apoyo a la familia y a la convivencia de Galicia; arts. 34, 49 a 53 y 58 y ss. Ley Foral 15/2005, de 5 de diciembre, de promoción, atención y protección a la infancia y la adolescencia de Navarra; Ley 26/2018, de 21 de diciembre, de derechos y garantías de la infancia y la adolescencia de la Comunidad Valenciana; arts. 228-1 a 228-7 Ley 25/2010 de Cataluña y arts. 98 y ss. Ley 14/2010, de 27 de mayo, de los derechos y las oportunidades en la infancia y en la adolescencia de Cataluña; art. 11.5 Ley 7/2015, de 30 de junio, de relaciones familiares en supuestos de separación o ruptura de los progenitores del País Vasco.

ART. 172 bis.

1. Cuando los progenitores o tutores, por circunstancias graves y transitorias debidamente acreditadas, no puedan cuidar al menor, podrán solicitar de la Entidad Pública que ésta asuma su guarda durante el tiempo necesario, que no podrá sobrepasar dos años como plazo máximo de cuidado temporal del menor, salvo que el interés superior del menor aconseje, excepcionalmente, la prórroga de las medidas. Transcurrido el plazo o la prórroga, en su caso, el menor deberá regresar con sus progenitores o tutores o, si no se dan las circunstancias adecuadas para ello, ser declarado en situación legal de desamparo.

La entrega voluntaria de la guarda se hará por escrito dejando constancia de que los progenitores o tutores han sido informados de las responsabilidades que siguen manteniendo respecto del menor, así como de la forma en que dicha guarda va a ejercerse por la Entidad Pública garantizándose, en particular a los menores con discapacidad, la continuidad de los apoyos especializados que vinieran recibiendo o la adopción de otros más adecuados a sus necesidades.

La resolución administrativa sobre las asunción de la guarda por la Entidad Pública, así como sobre cualquier variación posterior de su forma de ejercicio, será fundamentada y comunicada a los progenitores o tutores y al Ministerio Fiscal.

2. Asimismo, la Entidad Pública asumirá la guarda cuando así lo acuerde el Juez en los casos en que legalmente proceda, adoptando la medida de protección correspondiente.

Artículo añadido por Ley 26/2015, de 28 de julio, de modificación del sistema de protección a la infancia y a la adolescencia. (BOE de 29-07-2015).

Ver art. 172 ter, 173 y 173 ter CC: arts. 12, 19, 19 bis LO 1/1996, de 15 de enero, de Protección Jurídica del menor.

ART. 172 ter.

1. La guarda se realizará mediante el acogimiento familiar y, no siendo éste posible o conveniente para el interés del menor, mediante el acogimiento residencial. El acogimiento familiar se realizará por la persona o personas que determine la Entidad Pública. El acogimiento residencial se ejercerá por el Director o responsable del centro donde esté acogido el menor, conforme a los términos establecidos en la legislación de protección de menores.

No podrán ser acogedores los que no puedan ser tutores de acuerdo con lo previsto en la ley.

La resolución de la Entidad Pública en la que se formalice por escrito la medida de guarda se notificará a los progenitores o tutores que no estuvieran privados de la patria potestad o tutela, así como al Ministerio Fiscal.

2. Se buscará siempre el interés del menor y se priorizará, cuando no sea contrario a ese interés, su reintegración en la propia familia y que la guarda de los hermanos se confíe a una misma institución o persona para que permanezcan unidos. La situación del menor en relación con su familia de origen, tanto en lo que se refiere a su guarda como al régimen de visitas y otras formas de comunicación, será revisada, al menos cada seis meses.

3. La Entidad Pública podrá acordar, en relación con el menor en acogida familiar o residencial, cuando sea conveniente a su interés, estancias, salidas de fines de semana o

de vacaciones con familias o con instituciones dedicadas a estas funciones. A tal efecto sólo se seleccionará a personas o instituciones adecuadas a las necesidades del menor. Dichas medidas deberán ser acordadas una vez haya sido oído el menor si tuviere suficiente madurez y, en todo caso, si fuera mayor de doce años.

La delegación de guarda para estancias, salidas de fin de semana o vacaciones contendrá los términos de la misma y la información que fuera necesaria para asegurar el bienestar del menor, en especial de todas las medidas restrictivas que haya establecido la Entidad Pública o el Juez. Dicha medida será comunicada a los progenitores o tutores, siempre que no hayan sido privados del ejercicio de la patria potestad o removidos del ejercicio de la tutela, así como a los acogedores. Se preservarán los datos de estos guardadores cuando resulte conveniente para el interés del menor o concurra justa causa.

4. En los casos de declaración de situación de desamparo o de asunción de la guarda por resolución administrativa o judicial, podrá establecerse por la Entidad Pública la cantidad que deben abonar los progenitores o tutores para contribuir, en concepto de alimentos y en función de sus posibilidades, a los gastos derivados del cuidado y atención del menor, así como los derivados de la responsabilidad civil que pudiera imputarse a los menores por actos realizados por los mismos.

Artículo añadido por Ley 26/2015, de 28 de julio, de modificación del sistema de protección a la infancia y a la adolescencia. (BOE de 29-07-2015).

Ver arts. 154, 269, 173 y 173 bis CC; arts. 2, 9, 11, 20, 20 bis, 21 y 21 bis LO 1/1996 de 15 de enero, de Protección Jurídica del menor.

ART. 173.

1. El acogimiento familiar produce la plena participación del menor en la vida de familia e impone a quien lo recibe las obligaciones de velar por él, tenerlo en su compañía, alimentarlo, educarlo y procurarle una formación integral en un entorno afectivo. En el caso de menor con discapacidad, deberá continuar con los apoyos especializados que viniera recibiendo o adoptar otros más adecuados a sus necesidades.

2. El acogimiento requerirá el consentimiento de los acogedores y del menor acogido si tuviera suficiente madurez y, en todo caso, si fuera mayor de doce años.

3. Si surgieren problemas graves de convivencia entre el menor y la persona o personas a quien hubiere sido confiado la guarda en acogimiento familiar, aquél, el acogedor, el Ministerio Fiscal, los progenitores o tutor que no estuvieran privados de la patria potestad o de la tutela o cualquier persona interesada podrán solicitar a la Entidad Pública la remoción de la guarda.

4. El acogimiento familiar del menor cesará:

a) Por resolución judicial.

b) Por resolución de la Entidad Pública, de oficio o a propuesta del Ministerio Fiscal, de los progenitores, tutores, acogedores o del propio menor si tuviera suficiente madurez, cuando se considere necesario para salvaguardar el interés del mismo, oídos los acogedores, el menor, sus progenitores o tutor.

c) Por la muerte o declaración de fallecimiento del acogedor o acogedores del menor.

d) Por la mayoría de edad del menor.

5. Todas las actuaciones de formalización y cesación del acogimiento se practicarán con la obligada reserva.

Modificado por Ley 26/2015, de 28 de julio, de modificación del sistema de protección a la infancia y a la adolescencia. (BOE de 29-07-2015).

Ver arts. 154.1, 175.2, 176.2.3, 228 y 240 CC; D.A. 2.ª Ley 15/2015, de 2 de julio, de Jurisdicción Voluntaria; art. 34 Ley 54/2007, de 28 de diciembre, de Adopción Internacional; arts. 9, 20, 20 bis y 21 bis LO 1/1996 de Protección Jurídica del Menor; D.T. 2.ª Ley 26/2015, de 28 de julio, de modificación del sistema de protección a la infancia y a la adolescencia; arts. 165 a 167 Código de Derecho Foral de Aragón y arts.70 a 73, 76 y 77 Ley 12/2001, de 2 de julio, de la infancia y la adolescencia, de Aragón; arts. 228-9, 235-34, 235-35 y 235-36 de la Ley 25/2010 de Cataluña y arts. 125 y ss. Ley 14/2010, de 27 de mayo, de los derechos y las oportunidades en la infancia y la adolescencia, de Cataluña; arts. 46, 22 a 25 Ley 2/2006 de Derecho Civil de Galicia y art. 70 Ley 3/2011, de 30 de junio, de apoyo a la familia y a la convivencia, de Galicia; arts. 79 y ss. Ley 17/2006, de 13 de noviembre, integral de atención y de los derechos de la infancia y la adolescencia de Baleares; Ley 26/2018, de 21 de diciembre, de derechos y garantías de la infancia y la adolescencia de la Comunidad Valenciana; art. 8 Ley 5/2003, de 20 de marzo, de Parejas de hecho, de Extremadura; leyes 73 y 74 Compilación de Navarra y 67 a 72 Ley Foral 15/2005, de 5 de diciembre, de promoción, atención y protección a la infancia y a la adolescencia; art. 7 Ley 2/2003, de 7 de mayo, reguladora de las Parejas de hecho, del País Vasco; art. 11 Ley 1/2005, de 16 de mayo, de Parejas de hecho, de Cantabria.

ART. 173 bis.

1. El acogimiento familiar podrá tener lugar en la propia familia extensa del menor o en familia ajena, pudiendo en este último caso ser especializado.

2. El acogimiento familiar podrá adoptar las siguientes modalidades atendiendo a su duración y objetivos:

a) Acogimiento familiar de urgencia, principalmente para menores de seis años, que tendrá una duración no superior a seis meses, en tanto se decide la medida de protección familiar que corresponda.

b) Acogimiento familiar temporal, que tendrá carácter transitorio, bien porque de la situación del menor se prevea la reintegración de éste en su propia familia, o bien en tanto se adopte una medida de protección que revista un carácter más estable como el acogimiento familiar permanente o la adopción. Este acogimiento tendrá una duración máxima de dos años, salvo que el interés superior del menor aconseje la prórroga de la medida por la previsible e inmediata reintegración familiar, o la adopción de otra medida de protección definitiva.

c) Acogimiento familiar permanente, que se constituirá bien al finalizar el plazo de dos años de acogimiento temporal por no ser posible la reintegración familiar, o bien directamente en casos de menores con necesidades especiales o cuando las circunstancias del menor y su familia así lo aconsejen. La Entidad Pública podrá solicitar del Juez que atribuya a los acogedores permanentes aquellas facultades de la tutela que faciliten el desempeño de sus responsabilidades, atendiendo, en todo caso, al interés superior del menor.

Modificado por Ley 26/2015, de 28 de julio, de modificación del sistema de protección a la infancia y a la adolescencia. (BOE de 29-07-2015).

Ver arts. 172 ter, 173, 175 CC; D.A. 2.ª Ley 15/2015, de 2 de julio, de Jurisdicción Voluntaria; arts. 12, 20 y 21 bis LO 1/1996 de Protección Jurídica del Menor; D.T. 6.ª Ley 26/2015, de 28 de julio, de modificación del sistema de protección a la infancia y a la adolescencia; art. 168 Código de Derecho Foral de Aragón; arts. 228-9 y 235-34 Ley 25/2010 de Cataluña y art. 126 Ley 14/2010, de 27 de mayo, de los derechos y las oportunidades en la infancia y la adolescencia, de Cataluña; arts. 17 a 20 Ley 2/2006 de Derecho Civil de Galicia y arts. 70 y 71 Ley 3/2011, de 30 de junio, de apoyo a la familia y a la convivencia, de Galicia; art. 81 Ley 17/2006, de 13 de noviembre, integral de atención y de los derechos de la infancia y la adolescencia de Baleares; Ley 26/2018, de 21 de diciembre, de derechos y garantías de la infancia y la adolescencia de la Comunidad Valenciana; leyes 73 y 74 Compilación de Navarra y art. 68 Ley Foral 15/2005, de 5 de diciembre, de promoción, atención y protección a la infancia y a la adolescencia.

ART. 174.

1. Incumbe al Ministerio Fiscal la superior vigilancia de la tutela, acogimiento o guarda de los menores a que se refiere esta sección.

2. A tal fin, la Entidad Pública le dará noticia inmediata de los nuevos ingresos de menores y le remitirá copia de las resoluciones administrativas de formalización de la constitución, variación y cesación de las tutelas, guardas y acogimientos. Igualmente le dará cuenta de cualquier novedad de interés en las circunstancias del menor.

El Ministerio Fiscal habrá de comprobar, al menos semestralmente, la situación del menor y promoverá ante la Entidad Pública o el Juez, según proceda, las medidas de protección que estime necesarias.

3. La vigilancia del Ministerio Fiscal no eximirá a la Entidad Pública de su responsabilidad para con el menor y de su obligación de poner en conocimiento del Ministerio Fiscal las anomalías que observe.

4. Para el cumplimiento de la función de la superior vigilancia de la tutela, acogimiento o guarda de los menores, cuando sea necesario, podrá el Ministerio Fiscal recabar la elaboración de informes por parte de los servicios correspondientes de las Administraciones Públicas competentes.

A estos efectos, los servicios correspondientes de las Administraciones Públicas competentes atenderán las solicitudes de información remitidas por el Ministerio Fiscal en el curso de las investigaciones tendentes a determinar la situación de riesgo o desamparo en la que pudiera encontrarse un menor.

Modificado por Ley 26/2015, de 28 de julio, de modificación del sistema de protección a la infancia y a la adolescencia. (BOE de 29-07-2015).

Ver arts. 158, 172, 172 bis., 200 y 209 CC; art. 4 y D.A. 2.ª Ley 15/2015, de 2 de julio, de Jurisdicción Voluntaria; arts. 12, 14, 17.8 y 23 LO 1/1996 de Protección Jurídica del Menor; art. 164 Código de Derecho Foral de Aragón; arts. 1 y 3.16 Ley 50/1981, de 30 de diciembre, reguladora del Estatuto Orgánico del Ministerio Fiscal.

Sección 2.ª De la adopción

ART. 175.

1. La adopción requiere que el adoptante sea mayor de veinticinco años. Si son dos los adoptantes bastará con que uno de ellos haya alcanzado dicha edad. En todo caso, la diferencia de edad entre adoptante y adoptando será de, al menos, dieciséis años y no podrá ser superior a cuarenta y cinco años, salvo en los casos previstos en el artículo 176.2. Cuando fueran dos los adoptantes, será suficiente con que uno de ellos no tenga esa diferencia máxima de edad con el adoptando. Si los futuros adoptantes están en disposición de adoptar grupos de hermanos o menores con necesidades especiales, la diferencia máxima de edad podrá ser superior.

No pueden ser adoptantes los que no puedan ser tutores de acuerdo con lo previsto en este código.

2. Únicamente podrán ser adoptados los menores no emancipados. Por excepción, será posible la adopción de un mayor de edad o de un menor emancipado cuando, inmediatamente antes de la emancipación, hubiere existido una situación de acogimiento con los futuros adoptantes o de convivencia estable con ellos de, al menos, un año.

3. No puede adoptarse:

1.º A un descendiente.

2.º A un pariente en segundo grado de la línea colateral por consanguinidad o afinidad.

3.º A un pupilo por su tutor hasta que haya sido aprobada definitivamente la cuenta general justificada de la tutela.

4. Nadie podrá ser adoptado por más de una persona, salvo que la adopción se realice conjunta o sucesivamente por ambos cónyuges o por una pareja unida por análoga relación de afectividad a la conyugal. El matrimonio celebrado con posterioridad a la adopción permitirá al cónyuge la adopción de los hijos de su consorte. Esta previsión será también de aplicación a las parejas que se constituyan con posterioridad. En caso de muerte del adoptante, o cuando el adoptante sufra la exclusión prevista en el artículo 179, será posible una nueva adopción del adoptado.

5. En caso de que el adoptando se encontrara en acogimiento permanente o guarda con fines de adopción de dos cónyuges o de una pareja unida por análoga relación de afectividad a la conyugal, la separación o divorcio legal o ruptura de la relación de los mismos que conste fehacientemente con anterioridad a la propuesta de adopción no impedirá que pueda promoverse la adopción conjunta siempre y cuando se acredite la convivencia efectiva del adoptando con ambos cónyuges o con la pareja unida por análoga relación de naturaleza análoga a la conyugal durante al menos dos años anteriores a la propuesta de adopción.

Modificado por Ley 26/2015, de 28 de julio, de modificación del sistema de protección a la infancia y a la adolescencia. (BOE de 29-07-2015).

Ver arts. 9,5, 18, 25, 108, 112, 113, 154, 169, 178, 179, 239 a 248 CC; arts. 10 y 19 Ley 54/2007, de 28 de diciembre, de Adopción Internacional; art. 24 LO 1/1996, de 15 de enero, de Protección Jurídica del menor; D.A. 3.ª Ley 21/1987, de 11 de noviembre, por la que se modifican los artículos del Código Civil y de la Ley de Enjuiciamiento Civil en materia de adopción; leyes 73 y 74 Compilación de Navarra y arts. 74 y 75 Ley Foral 15/2005, de 5 de diciembre, de Navarra, de promoción, atención y protección a la infancia y a la adolescencia; art. 235-30, 235-31, 235-32 y 235-33 Ley 25/2010 de Cataluña, art. 312 Código Derecho Foral de Aragón; art. 8 Ley 2/2003, de 7 de mayo, de Parejas de hecho del País Vasco; arts. 27 a 30 Ley 2/2006, de 14 de junio, de Derecho Civil de Galicia y 73 y 76 Ley 3/2011, de 30 de junio, de apoyo a la familia y a la convivencia de Galicia; art. 11 Ley 1/2005, de 16 de mayo, de Parejas de hecho, de Cantabria.

ART. 176.

1. La adopción se constituirá por resolución judicial, que tendrá en cuenta siempre el interés del adoptando y la idoneidad del adoptante o adoptantes para el ejercicio de la patria potestad.

2. Para iniciar el expediente de adopción será necesaria la propuesta previa de la Entidad Pública a favor del adoptante o adoptantes que dicha Entidad Pública haya declarado idóneos para el ejercicio de la patria potestad. La declaración de idoneidad deberá ser previa a la propuesta.

No obstante, no se requerirá tal propuesta cuando en el adoptando concurra alguna de las circunstancias siguientes:

1.ª Ser huérfano y pariente del adoptante en tercer grado por consanguinidad o afinidad.

2.ª Ser hijo del cónyuge o de la persona unida al adoptante por análoga relación de afectividad a la conyugal.

3.ª Llevar más de un año en guarda con fines de adopción o haber estado bajo tutela del adoptante por el mismo tiempo.

4.ª Ser mayor de edad o menor emancipado.

3. Se entiende por idoneidad la capacidad, aptitud y motivación adecuadas para ejercer la responsabilidad parental, atendiendo a las necesidades de los menores a adoptar, y para asumir las peculiaridades, consecuencias y responsabilidades que conlleva la adopción.

La declaración de idoneidad por la Entidad Pública requerirá una valoración psicosocial sobre la situación personal, familiar, relacional y social de los adoptantes, así como su capacidad para establecer vínculos estables y seguros, sus habilidades educativas y su aptitud para atender a un menor en función de sus singulares circunstancias. Dicha declaración de idoneidad se formalizará mediante la correspondiente resolución.

No podrán ser declarados idóneos para la adopción quienes se encuentren privados de la patria potestad o tengan suspendido su ejercicio, ni quienes tengan confiada la guarda de su hijo a la Entidad Pública.

Las personas que se ofrezcan para la adopción deberán asistir a las sesiones informativas y de preparación organizadas por la Entidad Pública o por Entidad colaboradora autorizada.

4. Cuando concurra alguna de las circunstancias 1.ª, 2.ª o 3.ª previstas en el apartado 2 podrá constituirse la adopción, aunque el adoptante hubiere fallecido, si éste hubiese prestado ya ante el Juez su consentimiento o el mismo hubiera sido otorgado mediante documento público o en testamento. Los efectos de la resolución judicial en este caso se retrotraerán a la fecha de prestación de tal consentimiento.

Modificado por Ley 26/2015, de 28 de julio, de modificación del sistema de protección a la infancia y a la adolescencia. (BOE de 29-07-2015).

Ver arts. 169, 172, 173, 178, 199, 239 y ss. CC; arts. 35, 39 y D.T. 4.1 Ley 15/2015, de 2 de julio, de Jurisdicción Voluntaria; art. 44.6 Ley 20/2011, de 20 de julio, del Registro Civil; arts. 10 y 24 Ley 54/2007, de 28 de diciembre, de Adopción Internacional; art. 25 LO 1/1996, de 15 de enero, de Protección Jurídica del menor; D.A. 1.ª y 2.ª Ley 21/1987, de 11 de noviembre, por la que se modifican los artículos del Código Civil y de la Ley de Enjuiciamiento Civil en materia de adopción; arts. 77, 78 y 81 Ley Foral 15/2005, de 5 de diciembre, de Navarra, de promoción, atención y protección a la infancia y a la adolescencia; art. 235-38 y 235-39 Ley 25/2010 de Cataluña; arts. 32 a 34 Ley 2/2006, de 14 de junio, de Derecho Civil de Galicia y 77 y 78 Ley 3/2011, de 30 de junio, de apoyo a la familia y a la convivencia de Galicia; arts. 76 y 77 Ley 12/2001, de 2 de julio, de la infancia y la adolescencia, de Aragón; art. 92 Ley 17/2006, de 13 de noviembre, integral de la atención y los derechos de la infancia y la adolescencia de Baleares; Ley 26/2018, de 21 de diciembre, de derechos y garantías de la infancia y la adolescencia de la Comunidad Valenciana; art. 18 Ley 12/2015, de 8 de abril, de igualdad social de lesbianas, gays, bisexuales, transgéneros e intersexuales y de políticas públicas contra la discriminación, de Extremadura; Convenio europeo en materia de adopción de menores (revisado) hecho en Estrasburgo el 27 de noviembre de 2008 y ratificado por instrumento de 16 de julio de 2010; Convenio de la Haya de 29 de mayo de 1993 relativo a la protección del niño y a la cooperación en materia de adopción internacional, ratificado por instrumento de 30 de junio de 1995.

ART. 176 bis.

1. La Entidad Pública podrá delegar la guarda de un menor declarado en situación de desamparo en las personas que, reuniendo los requisitos de capacidad para adoptar previstos en el artículo 175 y habiendo prestado su consentimiento, hayan sido preparadas, declaradas idóneas y asignadas para su adopción. A tal efecto, la Entidad Pública, con anterioridad a la presentación de la propuesta de adopción, delegará la guarda con fines de adopción hasta que se dicte la resolución judicial de adopción, mediante resolución administrativa debidamente motivada, previa audiencia de los afectados y del menor si tuviere suficiente madurez y, en todo caso, si fuere mayor de doce años, que se notificará a los progenitores o tutores no privados de la patria potestad o tutela.

Los guardadores con fines de adopción tendrán los mismos derechos y obligaciones que los acogedores familiares.

2. Salvo que convenga otra cosa al interés del menor, la Entidad Pública procederá a suspender el régimen de visitas y relaciones con la familia de origen cuando se inicie el período de convivencia preadoptiva a que se refiere el apartado anterior, excepto en los casos previstos en el artículo 178.4.

3. La propuesta de adopción al Juez tendrá que realizarse en el plazo más breve posible y, en todo caso, antes de transcurridos tres meses desde el día en el que se hubiera acordado la delegación de guarda con fines de adopción. No obstante, cuando la Entidad Pública considere necesario, en función de la edad y circunstancias del menor, establecer un

período de adaptación del menor a la familia, dicho plazo de tres meses podrá prorrogarse hasta un máximo de un año.

En el supuesto de que el Juez no considerase procedente esa adopción, la Entidad Pública deberá determinar la medida protectora más adecuada para el menor.

Modificado por Ley 26/2015, de 28 de julio, de modificación del sistema de protección a la infancia y a la adolescencia. (BOE de 29-07-2015).

Ver arts. 172 y 176 CC; D.A. 6.ª Ley 26/2015, de 28 de julio, de modificación del sistema de protección a la infancia y a la adolescencia; art. 20 LO 1/1996, de 15 de enero, de Protección Jurídica del menor.

ART. 177.

1. Habrán de consentir la adopción, en presencia del Juez, el adoptante o adoptantes y el adoptando mayor de doce años.

2. Deberán asentir a la adopción:

1.º El cónyuge o persona unida al adoptante por análoga relación de afectividad a la conyugal salvo que medie separación o divorcio legal o ruptura de la pareja que conste fehacientemente, excepto en los supuestos en los que la adopción se vaya a formalizar de forma conjunta.

2.º Los progenitores del adoptando que no se hallare emancipado, a menos que estuvieran privados de la patria potestad por sentencia firme o incursos en causa legal para tal privación. Esta situación solo podrá apreciarse en el procedimiento judicial contradictorio que se tramitará conforme a la Ley de Enjuiciamiento Civil.

No será necesario el asentimiento cuando los que deban prestarlo se encuentren imposibilitados para ello, imposibilidad que se apreciará motivadamente en la resolución judicial que constituya la adopción.

Tampoco será necesario el asentimiento de los progenitores que tuvieren suspendida la patria potestad cuando hubieran transcurrido dos años desde la notificación de la declaración de situación de desamparo, en los términos previstos en el artículo 172.2, sin oposición a la misma o cuando, interpuesta en plazo, hubiera sido desestimada.

El asentimiento de la madre no podrá prestarse hasta que hayan transcurrido seis semanas desde el parto.

En las adopciones que exijan propuesta previa no se admitirá que el asentimiento de los progenitores se refiera a adoptantes determinados.

3. Deberán ser oídos por el Juez:

1.º Los progenitores que no hayan sido privados de la patria potestad, cuando su asentimiento no fuera necesario para la adopción.

2.º El tutor y, en su caso, la familia acogedora, y el guardador o guardadores.

3.º El adoptando menor de doce años de acuerdo con su edad y madurez.

4. Los consentimientos y asentimientos deberán otorgarse libremente, en la forma legal requerida y por escrito, previa información de sus consecuencias.

Modificado por Ley 26/2015, de 28 de julio, de modificación del sistema de protección a la infancia y a la adolescencia. (BOE de 29-07-2015).

Ver arts. 83, 86, 170, 172.1 y 2 CC; arts. 36 a 38 Ley 15/2015, de 2 de julio, de Jurisdicción Voluntaria; arts. 748.7 y 781 LEC 1/2000; art. 20 Ley 54/2007, de 28 de diciembre, de Adopción Internacional; art. 9 LO 1/1996, de 15 de enero, de Protección Jurídica del menor; D.A. 2.ª Ley 21/1987, de 11 de noviembre, por la que se modifican los artículos del Código Civil y de la Ley de Enjuiciamiento Civil en materia de adopción; leyes 73 y 74 Compilación de Navarra; art. 235-40 a 235-43 Ley 25/2010 de Cataluña; art. 6 Código Derecho Foral de Aragón; arts. 35 a 37 Ley 2/2006, de 14 de junio, de Derecho Civil de Galicia; Convenio Europeo sobre el ejercicio de los derechos de los niños hecho en Estrasburgo el 15 de enero de 1996 y ratificado por instrumento de 11 de noviembre de 2014; Convenio europeo en materia de adopción de menores (revisado) hecho en Estrasburgo el 27 de noviembre de 2008 y ratificado por instrumento de 16 de julio de 2010; Convenio de la Haya de 29 de mayo de 1993 relativo a la protección del niño y a la cooperación en materia de adopción internacional, ratificado por instrumento de 30 de junio de 1995.

ART. 178.

1. La adopción produce la extinción de los vínculos jurídicos entre el adoptado y su familia de origen.

2. Por excepción subsistirán los vínculos jurídicos con la familia del progenitor que, según el caso, corresponda:

a) Cuando el adoptado sea hijo del cónyuge o de la persona unida al adoptante por análoga relación de afectividad a la conyugal, aunque el consorte o la pareja hubiera fallecido.

b) Cuando sólo uno de los progenitores haya sido legalmente determinado, siempre que tal efecto hubiera sido solicitado por el adoptante, el adoptado mayor de doce años y el progenitor cuyo vínculo haya de persistir.

3. Lo establecido en los apartados anteriores se entiende sin perjuicio de lo dispuesto sobre impedimentos matrimoniales.

4. Cuando el interés del menor así lo aconseje, en razón de su situación familiar, edad o cualquier otra circunstancia significativa valorada por la Entidad Pública, podrá acordarse el mantenimiento de alguna forma de relación o contacto a través de visitas o comunicaciones entre el menor, los miembros de la familia de origen que se considere y la adoptiva, favoreciéndose especialmente, cuando ello sea posible, la relación entre los hermanos biológicos.

En estos casos el Juez, al constituir la adopción, podrá acordar el mantenimiento de dicha relación, determinando su periodicidad, duración y condiciones, a propuesta de la Entidad Pública o del Ministerio Fiscal y con el consentimiento de la familia adoptiva y del adoptando si tuviera suficiente madurez y siempre si fuere mayor de doce años. En todo caso, será oído el adoptando menor de doce años de acuerdo a su edad y madurez. Si fuere necesario, dicha relación se llevará a cabo con la intermediación de la Entidad Pública o entidades acreditadas a tal fin. El Juez podrá acordar, también, su modificación o finalización en atención al interés superior del menor. La Entidad Pública remitirá al Juez informes periódicos sobre el desarrollo de las visitas y comunicaciones, así como propuestas de mantenimiento o modificación de las mismas durante los dos primeros años, y, transcurridos estos a petición del Juez.

Están legitimados para solicitar la suspensión o supresión de dichas visitas o comunicaciones la Entidad Pública, la familia adoptiva, la familia de origen y el menor si tuviere suficiente madurez y, en todo caso, si fuere mayor de doce años.

En la declaración de idoneidad deberá hacerse constar si las personas que se ofrecen a la adopción aceptarían adoptar a un menor que fuese a mantener la relación con la familia de origen.

Modificado por Ley 26/2015, de 28 de julio, de modificación del sistema de protección a la infancia y a la adolescencia. (BOE de 29-07-2015).

Ver arts. 46 a 48 CC; arts. 39.2 Ley 15/2015, de 2 de julio, de Jurisdicción Voluntaria; arts. 748.7 y 781 LEC 1/2000; arts. 36, 197, 201 y 204 Reglamento Registro Civil de 1958; art. 12 Ley 54/2007, de 28 de diciembre, de Adopción Internacional; art. 443-1.2, 443-2, 443-3 Ley 10/2008 de Cataluña; arts.235-47 Ley 25/2010 de Cataluña; art. 6 Código Derecho Foral de Aragón; art. 39 Ley 2/2006, de 14 de junio, de Derecho Civil de Galicia; Convenio europeo en materia de adopción de menores (revisado) hecho en Estrasburgo el 27 de noviembre de 2008 y ratificado por instrumento de 16 de julio de 2010; Convenio de la Haya de 29 de mayo de 1993 relativo a la protección del niño y a la cooperación en materia de adopción internacional, ratificado por instrumento de 30 de junio de 1995.

ART. 179.

1. El Juez, a petición del Ministerio Fiscal, del adoptado o de su representante legal, acordará que el adoptante que hubiere incurrido en causa de privación de la patria potestad, quede excluido de las funciones tuitivas y de los derechos que por Ley le correspondan respecto del adoptado o sus descendientes, o en sus herencias.

2. Una vez alcanzada la plena capacidad, la exclusión sólo podrá ser pedida por el adoptado, dentro de los dos años siguientes.

3. Dejarán de producir efecto estas restricciones por determinación del propio hijo una vez alcanzada la plena capacidad.

Ver arts. 154, 162, 170, 172, 180.3, 240, 806, 807 CC; arts. 40 Ley 15/2015, de 2 de julio, de Jurisdicción Voluntaria; arts. 779 LEC 1/2000; art. 3.16 Ley 50/1981, de 30 de diciembre, reguladora del Estatuto Orgánico del Ministerio Fiscal; art. 41 Ley 2/2006, de 14 de junio, de Derecho Civil de Galicia; Convenio de la Haya de 29 de mayo de 1993 relativo a la protección del niño y a la cooperación en materia de adopción internacional, ratificado por instrumento de 30 de junio de 1995.

ART. 180.

1. La adopción es irrevocable.

2. El Juez acordará la extinción de la adopción a petición de cualquiera de los progenitores que, sin culpa suya, no hubieren intervenido en el expediente en los términos expresados en el artículo 177. Será también necesario que la demanda se interponga dentro de los dos años siguientes a la adopción y que la extinción solicitada no perjudique gravemente al menor.

Si el adoptado fuere mayor de edad, la extinción de la adopción requerirá su consentimiento expreso.

3. La extinción de la adopción no es causa de pérdida de la nacionalidad ni de la vecindad civil adquiridas, ni alcanza a los efectos patrimoniales anteriormente producidos.

4. La determinación de la filiación que por naturaleza corresponda al adoptado no afecta a la adopción.

5. Las Entidades Públicas asegurarán la conservación de la información de que dispongan relativa a los orígenes del menor, en particular la información respecto a la identidad de sus progenitores, así como la historia médica del menor y de su familia, y se conservarán durante al menos cincuenta años con posterioridad al momento en que la adopción se haya hecho definitiva. La conservación se llevará a cabo a los solos efectos de que la persona adoptada pueda ejercitar el derecho al que se refiere el apartado siguiente.

6. Las personas adoptadas, alcanzada la mayoría de edad o durante su minoría de edad a través de sus representantes legales, tendrán derecho a conocer los datos sobre sus orígenes biológicos. Las Entidades Públicas, previa notificación a las personas afectadas, prestarán a través de sus servicios especializados el asesoramiento y la ayuda que precisen para hacer efectivo este derecho.

A estos efectos, cualquier entidad privada o pública tendrá obligación de facilitar a las Entidades Públicas y al Ministerio Fiscal, cuando les sean requeridos, los informes y antecedentes necesarios sobre el menor y su familia de origen.

Modificado por Ley 26/2015, de 28 de julio, de modificación del sistema de protección a la infancia y a la adolescencia. (BOE de 29-07-2015).

Ver arts. 14, 15, 19, 112 y ss., 142 y ss., 176,1 y 177 CC; art. 39.2 y 40 Ley 15/2015, de julio, de Jurisdicción Voluntaria; art. 779 LEC 1/2000; art. 12 Ley 54/2007, de 28 de diciembre, de Adopción Internacional; arts. 235-49, 235-51, 235-52 Ley 25/2010 de Cataluña; art. 40 Ley 2/2006, de Derecho Civil de Galicia. arts.14, 16, 20 y 22 Convenio europeo en materia de adopción de menores (revisado) hecho en Estrasburgo el 27 de noviembre de 2008 y ratificado por Instrumento de 16 de julio de 2010.

TÍTULO VIII
De la ausencia

CAPÍTULO I
Declaración de ausencia y sus efectos

ART. 181.

En todo caso, desaparecida una persona de su domicilio o del lugar de su última residencia, sin haberse tenido en ella más noticias, podrá el Secretario judicial, a instancia de parte interesada o del Ministerio Fiscal, nombrar un defensor que ampare y represente al desaparecido en juicio o en los negocios que no admitan demora sin perjuicio grave. Se exceptúan los casos en que aquél estuviese legítimamente representado voluntariamente conforme al artículo 183.

El cónyuge presente mayor de edad no separado legalmente será el representante y defensor nato del desaparecido; y por su falta, el pariente más próximo hasta el cuarto grado, también mayor de edad. En defecto de parientes, no presencia de los mismos o urgencia notoria, el Secretario judicial nombrará persona solvente y de buenos antecedentes, previa audiencia del Ministerio Fiscal.

También podrá adoptar, según su prudente arbitrio, las medidas necesarias a la conservación del patrimonio.

Modificado por Ley 15/2015, de 2 de julio, de la Jurisdicción Voluntaria. (BOE de 03-07-2015).

Ver arts. 184, 235 y 236 CC; arts. 69 y 72 Ley 15/2015, de 2 de julio, de Jurisdicción Voluntaria; art. 290 Reglamento de 1958 de la Ley del Registro Civil; art. 40.7 Ley 20/2011, de 21 de julio, del Registro Civil; art. 89.1 Reglamento Hipotecario; arts. 46 y 48 Ley 2/2006, de 14 de junio, de Derecho Civil de Galicia, art. 46 Código de Derecho Foral de Aragón.

ART. 182.

Tiene la obligación de promover e instar la declaración de ausencia legal, sin orden de preferencia:

Primero. El cónyuge del ausente no separado legalmente.

Segundo. Los parientes consanguíneos hasta el cuarto grado.

Tercero. El Ministerio fiscal de oficio o a virtud de denuncia.

Podrá, también, pedir dicha declaración cualquier persona que racionalmente estime tener sobre los bienes del desaparecido algún derecho ejercitable en vida del mismo o dependiente de su muerte.

Ver arts. 913, 931, 935, 938 CC; art. 68.2 y 3 y 70.1 Ley 15/2015, de 2 de julio, de Jurisdicción Voluntaria; art. 48 del Código de Derecho Foral de Aragón; art. 13 Ley 5/2012, de 15 de octubre, de uniones de hecho formalizadas de la Comunidad Valenciana; art. 7 Ley 18/2001, de 19 de diciembre, de parejas estables de Baleares.

ART. 183.

Se considerará en situación de ausencia legal al desaparecido de su domicilio o de su última residencia:

Primero. Pasado un año desde las últimas noticias o a falta de éstas desde su desaparición, si no hubiese dejado apoderado con facultades de administración de todos sus bienes.

Segundo. Pasados tres años, si hubiese dejado encomendada por apoderamiento la administración de todos sus bienes.

La muerte o renuncia justificada del mandatario, o la caducidad del mandato, determina la ausencia legal, si al producirse aquéllas se ignorase el paradero del desaparecido y hubiere transcurrido un año desde que se tuvieron las últimas noticias, y, en su defecto, desde su desaparición. Inscrita en el Registro Civil la declaración de ausencia, quedan extinguidos de derecho todos los mandatos generales o especiales otorgados por el ausente.

Modificado por Ley 15/2015, de 2 de julio, de la Jurisdicción Voluntaria. (BOE de 03-07-2015).

Ver arts. 181, 1712, 1732, 1736 a 1739 CC; art. 78 Ley 20/2011, de 21 de julio, del Registro Civil; art. 2.4 Ley Hipotecaria.

ART. 184.

Salvo motivo grave apreciado por el Secretario judicial, corresponde la representación del declarado ausente, la pesquisa de su persona, la protección y administración de sus bienes y el cumplimiento de sus obligaciones:

1.º Al cónyuge presente mayor de edad no separado legalmente o de hecho.

2.º Al hijo mayor de edad; si hubiese varios, serán preferidos los que convivían con el ausente y el mayor al menor.

3.º Al ascendiente más próximo de menos edad de una u otra línea.

4.º A los hermanos mayores de edad que hayan convivido familiarmente con el ausente, con preferencia del mayor sobre el menor.

En defecto de las personas expresadas, corresponde en toda su extensión a la persona solvente de buenos antecedentes que el Secretario judicial, oído el Ministerio fiscal, designe a su prudente arbitrio.

Modificado por Ley 15/2015, de 2 de julio, de la Jurisdicción Voluntaria. (BOE de 03-07-2015).

Ver art. 71 Ley 15/2015, de 2 de julio, de Jurisdicción Voluntaria; art. 168.1 Reglamento de la organización y régimen del Notariado, de 2 de junio de 1944; art. 49 Código de Derecho Foral de Aragón; art. 13 Ley 5/2012, de 15 de octubre, de uniones de hecho formalizadas de la Comunidad Valenciana; art. 7 Ley 18/2001, de 19 de diciembre, de Parejas Estables de Baleares.

ART. 185.

El representante del declarado ausente quedará atenido a las obligaciones siguientes:

1.ª Inventariar los bienes muebles y describir los inmuebles de su representado.

2.ª Prestar la garantía que el Secretario judicial prudencialmente fije. Quedan exceptuados los comprendidos en los números 1.º, 2.º y 3.º del artículo precedente.

3.ª Conservar y defender el patrimonio del ausente y obtener de sus bienes los rendimientos normales de que fueren susceptibles.

4.ª Ajustarse a las normas que en orden a la posesión y administración de los bienes del ausente se establecen en la Ley Procesal Civil.

Serán aplicables a los representantes dativos del ausente, en cuanto se adapten a su especial representación, los preceptos que regulan el ejercicio de la tutela y las causas de inhabilidad, remoción y excusa de los tutores.

Modificado por Ley 15/2015, de 2 de julio, de la Jurisdicción Voluntaria. (BOE de 03-07-2015).

Ver arts. 216 y ss. y 224 y ss. CC; art. 71.2 y 73 Ley 15/2015 de Jurisdicción Voluntaria; arts. 290 y ss. Reglamento de 1958 de la Ley del Registro Civil; art. 89.1 Reglamento Hipotecario; art. 50 Código de Derecho Foral de Aragón.

ART. 186.

Los representantes legítimos del declarado ausente comprendidos en los números 1.º, 2.º y 3.º del artículo 184 disfrutarán de la posesión temporal del patrimonio del ausente y harán suyos los productos líquidos en la cuantía que el Secretario judicial señale, habida consideración al importe de los frutos, rentas y aprovechamientos, número de hijos del ausente y obligaciones alimenticias para con los mismos, cuidados y actuaciones que la representación requiera, afecciones que graven al patrimonio y demás circunstancias de la propia índole.

Los representantes legítimos comprendidos en el número 4.º del expresado artículo disfrutarán, también, de la posesión temporal y harán suyos los frutos, rentas y aprovechamientos en la cuantía que el Secretario judicial señale, sin que en ningún caso puedan retener más de los dos tercios de los productos líquidos, reservándose el tercio restante para el ausente, o, en su caso, para sus herederos o causahabientes.

Los poseedores temporales de los bienes del ausente no podrán venderlos, gravarlos, hipotecarlos o darlos en prenda, sino en caso de necesidad o utilidad evidente, reconocida y declarada por el Secretario judicial, quien, al autorizar dichos actos, determinará el empleo de la cantidad obtenida.

Modificado por Ley 15/2015, de 2 de julio, de la Jurisdicción Voluntaria. (BOE de 03-07-2015).

Ver art. 71.2 Ley 15/2015, de 2 de julio, de Jurisdicción Voluntaria; art. 51 Código Derecho Foral de Aragón.

ART. 187.

Si durante el disfrute de la posesión temporal o del ejercicio de la representación dativa alguno probase su derecho preferente a dicha posesión, será excluido el poseedor actual, pero aquél no tendrá derecho a los productos sino a partir del día de la presentación de la demanda.

Si apareciese el ausente, deberá restituírsele su patrimonio, pero no los productos percibidos, salvo mala fe interviniente, en cuyo caso la restitución comprenderá también los frutos percibidos y los debidos percibir a contar del día en que aquélla se produjo, según la declaración del Secretario judicial.

Modificado por Ley 15/2015, de 2 de julio, de la Jurisdicción Voluntaria. (BOE de 03-07-2015).

Ver arts. 433 a 435 y 451 a 457 CC; art. 75 Ley 15/2015, de 2 de julio, de Jurisdicción Voluntaria; art. 58 Código de Derecho Foral de Aragón.

ART. 188.

Si en el transcurso de la posesión temporal o del ejercicio de la representación dativa se probase la muerte del declarado ausente, se abrirá la sucesión en beneficio de los que en el momento del fallecimiento fuesen sus sucesores voluntarios o legítimos, debiendo el poseedor temporal hacerles entrega del patrimonio del difunto, pero reteniendo, como suyos, los productos recibidos en la cuantía señalada.

Si se presentase un tercero acreditando por documento fehaciente haber adquirido, por compra u otro título, bienes del ausente, cesará la representación respecto de dichos bienes, que quedarán a disposición de sus legítimos titulares.

Ver arts. 74.3, 75.4 y 76 Ley 15/2015, de 2 de julio de Jurisdicción Voluntaria; art. 54.3 Código de Derecho Foral de Aragón.

ART. 189.

El cónyuge del ausente tendrá derecho a la separación de bienes.

Ver arts. 1393, 1415 y 1435 CC; ley 87.5) Compilación de Navarra.

ART. 190.

Para reclamar un derecho en nombre de la persona constituida en ausencia, es preciso probar que esta persona existía en el tiempo en que era necesaria su existencia para adquirirlo.

Ver arts. 34 y 195 CC.

ART. 191.

Sin perjuicio de lo dispuesto en el artículo anterior, abierta una sucesión a la que estuviere llamado un ausente, acrecerá la parte de éste a sus coherederos, al no haber persona con derecho propio para reclamarla. Los unos y los otros, en su caso, deberán hacer, con intervención del Ministerio fiscal, inventario de dichos bienes, los cuales reservarán hasta la declaración del fallecimiento.

Ver arts. 922 y 981 a 987 CC; art. 89.2 Reglamento Hipotecario; art. 55 Código Derecho Foral de Aragón.

ART. 192.

Lo dispuesto en el artículo anterior se entiende sin perjuicio de las acciones de petición de herencia u otros derechos que competan al ausente, sus representantes o causahabientes. Estos derechos no se extinguirán sino por el transcurso del tiempo fijado para la prescripción. En la inscripción que se haga en el Registro de los bienes inmuebles que acrezcan a los coherederos, se expresará la circunstancia de quedar sujetos a lo que dispone este artículo y el anterior.

Ver arts. 141 y 1965 CC; art. 89.2 RH; art. 55 Código Derecho Foral de Aragón.

CAPÍTULO II
De la declaración de fallecimiento

ART. 193.

Procede la declaración de fallecimiento:

1.° Transcurridos diez años desde las últimas noticias habidas del ausente, o, a falta de éstas, desde su desaparición.

2.° Pasados cinco años desde las ultimas noticias o, en defecto de éstas, desde su desaparición, si al expirar dicho plazo hubiere cumplido el ausente setenta y cinco años.

Los plazos expresados se computarán desde la expiración del año natural en que se tuvieron las últimas noticias, o, en su defecto, del en que ocurrió la desaparición.

3.° Cumplido un año, contado de fecha a fecha, de un riesgo inminente de muerte por causa de violencia contra la vida, en que una persona se hubiese encontrado sin haberse tenido, con posterioridad a la violencia, noticias suyas. En caso de siniestro este plazo será de tres meses.

Se presume la violencia si en una subversión de orden político o social hubiese desaparecido una persona sin volverse a tener noticias suyas durante el tiempo expresado, siempre que hayan pasado seis meses desde la cesación de la subversión.

Ver art. 74 de la Ley 15/2015, de 2 de julio, de Jurisdicción Voluntaria; arts. 154.4 y 179 del Reglamento de 1958 de la Ley del Registro Civil.

ART. 194.

Procede también la declaración de fallecimiento:

1.° De los que perteneciendo a un contingente armado o unidos a él en calidad de funcionarios auxiliares voluntarios, o en funciones informativas, hayan tomado parte en operaciones de campaña y desaparecido en ellas luego que hayan transcurrido dos años, contados desde la fecha del tratado de paz, y en caso de no haberse concertado, desde la declaración oficial de fin de la guerra.

2.° De los que resulte acreditado que se encontraban a bordo de una nave cuyo naufragio o desaparición por inmersión en el mar se haya comprobado, o a bordo de una aeronave cuyo siniestro se haya verificado y haya evidencias racionales de ausencia de supervivientes.

3.° De los que no se tuvieren noticias después de que resulte acreditado que se encontraban a bordo de una nave cuyo naufragio o desaparición por inmersión en el mar se haya comprobado o a bordo de una aeronave cuyo siniestro se haya verificado, o, en caso de haberse encontrado restos humanos en tales supuestos, y no hubieren podido ser identificados, luego que hayan transcurrido ocho días.

4.° De los que se encuentren a bordo de una nave que se presuma naufragada o desaparecida por inmersión en el mar, por no llegar a su destino, o si careciendo de punto fijo de arribo, no retornase y haya evidencias racionales de ausencia de supervivientes, luego que en cualquiera de los casos haya transcurrido un mes contado desde las últimas noticias recibidas o, por falta de éstas, desde la fecha de salida de la nave del puerto inicial del viaje.

5.° De los que se encuentren a bordo de una aeronave que se presuma siniestrada al realizar el viaje sobre mares, zonas desérticas o inhabitadas, por no llegar a su destino, o si careciendo de punto fijo de arribo, no retornase, y haya evidencias racionales de ausencia de supervivientes, luego que en cualquiera de los casos haya transcurrido un mes contado desde las últimas noticias de las personas o de la aeronave y, en su defecto, desde la fecha de inicio del viaje. Si éste se hiciere por etapas, el plazo indicado se computará desde el punto de despegue del que se recibieron las últimas noticias.

Modificado por Ley 15/2015, de 2 de julio, de la Jurisdicción Voluntaria. (BOE de 03-07-2015).

Ver art. 74 Ley 15/2015, de 2 de julio, de Jurisdicción Voluntaria; Ley 20/2011, de 21 de julio del Registro Civil, ver D.A. 8.ª; Ley 5/1979, de 18 de septiembre, sobre reconocimiento de pensiones, asistencia médico-farmacéutica y asistencia social en favor de las viudas, y demás familiares de los españoles fallecidos como consecuencia o con ocasión de la pasada Guerra Civil; art. 521 Ley Orgánica 2/1989, de 13 de abril, Procesal Militar.

ART. 195.

Por la declaración de fallecimiento cesa la situación de ausencia legal, pero mientras dicha declaración no se produzca, se presume que el ausente ha vivido hasta el momento en que deba reputársele fallecido, salvo investigaciones en contrario.

Toda declaración de fallecimiento expresará la fecha a partir de la cual se entienda sucedida la muerte, con arreglo a lo preceptuado en los artículos precedentes, salvo prueba en contrario.

Ver arts. 188 y 190; art. 74.2 Ley 15/2015, de 2 de julio, de Jurisdicción Voluntaria; art. 179 Reglamento de 1958 de la Ley del Registro Civil; art. 67.1 Ley 20/2011, de 21 de julio, del Registro Civil.

ART. 196.

Firme la declaración de fallecimiento del ausente, se abrirá la sucesión en los bienes del mismo, procediéndose a su adjudicación conforme a lo dispuesto legalmente.

Los herederos no podrán disponer a título gratuito hasta cinco años después de la declaración del fallecimiento.

Hasta que transcurra este mismo plazo no serán entregados los legados, si los hubiese, ni tendrán derecho a exigirlos los legatarios, salvo las mandas piadosas en sufragio del alma del testador o los legados en favor de Instituciones de beneficencia.

Será obligación ineludible de los sucesores, aunque por tratarse de uno solo no fuese necesaria partición, la de formar notarialmente un inventario detallado de los bienes muebles y una descripción de los inmuebles.

Modificado por Ley 15/2015, de 2 de julio, de la Jurisdicción Voluntaria. (BOE de 03-07-2015).

Ver arts. 85, 188, 191, 991, 880 a 885 y 747 y 788; art. 74.3 Ley 15/2015, de Jurisdicción Voluntaria; 782 y ss. Ley 1/2000 de Enjuiciamiento Civil; art. 89.2 Reglamento Hipotecario.

ART. 197.

Si después de la declaración de fallecimiento se presentase el ausente o se probase su existencia, recobrará sus bienes en el estado en que se encuentren y tendrá derecho al precio de los que se hubieran vendido, o a los bienes que con este precio se hayan adquirido, pero no podrá reclamar de sus sucesores rentas, frutos ni productos obtenidos con los bienes de su sucesión, sino desde el día de su presencia o de la declaración de no haber muerto.

Ver arts. 451 a 466 CC, art. 75 Ley 15/2015, de 2 de julio, de Jurisdicción Voluntaria.

CAPÍTULO III
De la inscripción en el Registro Civil

Modificado por Ley 15/2015, de 2 de julio, de la Jurisdicción Voluntaria. (BOE de 03-07-2015).

ART. 198.

En el Registro Civil se harán constar las declaraciones de desaparición, ausencia legal y de fallecimiento, así como las representaciones legítimas y dativas acordadas, y su extinción.

Asimismo se anotarán los inventarios de bienes muebles y descripción de inmuebles que en este Título se ordenan; los decretos de concesión y las escrituras de transmisiones y gravámenes que efectúen los representantes legítimos o dativos de los ausentes; y la escritura de descripción o inventario de los bienes, así como de las escrituras de partición y adjudicación realizadas a virtud de la declaración de fallecimiento o de las actas de protocolización de los cuadernos particionales en sus respectivos casos.

Modificado por Ley 15/2015, de 2 de julio, de la Jurisdicción Voluntaria. (BOE de 03-07-2015).

Ver arts. 71.2, 73, 74.3 y 77 Ley 15/2015, de 2 de julio, de Jurisdicción Voluntaria; art. 78.3 Ley 20/2011, de 21 de julio, del Registro Civil.

TÍTULO IX
De la tutela y de la guarda de los menores

Título modificado en su integridad por Ley 8/2021, de 2 de junio, por la que se reforma la legislación civil y procesal para el apoyo a las personas con discapacidad en el ejercicio de su capacidad jurídica (BOE de 03-06-2021). En vigor desde el 3 de septiembre de 2021.

CAPÍTULO I
De la tutela

Sección 1.ª Disposiciones generales

ART. 199.

Quedan sujetos a tutela:
1.º Los menores no emancipados en situación de desamparo.
2.º Los menores no emancipados no sujetos a patria potestad.

ART. 200.

Las funciones tutelares constituyen un deber, se ejercerán en beneficio del tutelado y estarán bajo la salvaguarda de la autoridad judicial.

Las medidas y disposiciones previstas en el artículo 158 podrán ser acordadas también por la autoridad judicial en todos los supuestos de tutela de menores, en cuanto lo requiera el interés de estos.

Si se tratara de menores que estén bajo la tutela de una entidad pública, estas medidas solo podrán ser acordadas por la autoridad judicial de oficio o a instancia de dicha entidad, del Ministerio Fiscal o del propio menor. La entidad pública será parte en el procedimiento y las medidas acordadas serán comunicadas a esta, que dará traslado de dicha comunicación al director del centro residencial o a la familia acogedora.

ART. 201.

Los progenitores podrán en testamento o documento público notarial designar tutor, establecer órganos de fiscalización de la tutela, así como designar las personas que hayan de integrarlos u ordenar cualquier otra disposición sobre la persona o bienes de sus hijos menores.

ART. 202.

Las designaciones a que se refiere el artículo anterior vincularán a la autoridad judicial al constituir la tutela, salvo que el interés superior del menor exija otra cosa, en cuyo caso dictará resolución motivada.

ART. 203.

Cuando existieren disposiciones de los progenitores hechas en testamento o documento público notarial de los progenitores, se aplicarán unas y otras conjuntamente, en cuanto fueran compatibles. De no serlo, se adoptarán por la autoridad judicial, en decisión motivada, las que considere más convenientes para el interés superior del menor.

ART. 204.

Serán ineficaces las disposiciones hechas en testamento o documento público notarial sobre la tutela si, en el momento de adoptarlas, el disponente hubiese sido privado de la patria potestad.

ART. 205.

El que disponga de bienes a título gratuito en favor de un menor podrá establecer las reglas de administración y disposición de los mismos y designar la persona o personas que hayan de ejercitarlas. Las funciones no conferidas al administrador corresponden al tutor.

ART. 206.

Estarán obligados a promover la constitución de la tutela, desde el momento en que conocieran el hecho que la motivare, los parientes llamados a ella y la persona física o jurídica bajo cuya guarda se encuentre el menor y, si no lo hicieren, serán responsables solidarios de la indemnización de los daños y perjuicios causados.

ART. 207.

Cualquier persona podrá poner en conocimiento del Ministerio Fiscal o de la autoridad judicial el hecho determinante de la tutela, a fin de que se dé inicio al expediente a que se refiere el artículo siguiente.

ART. 208.

La autoridad judicial constituirá la tutela mediante un expediente de jurisdicción voluntaria, siguiendo los trámites previstos legalmente.

ART. 209.

La tutela se ejercerá bajo la vigilancia del Ministerio Fiscal, que actuará de oficio o a instancia de la persona menor de edad o de cualquier interesado.

En cualquier momento podrá exigir del tutor que le informe sobre la situación del menor y del estado de la administración de la tutela.

ART. 210.

La autoridad judicial podrá establecer, en la resolución por la que se constituya la tutela o en otra posterior, las medidas de vigilancia y control que estime adecuadas, en beneficio del tutelado. Asimismo, en cualquier momento podrá exigir del tutor que informe sobre la situación del menor y del estado de la administración.

Sección 2.ª De la delación de la tutela y del nombramiento del tutor

ART. 211.

Podrán ser tutores todas las personas físicas que, a juicio de la autoridad judicial, cumplan las condiciones de aptitud suficientes para el adecuado desempeño de su función y en ellas no concurra alguna de las causas de inhabilidad establecidas en los artículos siguientes.

ART. 212.

Podrán ser tutores las fundaciones y demás personas jurídicas sin ánimo de lucro, públicas o privadas, entre cuyos fines figure la protección y asistencia de menores.

ART. 213.

Para el nombramiento de tutor se preferirá:

1.º A la persona o personas designadas por los progenitores en testamento o documento público notarial.

2.º Al ascendiente o hermano que designe la autoridad judicial.

Excepcionalmente, en resolución motivada, se podrá alterar el orden del párrafo anterior o prescindir de todas las personas en él mencionadas, si el interés superior del menor así lo exigiere. Se considera beneficiosa para el menor la integración en la vida de familia del tutor.

ART. 214.

En defecto de las personas mencionadas en el artículo anterior, la autoridad judicial designará tutor a quien, por sus relaciones con el tutelado y en el interés superior de este, considere más idóneo.

ART. 215.

Si hubiere que designar tutor para varios hermanos, se procurará que el nombramiento recaiga en una misma persona.

ART. 216.

No podrán ser tutores:

1.º Los que por resolución judicial estuvieran privados o suspendidos en el ejercicio de la patria potestad o, total o parcialmente, de los derechos de guarda y protección.

2.º Los que hubieren sido legalmente removidos de una tutela, curatela o guarda anterior.

ART. 217.

La autoridad judicial no podrá nombrar a las personas siguientes:

1.º A quien haya sido excluido por los progenitores del tutelado.

2.º A quien haya sido condenado en sentencia firme por cualquier delito que haga suponer fundadamente que no desempeñará bien la tutela.

3.º Al administrador que hubiese sido sustituido en sus facultades de administración durante la tramitación del procedimiento concursal.

4.º A quien le sea imputable la declaración como culpable de un concurso, salvo que la tutela lo sea solo de la persona.

5.º A quien tenga conflicto de intereses con la persona sujeta a tutela.

ART. 218.

La tutela se ejercerá por un solo tutor salvo:

1.º Cuando, por concurrir circunstancias especiales en la persona del tutelado o en su patrimonio, convenga separar como cargos distintos el de tutor de la persona y el de los bienes, cada uno de los cuales actuará independientemente en el ámbito de su competencia, si bien las decisiones que conciernan a ambos deberán tomarlas conjuntamente.

2.º Si se designa a alguna persona tutor de los hijos de su hermano y se considera conveniente que ejerza también la tutela el cónyuge del tutor o la persona que se halle en análoga relación de afectividad.

3.º Cuando los progenitores del tutelado hayan designado en testamento o documento público notarial más de un tutor para que ejerzan la tutela conjuntamente.

ART. 219.

En el caso del numeral 3.º del artículo anterior, si los progenitores lo hubieren dispuesto de modo expreso, se podrá resolver, al efectuar el nombramiento de tutores, que estos puedan ejercitar las facultades de la tutela con carácter solidario.

De no mediar tal clase de nombramiento y, sin perjuicio de lo dispuesto en el numeral 1.º del artículo anterior, las facultades de la tutela encomendadas a varios tutores habrán de ser ejercitadas por estos conjuntamente, pero valdrá lo que se haga con el acuerdo del mayor número. A falta de tal acuerdo, la autoridad judicial, después de oír a los tutores y al tutelado si tuviere suficiente madurez, resolverá sin ulterior recurso lo que estime conveniente. Para el caso de que los desacuerdos fueran reiterados y entorpeciesen gravemente el ejercicio de la tutela, podrá la autoridad judicial reorganizar su funcionamiento e incluso nombrar nuevo tutor.

ART. 220.

Si los tutores tuvieren sus facultades atribuidas conjuntamente y hubiere incompatibilidad u oposición de intereses en alguno de ellos para un acto o contrato, podrá este ser realizado por el otro tutor o, de ser varios, por los demás en forma conjunta.

ART. 221.

En los casos de que por cualquier causa cese alguno de los tutores, la tutela subsistirá con los restantes a no ser que al hacer el nombramiento se hubiera dispuesto otra cosa de modo expreso.

ART. 222.

La tutela de los menores que se encuentren en situación de desamparo corresponderá por ministerio de la ley a la entidad pública a la que en el respectivo territorio esté encomendada la protección de menores.

No obstante, se procederá al nombramiento de tutor conforme a las reglas ordinarias cuando existan personas físicas que, por sus relaciones con el menor o por otras circunstancias, puedan asumir la tutela en interés de este.

En el supuesto del párrafo anterior, previamente a la designación judicial de tutor, o en la misma resolución, deberá acordarse la suspensión o la privación de la patria potestad o la remoción del tutor, en su caso.

Estarán legitimados para ejercer las acciones de privación de patria potestad, promover la remoción del tutor y solicitar el nombramiento de tutor de los menores en situación de desamparo, el Ministerio Fiscal, la entidad pública y los llamados al ejercicio de la tutela.

ART. 223.

Las causas y procedimientos de remoción y excusa de la tutela serán los mismos que los establecidos para la curatela.

La autoridad judicial podrá decretar la remoción a solicitud de la persona menor de edad si tuviere suficiente madurez. En todo caso será tenida en cuenta su opinión y se le dará audiencia si fuere mayor de doce años.

Declarada la remoción, se procederá al nombramiento de nuevo tutor en la forma establecida en este Código.

Sección 3.ª Del ejercicio de la tutela

ART. 224.

Serán aplicables a la tutela, con carácter supletorio, las normas de la curatela.

ART. 225.

El tutor es el representante del menor, salvo para aquellos actos que este pueda realizar por si solo o para los que únicamente precise asistencia.

ART. 226.

Se prohíbe al tutor:

1.º Recibir liberalidades del tutelado o de sus causahabientes, mientras no se haya aprobado definitivamente su gestión.

2.º Representar al tutelado cuando en el mismo acto intervenga en nombre propio o de un tercero y existiera conflicto de intereses.

3.º Adquirir por título oneroso bienes del tutelado o transmitirle por su parte bienes por igual título.

ART. 227.

Los tutores ejercerán su cargo en interés del menor, de acuerdo con su personalidad y con respeto a sus derechos.

Cuando sea necesario para el ejercicio de la tutela podrán recabar el auxilio de la autoridad.

ART. 228.

El tutor está obligado a velar por el tutelado y, en particular:

1.º A velar por él y a procurarle alimentos.

2.º A educar al menor y procurarle una formación integral.

3.º A promover su mejor inserción en la sociedad.

4.º A administrar el patrimonio del menor con la diligencia debida.

5.º A informar a la autoridad judicial anualmente sobre la situación del menor y a rendirle cuenta anual de su administración.

6.º A oír al menor antes de adoptar decisiones que le afecten.

ART. 229.

El tutor tiene derecho a una retribución, siempre que el patrimonio del menor lo permita, así como al reembolso de los gastos justificados, cantidades que serán satisfechas con cargo a dicho patrimonio.

Salvo que los progenitores hubieran establecido otra cosa, y sin perjuicio de que dichas previsiones puedan modificarse por la autoridad judicial si lo estimase conveniente para el interés del menor, corresponde a la autoridad judicial fijar su importe y el modo de percibirla, para lo cual tendrá en cuenta el trabajo a realizar y el valor y la rentabilidad de los bienes.

Podrá también establecerse que el tutor haga suyos los frutos de los bienes del tutelado a cambio de prestarle los alimentos, si así lo hubieren dispuesto los progenitores. La autoridad judicial podrá dejar sin efecto esta previsión o establecerla aun cuando nada hubiesen dispuesto los progenitores, si lo estimase conveniente para el interés del menor.

ART. 230.

La persona que en el ejercicio de una función tutelar sufra daños y perjuicios, sin culpa por su parte, tendrá derecho a la indemnización de estos con cargo a los bienes del tutelado, de no poder obtener por otro medio su resarcimiento.

Sección 4.ª De la extinción de la tutela y de la rendición final de cuentas

ART. 231.

La tutela se extingue:
1.º Por la mayoría de edad, emancipación o concesión del beneficio de la mayoría de edad al menor.
2.º Por la adopción del menor.
3.º Por muerte o declaración de fallecimiento del menor.
4.º Cuando, habiéndose originado por privación o suspensión de la patria potestad, el titular de esta la recupere, o cuando desaparezca la causa que impedía al titular de la patria potestad ejercitarla de hecho.

ART. 232.

El tutor, sin perjuicio de la obligación de rendición anual de cuentas, al cesar en sus funciones deberá rendir ante la autoridad judicial la cuenta general justificada de su administración en el plazo de tres meses, prorrogables por el tiempo que fuere necesario si concurre justa causa.

La acción para exigir la rendición de esta cuenta prescribe a los cinco años, contados desde la terminación del plazo establecido para efectuarla.

Antes de resolver sobre la aprobación de la cuenta, la autoridad judicial oirá también, en su caso, al nuevo tutor y a la persona que hubiera estado sometida a tutela o a sus herederos.

La aprobación judicial de las cuentas no impedirá el ejercicio de las acciones que recíprocamente puedan asistir al tutor y al menor o a sus causahabientes por razón de la tutela.

ART. 233.

Los gastos necesarios de la rendición de cuentas serán a cargo del patrimonio de quien estuvo sometido a tutela.

El saldo de la cuenta general devengará el interés legal, a favor o en contra del tutor. Si el saldo es a favor del tutor, el interés legal se devengará desde el requerimiento para el pago, previa restitución de los bienes a su titular. Si es en contra del tutor, devengará el interés legal una vez transcurridos los tres meses siguientes a la aprobación de la cuenta.

ART. 234.

El tutor responderá de los daños que hubiese causado al menor por su culpa o negligencia.

La acción para reclamar esta responsabilidad prescribe a los tres años contados desde la rendición final de cuentas.

CAPÍTULO II
Del defensor judicial del menor

ART. 235.

Se nombrará un defensor judicial del menor en los casos siguientes:
1.º Cuando en algún asunto exista conflicto de intereses entre los menores y sus representantes legales, salvo en los casos en que la ley prevea otra forma de salvarlo.
2.º Cuando, por cualquier causa, el tutor no desempeñare sus funciones, hasta que cese la causa determinante o se designe otra persona.

3.º Cuando el menor emancipado requiera el complemento de capacidad previsto en los artículos 247 y 248 y a quienes corresponda prestarlo no puedan hacerlo o exista con ellos conflicto de intereses.

ART. 236.

Serán aplicables al defensor judicial del menor las normas del defensor judicial de las personas con discapacidad. El defensor judicial del menor ejercerá su cargo en interés del menor, de acuerdo con su personalidad y con respeto a sus derechos.

CAPÍTULO III
De la guarda de hecho del menor

ART. 237.

1. Cuando la autoridad judicial tenga conocimiento de la existencia de un guardador de hecho podrá requerirle para que informe de la situación de la persona y los bienes del menor y de su actuación en relación con los mismos, pudiendo establecer las medidas de control y vigilancia que considere oportunas.

Cautelarmente, mientras se mantenga la situación de guarda de hecho y hasta que se constituya la medida de protección adecuada, si procediera, se podrán otorgar judicialmente facultades tutelares a los guardadores. Igualmente se podrá constituir un acogimiento temporal, siendo acogedores los guardadores.

2. Procederá la declaración de situación de desamparo de los menores cuando, además de esta circunstancia, se den los presupuestos objetivos de falta de asistencia contemplados en el artículo 172.

En los demás casos, el guardador de hecho podrá promover la privación o suspensión de la patria potestad, remoción de la tutela o el nombramiento de tutor.

ART. 238.

Serán aplicables a la guarda de hecho del menor, con carácter supletorio, las normas de la guarda de hecho de las personas con discapacidad.

TÍTULO X
De la mayor edad y de la emancipación

Título modificado en su integridad por Ley 8/2021, de 2 de junio, por la que se reforma la legislación civil y procesal para el apoyo a las personas con discapacidad en el ejercicio de su capacidad jurídica (BOE de 03-06-2021). En vigor desde el 3 de septiembre de 2021.

ART. 239.

La emancipación tiene lugar:
1.º Por la mayor edad.
2.º Por concesión de los que ejerzan la patria potestad.
3.º Por concesión judicial.

ART. 240.

La mayor edad empieza a los dieciocho años cumplidos.

Para el cómputo de los años de la mayoría de edad se incluirá completo el día del nacimiento.

ART. 241.

Para que tenga lugar la emancipación por concesión de quienes ejerzan la patria potestad, se requiere que el menor tenga dieciséis años cumplidos y que la consienta. Esta emancipación se otorgará por escritura pública o por comparecencia ante el encargado del Registro Civil.

ART. 242.

La concesión de la emancipación habrá de inscribirse en el Registro Civil, no produciendo entre tanto efectos contra terceros.

Concedida la emancipación no podrá ser revocada.

ART. 243.

Se reputará para todos los efectos como emancipado al hijo mayor de dieciséis años que, con el consentimiento de los progenitores, viviere independientemente de estos. Los progenitores podrán revocar este consentimiento.

ART. 244.

La autoridad judicial podrá conceder la emancipación de los hijos mayores de dieciséis años si estos la pidieren y previa audiencia de los progenitores:

1.º Cuando quien ejerce la patria potestad contrajere nupcias o conviviere maritalmente con persona distinta del otro progenitor.

2.º Cuando los progenitores vivieren separados.

3.º Cuando concurra cualquier causa que entorpezca gravemente el ejercicio de la patria potestad.

ART. 245.

También podrá la autoridad judicial, previo informe del Ministerio Fiscal, conceder el beneficio de la mayor edad al sujeto a tutela mayor de dieciséis años que lo solicitare.

ART. 246.

El mayor de edad puede realizar todos los actos de la vida civil, salvo las excepciones establecidas en casos especiales por este Código.

ART. 247.

La emancipación habilita al menor para regir su persona y bienes como si fuera mayor; pero hasta que llegue a la mayor edad no podrá el emancipado tomar dinero a préstamo, gravar o enajenar bienes inmuebles y establecimientos mercantiles o industriales u objetos de extraordinario valor sin consentimiento de sus progenitores y, a falta de ambos, sin el de su defensor judicial.

El menor emancipado podrá por sí solo comparecer en juicio.

Lo dispuesto en este artículo es aplicable también al menor que hubiere obtenido judicialmente el beneficio de la mayor edad.

ART. 248.

Para que el casado menor de edad pueda enajenar o gravar bienes inmuebles, establecimientos mercantiles u objetos de extraordinario valor que sean comunes, basta, si es mayor el otro cónyuge, el consentimiento de los dos; si también es menor, se necesitará además el de los progenitores o defensor judicial de uno y otro.

TÍTULO XI
De las medidas de apoyo a las personas con discapacidad para el ejercicio de su capacidad jurídica

Título modificado en su integridad por Ley 8/2021, de 2 de junio, por la que se reforma la legislación civil y procesal para el apoyo a las personas con discapacidad en el ejercicio de su capacidad jurídica (BOE de 03-06-2021). En vigor desde el 3 de septiembre de 2021.

CAPÍTULO I
Disposiciones generales

ART. 249.

Las medidas de apoyo a las personas mayores de edad o menores emancipadas que las precisen para el adecuado ejercicio de su capacidad jurídica tendrán por finalidad permitir el desarrollo pleno de su personalidad y su desenvolvimiento jurídico en condiciones de igualdad. Estas medidas de apoyo deberán estar inspiradas en el respeto a la dignidad de la persona y en la tutela de sus derechos fundamentales. Las de origen legal o judicial solo procederán en defecto o insuficiencia de la voluntad de la persona de que se trate. Todas ellas deberán ajustarse a los principios de necesidad y proporcionalidad.

Las personas que presten apoyo deberán actuar atendiendo a la voluntad, deseos y preferencias de quien lo requiera. Igualmente procurarán que la persona con discapacidad pueda desarrollar su propio proceso de toma de decisiones, informándola, ayudándola en su comprensión y razonamiento y facilitando que pueda expresar sus preferencias. Asimismo, fomentarán que la persona con discapacidad pueda ejercer su capacidad jurídica con menos apoyo en el futuro.

En casos excepcionales, cuando, pese a haberse hecho un esfuerzo considerable, no sea posible determinar la voluntad, deseos y preferencias de la persona, las medidas de apoyo podrán incluir funciones representativas. En este caso, en el ejercicio de esas funciones se deberá tener en cuenta la trayectoria vital de la persona con discapacidad, sus creencias y valores, así como los factores que ella hubiera tomado en consideración, con el fin de tomar la decisión que habría adoptado la persona en caso de no requerir representación.

La autoridad judicial podrá dictar las salvaguardas que considere oportunas a fin de asegurar que el ejercicio de las medidas de apoyo se ajuste a los criterios resultantes de este precepto y, en particular, atienda a la voluntad, deseos y preferencias de la persona que las requiera.

ART. 250.

Las medidas de apoyo para el ejercicio de la capacidad jurídica de las personas que lo precisen son, además de las de naturaleza voluntaria, la guarda de hecho, la curatela y el defensor judicial.

La función de las medidas de apoyo consistirá en asistir a la persona con discapacidad en el ejercicio de su capacidad jurídica en los ámbitos en los que sea preciso, respetando su voluntad, deseos y preferencias.

Las medidas de apoyo de naturaleza voluntaria son las establecidas por la persona con discapacidad, en las que designa quién debe prestarle apoyo y con qué alcance. Cualquier medida de apoyo voluntaria podrá ir acompañada de las salvaguardas necesarias para garantizar en todo momento y ante cualquier circunstancia el respeto a la voluntad, deseos y preferencias de la persona.

La guarda de hecho es una medida informal de apoyo que puede existir cuando no haya medidas voluntarias o judiciales que se estén aplicando eficazmente.

La curatela es una medida formal de apoyo que se aplicará a quienes precisen el apoyo de modo continuado. Su extensión vendrá determinada en la correspondiente resolución judicial en armonía con la situación y circunstancias de la persona con discapacidad y con sus necesidades de apoyo.

El nombramiento de defensor judicial como medida formal de apoyo procederá cuando la necesidad de apoyo se precise de forma ocasional, aunque sea recurrente.

Al determinar las medidas de apoyo se procurará evitar situaciones en las que se puedan producir conflictos de intereses o influencia indebida.

No podrán ejercer ninguna de las medidas de apoyo quienes, en virtud de una relación contractual, presten servicios asistenciales, residenciales o de naturaleza análoga a la persona que precisa el apoyo.

ART. 251.

Se prohíbe a quien desempeñe alguna medida de apoyo:

1.º Recibir liberalidades de la persona que precisa el apoyo o de sus causahabientes, mientras que no se haya aprobado definitivamente su gestión, salvo que se trate de regalos de costumbre o bienes de escaso valor.

2.º Prestar medidas de apoyo cuando en el mismo acto intervenga en nombre propio o de un tercero y existiera conflicto de intereses.

3.º Adquirir por título oneroso bienes de la persona que precisa el apoyo o transmitirle por su parte bienes por igual título.

En las medidas de apoyo voluntarias estas prohibiciones no resultarán de aplicación cuando el otorgante las haya excluido expresamente en el documento de constitución de dichas medidas.

ART. 252.

El que disponga de bienes a título gratuito en favor de una persona necesitada de apoyo podrá establecer las reglas de administración y disposición de aquellos, así como designar la persona o personas a las que se encomienden dichas facultades. Las facultades no conferidas al administrador corresponderán al favorecido por la disposición de los bienes, que las ejercitará, en su caso, con el apoyo que proceda.

Igualmente podrán establecer los órganos de control o supervisión que se estimen convenientes para el ejercicio de las facultades conferidas.

ART. 253.

Cuando una persona se encuentre en una situación que exija apoyo para el ejercicio de su capacidad jurídica de modo urgente y carezca de un guardador de hecho, el apoyo se prestará de modo provisional por la entidad pública que en el respectivo territorio tenga encomendada esta función. La entidad dará conocimiento de la situación al Ministerio Fiscal en el plazo de veinticuatro horas.

CAPÍTULO II
De las medidas voluntarias de apoyo

Sección 1.ª Disposiciones generales

ART. 254.

Cuando se prevea razonablemente en los dos años anteriores a la mayoría de edad que un menor sujeto a patria potestad o a tutela pueda, después de alcanzada aquella, precisar de apoyo en el ejercicio de su capacidad jurídica, la autoridad judicial podrá acordar, a petición del menor, de los progenitores, del tutor o del Ministerio Fiscal, si lo estima necesario, la procedencia de la adopción de la medida de apoyo que corresponda para cuando concluya la minoría de edad. Estas medidas se adoptarán si el mayor de dieciséis años no ha hecho sus propias previsiones para cuando alcance la mayoría de edad. En otro caso se dará participación al menor en el proceso, atendiendo a su voluntad, deseos y preferencias.

ART. 255.

Cualquier persona mayor de edad o menor emancipada en previsión o apreciación de la concurrencia de circunstancias que puedan dificultarle el ejercicio de su capacidad jurídica en igualdad de condiciones con las demás, podrá prever o acordar en escritura pública medidas de apoyo relativas a su persona o bienes.

Podrá también establecer el régimen de actuación, el alcance de las facultades de la persona o personas que le hayan de prestar apoyo, o la forma de ejercicio del apoyo, el cual se prestará conforme a lo dispuesto en el artículo 249.

Asimismo, podrá prever las medidas u órganos de control que estime oportuno, las salvaguardas necesarias para evitar abusos, conflicto de intereses o influencia indebida y los mecanismos y plazos de revisión de las medidas de apoyo, con el fin de garantizar el respeto de su voluntad, deseos y preferencias.

El Notario autorizante comunicará de oficio y sin dilación el documento público que contenga las medidas de apoyo al Registro Civil para su constancia en el registro individual del otorgante.

Solo en defecto o por insuficiencia de estas medidas de naturaleza voluntaria, y a falta de guarda de hecho que suponga apoyo suficiente, podrá la autoridad judicial adoptar otras supletorias o complementarias.

Sección 2.ª De los poderes y mandatos preventivos

ART. 256.

El poderdante podrá incluir una cláusula que estipule que el poder subsista si en el futuro precisa apoyo en el ejercicio de su capacidad.

ART. 257.

El poderdante podrá otorgar poder solo para el supuesto de que en el futuro precise apoyo en el ejercicio de su capacidad. En este caso, para acreditar que se ha producido la situación de necesidad de apoyo se estará a las previsiones del poderdante. Para garantizar el cumplimiento de estas previsiones se otorgará, si fuera preciso, acta notarial que, además del juicio del Notario, incorpore un informe pericial en el mismo sentido.

ART. 258.

Los poderes a que se refieren los artículos anteriores mantendrán su vigencia pese a la constitución de otras medidas de apoyo en favor del poderdante, tanto si estas han sido establecidas judicialmente como si han sido previstas por el propio interesado.

Cuando se hubieren otorgado a favor del cónyuge o de la pareja de hecho del poderdante, el cese de la convivencia producirá su extinción automática, salvo que medie voluntad contraria del otorgante o que el cese venga determinado por el internamiento de este.

El poderdante podrá establecer, además de las facultades que otorgue, las medidas u órganos de control que estime oportuno, condiciones e instrucciones para el ejercicio de las facultades, salvaguardas para evitar abusos, conflicto de intereses o influencia indebida y los mecanismos y plazos de revisión de las medidas de apoyo, con el fin de garantizar el respeto de su voluntad, deseos y preferencias. Podrá también prever formas específicas de extinción del poder.

Cualquier persona legitimada para instar el procedimiento de provisión de apoyos y el curador, si lo hubiere, podrán solicitar judicialmente la extinción de los poderes preventivos, si en el apoderado concurre alguna de las causas previstas para la remoción del curador, salvo que el poderdante hubiera previsto otra cosa.

ART. 259.

Cuando el poder contenga cláusula de subsistencia para el caso de que el poderdante precise apoyo en el ejercicio de su capacidad o se conceda solo para ese supuesto y, en ambos casos, comprenda todos los negocios del otorgante, el apoderado, sobrevenida la situación de necesidad de apoyo, quedará sujeto a las reglas aplicables a la curatela en todo aquello no previsto en el poder, salvo que el poderdante haya determinado otra cosa.

Ver D.T. 3.ª de la Ley 8/2021, de 2 de junio, por la que se reforma la legislación civil y procesal para el apoyo a las personas con discapacidad en el ejercicio de su capacidad jurídica

ART. 260.

Los poderes preventivos a que se refieren los artículos anteriores habrán de otorgarse en escritura pública.

El Notario autorizante los comunicará de oficio y sin dilación al Registro Civil para su constancia en el registro individual del poderdante.

ART. 261.

El ejercicio de las facultades representativas será personal, sin perjuicio de la posibilidad de encomendar la realización de uno o varios actos concretos a terceras personas. Aquellas facultades que tengan por objeto la protección de la persona no serán delegables.

ART. 262.

Lo dispuesto en este capítulo se aplicará igualmente al caso de mandato sin poder.

CAPÍTULO III
De la guarda de hecho de las personas con discapacidad

ART. 263.

Quien viniere ejerciendo adecuadamente la guarda de hecho de una persona con discapacidad continuará en el desempeño de su función incluso si existen medidas de apoyo de naturaleza voluntaria o judicial, siempre que estas no se estén aplicando eficazmente.

ART. 264.

Cuando, excepcionalmente, se requiera la actuación representativa del guardador de hecho, este habrá de obtener la autorización para realizarla a través del correspondiente expediente de jurisdicción voluntaria, en el que se oirá a la persona con discapacidad.

La autorización judicial para actuar como representante se podrá conceder, previa comprobación de su necesidad, en los términos y con los requisitos adecuados a las circunstancias del caso. La autorización podrá comprender uno o varios actos necesarios para el desarrollo de la función de apoyo y deberá ser ejercitada de conformidad con la voluntad, deseos y preferencias de la persona con discapacidad.

En todo caso, quien ejerza la guarda de hecho deberá recabar autorización judicial conforme a lo indicado en el párrafo anterior para prestar consentimiento en los actos enumerados en el artículo 287.

No será necesaria autorización judicial cuando el guardador solicite una prestación económica a favor de la persona con discapacidad, siempre que esta no suponga un cambio significativo en la forma de vida de la persona, o realice actos jurídicos sobre bienes de esta que tengan escasa relevancia económica y carezcan de especial significado personal o familiar.

La autoridad judicial podrá acordar el nombramiento de un defensor judicial para aquellos asuntos que por su naturaleza lo exijan.

ART. 265.

A través de un expediente de jurisdicción voluntaria, la autoridad judicial podrá requerir al guardador en cualquier momento, de oficio, a solicitud del Ministerio Fiscal o a instancia de cualquier interesado, para que informe de su actuación, y establecer las salvaguardias que estime necesarias.

Asimismo, podrá exigir que el guardador rinda cuentas de su actuación en cualquier momento.

ART. 266.

El guardador tiene derecho al reembolso de los gastos justificados y a la indemnización por los daños derivados de la guarda, a cargo de los bienes de la persona a la que presta apoyo.

ART. 267.

La guarda de hecho se extingue:

1.º Cuando la persona a quien se preste apoyo solicite que este se organice de otro modo.

2.º Cuando desaparezcan las causas que la motivaron.

3.º Cuando el guardador desista de su actuación, en cuyo caso deberá ponerlo previamente en conocimiento de la entidad pública que en el respectivo territorio tenga encomendada las funciones de promoción de la autonomía y asistencia a las personas con discapacidad.

4.º Cuando, a solicitud del Ministerio Fiscal o de quien se interese por ejercer el apoyo de la persona bajo guarda, la autoridad judicial lo considere conveniente.

CAPÍTULO IV
De la curatela

Sección 1.ª Disposiciones generales

ART. 268.

Las medidas tomadas por la autoridad judicial en el procedimiento de provisión de apoyos serán proporcionadas a las necesidades de la persona que las precise, respetarán siempre la máxima autonomía de esta en el ejercicio de su capacidad jurídica y atenderán en todo caso a su voluntad, deseos y preferencias.

Las medidas de apoyo adoptadas judicialmente serán revisadas periódicamente en un plazo máximo de tres años. No obstante, la autoridad judicial podrá, de manera excepcional y motivada, en el procedimiento de provisión o, en su caso, de modificación de apoyos, establecer un plazo de revisión superior que no podrá exceder de seis años.

Sin perjuicio de lo anterior, las medidas de apoyo adoptadas judicialmente se revisarán, en todo caso, ante cualquier cambio en la situación de la persona que pueda requerir una modificación de dichas medidas.

ART. 269.

La autoridad judicial constituirá la curatela mediante resolución motivada cuando no exista otra medida de apoyo suficiente para la persona con discapacidad.

La autoridad judicial determinará los actos para los que la persona requiere asistencia del curador en el ejercicio de su capacidad jurídica atendiendo a sus concretas necesidades de apoyo.

Sólo en los casos excepcionales en los que resulte imprescindible por las circunstancias de la persona con discapacidad, la autoridad judicial determinará en resolución motivada los actos concretos en los que el curador habrá de asumir la representación de la persona con discapacidad.

Los actos en los que el curador deba prestar el apoyo deberán fijarse de manera precisa, indicando, en su caso, cuáles son aquellos donde debe ejercer la representación. El curador actuará bajo los criterios fijados en el artículo 249.

En ningún caso podrá incluir la resolución judicial la mera privación de derechos.

ART. 270.

La autoridad judicial establecerá en la resolución que constituya la curatela o en otra posterior las medidas de control que estime oportunas para garantizar el respeto de los derechos, la voluntad y las preferencias de la persona que precisa el apoyo, así como para evitar los abusos, los conflictos de intereses y la influencia indebida. También podrá exigir en cualquier momento al curador que, en el ámbito de sus funciones, informe sobre la situación personal o patrimonial de aquella.

Sin perjuicio de las revisiones periódicas de estas resoluciones, el Ministerio Fiscal podrá recabar en cualquier momento la información que considere necesaria a fin de garantizar el buen funcionamiento de la curatela.

Sección 2.ª De la autocuratela y del nombramiento del curador

Subsección 1.ª De la autocuratela

ART. 271.

Cualquier persona mayor de edad o menor emancipada, en previsión de la concurrencia de circunstancias que puedan dificultarle el ejercicio de su capacidad jurídica en igualdad de condiciones con las demás, podrá proponer en escritura pública el nombramiento o la exclusión de una o varias personas determinadas para el ejercicio de la función de curador.

Podrá igualmente establecer disposiciones sobre el funcionamiento y contenido de la curatela y, en especial, sobre el cuidado de su persona, reglas de administración y disposición de sus bienes, retribución del curador, obligación de hacer inventario o su dispensa y medidas de vigilancia y control, así como proponer a las personas que hayan de llevarlas a cabo.

ART. 272.

La propuesta de nombramiento y demás disposiciones voluntarias a que se refiere el artículo anterior vincularán a la autoridad judicial al constituir la curatela.

No obstante, la autoridad judicial podrá prescindir total o parcialmente de esas disposiciones voluntarias, de oficio o a instancia de las personas llamadas por ley a ejercer la curatela o del Ministerio Fiscal y, siempre mediante resolución motivada, si existen circunstancias graves desconocidas por la persona que las estableció o alteración de las causas expresadas por ella o que presumiblemente tuvo en cuenta en sus disposiciones.

ART. 273.

Si al establecer la autocuratela se propone el nombramiento de sustitutos al curador y no se concreta el orden de la sustitución, será preferido el propuesto en el documento posterior. Si se proponen varios en el mismo documento, será preferido el propuesto en primer lugar.

ART. 274.

Se podrá delegar en el cónyuge o en otra persona la elección del curador de entre los relacionados en escritura pública por la persona interesada.

Subsección 2.ª Del nombramiento del curador

ART. 275.

1. Podrán ser curadores las personas mayores de edad que, a juicio de la autoridad judicial, sean aptas para el adecuado desempeño de su función.

Asimismo, podrán ser curadores las fundaciones y demás personas jurídicas sin ánimo de lucro, públicas o privadas, entre cuyos fines figure la promoción de la autonomía y asistencia a las personas con discapacidad.

2. No podrán ser curadores:

1.º Quienes hayan sido excluidos por la persona que precise apoyo.

2.º Quienes por resolución judicial estuvieran privados o suspendidos en el ejercicio de la patria potestad o, total o parcialmente, de los derechos de guarda y protección.

3.º Quienes hubieren sido legalmente removidos de una tutela, curatela o guarda anterior.

3. La autoridad judicial no podrá nombrar curador, salvo circunstancias excepcionales debidamente motivadas, a las personas siguientes:

1.º A quien haya sido condenado por cualquier delito que haga suponer fundadamente que no desempeñará bien la curatela.

2.º A quien tenga conflicto de intereses con la persona que precise apoyo.

3.º Al administrador que hubiese sido sustituido en sus facultades de administración durante la tramitación del procedimiento concursal.

4.º A quien le sea imputable la declaración como culpable de un concurso, salvo que la curatela lo sea solamente de la persona.

ART. 276.

La autoridad judicial nombrará curador a quien haya sido propuesto para su nombramiento por la persona que precise apoyo o por la persona en quien esta hubiera delegado, salvo que concurra alguna de las circunstancias previstas en el párrafo segundo del artículo 272. La autoridad judicial estará también a lo dispuesto en el artículo 275.

En defecto de tal propuesta, la autoridad judicial nombrará curador:

1.º Al cónyuge, o a quien se encuentre en una situación de hecho asimilable, siempre que convivan con la persona que precisa el apoyo.

2.º Al hijo o descendiente. Si fueran varios, será preferido el que de ellos conviva con la persona que precisa el apoyo.

3.º Al progenitor o, en su defecto, ascendiente. Si fueren varios, será preferido el que de ellos conviva con la persona que precisa el apoyo.

4.º A la persona o personas que el cónyuge o la pareja conviviente o los progenitores hubieran dispuesto en testamento o documento público.

5.º A quien estuviera actuando como guardador de hecho.

6.º Al hermano, pariente o allegado que conviva con la persona que precisa la curatela.

7.º A una persona jurídica en la que concurran las condiciones indicadas en el párrafo segundo del apartado 1 del artículo anterior.

La autoridad judicial podrá alterar el orden del apartado anterior, una vez oída la persona que precise apoyo.

Cuando, una vez oída, no resultare clara su voluntad, la autoridad judicial podrá alterar el orden legal, nombrando a la persona más idónea para comprender e interpretar su voluntad, deseos y preferencias.

ART. 277.

Se puede proponer el nombramiento de más de un curador si la voluntad y necesidades de la persona que precisa el apoyo lo justifican. En particular, podrán separarse como cargos distintos los de curador de la persona y curador de los bienes.

Cuando la curatela sea confiada a varias personas, la autoridad judicial establecerá el modo de funcionamiento, respetando la voluntad de la persona que precisa el apoyo.

ART. 278.

Serán removidos de la curatela los que, después del nombramiento, incurran en una causa legal de inhabilidad, o se conduzcan mal en su desempeño por incumplimiento de los deberes propios del cargo, por notoria ineptitud de su ejercicio o cuando, en su caso, surgieran problemas de convivencia graves y continuados con la persona a la que prestan apoyo.

La autoridad judicial, de oficio o a solicitud de la persona a cuyo favor se estableció el apoyo o del Ministerio Fiscal, cuando conociere por sí o a través de cualquier interesado circunstancias que comprometan el desempeño correcto de la curatela, podrá decretar la remoción del curador mediante expediente de jurisdicción voluntaria.

Durante la tramitación del expediente de remoción la autoridad judicial podrá suspender al curador en sus funciones y, de considerarlo necesario, acordará el nombramiento de un defensor judicial.

Declarada judicialmente la remoción, se procederá al nombramiento de nuevo curador en la forma establecida en este Código, salvo que fuera pertinente otra medida de apoyo.

ART. 279.

Será excusable el desempeño de la curatela si resulta excesivamente gravoso o entraña grave dificultad para la persona nombrada para el ejercicio del cargo. También podrá excusarse el curador de continuar ejerciendo la curatela cuando durante su desempeño le sobrevengan los motivos de excusa.

Las personas jurídicas privadas podrán excusarse cuando carezcan de medios suficientes para el adecuado desempeño de la curatela o las condiciones de ejercicio de la curatela no sean acordes con sus fines estatutarios.

El interesado que alegue causa de excusa deberá hacerlo dentro del plazo de quince días a contar desde que tuviera conocimiento del nombramiento. Si la causa fuera sobrevenida podrá hacerlo en cualquier momento.

Mientras la autoridad judicial resuelva acerca de la excusa, el nombrado estará obligado a ejercer su función. Si no lo hiciera y fuera necesaria una actuación de apoyo, se procederá a nombrar un defensor judicial que sustituya al curador, quedando el sustituido responsable de los gastos ocasionados por la excusa, si esta fuera rechazada.

Admitida la excusa, se procederá al nombramiento de nuevo curador.

ART. 280.

El curador nombrado en atención a una disposición testamentaria que se excuse de la curatela por cualquier causa, perderá lo que en consideración al nombramiento le hubiere dejado el testador.

ART. 281.

El curador tiene derecho a una retribución, siempre que el patrimonio de la persona con discapacidad lo permita, así como al reembolso de los gastos justificados y a la indemnización de los daños sufridos sin culpa por su parte en el ejercicio de su función, cantidades que serán satisfechas con cargo a dicho patrimonio.

Corresponde a la autoridad judicial fijar su importe y el modo de percibirlo, para lo cual tendrá en cuenta el trabajo a realizar y el valor y la rentabilidad de los bienes.

En ningún caso, la admisión de causa de excusa o la decisión de remoción de las personas físicas o jurídicas designadas para el desempeño de los apoyos podrá generar desprotección o indefensión a la persona que precisa dichos apoyos, debiendo la autoridad judicial actuar de oficio, mediante la colaboración necesaria de los llamados a ello, o bien, de no poder contar con estos, con la inexcusable colaboración de los organismos o entidades públicas competentes y del Ministerio Fiscal.

No concurrirá causa de excusa cuando el desempeño de los apoyos haya sido encomendado a entidad pública.

Sección 3.ª Del ejercicio de la curatela

ART. 282.

El curador tomará posesión de su cargo ante el letrado de la Administración de Justicia.

Una vez en el ejercicio de la curatela, estará obligado a mantener contacto personal con la persona a la que va a prestar apoyo y a desempeñar las funciones encomendadas con la diligencia debida.

El curador asistirá a la persona a la que preste apoyo en el ejercicio de su capacidad jurídica respetando su voluntad, deseos y preferencias.

El curador procurará que la persona con discapacidad pueda desarrollar su propio proceso de toma de decisiones.

El curador procurará fomentar las aptitudes de la persona a la que preste apoyo, de modo que pueda ejercer su capacidad con menos apoyo en el futuro.

ART. 283.

Cuando quien desempeñe la curatela esté impedido de modo transitorio para actuar en un caso concreto, o cuando exista un conflicto de intereses ocasional entre él y la persona a quien preste apoyo, el letrado de la Administración de Justicia nombrará un defensor judicial que lo sustituya. Para este nombramiento se oirá a la persona que precise el apoyo y se respetará su voluntad, deseos y preferencias.

Si, en el caso previsto en el párrafo anterior, fueran varios los curadores con funciones homogéneas, estas serán asumidas por quien de entre ellos no esté afectado por el impedimento o el conflicto de intereses.

Si la situación de impedimento o conflicto fuera prolongada o reiterada, la autoridad judicial de oficio, a instancia del Ministerio Fiscal, de cualquier persona legitimada para instar el procedimiento de provisión de apoyos o de cualquier persona que esté desempeñando la curatela y previa audiencia a la persona con discapacidad y al Ministerio Fiscal, podrá reorganizar el funcionamiento de la curatela, e incluso proceder al nombramiento de un nuevo curador.

ART. 284.

Cuando la autoridad judicial lo considere necesario por concurrir razones excepcionales, podrá exigir al curador la constitución de fianza que asegure el cumplimiento de sus obligaciones y determinará la modalidad y cuantía de la misma. Una vez constituida, la fianza será objeto de aprobación judicial.

En cualquier momento la autoridad judicial podrá modificar o dejar sin efecto la garantía que se hubiese prestado.

Ver D.T. 3.ª de la Ley 8/2021, de 2 de junio, por la que se reforma la legislación civil y procesal para el apoyo a las personas con discapacidad en el ejercicio de su capacidad jurídica

ART. 285.

El curador con facultades representativas estará obligado a hacer inventario del patrimonio de la persona en cuyo favor se ha establecido el apoyo dentro del plazo de sesenta días, a contar desde aquel en que hubiese tomado posesión de su cargo.

El inventario se formará ante el letrado de la Administración de Justicia, con citación de las personas que estime conveniente.

El letrado de la Administración de Justicia podrá prorrogar el plazo previsto en el párrafo primero si concurriere causa para ello.

El dinero, alhajas, objetos preciosos y valores mobiliarios o documentos que, a juicio del letrado de la Administración de Justicia, no deban quedar en poder del curador serán depositados en un establecimiento destinado a este efecto.

Los gastos que las anteriores medidas ocasionen correrán a cargo de los bienes de la persona en cuyo apoyo se haya establecido la curatela.

Ver D.T. 3.ª de la Ley 8/2021, de 2 de junio, por la que se reforma la legislación civil y procesal para el apoyo a las personas con discapacidad en el ejercicio de su capacidad jurídica

ART. 286.

En el caso de que el curador no incluya en el inventario los créditos que tenga contra la persona a la que presta apoyo, se entenderá que renuncia a ellos.

Ver D.T. 3.ª de la Ley 8/2021, de 2 de junio, por la que se reforma la legislación civil y procesal para el apoyo a las personas con discapacidad en el ejercicio de su capacidad jurídica

ART. 287.

El curador que ejerza funciones de representación de la persona que precisa el apoyo necesita autorización judicial para los actos que determine la resolución y, en todo caso, para los siguientes:

1.º Realizar actos de transcendencia personal o familiar cuando la persona afectada no pueda hacerlo por sí misma, todo ello a salvo lo dispuesto legalmente en materia de internamiento, consentimiento informado en el ámbito de la salud o en otras leyes especiales.

2.° Enajenar o gravar bienes inmuebles, establecimientos mercantiles o industriales, bienes o derechos de especial significado personal o familiar, bienes muebles de extraordinario valor, objetos preciosos y valores mobiliarios no cotizados en mercados oficiales de la persona con medidas de apoyo, dar inmuebles en arrendamiento por término inicial que exceda de seis años, o celebrar contratos o realizar actos que tengan carácter dispositivo y sean susceptibles de inscripción. Se exceptúa la venta del derecho de suscripción preferente de acciones. La enajenación de los bienes mencionados en este párrafo se realizará mediante venta directa salvo que el Tribunal considere que es necesaria la enajenación en subasta judicial para mejor y plena garantía de los derechos e intereses de su titular.

3.° Disponer a título gratuito de bienes o derechos de la persona con medidas de apoyo, salvo los que tengan escasa relevancia económica y carezcan de especial significado personal o familiar.

4.° Renunciar derechos, así como transigir o someter a arbitraje cuestiones relativas a los intereses de la persona cuya curatela ostenta, salvo que sean de escasa relevancia económica. No se precisará la autorización judicial para el arbitraje de consumo.

5.° Aceptar sin beneficio de inventario cualquier herencia o repudiar esta o las liberalidades.

6.° Hacer gastos extraordinarios en los bienes de la persona a la que presta apoyo.

7.° Interponer demanda en nombre de la persona a la que presta apoyo, salvo en los asuntos urgentes o de escasa cuantía. No será precisa la autorización judicial cuando la persona con discapacidad inste la revisión de la resolución judicial en que previamente se le hubiesen determinado los apoyos.

8.° Dar y tomar dinero a préstamo y prestar aval o fianza.

9.° Celebrar contratos de seguro de vida, renta vitalicia y otros análogos, cuando estos requieran de inversiones o aportaciones de cuantía extraordinaria.

Ver D.T. 3.ª de la Ley 8/2021, de 2 de junio, por la que se reforma la legislación civil y procesal para el apoyo a las personas con discapacidad en el ejercicio de su capacidad jurídica

ART. 288.

La autoridad judicial, cuando lo considere adecuado para garantizar la voluntad, deseos y preferencias de la persona con discapacidad, podrá autorizar al curador la realización de una pluralidad de actos de la misma naturaleza o referidos a la misma actividad económica, especificando las circunstancias y características fundamentales de dichos actos.

Ver D.T. 3.ª de la Ley 8/2021, de 2 de junio, por la que se reforma la legislación civil y procesal para el apoyo a las personas con discapacidad en el ejercicio de su capacidad jurídica

ART. 289.

No necesitarán autorización judicial la partición de herencia o la división de cosa común realizada por el curador representativo, pero una vez practicadas requerirán aprobación judicial. Si hubiese sido nombrado un defensor judicial para la partición deberá obtener también la aprobación judicial, salvo que se hubiera dispuesto otra cosa al hacer el nombramiento.

Ver D.T. 3.ª de la Ley 8/2021, de 2 de junio, por la que se reforma la legislación civil y procesal para el apoyo a las personas con discapacidad en el ejercicio de su capacidad jurídica

ART. 290.

Antes de autorizar o aprobar cualquiera de los actos comprendidos en los artículos anteriores, la autoridad judicial oirá al Ministerio Fiscal y a la persona con medidas de apoyo y recabará los informes que le sean solicitados o estime pertinentes.

Ver D.T. 3.ª de la Ley 8/2021, de 2 de junio, por la que se reforma la legislación civil y procesal para el apoyo a las personas con discapacidad en el ejercicio de su capacidad jurídica

Sección 4.ª De la extinción de la curatela

ART. 291.

La curatela se extingue de pleno derecho por la muerte o declaración de fallecimiento de la persona con medidas de apoyo.

Asimismo, la curatela se extingue por resolución judicial cuando ya no sea precisa esta medida de apoyo o cuando se adopte una forma de apoyo más adecuada para la persona sometida a curatela.

ART. 292.

El curador, sin perjuicio de la obligación de rendición periódica de cuentas que en su caso le haya impuesto la autoridad judicial, al cesar en sus funciones deberá rendir ante ella la cuenta general justificada de su administración en el plazo de tres meses, prorrogables por el tiempo que fuere necesario si concurre justa causa.

La acción para exigir la rendición de esta cuenta prescribe a los cinco años, contados desde la terminación del plazo establecido para efectuarla.

Antes de resolver sobre la aprobación de la cuenta, la autoridad judicial oirá también en su caso al nuevo curador, a la persona a la que se prestó apoyo, o a sus herederos.

La aprobación judicial de las cuentas no impedirá el ejercicio de las acciones que recíprocamente puedan asistir al curador y a la persona con discapacidad que recibe el apoyo o a sus causahabientes por razón de la curatela.

ART. 293.

Los gastos necesarios de la rendición de cuentas serán a cargo del patrimonio de la persona a la que se prestó apoyo.

El saldo de la cuenta general devengará el interés legal, a favor o en contra del curador. Si el saldo es a favor del curador, el interés legal se devengará desde el requerimiento para el pago, previa restitución de los bienes a su titular. Si es en contra del curador, devengará el interés legal una vez transcurridos los tres meses siguientes a la aprobación de la cuenta.

ART. 294.

El curador responderá de los daños que hubiese causado por su culpa o negligencia a la persona a la que preste apoyo.

La acción para reclamar esta responsabilidad prescribe a los tres años contados desde la rendición final de cuentas.

CAPÍTULO V
Del defensor judicial de la persona con discapacidad

ART. 295.

Se nombrará un defensor judicial de las personas con discapacidad en los casos siguientes:

1.º Cuando, por cualquier causa, quien haya de prestar apoyo no pueda hacerlo, hasta que cese la causa determinante o se designe a otra persona.

2.º Cuando exista conflicto de intereses entre la persona con discapacidad y la que haya de prestarle apoyo.

3.º Cuando, durante la tramitación de la excusa alegada por el curador, la autoridad judicial lo considere necesario.

4.º Cuando se hubiere promovido la provisión de medidas judiciales de apoyo a la persona con discapacidad y la autoridad judicial considere necesario proveer a la administración de los bienes hasta que recaiga resolución judicial.

5.º Cuando la persona con discapacidad requiera el establecimiento de medidas de apoyo de carácter ocasional, aunque sea recurrente.

Una vez oída la persona con discapacidad, la autoridad judicial nombrará defensor judicial a quien sea más idóneo para respetar, comprender e interpretar la voluntad, deseos y preferencias de aquella.

ART. 296.

No se nombrará defensor judicial si el apoyo se ha encomendado a más de una persona, salvo que ninguna pueda actuar o la autoridad judicial motivadamente considere necesario el nombramiento.

ART. 297.

Serán aplicables al defensor judicial las causas de inhabilidad, excusa y remoción del curador, así como las obligaciones que a este se atribuyen de conocer y respetar la voluntad, deseos y preferencias de la persona a la que se preste apoyo.

ART. 298.

En el nombramiento se podrá dispensar al defensor judicial de la venta en subasta pública, fijando un precio mínimo, y de la aprobación judicial posterior de los actos.
El defensor judicial, una vez realizada su gestión, deberá rendir cuentas de ella.

CAPÍTULO VI
Responsabilidad por daños causados a otros

ART. 299.

La persona con discapacidad responderá por los daños causados a otros, de acuerdo con el Capítulo II del Título XVI del Libro Cuarto, sin perjuicio de lo establecido en materia de responsabilidad extracontractual respecto a otros posibles responsables.

TÍTULO XII
Disposiciones comunes

Título añadido por Ley 8/2021, de 2 de junio, por la que se reforma la legislación civil y procesal para el apoyo a las personas con discapacidad en el ejercicio de su capacidad jurídica (BOE de 03-06-2021). En vigor desde el 3 de septiembre de 2021.

ART. 300.

Las resoluciones judiciales y los documentos públicos notariales sobre los cargos tutelares y medidas de apoyo a personas con discapacidad habrán de inscribirse en el Registro Civil.

ART. 301 A 324.

(DEROGADOS).

Derogados (desde el 3 de septiembre de 2021) por Ley 8/2021, de 2 de junio, por la que se reforma la legislación civil y procesal para el apoyo a las personas con discapacidad en el ejercicio de su capacidad jurídica (BOE de 03-06-2021).

ART. 325 A 332.

(DEROGADOS).

Derogados (desde el 30 de abril de 2021) por Ley 20/2011, de 21 de julio, del Registro Civil.

LIBRO II
DE LOS ANIMALES, DE LOS BIENES, DE LA PROPIEDAD Y DE SUS MODIFICACIONES

Rúbrica modificada por Ley 17/2021, de 15 de diciembre, de modificación del Código Civil, la Ley Hipotecaria y la Ley de Enjuiciamiento Civil, sobre el régimen jurídico de los animales (BOE de 16-12-2021). Modificación vigente desde el 5 de enero de 2022.

TÍTULO I
De la clasificación de los animales y de los bienes

Rúbrica modificada por Ley 17/2021, de 15 de diciembre, de modificación del Código Civil, la Ley Hipotecaria y la Ley de Enjuiciamiento Civil, sobre el régimen jurídico de los animales (BOE de 16-12-2021). Modificación vigente desde el 5 de enero de 2022.

DISPOSICIONES PRELIMINARES

Rúbrica modificada por Ley 17/2021, de 15 de diciembre, de modificación del Código Civil, la Ley Hipotecaria y la Ley de Enjuiciamiento Civil, sobre el régimen jurídico de los animales (BOE de 16-12-2021). Modificación vigente desde el 5 de enero de 2022.

ART. 333.

Todas las cosas que son o pueden ser objeto de apropiación se consideran como bienes muebles o inmuebles. También pueden ser objeto de apropiación los animales, con las limitaciones que se establezcan en las leyes.

Modificado por Ley 17/2021, de 15 de diciembre, de modificación del Código Civil, la Ley Hipotecaria y la Ley de Enjuiciamiento Civil, sobre el régimen jurídico de los animales (BOE de 16-12-2021). Modificación vigente desde el 5 de enero de 2022.

Ver arts. 10, 334, 335, 336, 346, 347 y 437 del CC; arts. 511-1 y 2 de Libro Quinto del Código civil de Cataluña, relativo a derechos reales.

ART. 333 bis.

1. Los animales son seres vivos dotados de sensibilidad. Solo les será aplicable el régimen jurídico de los bienes y de las cosas en la medida en que sea compatible con su naturaleza o con las disposiciones destinadas a su protección.

2. El propietario, poseedor o titular de cualquier otro derecho sobre un animal debe ejercer sus derechos sobre él y sus deberes de cuidado respetando su cualidad de ser sintiente, asegurando su bienestar conforme a las características de cada especie y respetando las limitaciones establecidas en ésta y las demás normas vigentes.

3. Los gastos destinados a la curación y al cuidado de un animal herido o abandonado son recuperables por quien los haya pagado mediante el ejercicio de acción de repetición contra el propietario del animal o, en su caso, contra la persona a la que se le hubiera atribuido su cuidado en la medida en que hayan sido proporcionados y aun cuando hayan sido superiores al valor económico de éste.

4. En el caso de que la lesión a un animal de compañía haya provocado su muerte o un menoscabo grave de su salud física o psíquica, tanto su propietario como quienes convivan con el animal tienen derecho a que la indemnización comprenda la reparación del daño moral causado.

Añadido por Ley 17/2021, de 15 de diciembre, de modificación del Código Civil, la Ley Hipotecaria y la Ley de Enjuiciamiento Civil, sobre el régimen jurídico de los animales (BOE de 16-12-2021). Modificación vigente desde el 5 de enero de 2022.

CAPÍTULO I
De los bienes inmuebles

ART. 334.

1. Son bienes inmuebles:

1.º Las tierras, edificios, caminos y construcciones de todo género adheridas al suelo.

2.º Los árboles y plantas y los frutos pendientes, mientras estuvieren unidos a la tierra o formaren parte integrante de un inmueble.

3.º Todo lo que esté unido a un inmueble de una manera fija, de suerte que no pueda separarse de él sin quebrantamiento de la materia o deterioro del objeto.

4.º Las estatuas, relieves, pinturas u otros objetos de uso u ornamentación, colocados en edificios o heredades por el dueño del inmueble en tal forma que revele el propósito de unirlos de un modo permanente al fundo.

5.º Las máquinas, vasos, instrumentos o utensilios destinados por el propietario de la finca a la industria o explotación que se realice en un edificio o heredad, y que directamente concurran a satisfacer las necesidades de la explotación misma.

6.º (Suprimido).

7.º Los abonos destinados al cultivo de una heredad, que estén en las tierras donde hayan de utilizarse.

8.º Las minas, canteras y escoriales, mientras su materia permanece unida al yacimiento, y las aguas vivas o estancadas.

9.º Los diques y construcciones que, aun cuando sean flotantes, estén destinados por su objeto y condiciones a permanecer en un punto fijo de un río, lago o costa.

10. Las concesiones administrativas de obras públicas y las servidumbres y demás derechos reales sobre bienes inmuebles.

2. Quedan sometidos al régimen de los bienes inmuebles los viveros de animales, palomares, colmenas, estanques de peces o criaderos análogos, cuando el propietario los haya colocado o los conserve con el propósito de mantenerlos unidos a la finca y formando parte de ella de un modo permanente, sin perjuicio de la consideración de los animales como seres sintientes y de las leyes especiales que los protegen.

Numeral 6.º se elimina, el contenido actual del artículo pasa a integrar el apartado 1 y se añade un apdo. 2 por Ley 17/2021, de 15 de diciembre, de modificación del Código Civil, la Ley Hipotecaria y la Ley de Enjuiciamiento Civil, sobre el régimen jurídico de los animales (BOE de 16-12-2021). Modificación vigente desde el 5 de enero de 2022.

Ver arts. 10, 346, 347, 358 a 374, 407 a 427, 1346.8, 1874 y 1963 del CC; arts. 1, 2, 8 al 10, 20, 39, 40, 42, 43, 45, y 106 a 137 de la Ley Hipotecaria; arts. 31, 44.6, 51, 60 y 62 del Reglamento Hipotecario; art. 75 de la Ley Hipoteca Mobiliaria y Prenda sin desplazamiento; arts. 14 a 27 Ley de Patrimonio Histórico Español, así como las leyes correlativas de las Comunidades Autónomas para su ámbito correspondiente; art. 511-2 del Libro Quinto del Código civil de Cataluña, relativo a derechos reales; Ley 347 de Compilación del Derecho Civil Foral de Navarra; Ley de contratos de aprovechamiento por turno de bienes de uso turístico, de adquisición de productos vacacionales de larga duración, de reventa y de intercambio y normas tributarias; arts. 1 a 3 y 6 a 8 de la Ley del Catastro Inmobiliario; art. 3 de la Ley del Impuesto sobre Transmisiones Patrimoniales y Actos Jurídicos Documentados; art. 3 del Reglamento del Impuesto sobre Transmisiones Patrimoniales y Actos Jurídicos Documentados; art. 6 de la Ley del Impuesto sobre el Valor Añadido.

CAPÍTULO II
De los bienes muebles

ART. 335.

Se reputan bienes muebles los susceptibles de apropiación no comprendidos en el capítulo anterior, y en general, todos los que se pueden transportar de un punto a otro sin menoscabo de la cosa inmueble a que estuvieren unidos.

Ver arts. 10, 346, 347, 375 a 383, 449, 461, 464, 1463, 1955, 1956 y 1962 del CC; art. 126 y siguientes de la Ley de Navegación Marítima; arts. 12, 52 y 53 de la Ley Hipoteca Mobiliaria y Prenda sin desplazamiento; art. 8 de la Ley de Puertos del Estado y de la Marina Mercante; art. 1 de la Ley de Venta a Plazos de Bienes Muebles; arts. 26 a 34 de la Ley del patrimonio histórico español; art. 511-2 del Libro Quinto del Código civil de Cataluña, relativo a derechos reales; Ley 347.1 de Compilación del Derecho Civil Foral de Navarra.

ART. 336.

Tienen también la consideración de cosas muebles las rentas o pensiones, sean vitalicias o hereditarias, afectas a una persona o familia, siempre que no graven con carga real una cosa inmueble, los oficios enajenados, los contratos sobre servicios públicos y las cédulas y títulos representativos de préstamos hipotecarios.

Ver art. 1802 y siguientes del CC; art. 154 de la Ley Hipotecaria; art. 247 del Reglamento Hipotecario; art. 511-1.3 del Libro Quinto del Código civil de Cataluña, relativo a derechos reales; art. 26 y siguientes de la Ley del patrimonio histórico español.

ART. 337.

Los bienes muebles son fungibles o no fungibles.

A la primera especie pertenecen aquellos de que no puede hacerse el uso adecuado a su naturaleza sin que se consuman; a la segunda especie corresponden los demás.

Ver arts. 481, 482, 1196, 1448, 1452, 1545, 1740, 1753 y 1754 del CC; Ley 352 de Compilación del Derecho Civil Foral de Navarra.

CAPÍTULO III
De los bienes según las personas a que pertenecen

ART. 338.

Los bienes son de dominio público o de propiedad privada.

Ver arts. 339 a 345 del CC; arts. 33, 128 y 132 de la Constitución Española; Ley reguladora del patrimonio nacional; Ley del Patrimonio Histórico Español; arts. 4 a 7 de la Ley del patrimonio de las Administraciones Públicas; arts. 2 y 11 a 13 de la Ley de Montes; Ley 346 de Compilación del Derecho Civil Foral de Navarra.

ART. 339.

Son bienes de dominio público:

1.º Los destinados al uso público, como los caminos, canales, ríos, torrentes, puertos y puentes construidos por el Estado, las riberas, playas, radas y otros análogos.

2.º Los que pertenecen privativamente al Estado, sin ser de uso común, y están destinados a algún servicio público o al fomento de la riqueza nacional, como las murallas, fortalezas y demás obras de defensa del territorio, y las minas, mientras que no se otorgue su concesión.

Ver art. 132 de la Constitución Española; Ley Orgánica de la Defensa Nacional; Ley de zonas e instalaciones de interés para la defensa nacional; Ley del Sector Ferroviario; Ley de Puertos del Estado y de la Marina Mercante; Ley del Sector de Hidrocarburos; Ley del patrimonio de las Administraciones Públicas; Ley de Telecomunicaciones; Ley de Vías Pecuarias así como las correlativas leyes de la CCAA sobre caminos públicos; Ley de costas; Ley de Minas; Reglamento General para el Régimen de la Minería; Ley de carreteras; Reglamento General de Carreteras; Ley de Aguas.

ART. 340.

Todos los demás bienes pertenecientes al Estado, en que no concurran las circunstancias expresadas en el artículo anterior, tienen el carácter de propiedad privada.

Ver art. 132.3 del CE; arts. 12 y 19 de la Ley de Montes; D. A. 4.ª de la Ley del Suelo; art. 3 y siguientes de la Ley del Patrimonio de las Administraciones Públicas.

ART. 341.

Los bienes de dominio público, cuando dejen de estar destinados al uso general o a las necesidades de la defensa del territorio, pasan a formar parte de los bienes de propiedad del Estado.

Ver art. 132.1 de la Constitución Española; art. 1 de la Ley del Patrimonio de las Administraciones Públicas; arts. 17 a 19 de la Ley de Costas

Ver arts. 36 a 38 del Reglamento General de Costas; art. 8 del Reglamento de Bienes de las Entidades Locales; art. 10 de la Ley de Vías Pecuarias; arts. 17 y 18 de la Ley de Montes.

ART. 342.

Los bienes del Patrimonio Real se rigen por su ley especial; y, en lo que en ella no se halle previsto, por las disposiciones generales que sobre la propiedad particular se establecen en este Código.

Ver Ley reguladora del Patrimonio Nacional; Reglamento del Patrimonio Nacional; D.A. 4.ª de la Ley del Patrimonio de las Administraciones Públicas.

ART. 343.

Los bienes de las provincias y de los pueblos se dividen en bienes de uso público y bienes patrimoniales.

Ver art. 79 y siguientes de la Ley Reguladora Bases Régimen Local; art. 2 de la Ley del Patrimonio de las Administraciones Públicas; arts. 11 y 12 de la Ley de Montes; leyes correspondientes de las CCAA.

ART. 344.

Son bienes de uso público, en las provincias y los pueblos, los caminos provinciales y los vecinales, las plazas, calles, fuentes y aguas públicas, los paseos y las obras públicas de servicio general, costeadas por los mismos pueblos o provincias.

Todos los demás bienes que unos y otros posean, son patrimoniales y se regirán por las disposiciones de este Código, salvo lo dispuesto en leyes especiales.

Ver concordancias artículo precedente; art. 74 y siguientes del Texto refundido de las disposiciones legales vigentes en materia de Régimen Local; Reglamento de Bienes de las Entidades Locales; arts. 80 a 82 de la Ley Reguladora de las Bases de Régimen Local; Ley montes vecinales mano común; arts. 17 y 18 del Reglamento Hipotecario de 1998 (versión no vigente); D. A. 4.ª de la Ley del Suelo.

ART. 345.

Son bienes de propiedad privada, además de los patrimoniales del Estado, de la Provincia y del Municipio, los pertenecientes a particulares, individual o colectivamente.

Ver arts. 33 y 132 de la Constitución Española; Ley sobre restitución de bienes culturales que hayan salido de forma ilegal del territorio español o de otro Estado miembro de la Unión Europea; Ley de Patrimonio Histórico Español; leyes correspondientes de las CCAA.

DISPOSICIONES COMUNES A LOS TRES CAPÍTULOS ANTERIORES

ART. 346.

Cuando por disposición de la ley, o por declaración individual, se use la expresión de cosas o bienes inmuebles, o de cosas o bienes muebles, se entenderán comprendidas en ella respectivamente los enumerados en el Capítulo I y en el Capítulo II.

Cuando se use tan solo la palabra muebles no se entenderán comprendidos el dinero, los créditos, efectos de comercio, valores, alhajas, colecciones científicas o artísticas, libros, medallas, armas, ropas de vestir, arreos de caballerías o carruajes, granos, caldos y mercancías, ni otras cosas que no tengan por principal destino amueblar o alhajar las habitaciones, salvo el caso en que del contexto de la ley o de la disposición individual resulte claramente lo contrario.

Párrafo segundo modificado por Ley 17/2021, de 15 de diciembre, de modificación del Código Civil, la Ley Hipotecaria y la Ley de Enjuiciamiento Civil, sobre el régimen jurídico de los animales (BOE de 16-12-2021). Modificación vigente desde el 5 de enero de 2022.

Ver arts. 333 a 337, 449, 1097 y 1283 del CC; art. 14.1 de la Ley de Patrimonio Histórico Español.

ART. 347.

Cuando en venta, legado, donación u otra disposición en que se haga referencia a cosas muebles o inmuebles, se transmita su posesión o propiedad con todo lo que en ellas se halle, no se entenderán comprendidos en la transmisión el metálico, valores, créditos y acciones cuyos documentos se hallen en la cosa transmitida, a no ser que conste claramente la voluntad de extender la transmisión a tales valores y derechos.

Ver arts. 333 a 337, 449, 1097 y 1283 del CC.

TÍTULO II
De la propiedad

CAPÍTULO I
De la propiedad en general

ART. 348.

La propiedad es el derecho de gozar y disponer de una cosa o de un animal, sin más limitaciones que las establecidas en las leyes.

El propietario tiene acción contra el tenedor y el poseedor de la cosa o del animal para reivindicarlo.

Modificado por Ley 17/2021, de 15 de diciembre, de modificación del Código Civil, la Ley Hipotecaria y la Ley de Enjuiciamiento Civil, sobre el régimen jurídico de los animales (BOE de 16-12-2021). Modificación vigente desde el 5 de enero de 2022.

Ver arts. 33 y 53.1 de la Constitución Española; Ley de Expropiación Forzosa; art. 2.2 de la Ley de Marcas.

ART. 349.

Nadie podrá ser privado de su propiedad sino por Autoridad competente y por causa justificada de utilidad pública, previa siempre la correspondiente indemnización.

Si no precediere este requisito, los Jueces ampararán y, en su caso, reintegrarán en la posesión al expropiado.

Ver Ley de Expropiación Forzosa,

Ver Reglamento de la Ley de Expropiación Forzosa; art. 33 de la Constitución Española; art. 17 de la Declaración Universal de los Derechos Humanos.

ART. 350.

El propietario de un terreno es dueño de su superficie y de lo que está debajo de ella, y puede hacer en él las obras, plantaciones y excavaciones que le convengan, salvas las servidumbres, y con sujeción a lo dispuesto en las leyes sobre Minas y Aguas y en los reglamentos de policía.

Ver Ley de Minas; Reglamento General para el Régimen de la Minería; Reglamento de Policía Minera; Ley de Aguas; Ley de Suelo y Rehabilitación Urbana; Real Decreto Legislativo por el que se adecua al ordenamiento jurídico de la Comunidad Económica Europea el título VIII de la Ley de Minas; Ley sobre Energía Nuclear.

Ver Ley sobre Investigación y Explotación de Hidrocarburos; Ley de Suelo y Rehabilitación Urbana; Ley del patrimonio histórico español; arts. 564-1 a 564-6 del Libro Quinto del Código civil de Cataluña, relativo a derechos reales; art. 16 del Reglamento Hipotecario.

ART. 351.

El tesoro oculto pertenece al dueño del terreno en que se hallare.

Sin embargo, cuando fuere hecho el descubrimiento en propiedad ajena, o del Estado, y por casualidad, la mitad se aplicará al descubridor.

Si los efectos descubiertos fueren interesantes para las ciencias o las artes, podrá el Estado adquirirlos por su justo precio, que se distribuirá en conformidad a lo declarado.

Ver arts. 471, 610, 614 y 1632 del CC; Ley de Expropiación Forzosa; arts. 42 a 44 de la Ley del patrimonio histórico español.

ART. 352.

Se entiende por tesoro, para los efectos de la ley, el depósito oculto e ignorado de dinero, alhajas u otros objetos preciosos, cuya legítima pertenencia no conste.

Ver arts. 351, 471, 610, 614, 714 y 1632.3 del CC; art. 542-21 del Libro Quinto del Código civil de Cataluña, relativo a derechos reales.

CAPÍTULO II
Del derecho de accesión

Disposición general

ART. 353.

La propiedad de los bienes da derecho por accesión a todo lo que ellos producen, o se les une o incorpora, natural o artificialmente.

Ver arts. 354 a 387, 479 y 1877 del CC; arts. 109 a 113 de la Ley Hipotecaria; arts. 542-1 y siguientes del Libro Quinto del Código civil de Cataluña, relativo a derechos reales.

Sección 1.ª Del derecho de accesión respecto al producto de los bienes

ART. 354.

Pertenecen al propietario:
1.º Los frutos naturales.
2.º Los frutos industriales.
3.º Los frutos civiles.

Ver arts. 451, 452, 455, 467, 469, 471, 472, 474, 524, 882, 1554, 1575 a 1578, 1632, y 1633 del CC.

ART. 355.

Son frutos naturales las producciones espontáneas de la tierra y los productos de los animales que formen parte de una empresa agropecuaria o industrial.

Son frutos industriales los que producen los predios de cualquier especie a beneficio del cultivo o del trabajo.

Son frutos civiles el alquiler de los edificios, el precio del arrendamiento de tierras y el importe de las rentas perpetuas, vitalicias u otras análogas.

Párrafo primero modificado por Ley 17/2021, de 15 de diciembre, de modificación del Código Civil, la Ley Hipotecaria y la Ley de Enjuiciamiento Civil, sobre el régimen jurídico de los animales (BOE de 16-12-2021). Modificación vigente desde el 5 de enero de 2022.

Ver arts. 357, 451, 471, 472, 474 y 476 del CC; arts. 561-6 y 7, 561-25 a 37 del Libro Quinto del Código civil de Cataluña, relativo a derechos reales.

ART. 356.

El que percibe los frutos tiene la obligación de abonar los gastos hechos por un tercero para su producción, recolección y conservación.

Ver arts. 357, 361, 362, 451, 452, 471, 472, 474, 475, 476, 1632, 1633, 1922.6, y 1926.3 del CC; arts. 561-6 y 7, 561-25 a 37 del Libro Quinto del Código civil de Cataluña, relativo a derechos reales; arts. 127 a 146 de la Ley de Derecho Civil de Galicia.

ART. 357.

1. No se reputan frutos naturales, o industriales, sino los que están manifiestos o nacidos.

2. En el caso de animales, solo en la medida en que sea compatible con las normas destinadas a su protección, las crías quedan sometidas al régimen de los frutos, desde que estén en el vientre de su madre, aunque no hayan nacido.

Modificado por Ley 17/2021, de 15 de diciembre, de modificación del Código Civil, la Ley Hipotecaria y la Ley de Enjuiciamiento Civil, sobre el régimen jurídico de los animales (BOE de 16-12-2021). Modificación vigente desde el 5 de enero de 2022.

Ver arts. 355, 361, 362, 452.1 y 472.3 del CC.

Sección 2.ª Del derecho de accesión respecto a los bienes inmuebles

ART. 358.

Lo edificado, plantado o sembrado en predios ajenos, y las mejoras o reparaciones hechas en ellos, pertenecen al dueño de los mismos con sujeción a lo que se dispone en los artículos siguientes.

Ver arts. 353 a 357 y 1877 del CC; arts. 109 a 113 de la Ley Hipotecaria; arts. 542-3 a 19 del Libro Quinto del Código civil de Cataluña, relativo a derechos reales.

ART. 359.

Todas las obras, siembras y plantaciones se presumen hechas por el propietario y a su costa, mientras no se pruebe lo contrario.

Ver arts. 353 y 358 del CC; arts. 109 a 113 y 208 de la Ley Hipotecaria.

ART. 360.

El propietario del suelo que hiciere en él, por sí o por otro, plantaciones, construcciones u obras con materiales ajenos, debe abonar su valor; y, si hubiese obrado de mala fe, estará además obligado al resarcimiento de daños y perjuicios. El dueño de los materiales tendrá derecho a retirarlos sólo en el caso de que pueda hacerlo sin menoscabo de la obra construida, o sin que por ello perezcan las plantaciones, construcciones u obras ejecutadas.

Ver arts. 359, 434, 1101, 1105 a 1107, 1940, 1941, 1951 y 1957 del CC.

ART. 361.

El dueño del terreno en que se edificare, sembrare o plantare de buena fe, tendrá derecho a hacer suya la obra, siembra o plantación, previa la indemnización establecida en los artículos 453 y 454, o a obligar al que fabricó o plantó a pagarle el precio del terreno, y al que sembró, la renta correspondiente.

Ver arts. 356, 363, 365, 434, 453, 454, 1952, 1957, 1963 y 1964 del CC.

ART. 362.

El que edifica, planta o siembra de mala fe en terreno ajeno, pierde lo edificado, plantado o sembrado, sin derecho a indemnización.

Ver arts. 361, 363 a 365 y 455 del CC.

ART. 363.

El dueño del terreno en que se haya edificado, plantado o sembrado con mala fe puede exigir la demolición de la obra o que se arranque la plantación y siembra, reponiendo las cosas a su estado primitivo a costa del que edificó, plantó o sembró.

Ver arts. 361, 362, 364, 365, 455 y 1902 CC.

ART. 364.

Cuando haya habido mala fe, no sólo por parte del que edifica, siembra o planta en terreno ajeno, sino también por parte del dueño de éste, los derechos de uno y otro serán los mismos que tendrían si hubieran procedido ambos de buena fe.

Se entiende haber mala fe por parte del dueño siempre que el hecho se hubiere ejecutado a su vista, ciencia y paciencia, sin oponerse.

Ver arts. 360 y 361 del CC.

ART. 365.

Si los materiales, plantas o semillas pertenecen a un tercero que no ha procedido de mala fe, el dueño del terreno deberá responder de su valor subsidiariamente y en el solo caso de que el que los empleó no tenga bienes con que pagar.

No tendrá lugar esta disposición si el propietario usa del derecho que le concede el artículo 363.

Ver arts. 358, 361 a 364 y 1911 del CC; arts. 542-13 y 14 del Libro Quinto del Código civil de Cataluña, relativo a derechos reales.

ART. 366.

Pertenece a los dueños de las heredades confinantes con las riberas de los ríos el acrecentamiento que aquéllas reciben paulatinamente por efecto de la corriente de las aguas.

Ver arts. 367, 479 y 1632 del CC; arts. 6 y 8 de la Ley de Aguas.

ART. 367.

Los dueños de las heredades confinantes con estanques o lagunas no adquieren el terreno descubierto por la disminución natural de las aguas, ni pierden el que éstas inundan en las crecidas extraordinarias.

Ver art. 366 del CC; art. 11 de la Ley de Aguas.

ART. 368.

Cuando la corriente de un río, arroyo o torrente segrega de una heredad de su ribera una porción conocida de terreno y lo transporta a otra heredad, el dueño de la finca a que pertenecía la parte segregada conserva la propiedad de ésta.

Ver arts. 350, 353, 358 y 369 del CC; Ley de Aguas.

ART. 369.

Los árboles arrancados y transportados por la corriente de las aguas pertenecen al propietario del terreno a donde vayan a parar, si no los reclaman dentro de un mes los antiguos dueños. Si éstos los reclaman, deberán abonar los gastos ocasionados en recogerlos o ponerlos en lugar seguro.

Ver arts. 368, 438.1, 453 y 610 del CC; Ley de Aguas; art. 546-11 del Libro Quinto del Código civil de Cataluña, relativo a derechos reales.

ART. 370.

Los cauces de los ríos, que quedan abandonados por variar naturalmente el curso de las aguas, pertenecen a los dueños de los terrenos ribereños en toda la longitud respectiva a cada uno. Si el cauce abandonado separaba heredades de distintos dueños, la nueva línea divisoria correrá equidistante de unas y otras.

Ver art. 367 del CC; arts. 4, 5 y 8 de la Ley de Aguas.

ART. 371.

Las islas que se forman en los mares adyacentes a las costas de España y en los ríos navegables y flotables, pertenecen al Estado.

Ver arts. 339, 373 y 374 del CC; Ley de Puertos del Estado y de la Marina Mercante; art. 3 y siguientes de la Ley de costas; Reglamento General de Costas.

ART. 372.

Cuando en un río navegable y flotable, variando naturalmente de dirección, se abre un nuevo cauce en heredad privada, este cauce entrará en el dominio público. El dueño de la heredad lo recobrará siempre que las aguas vuelvan a dejarlo en seco, ya naturalmente, ya por trabajos legalmente autorizados al efecto.

Ver arts. 370 a 372 del CC; art. 8 de la Ley de Aguas.

ART. 373.

Las islas que por sucesiva acumulación de arrastres superiores se van formando en los ríos pertenecen a los dueños de las márgenes u orillas más cercanas a cada una, o a los de ambas márgenes si la isla se hallase en medio del río, dividiéndose entonces longitudinalmente por mitad. Si una sola isla así formada distase de una margen más que de otra, será por completo dueño de ella el de la margen más cercana.

Ver arts. 368, 371, 374 y 479 del CC; arts. 5 y 7 de la Ley de Costas; art. 7. del Reglamento General de Costas; art. 8 de la Ley de Aguas.

ART. 374.

Cuando se divide en brazos la corriente del río, dejando aislada una heredad o parte de ella, el dueño de la misma conserva su propiedad. Igualmente la conserva si queda separada de la heredad por la corriente una porción de terreno.

Ver arts. 368 y 373 del CC; art. 8 de la Ley de Aguas.

Sección 3.ª Del derecho de accesión respecto a los bienes muebles

ART. 375.

Cuando dos cosas muebles, pertenecientes a distintos dueños, se unen de tal manera que vienen a formar una sola sin que intervenga mala fe, el propietario de la principal adquiere la accesoria, indemnizando su valor al anterior dueño.

Ver arts. 335, 353, 358, 375, 378 a 384, 392, 1106 y 1256 del CC; arts. 542-15 a 19 del Libro Quinto del Código civil de Cataluña, relativo a derechos reales.

ART. 376.

Se reputa principal, entre dos cosas incorporadas, aquella a que se ha unido otra por adorno, o para su uso o perfección.

Ver arts. 334, 335, 358, 375 a 378, 1097 y 1256 del CC; art. 542-15 y siguientes del Libro Quinto del Código civil de Cataluña, relativo a derechos reales.

ART. 377.

Si no puede determinarse por la regla del artículo anterior cuál de las dos cosas incorporadas es la principal, se reputará tal el objeto de más valor, y entre dos objetos de igual valor, el de mayor volumen.

En la pintura y escultura, en los escritos, impresos, grabados y litografías, se considerará accesoria la tabla, el metal, la piedra, el lienzo, el papel o el pergamino.

Ver arts. 358, 364, 375 a 378, 392 a 394, 404 y 1097 del CC.

ART. 378.

Cuando las cosas unidas pueden separarse sin detrimento, los dueños respectivos pueden exigir la separación.

Sin embargo, cuando la cosa unida para el uso, embellecimiento o perfección de otra, es mucho más preciosa que la cosa principal, el dueño de aquélla puede exigir su separación, aunque sufra algún detrimento la otra a que se incorporó.

Ver arts. 375 a 378, 1101, 1106 y 1107 del CC.

ART. 379.

Cuando el dueño de la cosa accesoria ha hecho su incorporación de mala fe, pierde la cosa incorporada y tiene la obligación de indemnizar al propietario de la principal los perjuicios que haya sufrido.

Si el que ha procedido de mala fe es el dueño de la cosa principal, el que lo sea de la accesoria tendrá derecho a optar entre que aquél le pague su valor o que la cosa de su pertenencia se separe, aunque para ello haya que destruir la principal; y en ambos casos, además, habrá lugar a la indemnización de daños y perjuicios.

Si cualquiera de los dueños ha hecho la incorporación a vista, ciencia y paciencia y sin oposición del otro, se determinarán los derechos respectivos en la forma dispuesta para el caso de haber obrado de buena fe.

Ver arts. 360 a 364, 375, 378, 382, 434, 1100 y 1502 del CC; art. 542-17 del Libro Quinto del Código civil de Cataluña, relativo a derechos reales.

ART. 380.

Siempre que el dueño de la materia empleada sin su consentimiento tenga derecho a indemnización, puede exigir que ésta consista en la entrega de una cosa igual en especie y valor, y en todas sus circunstancias, a la empleada, o bien en el precio de ella, según tasación pericial.

Ver arts. 375, 379, 1106 y 1255 del CC.

ART. 381.

Si por voluntad de sus dueños se mezclan dos cosas de igual o diferente especie, o si la mezcla se verifica por casualidad, y en este último caso las cosas no son separables sin detrimento, cada propietario adquirirá un derecho proporcional a la parte que le corresponda atendido el valor de las cosas mezcladas o confundidas.

Ver arts. 364, 379, 382, 392, 393, 400, 401 y 404 del CC; art. 542-18 del Libro Quinto del Código civil de Cataluña, relativo a derechos reales.

ART. 382.

Si por voluntad de uno solo, pero con buena fe, se mezclan o confunden dos cosas de igual o diferente especie, los derechos de los propietarios se determinarán por lo dispuesto en el artículo anterior.

Si el que hizo la mezcla o confusión obró de mala fe, perderá la cosa de su pertenencia mezclada o confundida, además de quedar obligado a la indemnización de los perjuicios causados al dueño de la cosa con que hizo la mezcla.

Ver arts. 364, 375 a 381, 392, 434 y 1106 del CC; art. 542-17 del Libro Quinto del Código civil de Cataluña, relativo a derechos reales.

ART. 383.

El que de buena fe empleó materia ajena en todo o en parte para formar una obra de nueva especie, hará suya la obra, indemnizando el valor de la materia al dueño de ésta.

Si ésta es más preciosa que la obra en que se empleó o superior en valor, el dueño de ella podrá, a su elección, quedarse con la nueva especie, previa indemnización del valor de la obra, o pedir indemnización de la materia.

Si en la formación de la nueva especie intervino mala fe, el dueño de la materia tiene el derecho de quedarse con la obra sin pagar nada al autor, o de exigir de éste que le indemnice el valor de la materia y los perjuicios que se le hayan seguido.

Ver arts. 353, 360 a 362, 375, 377 a 382, 393, 609, 1106 y 1167 del CC; art. 542-17 del Libro Quinto del Código civil de Cataluña, relativo a derechos reales.

CAPÍTULO III
Del deslinde y amojonamiento

ART. 384.

Todo propietario tiene derecho a deslindar su propiedad, con citación de los dueños de los predios colindantes.

La misma facultad corresponderá a los que tengan derechos reales.

Ver art. 1965 del CC; Ley de Jurisdicción Voluntaria; arts. 20 y siguientes de la Ley de Montes; art. 11 y siguientes de la Ley de costas; art. 18 y siguientes del Ver Reglamento General de Costas; art. 8 de la Ley de Vías Pecuarias; arts. 12.1 y 30 del Reglamento Hipotecario; arts. 246 y 247 del Código Penal; Ley 349 de la Compilación del Derecho Civil Foral de Navarra; arts. 544-9 a 12 del Libro Quinto del Código civil de Cataluña, relativo a derechos reales.

ART. 385.

El deslinde se hará en conformidad con los títulos de cada propietario y, a falta de títulos suficientes, por lo que resultare de la posesión en que estuvieren los colindantes.

Ver arts. 384 a 387 y 430 y siguientes del CC; arts. 544-9 a 12 del Libro Quinto del Código civil de Cataluña, relativo a derechos reales.

ART. 386.

Si los títulos no determinasen el límite o área perteneciente a cada propietario, y la cuestión no pudiera resolverse por la posesión o por otro medio de prueba, el deslinde se hará distribuyendo el terreno objeto de la contienda en partes iguales.

Ver arts. 384 a 387 del CC; art. 544-11 del Libro Quinto del Código civil de Cataluña, relativo a derechos reales.

ART. 387.

Si los títulos de los colindantes indicasen un espacio mayor o menor del que comprende la totalidad del terreno, el aumento o la falta se distribuirá proporcionalmente.

Ver los arts. 384 a 386 del CC; art. 544-11 del Libro Quinto del Código civil de Cataluña, relativo a derechos reales.

CAPÍTULO IV
Del derecho de cerrar las fincas rústicas

ART. 388.

Todo propietario podrá cerrar o cercar sus heredades por medio de paredes, zanjas, setos vivos o muertos, o de cualquier otro modo, sin perjuicio de las servidumbres constituidas sobre las mismas.

Ver arts. 384 y 530 y siguientes del CC; art. 20.2 de la Ley de arrendamientos rústicos; art. 19 de la Ley de caza; art. 17.9 y 21 del Reglamento para la ejecución de la Ley de Caza; arts. 546-1 y 555-8 del Libro Quinto del Código civil de Cataluña, relativo a derechos reales; Ley 348 de la Compilación del Derecho Civil Foral de Navarra.

CAPÍTULO V
De los edificios ruinosos y de los árboles que amenazan caerse

ART. 389.

Si un edificio, pared, columna o cualquier otra construcción amenazase ruina, el propietario estará obligado a su demolición, o a ejecutar las obras necesarias para evitar su caída.

Si no lo verificare el propietario de la obra ruinosa, la Autoridad podrá hacerla demoler a costa del mismo.

Ver arts. 1098, 1907 y 1909 del CC; Ley sobre Propiedad Horizontal; arts. 24 y 36 de la Ley del Patrimonio Histórico Español; art. 28 b) de la Ley de Arrendamientos Urbanos; art. 19 de la Ley de Suelo y Rehabilitación Urbana; arts. 3.1 b) y 16 de la Ley de Ordenación de la Edificación; art. 250.6 de la Ley de Enjuiciamiento Civil; art. 546-11 del Libro Quinto del Código civil de Cataluña, relativo a derechos reales; Ley 351 de la Compilación del Derecho Civil Foral de Navarra.

ART. 390.

Cuando algún árbol corpulento amenazare caerse de modo que pueda causar perjuicios a una finca ajena o a los transeúntes por una vía pública o particular, el dueño del árbol está obligado a arrancarlo y retirarlo; y si no lo verificare, se hará a su costa por mandato de la Autoridad.

Ver arts. 1098 y 1908 del CC; art. 546-11 del Libro Quinto del Código civil de Cataluña, relativo a derechos reales; Ley 351 de la Compilación del Derecho Civil Foral de Navarra.

ART. 391.

En los casos de los dos artículos anteriores, si el edificio o árbol se cayere, se estará a lo dispuesto en los artículos 1907 y 1908.

Ver arts. 389 y 390, 1907, 1908 y 1909 del CC.

TÍTULO III
De la comunidad de bienes

ART. 392.

Hay comunidad cuando la propiedad de una cosa o de un derecho pertenece «pro indiviso» a varias personas.

A falta de contratos, o de disposiciones especiales, se regirá la comunidad por las prescripciones de este título.

Ver arts. 381, 400, 445, 450, 458, 459, 469, 490, 521, 528, 531, 548, 571 a 579, 597, 600 a 602, 1051 a 1067, 1522, 1669, 1670 y 1674 del CC; art. 7 de la Ley de Propiedad Intelectual; Ley sobre Propiedad Horizontal; art. 551-1 y 2, 552-1 y siguientes del Libro Quinto del Código civil de Cataluña, relativo a derechos reales; arts. 56 a 74 de la Ley de Derecho Civil de Galicia; Leyes 23, 370 y 392 de la Compilación del Derecho Civil Foral de Navarra.

ART. 393.

El concurso de los partícipes, tanto en los beneficios como en las cargas, será proporcional a sus respectivas cuotas.

Se presumirán iguales, mientras no se pruebe lo contrario, las porciones correspondientes a los partícipes en la comunidad.

Ver arts. 395, 398, 1138, 1255, 1258, 1353, 1689 y 1691 del CC; arts. 54 y 278 del Reglamento Hipotecario; arts. 552-6 a 8, 553-1 a 59, 554-1 a 12, y 555-1 a 8 del Libro Quinto del Código civil de Cataluña, relativo a derechos reales; Ley 373 de la Compilación del Derecho Civil Foral de Navarra; arts. 68 a 74 de la Ley de Derecho Civil de Galicia; Ley sobre Propiedad Horizontal.

ART. 394.

Cada partícipe podrá servirse de las cosas comunes, siempre que disponga de ellas conforme a su destino y de manera que no perjudique el interés de la comunidad, ni impida a los copartícipes utilizarlas según su derecho.

Ver arts. 397 a 399, 445, 446, 597, 1522 y 1695.2 del CC.

ART. 395.

Todo copropietario tendrá derecho para obligar a los partícipes a contribuir a los gastos de conservación de la cosa o derecho común. Sólo podrá eximirse de esta obligación el que renuncie a la parte que le pertenece en el dominio.

Ver arts. 393, 397, 398, 544, 575, 1631, 1695, 1705 y 1706 del CC; arts. 552-6 y 555-8 del Libro Quinto del Código civil de Cataluña, relativo a derechos reales.

ART. 396.

Los diferentes pisos o locales de un edificio o las partes de ellos susceptibles de aprovechamiento independiente por tener salida propia a un elemento común de aquél o a la vía pública podrán ser objeto de propiedad separada, que llevará inherente un derecho de copropiedad sobre los elementos comunes del edificio, que son todos los necesarios para su adecuado uso y disfrute, tales como el suelo, vuelo, cimentaciones y cubiertas; elementos estructurales y entre ellos los pilares, vigas, forjados y muros de carga; las fachadas, con los revestimientos exteriores de terrazas, balcones y ventanas, incluyendo su imagen o configuración, los elemento de cierre que las conforman y sus revestimientos exteriores; el portal, las escaleras, porterías, corredores, pasos, muros, fosos, patios, pozos y los recintos destinados a ascensores, depósitos, contadores, telefonías o a otros servicios o instalaciones comunes, incluso aquéllos que fueren de uso privativo; los ascensores y las instalaciones, conducciones y canalizaciones para el desagüe y para el suministro de agua, gas o electricidad, incluso las de aprovechamiento de energía solar; las de agua caliente sanitaria, calefacción, aire acondicionado, ventilación o evacuación de humos; las de detección y prevención de incendios; las de portero electrónico y otras de seguridad del edificio, así como las de antenas colectivas y demás instalaciones para los servicios audiovisuales o de telecomunicación, todas ellas hasta la entrada al espacio privativo; las servidumbres y cualesquiera otros elementos materiales o jurídicos que por su naturaleza o destino resulten indivisibles.

Las partes en copropiedad no son en ningún caso susceptibles de división y sólo podrán ser enajenadas, gravadas o embargadas juntamente con la parte determinada privativa de la que son anejo inseparable.

En caso de enajenación de un piso o local, los dueños de los demás, por este solo título, no tendrán derecho de tanteo ni de retracto.

Esta forma de propiedad se rige por las disposiciones legales especiales y, en lo que las mismas permitan, por la voluntad de los interesados.

Ver arts. 400 y 1522 del CC; Ley sobre Propiedad Horizontal; Ley Hipotecaria; Reglamento Hipotecario; Ley 4/2012, de 6 de julio, de contratos de aprovechamiento por turno de bienes de uso turístico, de adquisición de productos vacacionales de larga duración, de reventa y de intercambio y normas tributarias; Real Decreto 314/2006, de 17 de marzo, por el que se aprueba el Código Técnico de la Edificación; Ley 15/1995, de 30 de mayo, sobre límites del dominio sobre inmuebles para eliminar barreras arquitectónicas a las personas con discapacidad; Texto Refundido de la Ley General de derechos de las personas con discapacidad y de su inclusión social; Real Decreto 505/2007, de 20 de abril, por el que se aprueban las condiciones básicas de accesibilidad y no discriminación de las personas con discapacidad para el acceso y utilización de los espacios públicos urbanizados y edificaciones; Ley sobre regulación del derecho a instalar en el exterior de los inmuebles las estaciones radioeléctricas de aficionados; Real Decreto 2623/1986, de 21 de noviembre, por el que se regulan las instalaciones de antenas de estaciones radioeléctricas de aficionado; Ley de Telecomunicaciones; Decreto 1306/1974, de 2 de mayo, por el que se regula la instalación en inmuebles de sistemas de distribución de la señal de televisión por cable; Real Decreto-ley 1/1998, de 27 de febrero, sobre infraestructuras comunes en los edificios para el acceso a los servicios de telecomunicación; Reglamento regulador de las infraestructuras comunes de telecomunicaciones para el acceso a los servicios de telecomunicación en el interior de las edificaciones; Reglamento regulador de la actividad de instalación y mantenimiento de equipos y sistemas de telecomunicación; Orden de 13 de marzo de 1974 por la que se aprueba la Ordenanza de Trabajo de Empleados de Fincas Urbanas; Real Decreto 742/2013, de 27 de septiembre, por el que se establecen los criterios técnico-sanitarios de las piscinas; Real Decreto 1093/1997, de 4 de julio, por el que se aprueban las normas complementarias al Reglamento para la ejecución de la Ley Hipotecaria sobre Inscripción en el Registro de la Propiedad de Actos de Naturaleza Urbanística; Leyes 427 y 436 de la Compilación del Derecho Civil Foral de Navarra; Ley del Catastro Inmobiliario.

ART. 397.

Ninguno de los condueños podrá, sin consentimiento de los demás, hacer alteraciones en la cosa común, aunque de ellas pudieran resultar ventajas para todos.

Ver arts. 360, 394, 395, 398, 399, 597, 1695.4 y 1933 del CC; art. 7.2 de Ley sobre propiedad horizontal; art. 552-6 del Libro Quinto del Código civil de Cataluña, relativo a derechos reales; arts. 68 a 70 de la Ley de Derecho Civil de Galicia; Ley 372.2 de la Compilación del Derecho Civil Foral de Navarra.

ART. 398.

Para la administración y mejor disfrute de la cosa común serán obligatorios los acuerdos de la mayoría de los partícipes.

No habrá mayoría sino cuando el acuerdo esté tomado por los partícipes que representen la mayor cantidad de los intereses que constituyan el objeto de la comunidad.

Si no resultare mayoría, o el acuerdo de ésta fuere gravemente perjudicial a los interesados en la cosa común, el Juez proveerá, a instancia de parte, lo que corresponda, incluso nombrar un administrador.

Cuando parte de la cosa perteneciere privadamente a un partícipe o a algunos de ellos, y otra fuere común, sólo a ésta será aplicable la disposición anterior.

Ver arts. 394, 490 y 597 del CC; arts. 16 y 17 de la Ley sobre propiedad horizontal; art. 552-7 y 8 del Libro Quinto del Código civil de Cataluña, relativo a derechos reales; Ley 372.2 de la Compilación del Derecho Civil Foral de Navarra; art. 70 de la Ley de Derecho Civil de Galicia.

ART. 399.

Todo condueño tendrá la plena propiedad de su parte y la de los frutos y utilidades que le correspondan, pudiendo en su consecuencia enajenarla, cederla o hipotecarla, y aun sustituir otro en su aprovechamiento, salvo si se tratare de derechos personales. Pero el efecto de la enajenación o de la hipoteca con relación a los condueños estará limitado a la porción que se le adjudique en la división al cesar la comunidad.

Ver arts. 348, 354, 393, 394, 450, 597 y 1522 del CC; art. 3 de Ley 49/1960, de 21 de julio, sobre propiedad horizontal.

ART. 400.

Ningún copropietario estará obligado a permanecer en la comunidad. Cada uno de ellos podrá pedir en cualquier tiempo que se divida la cosa común.

Esto no obstante, será válido el pacto de conservar la cosa indivisa por tiempo determinado, que no exceda de diez años. Este plazo podrá prorrogarse por nueva convención.

Ver arts. 396.2, 401, 404, 1051 a 1053, 1618, 1700, 1705 a 1708 y 1965 del CC; art. 23 de la Ley sobre propiedad horizontal; arts. 552-10 a 12 y 553-1 del Libro Quinto del Código civil de Cataluña, relativo a derechos reales; arts. 71 a 74 de la Ley de Derecho Civil de Galicia; Ley 374 de la Compilación del Derecho Civil Foral de Navarra.

ART. 401.

Sin embargo, de lo dispuesto en el artículo anterior, los copropietarios no podrán exigir la división de la cosa común cuando de hacerla resulte inservible para el uso a que se destina.

Si se tratare de un edificio cuyas características lo permitan, a solicitud de cualquiera de los comuneros, la división podrá realizarse mediante la adjudicación de pisos o locales independientes, con sus elementos comunes anejos, en la forma prevista por el artículo trescientos noventa y seis.

Ver arts. 400, 404, 535, 1062 y 1139 del CC; art. 553-1 del Libro Quinto del Código civil de Cataluña, relativo a derechos reales.

ART. 402.

La división de la cosa común podrá hacerse por los interesados, o por árbitros o amigables componedores nombrados a voluntad de los partícipes.

En el caso de verificarse por árbitros o amigables componedores, deberán formar partes proporcionales al derecho de cada uno, evitando en cuanto sea posible los suplementos a metálico.

Ver arts. 287 y 1051 a 1067 del CC; Ley de Arbitraje.

ART. 403.

Los acreedores o cesionarios de los partícipes podrán concurrir a la división de la cosa común y oponerse a la que se verifique sin su concurso. Pero no podrán impugnar la división consumada, excepto en caso de fraude, o en el de haberse verificado no obstante la oposición formalmente interpuesta para impedirla, y salvo siempre los derechos del deudor o del cedente para sostener su validez.

Ver arts. 1082 a 1087, 1111 y 1618 del CC; art. 552-12 del Libro Quinto del Código civil de Cataluña, relativo a derechos reales.

ART. 404.

Cuando la cosa fuere esencialmente indivisible, y los condueños no convinieren en que se adjudique a uno de ellos indemnizando a los demás, se venderá y repartirá su precio.

En caso de animales de compañía, la división no podrá realizarse mediante su venta, salvo acuerdo unánime de todos los condueños.

A falta de acuerdo unánime entre los condueños, la autoridad judicial decidirá el destino del animal, teniendo en cuenta el interés de los condueños y el bienestar del animal, pudiendo preverse el reparto de los tiempos de disfrute y cuidado del animal si fuere necesario, así como las cargas asociadas a su cuidado.

Párrafos segundo y tercero se añaden por Ley 17/2021, de 15 de diciembre, de modificación del Código Civil, la Ley Hipotecaria y la Ley de Enjuiciamiento Civil, sobre el régimen jurídico de los animales (BOE de 16-12-2021). Modificación vigente desde el 5 de enero de 2022.

Ver arts. 401, 406, 821, 1056, 1062, 1137 a 1139 y 1513 del CC; art. 24 de la Ley de Modernización de las Explotaciones Agrarias; art. 565-6 del Libro Quinto del Código civil de Cataluña, relativo a derechos reales; Ley 374 de la Compilación del Derecho Civil Foral de Navarra.

ART. 405.

La división de una cosa común no perjudicará a tercero, el cual conservará los derechos de hipoteca, servidumbre u otros derechos reales que le pertenecieran antes de hacer la partición. Conservarán igualmente su fuerza, no obstante la división, los derechos personales que pertenezcan a un tercero contra la comunidad.

Ver arts. 490, 534, 535, 1618 y 1619 del CC; art. 123 de la Ley Hipotecaria; art. 552-12 del Libro Quinto del Código civil de Cataluña, relativo a derechos reales; arts. 71 y 72 de la Ley de Derecho Civil de Galicia; Ley 374 de la Compilación del Derecho Civil Foral de Navarra.

ART. 406.

Serán aplicables a la división entre los partícipes en la comunidad las reglas concernientes a la división de la herencia.

Ver arts. 1051 a 1081 del CC.

TÍTULO IV
De algunas propiedades especiales

CAPÍTULO I
De las aguas

Ver D.F. 1.ª del RD Legislativo 1/2001, por el que se aprueba la Ley de Aguas; Ley de Minas 22/1973; 148.1.10.ª CE.

Sección 1.ª Del dominio de las aguas

ART. 407.

Son de dominio público:

1.º Los ríos y sus cauces naturales.

2.º Las aguas continuas o discontinuas de manantiales y arroyos que corran por sus cauces naturales, y estos mismos cauces.

3.º Las aguas que nazcan continua o discontinuamente en terrenos del mismo dominio público.

4.º Los lagos y lagunas formados por la naturaleza en terrenos públicos y sus álveos.

5.º Las aguas pluviales que discurran por barrancos o ramblas, cuyo cauce sea también del dominio público.

6.º Las aguas subterráneas que existan en terrenos públicos.

7.º Las aguas halladas en la zona de trabajos de obras públicas, aunque se ejecuten por concesionario.

8.º Las aguas que nazcan continua o discontinuamente en predios de particulares, del Estado, de la provincia o de los pueblos, desde que salgan de dichos predios.

9.º Los sobrantes de las fuentes, cloacas y establecimientos públicos.

Ver art. 2 de la Ley de Aguas; Reglamento del Dominio Público Hidráulico; art. 24 y siguientes de la Ley de Minas; art. 39 y siguientes del Reglamento para el régimen de la Minería; art. 148.1.10 de la Constitución Española.

ART. 408.

Son de dominio privado:

1.º Las aguas continuas o discontinuas que nazcan en predios de dominio privado, mientras discurran por ellos.

2.º Los lagos y lagunas y sus álveos, formados por la naturaleza en dichos predios.

3.º Las aguas subterráneas que se hallen en éstos.

4.º Las aguas pluviales que en los mismos caigan, mientras no traspasen sus linderos.

5.º Los cauces de aguas corrientes, continuas o discontinuas, formados por aguas pluviales, y los de los arroyos que atraviesen fincas que no sean de dominio público.

En toda acequia o acueducto, el agua, el cauce, los cajeros y las márgenes serán considerados como parte integrante de la heredad o edificio a que vayan destinadas las aguas. Los dueños de los predios, por los cuales o por cuyos linderos pase el acueducto, no podrán alegar dominio sobre él, ni derecho al aprovechamiento de su cauce o márgenes, a no fundarse en títulos de propiedad expresivos del derecho o dominio que reclamen.

Ver los arts. 5, 10, 50 y 54 de la Ley de Aguas.

Sección 2.ª Del aprovechamiento de las aguas públicas

ART. 409.

El aprovechamiento de las aguas públicas se adquiere:

1.º Por concesión administrativa.

2.º Por prescripción de veinte años.

Los límites de los derechos y obligaciones de estos aprovechamientos serán los que resulten, en el primer caso, de los términos de la concesión, y en el segundo, del modo y forma en que se haya usado de las aguas.

Ver arts. 59 a 72 y D.D. de la Ley de Aguas.

ART. 410.

Toda concesión de aprovechamiento de aguas se entiende sin perjuicio de tercero.

Ver art. 61.1 de la Ley de Aguas.

ART. 411.

El derecho al aprovechamiento de aguas públicas se extingue por la caducidad de la concesión y por el no uso durante veinte años.

Ver arts. 52, 53 y 66 de la Ley de Aguas.

Sección 3.ª Del aprovechamiento de las aguas de dominio privado

ART. 412.

El dueño de un predio en que nace un manantial o arroyo, continuo o discontinuo, puede aprovechar sus aguas mientras discurran por él; pero las sobrantes entran en la condición de públicas, y su aprovechamiento se rige por la Ley especial de Aguas.

Ver art. 408 del CC; arts. 47 a 91 y D.DT. Única de la Ley de Aguas.

ART. 413.

El dominio privado de los álveos de aguas pluviales no autoriza para hacer labores u obras que varíen su curso en perjuicio de tercero, ni tampoco aquellas cuya destrucción, por la fuerza de las avenidas, pueda causarlo.

Ver arts. 360 y 420 del CC; art. 5.2 de la Ley de Aguas; Ley 351 de la Compilación de Derecho Civil Foral de Navarra; arts. 65 y 66 de la Ley de Derecho Civil de Galicia.

ART. 414.

Nadie puede penetrar en propiedad privada para buscar aguas o usar de ellas sin licencia de los propietarios.

Ver arts. 348, 349 y 417 del CC; art. 58 y D.D.U. de la Ley de Aguas.

ART. 415.

El dominio del dueño de un predio sobre las aguas que nacen en él no perjudica los derechos que legítimamente hayan podido adquirir a su aprovechamiento los de los predios inferiores.

Ver arts. 412, 413 y 416 del CC; art. 54 de la Ley de Aguas; art. 546-7.2 del Libro Quinto del Código civil de Cataluña, relativo a derechos reales; Ley 351 de la Compilación de Derecho Civil Foral de Navarra.

ART. 416.

Todo dueño de un predio tiene la facultad de construir dentro de su propiedad depósitos para conservar las aguas pluviales, con tal que no cause perjuicio al público ni a tercero.

Ver art. 5.2 y 54.1 de la Ley de Aguas; arts. 65 y 66 de la Ley de Derecho Civil de Galicia.

Sección 4.ª De las aguas subterráneas

ART. 417.

Sólo el propietario de un predio u otra persona con su licencia puede investigar en él aguas subterráneas.

La investigación de aguas subterráneas en terrenos de dominio público sólo puede hacerse con licencia administrativa.

Ver art. 414 del CC; arts. 2, 12, 54.2, 59, y 73 a 76 de la Ley de Aguas; arts. 171 a 188 bis del Reglamento del Dominio Público Hidráulico; arts. 23, 25 y 26 de la Ley de Minas.

ART. 418.

Las aguas alumbradas conforme a la Ley Especial de Aguas pertenecen al que las alumbró.

Ver arts. 2 y 73 a 76 de la Ley de Aguas; art. 2 de la Ley de Minas; arts. 65 y 66 de la Ley de Derecho Civil de Galicia.

ART. 419.

Si el dueño de aguas alumbradas las dejare abandonadas a su curso natural, serán de dominio público.

Ver art. 18 y D.D.U. de la Ley de Aguas.

Sección 5.ª Disposiciones generales

ART. 420.

El dueño de un predio en que existan obras defensivas para contener el agua, o en que por la variación de su curso sea necesario construirlas de nuevo, está obligado, a su elección, a hacer los reparos o construcciones necesarias o a tolerar que, sin perjuicio suyo, las hagan los dueños de los predios que experimenten o estén manifiestamente expuestos a experimentar daños.

Ver arts. 413 y 416 del CC; arts. 7 y 8 de la Ley de Aguas.

ART. 421.

Lo dispuesto en el artículo anterior es aplicable al caso en que sea necesario desembarazar algún predio de las materias cuya acumulación o caída impida el curso de las aguas con daño o peligro de tercero.

ART. 422.

Todos los propietarios que participen del beneficio proveniente de las obras de que tratan los dos artículos anteriores, están obligados a contribuir a los gastos de su ejecución en proporción a su interés. Los que por su culpa hubiesen ocasionado el daño serán responsables de los gastos.

Ver arts. 393 y 395 del CC; arts. 7 y 8 de la Ley de Aguas.

ART. 423.

La propiedad y uso de las aguas pertenecientes a corporaciones o particulares están sujetos a la Ley de Expropiación por causa de utilidad pública.

Ver art. 349 del CC; arts. 53, 58 y 60 de la Ley de Aguas; Ley de Expropiación Forzosa.

ART. 424.

Las disposiciones de este título no perjudican los derechos adquiridos con anterioridad, ni tampoco al dominio privado que tienen los propietarios de aguas, de acequias, fuentes o manantiales, en virtud del cual las aprovechan, venden o permutan como propiedad particular.

Ver D.T. 1.º a 4.ª de la Ley de Aguas.

ART. 425.

En todo lo que no esté expresamente prevenido por las disposiciones de este capítulo se estará a lo mandado por la Ley Especial de Aguas.

Ver D.DT. Única y D.T. 1.º a 4.ª de la Ley de Aguas.

CAPÍTULO II
De los minerales

ART. 426.

Todo español o extranjero podrá hacer libremente en terreno de dominio público calicatas o excavaciones que no excedan de diez metros de extensión en longitud o profundidad con objeto de descubrir minerales; pero deberá dar aviso previamente a la Autoridad local. En terrenos de propiedad privada no se podrán abrir calicatas sin que preceda permiso del dueño o del que le represente.

Ver arts. 45, 128, 132 y 149.1.25 de la Constitución Española; arts. 1 a 3, 16, 25, 32, y D.F. 5.ª de la Ley de Minas; arts. 1 y 3 del Reglamento general del régimen de minería; Real Decreto Legislativo 1303/1986, de 28 de junio, por el que se adecua al ordenamiento jurídico de la Comunidad Económica Europea el título VIII de la Ley 22/1973, de 21 de julio, de Minas; Ley de Fomento de la Minería; Real Decreto 890/1979, de 16 de marzo, sobre relación de materias primas, minerales y actividades con ellas relacionadas, declaradas prioritarias a los efectos de lo prevenido en la Ley 6/1977, de 4 de enero, de Fomento de la Minería; Ley sobre Energía Nuclear; Ley del sector de hidrocarburos; Reglamento de la Ley sobre Investigación y Explotación de Hidrocarburos; Real Decreto 975/2009, de 12 de junio, sobre gestión de los residuos de las industrias extractivas y de protección y rehabilitación del espacio afectado por actividades mineras; Reglamento General de Normas Básicas de Seguridad Minera; arts. 426 y 427, 334.8, 339.2, 476 a 478 y 1632, así como las disposiciones generales sobre la propiedad del CC.

ART. 427.

Los límites del derecho mencionado en el artículo anterior, las formalidades previas y condiciones para su ejercicio, la designación de las materias que deben considerarse como minerales, y la determinación de los derechos que corresponden al dueño del suelo y a los descubridores de los minerales en el caso de concesión, se regirán por la Ley Especial de Minería.

Ver art. precedente.

CAPÍTULO III
De la propiedad intelectual

ART. 428.

El autor de una obra literaria, científica o artística, tiene el derecho de explotarla y disponer de ella a su voluntad.

Ver art. 20.1 b) de la Constitución Española; Ley de Propiedad Intelectual.

ART. 429.

La Ley sobre Propiedad Intelectual determina las personas a quienes pertenece ese derecho, la forma de su ejercicio y el tiempo de su duración. En casos no previstos ni resueltos por dicha ley especial se aplicarán las reglas generales establecidas en este Código sobre la propiedad.

Ver Ley de Propiedad Intelectual; arts. 348 y siguientes del CC.

TÍTULO V
De la posesión

CAPÍTULO I
De la posesión y sus especies

ART. 430.

Posesión natural es la tenencia de una cosa o animal, o el disfrute de un derecho por una persona. Posesión civil es esa misma tenencia o disfrute unidos a la intención de haber la cosa, animal o derecho como suyos.

Modificado por Ley 17/2021, de 15 de diciembre, de modificación del Código Civil, la Ley Hipotecaria y la Ley de Enjuiciamiento Civil, sobre el régimen jurídico de los animales (BOE de 16-12-2021). Modificación vigente desde el 5 de enero de 2022.

Ver art. 1940 y siguientes del CC; art. 521-1 y siguientes del Libro Quinto del Código civil de Cataluña, relativo a derechos reales.

ART. 431.

La posesión se ejerce en las cosas, en los animales o en los derechos por la misma persona que los tiene y los disfruta, o por otra en su nombre.

Modificado por Ley 17/2021, de 15 de diciembre, de modificación del Código Civil, la Ley Hipotecaria y la Ley de Enjuiciamiento Civil, sobre el régimen jurídico de los animales (BOE de 16-12-2021). Modificación vigente desde el 5 de enero de 2022.

Ver arts. 439 y 443 del CC; art. 521-1 y siguientes del Libro Quinto del Código civil de Cataluña, relativo a derechos reales; Ley 363 de la Compilación de Derecho Civil Foral de Navarra.

ART. 432.

La posesión en los bienes, en los animales y en los derechos puede tenerse en uno de dos conceptos: o en el de dueño, o en el de tenedor de la cosa, animal o derecho para conservarlos o disfrutarlos, perteneciendo el dominio a otra persona.

Modificado por Ley 17/2021, de 15 de diciembre, de modificación del Código Civil, la Ley Hipotecaria y la Ley de Enjuiciamiento Civil, sobre el régimen jurídico de los animales (BOE de 16-12-2021). Modificación vigente desde el 5 de enero de 2022.

Ver arts. 431, 432, 436, 444, 447, 448, 463, 1652 y 1941 del CC; art. 521-7 del Libro Quinto del Código civil de Cataluña, relativo a derechos reales.

ART. 433.

Se reputa poseedor de buena fe al que ignora que en su título o modo de adquirir exista vicio que lo invalide.

Se reputa poseedor de mala fe al que se halla en el caso contrario.

Ver arts. 442, 451 a 457, 1950 y 1951 del CC; art. 521-7 del Libro Quinto del Código civil de Cataluña, relativo a derechos reales; Ley 357 de la Compilación del Derecho Civil Foral de Navarra.

ART. 434.

La buena fe se presume siempre, y al que afirma la mala fe de un poseedor corresponde la prueba.

Ver art. 1940, 1950 y 1951 del CC; art. 521-7 del Libro Quinto del Código civil de Cataluña, relativo a derechos reales.

ART. 435.

La posesión adquirida de buena fe no pierde este carácter sino en el caso y desde el momento en que existan actos que acrediten que el poseedor no ignora que posee la cosa indebidamente.

Ver arts. 433, 442, 1950 y 1951 del CC; art. 521-7 del Libro Quinto del Código civil de Cataluña, relativo a derechos reales; Ley 357 de la Compilación del Derecho Civil Foral de Navarra.

ART. 436.

Se presume que la posesión se sigue disfrutando en el mismo concepto en que se adquirió, mientras no se pruebe lo contrario.

Ver arts. 432, 609, 1951 y 1955 del CC; art. 522-1 y 2 del Libro Quinto del Código civil de Cataluña, relativo a derechos reales.

ART. 437.

Sólo pueden ser objeto de posesión las cosas y derechos que sean susceptibles de apropiación. También pueden ser objeto de posesión los animales, con las limitaciones establecidas en las leyes.

Modificado por Ley 17/2021, de 15 de diciembre, de modificación del Código Civil, la Ley Hipotecaria y la Ley de Enjuiciamiento Civil, sobre el régimen jurídico de los animales (BOE de 16-12-2021). Modificación vigente desde el 5 de enero de 2022.

Ver arts. 333, 430 y 431 del CC.

CAPÍTULO II
De la adquisición de la posesión

ART. 438.

La posesión se adquiere por la ocupación material de la cosa, animal o derecho poseído, o por el hecho de quedar estos sujetos a la acción de nuestra voluntad, o por los actos propios y formalidades legales establecidas para adquirir tal derecho.

Modificado por Ley 17/2021, de 15 de diciembre, de modificación del Código Civil, la Ley Hipotecaria y la Ley de Enjuiciamiento Civil, sobre el régimen jurídico de los animales (BOE do 16 12 2021). Modificación vigente desde el 5 de enero de 2022.

Ver arts. 440, 610 a 617, 1462 y 1968 del CC; art. 250 de la Ley de Enjuiciamiento Civil; art. 521-2 del Libro Quinto del Código civil de Cataluña, relativo a derechos reales.

ART. 439.

Puede adquirirse la posesión por la misma persona que va a disfrutarla, por su representante legal, por su mandatario y por un tercero sin mandato alguno; pero en este último caso no se entenderá adquirida la posesión hasta que la persona en cuyo nombre se haya verificado el acto posesorio lo ratifique.

Ver arts. 431, 443, 1259, 1727 y 1892 del CC; art. 521-3 del Libro Quinto del Código civil de Cataluña, relativo a derechos reales; Ley 363 de la Compilación del Derecho Civil Foral de Navarra.

ART. 440.

La posesión de los bienes hereditarios se entiende transmitida al heredero sin interrupción y desde el momento de la muerte del causante, en el caso de que llegue a adirse la herencia.

El que válidamente repudia una herencia se entiende que no la ha poseído en ningún momento.

Ver arts. 442, 657, 661, 881, 882, 988, 989, 1001, 1006, 1934 y 1960 del CC.

ART. 441.

En ningún caso puede adquirirse violentamente la posesión mientras exista un poseedor que se oponga a ello. El que se crea con acción o derecho para privar a otro de la tenencia de una cosa, siempre que el tenedor resista la entrega, deberá solicitar el auxilio de la Autoridad competente.

Ver arts. 348, 444, 446, 460.4, 885 y 1941 del CC; art. 455 del Código Penal; art. 250 de la Ley de Enjuiciamiento Civil; art. 521-2 del Libro Quinto del Código civil de Cataluña, relativo a derechos reales.

ART. 442.

El que suceda por título hereditario no sufrirá las consecuencias de una posesión viciosa de su causante, si no se demuestra que tenía conocimiento de los vicios que la afectaban; pero los efectos de la posesión de buena fe no le aprovecharán sino desde la fecha de la muerte del causante.

Ver arts. 433, 434, 440, 661, 1934 y 1960 del CC; Ley 361 de la Compilación del Derecho Civil Foral de Navarra.

ART. 443.

Toda persona puede adquirir la posesión de las cosas.

Los menores necesitan de la asistencia de sus representantes legítimos para usar de los derechos que de la posesión nazcan a su favor.

Las personas con discapacidad a cuyo favor se hayan establecido medidas de apoyo pueden usar de los derechos derivados de la posesión conforme a lo que resulte de estas.

Modificado por Ley 8/2021, de 2 de junio, por la que se reforma la legislación civil y procesal para el apoyo a las personas con discapacidad en el ejercicio de su capacidad jurídica (BOE de 03-06-2021). En vigor desde el 3 de septiembre de 2021.

Ver arts. 225 y 439 del CC; art. 521-3 del Libro Quinto del Código civil de Cataluña, relativo a derechos reales; Ley 363 de la Compilación del Derecho Civil Foral de Navarra.

ART. 444.

Los actos meramente tolerados, y los ejecutados clandestinamente y sin conocimiento del poseedor de una cosa, o con violencia, no afectan a la posesión.

ART. 445.

La posesión, como hecho, no puede reconocerse en dos personalidades distintas, fuera de los casos de indivisión. Si surgiere contienda sobre el hecho de la posesión, será preferido el poseedor actual; si resultaren dos poseedores, el más antiguo; si las fechas de las posesiones fueren las mismas, el que presente título; y, si todas estas condiciones fuesen iguales, se constituirá en depósito o guarda judicial la cosa, mientras se decide sobre su posesión o propiedad por los trámites correspondientes.

Ver arts. 392 y siguientes, 448, 450, 1933 y 1952 del CC; arts. 521-4 y 5 del Libro Quinto del Código civil de Cataluña, relativo a derechos reales.

CAPÍTULO III
De los efectos de la posesión

ART. 446.

Todo poseedor tiene derecho a ser respetado en su posesión; y, si fuere inquietado en ella, deberá ser amparado o restituido en dicha posesión por los medios que las leyes de procedimiento establecen.

Ver arts. 349, 441 y 1560 del CC; arts. 5, 34, 35, 38 y 41 de la Ley Hipotecaria; arts. 522-1 y siguientes del Libro Quinto del Código civil de Cataluña, relativo a derechos reales.

ART. 447.

Sólo la posesión que se adquiere y se disfruta en concepto de dueño puede servir de título para adquirir el dominio.

Ver arts. 432, 436 y 1941 del CC; arts. 522-6 y 531-24 y siguientes del Libro Quinto del Código civil de Cataluña, relativo a derechos reales.

ART. 448.

El poseedor en concepto de dueño tiene a su favor la presunción legal de que posee con justo título, y no se le puede obligar a exhibirlo.

Ver arts. 432, 464, 1952 y 1954 del CC; art. 35 de la Ley Hipotecaria; arts. 522-1 y siguientes del Libro Quinto del Código civil de Cataluña, relativo a derechos reales; Ley 360 de la Compilación del Derecho Civil Foral de Navarra.

ART. 449.

La posesión de una cosa raíz supone la de los muebles y objetos que se hallen dentro de ella, mientras no conste o se acredite que deben ser excluidos.

Ver arts. 334, 335, 346 y 347 del CC.

ART. 450.

Cada uno de los partícipes de una cosa que se posea en común, se entenderá que ha poseído exclusivamente la parte que al dividirse le cupiere durante todo el tiempo que duró la indivisión. La interrupción en la posesión del todo o parte de una cosa poseída en común perjudicará por igual a todos.

Ver arts. 399, 445, 455, 1933 y 1943 del CC; arts. 521-4 y 5 del Libro Quinto del Código civil de Cataluña, relativo a derechos reales.

ART. 451.

El poseedor de buena fe hace suyos los frutos percibidos mientras no sea interrumpida legalmente la posesión.

Se entienden percibidos los frutos naturales e industriales desde que se alzan o separan.

Los frutos civiles se consideran producidos por días, y pertenecen al poseedor de buena fe en esa proporción.

Ver arts. 354, 355 y 1943 del CC; art. 522-3 del Libro Quinto del Código civil de Cataluña, relativo a derechos reales; art. 137 de la Ley de Derecho Civil de Galicia; Ley 353 de la Compilación del Derecho Civil Foral de Navarra.

ART. 452.

Si al tiempo en que cesare la buena fe se hallaren pendientes algunos frutos naturales o industriales, tendrá el poseedor derecho a los gastos que hubiese hecho para su producción, y además a la parte del producto líquido de la cosecha proporcional al tiempo de su posesión.

Las cargas se prorratearán del mismo modo entre los dos poseedores.

El propietario de la cosa puede, si quiere, conceder al poseedor de buena fe la facultad de concluir el cultivo y la recolección de los frutos pendientes, como indemnización de la parte de gastos de cultivo y del producto líquido que le pertenece; el poseedor de buena fe que por cualquier motivo no quiera aceptar esta concesión, perderá el derecho a ser indemnizado de otro modo.

Ver arts. 354 y siguientes, 361 y 364 del CC; art. 522-3 y 4 del Libro Quinto del Código civil de Cataluña, relativo a derechos reales; arts. 138 a 140 de la Ley de Derecho Civil de Galicia; Ley 354 de la Compilación del Derecho Civil Foral de Navarra.

ART. 453.

Los gastos necesarios se abonan a todo poseedor; pero sólo el de buena fe podrá retener la cosa hasta que se le satisfagan.

Los gastos útiles se abonan al poseedor de buena fe con el mismo derecho de retención, pudiendo optar el que le hubiese vencido en su posesión por satisfacer el importe de los gastos, o por abonar el aumento de valor que por ellos haya adquirido la cosa.

Ver arts. 361, 500, 522, 1600 y 1882 del CC; art. 76 bis de la Ley General para la Defensa de los Consumidores y Usuarios y otras leyes complementarias; art. 569-6 del Libro Quinto del Código civil de Cataluña, relativo a derechos reales; Ley 362 de la Compilación del Derecho Civil Foral de Navarra.

ART. 454.

Los gastos de puro lujo o mero recreo no son abonables al poseedor de buena fe; pero podrá llevarse los adornos con que hubiese embellecido la cosa principal si no sufriere deterioro, y si el sucesor en la posesión no prefiere abonar el importe de lo gastado.

Ver arts. 361, 375, 455 y 487 del CC; Ley 362 de la Compilación del Derecho Civil Foral de Navarra.

ART. 455.

El poseedor de mala fe abonará los frutos percibidos y los que el poseedor legítimo hubiera podido percibir, y sólo tendrá derecho a ser reintegrado de los gastos necesarios hechos para la conservación de la cosa. Los gastos hechos en mejoras de lujo y recreo no se abonarán al poseedor de mala fe; pero podrá éste llevarse los objetos en que esos gastos se hayan invertido, siempre que la cosa no sufra deterioro, y el poseedor legítimo no prefiera quedarse con ellos abonando el valor que tengan en el momento de entrar en la posesión.

Ver arts. 362 a 364, 451, 453, 454 y 457 del CC; art. 522-5 del Libro Quinto del Código civil de Cataluña, relativo a derechos reales; Ley 362 de la Compilación del Derecho Civil Foral de Navarra.

ART. 456.

Las mejoras provenientes de la naturaleza o del tiempo ceden siempre en beneficio del que haya vencido en la posesión.

Ver art. 355 del CC.

ART. 457.

El poseedor de buena fe no responde del deterioro o pérdida de la cosa poseída, fuera de los casos en que se justifique haber procedido con dolo. El poseedor de mala fe responde del deterioro o pérdida en todo caso, y aun de los ocasionados por fuerza mayor cuando maliciosamente haya retrasado la entrega de la cosa a su poseedor legítimo.

Ver arts. 1094, 1096, 1182, 1183 y 1744 del CC; art. 522-5 del Libro Quinto del Código civil de Cataluña, relativo a derechos reales.

ART. 458.

El que obtenga la posesión no está obligado a abonar mejoras que hayan dejado de existir al adquirir la cosa.

Ver art. 456 del CC; art. 522-4 del Libro Quinto del Código civil de Cataluña, relativo a derechos reales.

ART. 459.

El poseedor actual que demuestre su posesión en época anterior, se presume que ha poseído también durante el tiempo intermedio, mientras no se pruebe lo contrario.

Ver art. 1960.2 del CC; art. 521-6 del Libro Quinto del Código civil de Cataluña, relativo a derechos reales.

ART. 460.

El poseedor puede perder su posesión:
1. Por abandono de la cosa o del animal.
2. Por cesión hecha a otro por título oneroso o gratuito.
3. Por destrucción o pérdida total de la cosa, por muerte o pérdida del animal, o por quedar la cosa o el animal fuera del comercio.
4. Por la posesión de otro, aun contra la voluntad del antiguo poseedor, si la nueva posesión hubiese durado más de un año.

Modificado por Ley 17/2021, de 15 de diciembre, de modificación del Código Civil, la Ley Hipotecaria y la Ley de Enjuiciamiento Civil, sobre el régimen jurídico de los animales (BOE de 16-12-2021). Modificación vigente desde el 5 de enero de 2022.

Ver arts. 437, 441, 1944 y 1968.1 del CC; art. 522-5 del Libro Quinto del Código civil de Cataluña, relativo a derechos reales; Ley 364 de la Compilación del Derecho Civil Foral de Navarra.

ART. 461.

La posesión de la cosa mueble no se entiende perdida mientras se halle bajo el poder del poseedor, aunque éste ignore accidentalmente su paradero.

Ver art. 465 del CC; art. 522-8 del Libro Quinto del Código civil de Cataluña, relativo a derechos reales.

ART. 462.

La posesión de las cosas inmuebles y de los derechos reales no se entiende perdida, ni transmitida para los efectos de la prescripción en perjuicio de tercero, sino con sujeción a lo dispuesto en la Ley Hipotecaria.

Ver art. 1949 del CC; arts. 32, 34 a 36, 38 y 76 de la Ley Hipotecaria; art. 521-8 del Libro Quinto del Código civil de Cataluña, relativo a derechos reales.

ART. 463.

Los actos relativos a la posesión, ejecutados o consentidos por el que posee una cosa ajena como mero tenedor para disfrutarla o retenerla en cualquier concepto, no obligan ni perjudican al dueño, a no ser que éste hubiese otorgado a aquél facultades expresas para ejecutarlos o los ratificare con posterioridad.

Ver arts. 432, 1727 y 1892 del CC; art. 522-7 del Libro Quinto del Código civil de Cataluña, relativo a derechos reales.

ART. 464.

La posesión de los bienes muebles, adquirida de buena fe, equivale al título. Sin embargo, el que hubiese perdido una cosa mueble o hubiese sido privado de ella ilegalmente, podrá reivindicarla de quien la posea.

Si el poseedor de la cosa mueble perdida o sustraída la hubiese adquirido de buena fe en venta pública, no podrá el propietario obtener la restitución sin reembolsar el precio dado por ella.

Tampoco podrá el dueño de cosas empeñadas en los Montes de Piedad establecidos con autorización del Gobierno obtener la restitución, cualquiera que sea la persona que la hubiese empeñado, sin reintegrar antes al Establecimiento la cantidad del empeño y los intereses vencidos.

En cuanto a las adquiridas en Bolsa, feria o mercado, o de un comerciante legalmente establecido y dedicado habitualmente al tráfico de objetos análogos, se estará a lo que dispone el Código de Comercio.

Ver arts. 461, 615, 1873, 1955, 1956 y 1962 del CC; arts. 85, 195, 324 y 548 del Código de Comercio; arts. 110 y 111 del Código Penal; art. 522-8 del Libro Quinto del Código civil de Cataluña, relativo a derechos reales.

ART. 465.

Los animales salvajes o silvestres sólo se poseen mientras se hallan en nuestro poder; los domesticados se asimilan a los domésticos o de compañía si conservan la costumbre de volver a la casa del poseedor o si han sido identificados como tales.

Modificado por Ley 17/2021, de 15 de diciembre, de modificación del Código Civil, la Ley Hipotecaria y la Ley de Enjuiciamiento Civil, sobre el régimen jurídico de los animales (BOE de 16-12-2021). Modificación vigente desde el 5 de enero de 2022.

Ver art. 4 de la Ley de caza; arts. 461, 612, 613 y 1905 del CC.

ART. 466.

El que recupera, conforme a derecho, la posesión indebidamente perdida, se entiende para todos los efectos que puedan redundar en su beneficio que la ha disfrutado sin interrupción.

Ver arts. 441, 1943 y 1946 del CC; art. 522-7 del Libro Quinto del Código civil de Cataluña, relativo a derechos reales.

TÍTULO VI
Del usufructo, del uso y de la habitacion

CAPÍTULO I
Del usufructo

Sección 1.ª Del usufructo en general

ART. 467.

El usufructo da derecho a disfrutar los bienes ajenos con la obligación de conservar su forma y sustancia, a no ser que el título de su constitución o la ley autoricen otra cosa.

Ver arts. siguientes del CC; art. 561-1 a 3 del Libro Quinto del Código civil de Cataluña, relativo a derechos reales; Ley 408 de la Compilación del Derecho Civil Foral de Navarra; arts. 53, 57 y 91 a 95 de la Ley de Derecho Civil Vasco; art. 228 y siguientes de la Ley de Derecho Civil de Galicia.

ART. 468.

El usufructo se constituye por la ley, por la voluntad de los particulares manifestada en actos entre vivos o en última voluntad, y por prescripción.

Ver arts. 640, 787, 834 a 840, 1940, 1957 y 1959 del CC; art. 2.2 de la Ley Hipotecaria; art. 561-3 del Libro Quinto del Código civil de Cataluña, relativo a derechos reales; Ley 409 de la Compilación del Derecho Civil Foral de Navarra.

ART. 469.

Podrá constituirse el usufructo en todo o parte de los frutos de la cosa, a favor de una o varias personas, simultánea o sucesivamente, y en todo caso, desde o hasta cierto día, puramente o bajo condición. También puede constituirse sobre un derecho siempre que no sea personalísimo o intransmisible.

Ver arts. 513.2, 521 y 781 del CC; arts. 561-4, 5, 9, 10, 11, 13 a 15, y 18 a 24 del Libro Quinto del Código civil de Cataluña, relativo a derechos reales; Ley 411 de la Compilación del Derecho Civil Foral de Navarra; art. 49 del Reglamento del impuesto sobre sucesiones y donaciones.

ART. 470.

Los derechos y las obligaciones del usufructuario serán los que determine el título constitutivo del usufructo; en su defecto, o por insuficiencia de éste, se observarán las disposiciones contenidas en las dos Secciones siguientes.

Ver arts. 467 y 468 del CC; arts. 561-1 del Libro Quinto del Código civil de Cataluña, relativo a derechos reales.

Sección 2.ª De los derechos del usufructuario

ART. 471.

El usufructuario tendrá derecho a percibir todos los frutos naturales, industriales y civiles de los bienes usufructuados. Respecto de los tesoros que se hallaren en la finca será considerado como extraño.

Ver arts. 351 a 357, 472, 474, 491, 496 y 614 del CC; art. 561-6 del Libro Quinto del Código civil de Cataluña, relativo a derechos reales.

ART. 472.

Los frutos naturales o industriales, pendientes al tiempo de comenzar el usufructo, pertenecen al usufructuario.

Los pendientes al tiempo de extinguirse el usufructo pertenecen al propietario.

En los precedentes casos, el usufructuario, al comenzar el usufructo, no tiene obligación de abonar al propietario ninguno de los gastos hechos; pero el propietario está obligado a abonar al fin del usufructo, con el producto de los frutos pendientes, los gastos ordinarios de cultivo, simientes y otros semejantes, hechos por el usufructuario.

Lo dispuesto en este artículo no perjudica los derechos de tercero, adquiridos al comenzar o terminar el usufructo.

Ver arts. 354 a 357 y 451 y siguientes del CC; arts. 561-25 a 37 del Libro Quinto del Código civil de Cataluña, relativo a derechos reales; arts. 136 a 140 de la Ley de Derecho Civil de Galicia; Leyes 353, 415 y 454 de la Compilación del Derecho Civil Foral de Navarra.

ART. 473.

Si el usufructuario hubiere arrendado las tierras o heredades dadas en usufructo, y acabare éste antes de terminar el arriendo, sólo percibirán él o sus herederos y sucesores la parte proporcional de la renta que debiere pagar el arrendatario.

Ver arts. 355 y 480 del CC; art. 13.2 de la Ley de Arrendamientos Urbanos; art. 10 de la Ley de arrendamientos rústicos; art. 561-9 del Libro Quinto del Código civil de Cataluña, relativo a derechos reales; Ley 408 de la Compilación del Derecho Civil Foral de Navarra.

ART. 474.

Los frutos civiles se entienden percibidos día por día, y pertenecen al usufructuario en proporción al tiempo que dure el usufructo.

Ver arts. 355, 451.3 y 475 del CC; Ley 353 de la Compilación del Derecho Civil Foral de Navarra; arts. 561-6 y 7 y del 561-32 al 37 del Libro Quinto del Código civil de Cataluña, relativo a derechos reales.

ART. 475.

Si el usufructo se constituye sobre el derecho a percibir una renta o una pensión periódica, bien consista en metálico, bien en frutos, o los intereses de obligaciones o títulos al portador, se considerará cada vencimiento como productos o frutos de aquel derecho.

Si consistiere en el goce de los beneficios que diese una participación en una explotación industrial o mercantil, cuyo reparto no tuviese vencimiento fijo, tendrán aquéllos la misma consideración.

En uno y otro caso se repartirán como frutos civiles, y se aplicarán en la forma que previene el artículo anterior.

Ver art. 474 del CC; Leyes 258 y 418 de la Compilación del Derecho Civil Foral de Navarra; arts. 561-32 a 37 del Libro Quinto del Código civil de Cataluña, relativo a derechos reales.

ART. 476.

No corresponden al usufructuario de un predio en que existen minas los productos de las denunciadas, concedidas o que se hallen en laboreo al principiar el usufructo, a no ser que expresamente se le concedan en el título constitutivo de éste, o que sea universal.

Podrá, sin embargo, el usufructuario extraer piedras, cal y yeso de las canteras para reparaciones u obras que estuviere obligado a hacer o que fueren necesarias.

Ver arts. 472, 477 y 478 del CC; art. 94 y siguientes de la Ley de Minas.

ART. 477.

Sin embargo de lo dispuesto en el artículo anterior, en el usufructo legal podrá el usufructuario explotar las minas denunciadas, concedidas o en laboreo, existentes en el predio, haciendo suya la mitad de las utilidades que resulten después de rebajar los gastos, que satisfará por mitad con el propietario.

Ver arts. 472 y 478 del CC; Ley de Minas.

ART. 478.

La calidad de usufructuario no priva al que la tiene del derecho que a todos concede la Ley de Minas para denunciar y obtener la concesión de las que existan en los predios usufructuados, en la forma y condiciones que la misma Ley establece.

Ver arts. 16 a 30 de la Ley de Minas.

ART. 479.

El usufructuario tendrá el derecho de disfrutar del aumento que reciba por accesión la cosa usufructuada, de las servidumbres que tenga a su favor, y en general de todos los beneficios inherentes a la misma.

Ver arts. 358 a 383, 475, 530 y 604 del CC; art. 129 de la Ley de Sociedades Capital.

ART. 480.

Podrá el usufructuario aprovechar por sí mismo la cosa usufructuada, arrendarla a otro y enajenar su derecho de usufructo, aunque sea a título gratuito, pero todos los contratos que celebre como tal usufructuario se resolverán al fin del usufructo, salvo el arrendamiento de las fincas rústicas, el cual se considerará subsistente durante el año agrícola.

Ver arts. 473, 488 y 1577 del CC; art. 10 de la Ley de arrendamientos rústicos; art. 13.2 de la Ley de Arrendamientos Urbanos; arts. 107.1 y 108.2 de la Ley Hipotecaria; arts. 561-21 a 24 del Libro Quinto del Código civil de Cataluña, relativo a derechos reales; Ley 408 de la Compilación del Derecho Civil Foral de Navarra.

ART. 481.

Si el usufructo comprendiera cosas que sin consumirse se deteriorasen poco a poco por el uso, el usufructuario tendrá derecho a servirse de ellas empleándolas según su destino, y no estará obligado a restituirlas al concluir el usufructo sino en el estado en que se encuentren; pero con la obligación de indemnizar al propietario del deterioro que hubieran sufrido por su dolo o negligencia.

Ver arts. 467, 482, 497 y 500 del CC; art. 561-4 del Libro Quinto del Código civil de Cataluña, relativo a derechos reales.

ART. 482.

Si el usufructo comprendiera cosas que no se puedan usar sin consumirlas, el usufructuario tendrá derecho a servirse de ellas con la obligación de pagar el importe de su avalúo al terminar el usufructo, si se hubiesen dado estimadas. Cuando no se hubiesen estimado, tendrá el derecho de restituirlas en igual cantidad y calidad, o pagar su precio corriente al tiempo de cesar el usufructo.

Ver arts. 337 y 467 del CC; arts. 561-32 a 37 del Libro Quinto del Código civil de Cataluña, relativo a derechos reales; Ley 410 de la Compilación del Derecho Civil Foral de Navarra.

ART. 483.

El usufructuario de viñas, olivares u otros árboles o arbustos podrá aprovecharse de los pies muertos, y aun de los tronchados o arrancados por accidente, con la obligación de reemplazarlos por otros.

Ver art. 484 del CC; arts. 561-25 a 31 del Libro Quinto del Código civil de Cataluña, relativo a derechos reales; Ley de la Viña y del Vino.

ART. 484.

Si, a consecuencia de un siniestro o caso extraordinario, las viñas, olivares u otros árboles o arbustos hubieran desaparecido en número tan considerable que no fuese posible o resultase demasiado gravosa la reposición, el usufructuario podrá dejar los pies muertos, caídos o tronchados, a disposición del propietario, y exigir de éste que los retire y deje el suelo expedito.

Ver art. precedente; arts. 561-25 a 31 del Libro Quinto del Código civil de Cataluña, relativo a derechos reales; Ley de la Viña y del Vino.

ART. 485.

El usufructuario de un monte disfrutará todos los aprovechamientos que pueda éste producir según su naturaleza.

Siendo el monte tallar o de maderas de construcción, podrá el usufructuario hacer en él las talas o las cortas ordinarias que solía hacer el dueño, y en su defecto las hará acomodándose en el modo, porción y épocas, a la costumbre del lugar.

En todo caso hará las talas o las cortas de modo que no perjudiquen a la conservación de la finca.

En los viveros de árboles podrá el usufructuario hacer la entresaca necesaria para que los que queden puedan desarrollarse convenientemente.

Fuera de lo establecido en los párrafos anteriores, el usufructuario no podrá cortar árboles por el pie como no sea para reponer o mejorar alguna de las cosas usufructuadas, y en este caso hará saber previamente al propietario la necesidad de la obra.

Ver arts. 467 y 497 del CC; Ley de Montes; Ley 417 de la Compilación del Derecho Civil Foral de Navarra; arts. 561-25 a 31 del Libro Quinto del Código civil de Cataluña, relativo a derechos reales; art. 56 y siguientes de la Ley de Derecho Civil de Galicia.

ART. 486.

El usufructuario de una acción para reclamar un predio o derecho real, o un bien mueble, tiene derecho a ejercitarla y obligar al propietario de la acción a que le ceda para este fin su representación y le facilite los elementos de prueba de que disponga. Si por consecuencia del ejercicio de la acción adquiriese la cosa reclamada, el usufructo se limitará a sólo los frutos, quedando el dominio para el propietario.

Ver art. 348.2 del CC; art. 561-20 del Libro Quinto del Código civil de Cataluña, relativo a derechos reales; Ley 408 de la Compilación del Derecho Civil Foral de Navarra.

ART. 487.

El usufructuario podrá hacer en los bienes objeto del usufructo las mejoras útiles o de recreo que tuviere por conveniente, con tal que no altere su forma o su sustancia; pero no tendrá por ello derecho a indemnización. Podrá, no obstante, retirar dichas mejoras, si fuere posible hacerlo sin detrimento de los bienes.

Ver arts. 454 y 467 del CC; art. 561-6 del Libro Quinto del Código civil de Cataluña, relativo a derechos reales.

ART. 488.

El usufructuario podrá compensar los desperfectos de los bienes con las mejoras que en ellos hubiese hecho.

Ver arts. 487, 497 y 1195 y siguientes del CC; art. 561-8 del Libro Quinto del Código civil de Cataluña, relativo a derechos reales.

ART. 489.

El propietario de bienes en que otro tenga el usufructo, podrá enajenarlos, pero no alterar su forma ni sustancia, ni hacer en ellos nada que perjudique al usufructuario.

Ver arts. 503 y 595 del CC; art. 107.2 de la Ley Hipotecaria; arts. 561-21 a 24 del Libro Quinto del Código civil de Cataluña, relativo a derechos reales.

ART. 490.

El usufructuario de parte de una cosa poseída en común ejercerá todos los derechos que correspondan al propietario de ella referentes a la administración y a la percepción de frutos o intereses. Si cesare la comunidad por dividirse la cosa poseída en común, corresponderá al usufructuario el usufructo de la parte que se adjudicare al propietario o condueño.

Ver art. 392 y siguientes del CC; art. 15 de la Ley de Propiedad Horizontal; art. 561-11 y 12 del Libro Quinto del Código civil de Cataluña, relativo a derechos reales.

Sección 3.ª De las obligaciones del usufructuario

ART. 491.

El usufructuario, antes de entrar en el goce de los bienes, está obligado:

1.º A formar, con citación del propietario o de su legítimo representante, inventario de todos ellos, haciendo tasar los muebles y describiendo el estado de los inmuebles.

2.º A prestar fianza, comprometiéndose a cumplir las obligaciones que le correspondan con arreglo a esta Sección.

Ver arts. 470, 492, 493 y 522 del CC; arts. 250 y 335 y siguientes de la Ley de Enjuiciamiento Civil; Ley 410 de la Compilación del Derecho Civil Foral de Navarra; arts. 52 y siguientes, 91 y siguientes, 114, 141 y D.T. 4.ª de la Ley de Derecho Civil Vasco; arts. 561-7 y 8 del Libro Quinto del Código civil de Cataluña, relativo a derechos reales.

ART. 492.

La disposición contenida en el número segundo del precedente artículo no es aplicable al vendedor o donante que se hubiere reservado el usufructo de los bienes vendidos o donados ni a los padres usufructuarios de los bienes de los hijos, ni al cónyuge sobreviviente respecto de la cuota legal usufructuaria, si no contrajeren los padres o el cónyuge ulterior matrimonio.

Ver arts. 164, 165, 493, 634 y 834 del CC; arts. 168.3, 190 y 191 de la Ley Hipotecaria; art. 561-7 del Libro Quinto del Código civil de Cataluña, relativo a derechos reales; Ley 410 de la Compilación del Derecho Civil Foral de Navarra.

ART. 493.

El usufructuario, cualquiera que sea el título del usufructo, podrá ser dispensado de la obligación de hacer inventario o de prestar fianza, cuando de ello no resultare perjuicio a nadie.

Ver art. 470 del CC; Ley 410 de la Compilación del Derecho Civil Foral de Navarra; art. 561-7 del Libro Quinto del Código civil de Cataluña, relativo a derechos reales.

ART. 494.

No prestando el usufructuario la fianza en los casos en que deba darla, podrá el propietario exigir que los inmuebles se pongan en administración, que los muebles se vendan, que los efectos públicos, títulos de crédito nominativos o al portador se conviertan en inscripciones o se depositen en un Banco o establecimiento público, y que los capitales o sumas en metálico y el precio de la enajenación de los bienes muebles se inviertan en valores seguros.

El interés del precio de las cosas muebles y de los efectos públicos y valores, y los productos de los bienes puestos en administración, pertenecen al usufructuario.

También podrá el propietario, si lo prefiere, mientras el usufructuario no preste fianza o quede dispensado de ella, retener en su poder los bienes del usufructo en calidad de administrador, y con la obligación de entregar al usufructuario su producto líquido, deducida la suma que por dicha administración se convenga o judicialmente se le señale.

Ver arts. 334, 335, 471, 491 y 507 del CC; art. 804 de la Ley de Enjuiciamiento Civil; art. 561-7 del Libro Quinto del Código civil de Cataluña, relativo a derechos reales.

ART. 495.

Si el usufructuario que no haya prestado fianza reclamare, bajo caución juratoria, la entrega de los muebles necesarios para su uso, y que se le asigne habitación para él y su familia en una casa comprendida en el usufructo, podrá el Juez acceder a esta petición, consultadas las circunstancias del caso.

Lo mismo se entenderá respecto de los instrumentos, herramientas y demás bienes muebles necesarios para la industria a que se dedique.

Si no quisiere el propietario que se vendan algunos muebles por su mérito artístico o porque tengan un precio de afección, podrá exigir que se le entreguen, afianzando el abono del interés legal del valor en tasación.

Ver arts. 491 y 494 del CC.

ART. 496.

Prestada la fianza por el usufructuario, tendrá derecho a todos los productos desde el día en que, conforme al título constitutivo del usufructo, debió comenzar a percibirlos.

Ver art. 471 y 491 del CC.

ART. 497.

El usufructuario deberá cuidar las cosas dadas en usufructo como un buen padre de familia.

Ver arts. 481, 487, 488, 520 y 1094 del CC; art. 561-8 del Libro Quinto del Código civil de Cataluña, relativo a derechos reales.

ART. 498.

El usufructuario que enajenare o diere en arrendamiento su derecho de usufructo, será responsable del menoscabo que sufran las cosas usufructuadas por culpa o negligencia de la persona que le sustituya.

Ver arts. 480, 1550 y siguientes, 1561 y 1564 del CC; arts. 561-9 y 561-21 a 24 del Libro Quinto del Código civil de Cataluña, relativo a derechos reales; Ley 408 de la Compilación del Derecho Civil Foral de Navarra.

ART. 499.

Si el usufructo se constituyere sobre un rebaño o piara de ganados, el usufructuario estará obligado a reemplazar con las crías las cabezas que mueran anual y ordinariamente, o falten por la depredación de otros animales.

Si el ganado sobre el que se constituyere el usufructo pereciere del todo, sin culpa del usufructuario, por efecto de una enfermedad contagiosa u otro acontecimiento no común, el usufructuario cumplirá con entregar al dueño los restos de los animales o sus rendimientos, sin perjuicio de la aplicación, en todo caso, de la regulación legal y reglamentaria de seguridad alimentaria y de sanidad animal sobre dichos productos o restos.

Si el rebaño pereciere en parte, también por un accidente, y sin culpa del usufructuario, continuará el usufructo en la parte que se conserve.

Si el usufructo fuere de ganado estéril, en cuanto a los efectos se aplicará lo dispuesto en el artículo 482.

Modificado por Ley 17/2021, de 15 de diciembre, de modificación del Código Civil, la Ley Hipotecaria y la Ley de Enjuiciamiento Civil, sobre el régimen jurídico de los animales (BOE de 16-12-2021). Modificación vigente desde el 5 de enero de 2022.

Ver arts. 482, 501, 513.5 y 514 del CC; arts. 28 a 32 de la Ley de arrendamientos Rústicos; Ley 416 de la Compilación del Derecho Civil Foral de Navarra.

ART. 500.

El usufructuario está obligado a hacer las reparaciones ordinarias que necesiten las cosas dadas en usufructo.

Se considerarán ordinarias las que exijan los deterioros o desperfectos que procedan del uso natural de las cosas y sean indispensables para su conservación. Si no las hiciere después de requerido por el propietario, podrá éste hacerlas por sí mismo a costa del usufructuario.

Ver arts. 467, 501 y 502 del CC; Ley 414 de la Compilación del Derecho Civil Foral de Navarra; art. 561-12, 13 y 18 del Libro Quinto del Código civil de Cataluña, relativo a derechos reales.

ART. 501.

Las reparaciones extraordinarias serán de cuenta del propietario. El usufructuario está obligado a darle aviso cuando fuere urgente la necesidad de hacerlas.

Ver Ley 414 de la Compilación del Derecho Civil Foral de Navarra; art. 144 de la Ley de Derecho Civil Vasco; art. 561-12 del Libro Quinto del Código civil de Cataluña, relativo a derechos reales.

ART. 502.

Si el propietario hiciere las reparaciones extraordinarias, tendrá derecho a exigir al usufructuario el interés legal de la cantidad invertida en ellas mientras dure el usufructo.

Si no las hiciere cuando fuesen indispensables para la subsistencia de la cosa, podrá hacerlas el usufructuario; pero tendrá derecho a exigir del propietario, al concluir el usufructo, el aumento de valor que tuviese la finca por efecto de las mismas obras.

Si el propietario se negare a satisfacer dicho importe, tendrá el usufructuario derecho a retener la cosa hasta reintegrarse con sus productos.

Ver arts. 453, 501 y 522 del CC; art. 561-12 del Libro Quinto del Código civil de Cataluña, relativo a derechos reales.

ART. 503.

El propietario podrá hacer las obras y mejoras de que sea susceptible la finca usufructuada, o nuevas plantaciones en ella si fuere rústica, siempre que por tales actos no resulte disminuido el valor del usufructo, ni se perjudique el derecho del usufructuario.

Ver arts. 487, 489 y 595 del CC; art. 561-12 del Libro Quinto del Código civil de Cataluña, relativo a derechos reales.

ART. 504.

El pago de las cargas y contribuciones anuales y el de las que se consideran gravámenes de los frutos, será de cuenta del usufructuario todo el tiempo que el usufructo dure.

Ver art. 500 del CC; art. 561-12 del Libro Quinto del Código civil de Cataluña, relativo a derechos reales; Ley 414 de la Compilación del Derecho Civil Foral de Navarra.

ART. 505.

Las contribuciones que durante el usufructo se impongan directamente sobre el capital, serán de cargo del propietario.

Si éste las hubiese satisfecho, deberá el usufructuario abonarle los intereses correspondientes a las sumas que en dicho concepto hubiese pagado y, si las anticipare el usufructuario, deberá recibir su importe al fin del usufructo.

Ver arts. 501, 502 y 522 del CC; art. 561-32 a 37 del Libro Quinto del Código civil de Cataluña, relativo a derechos reales; Ley 414 de la Compilación del Derecho Civil Foral de Navarra; art. 144 de la Ley de Derecho Civil Vasco.

ART. 506.

Si se constituyere el usufructo sobre la totalidad de un patrimonio, y al constituirse tuviere deudas el propietario, se aplicará, tanto para la subsistencia del usufructo como para la obligación del usufructuario a satisfacerlas, lo establecido en los artículos 642 y 643 respecto de las donaciones.

Esta misma disposición es aplicable al caso en que el propietario viniese obligado, al constituirse el usufructo, al pago de prestaciones periódicas, aunque no tuvieran capital conocido.

Ver arts. 489, 508, 510 y 642 y 643 del CC; Ley 410 de la Compilación del Derecho Civil Foral de Navarra.

ART. 507.

El usufructuario podrá reclamar por sí los créditos vencidos que formen parte del usufructo si tuviese dada o diere la fianza correspondiente. Si estuviese dispensado de prestar fianza o no hubiere podido constituirla, o la constituida no fuese suficiente, necesitará autorización del propietario, o del Juez en su defecto, para cobrar dichos créditos.

El usufructuario con fianza podrá dar al capital que realice el destino que estime conveniente. El usufructuario sin fianza deberá poner a interés dicho capital de acuerdo con el propietario; a falta de acuerdo entre ambos, con autorización judicial; y, en todo caso, con las garantías suficientes para mantener la integridad del capital usufructuado.

Ver arts. 467, 471, 475, 491 a 494 y 496 del CC; art. 561-1 y siguientes del Libro Quinto del Código civil de Cataluña, relativo a derechos reales; Leyes 410 y 418 de la Compilación del Derecho Civil Foral de Navarra.

ART. 508.

El usufructuario universal deberá pagar por entero el legado de renta vitalicia o pensión de alimentos.

El usufructuario de una parte alícuota de la herencia lo pagará en proporción a su cuota. En ninguno de los dos casos quedará obligado el propietario al reembolso.

El usufructuario de una o más cosas particulares, sólo pagará el legado cuando la renta o pensión estuviese constituida determinadamente sobre ellas.

Ver arts. 510, 859, 879 y 880 del CC; los Libros Cuarto y Sexto del Código Civil de Cataluña.

ART. 509.

El usufructuario de una finca hipotecada no estará obligado a pagar las deudas para cuya seguridad se estableció la hipoteca.

Si la finca se embargare o vendiere judicialmente para el pago de la deuda, el propietario responderá al usufructuario de lo que pierda por este motivo.

Ver art. 1158.2 del CC; art. 134 de la Ley Hipotecaria; art. 561-13 del Libro Quinto del Código civil de Cataluña, relativo a derechos reales.

ART. 510.

Si el usufructo fuere de la totalidad o de parte alícuota de una herencia, el usufructuario podrá anticipar las sumas que para el pago de las deudas hereditarias correspondan a los bienes usufructuados, y tendrá derecho a exigir del propietario su restitución, sin interés, al extinguirse el usufructo.

Negándose el usufructuario a hacer esta anticipación, podrá el propietario pedir que se venda la parte de los bienes usufructuados que sea necesaria para pagar dichas sumas, o satisfacerlas de su dinero, con derecho, en este último caso, a exigir del usufructuario los intereses correspondientes.

Ver arts. 508, 1030, 1084 y 1085 del CC; art. 561-11 del Libro Quinto del Código civil de Cataluña, relativo a derechos reales; Ley 250 de la Compilación del Derecho Civil Foral de Navarra.

ART. 511.

El usufructuario estará obligado a poner en conocimiento del propietario cualquier acto de un tercero, de que tenga noticia, que sea capaz de lesionar los derechos de propiedad, y responderá, si no lo hiciere, de los daños y perjuicios, como si hubieran sido ocasionados por su culpa.

Ver arts. 497 y 1559 del CC; art. 561-8 del Libro Quinto del Código civil de Cataluña, relativo a derechos reales.

ART. 512.

Serán de cuenta del usufructuario los gastos, costas y condenas de los pleitos sostenidos sobre el usufructo.

Ver arts. 470, 1475 y 1478.3 del CC.

Sección 4.ª De los modos de extinguirse el usufructo

ART. 513.

El usufructo se extingue:

1.º Por muerte del usufructuario.

2.º Por expirar el plazo por el que se constituyó, o cumplirse la condición resolutoria consignada en el título constitutivo.

3.º Por la reunión del usufructo y la propiedad en una misma persona.

4.º Por la renuncia del usufructuario.

5.º Por la pérdida total de la cosa objeto del usufructo.

6.º Por la resolución del derecho del constituyente.

7.º Por prescripción.

Ver arts. 469, 499, 514, 516, 517, 519, 521, 793.2, 1962 y 1963 del CC; art. 107.1 de la Ley Hipotecaria; arts. 175.1 y 192 del Reglamento Hipotecario; arts. 561-9, 10, 16 y 17 del Libro Quinto del Código civil de Cataluña, relativo a derechos reales; Ley 421 de la Compilación del Derecho Civil Foral de Navarra.

ART. 514.

Si la cosa dada en usufructo se perdiera sólo en parte, continuará este derecho en la parte restante.

Ver art. 499 del CC; art. 561-17 del Libro Quinto del Código civil de Cataluña, relativo a derechos reales.

ART. 515.

No podrá constituirse el usufructo a favor de un pueblo o Corporación o Sociedad por más de treinta años. Si se hubiese constituido, y antes de este tiempo el pueblo quedara yermo, o la Corporación o la Sociedad se disolviera, se extinguirá por este hecho el usufructo.

Ver Ley 411 de la Compilación del Derecho Civil Foral de Navarra.

ART. 516.

El usufructo concedido por el tiempo que tarde un tercero en llegar a cierta edad, subsistirá el número de años prefijado, aunque el tercero muera antes, salvo si dicho usufructo hubiese sido expresamente concedido sólo en atención a la existencia de dicha persona.

Ver art. 561-3 del Libro Quinto del Código civil de Cataluña, relativo a derechos reales; Ley 411 de la Compilación del Derecho Civil Foral de Navarra.

ART. 517.

Si el usufructo estuviera constituido sobre una finca de la que forme parte un edificio, y éste llegare a perecer, de cualquier modo que sea, el usufructuario tendrá derecho a disfrutar del suelo y de los materiales.

Lo mismo sucederá cuando el usufructo estuviera constituido solamente sobre un edificio y éste pereciere. Pero en tal caso, si el propietario quisiere construir otro edificio, tendrá derecho a ocupar el suelo y a servirse de los materiales, quedando obligado a pagar al usufructuario, mientras dure el usufructo, los intereses de las sumas correspondientes al valor del suelo y de los materiales.

Ver arts. 513.5 y 518 del CC; art. 561-17 del Libro Quinto del Código civil de Cataluña, relativo a derechos reales.

ART. 518.

Si el usufructuario concurriere con el propietario al seguro de un predio dado en usufructo, continuará aquél, en caso de siniestro, en el goce del nuevo edificio si se construyere, o percibirá los intereses del precio del seguro si la reedificación no conviniere al propietario.

Si el propietario se hubiera negado a contribuir al seguro del predio, constituyéndolo por sí solo el usufructuario, adquirirá éste el derecho de recibir por entero en caso de siniestro el precio del seguro, pero con obligación de invertirlo en la reedificación de la finca.

Si el usufructuario se hubiese negado a contribuir al seguro, constituyéndolo por sí solo el propietario, percibirá éste íntegro el precio del seguro en caso de siniestro, salvo siempre el derecho concedido al usufructuario en el artículo anterior.

Ver art. 517 del CC; Ley 422 de la Compilación del Derecho Civil Foral de Navarra; art. 561-18 y 19 del Libro Quinto del Código civil de Cataluña, relativo a derechos reales.

ART. 519.

Si la cosa usufructuada fuere expropiada por causa de utilidad pública, el propietario estará obligado, o bien a subrogarla con otra de igual valor y análogas condiciones, o bien a abonar al usufructuario el interés legal del importe de la indemnización por todo el tiempo que deba durar el usufructo. Si el propietario optare por lo último, deberá afianzar el pago de los réditos.

Ver arts. 41 y 42 de la Ley de Expropiación Forzosa; arts. 6, 8 y 9 del Reglamento de Expropiación Forzosa; Ley 422 de la Compilación del Derecho Civil Foral de Navarra; art. 561-19 del Libro Quinto del Código civil de Cataluña, relativo a derechos reales.

ART. 520.

El usufructo no se extingue por el mal uso de la cosa usufructuada; pero, si el abuso infiriese considerable perjuicio al propietario, podrá éste pedir que se le entregue la cosa, obligándose a pagar anualmente al usufructuario el producto líquido de la misma, después de deducir los gastos y el premio que se le asignare por su administración.

Ver arts. 494.3, 497 y 1033 del CC; art. 561-8 del Libro Quinto del Código civil de Cataluña, relativo a derechos reales.

ART. 521.

El usufructo constituido en provecho de varias personas vivas al tiempo de su constitución, no se extinguirá hasta la muerte de la última que sobreviviere.

Ver arts. 513.1, 516, 640, 781 y 787 del CC; arts. 561-14 y 15 del Libro Quinto del Código civil de Cataluña, relativo a derechos reales y también el Libro Cuarto, relativo a sucesiones; Ley 412 de la Compilación del Derecho Civil Foral de Navarra.

ART. 522.

Terminado el usufructo, se entregará al propietario la cosa usufructuada, salvo el derecho de retención que compete al usufructuario o a sus herederos por los desembolsos de que deban ser reintegrados. Verificada la entrega, se cancelará la fianza o hipoteca.

Ver arts. 472, 502, 505 y 510 del CC; art. 561-20 del Libro Quinto del Código civil de Cataluña, relativo a derechos reales; Ley 420 de la Compilación del Derecho Civil Foral de Navarra.

CAPÍTULO II
Del uso y de la habitación

ART. 523.

Las facultades y obligaciones del usuario y del que tiene derecho de habitación se regularán por el título constitutivo de estos derechos; y, en su defecto, por las disposiciones siguientes.

Ver arts. 479, 528 y 1407 del CC; arts. 54 y 55 de la Compilación de Derecho Civil de las Islas Baleares; Ley 423 de la Compilación del Derecho Civil Foral de Navarra; arts. 562-1 y siguientes del Libro Quinto del Código civil de Cataluña, relativo a derechos reales; Libro segundo del Código Civil de Cataluña, relativo a la persona y la familia.

ART. 524.

El uso da derecho a percibir de los frutos de la cosa ajena los que basten a las necesidades del usuario y de su familia, aunque ésta se aumente.

La habitación da a quien tiene este derecho la facultad de ocupar en una casa ajena las piezas necesarias para sí y para las personas de su familia.

Ver art. 108.3 de la Ley Hipotecaria; arts. 562-6 a 8 del Libro Quinto del Código civil de Cataluña, relativo a derechos reales; art. 54 de la Compilación de Derecho Civil de las Islas Baleares; Ley 424 de Compilación del Derecho Civil Foral de Navarra.

ART. 525.

Los derechos de uso y habitación no se pueden arrendar ni traspasar a otro por ninguna clase de título.

Ver art. 108.3 de la Ley Hipotecaria; art. 562-4 del Libro Quinto del Código civil de Cataluña, relativo a derechos reales; Leyes 424 y 425 de Compilación del Derecho Civil Foral de Navarra; art. 54 de la Compilación de Derecho Civil de las Islas Baleares.

ART. 526.

El que tuviere el uso de un rebaño o piara de ganado, podrá aprovecharse de las crías, leche y lana en cuanto baste para su consumo y el de su familia, así como también del estiércol necesario para el abono de las tierras que cultive.

Ver art. 524 del CC; art. 562-8 del Libro Quinto del Código civil de Cataluña, relativo a derechos reales; Ley 426 de Compilación del Derecho Civil Foral de Navarra.

ART. 527.

Si el usuario consumiera todos los frutos de la cosa ajena, o el que tuviere derecho de habitación ocupara toda la casa, estará obligado a los gastos de cultivo, a los reparos ordinarios de conservación y al pago de las contribuciones, del mismo modo que el usufructuario.

Si sólo percibiera parte de los frutos o habitara parte de la casa, no deberá contribuir con nada, siempre que quede al propietario una parte de frutos o aprovechamientos bastantes para cubrir los gastos y las cargas. Si no fueren bastantes, suplirá aquél lo que falte.

Ver arts. 500, 504 y 524 del CC; art. 562-7 del Libro Quinto del Código civil de Cataluña, relativo a derechos reales; Ley 423 de Compilación del Derecho Civil Foral de Navarra.

ART. 528.

Las disposiciones establecidas para el usufructo son aplicables a los derechos de uso y habitación, en cuanto no se opongan a lo ordenado en el presente capítulo.

Ver arts. 467 y siguientes, y 523 del CC; art. 562-1 del Libro Quinto del Código civil de Cataluña, relativo a derechos reales; art. 41 del Reglamento del Impuesto sobre Transmisiones Patrimoniales y Actos Jurídicos Documentados.

ART. 529.

Los derechos de uso y habitación se extinguen por las mismas causas que el usufructo y además por abuso grave de la cosa y de la habitación.

Ver arts. 513 y 520 del CC; art. 562-5 del Libro Quinto del Código civil de Cataluña, relativo a derechos reales; Ley 423 de Compilación del Derecho Civil Foral de Navarra.

TÍTULO VII
De las servidumbres

CAPÍTULO I
De las servidumbres en general

Sección 1.ª De las diferentes clases de servidumbres que pueden establecerse sobre las fincas

ART. 530.

La servidumbre es un gravamen impuesto sobre un inmueble en beneficio de otro perteneciente a distinto dueño.

El inmueble a cuyo favor está constituida la servidumbre, se llama predio dominante; el que la sufre, predio sirviente.

Ver arts. 334.10 CC, 2.2.°, 13.2 Y 108.1.° LH

ART. 531.

También pueden establecerse servidumbres en provecho de una o más personas, o de una comunidad, a quienes no pertenezca la finca gravada.

Ver arts. 600 a 604 CC; Ley 394.2 de la Compilación Navarra; art. 555 del Código del Derecho Foral de Aragón. La Ley 5/2006, de 10 de mayo, de Cataluña, regula en los arts. 563.1 a 563.4 los derechos de aprovechamiento parcial establecidos con carácter real a favor de una persona sobre una finca ajena con independencia de toda relación entre fincas, que incluyen el de gestionar y obtener sus aprovechamientos forestales a cambio de rehacer y conservar los recursos naturales y paisajísticos o de conservar su fauna y su ecosistema, el de apacentar ganados y rebaños, el de podar árboles y cortar matas, el de instalar carteles publicitarios, el de palco, de balcón y otros similares, los que se regirán por las normas que se establecen en el capítulo sobre constitución, redención y derecho de adquisición preferente, y, en lo que no se opongan, por su título de constitución, por la costumbre y por las normas que regulan el derecho de usufructo, en aquello que sea compatible. También debe tenerse en cuenta la D.T. décima.

ART. 532.

Las servidumbres pueden ser continuas o discontinuas, aparentes o no aparentes.

Continuas son aquellas cuyo uso es o puede ser incesante, sin la intervención de ningún hecho del hombre.

Discontinuas son las que se usan a intervalos más o menos largos y dependen de actos del hombre.

Aparentes, las que se anuncian y están continuamente a la vista por signos exteriores, que revelan el uso y aprovechamiento de las mismas.

No aparentes, las que no presentan indicio alguno exterior de su existencia.

Ver art. 561, 2 y 4 Código del Derecho Foral de Aragón.

ART. 533.

Las servidumbres son además positivas o negativas.

Se llama positiva la servidumbre que impone al dueño del predio sirviente la obligación de dejar hacer alguna cosa o de hacerla por sí mismo, y negativa la que prohíbe al dueño del predio sirviente hacer algo que le sería lícito sin la servidumbre.

Ver art. 538 CC; art. 566-1.1 Ley 5/2006, de Cataluña; arts. 552.1 y 3 y 567 del Código del Derecho Foral de Aragón.

ART. 534.

Las servidumbres son inseparables de la finca a que activa o pasivamente pertenecen.

Ver arts. 2.2, 13.2 y 108.1.º LH; art. 566-4.1 Ley 5/2006, de 10 de mayo, de Cataluña; Ley 395 de la Compilación de Navarra; art. 553 del Código del Derecho Foral de Aragón.

ART. 535.

Las servidumbres son indivisibles. Si el predio sirviente se divide entre dos o más, la servidumbre no se modifica y cada uno de ellos tiene que tolerarla en la parte que le corresponda.

Si es el predio dominante el que se divide entre dos o más, cada porcionero puede usar por entero de la servidumbre, no alterando el lugar de su uso, ni agravándola de otra manera.

Ver arts. 394, 405, 597 y 603 CC; art. 566-12 (modificación de las fincas y extinción de la servidumbre) Ley 5/2006, de 10 de mayo, de Cataluña; Ley 395 Compilación de Navarra; art. 554 del Código del Derecho Foral de Aragón.

ART. 536.

Las servidumbres se establecen por la ley o por la voluntad de los propietarios. Aquéllas se llaman legales y éstas voluntarias.

Ver arts. 549 y ss. sobre servidumbres legales y arts. 594 y ss. sobre servidumbres voluntarias; Leyes 394, 396 y 399 de Compilación de Navarra; art. 566-2 (constitución de la servidumbre) Ley 5/2006, de 10 de mayo, de Cataluña; arts. 82.1 y 87.2 y 3 (servidumbre de paso) Ley 2/2006, de 11 de junio, de Galicia; arts. 561 y 562 del Código del Derecho Foral de Aragón.

Sección 2.ª De los modos de adquirir las servidumbres

ART. 537.

Las servidumbres continuas y aparentes se adquieren en virtud de título, o por la prescripción de veinte años.

Ver arts. 532, 598, 1930 y 1940 CC; art. 561 y 568 a 570 del Código del Derecho Foral de Aragón; Leyes 396 y 397 Compilación de Navarra; art. 566-2.4 (ninguna servidumbre puede adquirirse por usucapión) Ley 5/2006, de 10 de mayo, de Cataluña.

ART. 538.

Para adquirir por prescripción las servidumbres a que se refiere el artículo anterior, el tiempo de la posesión se contará: en las positivas, desde el día en que el dueño del predio dominante, o el que haya aprovechado la servidumbre, hubiera empezado a ejercerla sobre el predio sirviente; y en las negativas, desde el día en que el dueño del predio dominante hubiera prohibido, por un acto formal, al del sirviente la ejecución del hecho que sería lícito sin la servidumbre.

Ver arts. 533 y 537 CC; Leyes 397 y 398 Compilación de Navarra; art. 570 del Código del Derecho Foral de Aragón.

ART. 539.

Las servidumbres continuas no aparentes, y las discontinuas, sean o no aparentes, sólo podrán adquirirse en virtud de título.

Ver arts. 532, 536, 537, 1483, 1930 y 1959 CC; arts. 567 a 569 del Código del Derecho Foral de Aragón; art. 14 (admite la usucapión servidumbre de paso por posesión de veinte años) y Ley 5/2005, de 25 de junio, de Derecho Civil Vasco; Leyes 396 y 397 Compilación de Navarra; arts. 82.1 y 88.1 Ley 2/2006, de 14 de junio, de Galicia (admite la usucapión de la servidumbre de paso por posesión de veinte años).

ART. 540.

La falta de título constitutivo de las servidumbres que no pueden adquirirse por prescripción, únicamente se puede suplir por la escritura de reconocimiento del dueño del predio sirviente, o por una sentencia firme.

Ver arts. 537 y 539 CC.

ART. 541.

La existencia de un signo aparente de servidumbre entre dos fincas, establecido por el propietario de ambas, se considerará, si se enajenare una, como título para que la servidumbre continúe activa y pasivamente, a no ser que, al tiempo de separarse la propiedad de las dos fincas, se exprese lo contrario en el título de enajenación de cualquiera de ellas, o se haga desaparecer aquel signo antes del otorgamiento de la escritura.

ART. 542.

Al establecerse una servidumbre se entienden concedidos todos los derechos necesarios para su uso.

Ver arts. 551, 556, 557, 564, 577 a 579, 591 a 593 y 598 CC; art. 566-1.2 Ley 5/2006, de Cataluña; art. 89.2 (servidumbre de paso) Ley 2/2006, de 14 de junio, de Galicia; art. 556.1 del Código del Derecho Foral de Aragón.

Sección 3.ª Derechos y obligaciones de los propietarios de los predios dominante y sirviente

ART. 543.

El dueño del predio dominante podrá hacer, a su costa, en el predio sirviente las obras necesarias para el uso y conservación de la servidumbre, pero sin alterarla ni hacerla más gravosa.

Deberá elegir para ello el tiempo y la forma convenientes a fin de ocasionar la menor incomodidad posible al dueño del predio sirviente.

Ver arts. 544 y 599 CC; art. 14.3 Ley 5/2015, de 25 de junio, de Derecho Civil Vasco; Ley 405 Compilación de Navarra; arts. 544-8 (cierre de fincas); 566-4 (contenido general del derecho de servidumbre) y 566-6.1 Ley 5/2006, de 10 de mayo, de Cataluña; art. 90.1 (servidumbre de paso) Ley 2/2006, de 14 de junio, de Galicia; arts. 557 y 558 del Código del Derecho Foral de Aragón.

ART. 544.

Si fuesen varios los predios dominantes, los dueños de todos ellos estarán obligados a contribuir a los gastos de que trata el artículo anterior, en proporción al beneficio que a cada cual reporte la obra. El que no quiera contribuir podrá eximirse renunciando a la servidumbre en provecho de los demás.

Si el dueño del predio sirviente utilizare en algún modo de la servidumbre, estará obligado a contribuir a los gastos en la proporción antes expresada, salvo pacto en contrario.

Ver arts. 393, 395, 543, 575 a 577 y 599 CC; arts. 566-6.2 y 566-10.3 Ley 5/2006, de 10 de mayo, de Cataluña; arts. 558.2 y 558.3 del Código del Derecho Foral de Aragón.

ART. 545.

El dueño del predio sirviente no podrá menoscabar de modo alguno el uso de la servidumbre constituida.

Sin embargo, si por razón del lugar asignado primitivamente, o de la forma establecida para el uso de la servidumbre, llegara ésta a ser muy incómoda al dueño del predio sirviente, o le privase de hacer en él obras, reparos o mejoras importantes, podrá variarse a su costa, siempre que ofrezca otro lugar o forma igualmente cómodos, y de suerte que no resulte perjuicio alguno al dueño del predio dominante o a los que tengan derecho al uso de la servidumbre.

Ver Ley 401 Compilación Navarra; arts. 566-4.3 y 566-6.3 Ley 5/2006, de 10 de mayo, de Cataluña; art. 90.1 y 3 (servidumbre de paso) Ley 2/2006, de 14 de junio, de Galicia; arts. 558.4, 559 y 560 del Código del Derecho Foral de Aragón.

Sección 4.ª De los modos de extinguirse las servidumbres

ART. 546.

Las servidumbres se extinguen:

1.º Por reunirse en una misma persona la propiedad del predio dominante y la del sirviente.

2.º Por el no uso durante veinte años.

Este término principiará a contarse desde el día en que hubiera dejado de usarse la servidumbre respecto a las discontinuas; y desde el día en que haya tenido lugar un acto contrario a la servidumbre respecto a las continuas.

3.º Cuando los predios vengan a tal estado que no pueda usarse de la servidumbre; pero ésta revivirá si después el estado de los predios permitiera usar de ella, a no ser que cuando sea posible el uso, haya transcurrido el tiempo suficiente para la prescripción, conforme a lo dispuesto en el número anterior.

4.º Por llegar el día o realizarse la condición, si la servidumbre fuera temporal o condicional.

5.º Por la renuncia del dueño del predio dominante.

6.º Por la redención convenida entre el dueño del predio dominante y el del sirviente.

Ver arts. 76 y 97 LH; Leyes 406 y 407 Compilación de Navarra; arts. 566-3.3 (extinción de servidumbre sobre finca propia), 566-11 (causas de extinción de las servidumbres), 566-12 (modificación de las fincas y extinción de la servidumbre) y 566-13.2 (prescripción de la acción confesoria) Ley 5/2006, de 10 de mayo, de Cataluña; arts. 92, 93 y 94 (sobre servidumbre de paso) Ley 2/2006, de 14 de junio, de Galicia; art. 571 del Código del Derecho Foral de Aragón.

ART. 547.

La forma de prestar la servidumbre puede prescribirse como la servidumbre misma, y de la misma manera.

Ver RDLeg. 7/2015, de 30-10, por el que se aprueba el Texto Refundido de la Ley del Suelo; arts. 546.2.º y 598 CC; art. 88.2 (servidumbre de paso) Ley 2/2006, de 14 de junio, de Galicia; art. 556.2 y 3 del Código del Derecho Foral de Aragón.

ART. 548.

Si el predio dominante perteneciera a varios en común, el uso de la servidumbre hecho por uno impide la prescripción respecto de los demás.

Ver arts. 394 y 1933 CC; art. 34 Reglamento Dominio Público Hidráulico.

CAPÍTULO II
De las servidumbres legales

Sección 1.ª Disposiciones generales

ART. 549.

Las servidumbres impuestas por la ley tienen por objeto la utilidad pública o el interés de los particulares.

Ver arts. 550 y 551 CC; 541-2, 545-1,566-10 Ley 5/2006, de 10 de mayo, de Cataluña; 565 del Código de Derecho Foral de Aragón; 394 Compilación de Derecho Civil Foral de Navarra; RD Legislativo 7/2015, de 30 de octubre, por el que se aprueba el texto refundido de la Ley de Suelo y Rehabilitación Urbana (Tít. VII función social de la propiedad); Ley del Patrimonio Natural y de la Biodiversidad 42/2007, de 13 de diciembre (Art. 4 función social y pública del patrimonio natural y la biodiversidad); Ley de Navegación Aérea 48/1960, de 21 de julio; Decreto 584/1972 24 de febrero de 1972 sobre servidumbres aeronáuticas; Ley de Seguridad Aérea 21/2003, de 7 de julio; Reglamento de Circulación aérea, aprobado por RD 57/2002, de 18 de enero, relativo a servicios de tránsito aéreo, procedimientos de navegación aérea y señales; Ley sobre construcción, conservación y explotación de Autopistas en régimen de concesión, 8/1972 de 10 de mayo –art. 20–; Ley de Minas 22/1973, de 21 de julio –arts. 7 a 15, 80 y 102 a 107–; Ley sobre Señales Geodésicas y Geofísicas 11/1975, de 12 de marzo –arts. 9 a 12–; Reglamento RD 2421/1978, de 2 de junio –arts. 9 a 12–;

Ley de Ordenación de los Transportes Terrestres 16/1987, de 30 de julio –arts. 168 a 170–; RD 1211/1990, de 28 de septiembre por el que se aprueba el Reglamento de Ordenación de los Transportes Terrestres; Ley de Costas 22/1988, de 28 de julio –arts. 23 a 30–; Reglamento General de Costas, aprobado por RD 876/2014 de 10 de octubre –Tít. II, Cap. II–; Ley de Carreteras 37/2015 de 29 de septiembre –arts. 28 a 40– y Reglamento General aprobado por RD 1812/1994, de 2 de septiembre; Ley del Sector Eléctrico, 24/2013 de 26 de diciembre –arts. 53 a 60–; Ley de Puertos del Estado y de la Marina Mercante; Ley del Sector de Hidrocarburos, 34/1998, de 7 de octubre –arts. 103 y 107 y D.A. 19.ª–; Ley 3/2000, de 7 de enero, de régimen jurídico de protección de las obtenciones vegetales, –art. 17 (limitaciones por interés público)–; Ley de Aguas, Texto Refundido aprobado por RD Legislativo 1/2001, de 20 de julio –arts. 6 y 47 a 49– y Reglamento de Dominio Público Hidráulico aprobado por RD 849/1986, de 11 de abril –arts. 4 a 11 y 16 a 49–. La Ley 11/2005, de 22 de junio, modificó la Ley del Plan Hidrológico Nacional 10/2001, de 5 de julio; Ley General de Telecomunicaciones 9/2014, de 9 de mayo –arts. 29 a 33–; Ley del Ruido, 37/2003, de 17 de noviembre –art. 10, sobre servidumbres acústicas y D.A. 2.ª y trans. 3.ª–. El art. 18 sobre intervención administrativa sobre los emisores acústicos, redactado por RD–Ley 8/2011, de 1 de julio. El Reglamento sobre zonificación acústica, objetivos de calidad y emisiones acústicas se aprobó por RD 1367/2007, de 19 de octubre; Ley del Sector Ferroviario 38/2015, de 29 de septiembre –arts. 12 a 18–; RD 2387/2004, de 30 de diciembre –arts. 24 y ss.–, que aprueba el Reglamento del Sector Ferroviario; Ley de Montes 43/2003, de 21 de noviembre.

ART. 550.

Todo lo concerniente a las servidumbres establecidas para utilidad pública o comunal se regirá por las leyes y reglamentos especiales que las determinan, y, en su defecto, por las disposiciones del presente Título.

Ver RDLeg. 1/2001, de 20 de julio, de Aguas, RD 2/2011, de 5 de septiembre, por el que se aprueba el TR. de la Ley de Puertos; Ley 43/2003, de 21 de noviembre, de Montes; Ley 3/1995, de 23 de marzo, de Vías Pecuarias, etc.; ver arts. 545.2 (restricciones en interés público), 566-10 (indemnizaciones por el establecimiento de servidumbres forzosas), de la Ley 5/2006, de 10 de mayo, de Cataluña.

ART. 551.

Las servidumbres que impone la ley en interés de los particulares, o por causa de utilidad privada, se regirán por las disposiciones del presente título, sin perjuicio de lo que dispongan las leyes, reglamentos y ordenanzas generales o locales sobre policía urbana o rural.

Estas servidumbres podrán ser modificadas por convenio de los interesados cuando no lo prohíba la ley ni resulte perjuicio a tercero.

Ver Ley 399 Compilación de Navarra; arts. 545-3 (restricciones en interés privado, 545-4 (limitaciones voluntarias), 546-1 a 546-11 (regulan las relaciones de vecindad con las siguientes rúbricas: vallas medianeras, vallas no medianeras entre fincas, pared de acercamiento y tabique fluvial, distancia de árboles a vallas o balcones vecinos, distancia de plantaciones, ramas y raíces provenientes de fincas vecinas, distancia de piscinas, excavaciones y pozos, márgenes entre fincas en cotas diferentes, paso del agua, luces, vistas y ventanas, edificaciones en mal estado y árboles peligrosos), Ley 5/2006, de 10 de mayo, de Cataluña; art. 566-10 Ley 5/2006, de Cataluña (sobre indemnizaciones por establecimiento de servidumbres forzosas); art. 565 del Código del Derecho Foral de Aragón.

Sección 2.ª De las servidumbres en materia de aguas

ART. 552.

Los predios inferiores están sujetos a recibir las aguas que naturalmente y sin obra del hombre descienden de los predios superiores, así como la tierra o piedra que arrastran en su curso.

Ni el dueño del predio inferior puede hacer obras que impidan esta servidumbre, ni el del superior obras que la graven.

Ver arts. 413 CC; 47 TRLA; 16 del Reglamento de Dominio Público Hidráulico; 351, párrafo primero, de la Compilación de Navarra; art. 546-9 (paso del agua) Ley 5/2006, de 10 de mayo, de Cataluña; art. 544 (como relación de vecindad) del Código del Derecho Foral de Aragón.

ART. 553.

Las riberas de los ríos, aun cuando sean de dominio privado, están sujetas en toda su extensión y sus márgenes, en una zona de tres metros, a la servidumbre de uso público en interés general de la navegación, la flotación, la pesca y el salvamento.

Los predios contiguos a las riberas de los ríos navegables o flotables están además sujetos a la servidumbre de camino de sirga para el servicio exclusivo de la navegación y flotación fluvial.

Si fuere necesario ocupar para ello terrenos de propiedad particular, procederá la correspondiente indemnización.

Ver arts. 6 RDLeg. 1/2001, de 20 de julio, de Aguas; 6 a 11 Reglam. Dominio Público Hidráulico.

ART. 554.

Cuando para la derivación o toma de aguas de un río o arroyo, o para el aprovechamiento de otras corrientes continuas o discontinuas, fuere necesario establecer una presa, y el que haya de hacerlo no sea dueño de las riberas, o terrenos en que necesite apoyarla, podrá establecer la servidumbre de estribo de presa, previa la indemnización correspondiente.

Ver arts. 46.2, 48 TRLA y 41 RDPH.

ART. 555.

Las servidumbres forzosas de saca de agua y de abrevadero solamente podrán imponerse por causa de utilidad pública en favor de alguna población o caserío, previa la correspondiente indemnización.

Ver arts. 48 TRLA; 41 a 46 RDPH.

ART. 556.

Las servidumbres de saca de agua y de abrevadero llevan consigo la obligación en los predios sirvientes de dar paso a personas y ganados hasta el punto donde hayan de utilizarse aquéllas, debiendo ser extensiva a este servicio la indemnización.

Ver art. 44 RDPH; 41 a 46 RDPH; art. 583.3 del Código del Derecho Foral de Aragón.

ART. 557.

Todo el que quiera servirse del agua de que puede disponer para una finca suya, tiene derecho a hacerla pasar por los predios intermedios, con obligación de indemnizar a sus dueños, como también a los de los predios inferiores sobre los que se filtren o caigan las aguas.

Ver arts. 408 CC; 48.1, 3, 4 y 5 y 49 TRLA; 17.1, 2 y 3, 18 a 40 RDPH; arts. 566-9 y 566-10.4 Ley 5/2006, de 10 de mayo, de Cataluña.

ART. 558.

El que pretenda usar del derecho concedido en el artículo anterior está obligado:
1.º A justificar que puede disponer del agua y que ésta es suficiente para el uso a que la destina.
2.º A demostrar que el paso que solicita es el más conveniente y menos oneroso para tercero.
3.º A indemnizar al dueño del predio sirviente en la forma que se determine por las leyes y reglamentos.

Ver arts. 557 CC; 22, 25 y 38 RDPH; arts. 566-9 y 566-10 (indemnizaciones por el establecimiento de servidumbres forzosas) Ley 5/2006, de 10 de mayo, de Cataluña.

ART. 559.

No puede imponerse la servidumbre de acueducto para objeto de interés privado, sobre edificios, ni sus patios o dependencias, ni sobre jardines o huertas ya existentes.

Ver arts. 47 y 49 RDLeg. 1/2001, de 20 de julio, de Aguas; 20 Reglam. Dominio Público Hidráulico.

ART. 560.

La servidumbre de acueducto no obsta para que el dueño del predio sirviente pueda cerrarlo y cercarlo, así como edificar sobre el mismo acueducto de manera que éste no experimente perjuicio, ni se imposibiliten las reparaciones y limpias necesarias.

Ver arts. 48 RDLeg. 1/2001, de 20 de julio, de Aguas; 24, 28 y 29 Reglam. Dominio Público Hidráulico; Ver arts. 350 y 388 CC; art. 544-8 (cierre de fincas) Ley 5/2006, de 10 de mayo, de Cataluña

ART. 561.

Para los efectos legales la servidumbre de acueducto será considerada como continua y aparente, aun cuando no sea constante el paso del agua, o su uso dependa de las necesidades del predio dominante, o de un turno establecido por días o por horas.

Ver arts. 18 y ss. Reglam. Dominio Público Hidráulico; arts. 532, 537, 538 y 541 CC.

ART. 562.

El que para dar riego a su heredad o mejorarla, necesite construir parada o partidor en el cauce por donde haya de recibir el agua, podrá exigir que los dueños de las márgenes permitan su construcción, previo abono de daños y perjuicios, incluso los que se originen de la nueva servidumbre a dichos dueños y a los demás regantes.

Ver arts. 48.2, 3, 4 y 5 TRLA; y 17.1, 2 y 3 y 41 RDHPH.

ART. 563.

El establecimiento, extensión, forma y condiciones de las servidumbres de aguas de que se trata en esta Sección, se regirán por la ley especial de la materia en cuanto no se halle previsto en este Código.

Ver TRLA 1/2001, de 20 de julio; RDPH, RD 849/1986, de 11 de abril.

Sección 3.ª De la servidumbre de paso

ART. 564.

El propietario de una finca o heredad, enclavada entre otras ajenas y sin salida a camino público, tiene derecho a exigir paso por las heredades vecinas, previa la correspondiente indemnización.

Si esta servidumbre se constituye de manera que pueda ser continuo su uso para todas las necesidades del predio dominante estableciendo una vía permanente, la indemnización consistirá en el valor del terreno que se ocupe y en el importe de los perjuicios que se causen en el predio sirviente.

Cuando se limite al paso necesario para el cultivo de la finca enclavada entre otras y para la extracción de sus cosechas a través del predio sirviente sin vía permanente, la indemnización consistirá en el abono del perjuicio que ocasione este gravamen.

Ver arts. 567 CC; 48.2 RD Legislativo 1/2001, de 20 de julio, TR Ley de Aguas y 32, 41, 46 y 47 Reglamento Dominio Público Hidráulico; arts. 14 y 15 y D.T. 2.ª Ley 5/2015, de 25 de junio, del Derecho Civil Vasco; arts. 566-7(servidumbre de paso) y 566-8 (servidumbre de acceso a una red general) Ley 5/2006, de 10 de mayo, de Cataluña; arts. 83 y 91 (servidumbre de paso) Ley 2/2006, de 14 de junio, de Galicia; arts. 577 a 580 (sobre servidumbre forzosa de paso) y 581 (sobre servidumbre forzosa de acceso a red general) del Código del Derecho Foral de Aragón, TR 1/2011, de 22 de marzo.

ART. 565.

La servidumbre de paso debe darse por el punto menos perjudicial al predio sirviente, y, en cuanto fuere conciliable con esta regla, por donde sea menor la distancia del predio dominante al camino público.

Ver Leyes 399 y 401 Compilación de Navarra; art. 566-7.2 Ley 5/2006, de 10 de mayo, de Cataluña; arts. 84.1 y 89.3 (servidumbre de paso) Ley 2/2006, de 14 de junio, de Galicia; art. 577.2 del Código del Derecho Foral de Aragón.

ART. 566.

La anchura de la servidumbre de paso será la que baste a las necesidades del predio dominante.

Ver art. 14.2 Ley 5/2005, de 25 de junio, de Derecho Civil Vasco; Leyes 399 y 400 Compilación de Navarra; art. 566-7.1 Ley 5/2006, de 10 de mayo, de Cataluña; art. 84.2 (servidumbre de paso) Ley 2/2006, de 14 de junio, de Galicia; art. 577.3 del Código del Derecho Foral de Aragón.

ART. 567.

Si, adquirida una finca por venta, permuta o partición, quedare enclavada entre otras del vendedor, permutante o copartícipe, éstos están obligados a dar paso sin indemnización, salvo pacto en contrario.

Ver art. 564 CC; art. 566-10.4 Ley 5/2006, de 10 de mayo, de Cataluña; art. 85 (servidumbre de paso) Ley 2/2006, de 14 de junio, de Galicia; art. 579 del Código del Derecho Foral de Aragón.

ART. 568.

Si el paso concedido a una finca enclavada deja de ser necesario por haberla reunido su dueño a otra que esté contigua al camino público, el dueño del predio sirviente podrá pedir que se extinga la servidumbre, devolviendo lo que hubiera recibido por indemnización.

Lo mismo se entenderá en el caso de abrirse un nuevo camino que dé acceso a la finca enclavada.

Ver arts. 546 y 564 CC; art. 580 del Código del Derecho Foral de Aragón.

ART. 569.

Si fuere indispensable para construir o reparar algún edificio pasar materiales por predio ajeno, o colocar en él andamios u otros objetos para la obra, el dueño de este predio está obligado a consentirlo, recibiendo la indemnización correspondiente al perjuicio que se le irrogue.

Ver D.A. 6.ª Ley 26/2007, de 23 de octubre, de responsabilidad medioambiental sobre declaración de interés social de la ocupación de determinados bienes y derechos de titularidad privada; art. 546-12 (estado de necesidad) Ley 5/2006, de 10 de mayo, de Cataluña; art. 542 (como relación de vecindad) del Código del Derecho Foral de Aragón.

ART. 570.

Las servidumbres existentes de paso para ganados, conocidas con los nombres de cañada, cordel, vereda o cualquiera otro, y las de abrevadero, descansadero y majada, se regirán por las ordenanzas y reglamentos del ramo, y, en su defecto, por el uso y costumbre del lugar.

Sin perjuicio de los derechos legítimamente adquiridos, la cañada no podrá exceder en todo caso de la anchura de 75 metros, el cordel de 37 metros 50 centímetros, y la vereda de 20 metros.

Cuando sea necesario establecer la servidumbre forzosa de paso o la de abrevadero para ganados, se observará lo dispuesto en esta Sección y en los artículos 555 y 556. En este caso la anchura no podrá exceder de 10 metros.

Ver art. 550 CC; arts. 1, 4, 6 y 14 a 17 Ley 3/1995, de 23 de marzo, de Vías Pecuarias; Reglamento de Vías Pecuarias de CA de Andalucía aprobado por Decreto 155/1998, de 21 de julio; Ley Foral 19/1997, de 15 de diciembre, de Navarra, sobre Vías Pecuarias; Ley 8/1998, de 15 de junio, de Comunidad de Madrid, de regulación de las Vías Pecuarias; Ley 10/2005, de 11 de noviembre, de Comunidad de Aragón sobre vías pecuarias; Ley 9/2003, de 20 de marzo, de Vías Pecuarias de Castilla-La Mancha; art. 2.4 Ley 43/2003, de 21 de noviembre, de Montes.

Sección 4.ª De la servidumbre de medianería

ART. 571.

La servidumbre de medianería se regirá por las disposiciones de este título y por las ordenanzas y usos locales en cuanto no se opongan a él, o no esté prevenido en el mismo.

Ver arts. 396 y 590 CC; arts. 551-2.4 (la comunidad de medianería se rige por las disposiciones del Cap. V); 555-1 a 555-8 sobre comunidad especial por razón de Medianería de la Ley 5/2006, de 10 de mayo, Libro Quinto del Código Civil de Cataluña; Ley 368 y 376 de La Compilación de Navarra.

ART. 572.

Se presume la servidumbre de medianería mientras no haya un título o signo exterior, o prueba en contrario:

1.º En las paredes divisorias de los edificios contiguos hasta el punto común de elevación.

2.º En las paredes divisorias de los jardines o corrales sitos en poblado o en el campo.

3.º En las cercas, vallados y setos vivos que dividen los predios rústicos.

Ver arts. 574 y 593 CC y 385 LEC 1/2000; arts. 546-1 (sobre valla medianera); 546-2 (vallas no medianeras entre fincas); 546-3 (pared de acercamiento y tabique pluvial); y 555-8 (medianería de vallado); 546-8 (márgenes entre fincas en cotas diferentes); Ley 5/2006, de 10 de mayo, de Cataluña; arts. 71-1 (sobre muros o cercados del agra o vilar) y 75 (relaciones de vecindad –cómaro, ribazo o arró, gavia, resío y venela–) Ley 2/2006, de 14 de junio, de Galicia.

ART. 573.

Se entiende que hay signo exterior, contrario a la servidumbre de medianería:

1.º Cuando en las paredes divisorias de los edificios haya ventanas o huecos abiertos.

2.º Cuando la pared divisoria esté por un lado recta y a plomo en todo su paramento, y por el otro presente lo mismo en su parte superior, teniendo en la inferior relex o retallos.

3.º Cuando resulte construida toda la pared sobre el terreno de una de las fincas, y no por mitad entre una y otra de las dos contiguas.

4.º Cuando sufra las cargas de carreras, pisos y armaduras de una de las fincas, y no de la contigua.

5.º Cuando la pared divisoria entre patios, jardines y heredades esté construida de modo que la albardilla vierta hacia una de las propiedades.

6.º Cuando la pared divisoria, construida de mampostería, presente piedras llamadas pasaderas, que de distancia en distancia salgan fuera de la superficie sólo por un lado y no por el otro.

7.º Cuando las heredades contiguas a otras defendidas por vallados o setos vivos no se hallen cerradas.

En todos estos casos la propiedad de las paredes, vallados o setos se entenderá que pertenece exclusivamente al dueño de la finca o heredad que tenga a su favor la presunción fundada en cualquiera de los signos indicados.

Ver arts. 388, 574, párr. segundo y 580 CC; art. 385 LEC 1/2000.

ART. 574.

Las zanjas o acequias abiertas entre las heredades se presumen también medianeras, si no hay título o signo que demuestre lo contrario.

Hay signo contrario a la medianería cuando la tierra o broza sacada para abrir la zanja o para su limpieza se halla de un solo lado, en cuyo caso la propiedad de la zanja pertenecerá exclusivamente al dueño de la heredad que tenga a su favor este signo exterior.

Ver arts. 572 y 573 CC; y 49 TR de la Ley de Aguas, aprobado por RD Leg. 1/2001, de 20 de julio.

ART. 575.

La reparación y construcción de las paredes medianeras y el mantenimiento de los vallados, setos vivos, zanjas y acequias, también medianeros, se costeará por todos los dueños de las fincas que tengan a su favor la medianería, en proporción al derecho de cada uno.

Sin embargo, todo propietario puede dispensarse de contribuir a esta carga renunciando a la medianería, salvo el caso en que la pared medianera sostenga un edificio suyo.

Ver arts. 395, 396, 544 y 546 CC; art. 552-5 (renuncia a comunidad) y 555-5 Ley 5/2006, de 10 de mayo, de Cataluña.

ART. 576.

Si el propietario de un edificio que se apoya en una pared medianera quisiera derribarlo, podrá igualmente renunciar a la medianería, pero serán de su cuenta todas las reparaciones y obras necesarias para evitar, por aquella vez solamente, los daños que el derribo pueda ocasionar a la pared medianera.

Ver arts. 555-5.2 y 555-7 Ley 5/2006, de 10 de mayo de Cataluña; art. 575 CC (la posibilidad de renunciar a la medianería se regula en el párrafo segundo del art. 575 y en el art. 576).

ART. 577.

Todo propietario puede alzar la pared medianera, haciéndolo a sus expensas e indemnizando los perjuicios que se ocasionen con la obra, aunque sean temporales.

Serán igualmente de su cuenta los gastos de conservación de la pared, en lo que ésta se haya levantado o profundizado sus cimientos respecto de cómo estaba antes; y además la indemnización de los mayores gastos que haya que hacer para la conservación de la pared medianera por razón de la mayor altura o profundidad que se le haya dado.

Si la pared medianera no pudiese resistir la mayor elevación, el propietario que quiera levantarla tendrá obligación de reconstruirla a su costa; y, si para ello fuere necesario darle mayor espesor, deberá darlo de su propio suelo.

Ver arts. 575 y 578 CC; art. 555-5 (gastos de usuarios) Ley 5/2006, de 10 de mayo, de Cataluña.

ART. 578.

Los demás propietarios que no hayan contribuido a dar más elevación, profundidad o espesor a la pared, podrán, sin embargo, adquirir en ella los derechos de medianería, pagando proporcionalmente el importe de la obra y la mitad del valor del terreno sobre el que se le hubiese dado mayor espesor.

Ver art. 577 CC.

ART. 579.

Cada propietario de una pared medianera podrá usar de ella en proporción al derecho que tenga en la mancomunidad; podrá, por lo tanto, edificar apoyando su obra en la pared medianera, o introduciendo vigas hasta la mitad de su espesor, pero sin impedir el uso común y respectivo de los demás medianeros.

Para usar el medianero de este derecho ha de obtener previamente el consentimiento de los demás interesados en la medianería; y, si no lo obtuviere, se fijarán por peritos las condiciones necesarias para que la nueva obra no perjudique a los derechos de aquéllos.

Ver arts. 393, 394 y 577 CC; art. 543 (el uso de pared medianera como relación de vecindad) del Código del Derecho Foral de Aragón.

Sección 5.ª De la servidumbre de luces y vistas

ART. 580.

Ningún medianero puede sin consentimiento del otro abrir en pared medianera ventana ni hueco alguno.

Ver arts. 572, 573.1.º y 579 CC; arts. 545 y 547 del Código del Derecho Foral de Aragón.

ART. 581.

El dueño de una pared no medianera, contigua a finca ajena, puede abrir en ella ventanas o huecos para recibir luces a la altura de las carreras, o inmediatos a los techos, y de las dimensiones de 30 centímetros en cuadro, y, en todo caso, con reja de hierro remetida en la pared y con red de alambre.

Sin embargo, el dueño de la finca o propiedad contigua a la pared en que estuvieren abiertos los huecos podrá cerrarlos si adquiere la medianería, y no se hubiera pactado lo contrario.

También podrá cubrirlos edificando en su terreno o levantando pared contigua a la que tenga dicho hueco o ventana.

Ver arts. 533 CC; arts. 545 a 550 del Código del Derecho Foral de Aragón; Ley 404 Compilación de Navarra.

ART. 582.

No se puede abrir ventanas con vistas rectas, ni balcones u otros voladizos semejantes, sobre la finca del vecino, si no hay dos metros de distancia entre la pared en que se construyan y dicha propiedad.

Tampoco pueden tenerse vistas de costado u oblicuas sobre la misma propiedad, si no hay 60 centímetros de distancia.

Ver art. 584 CC; arts. 545 a 548 del Código de Derecho Foral de Aragón; art. 546.10.1 y 3 (luces, vistas y ventanas) y 566-5 (servidumbre de luces y vistas) Ley 5/2006, de 10 de mayo, de Cataluña.

ART. 583.

Las distancias de que se habla en el artículo anterior se contarán en las vistas rectas desde la línea exterior de la pared en los huecos en que no haya voladizos, desde la línea de éstos donde los haya, y para las oblicuas desde la línea de separación de las dos propiedades.

Ver arts. 349 y 582 CC; art. 546-10.3 Ley 5/2006, de 10 de mayo, de Cataluña; art. 546 del Código del Derecho Foral de Aragón.

ART. 584.

Lo dispuesto en el artículo 582 no es aplicable a los edificios separados por una vía pública.

Ver art. 582 CC.

ART. 585.

Cuando por cualquier título se hubiere adquirido derecho a tener vistas directas, balcones o miradores sobre la propiedad colindante, el dueño del predio sirviente no podrá edificar a menos de tres metros de distancia, tomándose la medida de la manera indicada en el artículo 583.

Ver arts. 537 a 541, 583 y 594 a 598 CC; Ley 403 Compilación de Navarra; arts. 546-10.2 (luces, vistas y ventanas) y 566-5 (servidumbres de luces y vistas) Ley 5/2006, de 10 de mayo, de Cataluña; en el Código del Derecho Foral de Aragón, TR de 2011, se regula la servidumbre de luces y vistas en los arts. 574 a 576.

Sección 6.ª Del desagüe de los edificios

ART. 586.

El propietario de un edificio está obligado a construir sus tejados o cubierta de manera que las aguas pluviales caigan sobre su propio suelo o sobre la calle o sitio público, y no sobre el suelo del vecino. Aun cayendo sobre el propio suelo, el propietario está obligado a recoger las aguas de modo que no causen perjuicio al predio contiguo.

Ver art. 546-9.4 (paso del agua) Ley 5/2006, de 10 de mayo, de Cataluña.

ART. 587.

El dueño del predio que sufra la servidumbre de vertiente de los tejados, podrá edificar recibiendo las aguas sobre su propio tejado o dándoles otra salida conforme a las ordenanzas o costumbres locales, y de modo que no resulte gravamen ni perjuicio alguno para el predio dominante.

Ver arts. 545, 546, 586 y 588 CC.

ART. 588.

Cuando el corral o patio de una casa se halle enclavado entre otras, y no sea posible dar salida por la misma casa a las aguas pluviales que en él se recojan, podrá exigirse el establecimiento de la servidumbre de desagüe, dando paso a las aguas por el punto de los predios contiguos en que sea más fácil la salida, y estableciéndose el conducto de desagüe en la forma que menos perjuicios ocasione al predio sirviente, previa la indemnización que corresponda.

Ver arts. 564 y ss. CC.

Sección 7.ª De las distancias y obras intermedias para ciertas construcciones y plantaciones

ART. 589.

No se podrá edificar ni hacer plantaciones cerca de las plazas fuertes o fortalezas sin sujetarse a las condiciones exigidas por las leyes, ordenanzas y reglamentos particulares de la materia.

Ver Ley 8/1975 de 12-3-1975 y su Reglamento de 10-2-1978, referentes a las zonas e instalaciones para la Defensa Nacional. Y D.A. 2.ª del Texto Refundido de la Ley del Suelo, RD Leg. 2/2008, de 20 de junio (BOE 154, de 26 de junio).

ART. 590.

Nadie podrá construir cerca de una pared ajena o medianera pozos, cloacas, acueductos, hornos, fraguas, chimeneas, establos, depósitos de materias corrosivas, artefactos que se muevan por el vapor, o fábricas que por sí mismas o por sus productos sean peligrosas o nocivas, sin guardar las distancias prescritas por los reglamentos y usos del lugar, y sin ejecutar las obras de resguardo necesarias, con sujeción, en el modo, a las condiciones que los mismos reglamentos prescriban.

A falta de reglamento se tomarán las precauciones que se juzguen necesarias, previo dictamen pericial, a fin de evitar todo daño a las heredades o edificios vecinos.

Ver arts. 1908 y 1909 CC; Ley 367 a) y c) y 394.1 Compilación de Navarra; arts. 546-7 (distancia de piscinas, excavaciones y pozos); 546-13 (inmisiones ilegítimas); 546-14 (inmisiones legítimas) Ley 5/2006, de 10 de mayo, de Cataluña; Reglamento de actividades molestas, insalubres, nocivas y peligrosas aprobado por D 2414/1961, de 30 de diciembre. El Reglamento ha sido derogado por la disp. derog. única de la Ley 34/2007, de 15 de noviembre, de calidad del aire y protección de la atmósfera (BOE n.º275, de 16 de noviembre), si bien se dispone que mantendrá su vigencia en aquellas comunidades y ciudades autónomas que no tengan normativa aprobada en la materia, en tanto no se dicte dicha normativa; Ley de Residuos y suelos contaminados 22/2011, de 28 de julio. Deroga la Ley de Residuos 10/1998, de 21 de abril. Asimismo, deroga el Cap. VII, sobre régimen sancionador y D.A. 5.ª de la Ley 11/1997, de 24 de abril, cuyos restantes preceptos no incompatibles permanecerán vigentes con rango reglamentario. Sobre pilas y acumuladores y la gestión ambiental de los residuos RD 106/2008, de 1 de febrero (BOE n.º37, de 12 de febrero), modificado por RD 943/2010, de 23 de julio; Ley de Aguas, TR aprobado por RD Leg. 1/2001, de 20 de julio (mod. por las Leyes 16/2002 y 11/2005 y RDL 4/2007, de 13 de abril –BOE n.º 90, de 14 de abril–; y el art. 13 por Ley 42/2007, de 13 de diciembre, del Patrimonio Natural y de la Biodiversidad –BOE n.º299, de 14 de diciembre–; RD Legislativo 1/2016, de 16 de diciembre, por el que se aprueba el Texto Refundido de la Ley de prevención y control integrados de la contaminación (BOE n.º316 de 31/12/2016);

Ley de Seguridad Aérea 21/2003, de 7 de julio (BOE n.º162, de 8 de julio) –art. 47 y D.A. que modifica el art. 87 de la Ley 50/1998, de 30 de diciembre, de Medidas Fiscales, Administrativas y del Orden Social sobre procedimiento de disciplina de tráfico aéreo en materia de ruido–; Ley del Ruido 37/2003, de 17 de noviembre (BOE n.º276, de 18 de noviembre), modificada [art. 18 c) y c), por RDL 8/2011, de 1 de julio]. El Reglamento de desarrollo de la Ley en lo referente a la zonificación acústica, objetivos de calidad y emisiones acústicas (V. arts. 5.1 g), 7 a 13, D.T. 1.ª y final 3.ª) se aprobó por RD 1367/2007, de 19 de octubre (BOE n.º254, de 23 de octubre), que también modificó el RD 1513/2005, de 16 de diciembre, de desarrollo en lo referente a la evaluación y gestión del ruido ambiental; Ley de Montes 43/2003, de 21 de noviembre (BOE n.º280, de 22 de noviembre) –D.A. 2.ª y 8.ª– (modificada por Ley 10/2006, de 28 de abril, BOE n.º102, de 29 de abril), Ley 1/2005, de 9 de marzo, por la que se regula el régimen del comercio de derechos de emisión de gases de efecto invernadero (BOE n.º59, de 10 de marzo), modificada por Ley 13/2010, de 5 de julio (BOE n.º163, de 6 de julio) para perfeccionar y ampliar el régimen general de comercio de derechos de emisión e incluir la aviación en el mismo. El Reglamento de desarrollo de la Ley 1/2005 se aprobó por RD 341/2010, de 19 de marzo (BOE de 23 de marzo); Ley 26/2007, de 23 de octubre, de Responsabilidad medioambiental. Los arts. 28 d), 29 a) y b) y 30.1 fueron nuevamente redactados por RDL 8/2011, de 1 de julio. El Reglamento 2090/2008, de 22 de diciembre, desarrolla parcialmente la Ley; Ley 34/2007, de 15 de noviembre (BOE n.º275, de 16 de noviembre) de calidad del aire y protección de la atmósfera (excluye aplicación a ruidos y vibraciones, radiaciones ionizantes y no ionizantes y contaminantes biológicos). Deroga la Ley 38/1972, de 22 de diciembre, de Protección del Ambiente Atmosférico y los anexos II y III del D 833/1975, de 6 de febrero, de desarrollo de esta última Ley. Los arts. 13.2, 30.2 d) y 30.3 d) Ley 34/2007, fueron modificados por RDL 8/2011, de 1 de julio; Ley 42/2007, de 13 de diciembre, sobre Patrimonio Natural y de la Biodiversidad. Art. 22.2 modificado por RDL 8/2011, de 1 de julio, Ley 6/2010 de Evaluación de Impacto Ambiental de proyectos. Texto Refundido aprobado por RD Leg.1/2008, de 11 de enero, modificado por Ley 6/2010, de 24 de marzo (BOE n.º73, de 25 de marzo); RD Legislativo 7/2015, de 30 de octubre, por el que se aprueba el texto refundido de la Ley de Suelo y Rehabilitación Urbana (BOE n.º261 de 31 de octubre) art. 63; Ley 12/2011, de 27 de mayo, sobre responsabilidad civil por daños nucleares o producidos por materiales radiactivos; Ley de Energía Nuclear 25/1964, de 29 de abril (modificada por LO 10/1995, del CP y Leyes 25/1968, 15/1980, 21/1990, 54/1997, 14/1999, 62/2003, 24/2005, 17 y 33/2007, 11/2009 y 12/2011); Reglamento sobre instalaciones nucleares y radiactivas, RD 1836/1999, de 3 de diciembre (modificado por RRDD 35/2008 y 1308/2011); RD 229/2006, de 24 de febrero (modificado por RD 1308/2011); y RD 1308/2011, de 26 de septiembre, sobre protección física de las instalaciones y los materiales nucleares y de las fuentes radiactivas.

ART. 591.

No se podrá plantar árboles cerca de una heredad ajena sino a la distancia autorizada por las ordenanzas o la costumbre del lugar, y en su defecto, a la de dos metros de la línea divisoria de las heredades si la plantación se hace de árboles altos, y a la de 50 centímetros si la plantación es de arbustos o árboles bajos.

Todo propietario tiene derecho a pedir que se arranquen los árboles que en adelante se plantaren a menor distancia de su heredad.

Ver D. 2661/1967, de 19-10 (Ordenanzas a las que han de someterse las plantaciones forestales en cuanto a la distancia que han de respetar con las fincas colindantes); Ver arts. 546-2 (sobre vallas no medianeras entre fincas) y 546-4 (distancia de árboles a vallas o balcones vecinos) Ley 5/2006, de 10 de mayo, de Cataluña; art. 540 del Código del Derecho Foral de Aragón.

ART. 592.

Si las ramas de algunos árboles se extendieren sobre una heredad, jardines o patios vecinos, tendrá el dueño de éstos derecho a reclamar que se corten en cuanto se extiendan sobre su propiedad, y, si fueren las raíces de los árboles vecinos las que se extendiesen en suelo de otro, el dueño del suelo en que se introduzcan podrá cortarlas por sí mismo dentro de su heredad.

Ver D. 2661/1967, de 19-10 (Ordenanzas a las que han de someterse las plantaciones forestales en cuanto a la distancia que han de respetar con las fincas colindantes); Ver arts. 348 y 350 CC; art. 539 del Código del Derecho Foral de Aragón; Ley 367.b) Compilación de Navarra; arts 546-4 (distancia de árboles a vallas o balcones vecinos), 546-5 (distancia entre plantaciones) y 546.6 (ramas y raíces provenientes de fincas vecinas) Ley 5/2006, de 10 de mayo, de Cataluña.

ART. 593.

Los árboles existentes en un seto vivo medianero se presumen también medianeros, y cualquiera de los dueños tiene derecho a exigir su derribo.

Exceptúanse los árboles que sirvan de mojones, los cuales no podrán arrancarse sino de común acuerdo entre los colindantes.

Ver arts. 384, 397, 398, 400, 572.3 y 575 CC; art. 546-1 Ley 5/2006, de 10 de mayo, de Cataluña.

CAPÍTULO III
De las servidumbres voluntarias

ART. 594.

Todo propietario de una finca puede establecer en ella las servidumbres que tenga por conveniente, y en el modo y forma que bien le pareciere, siempre que no contravenga a las leyes ni al orden público.

Ver arts. 536, 598, 600, 1255 y 1258 CC; Ley 396 Compilación de Navarra; art. 566-2.2 Ley 5/2006, de 10 de mayo, de Cataluña; art. 87.1 (servidumbre de paso) Ley 2/2006, de 14 de junio, de Galicia.

ART. 595.

El que tenga la propiedad de una finca, cuyo usufructo pertenezca a otro, podrá imponer sobre ella, sin el consentimiento del usufructuario, las servidumbres que no perjudiquen al derecho del usufructo.

Ver arts. 489 y 503 CC.

ART. 596.

Cuando pertenezca a una persona el dominio directo de una finca y a otra el dominio útil, no podrá establecerse sobre ella servidumbre voluntaria perpetua sin el consentimiento de ambos dueños.

Ver art. 1634 CC; art. 566-2.2 Ley 5/2006, de 10 de mayo, de Cataluña.

ART. 597.

Para imponer una servidumbre sobre un fundo indiviso se necesita el consentimiento de todos los copropietarios.

La concesión hecha solamente por algunos, quedará en suspenso hasta tanto que la otorgue el último de todos los partícipes o comuneros.

Pero la concesión hecha por uno de los copropietarios separadamente de los otros obliga al concedente y a sus sucesores, aunque lo sean a título particular, a no impedir el ejercicio del derecho concedido.

Ver arts. 394, 397 y 399 CC; Ley 372, párr. segundo, Compilación Navarra; art. 563 del Código del Derecho Foral de Aragón.

ART. 598.

El título y, en su caso, la posesión de la servidumbre adquirida por prescripción, determinan los derechos del predio dominante y las obligaciones del sirviente. En su defecto, se regirá la servidumbre por las disposiciones del presente título que le sean aplicables.

Ver arts. 537 a 545 CC; art. 566-1.2 Ley 5/2006, de 10 de mayo, de Cataluña; 82.2 y 89.1 (servidumbre de paso) Ley 2/2006, de 14 de junio, de Galicia; art. 556.2 y 3 Código del Derecho Foral de Aragón.

ART. 599.

Si el dueño del predio sirviente se hubiere obligado, al constituirse la servidumbre, a costear las obras necesarias para el uso y conservación de la misma, podrá librarse de esta carga abandonando su predio al dueño del dominante.

Ver arts. 544, 546.5.° y 575 CC; Ley 405 Compilación de Navarra; art. 559 Código del Derecho Foral de Aragón.

ART. 600.

La comunidad de pastos sólo podrá establecerse en lo sucesivo por concesión expresa de los propietarios, que resulte de contrato o de última voluntad, y no a favor de una universalidad de individuos y sobre una universalidad de bienes, sino a favor de determinados individuos y sobre predios también ciertos y determinados.

La servidumbre establecida conforme a este artículo se regirá por el título de su institución.

Ver Código de Derecho Foral de Aragón en el Cap. V, Título II, Libro IV regula los derechos de pastos y ademprios; art. 563.1 (derechos de aprovechamiento parcial) Ley 5/2006, de 10 de mayo, de Cataluña; art. 64 (montes abertales) Ley 2/2006, de 14 de junio, de Galicia (también regula esta Ley los montes vecinales en mano común en los arts. 65 a 67 como comunidad de naturaleza privada y colectiva).

ART. 601.

La comunidad de pastos en terrenos públicos, ya pertenezcan a los Municipios, ya al Estado, se regirá por las leyes administrativas.

Ver arts. 242 a 246 del Reglamento de Montes; Ley 392 Compilación de Navarra.

ART. 602.

Si entre los vecinos de uno o más pueblos existiere comunidad de pastos, el propietario que cercare con tapia o seto una finca, la hará libre de la comunidad. Quedarán, sin embargo, subsistentes las demás servidumbres que sobre la misma estuviesen establecidas.

El propietario que cercare su finca conservará su derecho a la comunidad de pastos en las otras fincas no cercadas.

Ver art. 388 CC; Ley 402 Compilación Navarra; art. 583.2 Código del Derecho Foral de Aragón.

ART. 603.

El dueño de terrenos gravados con la servidumbre de pastos podrá redimir esta carga mediante el pago de su valor a los que tengan derecho a la servidumbre.

A falta de convenio, se fijará el capital para la redención sobre la base del 4 por 100 del valor anual de los pastos, regulado por tasación pericial.

Ver arts. 531, 535, 546.6.° y 604 CC.

ART. 604.

Lo dispuesto en el artículo anterior es aplicable a las servidumbres establecidas para el aprovechamiento de leñas y demás productos de los montes de propiedad particular.

Ver Ley 43/2003, de 21 de noviembre, de Montes (modificada por Ley 10/2006, de 28 de abril, BOE n.° 102, de 29 de abril); arts. 56 a 63 de la Ley 2/2006, de 14 de junio, de Derecho Civil de Galicia; Ley de Montes de Castilla y León 3/2009, de 6 de abril (BOE 113, de 9 de mayo; Ley de Montes de Aragón 15/2006, de 28 de diciembre (BOE 44/2007, de 20 de febrero) modificada por la Ley 3/2014 de 29 de mayo; art. 584 Código del Derecho Foral de Aragón.

TÍTULO VIII
De los registros de la propiedad

CAPÍTULO ÚNICO

ART. 605.

El Registro de la Propiedad tiene por objeto la inscripción o anotación de los actos y contratos relativos al dominio y demás derechos reales sobre bienes inmuebles.

Ver arts. 606 a 608, 647, 977, 1333, 1875 y 1880 CC; 1.° y 2.° LH; 7 y ss. RH y 11 Ley 11/1998, de 13 de abril; art. 629 (anotación preventiva de embargo) Ley 1/2000, de 7 de enero, de Enjuiciamiento Civil; 149.1.8.ª CE.

ART. 606.

Los títulos de dominio, o de otros derechos reales sobre bienes inmuebles, que no estén debidamente inscritos o anotados en el Registro de la Propiedad, no perjudican a tercero.

Ver arts. 13, 32 y 34 LH; y 22 LAR 49/2003, de 26 de noviembre. Texto Refundido de la Ley de Catastro Inmobiliario RD Leg. 1/2004, de 5 de marzo, desarrollado por RD 417/2006, de 7 de abril; Reglamento de organización y régimen del Notariado aprobado por Decreto 2-6-1944; art. 522-1 (presunción de titularidad) Ley 5/2006, de 10 de mayo, de Cataluña (Libro Quinto del Código Civil de Cataluña).

ART. 607.

El Registro de la Propiedad será público para los que tengan interés conocido en averiguar el estado de los bienes inmuebles o derechos reales anotados o inscritos.

Ver arts. 18 y 20 CE; 1220 CC; 221 a 237 LH; 332 a 355 RH.

ART. 608.

Para determinar los títulos sujetos a inscripción o anotación, la forma, efectos y extinción de las mismas, la manera de llevar el Registro y el valor de los asientos de sus libros, se estará a lo dispuesto en la Ley Hipotecaria.

Ver arts. 1 a 5 LH, 6 a 41, 42 a 75 y 76 a 103. Arts. 5 y ss. RH

LIBRO III
DE LOS DIFERENTES MODOS DE ADQUIRIR LA PROPIEDAD

DISPOSICION PRELIMINAR

ART. 609.

La propiedad se adquiere por la ocupación.

La propiedad y los demás derechos sobre los bienes se adquieren y transmiten por la ley, por donación, por sucesión testada e intestada, y por consecuencia de ciertos contratos mediante la tradición.

Pueden también adquirirse por medio de la prescripción.

Ver arts. 438 a 445 (adquisición de la posesión), 610 a 617 (ocupación), 618, 623, 629, 632 y 633 (donación), 440, 657, 661, 881, 882, 885, 989 y 1068 (sucesiones), 1095, 1160, 1445, 1450, 1462 a 1464 y 1473 (compraventa), 1538 y 1541 (permuta), 1875 (hipoteca) y 1930 a 1960 (prescripción) CC; arts. 703.1 LEC; 531-1 de la Ley 5/2006 del libro quinto del Código Civil de Cataluña; Ley 355 de la Compilación de Navarra.

TÍTULO I
De la ocupación

ART. 610.

Se adquieren por ocupación los bienes apropiables por su naturaleza que carecen de dueño, el tesoro oculto y las cosas muebles abandonadas.

Con las excepciones que puedan derivar de las normas destinadas a su identificación, protección o preservación, son susceptibles de ocupación los animales carentes de dueño, incluidos los que pueden ser objeto de caza y pesca.

El derecho de caza y pesca se rige por las leyes especiales.

Modificado por Ley 17/2021, de 15 de diciembre, de modificación del Código Civil, la Ley Hipotecaria y la Ley de Enjuiciamiento Civil, sobre el régimen jurídico de los animales (BOE de 16-12-2021). Modificación vigente desde el 5 de enero de 2022.

Ver arts. 351, 352, 460 1.º y 611 a 617 CC; art. 542-20 de la Ley 5/2006 de Cataluña, Arts. 17, 18 y 23 Ley 33/2003, de 3 de noviembre, del Patrimonio de las Administraciones Públicas y art. 21 RD 1373/2009 que aprueba el Reglamento General de la Ley 33/2003; Sobre vehículos abandonados, art. 106 del texto refundido de la Ley sobre Tráfico, Circulación de Vehículos a motor y Seguridad vial aprobado por el RD Leg. 6/2015, de 30 de octubre; art. 6 Ley 40/2002, de 14 de noviembre, reguladora del contrato de aparcamiento de vehículos; Sobre envíos postales, art. 25.3 Rgto. regulador de la prestación de los servicios postales, aprobado por RD 1829/1999, de 3-12; Sobre depósitos y consignaciones judiciales, RD 467/2006, de 21 de abril, por el que se regulan los depósitos y consignaciones judiciales en metálico, de efectos o valores; Ley de Caza 1/1970, de 4 de abril; Ley de Pesca de 20 de febrero de 1942 de fomento y conservación de la pesca fluvial; Ley 3/2001, de 26 de marzo, de Pesca Marítima del Estado (pesca industrial); Ley 42/2007, de 13-12, del Patrimonio Natural y de la Biodiversidad; RD 1095/1989, de 8 de septiembre, por el que se declaran las especies objeto de caza y pesca y se establecen normas para su protección; Convención sobre la conservación de las Especies migratorias de Animales Silvestres (Bonn, 23-6-1979).

ART. 611.

1. Quien encuentre a un animal perdido deberá restituirlo a su propietario o a quien sea responsable de su cuidado, si conoce su identidad.

2. Dejando a salvo lo dispuesto en el apartado anterior, en el caso de indicios fundados de que el animal hallado sea objeto de malos tratos o de abandono, el hallador estará eximido de restituirlo a su propietario o responsable de su cuidado, poniendo en conocimiento de manera inmediata dichos hechos ante las autoridades competentes.

3. Restituido el animal a su propietario, o a quien sea responsable de su cuidado, quien tras su hallazgo hubiese asumido su cuidado podrá ejercitar la correspondiente acción de repetición de los gastos destinados a la curación y al cuidado del animal, así como de los generados por su restitución, y tendrá derecho al resarcimiento de los daños que se le hayan podido causar.

4. Lo dispuesto en los apartados anteriores se entenderá sin perjuicio de lo que establezca la legislación especial que resulte de aplicación.

5. Lo dispuesto en este artículo no será aplicable a los casos previstos en los artículos 612 y 613 de este Código.

> *Modificado por Ley 17/2021, de 15 de diciembre, de modificación del Código Civil, la Ley Hipotecaria y la Ley de Enjuiciamiento Civil, sobre el régimen jurídico de los animales (BOE de 16-12-2021). Modificación vigente desde el 5 de enero de 2022.*

> *Ver art. 50.3 texto refundido de la Ley de Aguas aprobado por RD Leg. 1/2001 de 20 de julio; Ley 1/1970 de 4 de abril de Caza y Reglamento aprobado por Decreto 506/1971 de 25 de marzo; art. 62 Ley 42/2007, de 13-12, del Patrimonio Natural y de la Biodiversidad; Ley 3/2001, de 26 de marzo, de Pesca Marítima del Estado (pesca industrial); RD 1095/1989, de 8 de septiembre, por el que se declaran las especies objeto de caza y pesca y se establecen normas para su protección; Convención sobre la conservación de las Especies migratorias de Animales Silvestres (Bonn, 23-6-1979); Acuerdo sobre la conservación de las aves acuáticas migratorias afroeuroasiáticas, hecho en La Haya el 15 de agosto de 1996 y ratificado por instrumento de 12 de marzo de 1999 y enmiendas a los Anexos 2 y 3 y a la tabla 1 del Acuerdo sobre la conservación de las aves acuáticas migratorias euroafroasiáticas, adoptadas en La Rochelle el 18 de mayo 2012.*

ART. 612.

El propietario de un enjambre de abejas tendrá derecho a perseguirlo sobre el fundo ajeno, indemnizando al poseedor de éste el daño causado. Si estuviere cercado, necesitará el consentimiento del dueño para penetrar en él.

Cuando el propietario no haya perseguido, o cese de perseguir el enjambre dos días consecutivos, podrá el poseedor de la finca ocuparlo o retenerlo.

> *Párrafo tercero suprimido por Ley 17/2021, de 15 de diciembre, de modificación del Código Civil, la Ley Hipotecaria y la Ley de Enjuiciamiento Civil, sobre el régimen jurídico de los animales (BOE de 16-12-2021). Modificación vigente desde el 5 de enero de 2022.*

> *Ver arts. 465 CC; 22.2.º de la Ley de Caza; Ver arts. 461, 465, 610 y 1095 CC; RD 209/2002, de 22-2, que establece normas de ordenación de las explotaciones apícolas.*

ART. 613.

Las palomas, conejos y peces, que de su respectivo criadero pasaren a otro perteneciente a distinto dueño, serán propiedad de éste, siempre que no hayan sido atraídos por medio de algún artificio o fraude.

> *Ver arts. 334-6.º, 461 y 465 CC.*

ART. 614.

El que por casualidad descubriere un tesoro oculto en propiedad ajena, tendrá el derecho que le concede el artículo 351 de este Código.

> *Ver arts. 351, 352, 471, 610 y 1632 CC; art. 542-21 de la Ley 5/2006 de Cataluña; arts. 1.2, 41.3 y 44 Ley 16/1985, de 25 de junio, de Patrimonio Histórico Español; RD 111/1986 de 10-1-1986.*

ART. 615.

El que encontrare una cosa mueble, que no sea tesoro, debe restituirla a su anterior poseedor. Si éste no fuere conocido, deberá consignarla inmediatamente en poder del Alcalde del pueblo donde se hubiese verificado el hallazgo.

El Alcalde hará publicar éste, en la forma acostumbrada, dos domingos consecutivos.

Si la cosa mueble no pudiere conservarse sin deterioro o sin hacer gastos que disminuyan notablemente su valor, se venderá en pública subasta luego que hubiesen pasado ocho días desde el segundo anuncio sin haberse presentado el dueño, y se depositará su precio.

Pasados dos años, a contar desde el día de la segunda publicación, sin haberse presentado el dueño, se adjudicará la cosa encontrada o su valor, al que la hubiese hallado.

Tanto éste como el propietario estarán obligados, cada cual en su caso, a satisfacer los gastos.

Ver arts. 464, 465, 610, 616 y 1955 CC; art. 542-22 de la Ley 5/2006 de Cataluña; Sobre animales, las CCAA han dictado normas de protección y reguladoras de la posesión de animales domésticos, destacando también la Ley 50/1999 y el RD 287/2002 sobre animales potencialmente peligrosos y el RD 53/2013 por el que se establecen las normas básicas aplicables para la protección de los animales utilizados en experimentación y otros fines científicos, incluyendo la docencia.

ART. 616.

Si se presentare a tiempo el propietario, estará obligado a abonar, a título de premio, al que hubiese hecho el hallazgo, la décima parte de la suma o del precio de la cosa encontrada. Cuando el valor del hallazgo excediese de 2.000 pesetas, el premio se reducirá a la vigésima parte en cuanto al exceso.

Ver art. 542-22 de la Ley 5/2006 de Cataluña.

ART. 617.

Los derechos sobre los objetos arrojados al mar o sobre los que las olas arrojen a la playa, de cualquier naturaleza que sean, o sobre las plantas y hierbas que crezcan en su ribera, se determinan por leyes especiales.

Ver arts. 132.2 CE; arts. 610 CC, 811-2.º, 815 y 816 CC; Arts. 47 a 50 de la Ley 60/1962, de 24 de diciembre, sobre régimen de auxilios, salvamentos, remolque, hallazgos y extracciones marítimas, derogada parcialmente a excepción de las disposiciones del Título II que continuarán en vigor en calidad de normas reglamentarias; Arts. 3.1 y 31.1 de la Ley 22/1988, de 28 de julio, de Costas; Art. 41 Ley 16/1985, de 25 de junio, de Patrimonio Histórico Español; 86.6 y D.T. 10.ª Ley 27/1992, de 24 de noviembre, de Puertos del Estado y de la Marina Mercante; Arts. 134 a 141 de la Ley 48/1960, de 21 de julio, de Navegación Aérea; Arts. 358.4, 368 y 369 de la Ley 14/2014, de 24 de julio, de Navegación Marítima.

TÍTULO II
De la donación

CAPÍTULO I
De la naturaleza de las donaciones

ART. 618.

La donación es un acto de liberalidad por el cual una persona dispone gratuitamente de una cosa en favor de otra, que la acepta.

Ver arts. 609, 620, 621, 629, 630, 632, 633, 1041, 1044, 1187 y 1274 CC; art. 531-7 a 531-22 de la Ley 5/2006 de Cataluña; Ley 148 y ss. de la Compilación de Navarra; arts. 8 a 13 de la Compilación de Baleares.

ART. 619.

Es también donación la que se hace a una persona por sus méritos o por los servicios prestados al donante, siempre que no constituyan deudas exigibles, o aquella en que se impone al donatario un gravamen inferior al valor de lo donado.

Ver arts. 622, 626, 638, 643, 647 y 651 CC; arts. 531-17 y 531-18 de la Ley 5/2006 de Cataluña.

ART. 620.

Las donaciones que hayan de producir sus efectos por muerte del donante participan de la naturaleza de las disposiciones de última voluntad, y se regirán por las reglas establecidas en el capítulo de la sucesión testamentaria.

Ver arts. 744 y ss. CC, en especial arts. 858 a 891 sobre los legados; art. 531-9.1 y 3 Ley 5/2006, Libro Quinto del Código Civil de Cataluña; 432-1 y ss de la Ley 10/2008, Libro Cuarto del Código Civil de Cataluña; leyes 165 a 171 de la Compilación de Navarra; art. 102 de la Ley 5/2015 de Derecho Civil Vasco.

ART. 621.

Las donaciones que hayan de producir sus efectos entre vivos, se regirán por las disposiciones generales de los contratos y obligaciones en todo lo que no se halle determinado en este título.

Ver arts. 1254 y ss. CC; art. 531-9 de la Ley 5/2006 de Cataluña; leyes 158 a 164 de la Compilación de Navarra.

ART. 622.

Las donaciones con causa onerosa se regirán por las reglas de los contratos, y las remuneratorias por las disposiciones del presente título en la parte que excedan del valor del gravamen impuesto.

Ver arts. 619, 1274 y 1254 y ss. CC.

ART. 623.

La donación se perfecciona desde que el donante conoce la aceptación del donatario.

Ver arts. 620, 629 y 631 a 633 CC; art. 531-8 Ley 5/2006; Ley 121 Compilación de Navarra.

CAPÍTULO II
De las personas que pueden hacer o recibir donaciones

ART. 624.

Podrán hacer donación todos los que puedan contratar y disponer de sus bienes.

Ver arts. 154, 166, 268 y ss., 287.3.ª, 348, 634, 635, 1263, 1264, 1338, 1341 y 1954 CC; art. 531-10 de la Ley 5/2006 de Cataluña.

ART. 625.

Podrán aceptar donaciones todos los que no estén especialmente incapacitados por la ley para ello.

Ver arts. 268 y ss., 626 a 628, 287.5.º y 1338 CC; art. 531-21.1 de la Ley 5/2006 de Cataluña; ley 153 de la Compilación de Navarra, art. 21 Ley 33/2003 del Patrimonio de las Administraciones Públicas; y 10 y 12 Reglamento de Bienes de Entidades Locales aprobado por RD 1372/1986.

ART. 626.

Las personas que no pueden contratar no podrán aceptar donaciones condicionales u onerosas sin la intervención de sus legítimos representantes.

Ver arts. 287.5.º, 268 y ss., 622, 625, 631, 647, 651 y 1263 CC; art. 531-21.2 Ley 5/2006 de Cataluña.

ART. 627.

Las donaciones hechas a los concebidos y no nacidos podrán ser aceptadas por las personas que legítimamente los representarían, si se hubiera verificado ya su nacimiento.

Ver arts. 29, 30, 116, 154, 157, 162.3.º, 164.1, 631, 641 y 959 a 967 CC; leyes 63 y 154 de la Compilación de Navarra.

ART. 628.

Las donaciones hechas a personas inhábiles son nulas, aunque lo hayan sido simuladamente, bajo apariencia de otro contrato, por persona interpuesta.

Ver arts. 226 y 755 CC.

ART. 629.

La donación no obliga al donante, ni produce efecto, sino desde la aceptación.

Ver arts. 623, 630, 633 y 1262 CC; art. 531-8 Ley 5/2006; Ley 161 de Compilación de Navarra.

ART. 630.

El donatario debe, so pena de nulidad, aceptar la donación por sí, o por medio de persona autorizada con poder especial para el caso, o con poder general y bastante.

Ver arts. 620, 623, 629, 1712 y 1732.3.º CC.

ART. 631.

Las personas que acepten una donación en representación de otras que no puedan hacerlo por sí estarán obligadas a procurar la notificación y anotación de que habla el artículo 633.

Ver arts. 623, 626, 627 y 629 CC.

ART. 632.

La donación de cosa mueble podrá hacerse verbalmente o por escrito.

La verbal requiere la entrega simultánea de la cosa donada. Faltando este requisito, no surtirá efecto si no se hace por escrito y consta en la misma forma la aceptación.

Ver arts. 334, 335, 336, 346, 347, 464, 623, 629, 631 y 633 CC; art. 531-12.1 de la Ley 5/2006 de Cataluña; ley 161.2 de la Compilación de Navarra.

ART. 633.

Para que sea válida la donación de cosa inmueble, ha de hacerse en escritura pública, expresándose en ella individualmente los bienes donados y el valor de las cargas que deba satisfacer el donatario.

La aceptación podrá hacerse en la misma escritura de donación o en otra separada; pero no surtirá efecto si no se hiciese en vida del donante.

Hecha en escritura separada, deberá notificarse la aceptación en forma auténtica al donante, y se anotará esta diligencia en ambas escrituras.

Ver arts. 346, 347, 623, 1274 y 1276 CC; art. 531-12.1 Ley 5/2006 de Cataluña; ley 161.1 Compilación de Navarra.

CAPÍTULO III
De los efectos y limitación de las donaciones

ART. 634.

La donación podrá comprender todos los bienes presentes del donante, o parte de ellos, con tal que éste se reserve, en plena propiedad o en usufructo, lo necesario para vivir en un estado correspondiente a sus circunstancias.

Ver arts. 492, 636, 639, 648.3.° y 654 CC; art. 531-11 y 531-15.1 e); leyes 159 y 160 de la Compilación de Navarra; arts. 8 a 13 de la Compilación de Baleares.

ART. 635.

La donación no podrá comprender los bienes futuros.

Por bienes futuros se entienden aquellos de que el donante no puede disponer al tiempo de la donación.

Ver arts. 620, 632, 633, 1271 y 1345 CC; leyes 112 y 160 de la Compilación de Navarra; arts. 8 a 13 de la Compilación de Navarra.

ART. 636.

No obstante lo dispuesto en el artículo 634, ninguno podrá dar ni recibir, por vía de donación, más de lo que pueda dar o recibir por testamento.

La donación será inoficiosa, en todo lo que exceda de esta medida.

Ver arts. 644 a 646, 651, 654 a 656, 817 a 822, 1035 a 1050, 1271 y 1275 CC; art. 451- 22 de la Ley 10/2008 de Cataluña.

ART. 637.

Cuando la donación hubiere sido hecha a varias personas conjuntamente, se entenderá por partes iguales; y no se dará entre ellas el derecho de acrecer, si el donante no hubiese dispuesto otra cosa.

Se exceptúan de esta disposición las donaciones hechas conjuntamente a ambos cónyuges, entre los cuales tendrá lugar aquel derecho, si el donante no hubiese dispuesto lo contrario.

Ver arts. 981 a 987, 1339 y 1353 CC; art. 531-22.1 de la Ley 5/2006 de Cataluña.

ART. 638.

El donatario se subroga en todos los derechos y acciones que en caso de evicción corresponderían al donante. Éste, en cambio, no queda obligado al saneamiento de las cosas donadas, salvo si la donación fuere onerosa, en cuyo caso responderá el donante de la evicción hasta la concurrencia del gravamen.

Ver arts. 619, 622, 626, 642, 643, 651, 1340 y 1476 a 1499 CC; art. 531-13 de la Ley 5/2006 de Cataluña.

ART. 639.

Podrá reservarse el donante la facultad de disponer de algunos de los bienes donados, o de alguna cantidad con cargo a ellos; pero, si muriere sin haber hecho uso de este derecho, pertenecerán al donatario los bienes o la cantidad que se hubiese reservado.

Ver art. 634 CC; ley 159 Compilación de Navarra; art. 9 Compilación de Baleares.

ART. 640.

También se podrá donar la propiedad a una persona y el usufructo a otra u otras, con la limitación establecida en el artículo 781 de este Código.

Ver arts. 492, 641, 786 y 787 CC.

ART. 641.

Podrá establecerse válidamente la reversión en favor de sólo el donador para cualquier caso y circunstancias, pero no en favor de otras personas sino en los mismos casos y con iguales limitaciones que determina este Código para las sustituciones testamentarias.

La reversión estipulada por el donante en favor de tercero contra lo dispuesto en el párrafo anterior, es nula; pero no producirá la nulidad de la donación.

Ver arts. 774 a 789 y 812 CC; art. 531-19 de la Ley 5/2006 de Cataluña; leyes 116 y 120 de la Compilación de Navarra.

ART. 642.

Si la donación se hubiere hecho imponiendo al donatario la obligación de pagar las deudas del donante, como la cláusula no contenga otra declaración, sólo se entenderá aquél obligado a pagar las que apareciesen contraídas antes.

Ver arts. 506, 633, 647 y 651 CC.

ART. 643.

No mediando estipulación respecto al pago de deudas, sólo responderá de ellas el donatario cuando la donación se haya hecho en fraude de los acreedores.

Se presumirá siempre hecha la donación en fraude de los acreedores, cuando al hacerla no se haya reservado el donante bienes bastantes para pagar las deudas anteriores a ella.

Ver arts. 506, 1111, 1291.3.°, 1295, 1297 y 1911 CC; art. 531-14 Ley 5/2006 de Cataluña.

CAPÍTULO IV
De la revocación y reducción de las donaciones

ART. 644.

Toda donación entre vivos, hecha por persona que no tenga hijos ni descendientes, será revocable por el mero hecho de ocurrir cualquiera de los casos siguientes:

1.° Que el donante tenga, después de la donación, hijos, aunque sean póstumos.

2.° Que resulte vivo el hijo del donante que éste reputaba muerto cuando hizo la donación.

Ver arts. 651, 807, 808, 813 y 1343 CC; 531-15.1 Ley 5/2006 de Cataluña.

ART. 645.

Rescindida la donación por la superveniencia de hijos, se restituirán al donante los bienes donados, o su valor si el donatario los hubiese vendido.

Si se hallaren hipotecados, podrá el donante liberar la hipoteca, pagando la cantidad que garantice, con derecho a reclamarla del donatario.

Cuando los bienes no pudieren ser restituidos, se apreciarán por lo que valían al tiempo de hacer la donación.

Ver arts. 453, 457, 481, 651, 1122 y 1123 CC; art. 531-15.5 de la Ley 5/2006 de Cataluña.

ART. 646.

La acción de revocación por superveniencia o supervivencia de hijos prescribe por el transcurso de cinco años, contados desde que se tuvo noticia del nacimiento del último hijo o de la existencia del que se creía muerto.

Esta acción es irrenunciable y se transmite, por muerte del donante, a los hijos y sus descendientes.

Ver arts. 644, 645, 651 y 655 CC; 531-15.3 y 4 de la Ley 5/2006 de Cataluña.

ART. 647.

La donación será revocada a instancia del donante, cuando el donatario haya dejado de cumplir alguna de las condiciones que aquél le impuso.

En este caso, los bienes donados volverán al donante, quedando nulas las enajenaciones que el donatario hubiese hecho y las hipotecas que sobre ellos hubiese impuesto, con la limitación establecida, en cuanto a terceros, por la Ley Hipotecaria.

Ver arts. 619, 622, 633, 638, 642, 651, 797, 1126 y 1343 CC y 26 y 37 LH; art. 531-15.1 y 5 Ley 5/2006 de Cataluña; ley 162 Compilación de Navarra.

ART. 648.

También podrá ser revocada la donación, a instancia del donante, por causa de ingratitud en los casos siguientes:

1.º Si el donatario cometiere algún delito contra la persona, el honor o los bienes del donante.

2.º Si el donatario imputare al donante alguno de los delitos que dan lugar a procedimientos de oficio o acusación pública, aunque lo pruebe; a menos que el delito se hubiese cometido contra el mismo donatario, su cónyuge o los hijos constituidos bajo su autoridad.

3.º Si le niega indebidamente los alimentos.

Ver arts. 142 a 153, 634, 649 a 653, 756 y 852 a 855 CC; art. 531-15.1 de la Ley 5/2006 de Cataluña; ley 162.2 Compilación de Navarra; art. 4 Compilación de Baleares.

ART. 649.

Revocada la donación por causa de ingratitud, quedarán, sin embargo, subsistentes las enajenaciones e hipotecas anteriores a la anotación de la demanda de revocación en el Registro de la Propiedad.

Las posteriores serán nulas.

Ver arts. 433, 434, 464 y 650 a 653 CC y 42-1.°, 70 y 71 LH; art. 531-15.5 de la Ley 5/2006 de Cataluña.

ART. 650.

En el caso a que se refiere el primer párrafo del artículo anterior, tendrá derecho el donante para exigir del donatario el valor de los bienes enajenados que no pueda reclamar de los terceros, o la cantidad en que hubiesen sido hipotecados.

Se atenderá al tiempo de la donación para regular el valor de dichos bienes.

Ver arts. 645 y 647 CC; art. 531-15.5 Ley 5/2006 de Cataluña.

ART. 651.

Cuando se revocare la donación por alguna de las causas expresadas en el artículo 644, o por ingratitud, y cuando se redujere por inoficiosa, el donatario no devolverá los frutos sino desde la interposición de la demanda.

Si la revocación se fundare en haber dejado de cumplirse alguna de las condiciones impuestas en la donación, el donatario devolverá, además de los bienes, los frutos que hubiese percibido después de dejar de cumplir la condición.

Ver arts. 451, 455 y 1945 CC, art. 531-16.2 Ley 5/2006 de Cataluña.

ART. 652.

La acción concedida al donante por causa de ingratitud no podrá renunciarse anticipadamente. Esta acción prescribe en el término de un año, contado desde que el donante tuvo conocimiento del hecho y posibilidad de ejercitar la acción.

Ver arts. 648, 1969 y 1973 CC; art. 531-15.3 Ley 5/2006 de Cataluña.

ART. 653.

No se transmitirá esta acción a los herederos del donante, si éste, pudiendo, no la hubiese ejercitado.

Tampoco se podrá ejercitar contra el heredero del donatario, a no ser que a la muerte de éste se hallase interpuesta la demanda.

Ver arts. 652 y 659 CC y 130.1.º CP; art. 531-15.4 de la Ley 5/2006 de Cataluña.

ART. 654.

Las donaciones que, con arreglo a lo dispuesto en el artículo 636, sean inoficiosas computado el valor líquido de los bienes del donante al tiempo de su muerte, deberán ser reducidas en cuanto al exceso; pero esta reducción no obstará para que tengan efecto durante la vida del donante y para que el donatario haga suyos los frutos.

Para la reducción de las donaciones se estará a lo dispuesto en este Capítulo y en los artículos 820 y 821 del presente Código.

Ver arts. 636, 651, 817, 818, 830 y 1035 a 1050 CC; art. 451-22 Ley 10/2008 Cataluña.

ART. 655.

Sólo podrán pedir reducción de las donaciones aquellos que tengan derecho a legítima o a una parte alícuota de la herencia, y sus herederos o causahabientes.

Los comprendidos en el párrafo anterior no podrán renunciar su derecho durante la vida del donante, ni por declaración expresa, ni prestando su consentimiento a la donación.

Los donatarios, los legatarios que no lo sean de parte alícuota y los acreedores del difunto, no podrán pedir la reducción ni aprovecharse de ella.

Ver arts. 807, 816, 819, 820, 825, 1001 y 1299 CC; 451-24.2 Ley 10/2008 de Cataluña.

ART. 656.

Si, siendo dos o más las donaciones, no cupieren todas en la parte disponible, se suprimirán o reducirán en cuanto al exceso las de fecha más reciente.

Ver art. 451-23 de la Ley 10/2008 de Cataluña.

TÍTULO III
De las sucesiones

DISPOSICIONES GENERALES

ART. 657.

Los derechos a la sucesión de una persona se transmiten desde el momento de su muerte.

Ver arts. 196, 440, 661 y 881 CC; art. 17.1 Ley 5/2015, de Derecho Civil Vasco; leyes 242, 315.1 y 321 Compilación de Navarra; arts. 320.1 y 321.1 Código de Derecho Foral de Aragón; art. 411-2.1 y 411-4.1 Ley 10/2008 de Cataluña.

ART. 658.

La sucesión se defiere por la voluntad del hombre manifestada en testamento y, a falta de éste, por disposición de la ley.

La primera se llama testamentaria, y la segunda legítima.

Podrá también deferirse en una parte por voluntad del hombre, y en otra por disposición de la ley.

Ver arts. 667 a 743 y 912 y ss. CC; arts. 6, 7, 65 y 69 Compilación de Baleares; art. 317 Código de Derecho Foral de Aragón; ley 149 Compilación de Navarra; art. 411.3.1 Ley 10/2008 de Cataluña; art. 18 Ley 5/2015 de Derecho Civil Vasco; art. 181 Ley 2/2006 de Derecho Civil de Galicia.

ART. 659.

La herencia comprende todos los bienes, derechos y obligaciones de una persona, que no se extingan por su muerte.

Ver arts. 1595, 1700 y 1742 CC; art 222 Código de Comercio; art. 316 Código de Derecho Foral de Aragón; art. 411-1 Ley 10/2008 de Cataluña.

ART. 660.

Llámase heredero al que sucede a título universal, y legatario al que sucede a título particular.

Ver arts. 668 y 768 CC; art. 14 Compilación de Baleares; 19 y 20 Ley 5/2015 de Derecho Civil Vasco; leyes 216 y 241 Compilación de Navarra; arts. 319 y 466 Código de Derecho Foral de Aragón; art. 423-2 Ley 10/2008.

ART. 661.

Los herederos suceden al difunto por el hecho solo de su muerte en todos sus derechos y obligaciones.

Ver arts. 440, 1003 y 1023 CC; arts. 16 y 540 LEC 1/2000; art. 322.1 Código de Derecho Foral de Aragón; art. 411-1 Ley 10/2008 de Cataluña; art. 19.2 Ley 5/2015, de Derecho Civil Vasco.

CAPÍTULO I
De los testamentos

Sección 1.ª De la capacidad para disponer por testamento

ART. 662.

Pueden testar todos aquellos a quienes la ley no lo prohíbe expresamente.

Ver arts. 666, 688, 708 y 709 CC; art. 421-3 Ley 10/2008 de Cataluña; art. 408 Código de Derecho Foral de Aragón.

ART. 663.

No pueden testar:
1.º La persona menor de catorce años.
2.º La persona que en el momento de testar no pueda conformar o expresar su voluntad ni aun con ayuda de medios o apoyos para ello.

Modificado por Ley 8/2021, de 2 de junio, por la que se reforma la legislación civil y procesal para el apoyo a las personas con discapacidad en el ejercicio de su capacidad jurídica (BOE de 03-06-2021). En vigor desde el 3 de septiembre de 2021.

Ver arts. 688 y 1263 CC; leyes 19, 50 y 184 Compilación de Navarra; art. 421-4 Ley 10/2008 de Cataluña.

ART. 664.

El testamento hecho antes de la enajenación mental es válido.

Ver arts. 249 y siguientes CC; art. 423.2 Código de Derecho Foral de Aragón.

ART. 665.

La persona con discapacidad podrá otorgar testamento cuando, a juicio del Notario, pueda comprender y manifestar el alcance de sus disposiciones. El Notario procurará que la persona otorgante desarrolle su propio proceso de toma de decisiones apoyándole en su comprensión y razonamiento y facilitando, con los ajustes que resulten necesarios, que pueda expresar su voluntad, deseos y preferencias.

Modificado por Ley 8/2021, de 2 de junio, por la que se reforma la legislación civil y procesal para el apoyo a las personas con discapacidad en el ejercicio de su capacidad jurídica (BOE de 03-06-2021). En vigor desde el 3 de septiembre de 2021.

Ver art. 696 y 707 CC; art. 421-9 Ley 10/2008 de Cataluña.

ART. 666.

Para apreciar la capacidad del testador se atenderá únicamente al estado en que se halle al tiempo de otorgar el testamento.

Ver arts. 695 CC; art. 421-7 Ley 10/2008 de Cataluña; art. 423.2 Código de Derecho Foral de Aragón.

Sección 2.ª De los testamentos en general

ART. 667.

El acto por el cual una persona dispone para después de su muerte de todos sus bienes o de parte de ellos, se llama testamento.

Ver arts. 658, 660 y 764 CC; art. 421-2 Ley 10/2008 de Cataluña; art. 405 Código de Derecho Foral de Aragón.

ART. 668.

El testador puede disponer de sus bienes a título de herencia o de legado.

En la duda, aunque el testador no haya usado materialmente la palabra heredero, si su voluntad está clara acerca de este concepto, valdrá la disposición como hecha a título universal o de herencia.

Ver art. 660 CC; art. 15 Compilación de Baleares; ley 216 Compilación de Navarra; art. 421-2 y 423-2 Ley 10/2008 de Cataluña; art. 467.1 Código de Derecho Foral de Aragón.

ART. 669.

No podrán testar dos o más personas mancomunadamente, o en un mismo instrumento, ya lo hagan en provecho recíproco, ya en beneficio de un tercero.

Ver art. 733 CC; leyes 199 y ss. Compilación de Navarra; arts. 186 a 195 Ley 2/2006 de Derecho Civil de Galicia; art. 431-1 Ley 10/2008 de Cataluña; arts. 377, 406.1, 417 y 439 Código de Derecho Foral de Aragón; arts. 24 a 29 Ley 5/2015 de Derecho Civil Vasco.

ART. 670.

El testamento es un acto personalísimo: no podrá dejarse su formación, en todo ni en parte, al arbitrio de un tercero, ni hacerse por medio de comisario o mandatario.

Tampoco podrá dejarse al arbitrio de un tercero la subsistencia del nombramiento de herederos o legatarios, ni la designación de las porciones en que hayan de suceder cuando sean instituidos nominalmente.

Ver arts. 785.4, 830, 831, 875, 876 y 1057 CC; arts. 18 a 24 y 65 Compilación de Baleares; leyes 151, 177.2, 236, 281 y 289 de la Compilación de Navarra; arts. 196 a 202 de la Ley 2/2006 de Derecho Civil de Galicia; art. 424-1 y 424-15 Ley 10/2008 de Cataluña; arts. 30 a 46 Ley 5/2015 de Derecho Civil Vasco.

ART. 671.

Podrá el testador encomendar a un tercero la distribución de las cantidades que deje en general a clases determinadas, como a los parientes, a los pobres o a los establecimientos de beneficencia, así como la elección de las personas o establecimientos a quienes aquéllas deban aplicarse.

Ver arts. 747 y 749 CC.

ART. 672.

Toda disposición que sobre institución de heredero, mandas o legados haga el testador, refiriéndose a cédulas o papeles privados que después de su muerte aparezcan en su domicilio o fuera de él, será nula si en las cédulas o papeles no concurren los requisitos prevenidos para el testamento ológrafo.

Ver arts. 688 y ss. CC; leyes 194 a 198, 208, 210, 212 y 213 Compilación de Navarra; arts. 421-2 a 421-23 y 422-11 Ley 10/2008 de Cataluña.

ART. 673.

Será nulo el testamento otorgado con violencia, dolo o fraude.

Ver arts. 1267 a 1269 CC; art. 422-2 Ley 10/2008 de Cataluña; art. 423.2 Código de Derecho Foral de Aragón.

ART. 674.

El que con dolo, fraude o violencia impidiere que una persona, de quien sea heredero abintestato, otorgue libremente su última voluntad, quedará privado de su derecho a la herencia, sin perjuicio de la responsabilidad criminal en que haya incurrido.

Ver arts. 756.6 y 1265 CC.

ART. 675.

Toda disposición testamentaria deberá entenderse en el sentido literal de sus palabras, a no ser que aparezca claramente que fue otra la voluntad del testador. En caso de duda se observará lo que aparezca más conforme a la intención del testador según el tenor del mismo testamento.

El testador no puede prohibir que se impugne el testamento en los casos en que haya nulidad declarada por la ley.

Ver arts. 668, 751, 1281 y ss. CC; leyes 176 y 281.2 Compilación de Navarra; arts.421-6 y 423-18 Ley 10/2008 de Cataluña; arts. 416 y 429 Código de Derecho Foral de Aragón; art. 46 Ley 5/2015 de Derecho Civil Vasco.

Sección 3.ª De la forma de los testamentos

ART. 676.

El testamento puede ser común o especial.

El común puede ser ológrafo, abierto o cerrado.

Ver arts. 678 a 680 CC; ley 193 Compilación de Navarra; art. 421-5 Ley 10/2008 de Cataluña; art. 22 Ley 5/2015 de Derecho Civil Vasco.

ART. 677.

Se consideran testamentos especiales el militar, el marítimo y el hecho en país extranjero.

Ver arts. 716 a 736 CC; ley 193 Compilación de Navarra

ART. 678.

Se llama ológrafo el testamento cuando el testador lo escribe por sí mismo en la forma y con los requisitos que se determinan en el artículo 688.

Ver arts. 688 y ss. CC; art. 421-17 Ley 10/2008 de Cataluña; ley 190 Compilación de Navarra

ART. 679.

Es abierto el testamento siempre que el testador manifiesta su última voluntad en presencia de las personas que deben autorizar el acto, quedando enteradas de lo que en él se dispone.

Ver arts. 664 y ss. CC; art. 421-13 Ley 10/2008 de Cataluña.

ART. 680.

El testamento es cerrado cuando el testador, sin revelar su última voluntad, declara que ésta se halla contenida en el pliego que presenta a las personas que han de autorizar el acto.

Ver arts. 706 y ss. CC; art. 421-14 Ley 10/2008 de Cataluña.

ART. 681.

No podrán ser testigos en los testamentos:

Primero. Los menores de edad, salvo lo dispuesto en el artículo 701.

Segundo. (Sin contenido)

Tercero. Los que no entiendan el idioma del testador.

Cuarto. Los que no presenten el discernimiento necesario para desarrollar la labor testifical.

Quinto. El cónyuge o los parientes dentro del cuarto grado de consanguinidad o segundo de afinidad del Notario autorizante y quienes tengan con éste relación de trabajo.

Modificado por Ley 15/2015, de 2 de julio, de la Jurisdicción Voluntaria. (BOE de 03-07-2015).

Ver art. 21 Ley del Notariado; arts. 181 y 182 Reglamento de la organización y régimen del Notariado; art. 52 Compilación de Baleares; leyes 185 y 186 Compilación de Navarra; art. 421-11 Ley 10/2008 de Cataluña; art. 415 Código de Derecho Foral de Aragón.

ART. 682.

En el testamento abierto tampoco podrán ser testigos los herederos y legatarios en él instituidos, sus cónyuges, ni los parientes de aquéllos, dentro del cuarto grado de consanguinidad o segundo de afinidad.

No están comprendidos en esta prohibición los legatarios ni sus cónyuges o parientes cuando el legado sea de algún objeto mueble o cantidad de poca importancia con relación al caudal hereditario.

Ver arts. 915, 918, 919 CC; art. 421-11.2 Ley 10/2008; art. 415 Código de Derecho Foral de Aragón.

ART. 683.

Para que un testigo sea declarado inhábil, es necesario que la causa de su incapacidad exista al tiempo de otorgarse el testamento.

Ver arts. 664, 666, 681, 682 y 691 CC.

ART. 684.

Cuando el testador exprese su voluntad en lengua que el Notario no conozca, se requerirá la presencia de un intérprete, elegido por aquél, que traduzca la disposición testamentaria a la oficial en el lugar del otorgamiento que emplee el Notario. El instrumento se escribirá en las dos lenguas con indicación de cuál ha sido la empleada por el testador.

El testamento abierto y el acta del cerrado se escribirán en la lengua extranjera en que se exprese el testador y en la oficial que emplee el Notario, aún cuando éste conozca aquélla.

Ver arts. 688, 698, 732, 734 CC; arts. 149 y 150 Reglamento de la organización y régimen del Notariado; ley 192 Compilación de Navarra; art. 183.2 Ley 2/2006 de Derecho Civil de Galicia; art. 421-12 Ley 10/2008; art. 7 Ley 5/2015 de Derecho Civil Vasco.

ART. 685.

El Notario deberá conocer al testador y si no lo conociese se identificará su persona con dos testigos que le conozcan y sean conocidos del mismo Notario, o mediante la utilización de documentos expedidos por las autoridades públicas cuyo objeto sea identificar a las personas. También deberá el Notario asegurarse de que, a su juicio, tiene el testador la capacidad legal necesaria para testar.

En los casos de los artículos 700 y 701, los testigos tendrán obligación de conocer al testador y procurarán asegurarse de su capacidad.

Ver arts. 696 y 707.4 CC; arts. 23 y 27 Ley del Notariado; arts. 161, 163, 167, 184, 185 y 187 Reglamento de la organización y régimen del Notariado; ley 186 Compilación de Navarra; art. 421-7 Ley 10/2008 de Cataluña.

ART. 686.

Si no pudiere identificarse la persona del testador en la forma prevenida en el artículo que precede, se declarará esta circunstancia por el Notario, o por los testigos en su caso, reseñando los documentos que el testador presente con dicho objeto y las señas personales del mismo.

Si fuere impugnado el testamento por tal motivo, corresponderá al que sostenga su validez la prueba de la identidad del testador.

Ver art. 163 del Reglamento de la organización y régimen del Notariado.

ART. 687.

Será nulo el testamento en cuyo otorgamiento no se hayan observado las formalidades respectivamente establecidas en este Capítulo.

Ver arts. 706 y 715 CC; leyes 174, 206 y 213 Compilación de Navarra; art. 422-1 Ley 10/2008 de Cataluña; art. 423.1 Código de Derecho Foral de Aragón.

Sección 4.ª Del testamento ológrafo

ART. 688.

El testamento ológrafo solo podrá otorgarse por personas mayores de edad.

Para que sea válido este testamento deberá estar escrito todo él y firmado por el testador, con expresión del año, mes y día en que se otorgue.

Si contuviese palabras tachadas, enmendadas o entre renglones, las salvará el testador bajo su firma.

Los extranjeros podrán otorgar testamento ológrafo en su propio idioma.

Ver art. 733 CC; art. 421.17 Ley 10/2008 de Cataluña; art. 408.2 Código de Derecho Foral de Aragón; ley 191 Compilación de Navarra

ART. 689.

El testamento ológrafo deberá protocolizarse, presentándolo, en los cinco años siguientes al fallecimiento del testador, ante Notario. Este extenderá el acta de protocolización de conformidad con la legislación notarial.

Modificado por Ley 15/2015, de 2 de julio, de la Jurisdicción Voluntaria. (BOE de 03-07-2015).

Ver arts. 687, 690 y ss., 704 y 714 CC; art. 61 Ley del Notariado; art. 213 Reglamento de la organización y régimen del Notariado; leyes 193 y 296.3.5 Compilación de Navarra; art. 421-17 b y 421-19 Ley 10/2008 de Cataluña.

ART. 690.

La persona que tenga en su poder un testamento ológrafo deberá presentarlo ante Notario competente en los diez días siguientes a aquel en que tenga conocimiento del fallecimiento del testador. El incumplimiento de este deber le hará responsable de los daños y perjuicios que haya causado.

También podrá presentarlo cualquiera que tenga interés en el testamento como heredero, legatario, albacea o en cualquier otro concepto.

Modificado por Ley 15/2015, de 2 de julio, de la Jurisdicción Voluntaria. (BOE de 03-07-2015).

Ver art. 736 CC; art. 61 Ley del Notariado; ley 191.2 y Compilación de Navarra.

ART. 691.

Presentado el testamento ológrafo y acreditado el fallecimiento del testador, se procederá a su adveración conforme a la legislación notarial.

Modificado por Ley 15/2015, de 2 de julio, de la Jurisdicción Voluntaria. (BOE de 03-07-2015).

Ver art. 421-18 Ley 10/2008 de Cataluña; art. 61 Ley del Notariado.

ART. 692.

Adverado el testamento y acreditada la identidad de su autor, se procederá a su protocolización.

Modificado por Ley 15/2015, de 2 de julio, de la Jurisdicción Voluntaria. (BOE de 03-07-2015).

Ver art. 62 Ley del Notariado.

ART. 693.

El Notario, si considera acreditada la autenticidad del testamento, autorizará el acta de protocolización, en la que hará constar las actuaciones realizadas y, en su caso, las observaciones manifestadas.

Si el testamento no fuera adverado, por no acreditarse suficientemente la identidad del otorgante, se procederá al archivo del expediente sin protocolizar aquel.

Autorizada o no la protocolización del testamento ológrafo, los interesados no conformes podrán ejercer sus derechos en el juicio que corresponda.

Modificado por Ley 15/2015, de 2 de julio, de la Jurisdicción Voluntaria. (BOE de 03-07-2015).

Ver art. 63 Ley del Notariado; art. 421-18 Ley 10/2008 de Cataluña.

Sección 5.ª Del testamento abierto

ART. 694.

El testamento abierto deberá ser otorgado ante Notario hábil para actuar en el lugar del otorgamiento.

Solo se exceptuarán de esta regla los casos expresamente determinados en esta misma sección.

Ver arts. 679, 700 y 701 CC; arts. 8 y 9 Ley del Notariado; arts. 116 a 119 Reglamento de la organización y régimen del Notariado; art. 52 Compilación de Baleares; leyes 186.3 y 188.1 Compilación de Navarra; art. 421-5.1 Ley 10/2008 de Cataluña; art. 183.1 Ley 2/2006 de Derecho Civil de Galicia.

ART. 695.

El testador expresará oralmente, por escrito o mediante cualquier medio técnico, material o humano su última voluntad al Notario. Redactado por este el testamento con arreglo a ella y con expresión del lugar, año, mes, día y hora de su otorgamiento y advertido el testador del derecho que tiene a leerlo por sí, lo leerá el Notario en alta voz para que el testador manifieste si está conforme con su voluntad. Si lo estuviere, será firmado en el acto por el testador que pueda hacerlo y, en su caso, por los testigos y demás personas que deban concurrir.

Si el testador declara que no sabe o no puede firmar, lo hará por él y a su ruego uno de los testigos.

Cuando el testador tenga dificultad o imposibilidad para leer el testamento o para oír la lectura de su contenido, el Notario se asegurará, utilizando los medios técnicos, materiales o humanos adecuados, de que el testador ha entendido la información y explicaciones necesarias y de que conoce que el testamento recoge fielmente su voluntad.

Modificado por Ley 8/2021, de 2 de junio, por la que se reforma la legislación civil y procesal para el apoyo a las personas con discapacidad en el ejercicio de su capacidad jurídica (BOE de 03-06-2021). En vigor desde el 3 de septiembre de 2021.

Ver arts. 698, 707 y 722 CC; arts. 17 y 25 Ley del Notariado; arts. 193 a 196 Reglamento de la organización y régimen del Notariado; art. 184.2 Ley 2/2006 de Derecho Civil de Galicia; art. 421-13 Ley 10/2008 de Cataluña.

ART. 696.

El Notario dará fe de conocer al testador o de haberlo identificado debidamente y, en su defecto, efectuará la declaración prevista en el artículo 686. También hará constar que, a su juicio, se halla el testador con la capacidad legal necesaria para otorgar testamento.

Ver art. 685 CC; 23 Ley del Notariado; 167 a 169 Reglamento de la organización y régimen del Notariado; arts. 421-7 y 421-9 Ley 10/2008 de Cataluña.

ART. 697.

Al acto de otorgamiento deberán concurrir dos testigos idóneos:
1.º Cuando el testador declare que no sabe o no puede firmar el testamento.
2.º Cuando el testador o el Notario lo soliciten.

Ordinal 2.º se suprime y el antiguo ordinal 3.º pasa a ser el 2.º por Ley 8/2021, de 2 de junio, por la que se reforma la legislación civil y procesal para el apoyo a las personas con discapacidad en el ejercicio de su capacidad jurídica (BOE de 03-06-2021). En vigor desde el 3 de septiembre de 2021.

Ver arts. 681 y 682 CC; arts. 180 a 186 Reglamento de la organización y régimen del Notariado; arts. 184 y 185 Ley 2/2006 de Derecho Civil de Galicia; arts. 421-8, 421-10 y 421-13 y disp. adic. 2.ª Ley 10/2008 de Cataluña; art. 413 y 414 Código de Derecho Foral de Aragón.

ART. 698.

Al otorgamiento también deberán concurrir:
1.º Los testigos de conocimiento, si los hubiera, quienes podrán intervenir además como testigos instrumentales.
2.º Los facultativos que hubieran reconocido al testador incapacitado.
3.º El intérprete que hubiera traducido la voluntad del testador a la lengua oficial empleada por el Notario.

Ver arts. 695 y 698 CC; arts. 180, 184 y 185 Reglamento Notarial; art. 421-9 Ley 10/2008 de Cataluña.

ART. 699.

Todas las formalidades expresadas en esta Sección se practicarán en un solo acto que comenzará con la lectura del testamento, sin que sea lícita ninguna interrupción, salvo la que pueda ser motivada por algún accidente pasajero.

Ver arts. 695 y 705 CC; art. 421-5.1 Ley 10/2008 de Cataluña.

ART. 700.

Si el testador se hallare en peligro inminente de muerte, puede otorgarse el testamento ante cinco testigos idóneos, sin necesidad de Notario.

Ver arts. 681, 685, 694 CC; leyes 186, 189, 190 y 191 Compilación de Navarra; art. 23 Ley 5/2015 de Derecho Civil Vasco.

ART. 701.

En caso de epidemia puede igualmente otorgarse el testamento sin intervención de Notario ante tres testigos mayores de dieciséis años.

Ver art. 694 CC.

ART. 702.

En los casos de los dos artículos anteriores se escribirá el testamento, siendo posible; no siéndolo, el testamento valdrá aunque los testigos no sepan escribir.

Ver art. 23 Ley 5/2015 de Derecho Civil Vasco.

ART. 703.

El testamento otorgado con arreglo a las disposiciones de los tres artículos anteriores quedará ineficaz si pasaren dos meses desde que el testador haya salido del peligro de muerte, o cesado la epidemia.

Cuando el testador falleciere en dicho plazo, también quedará ineficaz el testamento si dentro de los tres meses siguientes al fallecimiento no se acude al Notario competente para que lo eleve a escritura pública, ya se haya otorgado por escrito, ya verbalmente.

Modificado por Ley 15/2015, de 2 de julio, de la Jurisdicción Voluntaria. (BOE de 03-07-2015).

Ver art. 704 CC; arts. 64 y 65 Ley del Notariado; ley 191 Compilación de Navarra; art. 23 Ley 5/2015 de Derecho Civil Vasco.

ART. 704.

Los testamentos otorgados sin autorización del Notario serán ineficaces si no se elevan a escritura pública y se protocolizan en la forma prevenida en la legislación notarial.

Modificado por Ley 15/2015, de 2 de julio, de la Jurisdicción Voluntaria. (BOE de 03-07-2015).

Ver arts. 689, 694 y 707 CC; arts. 64 y 65 Ley del Notariado; art. 213 Reglamento de la organización y régimen del Notariado, ley 191 Compilación de Navarra; art. 23.3 Ley 5/2015 de Derecho Civil Vasco.

ART. 705.

Declarado nulo un testamento abierto por no haberse observado las solemnidades establecidas para cada caso, el Notario que lo haya autorizado será responsable de los daños y perjuicios que sobrevengan, si la falta procediere de su malicia, o de negligencia o ignorancia inexcusables.

Ver arts. 687, 694, 695, 696, 699 CC.

Sección 6.ª Del testamento cerrado

ART. 706.

El testamento cerrado habrá de ser escrito.

Si lo escribiese por su puño y letra el testador pondrá al final su firma.

Si estuviese escrito por cualquier medio técnico o por otra persona a ruego del testador, este pondrá su firma en todas sus hojas y al pie del testamento. Si el testamento se ha redactado en soporte electrónico, deberá firmarse con una firma electrónica reconocida.

Cuando el testador no sepa o no pueda firmar, lo hará a su ruego al pie y en todas las hojas otra persona, expresando la causa de la imposibilidad.

En todo caso, antes de la firma se salvarán las palabras enmendadas, tachadas o escritas entre renglones.

Párrafo tercero modificado por Ley 8/2021, de 2 de junio, por la que se reforma la legislación civil y procesal para el apoyo a las personas con discapacidad en el ejercicio de su capacidad jurídica (BOE de 03-06-2021). En vigor desde el 3 de septiembre de 2021.

Ver arts. 680, 717 y 821 CC; art. 421-14 Ley 10/2008 de Cataluña.

ART. 707.

En el otorgamiento del testamento cerrado se observarán las solemnidades siguientes:

1.ª El papel que contenga el testamento se pondrá dentro de una cubierta, cerrada y sellada de suerte que no pueda extraerse aquél sin romper ésta.

2.ª El testador comparecerá con el testamento cerrado y sellado, o lo cerrará y sellará en el acto, ante el Notario que haya de autorizarlo.

3.ª En presencia del Notario, manifestará el testador por sí, o por medio del intérprete previsto en el artículo 684, que el pliego que presenta contiene su testamento, expresando si se halla escrito y firmado por él o si está escrito de mano ajena o por cualquier medio mecánico y firmado al final y en todas sus hojas por él o por otra persona a su ruego.

4.ª Sobre la cubierta del testamento extenderá el Notario la correspondiente acta de su otorgamiento, expresando el número y la marca de los sellos con que está cerrado, y dando fe del conocimiento del testador o de haberse identificado su persona en la forma prevenida en los artículos 685 y 686, y de hallarse, a su juicio, el testador con la capacidad legal necesaria para otorgar testamento.

5.ª Extendida y leída el acta, la firmará el testador que pueda hacerlo y, en su caso, las personas que deban concurrir, y la autorizará el Notario con su signo y firma.

Si el testador declara que no sabe o no puede firmar, lo hará por él y a su ruego uno de los dos testigos idóneos que en este caso deben concurrir.

6.ª También se expresará en el acta esta circunstancia, además del lugar, hora, día, mes y año del otorgamiento.

7.ª Concurrirán al acto de otorgamiento dos testigos idóneos, si así lo solicitan el testador o el Notario.

> *Ver arts. 695 y ss., 715, 717, 722, 742 CC; art. 52 Compilación de Baleares; ley 188.2 Compilación de Navarra; arts. 421-14 y 421-15 Ley 10/2008 de Cataluña; art. 414 Código de Derecho Foral de Aragón.*

ART. 708.

No pueden hacer testamento cerrado las personas que no sepan o no puedan leer.

Las personas con discapacidad visual podrán otorgarlo, utilizando medios mecánicos o tecnológicos que les permitan escribirlo y leerlo, siempre que se observen los restantes requisitos de validez establecidos en este Código.

> *Modificado por Ley 8/2021, de 2 de junio, por la que se reforma la legislación civil y procesal para el apoyo a las personas con discapacidad en el ejercicio de su capacidad jurídica (BOE de 03-06-2021). En vigor desde el 3 de septiembre de 2021.*

> *Ver art. 697 CC; art. 421-14.5 y disp. adic. 2 Ley 10/2008 de Cataluña.*

ART. 709.

Las personas que no puedan expresarse verbalmente, pero sí escribir, podrán otorgar testamento cerrado, observándose lo siguiente:

1.º El testamento ha de estar firmado por el testador. En cuanto a los demás requisitos, se estará a lo dispuesto en el artículo 706

2.º Al hacer su presentación, el testador escribirá en la parte superior de la cubierta, a presencia del Notario, que dentro de ella se contiene su testamento, expresando cómo está escrito y que está firmado por él.

3.º A continuación de lo escrito por el testador se extenderá el acta de otorgamiento, dando fe el Notario de haberse cumplido lo prevenido en el número anterior y lo demás que se dispone en el artículo 707 en lo que sea aplicable al caso.

Las personas con discapacidad visual, al hacer la presentación del testamento, deberán haber expresado en la cubierta, por medios mecánicos o tecnológicos que les permitan leer lo escrito, que dentro de ella se contiene su testamento, expresando el medio empleado y que el testamento está firmado por ellas.

> *Inciso inicial se modifica y último párrafo se añade por Ley 8/2021, de 2 de junio, por la que se reforma la legislación civil y procesal para el apoyo a las personas con discapacidad en el ejercicio de su capacidad jurídica (BOE de 03-06-2021). En vigor desde el 3 de septiembre de 2021.*

> *Ver art. 697 CC.*

ART. 710.

Autorizado el testamento cerrado, el Notario lo entregará al testador, después de poner en el protocolo corriente copia autorizada del acta de otorgamiento.

> *Ver arts. 17 y 34 Ley del Notariado; art. 274 Reglamento de la organización y régimen del Notariado.*

ART. 711.

El testador podrá conservar en su poder el testamento cerrado, o encomendar su guarda a persona de su confianza, o depositarlo en poder del Notario autorizante para que lo guarde en su archivo.

En este último caso el Notario dará recibo al testador y hará constar en su protocolo corriente, al margen o a continuación de la copia del acta de otorgamiento, que queda el testamento en su poder. Si lo retirare después el testador, firmará un recibo a continuación de dicha nota.

> *Ver arts. 216 a 219 Reglamento de la organización y régimen del Notariado.*

ART. 712.

1. La persona que tenga en su poder un testamento cerrado deberá presentarlo ante Notario competente en los diez días siguientes a aquel en que tenga conocimiento del fallecimiento del testador.

2. El Notario autorizante de un testamento cerrado, constituido en depositario del mismo por el testador, deberá comunicar, en los diez días siguientes a que tenga conocimiento de su fallecimiento, la existencia del testamento al cónyuge sobreviviente, a los descendientes y a los ascendientes del testador y, en defecto de éstos, a los parientes colaterales hasta el cuarto grado.

3. En los dos supuestos anteriores, de no conocer la identidad o domicilio de estas personas, o si se ignorase su existencia, el Notario deberá dar la publicidad que determine la legislación notarial.

El incumplimiento de este deber, así como el de la presentación del testamento por quien lo tenga en su poder o por el Notario, le hará responsable de los daños y perjuicios causados.

Modificado por Ley 15/2015, de 2 de julio, de la Jurisdicción Voluntaria. (BOE de 03-07-2015).

Ver arts. 690, 736, 1104, 1902 CC; arts. 57 a 60 Ley del Notariado; art. 421-16 Ley 10/2008 de Cataluña.

ART. 713.

El que con dolo deje de presentar el testamento cerrado que obre en su poder dentro del plazo fijado en el artículo anterior, además de la responsabilidad que en él se determina, perderá todo derecho a la herencia, si lo tuviere como heredero abintestato o como heredero o legatario por testamento.

En esta misma pena incurrirán el que sustrajere dolosamente el testamento cerrado del domicilio del testador o de la persona que lo tenga en guarda o depósito, y el que lo oculte, rompa o inutilice de otro modo, sin perjuicio de la responsabilidad criminal que proceda.

Modificado por Ley 15/2015, de 2 de julio, de la Jurisdicción Voluntaria. (BOE de 03-07-2015).

Ver art. 756.6 CC.

ART. 714.

Para la apertura y protocolización del testamento cerrado se observará lo previsto en la legislación notarial.

Modificado por Ley 15/2015, de 2 de julio, de la Jurisdicción Voluntaria. (BOE de 03-07-2015).

Ver arts. 57 a 60 Ley del Notariado.

ART. 715.

Es nulo el testamento cerrado en cuyo otorgamiento no se hayan observado las formalidades establecidas en esta Sección; y el Notario que lo autorice será responsable de los daños y perjuicios que sobrevengan, si se probare que la falta procedió de su malicia o de negligencia o ignorancia inexcusables. Será válido, sin embargo, como testamento ológrafo, si todo él estuviere escrito y firmado por el testador y tuviere las demás condiciones propias de este testamento.

Ver arts. 680 y ss. CC; ley 212 Compilación de Navarra; art. 430.1 Código de Derecho Foral de Aragón; arts. 422-1 y 422-6.2 Ley 10/2008 de Cataluña.

Sección 7.ª Del testamento militar

ART. 716.

En tiempo de guerra, los militares en campaña, voluntarios, rehenes, prisioneros y demás individuos empleados en el ejército, o que sigan a éste, podrán otorgar su testamento ante un Oficial que tenga por lo menos la categoría de Capitán.

Es aplicable esta disposición a los individuos de un ejército que se halle en país extranjero.

Si el testador estuviere enfermo o herido, podrá otorgarlo ante el Capellán o el Facultativo que le asista.

Si estuviere en destacamento, ante el que lo mande, aunque sea subalterno.

En todos los casos de este artículo será siempre necesaria la presencia de dos testigos idóneos.

Ver arts. 677, 719 y 721 CC.

ART. 717.

También podrán las personas mencionadas en el artículo anterior otorgar testamento cerrado ante un Comisario de guerra, que ejercerá en este caso las funciones de Notario, observándose las disposiciones de los artículos 706 y siguientes.

ART. 718.

Los testamentos otorgados con arreglo a los dos artículos anteriores deberán ser remitidos con la mayor brevedad posible al Cuartel General y, por este, al Ministerio de Defensa.

El Ministerio, si hubiese fallecido el testador, remitirá el testamento al Colegio Notarial correspondiente al último domicilio del difunto, y de no ser conocido éste, lo remitirá al Colegio Notarial de Madrid.

El Colegio Notarial remitirá el testamento al Notario correspondiente al último domicilio del testador. Recibido por el Notario deberá comunicar, en los diez días siguientes, su existencia a los herederos y demás interesados en la sucesión, para que comparezcan ante él al objeto de protocolizarlo de acuerdo con lo dispuesto legalmente.

Modificado por Ley 15/2015, de 2 de julio, de la Jurisdicción Voluntaria. (BOE de 03-07-2015).

Ver arts. 720 y 727 CC, art. 213 Reglamento de la organización y régimen del Notariado

ART. 719.

Los testamentos mencionados en el artículo 716 caducarán cuatro meses después que el testador haya dejado de estar en campaña.

Ver art. 743 CC.

ART. 720.

Durante una batalla, asalto, combate, y generalmente en todo peligro próximo de acción de guerra, podrá otorgarse testamento militar de palabra ante dos testigos.

Pero este testamento quedará ineficaz si el testador se salva del peligro en cuya consideración testó.

Aunque no se salvare, será ineficaz el testamento si no se formaliza por los testigos ante el Auditor de guerra o funcionario de justicia que siga al ejército, procediéndose después en la forma prevenida en el artículo 718.

Ver arts. 700, 701, 703 y 731 CC.

ART. 721.

Si fuere cerrado el testamento militar, se observará lo prevenido en los artículos 706 y 707; pero se otorgará ante el Oficial y los dos testigos que para el abierto exige el artículo 716, debiendo firmar todos ellos el acta de otorgamiento, como asimismo el testador, si pudiere.

Ver arts. 730 y 743 CC.

Sección 8.ª Del testamento marítimo

ART. 722.

Los testamentos, abiertos o cerrados, de los que durante un viaje marítimo vayan a bordo, se otorgarán en la forma siguiente:

Si el buque es de guerra, ante el Contador o el que ejerza sus funciones, en presencia de dos testigos idóneos, que vean y entiendan al testador. El Comandante del buque, o el que haga sus veces, pondrá además su visto bueno.

En los buques mercantes autorizará el testamento el Capitán o el que haga sus veces, con asistencia de dos testigos idóneos.

En uno y otro caso los testigos se elegirán entre los pasajeros, si los hubiere; pero uno de ellos, por lo menos, ha de poder firmar, el cual lo hará por sí y por el testador, si éste no sabe o no puede hacerlo.

Si el testamento fuera abierto, se observará además lo prevenido en el artículo 695, y, si fuere cerrado, lo que se ordena en la sección sexta de este capítulo, con exclusión de lo relativo al número de testigos e intervención del Notario.

Ver arts. 677, 694 y ss. CC; art. 179 Ley 14/2014 de Navegación Marítima.

ART. 723.

El testamento del Contador del buque de guerra y el del Capitán del mercante serán autorizados por quien deba sustituirlos en el cargo, observándose para lo demás lo dispuesto en el artículo anterior.

ART. 724.

Los testamentos abiertos hechos en alta mar serán custodiados por el Comandante o por el Capitán, y se hará mención de ellos en el Diario de navegación.
La misma mención se hará de los ológrafos y los cerrados.

Ver art. 612 Código de Comercio; art. 181 Ley 14/2014 de Navegación Marítima.

ART. 725.

Si el buque arribase a un puerto extranjero donde haya Agente diplomático o consular de España, el Comandante del de guerra, o el Capitán del mercante, entregará a dicho Agente copia del testamento abierto o del acta de otorgamiento del cerrado, y de la nota tomada en el Diario.
La copia del testamento o del acta deberá llevar las mismas firmas que el original, si viven y están a bordo los que lo firmaron; en otro caso será autorizada por el Contador o Capitán que hubiese recibido el testamento, o el que haga sus veces, firmando también los que estén a bordo de los que intervinieron en el testamento.
El Agente diplomático o consular hará extender por escrito diligencia de la entrega y, cerrada y sellada la copia del testamento o la del acta del otorgamiento si fuere cerrado, la remitirá con la nota del Diario por el conducto correspondiente al Ministro de Marina, quien mandará que se deposite en el Archivo de su Ministerio.
El Comandante o Capitán que haga la entrega recogerá del Agente diplomático o consular certificación de haberlo verificado, y tomará nota de ella en el Diario de navegación.

Ver art. 181 Ley 14/2014 de Navegación Marítima.

ART. 726.

Cuando el buque, sea de guerra o mercante, arribe al primer puerto del Reino, el Comandante o Capitán entregará el testamento original, cerrado y sellado, a la Autoridad marítima local, con copia de la nota tomada en el Diario; y, si hubiese fallecido el testador, certificación que lo acredite.
La entrega se acreditará en la forma prevenida en el artículo anterior, y la Autoridad marítima lo remitirá todo sin dilación al Ministerio de Marina.

Ver art. 181 Ley 14/2014 de Navegación Marítima.

ART. 727.

Si hubiese fallecido el testador y fuere abierto el testamento, el Ministro de Marina practicará lo que se dispone en el artículo 718.

ART. 728.

Cuando el testamento haya sido otorgado por un extranjero en buque español, el Ministro de Marina remitirá el testamento al de Estado, para que por la vía diplomática se le dé el curso que corresponda.

ART. 729.

Si fuere ológrafo el testamento y durante el viaje falleciera el testador, el Comandante o Capitán recogerá el testamento para custodiarlo, haciendo mención de ello en el Diario, y lo entregará a la Autoridad marítima local, en la forma y para los efectos prevenidos en el artículo anterior, cuando el buque arribe al primer puerto del Reino.
Lo mismo se practicará cuando sea cerrado el testamento, si lo conservaba en su poder el testador al tiempo de su muerte.

Ver art. 724 CC; arts. 82 y 181 Ley 14/2014 de Navegación Marítima.

ART. 730.

Los testamentos, abiertos y cerrados, otorgados con arreglo a lo prevenido en esta Sección, caducarán pasados cuatro meses, contados desde que el testador desembarque en un punto donde pueda testar en la forma ordinaria.

Ver arts. 719 y 743 CC.

ART. 731.

Si hubiere peligro de naufragio, será aplicable a las tripulaciones y pasajeros de los buques de guerra o mercantes lo dispuesto en el artículo 720.

Sección 9.ª Del testamento hecho en país extranjero

ART. 732.

Los españoles podrán testar fuera del territorio nacional, sujetándose a las formas establecidas por las leyes del País en que se hallen.

También podrán testar en alta mar durante su navegación en un buque extranjero, con sujeción a las leyes de la Nación a que el buque pertenezca.

Podrán asimismo hacer testamento ológrafo, con arreglo al art. 688, aun en los países cuyas leyes no admitan dicho testamento.

Ver arts. 11, 12 y 667 CC.

ART. 733.

No será válido en España el testamento mancomunado, prohibido por el art. 669, que los españoles otorguen en país extranjero, aunque lo autoricen las leyes de la Nación donde se hubiese otorgado.

Ver art. 669 CC; ley 200 Compilación de Navarra; 186 a 195 Ley 2/2006 de Derecho Civil de Galicia.

ART. 734.

También podrán los españoles que se encuentren en país extranjero otorgar su testamento, abierto o cerrado, ante el funcionario diplomático o consular de España que ejerza funciones notariales en el lugar del otorgamiento.

En estos casos se observarán respectivamente todas las formalidades establecidas en las Secciones quinta y sexta de este capítulo.

Ver arts. 694 a 705 y 706 a 715 CC.

ART. 735.

El Agente diplomático o consular remitirá, autorizada con su firma y sello, copia del testamento abierto, o del acta de otorgamiento del cerrado, al Ministerio de Estado para que se deposite en su Archivo.

Ver Anexo III del Reglamento Notarial.

ART. 736.

El Agente, diplomático o consular, en cuyo poder hubiese depositado su testamento ológrafo o cerrado un español, lo remitirá al Ministerio de Estado cuando fallezca el testador, con el certificado de defunción.

El Ministerio de Estado hará publicar en la GACETA DE MADRID la noticia del fallecimiento, para que los interesados en la herencia puedan recoger el testamento y gestionar su protocolización en la forma prevenida.

Ver arts. 688 a 693 y 706 a 715 CC.

Sección 10.ª De la revocación e ineficacia de los testamentos

ART. 737.

Todas las disposiciones testamentarias son esencialmente revocables, aunque el testador exprese en el testamento su voluntad o resolución de no revocarlas.

Se tendrán por no puestas las cláusulas derogatorias de las disposiciones futuras, y aquellas en que ordene el testador que no valga la revocación del testamento si no la hiciere con ciertas palabras o señales.

Ver Leyes 201, 202, 208 y 213 Compilación de Navarra, art. 422-8.1 Ley 10/2008 de Cataluña; art. 431 Código de Derecho Foral de Aragón.

ART. 738.

El testamento no puede ser revocado en todo ni en parte sino con las solemnidades necesarias para testar.

Ver Leyes 201, 202 y 210 Compilación de Navarra; art. 432 Código Derecho Foral Aragón; 422-9.1 Ley 1/2008 de Cataluña; art. 27 Ley 5/2015 de Derecho Civil Vasco.

ART. 739.

El testamento anterior queda revocado de derecho por el posterior perfecto, si el testador no expresa en éste su voluntad de que aquél subsista en todo o en parte.

Sin embargo, el testamento anterior recobra su fuerza si el testador revoca después el posterior, y declara expresamente ser su voluntad que valga el primero.

Ver arts. 10, 17.5 y 70 Compilación de Baleares; Leyes 210 y 212 Compilación de Navarra; 432 y 433 Código de Derecho Foral de Aragón; art. 422-9 Ley 10/2008 de Cataluña; 101 Ley 5/2015 de Derecho Civil Vasco.

ART. 740.

La revocación producirá su efecto aunque el segundo testamento caduque por incapacidad del heredero o de los legatarios en él nombrados, o por renuncia de aquél o de éstos.

Ver art. 433.1 Código de Derecho Foral de Aragón.

ART. 741.

El reconocimiento de un hijo no pierde su fuerza legal aunque se revoque el testamento en que se hizo o éste no contenga otras disposiciones, o sean nulas las demás que contuviere.

Ver arts. 120.1 y 124 CC; ley 209 Compilación de Navarra; art. 422-8.2 Ley 10/2008 de Cataluña; 431.4 Código Derecho Foral de Aragón.

ART. 742.

Se presume revocado el testamento cerrado que aparezca en el domicilio del testador con las cubiertas rotas o los sellos quebrantados, o borradas, raspadas o enmendadas las firmas que lo autoricen.

El testamento será, sin embargo, válido cuando se probare haber ocurrido el desperfecto sin voluntad ni conocimiento del testador o hallándose este afectado por alteraciones graves en su salud mental; pero si apareciere rota la cubierta o quebrantados los sellos, será necesario probar además la autenticidad del testamento para su validez.

Si el testamento se encontrare en poder de otra persona, se entenderá que el vicio procede de ella y no será aquél válido como no se pruebe su autenticidad, si estuvieren rota la cubierta o quebrantados los sellos; y si una y otros se hallaren íntegros, pero con las firmas borradas, raspadas o enmendadas, será válido el testamento, como no se justifique haber sido entregado el pliego en esta forma por el mismo testador.

Párrafo segundo se modifica por Ley 8/2021, de 2 de junio, por la que se reforma la legislación civil y procesal para el apoyo a las personas con discapacidad en el ejercicio de su capacidad jurídica (BOE de 03-06-2021). En vigor desde el 3 de septiembre de 2021.

Ver art. 422-10 Ley 10/2008 de Cataluña; art. 435 Código de Derecho Foral de Aragón.

ART. 743.

Caducarán los testamentos, o serán ineficaces en todo o en parte las disposiciones testamentarias, sólo en los casos expresamente prevenidos en este Código.

Ver arts. 662 a 666, 669, 670, 673, 687 a 689, 703, 704, 715, 719, 720, 730, 750 y 755 CC; leyes 191, 198 y 201 Compilación de Navarra; art. 422-1 y 422-2 Ley 10/2008 de Cataluña.

CAPÍTULO II
De la herencia

Sección 1.ª De la capacidad para suceder por testamento y sin él

ART. 744.

Podrán suceder por testamento o abintestato los que no estén incapacitados por la ley.

Ver arts. 745, 752 a 756, 789 y 914; ley 153 Compilación de Navarra; art. 325 y 327 Código de Derecho Foral de Aragón; art. 412-1 y 412-2 Ley 10/2008 de Cataluña.

ART. 745.

Son incapaces de suceder:

1.º Las criaturas abortivas, entendiéndose tales las que no reúnan las circunstancias expresadas en el artículo 30.

2.º Las asociaciones o corporaciones no permitidas por la ley.

Ver arts. 22.2 y 5 CE; art. 515 CP; arts. 2.7 y 8 LO 1/2002, de 22 de marzo, reguladora del Derecho de Asociación; art. 327 Código de Derecho Foral de Aragón; art. 412-2 Ley 10/2008 de Cataluña.

ART. 746.

Las iglesias y los cabildos eclesiásticos, las Diputaciones provinciales y las provincias, los Ayuntamientos y Municipios, los establecimientos de hospitalidad, beneficencia e instrucción pública, las asociaciones autorizadas o reconocidas por la ley y las demás personas jurídicas pueden adquirir por testamento con sujeción a lo dispuesto en el artículo 38.

Ver arts. 752 y 994 CC; art. 179 Reglamento de la organización y régimen del Notariado; arts. 20 y 21 Ley 33/2003 del Patrimonio de las Administraciones Públicas; arts. 3 y 4 del RD Legislativo 2/2004 que aprueba el Texto Refundido de la Ley Reguladora de las Haciendas Locales; art. 22 Ley 50/2002 de Fundaciones.

ART. 747.

Si el testador dispusiere del todo o parte de sus bienes para sufragios y obras piadosas en beneficio de su alma, haciéndolo indeterminadamente y sin especificar su aplicación, los albaceas venderán los bienes y distribuirán su importe, dando la mitad al Diocesano para que lo destine a los indicados sufragios y a las atenciones y necesidades de la Iglesia, y la otra mitad al Gobernador civil correspondiente para los establecimientos benéficos del domicilio del difunto, y en su defecto, para los de la provincia.

Ver arts. 671, 788 y 797 CC; art. 473 Código de Derecho Foral de Aragón y Decreto 185/2014 del Gobierno de Aragón, sobre regulación de las actuaciones administrativas en la sucesión legal a favor de la Comunidad Autónoma de Aragón, y en los casos de disposición voluntaria a favor de personas indeterminadas; art. 428-3 y 429-11 Ley 10/2008 de Cataluña.

ART. 748.

La institución hecha a favor de un establecimiento público bajo condición o imponiéndole un gravamen, sólo será válida si el Gobierno la aprueba.

Ver art. 994 CC; arts. 20.4 y 21.3 y 4 Ley 33/2003 de Patrimonio de las Administraciones Públicas y 37 y ss. Reglamento General de desarrollo.

ART. 749.

Las disposiciones hechas a favor de los pobres en general, sin designación de personas ni de población, se entenderán limitadas a los del domicilio del testador en la época de su muerte, si no constare claramente haber sido otra su voluntad.

La calificación de los pobres y la distribución de los bienes se harán por la persona que haya designado el testador, en su defecto por los albaceas, y, si no los hubiere, por el Párroco, el Alcalde y el Juez municipal, los cuales resolverán, por mayoría de votos, las dudas que ocurran.

Esto mismo se hará cuando el testador haya dispuesto de sus bienes en favor de los pobres de una parroquia o pueblo determinado.

Ver arts. 992 CC; art. 473 Código de Derecho Foral de Aragón y Decreto 185/2014 del Gobierno de Aragón, sobre regulación de las actuaciones administrativas en la sucesión legal a favor de la Comunidad Autónoma de Aragón; art. 428-3 y 429-11 Ley 10/2008 de Cataluña.

ART. 750.

Toda disposición en favor de persona incierta será nula, a menos que por algún evento pueda resultar cierta.

Ver arts. 670 y 773 CC; art. 470 Código de Derecho Foral de Aragón; 203.1 Ley 2/2006 de Derecho Civil de Galicia.

ART. 751.

La disposición hecha genéricamente en favor de los parientes del testador se entiende hecha en favor de los más próximos en grado.

Ver arts. 921 CC; art. 474 Código Derecho Foral de Aragón; art. 423-9 Ley 10/2008 de Cataluña.

ART. 752.

No producirán efecto las disposiciones testamentarias que haga el testador durante su última enfermedad en favor del sacerdote que en ella le hubiese confesado, de los parientes del mismo dentro del cuarto grado, o de su iglesia, cabildo, comunidad o instituto.

Ver art. 746 CC; art. 412-5.1 c) Ley 10/2008 de Cataluña.

ART. 753.

Tampoco surtirá efecto la disposición testamentaria en favor de quien sea tutor o curador representativo del testador, salvo cuando se haya hecho después de la extinción de la tutela o curatela.

Será nula la disposición hecha por las personas que se encuentran internadas por razones de salud o asistencia, a favor de sus cuidadores que sean titulares, administradores o empleados del establecimiento público o privado en el que aquellas estuvieran internadas. También será nula la disposición realizada a favor de los citados establecimientos.

Las demás personas físicas que presten servicios de cuidado, asistenciales o de naturaleza análoga al causante, solo podrán ser favorecidas en la sucesión de este si es ordenada en testamento notarial abierto.

Serán, sin embargo, válidas las disposiciones hechas en favor del tutor, curador o cuidador que sea pariente con derecho a suceder ab intestato.

Modificado por Ley 8/2021, de 2 de junio, por la que se reforma la legislación civil y procesal para el apoyo a las personas con discapacidad en el ejercicio de su capacidad jurídica (BOE de 03-06-2021). En vigor desde el 3 de septiembre de 2021.

Ver arts. 292 CC; ley 153.2) Compilación de Navarra; art. 475.1 d); art. 412-5.1 d) Ley 10/2008 de Cataluña.

ART. 754.

El testador no podrá disponer del todo o parte de su herencia en favor del Notario que autorice su testamento, o del cónyuge, parientes o afines del mismo dentro del cuarto grado, con la excepción establecida en el artículo 682.

Esta prohibición será aplicable a los testigos del testamento abierto, otorgado con o sin Notario.

Las disposiciones de este artículo son también aplicables a los testigos y personas ante quienes se otorguen los testamentos especiales.

Ver arts. 22, 27 y 28 Ley del Notariado de 2 de mayo de 1862; art. 139 Reglamento de la organización y régimen del Notariado; ley 153.1) Compilación de Navarra; art. 475.1 Código de Derecho Foral de Aragón; art. 412-5.1 a) y b) Ley 10/2008 de Cataluña.

ART. 755.

Será nula la disposición testamentaria a favor de un incapaz, aunque se la disfrace bajo la forma de contrato oneroso o se haga a nombre de persona interpuesta.

Ver arts. 745, 760 a 762 CC; art. 412-6.1 Ley 10/2008 de Cataluña.

ART. 756.

Son incapaces de suceder por causa de indignidad:

1.º El que fuera condenado por sentencia firme por haber atentado contra la vida, o a pena grave por haber causado lesiones o por haber ejercido habitualmente violencia física o psíquica en el ámbito familiar al causante, su cónyuge, persona a la que esté unida por análoga relación de afectividad o alguno de sus descendientes o ascendientes.

2.º El que fuera condenado por sentencia firme por delitos contra la libertad, la integridad moral y la libertad e indemnidad sexual, si el ofendido es el causante, su cónyuge, la persona a la que esté unida por análoga relación de afectividad o alguno de sus descendientes o ascendientes.

Asimismo el condenado por sentencia firme a pena grave por haber cometido un delito contra los derechos y deberes familiares respecto de la herencia de la persona agraviada.

También el privado por resolución firme de la patria potestad, o removido del ejercicio de la tutela o acogimiento familiar de un menor o del ejercicio de la curatela de una persona con discapacidad por causa que le sea imputable, respecto de la herencia del mismo.

3.º El que hubiese acusado al causante de delito para el que la ley señala pena grave, si es condenado por denuncia falsa.

4.º El heredero mayor de edad que, sabedor de la muerte violenta del testador, no la hubiese denunciado dentro de un mes a la justicia cuando ésta no hubiera procedido ya de oficio.

Cesará esta prohibición en los casos en que, según la Ley, no hay la obligación de acusar.

5.º El que, con amenaza, fraude o violencia, obligare al testador a hacer testamento o a cambiarlo.

6.º El que por iguales medios impidiere a otro hacer testamento, o revocar el que tuviese hecho, o suplantare, ocultare o alterare otro posterior.

7.º Tratándose de la sucesión de una persona con discapacidad, las personas con derecho a la herencia que no le hubieren prestado las atenciones debidas, entendiendo por tales las reguladas en los artículos 142 y 146 del Código Civil.

> *Ordinal 2.º (párrafo tercero) y ordinal 7.º se modifican por Ley 8/2021, de 2 de junio, por la que se reforma la legislación civil y procesal para el apoyo a las personas con discapacidad en el ejercicio de su capacidad jurídica (BOE de 03-06-2021). En vigor desde el 3 de septiembre de 2021.*

> *Ver arts. 673, 674, 713, 758, 761, 762 y disp. adic. 4.ª CC; art. 2.2 Ley 41/2003 de protección patrimonial de personas con discapacidad y de modificación del Código Civil, de la Ley de Enjuiciamiento Civil y de la Normativa Tributaria; ley 153.3) Compilación de Navarra; arts. 7 bis y 69 bis Compilación de Baleares; art. 328 Código de Derecho Foral de Aragón; art. 412-3 Ley 10/2008 de Cataluña; arts.138 y ss., 172, 187 y ss., 205, 226 a 228, 390 y ss. y 150 CP; arts. 260 y ss. LECrim.*

ART. 757.

Las causas de indignidad dejan de surtir efecto si el testador las conocía al tiempo de hacer testamento, o si habiéndolas sabido después, las remitiere en documento público.

> *Ver art. 856 CC; ley 153.3) Compilación de Navarra; art. 332.1 Código de Derecho Foral de Aragón; art. 412-4 Ley 10/2008 de Cataluña.*

ART. 758.

Para calificar la capacidad del heredero o legatario se atenderá al tiempo de la muerte de la persona de cuya sucesión se trate.

En los casos 2.º y 3.º del artículo 756 se esperará a que se dicte la sentencia firme, y en el número 4.º a que transcurra el mes señalado para la denuncia.

Si la institución o legado fuere condicional, se atenderá además al tiempo en que se cumpla la condición.

> *Ver arts. 657, 756, 790 a 805 y 1113 y ss. CC; art. 329 Código de Derecho Foral de Aragón.*

ART. 759.

El heredero o legatario que muera antes de que la condición se cumpla, aunque sobreviva al testador, no transmite derecho alguno a sus herederos.

> *Ver, por contradictorio, el art. 799 CC; arts. 791, 881 y 1006 CC; art. 16 Compilación de Baleares; art. 437 b Código de Derecho Foral de Aragón; art. 423-13 Ley 10/2008 de Cataluña.*

ART. 760.

El incapaz de suceder, que, contra la prohibición de los anteriores artículos, hubiese entrado en la posesión de los bienes hereditarios, estará obligado a restituirlos con sus accesiones y con todos los frutos y rentas que haya percibido.

> *Ver art. 455 y 755 CC; art. 331 Código de Derecho Foral de Aragón; art. 412.8.1 Ley 10/2008 de Cataluña.*

ART. 761.

Si el excluido de la herencia por incapacidad fuera hijo o descendiente del testador y tuviere hijos o descendientes, adquirirán éstos su derecho a la legítima.

Ver arts. 857 CC; art. 97.1 b Ley 15/2015 de Jurisdicción Voluntaria; art. 412-8.3 y 451-.3.2 Ley 10/2008 de Cataluña; art. 339.1 Código Derecho Foral Aragón.

ART. 762.

No puede deducirse acción para declarar la incapacidad pasados cinco años desde que el incapaz esté en posesión de la herencia o legado.

Ver art. 760 CC; art. 333 Código de Derecho Foral de Aragón; art. 412-7 Ley 10/2008 de Cataluña.

Sección 2.ª De la institución de heredero

ART. 763.

El que no tuviere herederos forzosos puede disponer por testamento de todos sus bienes o de parte de ellos en favor de cualquier persona que tenga capacidad para adquirirlos.

El que tuviere herederos forzosos sólo podrá disponer de sus bienes en la forma y con las limitaciones que se establecen en la Sección Quinta de este Capítulo.

Ver art. 806 y ss. CC; ley 149 Compilación de Navarra; arts. 318 y 464 Código Derecho Foral de Aragón; art. 421-1 Ley 10/2008 de Cataluña; art. 89 Ley 5/2015 de Derecho Civil Vasco.

ART. 764.

El testamento será válido aunque no contenga institución de heredero, o ésta no comprenda la totalidad de los bienes, y aunque el nombrado no acepte la herencia o sea incapaz de heredar.

En estos casos se cumplirán las disposiciones testamentarias hechas con arreglo a las leyes, y el remanente de los bienes pasará a los herederos legítimos.

Ver arts. 912 y 913 CC; arts. 14 y 69 Compilación de Baleares; leyes 215 Compilación de Navarra; art. 465 Código Derecho Foral de Aragón; art. 422-1.3 y 423-1 Ley 10/2008 de Cataluña.

ART. 765.

Los herederos instituidos sin designación de partes heredarán por partes iguales.

Ver arts. 932, 936, 947, 950, 983 y 1353 CC; art. 472 a. Código de Derecho Foral de Aragón; art. 423-6 Ley 10/2008 de Cataluña.

ART. 766.

El heredero voluntario que muere antes que el testador, el incapaz de heredar y el que renuncia a la herencia, no transmiten ningún derecho a sus herederos, salvo lo dispuesto en los artículos 761 y 857.

Ver arts. 33, 759, 784, 799 y 1006 CC; art. 437 Código de Derecho Foral de Aragón; art. 8 Compilación de Baleares.

ART. 767.

La expresión de una causa falsa de la institución de heredero o del nombramiento de legatario, será considerada como no escrita, a no ser que del testamento resulte que el testador no habría hecho tal institución o legado si hubiese conocido la falsedad de la causa.

La expresión de una causa contraria a derecho, aunque sea verdadera, se tendrá también por no escrita.

Ver arts. 675, 1274, 1275, 1276 y 1277 CC; art. 471 Código de Derecho Foral de Aragón; art. 423-11 Ley 10/2008.

ART. 768.

El heredero instituido en una cosa cierta y determinada será considerado como legatario.

Ver arts. 660, 668 y 891 CC; art. 15 Compilación de Baleares; leyes 216 y 241 Compilación de Navarra; art. 466.3 y 468 Código de Derecho Foral de Aragón; art. 423-3 Ley 10/2008 de Cataluña.

ART. 769.

Cuando el testador nombre unos herederos individualmente y otros colectivamente, como si dijere: «Instituyo por mis herederos a N. y a N. y a los hijos de N.», los colectivamente nombrados se considerarán como si lo fueran individualmente, a no ser que conste de un modo claro que ha sido otra la voluntad del testador.

Ver arts. 675 CC; art. 472 b. Código de Derecho Foral de Aragón; art. 423-6 y 423-8 Ley 10/2008 de Cataluña.

ART. 770.

Si el testador instituye a sus hermanos, y los tiene carnales y de padre o madre solamente, se dividirá la herencia como en el caso de morir intestado.

Ver arts. 946 a 955 CC; art. 472 a) Código de Derecho Foral de Aragón.

ART. 771.

Cuando el testador llame a la sucesión a una persona y a sus hijos, se entenderán todos instituidos simultánea y no sucesivamente.

Ver art. 472 c Código de Derecho Foral de Aragón; art. 423-7 Ley 10/2008 de Cataluña.

ART. 772.

El testador designará al heredero por su nombre y apellidos, y cuando haya dos que los tengan iguales deberá señalar alguna circunstancia por la que se conozca al instituido.

Aunque el testador haya omitido el nombre del heredero, si lo designare de modo que no pueda dudarse quién sea el instituido valdrá la institución.

En el testamento del adoptante la expresión genérica hijo o hijos comprende a los adoptivos.

Ver arts. 750, 764 y 772 CC; art. 425 Código de Derecho Foral de Aragón.

ART. 773.

El error en el nombre, apellido o cualidades del heredero no vicia la institución cuando de otra manera puede saberse ciertamente cuál sea la persona nombrada.

Si entre personas del mismo nombre y apellidos hay igualdad de circunstancias y éstas son tales que no permiten distinguir al instituido, ninguno será heredero.

Ver arts. 750, 764 y 772 CC; art. 425 Código de Derecho Foral de Aragón.

Sección 3.ª De la sustitución

ART. 774.

Puede el testador sustituir una o más personas al heredero o herederos instituidos para el caso en que mueran antes que él, o no quieran, o no puedan aceptar la herencia.

La sustitución simple, y sin expresión de casos, comprende los tres expresados en el párrafo anterior, a menos que el testador haya dispuesto lo contrario.

Ver arts. 759, 766, 789 y 813 CC; leyes 220, 223 y 228 Compilación de Navarra; art. 425-1 Ley 10/2008 de Cataluña.

ART. 775.

Los padres y demás ascendientes podrán nombrar sustitutos a sus descendientes menores de catorce años, de ambos sexos, para el caso de que mueran antes de dicha edad.

Ver arts. 663.1 y 774 CC; art. 14 Compilación de Baleares; ley 227 Compilación de Navarra; art. 425 425-5 Ley 10/2008 de Cataluña.

ART. 776.

(SUPRIMIDO)

Suprimido por Ley 8/2021, de 2 de junio, por la que se reforma la legislación civil y procesal para el apoyo a las personas con discapacidad en el ejercicio de su capacidad jurídica (BOE de 03-06-2021). En vigor desde el 3 de septiembre de 2021.

Ver D.T. 4.ª de la Ley 8/2021, de 2 de junio, por la que se reforma la legislación civil y procesal para el apoyo a las personas con discapacidad en el ejercicio de su capacidad jurídica, que indica: «Cuando se hubiera nombrado sustituto en virtud del artículo 776 del Código Civil, en el caso de que la persona sustituida hubiera fallecido con posterioridad a la entrada en vigor de la presente Ley, se aplicará lo previsto en esta y, en consecuencia, la sustitución dejará de ser ejemplar, sin que pueda suplir el testamento de la persona sustituida. No obstante, la sustitución se entenderá como una sustitución fideicomisaria de residuo en cuanto a los bienes que el sustituyente hubiera transmitido a título gratuito a la persona sustituida»; art. 201 CC; art. 14 Compilación de Baleares; ley 227 Compilación de Navarra; art. 425-10 y 425-13 Ley 10/2008 de Cataluña.

ART. 777.

Las sustituciones de que hablan los dos artículos anteriores, cuando el sustituido tenga herederos forzosos, sólo serán válidas en cuanto no perjudiquen los derechos legitimarios de éstos.

Ver arts. 782, 806, 807 y 813 CC; arts. 425-9 y 425-14 Ley 10/2008 de Cataluña.

ART. 778.

Pueden ser sustituidas dos o más personas a una sola; y al contrario, una sola a dos o más herederos.

Ver arts. 774 y 789 CC; ley 223 Compilación de Navarra; art. 425-2 Ley 10/2008 Cataluña.

ART. 779.

Si los herederos instituidos en partes desiguales fueren sustituidos recíprocamente, tendrán en la sustitución las mismas partes que en la institución, a no ser que claramente aparezca haber sido otra la voluntad del testador.

Ver art. 778 y 780 CC; ley 223 Compilación de Navarra.

ART. 780.

El sustituto quedará sujeto a las mismas cargas y condiciones impuestas al instituido, a menos que el testador haya dispuesto expresamente lo contrario, o que los gravámenes o condiciones sean meramente personales del instituido.

Ver art. 425-4 Ley 10/2008 de Cataluña.

ART. 781.

Las sustituciones fideicomisarias en cuya virtud se encarga al heredero que conserve y transmita a un tercero el todo o parte de la herencia, serán válidas y surtirán efecto siempre que no pasen del segundo grado, o que se hagan en favor de personas que vivan al tiempo del fallecimiento del testador.

Ver art. 640, 641, 785.2 y 3 y 787 CC; arts. 25, 35 a 37 Compilación de Baleares; ley 224 Compilación de Navarra; art. 426-1.1 y 426-10 Ley 10/2008 de Cataluña.

ART. 782.

Las sustituciones fideicomisarias nunca podrán gravar la legítima, salvo cuando se establezcan, en los términos establecidos en el artículo 808, en beneficio de uno o varios hijos del testador que se encuentren en una situación de discapacidad.

Si la sustitución fideicomisaria recayere sobre el tercio destinado a mejora, solo podrá establecerse a favor de los descendientes.

Modificado por Ley 8/2021, de 2 de junio, por la que se reforma la legislación civil y procesal para el apoyo a las personas con discapacidad en el ejercicio de su capacidad jurídica (BOE de 03-06-2021). En vigor desde el 3 de septiembre de 2021.

Ver arts. 777 y 808 CC.

ART. 783.

Para que sean válidos los llamamientos a la sustitución fideicomisaria, deberán ser expresos.

El fiduciario estará obligado a entregar la herencia al fideicomisario, sin otras deducciones que las que correspondan por gastos legítimos, créditos y mejoras, salvo el caso en que el testador haya dispuesto otra cosa.

Ver arts. 750, 771 y 785.1 CC; arts. 28, 32 y 36 Compilación de Baleares leyes 224, 228, 230 y 232 Compilación de Navarra; art. 426-13, 426-28, 426-29, 426-36, 426-37 Ley 10/2008 de Cataluña.

ART. 784.

El fideicomisario adquirirá derecho a la sucesión desde la muerte del testador, aunque muera antes que el fiduciario.

El derecho de aquél pasará a sus herederos.

Ver arts. 657, 661, 759 y 799 CC; arts. 27 y 28 Compilación de Baleares; ley 238 Compilación de Navarra; art. 426-1.2 Ley 10/2008 de Cataluña.

ART. 785.

No surtirán efecto:

1.º Las sustituciones fideicomisarias que no se hagan de una manera expresa, ya dándoles este nombre, ya imponiendo al sustituido la obligación terminante de entregar los bienes a un segundo heredero.

2.º Las disposiciones que contengan prohibición perpetua de enajenar, y aun la temporal, fuera del límite señalado en el artículo 781.

3.º Las que impongan al heredero el encargo de pagar a varias personas sucesivamente, más allá del segundo grado, cierta renta o pensión.

4.º Las que tengan por objeto dejar a una persona el todo o parte de los bienes hereditarios para que los aplique o invierta según instrucciones reservadas que le hubiese comunicado el testador.

Ver arts. 670 CC; art. 426-13, 426-14, 428-6 Ley 10/2008 de Cataluña.

ART. 786.

La nulidad de la sustitución fideicomisaria no perjudicará a la validez de la institución ni a los herederos del primer llamamiento; sólo se tendrá por no escrita la cláusula fideicomisaria.

Ver arts. 743 y 792 CC.

ART. 787.

La disposición en que el testador deje a una persona el todo o parte de la herencia, y a otra el usufructo, será válida. Si llamare al usufructo a varias personas, no simultánea, sino sucesivamente, se estará a lo dispuesto en el artículo 781.

Ver art. 640 CC; ley 410 Compilación de Navarra; art. 423-5 Ley 10/2008 de Cataluña; art. 561-15 Ley 5/2006 de Cataluña.

ART. 788.

Será válida la disposición que imponga al heredero la obligación de invertir ciertas cantidades periódicamente en obras benéficas, como dotes para doncellas pobres, pensiones para estudiantes o en favor de los pobres o de cualquiera establecimiento de beneficencia o de instrucción pública, bajo las condiciones siguientes:

Si la carga se impusiere sobre bienes inmuebles y fuere temporal, el heredero o herederos podrán disponer de la finca gravada, sin que cese el gravamen mientras que su inscripción no se cancele.

Si la carga fuere perpetua, el heredero podrá capitalizarla e imponer el capital a interés con primera y suficiente hipoteca.

La capitalización e imposición del capital se hará interviniendo el Gobernador Civil de la provincia y con audiencia del Ministerio Público.

En todo caso, cuando el testador no hubiere establecido un orden para la administración y aplicación de la manda benéfica, lo hará la Autoridad administrativa a quien corresponda con arreglo a las leyes.

Ver arts. 671 y 749 CC.

ART. 789.

Todo lo dispuesto en este Capítulo respecto a los herederos se entenderá también aplicable a los legatarios.

Ver arts. 858 a 891 CC, art. 427-6 Ley 10/2008 de Cataluña.

Sección 4.ª De la institución de heredero y del legado condicionales o a término

ART. 790.

Las disposiciones testamentarias, tanto a título universal como particular, podrán hacerse bajo condición.

Ver arts. 748, 791, 792 y 797 CC; art. 16 Compilación de Baleares; art. 476 Código de Derecho Foral de Aragón; art. 204 Ley 2/2006 de Derecho Civil de Galicia; arts. 423-12, 423-13 y 427-11 Ley 10/2008 de Cataluña.

ART. 791.

Las condiciones impuestas a los herederos y legatarios, en lo que no esté prevenido en esta Sección, se regirán por las reglas establecidas para las obligaciones condicionales.

Ver arts. 1114 y ss. CC.

ART. 792.

Las condiciones imposibles y las contrarias a las leyes o a las buenas costumbres se tendrán por no puestas y en nada perjudicarán al heredero o legatario, aun cuando el testador disponga otra cosa.

Ver arts. 793, 1116 y 1272 CC; art. 476 Código de Derecho Foral de Aragón; art. 423-16 y 423-17 Ley 10/2008 de Cataluña.

ART. 793.

La condición absoluta de no contraer primero o ulterior matrimonio se tendrá por no puesta, a menos que lo haya sido al viudo o viuda por su difunto consorte o por los ascendientes o descendientes de éste.

Podrá, sin embargo, legarse a cualquiera el usufructo, uso o habitación, o una pensión o prestación personal, por el tiempo que permanezca soltero o viudo.

Ver art. 32.1 CE; arts. 44, 792 y 1116 CC; ley 265 Compilación de Navarra; art. 476 Código de Derecho Foral de Aragón; art. 57 Ley 5/2015 de Derecho Civil Vasco.

ART. 794.

Será nula la disposición hecha bajo condición de que el heredero o legatario haga en su testamento alguna disposición en favor del testador o de otra persona.

Ver art. 640 CC; art. 476 Código de Derecho Foral de Aragón; art. 423-19 Ley 10/2008 de Cataluña.

ART. 795.

La condición puramente potestativa impuesta al heredero o legatario ha de ser cumplida por éstos, una vez enterados de ella, después de la muerte del testador.

Exceptúase el caso en que la condición, ya cumplida, no pueda reiterarse.

Ver art. 800 y 1115 CC; art. 423-15 Ley 10/2008 de Cataluña.

ART. 796.

Cuando la condición fuere casual o mixta, bastará que se realice o cumpla en cualquier tiempo, vivo o muerto el testador, si éste no hubiese dispuesto otra cosa.

Si hubiese existido o se hubiese cumplido al hacerse el testamento, y el testador lo ignoraba, se tendrá por cumplida.

Si lo sabía, sólo se tendrá por cumplida cuando fuere de tal naturaleza que no pueda ya existir o cumplirse de nuevo.

Ver art. 1117 a 1119 CC; art. 423-15 Ley 10/2008 de Cataluña.

ART. 797.

La expresión del objeto de la institución o legado, o la aplicación que haya de darse a lo dejado por el testador, o la carga que el mismo impusiere, no se entenderán como condición, a no parecer que ésta era su voluntad.

Lo dejado de esta manera puede pedirse desde luego, y es transmisible a los herederos que afiancen el cumplimiento de lo mandado por el testador, y la devolución de lo percibido con sus frutos e intereses, si faltaren a esta obligación.

Ver art. 675 CC; art. 16 Compilación Baleares; art. 428.1 Ley 10/2008 de Cataluña.

ART. 798.

Cuando, sin culpa o hecho propio del heredero o legatario, no pueda tener efecto la institución o el legado de que trata el artículo precedente en los mismos términos que haya ordenado el testador, deberá cumplirse en otros, los más análogos y conformes a su voluntad.

Cuando el interesado en que se cumpla, o no, impidiere su cumplimiento sin culpa o hecho propio del heredero o legatario, se considerará cumplida la condición.

Ver art. 1119 CC; 423-15.3 y 428-5 Ley 10/2008 de Cataluña.

ART. 799.

La condición suspensiva no impide al heredero o legatario adquirir sus respectivos derechos y transmitirlos a sus herederos, aun antes de que se verifique su cumplimiento.

Ver art. 759 CC por contradictorio; arts. 411-4.2, 423-13 y 427-12 Ley 10/2008 de Cataluña

ART. 800.

Si la condición potestativa impuesta al heredero o legatario fuere negativa, o de no hacer o no dar, cumplirán con afianzar que no harán o no darán lo que fue prohibido por el testador, y que, en caso de contravención, devolverán lo percibido con sus frutos e intereses.

Ver arts. 795 y 801 CC; art. 423-14.2 Ley 10/2008 de Cataluña.

ART. 801.

Si el heredero fuere instituido bajo condición suspensiva, se pondrán los bienes de la herencia en administración hasta que la condición se realice o haya certeza de que no podrá cumplirse.

Lo mismo se hará cuando el heredero o legatario no preste la fianza en el caso del artículo anterior.

Ver art. 797 y ss. LEC 1/2000; art. 423-14.2 Ley 10/2008 de Cataluña.

ART. 802.

La administración de que habla el artículo precedente se confiará al heredero o herederos instituidos sin condición, cuando entre ellos y el heredero condicional hubiere derecho de acrecer. Lo mismo se entenderá respecto de los legatarios.

Ver arts. 981 a 987 CC.

ART. 803.

Si el heredero condicional no tuviere coherederos, o teniéndolos no existiese entre ellos derecho de acrecer, entrará aquél en la administración, dando fianza.

Si no la diere, se conferirá la administración al heredero presunto, también bajo fianza; y, si ni uno ni otro afianzaren, los Tribunales nombrarán tercera persona, que se hará cargo de ella, también bajo fianza, la cual se prestará con intervención del heredero.

Ver art. 802 CC.

ART. 804.

Los administradores tendrán los mismos derechos y obligaciones que los que lo son de los bienes de un ausente.

Ver arts. 185 y ss. CC.

ART. 805.

Será válida la designación de día o de tiempo en que haya de comenzar o cesar el efecto de la institución de heredero o del legado.

En ambos casos, hasta que llegue el término señalado, o cuando éste concluya, se entenderá llamado el sucesor legítimo. Mas en el primer caso, no entrará éste en posesión de los bienes sino después de prestar caución suficiente, con intervención del instituido.

Ver arts. 799 y 1125 a 1130 CC; art. 16 Compilación de Baleares; arts. 423-12, 423-13, 427-11 y 427-14 Ley 10/2008 de Cataluña.

Sección 5.ª De las legítimas

ART. 806.

Legítima es la porción de bienes de que el testador no puede disponer por haberla reservado la ley a determinados herederos, llamados por esto herederos forzosos.

Ver arts. 763 y 813 a 816 y 831.2 CC; art. 48.1 Ley 5/2015 de Derecho Civil Vasco; ley 267 Compilación de Navarra; art. 451-1 Ley 10/2008 de Cataluña; art. 240 Ley 2/2006, de Derecho Civil de Galicia.

ART. 807.

Son herederos forzosos:

1. Los hijos y descendientes respecto de sus padres y ascendientes.
2. A falta de los anteriores, los padres y ascendientes respecto de sus hijos y descendientes.
3. El viudo o viuda en la forma y medida que establece este código.

Ver arts. 108, 834 y ss. CC; arts. 41 a 45 y 79 Compilación de Baleares; ley 268 Compilación de Navarra; arts. 486 y 488.1 Código de Derecho Foral de Aragón; art. 451-3.1 y 451-4 Ley 10/2008 de Cataluña; art. 47 Ley 5/2015 de Derecho Civil Vasco; art. 238 Ley 2/2006 de Derecho Civil de Galicia.

ART. 808.

Constituyen la legítima de los hijos y descendientes las dos terceras partes del haber hereditario de los progenitores.

Sin embargo, podrán estos disponer de una parte de las dos que forman la legítima, para aplicarla como mejora a sus hijos o descendientes.

La tercera parte restante será de libre disposición.

Cuando alguno o varios de los legitimarios se encontraren en una situación de discapacidad, el testador podrá disponer a su favor de la legítima estricta de los demás legitimarios sin discapacidad. En tal caso, salvo disposición contraria del testador, lo así recibido por el hijo beneficiado quedará gravado con sustitución fideicomisaria de residuo a favor de los que hubieren visto afectada su legítima estricta y no podrá aquel disponer de tales bienes ni a título gratuito ni por acto mortis causa.

Cuando el testador hubiere hecho uso de la facultad que le concede el párrafo anterior, corresponderá al hijo que impugne el gravamen de su legítima estricta acreditar que no concurre causa que la justifique.

Párrafo 3.º se suprime, anterior 4.º pasa a ser el 3.º y se añaden los dos últimos párrafos por Ley 8/2021, de 2 de junio, por la que se reforma la legislación civil y procesal para el apoyo a las personas con discapacidad en el ejercicio de su capacidad jurídica (BOE de 03-06-2021). En vigor desde el 3 de septiembre de 2021.

Ver arts. 823 y ss. CC; arts. 42 y 79 Compilación de Baleares; arts. 486 y 488 Código Derecho Foral de Aragón; ley 267 Compilación de Navarra; art. 451-5 Ley 10/2008 de Cataluña; art. 49 Ley 15/2015 de Derecho Civil Vasco; art. 243 Ley 2/2006 de Derecho Civil de Galicia.

ART. 809.

Constituye la legítima de los padres o ascendientes la mitad del haber hereditario de los hijos y descendientes salvo el caso en que concurrieren con el cónyuge viudo del descendiente causante, en cuyo supuesto será de una tercera parte de la herencia.

Ver arts. 43 y 79 Compilación de Baleares.

ART. 810.

La legítima reservada a los padres se dividirá entre los dos por partes iguales; si uno de ellos hubiere muerto, recaerá toda en el sobreviviente.

Cuando el testador no deje padre ni madre, pero sí ascendientes, en igual grado, de las líneas paterna y materna, se dividirá la herencia por mitad entre ambas líneas. Si los ascendientes fueren de grado diferente, corresponderá por entero a los más próximos de una u otra línea.

Ver arts. 915 a 923 CC; arts. 43 y 79 Compilación de Baleares; art.451-4 Ley 10/2008 de Cataluña.

ART. 811.

El ascendiente que heredare de su descendiente bienes que éste hubiese adquirido por título lucrativo de otro ascendiente, o de un hermano, se halla obligado a reservar los que hubiere adquirido por ministerio de la ley en favor de los parientes que estén dentro del tercer grado y pertenezcan a la línea de donde los bienes proceden.

Ver arts. 968 y ss. CC; leyes 303 y 305 Compilación de Navarra; art. 526 Código de Derecho Foral de Aragón; art. 118 Ley 5/2005 de Derecho Civil Vasco.

ART. 812.

Los ascendientes suceden con exclusión de otras personas en las cosas dadas por ellos a sus hijos o descendientes muertos sin posteridad, cuando los mismos objetos donados existan en la sucesión. Si hubieren sido enajenados, sucederán en todas las acciones que el donatario tuviera con relación a ellos, y en el precio si se hubieren vendido, o en los bienes con que se hayan sustituido, si los permutó o cambió.

Ver art. 938 CC; ley 279 Compilación de Navarra; arts. 524 y 525 Código de Derecho Foral de Aragón; art. 123 Ley 5/2015 de Derecho Civil Vasco.

ART. 813.

El testador no podrá privar a los herederos de su legítima sino en los casos expresamente determinados por la ley.

Tampoco podrá imponer sobre ella gravamen, ni condición, ni sustitución de ninguna especie, salvo lo dispuesto en cuanto al usufructo del viudo y lo establecido en los artículos 782 y 808.

Párrafo segundo se modifica por Ley 8/2021, de 2 de junio, por la que se reforma la legislación civil y procesal para el apoyo a las personas con discapacidad en el ejercicio de su capacidad jurídica (BOE de 03-06-2021). En vigor desde el 3 de septiembre de 2021.

Ver arts. 808, 834 y ss. y 848 y ss. CC; arts. 498 a 502 Código de Derecho Foral de Aragón; art. 451-9 Ley 10/2008 de Cataluña; art. 56 Ley 5/2015 de Derecho Civil Vasco; art. 241 Ley 2/2006, de Derecho Civil de Galicia.

ART. 814.

La preterición de un heredero forzoso no perjudica la legítima. Se reducirá la institución de heredero antes que los legados, mejoras y demás disposiciones testamentarias.

Sin embargo, la preterición no intencional de hijos o descendientes producirá los siguientes efectos:

1.º Si resultaren preteridos todos, se anularán las disposiciones testamentarias de contenido patrimonial.

2.º En otro caso, se anulará la institución de herederos, pero valdrán las mandas y mejoras ordenadas por cualquier título, en cuanto unas y otras no sean inoficiosas. No obstante, la institución de heredero a favor del cónyuge sólo se anulará en cuanto perjudique a las legítimas.

Los descendientes de otro descendiente que no hubiere sido preterido, representan a éste en la herencia del ascendiente y no se consideran preteridos.

Si los herederos forzosos preteridos mueren antes que el testador, el testamento surtirá todos sus efectos.

A salvo las legítimas tendrá preferencia en todo caso lo ordenado por el testador.

Ver arts. 851 CC; art. 46 Compilación de Baleares; ley 271 Compilación de Navarra, arts. 503 a 508 Código de Derecho Foral de Aragón; art. 422-7 y 451-16 Ley 10/2008 de Cataluña; art. 51 Ley 5/2015, de Derecho Civil Vasco; art. 258 y 289 Ley 2/2006 de Derecho Civil de Galicia.

ART. 815.

El heredero forzoso a quien el testador haya dejado por cualquier título menos de la legítima que le corresponda, podrá pedir el complemento de la misma.

Ver arts. 808 y 809 CC; arts. 487 y 497 Código de Derecho Foral de Aragón; 451-10 Ley 10/2008 de Cataluña; art. 247 Ley 2/2006 de Derecho Civil de Galicia.

ART. 816.

Toda renuncia o transacción sobre la legítima futura entre el que la debe y sus herederos forzosos es nula, y éstos podrán reclamarla cuando muera aquél; pero deberán traer a colación lo que hubiesen recibido por la renuncia o transacción.

Ver arts. 1271.2 CC; arts. 50 y 65 Compilación de Baleares; leyes 150 y 155 Compilación de Navarra; art. 492 Código de Derecho Foral de Aragón; art. 451-26 Ley 10/2008 de Cataluña; arts. 224 y 242 Ley 2/2006 de Derecho Civil de Galicia; art. 48.1 Ley 5/2015 de Derecho Civil Vasco.

ART. 817.

Las disposiciones testamentarias que mengüen la legítima de los herederos forzosos se reducirán, a petición de éstos, en lo que fueren inoficiosas o excesivas.

Ver arts. 820 a 822 CC; art. 494 Código de Derecho Foral de Aragón; art. 451-22 Ley 10/2008 de Cataluña.

ART. 818.

Para fijar la legítima se atenderá al valor de los bienes que quedaren a la muerte del testador, con deducción de las deudas y cargas, sin comprender entre ellas las impuestas en el testamento.

Al valor líquido de los bienes hereditarios se agregará el de las donaciones colacionables.

Ver arts. 1135 y ss. CC; arts. 47 y 80 Compilación de Baleares; art. 451-5 Ley 10/2008; art. 58 Ley 5/2015 de Derecho Civil Vasco; art. 244 Ley 2/2006 de Derecho Civil de Galicia.

ART. 819.

Las donaciones hechas a los hijos, que no tengan el concepto de mejoras, se imputarán en su legítima.

Las donaciones hechas a extraños se imputarán a la parte libre de que el testador hubiese podido disponer por su última voluntad.

En cuanto fueren inoficiosas o excedieren de la cuota disponible, se reducirán según las reglas de los artículos siguientes.

Ver arts. 820 a 823 CC; art. 48 Compilación de Baleares; arts. 490 y 491 Código de Derecho Foral de Aragón.

ART. 820.

Fijada la legítima con arreglo a los dos artículos anteriores, se hará la reducción como sigue:

1.º Se respetarán las donaciones mientras pueda cubrirse la legítima, reduciendo o anulando, si necesario fuere, las mandas hechas en testamento.

2.º La reducción de éstas se hará a prorrata, sin distinción alguna.

Si el testador hubiere dispuesto que se pague cierto legado con preferencia a otros, no sufrirá aquél reducción sino después de haberse aplicado éstos por entero al pago de la legítima.

3.º Si la manda consiste en un usufructo o renta vitalicia, cuyo valor se tenga por superior a la parte disponible, los herederos forzosos podrán escoger entre cumplir la disposición testamentaria o entregar al legatario la parte de la herencia de que podía disponer libremente el testador.

Ver arts. 654, 656 y 817 CC; art. 495 Código de Derecho Foral de Aragón; art. 451-22 y 451-23 Ley 10/2008 de Cataluña; art. 251 Ley 2/2006 de Derecho Civil de Galicia.

ART. 821.

Cuando el legado sujeto a reducción consista en una finca que no admita cómoda división, quedará ésta para el legatario si la reducción no absorbe la mitad de su valor, y en caso contrario para los herederos forzosos; pero aquél y éstos deberán abonarse su respectivo haber en dinero.

El legatario que tenga derecho a legítima podrá retener toda la finca, con tal que su valor no supere, el importe de la porción disponible y de la cuota que le corresponda por legítima.

Si los herederos o legatarios no quieren usar del derecho que se les concede en este artículo se venderá la finca en pública subasta, a instancia de cualquiera de los interesados.

Ver art. 1062 CC; arts. 108 a 111 Ley 15/2015 de Jurisdicción Voluntaria; arts. 72 a 77 Ley del Notariado de 28 de mayo de 1862; arts. 495 y 496.3 Código de Derecho Foral de Aragón.

ART. 822.

La donación o legado de un derecho de habitación sobre la vivienda habitual que su titular haga a favor de un legitimario que se encuentre en una situación de discapacidad, no se computará para el cálculo de las legítimas si en el momento del fallecimiento ambos estuvieren conviviendo en ella.

Este derecho de habitación se atribuirá por ministerio de la ley en las mismas condiciones al legitimario que se halle en la situación prevista en el párrafo anterior, que lo necesite y que estuviere conviviendo con el fallecido, a menos que el testador hubiera dispuesto otra cosa o lo hubiera excluido expresamente, pero su titular no podrá impedir que continúen conviviendo los demás legitimarios mientras lo necesiten.

El derecho a que se refieren los dos párrafos anteriores será intransmisible.

Lo dispuesto en los dos primeros párrafos no impedirá la atribución al cónyuge de los derechos regulados en los artículos 1406 y 1407 de este Código, que coexistirán con el de habitación.

Párrafos primero y segundo se modifican por Ley 8/2021, de 2 de junio, por la que se reforma la legislación civil y procesal para el apoyo a las personas con discapacidad en el ejercicio de su capacidad jurídica (BOE de 03-06-2021). En vigor desde el 3 de septiembre de 2021.

Ver arts. 524, 525, 819 y disp. adic. 4.ª CC; art. 2.2 Ley 41/2003 de Protección Patrimonial de las personas con discapacidad.

Sección 6.ª De las mejoras

ART. 823.

El padre o la madre podrán disponer en concepto de mejora a favor de alguno o algunos de sus hijos o descendientes, ya lo sean por naturaleza ya por adopción, de una de las dos terceras partes destinadas a legítima.

Ver arts. 808 y 972 CC.

ART. 824.

No podrán imponerse sobre la mejora otros gravámenes que los que se establezcan en favor de los legitimarios o sus descendientes.

Ver arts. 782 y 813 CC.

ART. 825.

Ninguna donación por contrato entre vivos, sea simple o por causa onerosa, en favor de hijos o descendientes, que sean herederos forzosos, se reputará mejora, si el donante no ha declarado de una manera expresa su voluntad de mejorar.

Ver art. 828 CC.

ART. 826.

La promesa de mejorar o no mejorar, hecha por escritura pública en capitulaciones matrimoniales, será válida.

La disposición del testador contraria a la promesa no producirá efecto.

Ver arts. 808 y 831 CC.

ART. 827.

La mejora, aunque se haya verificado con entrega de bienes, será revocable, a menos que se haya hecho por capitulaciones matrimoniales o por contrato oneroso celebrado con un tercero.

Ver arts. 737 a 742, 826 y 1258 CC.

ART. 828.

La manda o legado hecho por el testador a uno de los hijos o descendientes no se reputará mejora sino cuando el testador haya declarado expresamente ser ésta su voluntad, o cuando no quepa en la parte libre.

Ver arts. 620 y 825 CC.

ART. 829.

La mejora podrá señalarse en cosa determinada. Si el valor de ésta excediere del tercio destinado a la mejora y de la parte de legítima correspondiente al mejorado, deberá éste abonar la diferencia en metálico a los demás interesados.

Ver art. 670 CC.

ART. 830.

La facultad de mejorar no puede encomendarse a otro.

Ver arts. 670 y 1057 CC.

ART. 831.

1. No obstante lo dispuesto en el artículo anterior, podrán conferirse facultades al cónyuge en testamento para que, fallecido el testador, pueda realizar a favor de los hijos o descendientes comunes mejoras incluso con cargo al tercio de libre disposición y, en general, adjudicaciones o atribuciones de bienes concretos por cualquier título o concepto sucesorio o particiones, incluidas las que tengan por objeto bienes de la sociedad conyugal disuelta que esté sin liquidar.

Estas mejoras, adjudicaciones o atribuciones podrán realizarse por el cónyuge en uno o varios actos, simultáneos o sucesivos. Si no se le hubiere conferido la facultad de hacerlo en su propio testamento o no se le hubiere señalado plazo, tendrá el de dos años contados desde la apertura de la sucesión o, en su caso, desde la emancipación del último de los hijos comunes.

Las disposiciones del cónyuge que tengan por objeto bienes específicos y determinados, además de conferir la propiedad al hijo o descendiente favorecido, le conferirán también la posesión por el hecho de su aceptación, salvo que en ellas se establezca otra cosa.

2. Corresponderá al cónyuge sobreviviente la administración de los bienes sobre los que pendan las facultades a que se refiere el párrafo anterior.

3. El cónyuge, al ejercitar las facultades encomendadas, deberá respetar las legítimas estrictas de los descendientes comunes y las mejoras y demás disposiciones del causante en favor de ésos.

De no respetarse la legítima estricta de algún descendiente común o la cuota de participación en los bienes relictos que en su favor hubiere ordenado el causante, el perjudicado podrá pedir que se rescindan los actos del cónyuge en cuanto sea necesario para dar satisfacción al interés lesionado.

Se entenderán respetadas las disposiciones del causante a favor de los hijos o descendientes comunes y las legítimas cuando unas u otras resulten suficientemente satisfechas aunque en todo o en parte lo hayan sido con bienes pertenecientes sólo al cónyuge que ejercite las facultades.

4. La concesión al cónyuge de las facultades expresadas no alterará el régimen de las legítimas ni el de las disposiciones del causante, cuando el favorecido por unas u otras no sea descendiente común. En tal caso, el cónyuge que no sea pariente en línea recta del favorecido tendrá poderes, en cuanto a los bienes afectos a esas facultades, para actuar por cuenta de los descendientes comunes en los actos de ejecución o de adjudicación relativos a tales legítimas o disposiciones.

Cuando algún descendiente que no lo sea del cónyuge supérstite hubiera sufrido preterición no intencional en la herencia del premuerto, el ejercicio de las facultades encomendadas al cónyuge no podrá menoscabar la parte del preterido.

5. Las facultades conferidas al cónyuge cesarán desde que hubiere pasado a ulterior matrimonio o a relación de hecho análoga o tenido algún hijo no común, salvo que el testador hubiera dispuesto otra cosa.

6. Las disposiciones de los párrafos anteriores también serán de aplicación cuando las personas con descendencia común no estén casadas entre sí.

Ver arts. 1057 CC; ley 281 Compilación de Navarra; arts. 30 a 46 Ley 5/2015 de Derecho Civil Vasco.

ART. 832.

Cuando la mejora no hubiere sido señalada en cosa determinada, será pagada con los mismos bienes hereditarios, observándose, en cuanto puedan tener lugar, las reglas establecidas en los artículos 1061 y 1062 para procurar la igualdad de los herederos en la partición de bienes.

Ver arts. 829, 1061 y 1062 CC.

ART. 833.

El hijo o descendiente mejorado podrá renunciar a la herencia y aceptar la mejora.

Ver arts. 889, 890, 990 y 1009 CC.

Sección 7.ª Derechos del cónyuge viudo

ART. 834.

El cónyuge que al morir su consorte no se hallase separado de éste legalmente o de hecho, si concurre a la herencia con hijos o descendientes, tendrá derecho al usufructo del tercio destinado a mejora.

Modificado por Ley 15/2015, de 2 de julio, de la Jurisdicción Voluntaria. (BOE de 03-07-2015).

Ver arts. 81 a 83, 467, 468, 492, 510, 660, 807-3, 808, 823, 839, 943 a 945 CC; arts. 45 y 53 Compilación de Baleares y art. 13 Ley 18/2001 de parejas estables de Baleares; leyes 253 a 266 Compilación de Navarra; art. 253 Ley 2/2006 de Derecho Civil de Galicia; art. 452-1 y 452-2 Ley 10/2008 de Cataluña; art. 283 a 302. Código de Derecho Foral de Aragón; arts. 52 y 55 Ley 5/2015 de Derecho Civil Vasco.

ART. 835.

Si entre los cónyuges separados hubiera mediado reconciliación notificada al Juzgado que conoció de la separación o al Notario que otorgó la escritura pública de separación de conformidad con el artículo 84 de este Código, el sobreviviente conservará sus derechos.

Modificado por Ley 15/2015, de 2 de julio, de la Jurisdicción Voluntaria. (BOE de 03-07-2015).

Ver arts. 84-1, 88, 834 y 945 CC.

ART. 836.

(SUPRIMIDO)

Suprimido por L 11/1981, de 13 de mayo

ART. 837.

No existiendo descendientes, pero sí ascendientes, el cónyuge sobreviviente tendrá derecho al usufructo de la mitad de la herencia.

Ver art. 840 CC; art. 254 Ley 2/2006 de Derecho Civil de Galicia; art. 452-1 Ley 10/2008 de Cataluña; art. 52.2 Ley 5/2015 de Derecho Civil Vasco.

ART. 838.

No existiendo descendientes ni ascendientes el cónyuge sobreviviente tendrá derecho al usufructo de los dos tercios de la herencia.

Ver arts. 492, 839 y 944 CC; art. 254 Ley 2/2006 de Derecho Civil de Galicia; art. 452-1 Ley 10/2008 de Cataluña; art. 52.2 Ley 5/2015 de Derecho Civil Vasco.

ART. 839.

Los herederos podrán satisfacer al cónyuge su parte de usufructo, asignándole una renta vitalicia, los productos de determinados bienes, o un capital en efectivo, procediendo de mutuo acuerdo y, en su defecto, por virtud de mandato judicial.

Mientras esto no se realice, estarán afectos todos los bienes de la herencia al pago de la parte de usufructo que corresponda al cónyuge.

Ver arts. 840, 1057, 1406 y 1407 CC; art. 255 y 256 Ley 2/2006 de Derecho Civil de Galicia; art. 53 Ley 5/2015 de Derecho Civil Vasco.

ART. 840.

Cuando el cónyuge viudo concurra con hijos sólo del causante, podrá exigir que su derecho de usufructo le sea satisfecho, a elección de los hijos, asignándole un capital en dinero o un lote de bienes hereditarios.

Ver arts. 837.2 y 839 CC.

Sección 8.ª Pago de la porción hereditaria en casos especiales

ART. 841.

El testador, o el contador-partidor expresamente autorizado por aquél, podrá adjudicar todos los bienes hereditarios o parte de ellos a alguno de los hijos o descendientes ordenando que se pague en metálico la porción hereditaria de los demás legitimarios.

También corresponderá la facultad de pago en metálico en el mismo supuesto del párrafo anterior al contador partidor dativo a que se refiero el artículo 1057 del Código Civil.

Ver arts. 842 a 847, 1056, 1057 y 1062 CC; art. 80.2 Reglamento Hipotecario; arts. 48 y 81 Compilación de Baleares; ley 340 Compilación de Navarra; arts. 246 y 248 Ley 2/2006 de Derecho Civil de Galicia; art. 451-11 Ley 10/2008 de Cataluña.

ART. 842.

No obstante lo dispuesto en el artículo anterior, cualquiera de los hijos o descendientes obligados a pagar en metálico la cuota hereditaria de sus hermanos podrá exigir que dicha cuota sea satisfecha en bienes de la herencia, debiendo observarse, en tal caso, lo prescrito por los artículos 1058 a 1063 de este Código.

Ver arts. 841, 844, 1058, 1059, 1060, 1062 y 1063 CC; arts. 246 y 248 Ley 2/2006 de Derecho Civil de Galicia; art. 451-11 Ley 10/2008 de Cataluña.

ART. 843.

Salvo confirmación expresa de todos los hijos o descendientes la partición a que se refieren los dos artículos anteriores requerirá aprobación por el Secretario judicial o Notario.

Modificado por Ley 15/2015, de 2 de julio, de la Jurisdicción Voluntaria. (BOE de 03-07-2015).

Ver arts. 841, 842, 1056, 1057 y 1058 CC; 782 y ss. LEC; art. 92 Ley 15/2015 de Jurisdicción Voluntaria; art. 66 Ley del Notariado de 28 de mayo de 1862; art. 451-12 Ley 10/2008 de Cataluña.

ART. 844.

La decisión de pago en metálico no producirá efectos si no se comunica a los perceptores en el plazo de un año desde la apertura de la sucesión. El pago deberá hacerse en el plazo de otro año más, salvo pacto en contrario. Corresponderán al perceptor de la cantidad las garantías legales establecidas para el legatario de cantidad.

Transcurrido el plazo sin que el pago haya tenido lugar, caducará la facultad conferida a los hijos o descendientes por el testador o el contador-partidor y se procederá a repartir la herencia según las disposiciones generales sobre la partición.

Ver arts. 884 CC, art. 48 Compilación de Baleares; 48 LH y 166-6.ª RH.

ART. 845.

La opción de que tratan los artículos anteriores no afectará a los legados de cosa específica.

Ver arts. 882 y 884 CC.

ART. 846.

Tampoco afectará a las disposiciones particionales del testador señaladas en cosas determinadas.

Ver arts. 829, 841, 842, 843, 844, 768 y 1056 CC.

ART. 847.

Para fijar la suma que haya de abonarse a los hijos o descendientes se atenderá al valor que tuvieren los bienes al tiempo de liquidarles la porción correspondiente, teniendo en cuenta los frutos o rentas hasta entonces producidas. Desde la liquidación, el crédito metálico devengará el interés legal.

Ver arts. 818, 819, 1108, 1109 y 1045 CC; art. 451-14 Ley 10/2008 de Cataluña.

Sección 9.ª De la desheredación

ART. 848.

La desheredación sólo podrá tener lugar por alguna de las causas que expresamente señala la ley.

Ver arts. 806, 813.1, 849, 852 a 855 CC; ley 270 Compilación de Navarra; art. 451-17.1 Ley 10/2008 de Cataluña; art. 509.1 Código de Derecho Foral de Aragón.

ART. 849.

La desheredación sólo podrá hacerse en testamento, expresando en él la causa legal en que se funde.

Ver arts. 757, 814, 848, 849, 851, 852 y 856 CC, art. 262.2 Ley 2/2006 de Derecho Civil de Galicia; 451-18 Ley 10/2008 de Cataluña; art. 509.1 Código de Derecho Foral de Aragón.

ART. 850.

La prueba de ser cierta la causa de la desheredación corresponderá a los herederos del testador si el desheredado la negare.

Ver arts. 661 y 849 CC; art. 217 LEC; art. 262.2 Ley 2/2006 de Derecho Civil de Galicia; art. 451-20 Ley 10/2008 de Cataluña; art. 509.2 Código de Derecho Foral de Aragón.

ART. 851.

La desheredación hecha sin expresión de causa, o por causa cuya certeza, si fuere contradicha, no se probare, o que no sea una de las señaladas en los cuatro siguientes artículos, anulará la institución de heredero en cuanto perjudique al desheredado; pero valdrán los legados, mejoras y demás disposiciones testamentarias en lo que no perjudiquen a dicha legítima.

Ver art. 806, 809, 813, 814, 834 a 848, 850 a 855 CC; leyes 270 y 271 Compilación de Navarra; art. 264 Ley 2/2006 de Derecho Civil de Galicia; art. 451-21 Ley 10/2008 de Cataluña; art. 514 Código de Derecho Foral de Aragón.

ART. 852.

Son justas causas para la desheredación, en los términos que específicamente determinan los artículos 853, 854 y 855, las de incapacidad por indignidad para suceder, señaladas en el articulo 756 con los números 1.º, 2.º, 3.º, 5.º y 6.º.

Ver arts. 756, 853, 854 y 855 CC; arts. 7 bis y 69 bis Compilación de Baleares; art. 263 Ley 2/2006 de Derecho Civil de Galicia; art. 451-17.2 Ley 10/2008 de Cataluña.

ART. 853.

Serán también justas causas para desheredar a los hijos y descendientes, además de las señaladas en el artículo 756 con los números 2, 3, 5 y 6, las siguientes:

1.ª Haber negado, sin motivo legítimo, los alimentos al padre o ascendiente que le deshereda.

2.ª Haberle maltratado de obra o injuriado gravemente de palabra.

Ver arts. 152, 756 y 852 CC; arts. 7 bis y 69 bis Compilación de Baleares; art. 263 Ley 2/2006 de Derecho Civil de Galicia; art. 451-17.2 Ley 10/2008 de Cataluña; art. 510 Código de Derecho Foral de Aragón.

ART. 854.

Serán justas causas para desheredar a los padres y ascendientes, además de las señaladas en el artículo 756 con los números 1, 2, 3, 5 y 6, las siguientes:

1.ª Haber perdido la patria potestad por las causas expresadas en el artículo 170.

2.ª Haber negado los alimentos a sus hijos o descendientes sin motivo legítimo.

3.ª Haber atentado uno de los padres contra la vida del otro, si no hubiere habido entre ellos reconciliación.

Ver arts. 756, 142, 143, 152, 170, 756.2 CC; arts. 7 bis y 69 bis Compilación de Baleares; art. 451-17.2 Ley 10/2008 de Cataluña; art. 510 Código de Derecho Foral de Aragón.

ART. 855.

Serán justas causas para desheredar al cónyuge, además de las señaladas en el artículo 756 con los números 2.º, 3.º, 5.º y 6.º, las siguientes:

1.ª Haber incumplido grave o reiteradamente los deberes conyugales.

2.ª Las que dan lugar a la pérdida de la patria potestad, conforme el artículo 170.

3.ª Haber negado alimentos a los hijos o al otro cónyuge.

4.ª Haber atentado contra la vida del cónyuge testador, si no hubiere mediado reconciliación.

Ver arts. 67, 68, 82, 87, 142, 143, 756 y 834 CC; arts. 7 bis y 69 bis Compilación de Baleares; art. 510 Código de Derecho Foral de Aragón; art. 263 Ley 2/2006 de Derecho Civil de Galicia; art. 451-17.2 Ley 10/2008 de Cataluña.

ART. 856.

La reconciliación posterior del ofensor y del ofendido priva a éste del derecho de desheredar, y deja sin efecto la desheredación ya hecha.

Ver arts. 84, 88, 757, 854 y 855 CC; art. 265 Ley 2/2006 de Derecho Civil de Galicia; art. 451-13 Ley 10/2008 de Cataluña; art. 511 Código de Derecho Foral de Aragón.

ART. 857.

Los hijos o descendientes del desheredado ocuparán su lugar y conservarán los derechos de herederos forzosos respecto a la legítima.

Ver arts. 152-4, 164-2, 761, 766, 813, 914, 929 y 973-2 CC; arts. 19 y 20 Ley 5/2015 de Derecho Civil Vasco; art. 339 Código de Derecho Foral de Aragón.

Sección 10.ª De las mandas y legados

ART. 858.

El testador podrá gravar con mandas y legados no sólo a su heredero, sino también a los legatarios.
Éstos no estarán obligados a responder del gravamen sino hasta donde alcance el valor del legado.

Ver art. 891 CC; ley 241 Compilación de Navarra; arts. 427-1 y 427-7 Ley 10/2008 de Cataluña.

ART. 859.

Cuando el testador grave con un legado a uno de los herederos, él sólo quedará obligado a su cumplimiento.
Si no gravare a ninguno en particular, quedarán obligados todos en la misma proporción en que sean herederos.

Ver art. 427-8 Ley 10/2008 de Cataluña.

ART. 860.

El obligado a la entrega del legado responderá en caso de evicción, si la cosa fuere indeterminada y se señalase sólo por género o especie.

Ver arts. 1474 y ss. CC.

ART. 861.

El legado de cosa ajena si el testador, al legarla, sabía que lo era, es válido. El heredero estará obligado a adquirirla para entregarla al legatario; y, no siéndole posible, a dar a éste su justa estimación.
La prueba de que el testador sabía que la cosa era ajena corresponde al legatario.

Ver arts. 886 CC; art. 217 LEC 1/2000; leyes 249 y 251.2 Compilación de Navarra; art. 427-24 Ley 10/2008 de Cataluña.

ART. 862.

Si el testador ignoraba que la cosa que legaba era ajena, será nulo el legado.
Pero será válido si la adquiere después de otorgado el testamento.

Ver art. 861 CC; leyes 249 Compilación de Navarra; art. 427-24 Ley 10/2008 de Cataluña.

ART. 863.

Será válido el legado hecho a un tercero de una cosa propia del heredero o de un legatario, quienes, al aceptar la sucesión, deberán entregar la cosa legada o su justa estimación, con la limitación establecida en el artículo siguiente.
Lo dispuesto en el párrafo anterior se entiende sin perjuicio de la legítima de los herederos forzosos.

Ver art. 806, 813, 817, 886, 998, 1000 y 1034 CC; art. 427-24 Ley 10/2008 de Cataluña.

ART. 864.

Cuando el testador, heredero o legatario tuviesen sólo una parte o un derecho en la cosa legada, se entenderá limitado el legado a esta parte o derecho, a menos que el testador declare expresamente que lega la cosa por entero.

Ver art. 1380 CC; ley 251.2 Compilación de Navarra; art. 427-24 Ley 10/2008 de Cataluña.

ART. 865.

Es nulo el legado de cosas que están fuera del comercio.

Ver art. 1271, 1272 CC; art. 427-38.1 Ley 10/2008 de Cataluña.

ART. 866.

No producirá efecto el legado de cosa que al tiempo de hacerse el testamento fuera ya propia del legatario, aunque en ella tuviese algún derecho otra persona.

Si el testador dispone expresamente que la cosa sea liberada de este derecho o gravamen, valdrá en cuanto a esto el legado.

Ver art 861 y 878 CC.

ART. 867.

Cuando el testador legare una cosa empeñada o hipotecada para la seguridad de alguna deuda exigible, el pago de ésta quedará a cargo del heredero.

Si por no pagar el heredero lo hiciere el legatario, quedará éste subrogado en el lugar y derechos del acreedor para reclamar contra el heredero.

Cualquiera otra carga, perpetua o temporal, a que se halle afecta la cosa legada, pasa con ésta al legatario; pero en ambos casos las rentas y los intereses o réditos devengados hasta la muerte del testador son carga de la herencia.

Ver art. 642, 661, 871.2, 1210 y 1876 CC;427-28 Ley 10/2008 de Cataluña.

ART. 868.

Si la cosa legada estuviere sujeta a usufructo, uso o habitación, el legatario deberá respetar estos derechos hasta que legalmente se extingan.

Ver art. 513 y ss. 529 CC; art. 427-28 Ley 10/2008 de Cataluña.

ART. 869.

El legado quedará sin efecto:

1.º Si el testador transforma la cosa legada, de modo que no conserve ni la forma ni la denominación que tenía.

2.º Si el testador enajena, por cualquier título o causa, la cosa legada o parte de ella, entendiéndose en este último caso que el legado queda sólo sin efecto respecto a la parte enajenada. Si después de la enajenación volviere la cosa al dominio del testador, aunque sea por la nulidad del contrato, no tendrá después de este hecho fuerza el legado, salvo el caso en que la readquisición se verifique por pacto de retroventa.

3.º Si la cosa legada perece del todo viviendo el testador o después de su muerte sin culpa del heredero. Sin embargo, el obligado a pagar el legado responderá por evicción, si la cosa legada no hubiere sido determinada en especie, según lo dispuesto en el artículo 860.

Ver art. 1182 a 1186, 1475 s 1483, 1507 a 1520 CC; ley 252 Compilación de Navarra; art. 427-37 Ley 10/2008 de Cataluña.

ART. 870.

El legado de un crédito contra tercero, o el de perdón o liberación de una deuda del legatario, sólo surtirá efecto en la parte del crédito o de la deuda subsistente al tiempo de morir el testador.

En el primer caso, el heredero cumplirá con ceder al legatario todas las acciones que pudieran competirle contra el deudor.

En el segundo, con dar al legatario carta de pago, si la pidiere.

En ambos casos, el legado comprenderá los intereses que por el crédito o la deuda se debieren al morir el testador.

Ver arts. 1187 a 1188 y 1526 CC, 427-31 Ley 10/2008 de Cataluña.

ART. 871.

Caduca el legado de que se habla en el artículo anterior si el testador, después de haberlo hecho, demandare judicialmente al deudor para el pago de su deuda, aunque éste no se haya realizado al tiempo del fallecimiento.

Por el legado hecho al deudor de la cosa empeñada sólo se entiende remitido el derecho de prenda.

Ver arts. 869-2, 1191, 1866, 1871 CC.

ART. 872.

El legado genérico de liberación o perdón de las deudas comprende las existentes al tiempo de hacerse el testamento, no las posteriores.

Ver arts. 879, 1187 a 1191 CC; art. 427-31 Ley 10/2008 de Cataluña.

ART. 873.

El legado hecho a un acreedor no se imputará en pago de su crédito, a no ser que el testador lo declare expresamente.

En este caso el acreedor tendrá derecho a cobrar el exceso del crédito o del legado.

Ver art. 427-31 Ley 10/2008 de Cataluña.

ART. 874.

En los legados alternativos se observará lo dispuesto para las obligaciones de la misma especie, salvas las modificaciones que se deriven de la voluntad expresa del testador.

Ver arts. 1131 y ss. CC; art. 427-25 Ley 10/2008 de Cataluña.

ART. 875.

El legado de cosa mueble genérica será válido aunque no haya cosas de su género en la herencia.

El legado de cosa inmueble no determinada sólo será válido si la hubiere de su género en la herencia.

La elección será del heredero, quien cumplirá con dar una cosa que no sea de la calidad inferior ni de la superior.

Ver arts. 335, 860, 886, 1096-2, 1132, 1167 CC; ley 247 Compilación de Navarra; art. 427-26 Ley 10/2008 de Cataluña.

ART. 876.

Siempre que el testador deje expresamente la elección al heredero o al legatario, el primero podrá dar, o el segundo elegir, lo que mejor les pareciere.

Ver arts. 875, 877 y 1167 CC; art. 427-26 Ley 10/2008 de Cataluña.

ART. 877.

Si el heredero o legatario no pudiere hacer la elección en el caso de haberle sido concedida, pasará su derecho a los herederos; pero, una vez hecha la elección, será irrevocable.

Ver art. 1133 CC.

ART. 878.

Si la cosa legada era propia del legatario a la fecha del testamento, no vale el legado, aunque después haya sido enajenada.

Si el legatario la hubiese adquirido por título lucrativo después de aquella fecha, nada podrá pedir por ello; mas, si la adquisición se hubiese hecho por título oneroso, podrá pedir al heredero que le indemnice de lo que haya dado por adquirirla.

Ver art. 866 CC; ley 252 Compilación de Navarra.

ART. 879.

El legado de educación dura hasta que el legatario sea mayor de edad.

El de alimentos dura mientras viva el legatario, si el testador no dispone otra cosa.

Si el testador no hubiere señalado cantidad para estos legados, se fijará según el estado y condición del legatario y el importe de la herencia.

Si el testador acostumbró en vida dar al legatario cierta cantidad de dinero u otras cosas por vía de alimentos, se entenderá legada la misma cantidad, si no resultare en notable desproporción con la cuantía de la herencia.

Ver art. 142 a 153 y 508 CC; art. 427-30 Ley 10/2008 de Cataluña.

ART. 880.

Legada una pensión periódica o cierta cantidad anual, mensual o semanal, el legatario podrá exigir la del primer período así que muera el testador, y la de los siguientes en el principio de cada uno de ellos, sin que haya lugar a la devolución aunque el legatario muera antes que termine el período comenzado.

Ver art. 820 CC; arts. 88 a 91 Ley Hipotecaria; arts. 153 y 154 Reglamento Hipotecario; art. 427-30.3 Ley 10/2008 de Cataluña.

ART. 881.

El legatario adquiere derecho a los legados puros y simples desde la muerte del testador, y lo transmite a sus herederos.

Ver art. 657 CC; leyes 317 y 321.1 Compilación de Navarra. art. 427-14 Ley 10/2008 de Cataluña; arts. 477.1 y 478.1 Código de Derecho Foral de Aragón.

ART. 882.

Cuando el legado es de cosa específica y determinada, propia del testador, el legatario adquiere su propiedad desde que aquél muere, y hace suyos los frutos o rentas pendientes, pero no las rentas devengadas y no satisfechas antes de la muerte.

La cosa legada correrá desde el mismo instante a riesgo del legatario, que sufrirá, por lo tanto, su pérdida o deterioro, como también se aprovechará de su aumento o mejora.

Ver arts. 354, 355, 657, 884, 1182 a 1186 CC; art. 47 Ley Hipotecaria; 151 Reglamento Hipotecario; art. 427-19.2 y 427-20 Ley 10/2008 de Cataluña; art. 477.1 Código de Derecho Foral de Aragón.

ART. 883.

La cosa legada deberá ser entregada con todos sus accesorios y en el estado en que se halle al morir el testador.

Ver art. 1097 CC; art. 427-18, 27-19.1 y 427-21 Ley 10/2008 de Cataluña.

ART. 884.

Si el legado no fuere de cosa específica y determinada, sino genérico o de cantidad, sus frutos e intereses desde la muerte del testador corresponderán al legatario cuando el testador lo hubiese dispuesto expresamente.

Ver art. 882, 1095 CC; art. 48 Ley Hipotecaria; art. 427-20 Ley 10/2008 de Cataluña.

ART. 885.

El legatario no puede ocupar por su propia autoridad la cosa legada, sino que debe pedir su entrega y posesión al heredero o al albacea, cuando éste se halle autorizado para darla.

Ver arts. 901, 902.3, 1025, 1027 CC; arts. 47 y ss. Ley Hipotecaria, 81 a) y d) y 147 y ss. Reglamento Hipotecario, ley 243 Compilación de Navarra; art. 427-22 Ley 10/2008 de Cataluña; art. 479 Código de Derecho Foral de Aragón.

ART. 886.

El heredero debe dar la misma cosa legada, pudiendo hacerlo, y no cumple con dar su estimación.

Los legados en dinero deberán ser pagados en esta especie, aunque no lo haya en la herencia.

Los gastos necesarios para la entrega de la cosa legada serán a cargo de la herencia, pero sin perjuicio de la legítima.

Ver arts. 861, 863, 864 y 866 CC; art. 427-27 Ley 10/2008 de Cataluña.

ART. 887.

Si los bienes de la herencia no alcanzaren para cubrir todos los legados, el pago se hará en el orden siguiente:
1.º Los legados remuneratorios.
2.º Los legados de cosa cierta y determinada, que forme parte del caudal hereditario.
3.º Los legados que el testador haya declarado preferentes.
4.º Los de alimentos.
5.º Los de educación.
6.º Los demás a prorrata.

Ver art. 1031 CC; art. 480 Código de Derecho Foral de Aragón.

ART. 888.

Cuando el legatario no pueda o no quiera admitir el legado, o éste, por cualquier causa, no tenga efecto, se refundirá en la masa de la herencia, fuera de los casos de sustitución y derecho de acrecer.

Ver arts. 744 y ss., 981, 986, 988 y ss. CC; art. 427-16 Ley 10/2008 de Cataluña.

ART. 889.

El legatario no podrá aceptar una parte del legado y repudiar la otra, si ésta fuere onerosa.
Si muriese antes de aceptar el legado dejando varios herederos, podrá uno de éstos aceptar y otro repudiar la parte que le corresponda en el legado.

Ver art. 881, 988, 990 y 1007 CC; art. 427-17 Ley 10/2008 de Cataluña; art. 478 Código de Derecho Foral de Aragón.

ART. 890.

El legatario de dos legados, de los que uno fuere oneroso, no podrá renunciar éste y aceptar el otro. Si los dos son onerosos o gratuitos, es libre para aceptarlos todos o repudiar el que quiera.
El heredero que sea al mismo tiempo legatario, podrá renunciar la herencia y aceptar el legado, o renunciar éste y aceptar aquélla.

Ver art. 833 CC; ley 321.2 Compilación de Navarra; art. 345.3 Código de Derecho Foral de Aragón; art. 19.4 Ley 5/2005 de Derecho Civil Vasco.

ART. 891.

Si toda la herencia se distribuye en legados, se prorratearán las deudas y gravámenes de ella entre los legatarios a proporción de sus cuotas, a no ser que el testador hubiera dispuesto otra cosa.

Ver arts. 764 y 1003 CC; arts. 81 y 83 RH; art. 469 Código de Derecho Foral de Aragón.

Sección 11.ª De los albaceas o testamentarios

ART. 892.

El testador podrá nombrar uno o más albaceas.

Ver art. 1057 CC; ley 296 Compilación de Navarra.; art. 429-1 Ley 10/2008 de Cataluña; art. 484 Código de Derecho Foral de Aragón.

ART. 893.

No podrá ser albacea el que no tenga capacidad para obligarse.
El menor no podrá serlo, ni aún con la autorización del padre o del tutor.

Ver arts. 200 y 1263 CC; art.429-3 Ley 10/2008 de Cataluña.

ART. 894.

El albacea puede ser universal o particular.
En todo caso, los albaceas podrán ser nombrados mancomunada, sucesiva o solidariamente.

Ver arts. 897 y 1057 CC; ley 296 Compilación de Navarra; art. 429-2 Ley 10/2008 de Cataluña.

ART. 895.

Cuando los albaceas fueren mancomunados, sólo valdrá lo que todos hagan de consuno, o lo que haga uno de ellos legalmente autorizado por los demás, o lo que, en caso de disidencia, acuerde el mayor número.

Ver art. 429-2 del Libro Cuarto de Cataluña.

ART. 896.

En los casos de suma urgencia, podrá uno de los albaceas mancomunados practicar, bajo su responsabilidad personal, los actos que fueren necesarios, dando cuenta inmediatamente a los demás.

Ver art. 429-2 del Libro Cuarto de Cataluña.

ART. 897.

Si el testador no establece claramente la solidaridad de los albaceas, ni fija el orden en que deben desempeñar su encargo, se entenderán nombrados mancomunadamente y desempeñarán el cargo como previenen los dos artículos anteriores.

Ver arts. 895 y ss. y 1137 CC; art. 429-2 Ley 10/2008 de Cataluña.

ART. 898.

El albaceazgo es cargo voluntario, y se entenderá aceptado por el nombrado para desempeñarlo si no se excusa dentro de los seis días siguientes a aquel en que tenga noticia de su nombramiento, o, si éste le era ya conocido, dentro de los seis días siguientes al en que supo la muerte del testador.

Ver art. 911 CC; art. 429-4 Ley 10/2008 de Cataluña.

ART. 899.

El albacea que acepta el cargo se constituye en la obligación de desempeñarlo; pero lo podrá renunciar alegando causa justa al criterio del Secretario judicial o del Notario.

Modificado por Ley 15/2015, de 2 de julio, de la Jurisdicción Voluntaria. (BOE de 03-07-2015).

Ver art. 910 y 911 CC; art. 91.1.1.º Ley 15/2015 Jurisdicción Voluntaria; art. 66 Ley del Notariado de 28 de mayo de 1862.

ART. 900.

El albacea que no acepte el cargo, o lo renuncie sin justa causa, perderá lo que le hubiese dejado el testador, salvo siempre el derecho que tuviere a la legítima.

Ver arts. 813, 910 y 911 CC; art. 429-4 Ley 10/2008 de Cataluña.

ART. 901.

Los albaceas tendrán todas las facultades que expresamente les haya conferido el testador, y no sean contrarias a las leyes.

Ver arts. 747, 749, 902 y 1459-3 CC; art. 20 Ley Hipotecaria; ley 296 Compilación de Navarra; art. 429-8 Ley 10/2008 de Cataluña.

ART. 902.

No habiendo el testador determinado especialmente las facultades de los albaceas, tendrán las siguientes:

1.ª Disponer y pagar los sufragios y el funeral del testador con arreglo a lo dispuesto por él en el testamento; y, en su defecto, según la costumbre del pueblo.

2.ª Satisfacer los legados que consistan en metálico, con el conocimiento y beneplácito del heredero.

3.ª Vigilar sobre la ejecución de todo lo demás ordenado en el testamento, y sostener, siendo justo, su validez en juicio y fuera de él.

4.ª Tomar las precauciones necesarias para la conservación y custodia de los bienes, con intervención de los herederos presentes.

Ver arts. 885 CC; art. 9.4 Ley 50/2002, de 26 de diciembre, de Fundaciones; ley 296 Compilación de Navarra; art. 429-8 y ss. Ley 10/2008 de Cataluña.

ART. 903.

Si no hubiere en la herencia dinero bastante para el pago de funerales y legados, y los herederos no lo aprontaren de lo suyo, promoverán los albaceas la venta de los bienes muebles; y, no alcanzando éstos, la de los inmuebles, con intervención de los herederos.

Si estuviere interesado en la herencia algún menor, ausente, corporación o establecimiento público, la venta de los bienes se hará con las formalidades prevenidas por las leyes para tales casos.

Ver arts. 164, 228.4.° CC; 20 Ley Hipotecaria; art. 91.1.4.° Ley 15/2015 de Jurisdicción Voluntaria; ley 296.7 y 296.9 Compilación de Navarra; art. 429-8.1 y 429-9.2.e) Ley 10/2008 de Cataluña.

ART. 904.

El albacea, a quien el testador no haya fijado plazo, deberá cumplir su encargo dentro de un año, contado desde su aceptación, o desde que terminen los litigios que se promovieren sobre la validez o nulidad del testamento o de alguna de sus disposiciones.

Ver arts. 898, 899, 905, 906, 910 y 911 CC, ley 297 Compilación de Navarra; art. 429-13 Ley 10/2008 de Cataluña; art. 485 Código de Derecho Foral de Aragón.

ART. 905.

Si el testador quisiera ampliar el plazo legal, deberá señalar expresamente el de la prórroga. Si no lo hubiese señalado, se entenderá prorrogado el plazo por un año. Si, transcurrida esta prórroga, no se hubiese cumplido todavía la voluntad del testador, podrá el Secretario judicial o el Notario conceder otra por el tiempo que fuere necesario, atendidas las circunstancias del caso.

Modificado por Ley 15/2015, de 2 de julio, de la Jurisdicción Voluntaria. (BOE de 03-07-2015).

Ver arts. 910 y 911 CC; art. 91.1.1.° Ley Jurisdicción Voluntaria; art. 66 Ley del Notariado de 28 de mayo de 1862; ley 297 Compilación de Navarra; art. 429-13 Ley 10/2008 de Cataluña.

ART. 906.

Los herederos y legatarios podrán, de común acuerdo, prorrogar el plazo del albaceazgo por el tiempo que crean necesario; pero, si el acuerdo fuese sólo por mayoría, la prórroga no podrá exceder de un año.

Ver arts. 910 y 911 CC; art. 66 Ley del Notariado de 28 de mayo de 1862; ley 297 Compilación de Navarra; art. 429-13 Ley 10/2008 de Cataluña.

ART. 907.

Los albaceas deberán dar cuenta de su encargo a los herederos.

Si hubieren sido nombrados, no para entregar los bienes a herederos determinados, sino para darles la inversión o distribución que el testador hubiese dispuesto en los casos permitidos por derecho, rendirán sus cuentas al Juez.

Toda disposición del testador contraria a este artículo será nula.

Ver arts. 672, 747, 749, 785-4 y 1720 CC; art. 91.1.3.° Ley 15/2015 de Jurisdicción Voluntaria; art. 429-13.5 Ley 10/2008 de Cataluña.

ART. 908.

El albaceazgo es cargo gratuito. Podrá, sin embargo, el testador señalar a los albaceas la remuneración que tenga por conveniente; todo sin perjuicio del derecho que les asista para cobrar lo que les corresponda por los trabajos de partición u otros facultativos.

Si el testador lega o señala conjuntamente a los albaceas alguna retribución, la parte de los que no admitan el cargo acrecerá a los que lo desempeñen.

Ver arts. 1728 y 1729 CC; ley 298 Compilación de Navarra; art. 429-5 Ley 10/2008 de Cataluña.

ART. 909.

El albacea no podrá delegar el cargo si no tuviese expresa autorización del testador.

Ver arts. 901, 902, 1721 CC; art. 429-1.3 Ley 10/2008 de Cataluña.

ART. 910.

Termina el albaceazgo por la muerte, imposibilidad, renuncia o remoción del albacea, y por el lapso del término señalado por el testador, por la ley y, en su caso, por los interesados. La remoción deberá ser apreciada por el Juez.

Modificado por Ley 15/2015, de 2 de julio, de la Jurisdicción Voluntaria. (BOE de 03-07-2015).

Ver arts. 898 y 899 CC; art. 91.1.1.º y 2.º Ley 15/2015 de Jurisdicción Voluntaria, art. 66 Ley del Notariado de 28 de mayo de 1862; art. 429-15.2 Ley 10/2008 de Cataluña.

ART. 911.

En los casos del artículo anterior, y en el de no haber el albacea aceptado el cargo, corresponderá a los herederos la ejecución de la voluntad del testador.

Ver arts. 216, 900 y 1050 CC; art. 429-15.2 Ley 10/2008 de Cataluña.

CAPÍTULO III
De la sucesión intestada

Sección 1.ª Disposiciones generales

ART. 912.

La sucesión legítima tiene lugar:

1.º Cuando uno muere sin testamento, o con testamento nulo, o que haya perdido después su validez.

2.º Cuando el testamento no contiene institución de heredero en todo o en parte de los bienes, o no dispone de todos los que corresponden al testador. En este caso la sucesión legítima tendrá lugar solamente respecto de los bienes de que no hubiese dispuesto.

3.º Cuando falta la condición puesta a la institución de heredero, o éste muere antes que el testador, o repudia la herencia sin tener sustituto y sin que haya lugar al derecho de acrecer.

4.º Cuando el heredero instituido es incapaz de suceder.

Ver arts. 568, 743 a 805, 982 a 984 y 986 CC; 790 y ss de la LEC 1/2000.

Derechos especiales o forales:

1. Galicia: arts. 267 a 269 Ley 2/2006 de 14 de junio de Derecho Civil de Galicia. 2. País Vasco: arts. 110 a 117 Ley 5/2015 de 25 de junio de Derecho Civil Vasco. 3. Cataluña: arts. 441.1 a 444.1 Ley 10/2008 de 10 de julio del libro cuarto del Código civil de Cataluña. 4. Navarra: arts. 300 a 307 Ley 1/1973 de 1 de marzo de la Compilación del Derecho Civil Foral de Navarra. 5. Aragón: arts. 516 a 536 Decreto Legislativo 1/2011 de 22 de marzo que aprueba con el título de "Código del Derecho Foral de Aragón" el Texto Refundido de las Leyes Civiles Aragonesas. 6. Baleares: art. 7, 53, 84 del Decreto Legislativo 79/1990 de 6 de septiembre por el que se aprueba el texto refundido de la Compilación del Derecho Civil de las Islas Baleares.

ART. 913.

A falta de herederos testamentarios, la ley defiere a los parientes del difunto, al viudo o viuda y al Estado.

Ver arts. 912 y 930 a 958 CC; art. 317 Código del Derecho Foral de Aragón; art. 441-2 Ley 10/2008, de Cataluña; art. 267 Ley 2/2006 de Derecho Civil de Galicia; arts. 111 y 112 Ley 5/2015 de Derecho Civil Vasco; ley 304 de la Compilación de Derecho Civil Foral de Navarra; art. 53 de la Compilación del Derecho Civil de las Islas Baleares.

ART. 914.

Lo dispuesto sobre la incapacidad para suceder por testamento es aplicable igualmente a la sucesión intestada.

Ver arts. 744 a 762 CC; arts. 412.1 y 412.2 Ley 10/2008, de Cataluña; arts. 325 a 333 Código del Derecho Foral de Aragón.

ART. 914 bis.

A falta de disposición testamentaria relativa a los animales de compañía propiedad del causante, estos se entregarán a los herederos o legatarios que los reclamen de acuerdo con las leyes.

Si no fuera posible hacerlo de inmediato, para garantizar el cuidado del animal de compañía y solo cuando sea necesario por falta de previsiones sobre su atención, se entregará al órgano administrativo o centro que tenga encomendada la recogida de animales abandonados hasta que se resuelvan los correspondientes trámites por razón de sucesión.

Si ninguno de los sucesores quiere hacerse cargo del animal de compañía, el órgano administrativo competente podrá cederlo a un tercero para su cuidado y protección.

Si más de un heredero reclama el animal de compañía y no hay acuerdo unánime sobre el destino del mismo, la autoridad judicial decidirá su destino teniendo en cuenta el bienestar del animal.

Primer párrafo modificado por Ley 16/2022, de 5 de septiembre, de reforma del texto refundido de la Ley Concursal, aprobado por el Real Decreto Legislativo 1/2020, de 5 de mayo, para la transposición de la Directiva (UE) 2019/1023 del Parlamento Europeo y del Consejo, de 20 de junio de 2019, sobre marcos de reestructuración preventiva, exoneración de deudas e inhabilitaciones, y sobre medidas para aumentar la eficiencia de los procedimientos de reestructuración, insolvencia y exoneración de deudas, y por la que se modifica la Directiva (UE) 2017/1132 del Parlamento Europeo y del Consejo, sobre determinados aspectos del Derecho de sociedades (Directiva sobre reestructuración e insolvencia). (BOE de 06/09/2022). En vigor desde el 26 de septiembre de 2022.

Añadido por Ley 17/2021, de 15 de diciembre, de modificación del Código Civil, la Ley Hipotecaria y la Ley de Enjuiciamiento Civil, sobre el régimen jurídico de los animales (BOE de 16-12-2021). Modificación vigente desde el 5 de enero de 2022.

Sección 2.ª Del parentesco

ART. 915.

La proximidad del parentesco se determina por el número de generaciones. Cada generación forma un grado.

Ver art. 916 CC; art. 441-3 Ley 10/2008, de Cataluña.

ART. 916.

La serie de grados forma la línea, que puede ser directa o colateral.

Se llama directa la constituida por la serie de grados entre personas que descienden una de otra.

Y colateral la constituida por la serie de grados entre personas que no descienden unas de otras, pero que proceden de un tronco común.

Ver art. 441-3 Ley 10/2008, de Cataluña.

ART. 917.

Se distingue la línea recta en descendente y ascendente.

La primera une al cabeza de familia con los que descienden de él.

La segunda liga a una persona con aquellos de quienes desciende.

Ver art. 441-3.2 Ley 10/2008, de Cataluña (Se refiere a "progenitor" como cabeza de familia).

ART. 918.

En las líneas se cuentan tantos grados como generaciones o como personas, descontando la del progenitor.

En la recta se sube únicamente hasta el tronco. Así, el hijo dista del padre un grado, dos del abuelo y tres del bisabuelo.

En la colateral se sube hasta el tronco común y después se baja hasta la persona con quien se hace la computación. Por esto, el hermano dista dos grados del hermano, tres del tío, hermano de su padre o madre, cuatro del primo hermano y así en adelante.

Ver art. 441.3 y 441.4 Ley 10/2008, de Cataluña.

ART. 919.

El cómputo de que trata el artículo anterior rige en todas las materias.

Ver arts. 47.2.º, 48, 181, 681.7.º, 682, 752, 754 y 921 a 923 CC.

ART. 920.

Llámase doble vínculo al parentesco por parte del padre y de la madre conjuntamente.

Ver arts. 21, párr. segundo, 947, 949 y 951 CC. Ver art. 442-10.1 Ley 10/2008, de Cataluña.

ART. 921.

En las herencias, el pariente más próximo en grado excluye al más remoto, salvo el derecho de representación en los casos en que deba tener lugar.

Los parientes que se hallaren en el mismo grado heredarán por partes iguales, salvo lo que se dispone en el artículo 949 sobre el doble vínculo.

Ver arts. 751, 810.2, 924 a 933, 936 y 947 CC; art. 519.1 Código del Derecho Foral de Aragón; art. 441-5 Ley 10/2008, de Cataluña; Ley 304 de Compilación de Navarra.

ART. 922.

Si hubiere varios parientes de un mismo grado, y alguno o algunos no quisieren o no pudieren suceder, su parte acrecerá a los otros del mismo grado, salvo el derecho de representación cuando deba tener lugar.

Ver arts. 924 a 929 y 981; arts. 519.2 y 520 Código del Derecho Foral de Aragón; art. 441-6 Ley 10/2008, de Cataluña; Ley 314 de Compilación de Navarra.

ART. 923.

Repudiando la herencia el pariente más próximo, si es solo, o, si fueren varios, todos los parientes más próximos llamados por la ley heredarán los del grado siguiente por su propio derecho y sin que puedan representar al repudiante.

Ver arts. 921, 922, 928 y 988 a 1009 CC; art. 519.2 Código del Derecho Foral de Aragón; y arts. 441-6 y 442-1.2 Ley 10/2008, de Cataluña.

Sección 3.ª De la representación

ART. 924.

Llámase derecho de representación el que tienen los parientes de una persona para sucederle en todos los derechos que tendría si viviera o hubiera podido heredar.

Ver arts. 659, 761, 814.2.°, 857, 923, 928, 929 (indignidad sucesoria) y 1038 CC; arts. 334 a 341, 519.1, 520.2 Código del Derecho Foral de Aragón (sustitución legal); arts. 441-6.2, 441-7.1 y 442-1 Ley 10/2008, de Cataluña; Ley 308 de Compilación de Navarra.

ART. 925.

El derecho de representación tendrá siempre lugar en la línea recta descendente, pero nunca en la ascendente.

En la línea colateral sólo tendrá lugar en favor de los hijos de hermanos, bien sean de doble vínculo, bien de un solo lado.

Ver arts. 916, 917, 930 a 934, 948 y 951 CC; art. 335 Código del Derecho Foral de Aragón; arts. 441.7-1 y 2 y 442.11 Ley 10/2008, de Cataluña; 113.2 y 116.2 Ley 5/2015 de Derecho Civil Vasco; Ley 309 de Compilación de Navarra.

ART. 926.

Siempre que se herede por representación, la división de la herencia se hará por estirpes, de modo que el representante o representantes no hereden más de lo que heredaría su representado, si viviera.

Ver arts. 933, 934, 948, 951 y 1038 CC; art. 338.2 Código del Derecho Foral de Aragón; art. 441-8 Ley 10/2008, de Cataluña; Ley 310 de Compilación de Navarra.

ART. 927.

Quedando hijos de uno o más hermanos del difunto, heredarán a éste por representación si concurren con sus tíos. Pero si concurren solos, heredarán por partes iguales.

Ver arts. 948 y 949 CC; art. 338.2 Código del Derecho Foral de Aragón; arts. 441.8-3 y 442.10-4 Ley 10/2008, de Cataluña; Ley 304.2 y 6 de la Compilación de Navarra.

ART. 928.

No se pierde el derecho de representar a una persona por haber renunciado su herencia.

Ver art. 923 CC.

ART. 929.

No podrá representarse a una persona viva sino en los casos de desheredación o incapacidad.

Ver arts. 745, 756, 761, 852, 853, 857 y 923 CC; art. 339.1 (también ausencia) Código del Derecho Foral de Aragón; art. 441.7-1 Ley 10/2008, de Cataluña; Leyes 308 y 311 de Compilación de Navarra.

CAPÍTULO IV
Del orden de suceder según la diversidad de líneas

Sección 1.ª De la línea recta descendente

ART. 930.

La sucesión corresponde en primer lugar a la línea recta descendente.

Ver arts. 917 y 931 a 934 CC; art. 517.1 Código del Derecho Foral de Aragón; arts. 442.1 y 442.2 Ley 10/2008, de Cataluña (además los arts. 443.1 a 443.5 regulan la sucesión en caso de adopción, y el art. 444.1 la troncal del impúber); art. 112.1 Ley 5/2015 de Derecho Civil Vasco; Ley 304 de Compilación de Navarra; arts. 55 y 56 Ley del Notariado de 28 de mayo 1862; 209 bis Reglamento Notarial redactado por RD 1368/1992, de 13 de noviembre; ver art. 39.2 CE

ART. 931.

Los hijos y sus descendientes suceden a sus padres y demás ascendientes sin distinción de sexo, edad o filiación.

Redactado conforme a la Ley 11/1981, de 13 de mayo.

Ver arts. 14 y 39.2 CE; 108, párr. segundo, 178, 772, párr. tercero y 921 CC; art. 521 Código del Derecho Foral de Aragón; art. 442.1 y 442.2 Ley 10/2008, de Cataluña; art. 112.1 Ley 5/2015, de Derecho Civil Vasco; y Ley 304.1 de Compilación de Navarra.

ART. 932.

Los hijos del difunto le heredarán siempre por su derecho propio, dividiendo la herencia en partes iguales.

Ver arts. 834, 921 y 934 CC; 522 Código del Derecho Foral de Aragón; art. 442-1 Ley 10/2008, de Cataluña; 113.1 Ley 5/2015 de Derecho Civil Vasco.

ART. 933.

Los nietos y demás descendientes heredarán por derecho de representación, y, si alguno hubiese fallecido dejando varios herederos, la porción que le corresponda se dividirá entre éstos por partes iguales.

Ver arts. 924, 925, 926 y 934 CC; art. 523 Código del Derecho Foral de Aragón; arts. 442-1 y 442-2 Ley 10/2008, de Cataluña y Leyes 308 a 311 de Navarra; y art. 113.2 Ley 5/2015 de Derecho Civil Vasco.

ART. 934.

Si quedaren hijos y descendientes de otros hijos que hubiesen fallecido, los primeros heredarán por derecho propio, y los segundos, por derecho de representación.

Ver art. 924 y ss. y 1038 CC; art. 442-1 Ley 10/2008, de Cataluña; art. 113 Ley 5/2015 de Derecho Civil Vasco; Ley 310 Compilación de Navarra.

Sección 2.ª De la línea recta ascendente

ART. 935.

A falta de hijos y descendientes del difunto le heredarán sus ascendientes.

Ver arts. 837 y 913 CC; Código del Derecho Foral de Aragón; sobre recobro y sucesión troncal, arts. 517 y 524 a 528, y sobre sucesión de los ascendientes, arts. 529 y 530; art. 448-2 Ley 10/2008, de Cataluña (el cónyuge sobreviviente y el conviviente en unión estable de pareja superviviente suceden con preferencia a los progenitores y los ascendientes); art. 112.3 Ley 5/2015 de Derecho Civil Vasco; Leyes 304 a 307 de la Compilación de Navarra; arts. 55 y 56 de la Ley del Notariado de 28 de mayo de 1862; 209 bis Reglamento Notarial redactado por RD 1386 de 1992, de 13 de noviembre.

ART. 936.

El padre y la madre heredarán por partes iguales.

Ver arts. 921.2 y 932 CC; art. 529.1 Código del Derecho Foral de Aragón; art. 442-8.1 Ley 10/2008, de Cataluña; 115.1 Ley 5/2015 de Derecho Civil Vasco; y Leyes 304.4 y 307.2 de la Compilación de Navarra.

ART. 937.

En el caso de que sobreviva uno solo de los padres, éste sucederá al hijo en toda su herencia.

Ver arts. 925, párr. primero y 936 CC; art. 529.2 Código del Derecho Foral de Aragón; art. 448-2.1 Ley 10/2008, de Cataluña; y art. 115.1 Ley 5/2015 de Derecho Civil Vasco.

ART. 938.

A falta de padre y de madre sucederán los ascendientes más próximos en grado.

Ver arts. 935 y 939 a 942 CC; art. 530.1 Código del Derecho Foral de Aragón; art. 442-2.2 Ley 10/2008, de Cataluña; art. 115.2 Ley 5/2015 de Derecho Civil Vasco.

ART. 939.

Si hubiere varios ascendientes de igual grado pertenecientes a la misma línea, dividirán la herencia por cabezas.

Ver arts. 917, 918, 921, párr. segundo, 935 y 940 CC; art. 530.2 Código del Derecho Foral de Aragón; art. 442-8.2 Ley 10/2008, de Cataluña; art. 115.2 Ley 5/2015 de Derecho Civil Vasco.

ART. 940.

Si los ascendientes fueren de líneas diferentes, pero de igual grado, la mitad corresponderá a los ascendientes paternos y la otra mitad a los maternos.

Ver arts. 935 y 939 CC; art. 530.3 Código del Derecho Foral de Aragón; art. 442-8.2 Ley 10/2008, de Cataluña; 115.2 Ley 5/2015 de Derecho Civil Vasco; y Ley 304.4 de Compilación de Navarra.

ART. 941.

En cada línea la división se hará por cabezas.

Ver arts. 935 a 940 CC; art. 530.3 Código del Derecho Foral de Aragón; art. 442-8.2 Ley 10/2008, de Cataluña; Ley 304.4 de Compilación de Navarra.

ART. 942.

Lo dispuesto en esta Sección se entiende sin perjuicio de lo ordenado en los artículos 811 y 812, que es aplicable a la sucesión intestada y a la testamentaria.

Ver art. 411-8 Ley 10/2008, de Cataluña (excluye reservas hereditarias y reversión legal). En Aragón, sobre Recobros y Sucesión Troncal, arts. 524 a 528 Código del Derecho Foral de Aragón; 837 CC

Sección 3.ª De la sucesión del cónyuge y de los colaterales

ART. 943.

A falta de las personas comprendidas en las dos secciones que preceden, heredarán el cónyuge y los parientes colaterales por el orden que se establece en los artículos siguientes.

Ver art. 913 CC; arts. 531 a 534 Código del Derecho Foral de Aragón; sobre sucesión del cónyuge viudo o el conviviente en unión estable de pareja superviviente en Cataluña: arts. 441-2.3 y 442-3 a 442-7 de la Ley 10/2008; y sobre sucesión de los colaterales arts. 442-9 a 442-11 de la misma Ley; art. 112.2 y 4 de Derecho Civil Vasco; Leyes 304.2, 3, 5 y 6 y 307.3 de Compilación de Navarra; arts. 55 y 56 Ley del Notariado de 28 de mayo de 1862 y 209 bis del Reglamento Notarial de 2 de junio de 1944, redactado por el RD 1368/1992, de 13 de noviembre.

ART. 944.

En defecto de ascendientes y descendientes, y antes que los colaterales, sucederá en todos los bienes del difunto el cónyuge sobreviviente.

Ver arts. 943 y 945 CC; art. 531 Código del Derecho Foral de Aragón; sobre Cataluña ver concordancias del artículo anterior; arts. 112.2 y 114.1 de la Ley de Derecho Civil Vasco; y Ley 304.5 de Compilación de Navarra.

ART. 945.

No tendrá lugar el llamamiento a que se refiere el artículo anterior si el cónyuge estuviere separado legalmente o de hecho.

Modificado por Ley 15/2015, de 2 de julio, de la Jurisdicción Voluntaria. (BOE de 03-07-2015).

Ver arts. 81, 82.5.°, 84, 834, 835, 943 y 944; art. 531.1 Código del Derecho Foral de Aragón; art. 442-6 Ley 10/2008, de Cataluña.

ART. 946.

Los hermanos e hijos de hermanos suceden con preferencia a los demás colaterales.

Ver arts. 916, párr. segundo y 921, párr. primero CC; art. 532.1 Código del Derecho Foral de Aragón; art. 442-10 Ley 10/2008, de Cataluña; Leyes 304.2 y 3 y 307.1 de la Compilación de Navarra; art. 116 de la Ley 5/2015 de Derecho Civil Vasco.

ART. 947.

Si no existieren más que hermanos de doble vínculo, éstos heredarán por partes iguales.

Ver arts. 920 y 921, párr. segundo, CC; art. 532.2 Código del Derecho Foral de Aragón; Leyes 304.2 y 307.1 de la Compilación de Navarra; 442-10 la Ley 10/2008 de Cataluña.

ART. 948.

Si concurrieren hermanos con sobrinos, hijos de hermanos de doble vínculo, los primeros heredarán por cabezas y los segundos por estirpes.

Ver arts. 920, 925, párrafo segundo, art. 532.3 y 4 Código del Derecho Foral de Aragón; Leyes 304.2 y 307.1 de la Compilación de Navarra; art. 442-10.2 Ley 10/2008 de Cataluña; art. 116.2 de la Ley 5/2015 de Derecho Civil Vasco.

ART. 949.

Si concurrieren hermanos de padre y madre con medio hermanos, aquéllos tomarán doble porción que éstos en la herencia.

Ver art. 920 CC; art. 533.1 Código del Derecho Foral de Aragón; art. 116.2 Ley 5/2015 de Derecho Civil Vasco; Leyes 304.2 y 3 y 307.1 de la Compilación de Navarra.

ART. 950.

En el caso de no existir sino medio hermanos, unos por parte de padre y otros por la de la madre, heredarán todos por partes iguales, sin ninguna distinción de bienes.

Ver arts. 950 y 951 CC; art. 533.2 Código del Derecho Foral de Aragón; Leyes 304.2 y 3 y 307.1 de la Compilación de Navarra; 442.10.1 Ley 10/2008 de Cataluña.

ART. 951.

Los hijos de los medio hermanos sucederán por cabezas o por estirpes, según las reglas establecidas para los hermanos de doble vínculo.

Ver arts. 925, párr. segundo, 926, 928 y 948 CC; art. 533.3 Código del Derecho Foral de Aragón; Ley 304.3 de la Compilación de Navarra; 442.10.1 Ley 10/2008 de Cataluña.

ART. 952 y 953.

(SUPRIMIDOS)

Suprimidos por Ley 11/1981, de 13 de mayo.

ART. 954.

No habiendo cónyuge supérstite, ni hermanos ni hijos de hermanos, sucederán en la herencia del difunto los demás parientes del mismo en línea colateral hasta el cuarto grado, más allá del cual no se extiende el derecho de heredar abintestato.

Ver arts. 916, párr. segundo, 918, 943, 944 y 946 CC; art. 534.1 Código del Derecho Foral de Aragón; art. 442-11 Ley 10/2008, de Cataluña; art. 70 de la Ley 3/1992, del País Vasco; y Leyes 304.6 y 307.3 de la Compilación de Navarra; art. 116 Ley 5/2015 de Derecho Civil Vasco.

ART. 955.

La sucesión de estos colaterales se verificará sin distinción de líneas ni preferencia entre ellos por razón del doble vínculo.

Ver arts. 916, 920 y 954 CC; art. 534.2 Código del Derecho Foral de Aragón; Leyes 304.6 y 307.3 de la Compilación de Navarra; y art. 442-11 Ley 10/2008, de Cataluña.

Sección 4.ª De la sucesión del Estado

ART. 956.

A falta de personas que tengan derecho a heredar conforme a lo dispuesto en las precedentes Secciones, heredará el Estado quien, realizada la liquidación del caudal hereditario, ingresará la cantidad resultante en el Tesoro Público, salvo que, por la naturaleza de los bienes heredados, el Consejo de Ministros acuerde darles, total o parcialmente, otra aplicación. Dos terceras partes del valor de ese caudal relicto será destinado a fines de interés social, añadiéndose a la asignación tributaria que para estos fines se realice en los Presupuestos Generales del Estado.

Modificado por Ley 15/2015, de 2 de julio, de la Jurisdicción Voluntaria. (BOE de 03-07-2015).

Ver arts. 913, 957 y 958 CC; 20, 20 bis, 20 ter, 20 quáter y disp. adics. 24 y 25 de la Ley 33/2003, de 3 de noviembre, del Patrimonio de las Administraciones Públicas; 791.3 LEC 1/2000; D.T. 2.ª de la Ley 15/2015 de Jurisdicción Voluntaria.

ART. 957.

Los derechos y obligaciones del Estado serán los mismos que los de los demás herederos, pero se entenderá siempre aceptada la herencia a beneficio de inventario, sin necesidad de declaración alguna sobre ello, a los efectos que enumera el artículo 1023.

Modificado por Ley 15/2015, de 2 de julio, de la Jurisdicción Voluntaria. (BOE de 03-07-2015).

Ver arts. 1010 a 1034 CC; art. 442-12.2 de la Ley 10/2008 de Cataluña art. 268 de la Ley 2/2006 de Derecho Civil de Galicia; art. 117 Ley 5/2015 de Derecho Civil Vasco; arts. 20, 20 bis, 20 ter, 20 quáter y disps. adics. 24 y 25 de la Ley 33/2003, de 3 de noviembre, de Patrimonio de las Administraciones Públicas.

ART. 958.

Para que el Estado pueda tomar posesión de los bienes y derechos hereditarios habrá de preceder declaración administrativa de heredero, adjudicándose los bienes por falta de herederos legítimos.

Modificado por Ley 15/2015, de 2 de julio, de la Jurisdicción Voluntaria. (BOE de 03-07-2015).

Ver art. 442-12.2 de la Ley 10/2008 de Cataluña; arts. 20, 20 bis, 20 ter, 20 quáter y disps. adics. 24.ª y 25.ª de la Ley 33/2003, de 3 de noviembre, de Patrimonio de las Administraciones Públicas.

CAPÍTULO V
Disposiciones comunes a las herencias por testamento o sin él

Sección 1.ª De las precauciones que deben adoptarse cuando la viuda queda encinta

ART. 958 bis

Todas las referencias realizadas a la viuda en esta sección, se entenderán hechas a la viuda o al cónyuge supérstite gestante.

Añadido por Ley 4/2023, de 28 de febrero, para la igualdad real y efectiva de las personas trans y para la garantía de los derechos de las personas LGTBI. (BOE de 01/03/2023).

ART. 959.

Cuando la viuda crea haber quedado encinta, deberá ponerlo en conocimiento de los que tengan a la herencia un derecho de tal naturaleza que deba desaparecer o disminuir por el nacimiento del póstumo.

Ver arts. 29, 116, 961 y 963 CC.

ART. 960.

Los interesados a que se refiere el precedente artículo podrán pedir al Juez municipal, o al de primera instancia, donde lo hubiere, que dicte las providencias convenientes para evitar la suposición de parto, o que la criatura que nazca pase por viable, no siéndolo en realidad.

Cuidará el Juez de que las medidas que dicte no ataquen al pudor ni a la libertad de la viuda.

Ver arts. 30 y 745.1.º CC; y 220 CP; arts. 1.1 y 2.2 LO 1/1982, de 5 de mayo, de Protección Civil del Derecho al Honor, a la Intimidad Personal y Familiar y a la Propia Imagen.

ART. 961.

Háyase o no dado el aviso de que habla el artículo 959, al aproximarse la época del parto, la viuda deberá ponerlo en conocimiento de los mismos interesados. Éstos tendrán derecho a nombrar persona de su confianza que se cerciore de la realidad del alumbramiento.

Si la persona designada fuere rechazada por la paciente, hará el Juez el nombramiento, debiendo éste recaer en facultativo o en mujer.

Ver arts. 959 y 963 CC.

ART. 962.

La omisión de estas diligencias no basta por sí sola para acreditar la suposición del parto o la falta de viabilidad del nacido.

Redactado por Ley 11/1981, de 13 de mayo.

Ver arts. 959 y 961 CC.

ART. 963.

Cuando el marido hubiere reconocido en documento público o privado la certeza de la preñez de su esposa, estará ésta dispensada de dar el aviso que previene el artículo 959, pero quedará sujeta a cumplir lo dispuesto en el 961.

Ver arts. 117 y 126 CC.

ART. 964.

La viuda que quede encinta, aun cuando sea rica, deberá ser alimentada de los bienes hereditarios, habida consideración a la parte que en ellos pueda tener el póstumo, si naciere y fuere viable.

Ver arts. 29, 30, 142, 745.1.º y 1408 CC.

ART. 965.

En el tiempo que medie hasta que se verifique el parto, o se adquiera la certidumbre de que éste no tendrá lugar, ya por haber ocurrido aborto, ya por haber pasado con exceso el término máximo para la gestación, se proveerá a la seguridad y administración de los bienes en la forma establecida para el juicio necesario de testamentaría.

Ver arts. 30 y 116 CC; 790 a 805 LEC 1/2000; y art. 464-2.a) Ley 10/2008, de Cataluña.

ART. 966.

La división de la herencia se suspenderá hasta que se verifique el parto o el aborto, o resulte por el transcurso del tiempo que la viuda no estaba encinta.

Sin embargo, el administrador podrá pagar a los acreedores, previo mandato judicial.

Ver arts. 1028, 1051 y ss., 1082 CC; arts. 782.4 y 788.3 LEC 1/2000 y art. 464-2.a) Ley 10/2008, de Cataluña.

ART. 967.

Verificado el parto o el aborto, o transcurrido el término de la gestación, el administrador de los bienes hereditarios cesará en su encargo y dará cuenta de su desempeño a los herederos o a sus legítimos representantes.

Ver arts. 1026 CC y 800 LEC 1/2000.

Sección 2.ª De los bienes sujetos a reserva

DERECHOS FORALES

Navarra. La Compilación del Derecho Civil Foral de Navarra –Ley 1/1973, de 1 de marzo– disciplina «la reserva de bínubo» en las Leyes 274 a 278 (redactadas por la ley Foral 5/1987, de 1 de abril).

País Vasco. La Ley 5/2015, de 25 de junio, de Derecho Civil Vasco regula las reservas en los artículos 118 a 122.

Cataluña. Los bienes adquiridos por título sucesorio o por donación de acuerdo con el presente Código no están sujetos a ninguna reserva hereditaria ni reversión legal (art. 411-8 Ley 10/2008, de 10 de julio).

Galicia. En las sucesiones regidas por la Ley de Derecho Civil de Galicia no habrá lugar a reversión legal ni a obligación de reservar (art. 182 Ley 2/2006 de 14 de junio).

ART. 968.

Además de la reserva impuesta en el artículo 811, el viudo o viuda que pase a segundo matrimonio estará obligado a reservar a los hijos y descendientes del primero la propiedad de todos los bienes que haya adquirido de su difunto consorte por testamento, por sucesión intestada, donación u otro cualquier título lucrativo; pero no su mitad de gananciales.

Ver art. 980 CC; art. 120 Ley 5/2015 de Derecho Civil Vasco; y Ley 274.1 Compilación de Navarra.

ART. 969.

La disposición del artículo anterior es aplicable a los bienes que, por los títulos en él expresados, haya adquirido el viudo o viuda de cualquiera de los hijos de su primer matrimonio, y los que haya habido de los parientes del difunto por consideración a éste.

Ver art. 980 CC; Ley 274.1 Compilación de Navarra.

ART. 970.

Cesará la obligación de reservar cuando los hijos de un matrimonio, mayores de edad, que tengan derecho a los bienes, renuncien expresamente a él, o cuando se trate de cosas dadas o dejadas por los hijos a su padre o a su madre, sabiendo que estaban segunda vez casados.

Ver arts. 991 y 1280.4.º CC; Ley 276 Compilación de Navarra.

ART. 971.

Cesará además la reserva si al morir el padre o la madre que contrajo segundo matrimonio no existen hijos ni descendientes del primero.

Ver Ley 276 Compilación de Navarra.

ART. 972.

A pesar de la obligación de reservar, podrá el padre o madre, segunda vez casado, mejorar en los bienes reservables a cualquiera de los hijos o descendientes del primer matrimonio, conforme a lo dispuesto en el art. 823.

Ver arts. 823 CC y 122 de la Ley 5/2015 de Derecho Civil Vasco.

ART. 973.

Si el padre o la madre no hubiere usado, en todo o en parte, de la facultad que le concede el artículo anterior, los hijos y descendientes del primer matrimonio sucederán en los bienes sujetos a reserva, conforme a las reglas prescritas para la sucesión en línea descendente, aunque a virtud de testamento hubiesen heredado desigualmente al cónyuge premuerto o hubiesen repudiado su herencia.

El hijo desheredado justamente por el padre o por la madre perderá todo derecho a la reserva, pero si tuviere hijos o descendientes, se estará a lo dispuesto en el artículo 857 y en el número 2 del artículo 164.

Ver arts. 164.2, 848, 852, 853, 929 y 932 y ss; ley 274 de la Compilación de Navarra.

ART. 974.

Serán válidas las enajenaciones de los bienes inmuebles reservables hechas por el cónyuge sobreviviente antes de celebrar segundas bodas, con la obligación, desde que las celebrare, de asegurar el valor de aquéllos a los hijos y descendientes del primer matrimonio.

Ver art. 976 CC; 168.2.º y 184 a 189 LH; arts. 259 a 265 RH sobre hipoteca en garantía de reservas y Ley 277 de Compilación de Navarra.

ART. 975.

La enajenación que de los bienes inmuebles sujetos a reserva hubiere hecho el viudo o la viuda después de contraer segundo matrimonio subsistirá únicamente si a su muerte no quedan hijos ni descendientes del primero, sin perjuicio de lo dispuesto en la Ley Hipotecaria.

Ver arts. 971, 974 y 976 CC; arts. 34 y 37 LH y Ley 277 Compilación de Navarra.

ART. 976.

Las enajenaciones de los bienes muebles hechas antes o después de contraer segundo matrimonio serán válidas, salva siempre la obligación de indemnizar.

Ver arts. 974 y 975 CC; Ley 277 Compilación de Navarra.

ART. 977.

El viudo o la viuda, al repetir matrimonio, hará inventariar todos los bienes sujetos a reserva, anotar en el Registro de la Propiedad la calidad de reservables de los inmuebles con arreglo a lo dispuesto en la Ley Hipotecaria, y tasar los muebles.

Ver arts. 968 y 969 CC; arts. 168.2.° y 184 a 189 LH y arts. 259 a 265 RH; Ley 278 Compilación de Navarra.

ART. 978.

Estará además obligado el viudo o viuda, al repetir matrimonio, a asegurar con hipoteca:
1.° La restitución de los bienes muebles no enajenados en el estado que tuvieren al tiempo de su muerte.
2.° El abono de los deterioros ocasionados o que se ocasionaren por su culpa o negligencia.
3.° La devolución del precio que hubiese recibido por los bienes muebles enajenados o la entrega del valor que tenían al tiempo de la enajenación, si ésta se hubiese hecho a título gratuito.
4.° El valor de los bienes inmuebles válidamente enajenados.

Ver arts. 974 a 977 CC; arts. 168.2 y 184 a 189 LH y 259 a 265 RH.

ART. 979.

Lo dispuesto en los artículos anteriores para el caso de segundo matrimonio rige igualmente en el tercero y ulteriores.

Ver art. 968 CC; Ley 274.1 Compilación de Navarra; art. 120 Ley 5/2015 de Derecho Civil Vasco.

ART. 980.

La obligación de reservar impuesta en los anteriores artículos será también aplicable:
1.° Al viudo que durante el matrimonio haya tenido o en estado de viudez tenga un hijo no matrimonial.
2.° Al viudo que adopte a otra persona. Se exceptúa el caso de que el adoptado sea hijo del consorte de quien descienden los que serían reservatarios.
Dicha obligación de reservar surtirá efecto, respectivamente, desde el nacimiento o la adopción del hijo.

Redactado conforme a la LO 1/1996, de 15 de enero, de Protección Jurídica del Menor, que suprimió el adverbio "plenamente" relativo a la adopción.

Ver art. 39 CE; arts. 108, párr. segundo, 120 a 126 y 178 CC; y art. 120 de la Ley 5/2015 de Derecho Civil Vasco.

Sección 3.ª Del derecho de acrecer

ART. 981.

En las sucesiones legítimas la parte del que repudia la herencia acrecerá siempre a los coherederos.

Ver arts. 191, 192, 908 y 922 CC; art. 323.1, 520.2 y 3 y 481 a 483 del Código del Derecho Foral de Aragón; art. 462-1 Ley 10/2008, de Cataluña; Ley 314 Compilación de Navarra.

ART. 982.

Para que en la sucesión testamentaria tenga lugar el derecho de acrecer, se requiere:
1.° Que dos o más sean llamados a una misma herencia, o a una misma porción de ella, sin especial designación de partes.

2.º Que uno de los llamados muera antes que el testador, o que renuncie la herencia, o sea incapaz de recibirla.

Ver arts. 191, 192, 637, 745, 755, 756, 761, 762 y 985 CC; art. 481 Código del Derecho Foral de Aragón; 462-1.2 Ley 10/2008, de Cataluña; art. 24 Compilación de Baleares D. Leg. 79/1990, de 6 de septiembre; Ley 312 Compilación de Navarra.

ART. 983.

Se entenderá hecha la designación por partes sólo en el caso de que el testador haya determinado expresamente una cuota para cada heredero.

La frase «por mitad o por partes iguales» u otras que, aunque designen parte alícuota, no fijan ésta numéricamente o por señales que hagan a cada uno dueño de un cuerpo de bienes separado, no excluyen el derecho de acrecer.

Ver art. 982.1.º CC.

ART. 984.

Los herederos a quienes acrezca la herencia sucederán en todos los derechos y obligaciones que tendría el que no quiso o no pudo recibirla.

Ver art. 780 CC; art. 483 del Código de Derecho Foral de Aragón; art. 462-2 Ley 10/2008, de Cataluña; Ley 312.2 Compilación de Navarra.

ART. 985.

Entre los herederos forzosos el derecho de acrecer sólo tendrá lugar cuando la parte de libre disposición se deje a dos o más de ellos, o a alguno de ellos y a un extraño.

Si la parte repudiada fuere la legítima, sucederán en ella los coherederos por su derecho propio, y no por el derecho de acrecer.

Ver arts. 763.2 y 808 a 810 CC.

ART. 986.

En la sucesión testamentaria, cuando no tenga lugar el derecho de acrecer, la porción vacante del instituido, a quien no se hubiese designado sustituto, pasará a los herederos legítimos del testador, los cuales la recibirán con las mismas cargas y obligaciones.

Ver art. 912.3 CC.

ART. 987.

El derecho de acrecer tendrá también lugar entre los legatarios y los usufructuarios en los términos establecidos para los herederos.

Ver arts. 521, 888 CC; art. 483 Código del Derecho Foral de Aragón; art. 462-3 Ley 10/2008, de Cataluña; Leyes 313 y 412 Compilación de Navarra.

Sección 4.ª De la aceptación y repudiación de la herencia

ART. 988.

La aceptación y repudiación de la herencia son actos enteramente voluntarios y libres.

Ver arts. 889, 997, 1001, 1002 y 1007 CC; arts. 342. Código del Derecho Foral de Aragón; art. 461-1 Ley 10/2008, de Cataluña (el art. 461.8 regula la aceptación forzosa); Ley 315 de la Compilación de Navarra.

ART. 989.

Los efectos de la aceptación y de la repudiación se retrotraen siempre al momento de la muerte de la persona a quien se hereda.

Ver arts. 440, 657, 661 y 991 CC; art. 343.1 Código del Derecho Foral de Aragón; arts. 411-5 Ley 10/2008, de Cataluña; Ley 315 Compilación de Navarra.

ART. 990.

La aceptación o la repudiación de la herencia no podrá hacerse en parte, a plazo, ni condicionalmente.

Ver arts. 889 y 890 CC; arts. 343.2 y 345.1 Código del Derecho Foral de Aragón; art. 461-2 Ley 10/2008, de Cataluña; Ley 315, párrafo cuarto, Compilación de Navarra.

ART. 991.

Nadie podrá aceptar ni repudiar sin estar cierto de la muerte de la persona a quien haya de heredar y de su derecho a la herencia.

Ver arts. 196, 1001 y 1006 CC.

ART. 992.

Pueden aceptar o repudiar una herencia todos los que tienen la libre disposición de sus bienes.

La aceptación de la que se deje a los pobres corresponderá a las personas designadas por el testador para calificarlos y distribuir los bienes, y en su defecto a las que señala el artículo 749, y se entenderá aceptada a beneficio de inventario.

Ver arts. 166, 287.5.º, 749, 1010 CC; art. 346 Código del Derecho Foral de Aragón; redactado por Ley 13/2006, de 27 de diciembre, sobre Derecho de la persona; arts. 461-9 de la Ley 10/2008 de Cataluña; Leyes 50, 65 y 66 de la Compilación de Navarra.

ART. 993.

Los legítimos representantes de las asociaciones, corporaciones y fundaciones capaces de adquirir podrán aceptar la herencia que a las mismas se dejare; mas para repudiarla necesitan la aprobación judicial, con audiencia del Ministerio Público.

Ver arts. 35 a 39, 745.2, 746 y 956 CC; art. 347 (sobre aceptación y repudiación de las personas jurídicas) Código del Derecho Foral de Aragón; art. 461-9.3 Ley 10/2008, de Cataluña (Libro Cuarto del Código Civil de Cataluña); Arts. 93 a 95 de la Ley 15/2015, de 2 de julio, de Jurisdicción Voluntaria; Art. 15, c) de la Ley 33/2003, de 3 de noviembre, de las Administraciones Públicas, recogiéndose la regulación de las adquisiciones hereditarias y a título gratuito en los arts. 20 y ss; Arts. 3 y 4 del RD Leg. 2/2004, de 5 de marzo, que aprueba el Texto Refundido de la Ley Reguladora de las Haciendas Locales y art. 12.3 del RD 1372/1986, de 13 de junio, que aprueba el Reglamento de Bienes de las Entidades Locales; Art. 22 de la Ley 50/2002, de 26 de diciembre, de Fundaciones; Art. 81.3 d) Ley Orgánica 6/2001, de 21 de diciembre, de Universidades.

ART. 994.

Los establecimientos públicos oficiales no podrán aceptar ni repudiar herencia sin la aprobación del Gobierno.

Ver art. 748 CC; art. 347 Código del Derecho Foral de Aragón; art. 15, c) de la Ley 33/2003, de 3 de noviembre, de las Administraciones Públicas, recogiéndose la regulación de las adquisiciones hereditarias y a título gratuito en los arts. 20 y ss.

ART. 995.

Cuando la herencia sea aceptada sin beneficio de inventario, por persona casada y no concurra el otro cónyuge, prestando su consentimiento a la aceptación, no responderán de las deudas hereditarias los bienes de la sociedad conyugal.

Ver arts. 1346.2.º, 1367 y 1373 CC; Ley 85 Compilación de Navarra; art. 139 de la Ley 5/2015 de Derecho Civil Vasco.

ART. 996.

La aceptación de la herencia por la persona con discapacidad se prestará por esta, salvo que otra cosa resulte de las medidas de apoyo establecidas.

Modificado por Ley 8/2021, de 2 de junio, por la que se reforma la legislación civil y procesal para el apoyo a las personas con discapacidad en el ejercicio de su capacidad jurídica (BOE de 03-06-2021). En vigor desde el 3 de septiembre de 2021.

Ver arts. 268 y ss. CC; art. 461-9.1 y 2 Ley 10/2008, de Cataluña; art. 346.4 Código del Derecho Foral de Aragón.

ART. 997.

La aceptación y la repudiación de la herencia, una vez hechas, son irrevocables, y no podrán ser impugnadas sino cuando adoleciesen de algunos de los vicios que anulan el consentimiento, o apareciese un testamento desconocido.

Ver arts. 1265 a 1270 CC; art. 461-1.3 y 461-10 Ley 10/2008, de Cataluña; Ley 315, párrafo cuarto, de la Compilación de Navarra; art. 343.1 Código del Derecho Foral de Aragón.

ART. 998.

La herencia podrá ser aceptada pura y simplemente, o a beneficio de inventario.

Ver arts. 999, 1003, 1010, 1018, 1019 y 1023 CC; art. 461-14 Ley 10/2008, de Cataluña; art. 20.1 Ley 33/2003, de 3 de noviembre, del Patrimonio de las Administraciones Públicas, dispone que la aceptación de las herencias, ya hayan sido deferidas testamentariamente o en virtud de ley, se entenderá hecha siempre a beneficio de inventario.

ART. 999.

La aceptación pura y simple puede ser expresa o tácita.

Expresa es la que se hace en documento público o privado.

Tácita es la que se hace por actos que suponen necesariamente la voluntad de aceptar, o que no habría derecho a ejecutar sino con la cualidad de heredero.

Los actos de mera conservación o administración provisional no implican la aceptación de la herencia, si con ellos no se ha tomado el título o la cualidad de heredero.

Ver arts. 998, 1000, 1005, 1018 y 1019 CC; art. 349 Código del Derecho Foral de Aragón; arts. 461-3 a 461-5 Ley 10/2008, de Cataluña; Ley 315 Compilación de Navarra.

ART. 1000

Entiéndese aceptada la herencia:

1.º Cuando el heredero vende, dona o cede su derecho a un extraño, a todos sus coherederos o a alguno de ellos.

2.º Cuando el heredero la renuncia, aunque sea gratuitamente, a beneficio de uno o más de sus coherederos.

3.º Cuando la renuncia por precio a favor de todos sus coherederos indistintamente; pero, si esta renuncia fuere gratuita y los coherederos a cuyo favor se haga son aquellos a quienes debe acrecer la porción renunciada, no se entenderá aceptada la herencia.

Ver arts. 981 y ss., 1531 y 1534 CC; art. 350 Código del Derecho Foral de Aragón; art. 461-5 Ley 10/2008, de Cataluña; Leyes 325 a 328 Compilación de Navarra.

ART. 1001.

Si el heredero repudia la herencia en perjuicio de sus propios acreedores, podrán éstos pedir al Juez que los autorice para aceptarla en nombre de aquél.

La aceptación sólo aprovechará a los acreedores, en cuanto baste a cubrir el importe de sus créditos. El exceso, si lo hubiere, no pertenecerá en ningún caso al renunciante, sino que se adjudicará a las personas a quienes corresponda según las reglas establecidas en este Código.

Ver arts. 981 y 982, 1111 y 1297 CC; art. 353 Código del Derecho Foral de Aragón; art. 461-7 y 464-3 Ley 10/2008, de Cataluña; ley 316 de la Compilación de Navarra; arts. 93, 94 y 95 de la Ley 15/2015, de 2 de julio, de Jurisdicción Voluntaria.

ART. 1002.

Los herederos que hayan sustraído u ocultado algunos efectos de la herencia, pierden la facultad de renunciarla, y quedan con el carácter de herederos puros y simples, sin perjuicio de las penas en que hayan podido incurrir.

Ver arts. 1003 y 1024 CC; art. 252 CP; art. 350.1, c) Código del Derecho Foral de Aragón; art. 461-8 Ley 10/2008, de 30 de diciembre, de Cataluña.

ART. 1003.

Por la aceptación pura y simple, o sin beneficio de inventario, quedará el heredero responsable de todas las cargas de la herencia, no sólo con los bienes de ésta, sino también con los suyos propios.

Ver arts. 657, 661, 998, 999, 1010 y 1084 CC; arts. 567 y 568 del RDLeg. 1/2020, TR de la Ley Concursal; art. 127 del RD 939/2005 que aprueba el Reglamento General de Recaudación; art. 15 del RD 1415/2004 que aprueba el Reglamento General de Recaudación de la Seguridad Social; arts. 355 Código del Derecho Foral de Aragón; art. 461-18 y 461-19 Ley 10/2008, de Cataluña; Ley 318 de la Compilación de Navarra.

ART. 1004.

Hasta pasados nueve días después de la muerte de aquel de cuya herencia se trate, no podrá intentarse acción contra el heredero para que acepte o repudie.

Ver arts. 1016 y 1934 CC; art. 348 Código del Derecho Foral de Aragón; art. 461-12.2 Ley 10/2008, de Cataluña; Ley 315, párr. segundo, de la Compilación de Navarra.

ART. 1005.

Cualquier interesado que acredite su interés en que el heredero acepte o repudie la herencia podrá acudir al Notario para que éste comunique al llamado que tiene un plazo de treinta días naturales para aceptar pura o simplemente, o a beneficio de inventario, o repudiar la herencia. El Notario le indicará, además, que si no manifestare su voluntad en dicho plazo se entenderá aceptada la herencia pura y simplemente.

Modificado por Ley 15/2015, de 2 de julio, de la Jurisdicción Voluntaria. (BOE de 03-07-2015).

Ver arts. 1004 y 1015 CC; art. 348 Código del Derecho Foral de Aragón; art. 461-12.2 y 3 Ley 10/2008, de Cataluña; Ley 315, párr. segundo, de la Compilación de Navarra; art. 143 de la Ley 5/2015 de Derecho Civil Vasco.

ART. 1006.

Por muerte del heredero sin aceptar ni repudiar la herencia pasará a los suyos el mismo derecho que él tenía.

Ver arts. 759, 766 y 889.2 CC; art. 354 Código del Derecho Foral de Aragón; arts. 461-13 Ley 10/2008, de Cataluña; Ley 317 de la Compilación de Navarra.

ART. 1007.

Cuando fueren varios los herederos llamados a la herencia, podrán los unos aceptarla y los otros repudiarla. De igual libertad gozará cada uno de los herederos para aceptarla pura y simplemente o a beneficio de inventario.

Ver arts. 988. 989, 1009 y 1010 CC; art. 342.2 Código del Derecho Foral de Aragón; art. 461-1.2 Ley 10/2008, de Cataluña.

ART. 1008.

La repudiación de la herencia deberá hacerse ante Notario en instrumento público.

Modificado por Ley 15/2015, de 2 de julio, de la Jurisdicción Voluntaria. (BOE de 03-07-2015).

Ver art. 1280.4.° CC; art. 351 Código del Derecho Foral de Aragón; art. 461-6 Ley 10/2008, de Cataluña.

ART. 1009.

El que es llamado a una misma herencia por testamento y abintestato, y la repudia por el primer título, se entiende haberla repudiado por los dos.

Repudiándola como heredero ab intestato y sin noticia de su título testamentario, podrá todavía aceptarla por éste.

Ver arts. 440, 658, 833, 890, 988 y 997 CC; art. 344 Código del Derecho Foral de Aragón; art. 461-11 Ley 10/2008, de Cataluña; Ley 316 Compilación de Navarra.

Sección 5.ª Del beneficio de inventario y del derecho de deliberar

ART. 1010.

Todo heredero puede aceptar la herencia a beneficio de inventario, aunque el testador se lo haya prohibido.

También podrá pedir la formación de inventario antes de aceptar o repudiar la herencia, para deliberar sobre este punto.

Ver arts. 661, 989, 992, 998 y 1934 CC; art. 568 del RDLeg. 1/2020, TR de la Ley Concursal; art. 461-14 Ley 10/2008, de Cataluña.

ART. 1011.

La declaración de hacer uso del beneficio de inventario deberá hacerse ante Notario.

Modificado por Ley 15/2015, de 2 de julio, de la Jurisdicción Voluntaria. (BOE de 03-07-2015).

Ver art. 568 del RDLeg. 1/2020, TR de la Ley Concursal; art. 461-15.2 Ley 10/2008, de Cataluña.

ART. 1012.

Si el heredero a que se refiere el artículo anterior se hallare en país extranjero, podrá hacer dicha declaración ante el Agente diplomático o consular de España que esté habilitado para ejercer las funciones de Notario en el lugar del otorgamiento.

Ver arts. 11 y 734 a 736 CC; Anexo III del Rgto. Notarial (regula el ejercicio de la fe pública por los Agentes diplomáticos o consulares de España en el extranjero). El Convenio Europeo sobre Funciones Consulares hecho en París el 11-12-1967 fue ratificado por España y entró en vigor el 9-6-2011.

ART. 1013.

La declaración a que se refieren los artículos anteriores no producirá efecto alguno si no va precedida o seguida de un inventario fiel y exacto de todos los bienes de la herencia, hecho con las formalidades y dentro de los plazos que se expresarán en los artículos siguientes.

Ver arts. 1010, 1011, 1012, 1021 y 1024.1.º CC; art. 461-15 y 461-17 Ley 10/2008, de Cataluña.

ART. 1014.

El heredero que tenga en su poder la herencia o parte de ella y quiera utilizar el beneficio de inventario o el derecho de deliberar, deberá comunicarlo ante Notario y pedir en el plazo de treinta días a contar desde aquél en que supiere ser tal heredero la formación de inventario notarial con citación a los acreedores y legatarios para que acudan a presenciarlo si les conviniere.

Modificado por Ley 15/2015, de 2 de julio, de la Jurisdicción Voluntaria. (BOE de 03-07-2015).

Ver arts. 1010 a 1013 y 1017 CC; art. 67 de la Ley Orgánica del Notariado de 28 de mayo de 1862; art. 461-15 Ley 10/2008, de Cataluña.

ART. 1015.

Cuando el heredero no tenga en su poder la herencia o parte de ella, ni haya practicado gestión alguna como tal heredero, el plazo expresado en el artículo anterior se contará desde el día siguiente a aquel en que expire el plazo que se le hubiese fijado para aceptar o repudiar la herencia conforme al artículo 1005, o desde el día en que la hubiese aceptado o hubiera gestionado como heredero.

Modificado por Ley 15/2015, de 2 de julio, de la Jurisdicción Voluntaria. (BOE de 03-07-2015).

Ver arts. 999, 1000, 1005, 1014 CC; art. 67 de la Ley Orgánica del Notariado de 28 de mayo de 1862.

ART. 1016.

Fuera de los casos a que se refieren los dos anteriores artículos, si no se hubiere presentado ninguna demanda contra el heredero, podrá éste aceptar a beneficio de inventario, o con el derecho de deliberar, mientras no prescriba la acción para reclamar la herencia.

Ver arts. 192 y 1963 a 1965 CC; art. 461-14, 461-15 y 461-17.2 Ley 10/2008, de Cataluña; y Ley 322 de Compilación de Navarra.

ART. 1017.

El inventario se principiará dentro de los treinta días siguientes a la citación de los acreedores y legatarios, y concluirá dentro de otros sesenta.

Si por hallarse los bienes a larga distancia o ser muy cuantiosos, o por otra causa justa, parecieren insuficientes dichos sesenta días, podrá el Notario prorrogar este término por el tiempo que estime necesario, sin que pueda exceder de un año.

Modificado por Ley 15/2015, de 2 de julio, de la Jurisdicción Voluntaria. (BOE de 03-07-2015).

Ver art. 1013 CC; art. 68 de la Ley Orgánica del Notariado de 28 de mayo de 1862; art. 461-15 Ley 10/2008, de Cataluña; arts. 790 y ss. LEC.

ART. 1018.

Si por culpa o negligencia del heredero no se principiare o no se concluyere el inventario en los plazos y con las solemnidades prescritas en los artículos anteriores, se entenderá que acepta la herencia pura y simplemente.

Ver arts. 998 a 1000, 1010, 1013 y 1024 CC; y art. 461-17 Ley 10/2008, de Cataluña.

ART. 1019.

El heredero que se hubiese reservado el derecho de deliberar, deberá manifestar al Notario, dentro de treinta días contados desde el siguiente a aquel en que se hubiese concluido el inventario, si repudia o acepta la herencia y si hace uso o no del beneficio de inventario.

Pasados los treinta días sin hacer dicha manifestación, se entenderá que la acepta pura y simplemente.

Modificado por Ley 15/2015, de 2 de julio, de la Jurisdicción Voluntaria. (BOE de 03-07-2015).

Ver arts. 999, párr. tercero, 1000, 1010, párr. segundo y 1022 CC.

ART. 1020.

Durante la formación del inventario y hasta la aceptación de la herencia, a instancia de parte, el Notario podrá adoptar las provisiones necesarias para la administración y custodia de los bienes hereditarios con arreglo a lo que se prescribe en este Código y en la legislación notarial.

Modificado por Ley 15/2015, de 2 de julio, de la Jurisdicción Voluntaria. (BOE de 03-07-2015).

Ver arts. 797 a 805 LEC.

ART. 1021.

El que reclame judicialmente una herencia de que otro se halle en posesión por más de un año, si venciere en el juicio, no tendrá obligación de hacer inventario para gozar de este beneficio, y sólo responderá de las cargas de la herencia con los bienes que le sean entregados.

Ver arts. 1013, 1016 y 1023.1.º CC; y Ley 322 de Compilación de Navarra.

ART. 1022.

El inventario hecho por el heredero que después repudie la herencia, aprovechará a los sustitutos y a los herederos abintestato, respecto de los cuales los treinta días para deliberar y para hacer la manifestación que previene el artículo 1019, se contarán desde el siguiente al en que tuvieren conocimiento de la repudiación.

Ver arts. 774, 912.3.º, 1019 y 1033. párr. segundo CC.

ART. 1023.

El beneficio de inventario produce en favor del heredero los efectos siguientes:

1.º El heredero no queda obligado a pagar las deudas y demás cargas de la herencia sino hasta donde alcancen los bienes de la misma.

2.º Conserva contra el caudal hereditario todos los derechos y acciones que tuviera contra el difunto.

3.º No se confunden para ningún efecto, en daño del heredero, sus bienes particulares con los que pertenezcan a la herencia.

Ver arts. 998, 1003, 1033, 1084 y 1087 CC; art. 461-20 a 461-24 Ley 10/2008, de Cataluña; Ley 318 de la Compilación de Navarra.

ART. 1024.

El heredero perderá el beneficio de inventario:

1.º Si a sabiendas dejare de incluir en el inventario alguno de los bienes, derechos o acciones de la herencia.

2.º Si antes de completar el pago de las deudas y legados enajenase bienes de la herencia sin autorización de todos los interesados, o no diese al precio de lo vendido la aplicación determinada al concederle la autorización.

No obstante, podrá disponer de valores negociables que coticen en un mercado secundario a través de la enajenación en dicho mercado, y de los demás bienes mediante su venta en subasta pública notarial previamente notificada a todos los interesados, especificando en ambos casos la aplicación que se dará al precio obtenido.

Modificado por Ley 15/2015, de 2 de julio, de la Jurisdicción Voluntaria. (BOE de 03-07-2015).

Ver arts. 1002, 1013 y 1018 CC; 461-15.4 y 461.21.5 de Ley 10/2008, de Cataluña.

ART. 1025.

Durante la formación del inventario y el término para deliberar no podrán los legatarios demandar el pago de sus legados.

Ver arts. 885 y 1027 CC; arts. 47 y 48 LH (sobre anotación preventiva); 798 LEC 2000; y art. 461-15.6 Ley 10/2008, de 10 de julio, de Cataluña.

ART. 1026.

Hasta que resulten pagados todos los acreedores conocidos y los legatarios, se entenderá que se halla la herencia en administración.

El administrador, ya lo sea el mismo heredero, ya cualquiera otra persona, tendrá, en ese concepto, la representación de la herencia para ejercitar las acciones que a ésta competan y contestar a las demandas que se interpongan contra la misma.

Ver arts. 1032 y 1082 a 1087; art. 796.3 y 798 LEC 2000; 39.3 Ley General Tributaria 58/2003, de 17 de diciembre –sobre cumplimiento de las obligaciones tributarias por el representante de la herencia yacente–; arts. 570 y 571 del RDLeg. 1/2020, TR de la Ley Concursal y art. 461-21 y 461-24 Ley 10/2008, de 10 de julio, de Cataluña.

ART. 1027.

El administrador no podrá pagar los legados sino después de haber pagado a todos los acreedores.

Ver arts. 1031 y 1034 CC; art. 788.3 LEC 2000; art. 360 Código del Derecho Foral de Aragón; y art. 461-21 y 461-23 Ley 10/2008, de 10 de julio, de Cataluña.

ART. 1028.

Cuando haya juicio pendiente entre los acreedores sobre la preferencia de sus créditos, serán pagados por el orden y según el grado que señale la sentencia firme de graduación.

No habiendo juicio pendiente entre los acreedores, serán pagados los que primero se presenten; pero, constando que alguno de los créditos conocidos es preferente, no se hará el pago sin previa caución a favor del acreedor de mejor derecho.

Ver arts. 1921 y ss. CC; RDLeg. 1/2020, TR de la Ley Concursal; art. 359 Código del Derecho Foral de Aragón; arts. 461-21 a 461-23 Ley 10/2008, de 10 de julio, de Cataluña.

ART. 1029.

Si después de pagados los legados aparecieren otros acreedores, éstos sólo podrán reclamar contra los legatarios en el caso de no quedar en la herencia bienes suficientes para pagarles.

Ver arts. 1027 y 1032 CC; art. 461-21.3 Ley 10/2008, de 10 de julio, de Cataluña.

ART. 1030.

Cuando para el pago de los créditos y legados sea necesaria la venta de bienes hereditarios, se realizará ésta en la forma establecida en el párrafo segundo del número 2.º del artículo 1024 de este Código, salvo si todos los herederos, acreedores y legatarios acordaren otra cosa.

Modificado por Ley 15/2015, de 2 de julio, de la Jurisdicción Voluntaria. (BOE de 03-07-2015).

Ver arts. 902 y 903 CC; art. 803 LEC 1/2000; art. 461-21.2 de la Ley 10/2008 de Cataluña; art. 70.8 de la Ley 5/2005 de Derecho Civil Vasco.

ART. 1031.

No alcanzando los bienes hereditarios para el pago de las deudas y legados, el administrador dará cuenta de su administración a los acreedores y legatarios que no hubiesen cobrado por completo, y será responsable de los perjuicios causados a la herencia por culpa o negligencia suya.

Ver arts. 1026 y 1032, párr. segundo CC; y art. 799, 800, 805 LEC 1/2000.

ART. 1032.

Pagados los acreedores y legatarios, quedará el heredero en el pleno goce del remanente de la herencia.

Si la herencia hubiese sido administrada por otra persona, ésta rendirá al heredero la cuenta de su administración, bajo la responsabilidad que impone el artículo anterior.

Ver art. 1026 CC y arts. 800 y 805 LEC 1/2000; art. 14 a) Ley 29/1987, de 18 de diciembre, del Impuesto sobre Sucesiones y Donaciones, arts. 22, 32 y 33 del RD 1629/1991, de 8 de noviembre, que aprueba el Reglamento del Impuesto sobre Sucesiones y Donaciones.

ART. 1033.

Los gastos del inventario y las demás actuaciones a que dé lugar la administración de la herencia aceptada a beneficio de inventario y la defensa de sus derechos, serán de cargo de la misma herencia. Exceptúanse aquellos gastos imputables al heredero que hubiese sido condenado personalmente por su dolo o mala fe.

Lo mismo se entenderá respecto de los gastos causados para hacer uso del derecho de deliberar, si el heredero repudia la herencia.

Modificado por Ley 15/2015, de 2 de julio, de la Jurisdicción Voluntaria. (BOE de 03-07-2015).

Ver arts. 1022, 1023 y 1032 CC; art. 461-19.b) a d) Ley 10/2008, de Cataluña; arts. 355 a 361 del Código de Derecho Foral de Aragón (responsabilidad del heredero).

ART. 1034.

Los acreedores particulares del heredero no podrán mezclarse en las operaciones de la herencia aceptada por éste a beneficio de inventario hasta que sean pagados los acreedores de la misma y los legatarios; pero podrán pedir la retención o embargo del remanente que pueda resultar a favor del heredero.

Ver arts. 1083 CC; 782.5 y 783.5 LEC 1/2000; art. 461-21.4 Ley 10/2008, de Cataluña; Ley 319 de Compilación de Navarra; art. 359.1 Código de Derecho Foral de Aragón.

CAPÍTULO VI
De la colación y partición

Sección 1.ª De la colación

ART. 1035.

El heredero forzoso que concurra, con otros que también lo sean, a una sucesión, deberá traer a la masa hereditaria los bienes o valores que hubiese recibido del causante de la herencia, en vida de éste, por dote, donación u otro título lucrativo, para computarlo en la regulación de las legítimas y en la cuenta de partición.

Ver arts. 818, 819, 825, 828 y 1046 CC; Ley 332 de la Compilación de Navarra, Ley 1/1973; art. 362 (voluntariedad), 363 (liberalidades no colacionables) y 364 (práctica de la colación) Código del Derecho Foral de Aragón, aprobado por D Leg. 1/2011; art. 464-17 a 464-20 de la Ley 10/2008 que aprueba el libro cuarto del Código Civil de Cataluña, relativo a las sucesiones; art. 59 de la Ley 5/2015 de Derecho Civil Vasco; art. 227 (de la apartación) Ley 2/2006, de Derecho Civil de Galicia.

ART. 1036.

La colación no tendrá lugar entre los herederos forzosos si el donante así lo hubiese dispuesto expresamente o si el donatario repudiare la herencia, salvo el caso en que la donación deba reducirse por inoficiosa.

Ver arts. 636, 654 y 819 CC; Ley 332 Compilación de Navarra; art. 362 Código del Derecho Foral de Aragón; art. 464-17 Ley 10/2008, de Cataluña; art. 59.2 Ley 5/2015 de Derecho Civil Vasco.

ART. 1037.

No se entiende sujeto a colación lo dejado en testamento si el testador no dispusiere lo contrario, quedando en todo caso a salvo las legítimas.

Ver arts. 620, 815 y 828 CC.

ART. 1038.

Cuando los nietos sucedan al abuelo en representación del padre, concurriendo con sus tíos o primos, colacionarán todo lo que debiera colacionar el padre si viviera, aunque no lo hayan heredado.

También colacionarán lo que hubiesen recibido del causante de la herencia durante la vida de éste, a menos que el testador hubiese dispuesto lo contrario, en cuyo caso deberá respetarse su voluntad si no perjudicare a la legítima de los coherederos.

Ver arts. 766 y 924 (derecho de representación); Ley 334 de la Compilación de Navarra; art. 464-18 Ley 10/2008, de Cataluña.

ART. 1039.

Los padres no estarán obligados a colacionar en la herencia de sus ascendientes lo donado por éstos a sus hijos.

ART. 1040.

Tampoco se traerán a colación las donaciones hechas al consorte del hijo; pero, si hubieren sido hechas por el padre conjuntamente a los dos, el hijo estará obligado a colacionar la mitad de la cosa donada.

Ver arts. 637, 1339 y 1353 CC.

ART. 1041.

No estarán sujetos a colación los gastos de alimentos, educación, curación de enfermedades, aunque sean extraordinarias, aprendizaje, ni los regalos de costumbre.

Tampoco estarán sujetos a colación los gastos realizados por los progenitores y ascendientes para cubrir las necesidades especiales de sus hijos o descendientes requeridas por su situación de discapacidad.

Modificado por Ley 8/2021, de 2 de junio, por la que se reforma la legislación civil y procesal para el apoyo a las personas con discapacidad en el ejercicio de su capacidad jurídica (BOE de 03-06-2021). En vigor desde el 3 de septiembre de 2021.

Ver arts. 142, 143, 153, 1791 a 1797, D.A. 4.ª CC; Ley 333 de la Compilación de Navarra; art. 363 Código del Derecho Foral de Aragón.

ART. 1042.

No se traerán a colación, sino cuando el padre lo disponga o perjudiquen a la legítima, los gastos que éste hubiere hecho para dar a sus hijos una carrera profesional o artística; pero cuando proceda colacionarlos, se rebajará de ellos lo que el hijo habría gastado viviendo en la casa y compañía de sus padres.

Ver arts. 142, 143 y 1041 CC; Ley 333 Compilación de Navarra.

ART. 1043.

Serán colacionables las cantidades satisfechas por el padre para redimir a sus hijos de la suerte de soldado, pagar sus deudas, conseguirles un título de honor y otros gastos análogos.

ART. 1044.

Los regalos de boda, consistentes en joyas, vestidos y equipos, no se reducirán como inoficiosos sino en la parte que excedan en un décimo o más de la cantidad disponible por testamento.

Ver arts. 636 y 1336 y ss. (donaciones por razón de matrimonio).

ART. 1045.

No han de traerse a colación y partición las mismas cosas donadas, sino su valor al tiempo en que se evalúen los bienes hereditarios.

El aumento o deterioro físico posterior a la donación y aun su pérdida total, casual o culpable, será a cargo y riesgo o beneficio del donatario.

Modificado por la Ley 11/1981, de 13 de mayo, de modificación del Código Civil en materia de filiación, patria potestad y régimen económico del matrimonio.

Ver art. 818 CC; Ley 335 Compilación de Navarra; art. 364.1 Código del Derecho Foral de Aragón; arts. 464-20 Ley 10/2008, de Cataluña; art. 59 de la Ley 5/2015 de Derecho Civil Vasco.

ART. 1046.

La dote o donación hecha por ambos cónyuges se colacionará por mitad en la herencia de cada uno de ellos. La hecha por uno solo se colacionará en su herencia.

Ver arts. 1040 y 1363 CC.

ART. 1047.

El donatario tomará de menos en la masa hereditaria tanto como ya hubiese recibido, percibiendo sus coherederos el equivalente, en cuanto sea posible, en bienes de la misma naturaleza, especie y calidad.

Ver arts. 1048 y 1049 CC; art. 364.2 Código del Derecho Foral de Aragón; art. 464-20 Ley 10/2008, de Cataluña.

ART. 1048.

No pudiendo verificarse lo prescrito en el artículo anterior, si los bienes donados fueren inmuebles, los coherederos tendrán derecho a ser igualados en metálico o valores mobiliarios al tipo de cotización; y, no habiendo dinero ni valores cotizables en la herencia, se venderán otros bienes en pública subasta en la cantidad necesaria.

Cuando los bienes donados fueren muebles, los coherederos sólo tendrán derecho a ser igualados en otros muebles de la herencia por el justo precio, a su libre elección.

Ver art. 364 del Código de Derecho Foral de Aragón; arts. 108, 109, 110 y 111 sobre subastas voluntarias de la Ley 15/2015, de 2 de julio, de Jurisdicción Voluntaria; arts. 72 a 77 sobre subasta notarial de la Ley del Notariado de 28 de mayo 1862.

ART. 1049.

Los frutos e intereses de los bienes sujetos a colación no se deben a la masa hereditaria sino desde el día en que se abra la sucesión.

Para regularlos, se atenderá a las rentas e intereses de los bienes hereditarios de la misma especie que los colacionados.

Ver arts. 354 a 357, 657, 1063 y 1095 CC; Ley 335.2 Compilación de Navarra.

ART. 1050.

Si entre los coherederos surgiere contienda sobre la obligación de colacionar o sobre los objetos que han de traerse a colación, no por eso dejará de proseguirse la partición, prestando la correspondiente fianza.

Ver arts. 1035 a 1045 CC.

Sección 2.ª De la partición

Cataluña. Arts. 464-1 y ss. de la Ley 10/2008, de 10 de julio, del Código Civil de Cataluña

Aragón. Arts. 365 y ss. Código del Derecho Foral de Aragón. En este Código se regula el denominado Consorcio Foral (arts. 373 a 376).

Navarra. Leyes 331 a 345 de la Compilación de Derecho Civil Foral de Navarra.

Galicia. Cap. VII del Tít. X (arts. 270 a 308) Ley 2/2006, de 14 de junio, de derecho civil de Galicia.

ART. 1051.

Ningún coheredero podrá ser obligado a permanecer en la indivisión de la herencia, a menos que el testador prohíba expresamente la división.

Pero, aun cuando la prohíba, la división tendrá siempre lugar mediante alguna de las causas por las cuales se extingue la sociedad.

Ver arts. 400, 966, 1700 a 1708 y 1965 CC; 782 LEC 1/2000; Ley General Tributaria 58/2003, de 17 de diciembre: art. 39 (sucesión en las obligaciones tributarias); art. 39.3 (cumplimiento de las obligaciones tributarias por el representante de la herencia yacente); Ley 331 Compilación de Navarra; art. 463-2 y 464-1 a 464-3 Ley 10/2008, de Cataluña; art. 365 Código del Derecho Foral de Aragón. En este Código se regula el denominado Consorcio Foral en los arts. 373 a 376.

ART. 1052.

Todo coheredero que tenga la libre administración y disposición de sus bienes podrá pedir en cualquier tiempo la partición de la herencia. Lo harán sus representantes legales si el coheredero está en situación de ausencia. Si el coheredero contase con medidas de apoyo por razón de discapacidad, se estará a lo que se disponga en estas.

Modificado por Ley 8/2021, de 2 de junio, por la que se reforma la legislación civil y procesal para el apoyo a las personas con discapacidad en el ejercicio de su capacidad jurídica (BOE de 03-06-2021). En vigor desde el 3 de septiembre de 2021.

Ver arts. 162, 163, 166, 181, 190, 191, 199, 225, 235, 236, 287.4.° y 5.°, 268 a 294, 289, 400 y 966 CC; 782 LEC 1/2000; art. 464-1 Ley 10/2008, de Cataluña; art. 365 Código del Derecho Foral de Aragón.

ART. 1053.

Cualquiera de los cónyuges podrá pedir la partición de la herencia sin intervención del otro.

Ver arts. 66, 71, 102.2.°, 995, 1362.1 y 1374 CC.

ART. 1054.

Los herederos bajo condición no podrán pedir la partición hasta que aquélla se cumpla. Pero podrán pedirla los otros coherederos, asegurando competentemente el derecho de los primeros para el caso de cumplirse la condición; y, hasta saberse que ésta ha faltado o no puede ya verificarse, se entenderá provisional la partición.

Ver arts. 759, 790 a 805 y 966 CC.

ART. 1055.

Si antes de hacerse la partición muere uno de los coherederos, dejando dos o más herederos, bastará que uno de éstos la pida; pero todos los que intervengan en este último concepto deberán comparecer bajo una sola representación.

Ver arts. 1006 y 1052 CC.

ART. 1056.

Cuando el testador hiciere, por acto entre vivos o por última voluntad, la partición de sus bienes, se pasará por ella, en cuanto no perjudique a la legítima de los herederos forzosos.

El testador que en atención a la conservación de la empresa o en interés de su familia quiera preservar indivisa una explotación económica o bien mantener el control de una sociedad de capital o grupo de éstas podrá usar de la facultad concedida en este artículo, disponiendo que se pague en metálico su legítima a los demás interesados. A tal efecto, no será necesario que exista metálico suficiente en la herencia para el pago, siendo posible realizar el abono con efectivo extrahereditario y establecer por el testador o por el contador-partidor por él designado aplazamiento, siempre que éste no supere cinco años a contar desde el fallecimiento del testador; podrá ser también de aplicación cualquier otro medio de extinción de las obligaciones. Si no se hubiere establecido la forma de pago, cualquier legitimario podrá exigir su legítima en bienes de la herencia. No será de aplicación a la partición así realizada lo dispuesto en el artículo 843 y en el párrafo primero del artículo 844.

Párrafo segundo redactado por Ley 7/2003, de 1 de abril.

Ver arts. 806 a 822, 841 a 847, 1075 y 1271 CC; Leyes 338 y 339 Compilación de Navarra; art. 464-4 y 426-27.3 Ley 10/2008, de Cataluña; art. 368 Código del Derecho Foral de Aragón; arts., 270.1.° y 273 a 282 Ley 2/2006, de 14 de junio, de Galicia.

ART. 1057.

El testador podrá encomendar por acto «inter vivos» o «mortis causa» para después de su muerte la simple facultad de hacer la partición a cualquier persona que no sea uno de los coherederos.

No habiendo testamento, contador-partidor en él designado o vacante el cargo, el Secretario judicial o el Notario, a petición de herederos y legatarios que representen, al menos, el 50 por 100 del haber hereditario, y con citación de los demás interesados, si su domicilio fuere conocido, podrá nombrar un contador-partidor dativo, según las reglas que la Ley de Enjuiciamiento Civil y del Notariado establecen para la designación de peritos. La partición así realizada requerirá aprobación del Secretario judicial o del Notario, salvo confirmación expresa de todos los herederos y legatarios.

Lo dispuesto en este artículo y en el anterior se observará aunque entre los coherederos haya algún sujeto a patria potestad o tutela; pero el contador-partidor deberá en estos casos inventariar los bienes de la herencia, con citación de los representantes legales de dichas personas.

Si el coheredero tuviera dispuestas medidas de apoyo, se estará a lo establecido en ellas.

Párrafo tercero se modifica y cuarto se añade por Ley 8/2021, de 2 de junio, por la que se reforma la legislación civil y procesal para el apoyo a las personas con discapacidad en el ejercicio de su capacidad jurídica (BOE de 03-06-2021). En vigor desde el 3 de septiembre de 2021.

Ver arts. 199 y ss., 289, 831, 841 a 847, 892 a 911 y 1060 CC; art. 782 LEC 1/2000; art. 92 Ley 15/2015 de Jurisdicción Voluntaria; art. 66 de la Ley de 28 de mayo de 1862 del Notariado; Leyes 340 a 344 de la Compilación de Navarra; arts. 412-5.3, 464-5, 464-7 y 426-27.3 Ley 10/2008, de Cataluña; art. 368 Código del Derecho Foral de Aragón; arts. 18 a 23 Compilación de Baleares; arts. 270.2.º, 283 a 293, 295 a 308 (ante notario) Ley 2/2006, de 14 de junio, de Galicia. Sobre intervención de funcionarios consulares en el extranjero en particiones, Convenio Europeo sobre Funciones Consulares de París 11-12-1967 (BOE 8-4-2011).

ART. 1058.

Cuando el testador no hubiese hecho la partición, ni encomendado a otro esta facultad, si los herederos fueren mayores y tuvieren la libre administración de sus bienes, podrán distribuir la herencia de la manera que tengan por conveniente.

Ver arts. 848, 1052, 1255, 1258 y 1278 CC; arts. 270.3.º y 294 Ley 2/2006, de 14 de junio, de Galicia y 464-6 y 426-27.4 Ley 10/2008, de Cataluña; Ley 344.1 y 345 de la Compilación de Navarra.

ART. 1059.

Cuando los herederos mayores de edad no se entendieren sobre el modo de hacer la partición, quedará a salvo su derecho para que lo ejerciten en la forma prevenida en la Ley de Enjuiciamiento Civil.

Ver art. 1058 CC; arts. 782 a 789 LEC 1/2000; Ley 345.3 Compilación de Navarra; arts. 464-7 y 426-27.3 Ley 10/2008, de Cataluña; art. 270.4 Ley 2/2006, de 14 de junio, de Galicia.

ART. 1060.

Cuando los menores estén legalmente representados en la partición, no será necesaria la intervención ni la autorización judicial, pero el tutor necesitará aprobación judicial de la ya efectuada. El defensor judicial designado para representar a un menor en una partición, deberá obtener la aprobación de la autoridad judicial, si el Letrado de la Administración de Justicia no hubiera dispuesto otra cosa al hacer el nombramiento.

Tampoco será necesaria autorización ni intervención judicial en la partición realizada por el curador con facultades de representación. La partición una vez practicada requerirá aprobación judicial.

La partición realizada por el defensor judicial designado para actuar en la partición en nombre de un menor o de una persona a cuyo favor se hayan establecido medidas de apoyo, necesitará la aprobación judicial, salvo que se hubiera dispuesto otra cosa al hacer el nombramiento.

Modificado por Ley 8/2021, de 2 de junio, por la que se reforma la legislación civil y procesal para el apoyo a las personas con discapacidad en el ejercicio de su capacidad jurídica (BOE de 03-06-2021). En vigor desde el 3 de septiembre de 2021.

Ver arts. 154.2.º, 162, 163, 166, 199, 225, 235, 236, 287.4.º y 5.º, 289 y 1057 CC; art. 783.4 LEC 1/2000; Ley 345.2 Compilación de Navarra; arts. 154, 366 y 367 Código del Derecho Foral de Aragón; art. 271 Ley 2/2006, de 14 de junio, de Galicia.

ART. 1061.

En la partición de la herencia se ha de guardar la posible igualdad, haciendo lotes o adjudicando a cada uno de los coherederos cosas de la misma naturaleza, calidad o especie.

Ver arts. 832 y 842 CC; art. 464-8 Ley 10/2008, de Cataluña.

ART. 1062.

Cuando una cosa sea indivisible o desmerezca mucho por su división, podrá adjudicarse a uno, a calidad de abonar a los otros el exceso en dinero.

Pero bastará que uno solo de los herederos pida su venta en pública subasta, y con admisión de licitadores extraños, para que así se haga.

Ver arts. 401, 404, 406, 821 y 822, 841 a 847 y 1056 CC; arts. 108 a 111 Ley 15/2015 de Jurisdicción Voluntaria; arts. 72 a 77 de Ley de 28 de mayo de 1862 del Notariado; art. 464-8.2 Ley 10/2008, de Cataluña.

ART. 1063.

Los coherederos deben abonarse recíprocamente en la partición las rentas y frutos que cada uno haya percibido de los bienes hereditarios, las impensas útiles y necesarias hechas en los mismos, y los daños ocasionados por malicia o negligencia.

Ver arts. 353, 357, 399, 451, párr. primero, 453 y 1902 CC; art. 464-9.1 Ley 10/2008, de Cataluña.

ART. 1064.

Los gastos de partición, hechos en interés común de todos los coherederos, se deducirán de la herencia; los hechos en interés particular de uno de ellos, serán a cargo del mismo.

Ver art. 402 CC; art. 464-9.2 Ley 10/2008, de Cataluña.

ART. 1065.

Los títulos de adquisición o pertenencia serán entregados al coheredero adjudicatario de la finca o fincas a que se refieran.

Ver arts. 1097 CC y 788.1 y 2 LEC 1/2000.

ART. 1066.

Cuando el mismo título comprenda varias fincas adjudicadas a diversos coherederos, o una sola que se haya dividido entre dos o más, el título quedará en poder del mayor interesado en la finca o fincas, y se facilitarán a los otros copias fehacientes, a costa del caudal hereditario. Si el interés fuere igual, el título se entregará, a falta de acuerdo, a quien por suerte corresponda.

Siendo original, aquel en cuyo poder quede deberá también exhibirlo a los demás interesados cuando lo pidieren.

Ver arts. 1065, 1068, 1097 CC.

ART. 1067.

Si alguno de los herederos vendiere a un extraño su derecho hereditario antes de la partición, podrán todos o cualquiera de los coherederos subrogarse en lugar del comprador, reembolsándole el precio de la compra, con tal que lo verifiquen en término de un mes, a contar desde que esto se les haga saber.

Ver arts. 399, 1068, 1271, párr. segundo; 1511, 1518, 1521, 1522 y 1525; arts. 249.1.7.º LEC 1/2000; Leyes 329 y 372 Compilación de Navarra; art. 463-6.2 y 3 Ley 10/2008, de Cataluña.

Sección 3.ª De los efectos de la partición

ART. 1068.

La partición legalmente hecha confiere a cada heredero la propiedad exclusiva de los bienes que le hayan sido adjudicados.

Ver arts. 399, 450, 609, 1065 CC; 14.2 LH; art. 788 LEC 1/2000; art. 464-10 Ley 10/2008, de Cataluña.

ART. 1069.

Hecha la partición, los coherederos estarán recíprocamente obligados a la evicción y saneamiento de los bienes adjudicados.

Ver arts. 860 y 1475 a 1499 CC; art. 464-11 Ley 10/2008, de Cataluña.

ART. 1070.

La obligación a que se refiere el artículo anterior sólo cesará en los siguientes casos:

1.º Cuando el mismo testador hubiese hecho la partición, a no ser que aparezca, o racionalmente se presuma, haber querido lo contrario, y salva siempre la legítima.

2.º Cuando se hubiese pactado expresamente al hacer la partición.

3.º Cuando la evicción proceda de causa posterior a la partición, o fuere ocasionada por culpa del adjudicatario.

Ver arts. 675, 1056, 1476, 1477 y 1485.2 CC; art. 464-11.1 Ley 10/2008, de Cataluña.

ART. 1071.

La obligación recíproca de los coherederos a la evicción es proporcionada a su respectivo haber hereditario; pero si alguno de ellos resultare insolvente, responderán de su parte los demás coherederos en la misma proporción, deduciéndose la parte correspondiente al que deba ser indemnizado.

Los que pagaren por el insolvente conservarán su acción contra él para cuando mejore de fortuna.

Ver arts. 1137 y ss. CC; art. 464-11.1.2 Ley 10/2008, de Cataluña.

ART. 1072.

Si se adjudicare como cobrable un crédito, los coherederos no responderán de la insolvencia posterior del deudor hereditario, y sólo serán responsables de su insolvencia al tiempo de hacerse la partición.

Por los créditos calificados de incobrables no hay responsabilidad; pero, si se cobran en todo o en parte, se distribuirá lo percibido proporcionalmente entre los herederos.

Ver arts. 1529 y 1530 CC; art. 464-12 Ley 10/2008, de Cataluña.

Sección 4.ª De la rescisión de la partición

ART. 1073.

Las particiones pueden rescindirse por las mismas causas que las obligaciones.

Ver arts. 1290 al 1299 CC; art. 464-13 y 464-14.1 Ley 10/2008, de Cataluña.

ART. 1074.

Podrán también ser rescindidas las particiones por causa de lesión en más de la cuarta parte, atendido el valor de las cosas cuando fueron adjudicadas.

Ver arts. 1291.1.° y 2.° y 1293 CC; art. 464-13.1 Ley 10/2008, de Cataluña; ley 336 de la Compilación de Navarra.

ART. 1075.

La partición hecha por el difunto no puede ser impugnada por causa de lesión, sino en el caso de que perjudique la legítima de los herederos forzosos o de que aparezca, o racionalmente se presuma, que fue otra la voluntad del testador.

Ver arts. 675, 813, 1056 y 1070.1.° CC; art. 464-13.2 Ley 10/2008, de Cataluña; Ley 338.2 Compilación de Navarra.

ART. 1076.

La acción rescisoria por causa de lesión durará cuatro años, contados desde que se hizo la partición.

Ver arts. 1299, 1434, 1969 y 1973 CC; art. 464-13.3 Ley 10/2008, de Cataluña.

ART. 1077.

El heredero demandado podrá optar entre indemnizar el daño o consentir que se proceda a nueva partición.

La indemnización puede hacerse en numerario o en la misma cosa en que resultó el perjuicio.

Si se procede a nueva partición, no alcanzará ésta a los que no hayan sido perjudicados ni percibido más de lo justo.

Ver arts. 1106, 1107, 1294 y 1295 CC; Ley 506 Compilación de Navarra; art. 464-14.1 Ley 10/2008, de Cataluña.

ART. 1078.

No podrá ejercitar la acción rescisoria por lesión el heredero que hubiese enajenado el todo o una parte considerable de los bienes inmuebles que le hubieren sido adjudicados.

Ver arts. 1295 y 1298 CC.

ART. 1079.

La omisión de alguno o algunos objetos o valores de la herencia no da lugar a que se rescinda la partición por lesión, sino a que se complete o adicione con los objetos o valores omitidos.

Ver arts. 464-14.2 y 464-15.1 Ley 10/2008, de Cataluña.

ART. 1080.

La partición hecha con preterición de alguno de los herederos no se rescindirá, a no ser que se pruebe que hubo mala fe o dolo por parte de los otros interesados; pero éstos tendrán la obligación de pagar al preterido la parte que proporcionalmente le corresponda.

Ver arts. 814 y 1269 CC.

ART. 1081.

La partición hecha con uno a quien se creyó heredero sin serlo, será nula.

Ver arts. 6.3, 1261 y ss. y 1300 y ss. CC.

Sección 5.ª Del pago de las deudas hereditarias

ART. 1082.

Los acreedores reconocidos como tales podrán oponerse a que se lleve a efecto la partición de la herencia hasta que se les pague o afiance el importe de sus créditos.

Ver arts. 403 y 1026 a 1034 CC; arts. 782.4 y 788.3 LEC 1/2000; 39 Ley General Tributaria 58/2003, de 17 de diciembre –sobre sucesión en las obligaciones tributarias– (BOE n.º 302, de 18 de diciembre); art. 464-3 Ley 10/2008, de Cataluña; art. 370.1 Código del Derecho Foral de Aragón; art. 21.3 Ley 5/2015 de Derecho Civil Vasco.

ART. 1083.

Los acreedores de uno o más de los coherederos podrán intervenir a su costa en la partición para evitar que ésta se haga en fraude o perjuicio de sus derechos.

Ver arts. 403, 1034, 1111 y 1291.3º CC; 782.5 y 783.5 LEC 1/2000; art. 370.2 Código del Derecho Foral de Aragón.

ART. 1084.

Hecha la partición, los acreedores podrán exigir el pago de sus deudas por entero de cualquiera de los herederos que no hubiere aceptado la herencia a beneficio de inventario, o hasta donde alcance su porción hereditaria, en el caso de haberla admitido con dicho beneficio.

En uno y otro caso el demandado tendrá derecho a hacer citar y emplazar a sus coherederos, a menos que por disposición del testador, o a consecuencia de la partición, hubiere quedado él solo obligado al pago de la deuda.

Ver arts. 1003, 1023.1.º, 1029 y 1137 a 1148; 45 LH; y 14.2 LEC 1/2000; art. 464-16, en relación 463-1 (no hay solidaridad) Ley 10/2008, de Cataluña; art. 371.1 y 3 Código del Derecho Foral de Aragón; ley 318 Compilación de Navarra.

ART. 1085.

El coheredero que hubiese pagado más de lo que corresponda a su participación en la herencia, podrá reclamar de los demás su parte proporcional.

Esto mismo se observará cuando, por ser la deuda hipotecaria o consistir en cuerpo determinado, la hubiese pagado íntegramente. El adjudicatario, en este caso, podrá reclamar de sus coherederos sólo la parte proporcional, aunque el acreedor le haya cedido sus acciones y subrogándole en su lugar.

Ver arts. 867, 1032, 1084, 1142 a 1148 y 1210 CC; art. 464-16 Ley 10/2008, de Cataluña; art. 372 Código del Derecho Foral de Aragón.

ART. 1086.

Estando alguna de las fincas de la herencia gravada con renta o carga real perpetua, no se procederá a su extinción, aunque sea redimible, sino cuando la mayor parte de los coherederos lo acordare.

No acordándolo así, o siendo la carga irredimible, se rebajará su valor o capital del de la finca, y ésta pasará con la carga al que le toque en lote o por adjudicación.

Ver arts. 398, 405, 867, 1604 y ss. y 1802 a 1808 CC.

ART. 1087.

El coheredero acreedor del difunto puede reclamar de los otros el pago de su crédito, deducida su parte proporcional como tal heredero, y sin perjuicio de lo establecido en la Sección Quinta, Capítulo 6.º de este Título.

Ver arts. 1023.2.º, 1026 a 1034 y 1192 a 1194 CC, art. 464-16.3 Ley 10/2008, de Cataluña; art. 371.2 Código del Derecho Foral de Aragón.

LIBRO IV
DE LAS OBLIGACIONES Y CONTRATOS

TÍTULO I
De las obligaciones

CAPÍTULO I
Disposiciones generales

ART. 1088.

Toda obligación consiste en dar, hacer o no hacer alguna cosa.

Ver arts. 1094 a 1099 CC.

ART. 1089.

Las obligaciones nacen de la ley, de los contratos y cuasi contratos, y de los actos y omisiones ilícitos o en que intervenga cualquier género de culpa o negligencia.

Ver arts. 1090 a 1093, 1104, 1254, 1255, 1887 y 1902 CC; leyes 188 y 521 Compilación de Navarra.

ART. 1090.

Las obligaciones derivadas de la ley no se presumen. Sólo son exigibles las expresamente determinadas en este Código o en leyes especiales, y se regirán por los preceptos de la ley que las hubiere establecido; y, en lo que ésta no hubiere previsto, por las disposiciones del presente Libro.

ART. 1091.

Las obligaciones que nacen de los contratos tienen fuerza de ley entre las partes contratantes, y deben cumplirse al tenor de los mismos.

Ver arts. 1255, 1256, 1258, 1261 y 1278 CC; ley 7 Compilación de Navarra.

ART. 1092.

Las obligaciones civiles que nazcan de los delitos o faltas se regirán por las disposiciones del Código Penal.

Ver arts. 109 a 122 CP, así como los arts. 100 a 117 LECr.

ART. 1093.

Las que se deriven de actos u omisiones en que intervenga culpa o negligencia no penadas por la ley, quedarán sometidas a las disposiciones del Capítulo 2.º del Título 16 de este Libro.

Ver arts. 1104 y 1902 y ss. CC; ley 488 Compilación de Navarra.

CAPÍTULO II
De la naturaleza y efecto de las obligaciones

ART. 1094.

El obligado a dar alguna cosa lo está también a conservarla con la diligencia propia de un buen padre de familia.

Ver art. 1104 CC.

ART. 1095.

El acreedor tiene derecho a los frutos de la cosa desde que nace la obligación de entregarla. Sin embargo, no adquirirá derecho real sobre ella hasta que le haya sido entregada.

Ver arts. 354 a 357, 609 y 1461 a 1465 CC; leyes 355 y 564 Compilación de Navarra.

ART. 1096.

Cuando lo que deba entregarse sea una cosa determinada, el acreedor, independientemente del derecho que le otorga el artículo 1101, puede compeler al deudor a que realice la entrega.

Si la cosa fuere indeterminada o genérica, podrá pedir que se cumpla la obligación a expensas del deudor.

Si el obligado se constituye en mora, o se halla comprometido a entregar una misma cosa a dos o más personas diversas, serán de su cuenta los casos fortuitos hasta que se realice la entrega.

Ver arts. 354 a 357, 609 y 1461 a 1465 CC.

ART. 1097.

La obligación de dar cosa determinada comprende la de entregar todos sus accesorios, aunque no hayan sido mencionados.

Ver arts. 346, 347, 376 y 377 CC.

ART. 1098.

Si el obligado a hacer alguna cosa no la hiciere, se mandará ejecutar a su costa.

Esto mismo se observará si la hiciere contraviniendo al tenor de la obligación. Además podrá decretarse que se deshaga lo mal hecho.

Ver arts. 1161 y 1166 CC; arts. 699, 700 y 705 a 709 LEC.

ART. 1099.

Lo dispuesto en el párrafo segundo del artículo anterior se observará también cuando la obligación consista en no hacer y el deudor ejecutare lo que le había sido prohibido.

Ver art. 699, 700 y 710 CC.

ART. 1100.

Incurren en mora los obligados a entregar o a hacer alguna cosa desde que el acreedor les exija judicial o extrajudicialmente el cumplimiento de su obligación.

No será, sin embargo, necesaria la intimación del acreedor para que la mora exista:

1.º Cuando la obligación o la ley lo declaren así expresamente.

2.º Cuando de su naturaleza y circunstancias resulte que la designación de la época en que había de entregarse la cosa o hacerse el servicio, fue motivo determinante para establecer la obligación.

En las obligaciones recíprocas ninguno de los obligados incurre en mora si el otro no cumple o no se allana a cumplir debidamente lo que le incumbe. Desde que uno de los obligados cumple su obligación, empieza la mora para el otro.

Ver arts. 1096, 1108, 1182 y 1504 CC; art. 63 C de c.; arts. 712 y ss. LEC; art. 20 Ley 5/1980 de Contrato de Seguro; art. 17 Ley 7/1996, de 15 de enero, de Ordenación del Comercio Minorista; y arts. 4 a 6 Ley 3/2004, de 29 de diciembre, sobre lucha contra la morosidad en las operaciones comerciales; ley 491 Compilación de Navarra.

ART. 1101.

Quedan sujetos a la indemnización de los daños y perjuicios causados los que en el cumplimiento de sus obligaciones incurrieren en dolo, negligencia o morosidad, y los que de cualquier modo contravinieren al tenor de aquéllas.

Ver arts. 1106 a 1108, 1124, 1183 y 1902 y ss. CC; 712 y ss. LEC; ley 493 Compilación de Navarra.

ART. 1102.

La responsabilidad procedente del dolo es exigible en todas las obligaciones. La renuncia de la acción para hacerla efectiva es nula.

Ver arts. 1269 y 1476 CC.

ART. 1103.

La responsabilidad que proceda de negligencia es igualmente exigible en el cumplimiento de toda clase de obligaciones; pero podrá moderarse por los Tribunales según los casos.

Ver arts. 1104, 1105 y 1726 CC.

ART. 1104.

La culpa o negligencia del deudor consiste en la omisión de aquella diligencia que exija la naturaleza de la obligación y corresponda a las circunstancias de las personas, del tiempo y del lugar.

Cuando la obligación no exprese la diligencia que ha de prestarse en su cumplimiento, se exigirá la que correspondería a un buen padre de familia.

Ver arts. 255 y 307 C de c.

ART. 1105.

Fuera de los casos expresamente mencionados en la ley, y de los en que así lo declare la obligación, nadie responderá de aquellos sucesos que no hubieran podido preverse, o que, previstos, fueran inevitables.

Ver arts. 1182 a 1184, 1575, 1784, 1896 y 1905 CC; art. 17.8 Ley 38/1999, de 5 de noviembre, de Ordenación de la Edificación; art. 1 Ley sobre Responsabilidad Civil y Seguro en la Circulación de Vehículos a Motor, Texto Refundido aprobado por RD Leg. 8/2004, de 29 de octubre.

ART. 1106.

La indemnización de daños y perjuicios comprende, no sólo el valor de la pérdida que haya sufrido, sino también el de la ganancia que haya dejado de obtener el acreedor, salvas las disposiciones contenidas en los artículos siguientes.

Ver arts. 1107, 1108 y 1109 CC; arts. 713 a 716 LEC; art. 113 CP.

ART. 1107.

Los daños y perjuicios de que responde el deudor de buena fe son los previstos o que se hayan podido prever al tiempo de constituirse la obligación y que sean consecuencia necesaria de su falta de cumplimiento.

En caso de dolo responderá el deudor de todos los que conocidamente se deriven de la falta de cumplimiento de la obligación.

Ver art. 1896, 1897 y 1902 CC.

ART. 1108.

Si la obligación consistiere en el pago de una cantidad de dinero, y el deudor incurriere en mora, la indemnización de daños y perjuicios, no habiendo pacto en contrario, consistirá en el pago de los intereses convenidos, y a falta de convenio, en el interés legal.

Ver art. 1 de L 24/1984, sobre modificación del tipo del interés legal del dinero; art. 341 del C de c; arts. 1100 y 1756 CC; arts. 576 y 816.2 LEC; Ley 23-7-1908 de Represión de la Usura; art. 20 Ley de Contrato de Seguro de 1980, al que a su vez se remite, con especialidades, el art. 9 TR de la Ley sobre Responsabilidad Civil y Seguro en la Circulación de Vehículos a Motor; art. 78 Ley 3/2004, de 29 de diciembre, sobre lucha contra la morosidad en las operaciones comerciales; art. 152 RDLeg. 1/2020, TR de la Ley Concursal; arts. 17 y 24 LGP; art. 26 LGT; art. 113 LCCH. Ver también TR de la Ley General para la Defensa de los Consumidores y Usuarios aprobado por RD Leg. 1/2007, de 16 de noviembre; ley 491 Compilación de Navarra.

ART. 1109.

Los intereses vencidos devengan el interés legal desde que son judicialmente reclamados, aunque la obligación haya guardado silencio sobre este punto.

En los negocios comerciales se estará a lo que dispone el Código de Comercio.

Los Montes de Piedad y Cajas de Ahorros se regirán por sus reglamentos especiales.

Ver, sobre interés legal, la Ley de 1984; ver Ley 19/2014, de 26 de junio, de ordenación, supervisión y solvencia de entidades de crédito; Ley 2/2009, de 31 de marzo, por la que se regula la contratación de préstamos o créditos hipotecarios y de servicios de intermediación para la celebración de contratos de préstamo o crédito.

ART. 1110.

El recibo del capital por el acreedor, sin reserva alguna respecto a los intereses, extingue la obligación del deudor en cuanto a éstos.

El recibo del último plazo de un débito, cuando el acreedor tampoco hiciere reservas, extinguirá la obligación en cuanto a los plazos anteriores.

Ver arts. 1173 y 1621 CC; 318 C de c.

ART. 1111.

Los acreedores, después de haber perseguido los bienes de que esté en posesión el deudor para realizar cuanto se les debe, pueden ejercitar todos los derechos y acciones de éste con el mismo fin, exceptuando los que sean inherentes a su persona; pueden también impugnar los actos que el deudor haya realizado en fraude de su derecho.

Ver arts. 403, 1001, 1121, 1291.3.°, 1294, 1298 y 1911 CC; art. 697 del RDLeg. 1/2020, TR de la Ley Concursal.

ART. 1112.

Todos los derechos adquiridos en virtud de una obligación son transmisibles con sujeción a las leyes, si no se hubiese pactado lo contrario.

Ver arts. 1209 a 1213 y 1526 a 1536 CC; y 10 de la Ley 3/2004, de 29 de diciembre, sobre lucha contra la morosidad en las operaciones comerciales.

CAPÍTULO III
De las diversas especies de obligaciones

Sección 1.ª De las obligaciones puras y de las condicionales

ART. 1113.

Será exigible desde luego toda obligación cuyo cumplimiento no dependa de un suceso futuro o incierto, o de un suceso pasado, que los interesados ignoren.

También será exigible toda obligación que contenga condición resolutoria, sin perjuicio de los efectos de la resolución.

Ver arts. 1123, 1128 y 1278 CC; 62 C de c; y 261 del RDLeg. 1/2020, TR de la Ley Concursal; ley 519 Compilación de Navarra.

ART. 1114.

En las obligaciones condicionales la adquisición de los derechos, así como la resolución o pérdida de los ya adquiridos, dependerán del acontecimiento que constituya la condición.

Ver arts. 759, 799, 1120, 1122 y 1123 CC y 261 del RDLeg. 1/2020, TR de la Ley Concursal.

ART. 1115.

Cuando el cumplimiento de la condición dependa de la exclusiva voluntad del deudor, la obligación condicional será nula. Si dependiere de la suerte o de la voluntad de un tercero, la obligación surtirá todos sus efectos con arreglo a las disposiciones de este Código.

Ver art. 1256 CC y art. 85.7 TR Ley General para la Defensa de los Consumidores y Usuarios, aprobado por RD Leg 1/2007, de 16 de noviembre.

ART. 1116.

Las condiciones imposibles, las contrarias a las buenas costumbres y las prohibidas por la ley anularán la obligación que de ellas dependa.

La condición de no hacer una cosa imposible se tiene por no puesta.

Ver arts. 792 y 1184 y 1255 CC; ley 519 Compilación de Navarra.

ART. 1117.

La condición de que ocurra algún suceso en un tiempo determinado extinguirá la obligación desde que pasare el tiempo o fuere ya indudable que el acontecimiento no tendrá lugar.

Ver párrafo 2.° del art. 1118 CC.

ART. 1118.

La condición de que no acontezca algún suceso en tiempo determinado hace eficaz la obligación desde que pasó el tiempo señalado o sea ya evidente que el acontecimiento no puede ocurrir.

Si no hubiere tiempo fijado, la condición deberá reputarse cumplida en el que verosímilmente se hubiese querido señalar, atendida la naturaleza de la obligación.

Ver art. 1117 CC.

ART. 1119.

Se tendrá por cumplida la condición cuando el obligado impidiese voluntariamente su cumplimiento.

Ver art. 798, párrafo 2.º CC.

ART. 1120.

Los efectos de la obligación condicional de dar, una vez cumplida la condición, se retrotraen al día de la constitución de aquélla. Esto no obstante, cuando la obligación imponga recíprocas prestaciones a los interesados, se entenderán compensados unos con otros los frutos e intereses del tiempo en que hubiese estado pendiente la condición. Si la obligación fuere unilateral, el deudor hará suyos los frutos e intereses percibidos, a menos que por la naturaleza y circunstancias de aquélla deba inferirse que fue otra la voluntad del que la constituyó.

En las obligaciones de hacer y no hacer los Tribunales determinarán, en cada caso, el efecto retroactivo de la condición cumplida.

Ver arts. 1094 a 1099, 1122 y 1123 CC; ley 519 Compilación de Navarra.

ART. 1121.

El acreedor puede, antes del cumplimiento de las condiciones, ejercitar las acciones procedentes para la conservación de su derecho.

El deudor puede repetir lo que en el mismo tiempo hubiese pagado.

Ver arts. 1126 y 1895 a 1901 CC, 721, 726, 727 y 728 LEC; art. 9.2.ª LH; art. 51.6 RH; art. 261.3 del RDLeg. 1/2020, TR de la Ley Concursal; art. 10 Ley 3/2004, de 29 de diciembre, sobre lucha contra la morosidad en las operaciones comerciales.

ART. 1122.

Cuando las condiciones fueren puestas con el intento de suspender la eficacia de la obligación de dar, se observarán las reglas siguientes, en el caso de que la cosa mejore o se pierda o deteriore pendiente la condición:

1.ª Si la cosa se perdió sin culpa del deudor, quedará extinguida la obligación.

2.ª Si la cosa se perdió por culpa del deudor, éste queda obligado al resarcimiento de daños y perjuicios.

Entiéndese que la cosa se pierde cuando perece, queda fuera del comercio o desaparece de modo que se ignora su existencia, o no se puede recobrar.

3.ª Cuando la cosa se deteriora sin culpa del deudor, el menoscabo es de cuenta del acreedor.

4.ª Deteriorándose por culpa del deudor, el acreedor podrá optar entre la resolución de la obligación y su cumplimiento, con la indemnización de perjuicios en ambos casos.

5.ª Si la cosa se mejora por su naturaleza, o por el tiempo, las mejoras ceden en favor del acreedor.

6.ª Si se mejora a expensas del deudor, no tendrá éste otro derecho que el concedido al usufructuario.

Ver arts. 487, 1101 a 1104 y 1182 CC; art. 261 del RDLeg. 1/2020, TR de la Ley Concursal.

ART. 1123.

Cuando las condiciones tengan por objeto resolver la obligación de dar, los interesados, cumplidas aquéllas, deberán restituirse lo que hubiesen percibido.

En el caso de pérdida, deterioro o mejora de la cosa, se aplicarán al que deba hacer la restitución las disposiciones que respecto al deudor contiene el artículo precedente.

En cuanto a las obligaciones de hacer y no hacer, se observará, respecto a los efectos de la resolución, lo dispuesto en el párrafo segundo del artículo 1120.

Ver arts. 1094 a 1099, 1120, 1122 CC.

ART. 1124.

La facultad de resolver las obligaciones se entiende implícita en las recíprocas, para el caso de que uno de los obligados no cumpliere lo que le incumbe.

El perjudicado podrá escoger entre exigir el cumplimiento o la resolución de la obligación, con el resarcimiento de daños y abono de intereses en ambos casos. También podrá pedir la resolución, aun después de haber optado por el cumplimiento, cuando éste resultare imposible.

El Tribunal decretará la resolución que se reclame, a no haber causas justificadas que le autoricen para señalar plazo.

Esto se entiende sin perjuicio de los derechos de terceros adquirentes, con arreglo a los artículos 1295 y 1298 y a las disposiciones de la Ley Hipotecaria.

Ver arts. 1100, 1101, 1466, 1503 a 1506 y 1568 CC; arts. 156 a 159, 166 a 168 y 235 del RDLeg. 1/2020, TR de la Ley Concursal; arts. 255.1-11.ª, 439.4 y 441.4 LEC; 34 y 37 LH; los preceptos sobre resolución por incumplimiento contenidos en leyes especiales como la LAU, la Ley de Ventas a Plazos de Bienes Muebles, la Ley sobre derechos de aprovechamiento por turno de bienes inmuebles de uso turístico, la Ley 7/1996, de 15 de enero, de Ordenación del Comercio Minorista, el TR de la Ley General para la Defensa de los Consumidores y Usuarios, aprobado por RD Leg. 1/2007, de 16 de noviembre, y la Ley 43/2007, de 13 de diciembre, de protección de los consumidores en la contratación de bienes con oferta de restitución del precio; leyes 467, 486 y ss. y 508 Compilación de Navarra.

Sección 2.ª De las obligaciones a plazo

ART. 1125.

Las obligaciones para cuyo cumplimiento se haya señalado un día cierto, sólo serán exigibles cuando el día llegue.

Entiéndese por día cierto aquel que necesariamente ha de venir, aunque se ignore cuándo.

Si la incertidumbre consiste en si ha de llegar o no el día, la obligación es condicional, y se regirá por las reglas de la Sección precedente.

Ver arts. 1113 y 1121 CC y 61 C de c, así como la Ley 28/1998, de Venta a Plazos de Bienes Muebles; ley 519 Compilación de Navarra.

ART. 1126.

Lo que anticipadamente se hubiese pagado en las obligaciones a plazo, no se podrá repetir.

Si el que pagó ignoraba, cuando lo hizo, la existencia del plazo, tendrá derecho a reclamar del acreedor los intereses o los frutos que éste hubiese percibido de la cosa.

Ver arts. 1121, 1841 y 1895 CC.

ART. 1127.

Siempre que en las obligaciones se designa un término, se presume establecido en beneficio de acreedor y deudor, a no ser que del tenor de aquéllas o de otras circunstancias resultara haberse puesto en favor del uno o del otro.

ART. 1128.

Si la obligación no señalare plazo, pero de su naturaleza y circunstancias se dedujere que ha querido concederse al deudor, los Tribunales fijarán la duración de aquél.

También fijarán los Tribunales la duración del plazo cuando éste haya quedado a voluntad del deudor.

Ver arts. 1113, 1500, 1581 y 1750 CC; 62 C de c; art. 96 Ley 15/2015 de Jurisdicción Voluntaria; ley 534 Compilación de Navarra.

ART. 1129.

Perderá el deudor todo derecho a utilizar el plazo:

1.º Cuando, después de contraída la obligación, resulte insolvente, salvo que garantice la deuda.

2.º Cuando no otorgue al acreedor las garantías a que estuviese comprometido.

3.º Cuando por actos propios hubiese disminuido aquellas garantías después de establecidas, y cuando por caso fortuito desaparecieran, a menos que sean inmediatamente sustituidas por otras nuevas e igualmente seguras.

Ver art. 1127 CC.

ART. 1130.

Si el plazo de la obligación está señalado por días a contar desde uno determinado, quedará éste excluido del cómputo, que deberá empezar en el día siguiente.

Ver arts. 5.1 CC, 60 C de c, 133 LEC y 38 a 42, 90 y 91 LCCH.

Sección 3.ª De las obligaciones alternativas

ART. 1131.

El obligado alternativamente a diversas prestaciones debe cumplir por completo una de éstas.

El acreedor no puede ser compelido a recibir parte de una y parte de otra.

Ver arts. 1136, 1153, 1166 y 1169 CC.

ART. 1132.

La elección corresponde al deudor, a menos que expresamente se hubiese concedido al acreedor.

El deudor no tendrá derecho a elegir las prestaciones imposibles, ilícitas o que no hubieran podido ser objeto de la obligación.

Ver arts. 1134 y 1272 CC.

ART. 1133.

La elección no producirá efecto sino desde que fuere notificada.

ART. 1134.

El deudor perderá el derecho de elección cuando de las prestaciones a que alternativamente estuviese obligado sólo una fuere realizable.

Ver arts. 1132, 1136-1.º, 1182 y 1184 CC.

ART. 1135.

El acreedor tendrá derecho a la indemnización de daños y perjuicios cuando por culpa del deudor hubiesen desaparecido todas las cosas que alternativamente fueron objeto de la obligación, o se hubiera hecho imposible el cumplimiento de ésta.

La indemnización se fijará tomando por base el valor de la última cosa que hubiese desaparecido, o el del servicio que últimamente se hubiera hecho imposible.

Ver arts. 1101, 1106 a 1108 CC.

ART. 1136.

Cuando la elección hubiere sido expresamente atribuida al acreedor, la obligación cesará de ser alternativa desde el día en que aquélla hubiese sido notificada al deudor.

Hasta entonces las responsabilidades del deudor se regirán por las siguientes reglas:

1.ª Si alguna de las cosas se hubiese perdido por caso fortuito, cumplirá entregando la que el acreedor elija entre las restantes, o la que haya quedado, si una sola subsistiera.

2.ª Si la pérdida de alguna de las cosas hubiese sobrevenido por culpa del deudor, el acreedor podrá reclamar cualquiera de las que subsistan, o el precio de la que, por culpa de aquél, hubiera desaparecido.

3.ª Si todas las cosas se hubiesen perdido por culpa del deudor, la elección del acreedor recaerá sobre su precio.

Las mismas reglas se aplicarán a las obligaciones de hacer o de no hacer, en el caso de que algunas o todas las prestaciones resultaren imposibles.

Ver arts. 1101 y 1106 a 1108 CC.

Sección 4.ª De las obligaciones mancomunadas y de las solidarias

ART. 1137.

La concurrencia de dos o más acreedores o de dos o más deudores en una sola obligación no implica que cada uno de aquéllos tenga derecho a pedir, ni cada uno de éstos deba prestar íntegramente, las cosas objeto de la misma. Sólo habrá lugar a esto cuando la obligación expresamente lo determine, constituyéndose con el carácter de solidaria.

> Ver arts. 1084, 1591, 1731, 1748, 1772, 1831.2.°, 1844 y 1890 CC; arts. 127, 148 y 151 C de c; arts. 236 y 367 RDL 1/2010, de 2 de julio, de Sociedades de Capital; art. 57 LCCH; art. 17.7 Ley 38/1999, de 5 de noviembre, de Ordenación de la Edificación; art. 65.2 Ley 14/1966, de 18 de marzo, de Prensa e Imprenta; art. 15.5 LO 1/2002, de 22 de marzo, reguladora del Derecho de Asociación; arts. 132 y 162.1 TR Ley General para la Defensa de los Consumidores y Usuarios, aprobado por RD Leg. 1/2007, de 16 de noviembre; ley 492 Compilación de Navarra.

ART. 1138.

Si del texto de las obligaciones a que se refiere el artículo anterior no resulta otra cosa, el crédito o la deuda se presumirán divididos en tantas partes iguales como acreedores o deudores haya, reputándose créditos o deudas distintos unos de otros.

> Ver arts. 1145 y 1150 CC.

ART. 1139.

Si la división fuere imposible, sólo perjudicarán al derecho de los acreedores los actos colectivos de éstos, y sólo podrá hacerse efectiva la deuda procediendo contra todos los deudores. Si alguno de éstos resultare insolvente, no estarán los demás obligados a suplir su falta.

> Ver art. 1150 CC.

ART. 1140.

La solidaridad podrá existir aunque los acreedores y deudores no estén ligados del propio modo y por unos mismos plazos y condiciones.

> Ver art. 57 LCCH.

ART. 1141.

Cada uno de los acreedores solidarios puede hacer lo que sea útil a los demás, pero no lo que les sea perjudicial.

Las acciones ejercitadas contra cualquiera de los deudores solidarios perjudicarán a todos éstos.

> Ver arts. 1772 y 1974 CC y arts. 12 y 542.1 LEC.

ART. 1142.

El deudor puede pagar la deuda a cualquiera de los acreedores solidarios; pero, si hubiere sido judicialmente demandado por alguno, a éste deberá hacer el pago.

> Ver arts. 1137 y 1143 CC.

ART. 1143.

La novación, compensación, confusión o remisión de la deuda, hechas por cualquiera de los acreedores solidarios o con cualquiera de los deudores de la misma clase, extinguen la obligación, sin perjuicio de lo dispuesto en el artículo 1146.

El acreedor que haya ejecutado cualquiera de estos actos, así como el que cobre la deuda, responderá a los demás de la parte que les corresponde en la obligación.

> Ver arts. 1156, 1187, 1192, 1194, 1195 y 1203 CC, y 399 del RDLeg. 1/2020, TR de la Ley Concursal.

ART. 1144.

El acreedor puede dirigirse contra cualquiera de los deudores solidarios o contra todos ellos simultáneamente. Las reclamaciones entabladas contra uno no serán obstáculo para las que posteriormente se dirijan contra los demás, mientras no resulte cobrada la deuda por completo.

> Ver arts. 1137 y 1141 CC; 542 LEC y 57 LCCH; y 437 del RDLeg. 1/2020, TR de la Ley Concursal.

ART. 1145.

El pago hecho por uno de los deudores solidarios extingue la obligación.

El que hizo el pago sólo puede reclamar de sus codeudores la parte que a cada uno corresponda, con los intereses del anticipo.

La falta de cumplimiento de la obligación por insolvencia del deudor solidario será suplida por sus codeudores, a prorrata de la deuda de cada uno.

Ver arts. 1108, 1138, 1141 y 1210-3.° CC; y 264 del RDLeg. 1/2020, TR de la Ley Concursal.

ART. 1146.

La quita o remisión hecha por el acreedor de la parte que afecte a uno de los deudores solidarios, no libra a éste de su responsabilidad para con los codeudores, en el caso de que la deuda haya sido totalmente pagada por cualquiera de ellos.

Ver art. 1143 CC.

ART. 1147.

Si la cosa hubiese perecido o la prestación se hubiese hecho imposible sin culpa de los deudores solidarios, la obligación quedará extinguida.

Si hubiese mediado culpa de parte de cualquiera de ellos, todos serán responsables, para con el acreedor, del precio y de la indemnización de daños y abono de intereses, sin perjuicio de su acción contra el culpable o negligente.

Ver arts. 1150, 1182 y 1184 CC.

ART. 1148.

El deudor solidario podrá utilizar, contra las reclamaciones del acreedor, todas las excepciones que se deriven de la naturaleza de la obligación y las que le sean personales. De las que personalmente correspondan a los demás sólo podrá servirse en la parte de deuda de que éstos fueren responsables.

Ver arts. 1824, 1845 y 1853 CC.

Sección 5.ª De las obligaciones divisibles y de las indivisibles

ART. 1149.

La divisibilidad o indivisibilidad de las cosas objeto de las obligaciones en que hay un solo deudor y un solo acreedor no altera ni modifica los preceptos del Capítulo 2.° de este título.

Ver arts. 1094 a 1112 y 1169 CC; ley 492 Compilación de Navarra.

ART. 1150.

La obligación indivisible mancomunada se resuelve en indemnizar daños y perjuicios desde que cualquiera de los deudores falta a su compromiso. Los deudores que hubiesen estado dispuestos a cumplir los suyos, no contribuirán a la indemnización con más cantidad que la porción correspondiente del precio de la cosa o del servicio en que consistiere la obligación.

Ver arts. 1101, 1107, 1138, 1139 y 1147 CC.

ART. 1151.

Para los efectos de los artículos que preceden, se reputarán indivisibles las obligaciones de dar cuerpos ciertos y todas aquellas que no sean susceptibles de cumplimiento parcial.

Las obligaciones de hacer serán divisibles cuando tengan por objeto la prestación de un número de días de trabajo, la ejecución de obras por unidades métricas, u otras cosas análogas que por su naturaleza sean susceptibles de cumplimiento parcial.

En las obligaciones de no hacer, la divisibilidad o indivisibilidad se decidirá por el carácter de la prestación en cada caso particular.

Ver arts. 1096, 1098 y 1099 CC.

Sección 6.ª De las obligaciones con cláusula penal

ART. 1152.

En las obligaciones con cláusula penal, la pena sustituirá a la indemnización de daños y al abono de intereses en caso de falta de cumplimiento, si otra cosa no se hubiere pactado.

Sólo podrá hacerse efectiva la pena cuando ésta fuere exigible conforme a las disposiciones del presente Código.

Ver arts. 1106 a 1109 CC y 56 C de c; leyes 467 y 518 Compilación de Navarra.

ART. 1153.

El deudor no podrá eximirse de cumplir la obligación pagando la pena, sino en el caso de que expresamente le hubiese sido reservado este derecho. Tampoco el acreedor podrá exigir conjuntamente el cumplimiento de la obligación y la satisfacción de la pena, sin que esta facultad le haya sido claramente otorgada.

Ver art. 56 C de c.

ART. 1154.

El Juez modificará equitativamente la pena cuando la obligación principal hubiera sido en parte o irregularmente cumplida por el deudor.

Ver art. 1.1 Ley 28/1998, de 3 de julio, de Venta a Plazos de Bienes Muebles; y art. 32.2 Ley 4/2012 de contratos de aprovechamiento por turno de bienes de uso turístico, de adquisición de productos vacacionales de larga duración, de reventa y de intercambio; ley 518 Compilación de Navarra.

ART. 1155.

La nulidad de la cláusula penal no lleva consigo la de la obligación principal.
La nulidad de la obligación principal lleva consigo la de la cláusula penal.

Ver arts. 1190 y 1207 CC; ley 518 Compilación de Navarra.

CAPÍTULO IV
De la extinción de las obligaciones

Disposiciones generales

ART. 1156.

Las obligaciones se extinguen:
Por el pago o cumplimiento.
Por la pérdida de la cosa debida.
Por la condonación de la deuda.
Por la confusión de los derechos de acreedor y deudor.
Por la compensación.
Por la novación.

Ver art. 398 del RDLeg. 1/2020, TR de la Ley Concursal, leyes 493 y 498 Compilación de Navarra.

Sección 1.ª Del pago

ART. 1157.

No se entenderá pagada una deuda sino cuando completamente se hubiese entregado la cosa o hecho la prestación en que la obligación consistía.

Ver arts. 1094 a 1099, 1170 y 1176 CC; 61 LGT, ley 493 Compilación de Navarra.

ART. 1158.

Puede hacer el pago cualquier persona, tenga o no interés en el cumplimiento de la obligación, ya lo conozca y lo apruebe, o ya lo ignore el deudor.

El que pagare por cuenta de otro podrá reclamar del deudor lo que hubiese pagado, a no haberlo hecho contra su expresa voluntad.

En este caso sólo podrá repetir del deudor aquello en que le hubiera sido útil el pago.

Ver arts. 1145, 1159, 1161, 1205 y 1209 a 1212 CC, ley 497 Compilación de Navarra.

ART. 1159.

El que pague en nombre del deudor, ignorándolo éste, no podrá compeler al acreedor a subrogarle en sus derechos.

Ver arts. 1158, 1209, 1210 y 1840 CC; ley 497 Compilación de Navarra.

ART. 1160.

En las obligaciones de dar no será válido el pago hecho por quien no tenga la libre disposición de la cosa debida y capacidad para enajenarla. Sin embargo, si el pago hubiere consistido en una cantidad de dinero o cosa fungible, no habrá repetición contra el acreedor que la hubiese gastado o consumido de buena fe.

Ver arts. 1897 a 1899 CC y arts. 106 y 226 del RDLeg. 1/2020, TR de la Ley Concursal.

ART. 1161.

En las obligaciones de hacer el acreedor no podrá ser compelido a recibir la prestación o el servicio de un tercero, cuando la calidad y circunstancias de la persona del deudor se hubiesen tenido en cuenta al establecer la obligación.

Ver art. 1595 CC.

ART. 1162.

El pago deberá hacerse a la persona en cuyo favor estuviese constituida la obligación, o a otra autorizada para recibirla en su nombre.

Ver arts. 1166, 1169, 1170, 1171 y 1895 CC.

ART. 1163.

El pago hecho a una persona menor de edad será válido en cuanto se hubiere convertido en su utilidad. Esta regla también será aplicable a los pagos realizados a una persona con discapacidad con medidas de apoyo establecidas para recibirlo y que actúe sin dichos apoyos, en caso de que el deudor o la persona que realice el pago conociera de la existencia de medidas de apoyo en el momento de la contratación o se hubiera aprovechado de otro modo de la situación de discapacidad obteniendo de ello una ventaja injusta.

También será válido el pago hecho a un tercero en cuanto se hubiere convertido en utilidad del acreedor.

Párrafo primero se modifica por Ley 8/2021, de 2 de junio, por la que se reforma la legislación civil y procesal para el apoyo a las personas con discapacidad en el ejercicio de su capacidad jurídica (BOE de 03-06-2021). En vigor desde el 3 de septiembre de 2021.

Ver arts. 1162, 1304 y 1773 CC; 106 y 113 del RDLeg. 1/2020, TR de la Ley Concursal.

ART. 1164.

El pago hecho de buena fe al que estuviere en posesión del crédito, liberará al deudor.

Ver arts. 1527 y 1895 a 1201 CC.

ART. 1165.

No será válido el pago hecho al acreedor por el deudor después de habérsele ordenado judicialmente la retención de la deuda.

Ver arts. 1785 a 1789 CC y 621 y ss. LEC, leyes 493 y 495 Compilación de Navarra.

ART. 1166.

El deudor de una cosa no puede obligar a su acreedor a que reciba otra diferente, aun cuando fuere de igual o mayor valor que la debida.

Tampoco en las obligaciones de hacer podrá ser sustituido un hecho por otro contra la voluntad del acreedor.

Ver arts. 1131, 1153 y 1849 CC; leyes 493 y 495 Compilación de Navarra.

ART. 1167.

Cuando la obligación consista en entregar una cosa indeterminada o genérica, cuya calidad y circunstancias no se hubiesen expresado, el acreedor no podrá exigirla de la calidad superior, ni el deudor entregarla de la inferior.

Ver arts. 875 a 877 y 1273 CC; ley 493 Compilación de Navarra.

ART. 1168.

Los gastos extrajudiciales que ocasione el pago serán de cuenta del deudor. Respecto de los judiciales, decidirá el Tribunal con arreglo a la Ley de Enjuiciamiento Civil.

Ver arts. 1179, 1465 y 1478 CC y 241, 394 a 398 y 539 y 583 LEC.

ART. 1169.

A menos que el contrato expresamente lo autorice, no podrá compelerse al acreedor a recibir parcialmente las prestaciones en que consista la obligación.

Sin embargo, cuando la deuda tuviere una parte líquida y otra ilíquida, podrá exigir el acreedor y hacer el deudor el pago de la primera sin esperar a que se liquide la segunda.

Ver arts. 1157 y 1213 CC y 573 y 578 LEC; ley 493 Compilación de Navarra.

ART. 1170.

El pago de las deudas de dinero deberá hacerse en la especie pactada, y, no siendo posible entregar la especie, en la moneda de plata u oro que tenga curso legal en España.

La entrega de pagarés a la orden, o letras de cambio u otros documentos mercantiles, sólo producirá los efectos del pago cuando hubiesen sido realizados, o cuando por culpa del acreedor se hubiesen perjudicado.

Entretanto la acción derivada de la obligación primitiva quedará en suspenso.

Ver arts. 1108 a 1110 y 1754 CC; art. 312 C de c; art. 577 LEC; arts. 43 a 48 y 134 a 142 LCCH; así como la Ley 46/1998, de 17 de diciembre, de Introducción del Euro; la Ley 16/2009, de 13-11, de servicios de pago; la Ley 41/1999, de 12 de noviembre, sobre sistemas de pagos y liquidación de valores; la Ley 19/2003, de 4 de julio, de régimen jurídico de los movimientos de capitales y de las transacciones económicas con el exterior y sobre determinadas medidas de prevención del blanqueo de capitales; art. 46 de la Ley 7/1996, de Ordenación del Comercio Minorista; art. 60 LGT; Ley 36/2006, de 29 de noviembre, de medidas para la prevención del fraude fiscal, que modifica la Ley del Notariado, la Ley Hipotecaria y otras muchas.

ART. 1171.

El pago deberá ejecutarse en el lugar que hubiese designado la obligación.

No habiéndose expresado y tratándose de entregar una cosa determinada, deberá hacerse el pago donde ésta existía en el momento de constituirse la obligación.

En cualquier otro caso, el lugar del pago será el del domicilio del deudor.

Ver arts. 1500, 1574, 1615 y 1774 CC; art. 29 Ley 34/2002, de 11 de julio, de servicios de la sociedad de la información y de comercio electrónico.

De la imputación de pagos

ART. 1172.

El que tuviere varias deudas de una misma especie en favor de un solo acreedor, podrá declarar, al tiempo de hacer el pago, a cuál de ellas debe aplicarse.

Si aceptare del acreedor un recibo en que se hiciese la aplicación del pago, no podrá reclamar contra ésta, a menos que hubiera mediado causa que invalide el contrato.

Ver arts. 1201 y 1684 CC; 63 LGT.

ART. 1173.

Si la deuda produce interés, no podrá estimarse hecho el pago por cuenta del capital mientras no estén cubiertos los intereses.

Ver arts. 1110 CC; 318 C de c.

ART. 1174.

Cuando no pueda imputarse el pago según las reglas anteriores, se estimará satisfecha la deuda más onerosa al deudor entre las que estén vencidas.

Si éstas fueren de igual naturaleza y gravamen, el pago se imputará a todas a prorrata.

Del pago por cesión de bienes

ART. 1175.

El deudor puede ceder sus bienes a los acreedores en pago de sus deudas. Esta cesión, salvo pacto en contrario, sólo libera a aquél de responsabilidad por el importe líquido de los bienes cedidos. Los convenios que sobre el efecto de la cesión se celebren entre el deudor y sus acreedores se ajustarán a las disposiciones del Título XVII de este Libro, y a lo que establece la Ley de Enjuiciamiento Civil.

Ver art. 1526 CC; art. 317 del RDLeg. 1/2020, TR de la Ley Concursal, Ley 22/2003, de 9 de julio, modificado por Ley 38/2011, de 10 de octubre, cuya disp. derog. única deroga los arts. 1912 a 1920 CC y la Ley 9/2015 así como los arts. 236.2 y 240.2 y 3 redactados por la Ley 25/2015; ley 495 Compilación de Navarra.

Del ofrecimiento del pago y de la consignación

ART. 1176.

Si el acreedor a quien se hiciere el ofrecimiento de pago conforme a las disposiciones que regulan éste, se negare, de manera expresa o de hecho, sin razón a admitirlo, a otorgar el documento justificativo de haberse efectuado o a la cancelación de la garantía, si la hubiere, el deudor quedará libre de responsabilidad mediante la consignación de la cosa debida.

La consignación por sí sola producirá el mismo efecto cuando se haga estando el acreedor ausente en el lugar en donde el pago deba realizarse, o cuando esté impedido para recibirlo en el momento en que deba hacerse, y cuando varias personas pretendan tener derecho a cobrar, sea el acreedor desconocido, o se haya extraviado el título que lleve incorporada la obligación.

En todo caso, procederá la consignación en todos aquellos supuestos en que el cumplimiento de la obligación se haga más gravoso al deudor por causas no imputables al mismo.

Modificado por Ley 15/2015, de 2 de julio, de la Jurisdicción Voluntaria. (BOE de 03-07-2015).

Ver arts. 1185 CC; 449, 585 y 586 LEC; 17 LAU; 15.2 LPH y RD 467/2006, de 21 de abril, sobre depósitos y consignaciones judiciales en metálico, de efectos o valores, arts. 98 y 99 Ley 15/2015 Jurisdicción Voluntaria; ley 496 Compilación de Navarra.

ART. 1177.

Para que la consignación de la cosa debida libere al obligado, deberá ser previamente anunciada a las personas interesadas en el cumplimiento de la obligación.

La consignación será ineficaz si no se ajusta estrictamente a las disposiciones que regulan el pago.

Ver arts. 1157 a 1175 CC; arts. 99.1 y 2 Ley 15/2015 Jurisdicción Voluntaria.

ART. 1178.

La consignación se hará por el deudor o por un tercero, poniendo las cosas debidas a disposición del Juzgado o del Notario, en los términos previstos en la Ley de Jurisdicción Voluntaria o en la legislación notarial.

Modificado por Ley 15/2015, de 2 de julio, de la Jurisdicción Voluntaria. (BOE de 03-07-2015).

Ver RD 467/2006, de 21 de abril, sobre depósitos y consignaciones judiciales en metálico de efectos o valores; art. 99 Ley 15/2015 de Jurisdicción Voluntaria.

ART. 1179.

Los gastos de la consignación, cuando fuere procedente, serán de cuenta del acreedor.

Ver art. 1168 CC; art. 99.6 Ley 15/2015 de Jurisdicción Voluntaria.

ART. 1180.

La aceptación de la consignación por el acreedor o la declaración judicial de que está bien hecha, extinguirá la obligación y el deudor podrá pedir que se mande cancelar la obligación y la garantía, en su caso.

Mientras tanto, el deudor podrá retirar la cosa o cantidad consignada, dejando subsistente la obligación.

Modificado por Ley 15/2015, de 2 de julio, de la Jurisdicción Voluntaria. (BOE de 03-07-2015).

Ver arts. 1175 in fine CC; art. 180 RH, art. 99.3 a 5 Ley 15/2015 de Jurisdicción Voluntaria.

ART. 1181.

Si, hecha la consignación, el acreedor autorizase al deudor para retirarla, perderá toda preferencia que tuviere sobre la cosa. Los codeudores y fiadores quedarán libres.

Ver art. 1852 CC.

Sección 2.ª De la pérdida de la cosa debida

ART. 1182.

Quedará extinguida la obligación que consista en entregar una cosa determinada cuando ésta se perdiere o destruyere sin culpa del deudor y antes de haberse éste constituido en mora.

Ver arts. 1096, 1100, 1104, 1122, 1136, 1147, 1460 y 1568 CC.

ART. 1183.

Siempre que la cosa se hubiese perdido en poder del deudor, se presumirá que la pérdida ocurrió por su culpa y no por caso fortuito, salvo prueba en contrario, y sin perjuicio de lo dispuesto en el artículo 1096.

Ver arts. 1104 y 1105 CC.

ART. 1184.

También quedará liberado el deudor en las obligaciones de hacer cuando la prestación resultare legal o físicamente imposible.

Ver arts. 1105, 1116, 1135 y 1272 CC.

ART. 1185.

Cuando la deuda de cosa cierta y determinada procediere de delito o falta, no se eximirá al deudor del pago de su precio, cualquiera que hubiese sido el motivo de la pérdida, a menos que, ofrecida por él la cosa al que la debía recibir, éste se hubiese sin razón negado a aceptarla.

Ver art. 1176 CC.

ART. 1186.

Extinguida la obligación por la pérdida de la cosa, corresponderán al acreedor todas las acciones que el deudor tuviere contra terceros por razón de ésta.

Ver arts. 1902 y 1903 CC.

Sección 3.ª De la condonación de la deuda

ART. 1187.

La condonación podrá hacerse expresa o tácitamente.

Una y otra estarán sometidas a los preceptos que rigen las donaciones inoficiosas. La condonación expresa deberá, además, ajustarse a las formas de la donación.

Ver arts. 618 y ss, 870, 872, 1143 y 1146 CC; art. 398 del RDLeg. 1/2020, TR de la Ley Concursal.

ART. 1188.

La entrega del documento privado justificativo de un crédito, hecha voluntariamente por el acreedor al deudor, implica la renuncia de la acción que el primero tenía contra el segundo.

Si para invalidar esta renuncia se pretendiere que es inoficiosa, el deudor y sus herederos podrán sostenerla probando que la entrega del documento se hizo en virtud del pago de la deuda.

Ver arts. 636 y 654 a 656 CC.

ART. 1189.

Siempre que el documento privado de donde resulte la deuda se hallare en poder del deudor, se presumirá que el acreedor lo entregó voluntariamente, a no ser que se pruebe lo contrario.

Ver arts. 1188 CC y 385 LEC.

ART. 1190.

La condonación de la deuda principal extinguirá las obligaciones accesorias; pero la de éstas dejará subsistente la primera.

Ver art. 1155 CC.

ART. 1191.

Se presumirá remitida la obligación accesoria de prenda, cuando la cosa pignorada, después de entregada al acreedor, se hallare en poder del deudor.

Ver arts. 871 y 1863 a 1873 CC; 385 LEC.

Sección 4.ª De la confusión de derechos

ART. 1192.

Quedará extinguida la obligación desde que se reúnan en una misma persona los conceptos de acreedor y de deudor.

Se exceptúa el caso en que esta confusión tenga lugar en virtud de título de herencia, si ésta hubiese sido aceptada a beneficio de inventario.

Ver arts. 1023 y 1087 CC.

ART. 1193.

La confusión que recae en la persona del deudor o del acreedor principal, aprovecha a los fiadores. La que se realiza en cualquiera de éstos no extingue la obligación.

Ver art. 1848 CC.

ART. 1194.

La confusión no extingue la deuda mancomunada sino en la porción correspondiente al acreedor o deudor en quien concurran los dos conceptos.

Ver art. 1143 y 1146 CC.

Sección 5.ª De la compensación

ART. 1195.

Tendrá lugar la compensación cuando dos personas, por derecho propio, sean recíprocamente acreedoras y deudoras la una de la otra.

Ver arts. 1143 CC; arts. 408 y 557.2.ª LEC.

ART. 1196.

Para que proceda la compensación, es preciso:

1.º Que cada uno de los obligados lo esté principalmente, y sea a la vez acreedor principal del otro.

2.º Que ambas deudas consistan en una cantidad de dinero, o, siendo fungibles las cosas debidas, sean de la misma especie y también de la misma calidad, si ésta se hubiese designado.

3.º Que las dos deudas estén vencidas.

4.º Que sean líquidas y exigibles.

5.º Que sobre ninguna de ellas haya retención o contienda promovida por terceras personas y notificada oportunamente al deudor.

Ver arts. 1199 CC, 153.2 del RDLeg. 1/2020, TR de la Ley Concursal; 14 LGP y 71 y ss. LGT.

ART. 1197.

No obstante lo dispuesto en el artículo anterior, el fiador podrá oponer la compensación respecto de lo que el acreedor debiere a su deudor principal.

Ver arts. 1830, 1832 y 1853 CC.

ART. 1198.

El deudor que hubiere consentido en la cesión de derechos hecha por un acreedor a favor de un tercero, no podrá oponer al cesionario la compensación que le correspondería contra el cedente.

Si el acreedor le hizo saber la cesión y el deudor no la consintió, puede oponer la compensación de las deudas anteriores a ella, pero no la de las posteriores.

Si la cesión se realiza sin conocimiento del deudor, podrá éste oponer la compensación de los créditos anteriores a ella y de los posteriores hasta que hubiese tenido conocimiento de la cesión.

Ver arts. 1526 CC; 149 y 152 LH; art. 31 Ley 16/2011 de contratos de crédito al consumo.

ART. 1199.

Las deudas pagaderas en diferentes lugares pueden compensarse mediante indemnización de los gastos de transporte o cambio al lugar del pago.

Ver art. 1171 CC.

ART. 1200.

La compensación no procederá cuando alguna de las deudas proviniere de depósito o de las obligaciones del depositario o comodatario.

Tampoco podrá oponerse al acreedor por alimentos debidos por título gratuito.

Ver arts. 151, 1747 y 1766 a 1780 CC; art. 153.2 del RDLeg. 1/2020, TR de la Ley Concursal.

ART. 1201.

Si una persona tuviere contra sí varias deudas compensables, se observará en el orden de la compensación lo dispuesto respecto a la imputación de pagos.

Ver arts. 1172 a 1174 CC.

ART. 1202.

El efecto de la compensación es extinguir una y otra deuda en la cantidad concurrente, aunque no tengan conocimiento de ella los acreedores y deudores.

Ver art. 144 LH; art. 240 RH; 557 LEC.

Sección 6.ª De la novación

ART. 1203.

Las obligaciones pueden modificarse:

1.° Variando su objeto o sus condiciones principales.

2.° Sustituyendo la persona del deudor.

3.° Subrogando a un tercero en los derechos del acreedor.

Ver arts. 1143, 1205, 1206 y 1209 a 1213 CC; leyes 495, 511 a 514 Compilación de Navarra.

ART. 1204.

Para que una obligación quede extinguida por otra que la sustituya, es preciso que así se declare terminantemente, o que la antigua y la nueva sean de todo punto incompatibles.

Ver art. 398 del RDLeg. 1/2020, TR de la Ley Concursal.

ART. 1205.

La novación, que consiste en sustituirse un nuevo deudor en lugar del primitivo, puede hacerse sin el conocimiento de éste, pero no sin el consentimiento del acreedor.

Ver art. 118 LH; ley 512 Compilación de Navarra.

ART. 1206.

La insolvencia del nuevo deudor, que hubiese sido aceptado por el acreedor, no hará revivir la acción de éste contra el deudor primitivo, salvo que dicha insolvencia hubiese sido anterior y pública o conocida del deudor al delegar su deuda.

Ver arts. 1529 y 1530 CC.

ART. 1207.

Cuando la obligación principal se extinga por efecto de la novación, sólo podrán subsistir las obligaciones accesorias en cuanto aprovechen a terceros que no hubiesen prestado su consentimiento.

Ver arts. 1851 CC; art. 399 del RDLeg. 1/2020, TR de la Ley Concursal; ley 495 Compilación de Navarra.

ART. 1208.

La novación es nula si lo fuere también la obligación primitiva, salvo que la causa de nulidad sólo pueda ser invocada por el deudor, o que la ratificación convalide los actos nulos en su origen.

Ver arts. 1309 a 1313 CC.

ART. 1209.

La subrogación de un tercero en los derechos del acreedor no puede presumirse fuera de los casos expresamente mencionados en este Código.
En los demás será preciso establecerla con claridad para que produzca efecto.

Ver arts. 1112, 1158, 1159 y 1526 a 1536 CC; art. 10 Ley 3/2004, de 29 de diciembre, sobre lucha contra la morosidad en las operaciones comerciales; ley 497 Compilación de Navarra.

ART. 1210.

Se presumirá que hay subrogación:
1.º Cuando un acreedor pague a otro acreedor preferente.
2.º Cuando un tercero, no interesado en la obligación, pague con aprobación expresa o tácita del deudor.
3.º Cuando pague el que tenga interés en el cumplimiento de la obligación, salvos los efectos de la confusión en cuanto a la porción que le corresponda.

Ver arts. 1158, 1159, y 1192 a 1194 CC; art. 10 Ley 3/2004, de 29 de diciembre, sobre lucha contra la morosidad en las operaciones comerciales; ley 497 Compilación de Navarra.

ART. 1211.

El deudor podrá hacer la subrogación sin consentimiento del acreedor, cuando para pagar la deuda haya tomado prestado el dinero por escritura pública, haciendo constar su propósito en ella, y expresando en la carta de pago la procedencia de la cantidad pagada.

Ver arts. 1.1 y 2 Ley 2/1994, de 30 de marzo, sobre subrogación y modificación de préstamos hipotecarios; art. 27.1 3.º Ley 4/2011 de contratos de aprovechamiento por turno de bienes de uso turístico, de adquisición de productos vacacionales de larga duración, de reventa y de intercambio.

ART. 1212.

La subrogación transfiere al subrogado el crédito con los derechos a él anexos, ya contra el deudor, ya contra los terceros, sean fiadores o poseedores de las hipotecas.

Ver art. 1528 CC.

ART. 1213.

El acreedor, a quien se hubiere hecho un pago parcial, puede ejercitar su derecho por el resto con preferencia al que se hubiere subrogado en su lugar a virtud del pago parcial del mismo crédito.

Ver art. 1169 CC.

CAPÍTULO V
De la prueba de las obligaciones

Disposiciones generales

ARTS. 1214 y 1215.

(DEROGADOS)

Derogados por LEC 1/2000, de 7 de enero.

Sección 1.ª De los documentos públicos

ART. 1216.

Son documentos públicos los autorizados por un Notario o empleado público competente, con las solemnidades requeridas por la ley.

Ver arts. 317 a 323 y 328 a 334 LEC; 390 a 394 CP y 3 de la Ley 59/2003 de firma electrónica.

ART. 1217.

Los documentos en que intervenga Notario público se regirán por la legislación notarial.

Ver arts. 143 y ss. RN; Ley del Notariado de 28-5-1862.

ART. 1218.

Los documentos públicos hacen prueba, aun contra tercero, del hecho que motiva su otorgamiento y de la fecha de éste.

También harán prueba contra los contratantes y sus causahabientes, en cuanto a las declaraciones que en ellos hubiesen hecho los primeros.

Ver art. 1526 CC; art. 319 LEC; art. 3 Ley 59/2003, de 19 de diciembre, de firma electrónica.

ART. 1219.

Las escrituras hechas para desvirtuar otra escritura anterior entre los mismos interesados, sólo producirán efecto contra terceros cuando el contenido de aquéllas hubiese sido anotado en el registro público competente o al margen de la escritura matriz y del traslado o copia en cuya virtud hubiera procedido el tercero.

Ver arts. 1230 CC; 178 RN; art. 144 LH.

ART. 1220.

Las copias de los documentos públicos de que exista matriz o protocolo, impugnadas por aquellos a quienes perjudiquen, sólo tendrán fuerza probatoria cuando hayan sido debidamente cotejadas.

Si resultare alguna variante entre la matriz y la copia, se estará al contenido de la primera.

Ver arts. 267 y 320 LEC; arts. 221 a 250 RN.

ART. 1221.

Cuando hayan desaparecido la escritura matriz, el protocolo, o los expedientes originales, harán prueba:

1.º Las primeras copias, sacadas por el funcionario público que las autorizara.

2.º Las copias ulteriores, libradas por mandato judicial, con citación de los interesados.

3.º Las que, sin mandato judicial, se hubiesen sacado en presencia de los interesados y con su conformidad.

A falta de las copias mencionadas, harán prueba cualesquiera otras que tengan la antigüedad de treinta o más años, siempre que hubiesen sido tomadas del original por el funcionario que lo autorizó u otro encargado de su custodia.

Las copias de menor antigüedad, o que estuviesen autorizadas por funcionario público en quien no concurran las circunstancias mencionadas en el párrafo anterior, sólo servirán como un principio de prueba por escrito.

La fuerza probatoria de las copias de copia será apreciada por los Tribunales según las circunstancias.

Ver arts. 256, 322 y 349.2 LEC y 222 y 233 RN.

ART. 1222.

La inscripción, en cualquier registro público, de un documento que haya desaparecido, será apreciada según las reglas de los dos últimos párrafos del artículo precedente.

ART. 1223.

La escritura defectuosa, por incompetencia del Notario o por otra falta en la forma, tendrá el concepto de documento privado, si estuviese firmada por los otorgantes.

Ver arts. 1225 y 1227 a 1230 CC.

ART. 1224.

Las escrituras de reconocimiento de un acto o contrato nada prueban contra el documento en que éstos hubiesen sido consignados, si por exceso u omisión se apartaren de él, a menos que conste expresamente la novación del primero.

Ver art. 1204 CC.

De los documentos privados

ART. 1225.

El documento privado, reconocido legalmente, tendrá el mismo valor que la escritura pública entre los que lo hubiesen suscrito y sus causahabientes.

Ver arts. 324 a 334 LEC; arts. 31 a 33 C de c; art. 3 L 59/2003, de 19 de diciembre, de firma electrónica; Ley 56/2007, de 28 de diciembre, de Medidas de Impulso de la Sociedad de la Información.

ART. 1226.

(DEROGADO)

Derogado por LEC 1/2000, de 7 de enero.

ART. 1227.

La fecha de un documento privado no se contará respecto de terceros sino desde el día en que hubiese sido incorporado o inscrito en un registro público, desde la muerte de cualquiera de los que lo firmaron, o desde el día en que se entregase a un funcionario público por razón de su oficio.

Ver art. 1526 CC.

ART. 1228.

Los asientos, registros y papeles privados únicamente hacen prueba contra el que los ha escrito en todo aquello que conste con claridad; pero el que quiera aprovecharse de ellos habrá de aceptarlos en la parte que le perjudiquen.

Ver arts. 326 y 327 LEC.

ART. 1229.

La nota escrita o firmada por el acreedor a continuación, al margen o al dorso de una escritura que obre en su poder, hace prueba en todo lo que sea favorable al deudor.

Lo mismo se entenderá de la nota escrita o firmada por el acreedor al dorso, al margen o a continuación del duplicado de un documento o recibo que se halle en poder del deudor.

En ambos casos, el deudor que quiera aprovecharse de lo que le favorezca, tendrá que pasar por lo que le perjudique.

Ver arts. 1219 y 1225 CC; ley 494 Compilación de Navarra

ART. 1230.

Los documentos privados hechos para alterar lo pactado en escritura pública, no producen efecto contra tercero.

Ver arts. 1219 y 1225 CC.

Sección 2.ª De la confesión

ART. 1231 a 1239.

(DEROGADOS)

Derogados por LEC 1/2000, de 7 de enero.

Sección 3.ª De la inspección personal del Juez

Ver arts. 353 a 359 LEC 1/2000.

ART. 1240 y 1241.

(DEROGADOS)

Derogados por LEC 1/2000, de 7 de enero.

Sección 4.ª De la prueba de peritos

ART. 1242 y 1243.

(DEROGADOS)

Derogados por LEC 1/2000, de 7 de enero.

Sección 5.ª De la prueba de testigos

ART. 1244 a 1248.

(DEROGADOS)

Derogados por LEC 1/2000, de 7 de enero.

Sección 6.ª De las presunciones

ART. 1249 a 1253.

(DEROGADOS)

Derogados por LEC 1/2000, de 7 de enero.

TÍTULO II
De los contratos

CAPÍTULO I
Disposiciones generales

ART. 1254.

El contrato existe desde que una o varias personas consienten en obligarse, respecto de otra u otras, a dar alguna cosa o prestar algún servicio.

Ver arts. 1088 a 1091, 1255, 1258, 1261, 1262, 1271 a 1273 y 1278 y 1279 CC; arts. 50 a 63 C de c; art. 15 Ley 3/2013 de los Contratos y otras relaciones jurídicas agrarias de la Comunidad Valenciana.

ART. 1255.

Los contratantes pueden establecer los pactos, cláusulas y condiciones que tengan por conveniente, siempre que no sean contrarios a las leyes, a la moral ni al orden público.

Ver arts. 6.2, 1058, 1116, 1271, 1275, 1288 y 1814 CC; art. 53 C de c; Ley 7/1998, de 13 de abril, sobre condiciones generales de la contratación; Ley 34/2002, de 11 de julio, de servicios de la sociedad de la información y de comercio electrónico; Ley 7/1996, de 15 de enero, de Ordenación del Comercio Minorista; Ley 28/1998, de 13 de julio, de venta a plazos de bienes muebles; Ley 29/1994, de 24 de noviembre, de Arrendamientos Urbanos; Ley 49/2003, de 26 de noviembre, de Arrendamientos Rústicos; Ley 40/2002, de 14 de noviembre, reguladora del Contrato de Aparcamiento de Vehículos; art. 10 LO 3/2007, de 22 de marzo, para la igualdad efectiva de mujeres y hombres; TR Ley General para la Defensa de los Consumidores Usuarios, aprobado por RDLeg 1/2007, de 16 de noviembre; Ley 2/2009, de 31 de marzo, por la que se regula la contratación con los consumidores de préstamos o créditos hipotecarios y de servicios de intermediación para la celebración de contratos de préstamo o crédito; Ley 15/2007, de 3 de julio, de Defensa de la Competencia; Ley 9/2017, de 8 de noviembre, de Contratos del Sector Público; leyes 7 a 9 y 17 Compilación de Navarra; art. 3 Código de Derecho Foral de Aragón.

ART. 1256.

La validez y el cumplimiento de los contratos no pueden dejarse al arbitrio de uno de los contratantes.

Ver arts. 1115, 1124, 1597 y 1733 CC; 68 y ss., 85.4, 102 y 110 TR Ley General para la Defensa de los Consumidores y Usuarios aprobado por RD Leg. 1/2007, de 16 de noviembre; art. 10 Ley 22/2007, de 11 de julio, sobre comercialización a distancia de servicios financieros destinados a los consumidores; art. 6 Ley 43/2007, de 13 de diciembre, de protección de los consumidores en la contratación de bienes con oferta de restitución del precio; art. 18 Ley 2/2009, de 31 de marzo, por la que se regula la contratación con los consumidores de préstamos o créditos hipotecarios y de servicios de intermediación para la celebración de contratos de préstamos o crédito; Ley 9/2017, de 8 de noviembre, de Contratos del Sector Público.

ART. 1257.

Los contratos sólo producen efecto entre las partes que los otorgan y sus herederos; salvo, en cuanto a éstos, el caso en que los derechos y obligaciones que proceden del contrato no sean transmisibles, o por su naturaleza, o por pacto, o por disposición de la ley.

Si el contrato contuviere alguna estipulación en favor de un tercero, éste podrá exigir su cumplimiento, siempre que hubiese hecho saber su aceptación al obligado antes de que haya sido aquélla revocada.

Ver arts. 641, 659, 1112 y 1295 CC.

ART. 1258.

Los contratos se perfeccionan por el mero consentimiento, y desde entonces obligan, no sólo al cumplimiento de lo expresamente pactado, sino también a todas las consecuencias que, según su naturaleza, sean conformes a la buena fe, al uso y a la ley.

Ver arts. 1254, 1262, 1263 y 1278 CC; 54, 55 y 57 C de c y la normativa anotada al art. 1255.

ART. 1259.

Ninguno puede contratar a nombre de otro sin estar por éste autorizado o sin que tenga por la ley su representación legal.

El contrato celebrado a nombre de otro por quien no tenga su autorización o representación legal será nulo, a no ser que lo ratifique la persona a cuyo nombre se otorgue antes de ser revocado por la otra parte contratante.

Ver arts. 71, 154, 162, 184, 225, 1301, 1302, 1304, 1313, 1709, 1725, 1738, 1888 a 1894 CC; arts. 176 y 178 RN; ley 51 Compilación de Navarra.

ART. 1260.

No se admitirá juramento en los contratos. Si se hiciere, se tendrá por no puesto.

CAPÍTULO II
De los requisitos esenciales para la validez de los contratos

DISPOSICIÓN GENERAL

ART. 1261.

No hay contrato sino cuando concurren los requisitos siguientes:
1.° Consentimiento de los contratantes.
2.° Objeto cierto que sea materia del contrato.
3.° Causa de la obligación que se establezca.

Ver arts. siguientes sobre consentimiento, objeto y causa, arts. 1278 y 1279 y 1300 a 1314 CC.

Sección 1.ª Del consentimiento

ART. 1262.

El consentimiento se manifiesta por el concurso de la oferta y de la aceptación sobre la cosa y la causa que han de constituir el contrato.

Hallándose en lugares distintos el que hizo la oferta y el que la aceptó, hay consentimiento desde que el oferente conoce la aceptación o desde que, habiéndosela remitido el aceptante, no pueda ignorarla sin faltar a la buena fe. El contrato, en tal caso, se presume celebrado en el lugar en que se hizo la oferta.

En los contratos celebrados mediante dispositivos automáticos hay consentimiento desde que se manifiesta la aceptación.

Ver art. 1258 CC; art. 54 C de c; arts. 19, 20 y 23 a 29 Ley 34/2002, de 11 de julio, de servicios de la sociedad de la información y de comercio electrónico; Ley 7/1998, de 13 de abril, sobre condiciones generales de la contratación; disp. adic. 3.ª Ley de Contrato de Seguro de 1980; art. 1.2 Ley 59/2003, de 19 de diciembre, de Firma Electrónica; arts. 61, 62, 89.1 y 92 y ss. TR Ley General para la Defensa de los Consumidores y Usuarios, aprobado por RD Leg 1/2007, de 16 de noviembre; arts. 1 a 4 y 6 Ley 2/2009, de 31 de marzo, por la que se regula la contratación con los consumidores de préstamos o créditos hipotecarios y de servicios de intermediación para la celebración de contratos de préstamo o crédito; arts. 2, 3, 4 y 5 Ley 43/2007, de 13 de diciembre, de protección de los consumidores en la contratación de bienes con oferta de restitución del precio; art. 3 Ley 56/2007, de 28 de diciembre, de Medidas de Impulso de la Sociedad de la Información; art. 6 Ley 22/2007, de 11 de julio, sobre comercialización a distancia de servicios financieros destinados a los consumidores, ley 521 Compilación de Navarra.

ART. 1263.

Los menores de edad no emancipados podrán celebrar aquellos contratos que las leyes les permitan realizar por sí mismos o con asistencia de sus representantes y los relativos a bienes y servicios de la vida corriente propios de su edad de conformidad con los usos sociales.

Modificado por Ley 8/2021, de 2 de junio, por la que se reforma la legislación civil y procesal para el apoyo a las personas con discapacidad en el ejercicio de su capacidad jurídica (BOE de 03-06-2021). En vigor desde el 3 de septiembre de 2021.

Ver arts. 199 y ss., 626, 1261, 1300, 1329, 1457 a 1459 y 1716 CC y 4 C de c; Ley 19 Compilación de Navarra.

ART. 1264.

Lo previsto en el artículo anterior se entiende sin perjuicio de las prohibiciones legales o de los requisitos especiales de capacidad que las leyes puedan establecer.

Modificado por Ley 26/2015, de 28 de julio, de modificación del sistema de protección a la infancia y a la adolescencia. (BOE de 29-07-2015).

Ver art. 249 y ss. CC; art. 13 C de c; arts. 106 y 111-114 del RDLeg. 1/2020, TR de la Ley Concursal; arts. 760 y 761 LEC; art. 4 Ley 39/2006, de 14 de diciembre, de Promoción de la Autonomía Personal y Atención a las personas en situación de dependencia.

ART. 1265.

Será nulo el consentimiento prestado por error, violencia, intimidación o dolo.

Ver arts. 73.1.º, 1266 a 1270, 1300 a 1314 y 1817 CC; Ley 19.2 Compilación de Navarra.

ART. 1266.

Para que el error invalide el consentimiento, deberá recaer sobre la sustancia de la cosa que fuere objeto del contrato, o sobre aquellas condiciones de la misma que principalmente hubiesen dado motivo a celebrarlo.

El error sobre la persona sólo invalidará el contrato cuando la consideración a ella hubiere sido la causa principal del mismo.

El simple error de cuenta sólo dará lugar a su corrección.

Ver arts. 1273 y 1301 CC.

ART. 1267.

Hay violencia cuando para arrancar el consentimiento se emplea una fuerza irresistible.

Hay intimidación cuando se inspira a uno de los contratantes el temor racional y fundado de sufrir un mal inminente y grave en su persona o bienes, o en la persona o bienes de su cónyuge, descendientes o ascendientes.

Para calificar la intimidación debe atenderse a la edad y a la condición de la persona.

El temor de desagradar a las personas a quienes se debe sumisión y respeto no anulará el contrato.

Ver arts. 169 a 172 ter CP; Ley 19 Compilación de Navarra.

ART. 1268.

La violencia o intimidación anularán la obligación, aunque se hayan empleado por un tercero que no intervenga en el contrato.

Ver art. 1301 CC.

ART. 1269.

Hay dolo cuando, con palabras o maquinaciones insidiosas de parte de uno de los contratantes, es inducido el otro a celebrar un contrato que, sin ellas, no hubiera hecho.

Ver arts. 1102 y 1301 CC; arts. 3, 4 y 7 Ley 34/1988, de 11 de noviembre, General de la Publicidad; art. 18 Ley 34/2002, de 11 de julio, de servicios de la sociedad de la información y de comercio electrónico; art. 18 TR Ley General para la Defensa de los Consumidores y Usuarios, aprobado por RDLeg. 1/2007, de 16 de noviembre; art. 10 Ley de Contrato de Seguro; arts. 7 y 8 Ley de Competencia Desleal; art. 6 Ley 43/2007, de 13 de diciembre, de protección de los consumidores en la contratación de bienes con oferta de restitución del precio; Ley 19.2 Compilación de Navarra.

ART. 1270.

Para que el dolo produzca la nulidad de los contratos, deberá ser grave y no haber sido empleado por las dos partes contratantes.

El dolo incidental sólo obliga al que lo empleó a indemnizar daños y perjuicios.

Ver arts. 1102, 1301, 1305 y 1306 CC.

Sección 2.ª Del objeto de los contratos

ART. 1271.

Pueden ser objeto de contrato todas las cosas que no están fuera del comercio de los hombres, aun las futuras.

Sobre la herencia futura no se podrá, sin embargo, celebrar otros contratos que aquéllos cuyo objeto sea practicar entre vivos la división de un caudal y otras disposiciones particionales, conforme a lo dispuesto en el artículo 1056.

Pueden ser igualmente objeto de contrato todos los servicios que no sean contrarios a las leyes o a las buenas costumbres.

Ver arts. 816, 826, 831, 1057, 1255, 1258 y 1674 CC; arts. 6, 8 a 13, 50, 69 y 72 a 77 Compilación de Baleares; leyes 150, 155 y 172 y ss. Compilación de Navarra; art. 411-7 Ley 10/2008 de Cataluña; art. 399 Código de Derecho Foral de Aragón; arts. 100 y 103 Ley 5/2015 de Derecho Civil Vasco.

ART. 1272.

No podrán ser objeto de contrato las cosas o servicios imposibles.

Ver arts. 792, 1116 y 1184 CC.

ART. 1273.

El objeto de todo contrato debe ser una cosa determinada en cuanto a su especie. La indeterminación en la cantidad no será obstáculo para la existencia del contrato, siempre que sea posible determinarla sin necesidad de nuevo convenio entre los contratantes.

Ver arts. 1167, 1256, 1445, 1447 a 1449, 1543 y 1544 CC.

Sección 3.ª De la causa de los contratos

ART. 1274.

En los contratos onerosos se entiende por causa, para cada parte contratante, la prestación o promesa de una cosa o servicio por la otra parte; en los remuneratorios, el servicio o beneficio que se remunera, y en los de pura beneficencia, la mera liberalidad del bienhechor.

Ver arts. 618, 619 y 622 CC.

ART. 1275.

Los contratos sin causa, o con causa ilícita, no producen efecto alguno. Es ilícita la causa cuando se opone a las leyes o a la moral.

Ver art. 53 C de c; arts. 767, 792, 1116, 1261, 1305, 1306, 1666, y 1814 CC; art. 10 LO 3/2007, de 22 de marzo, para la igualdad efectiva entre mujeres y hombres; Leyes 508 y ss. Compilación de Navarra.

ART. 1276.

La expresión de una causa falsa en los contratos dará lugar a la nulidad, si no se probase que estaban fundados en otra verdadera y lícita.

Ver Ley 21 Compilación de Navarra.

ART. 1277.

Aunque la causa no se exprese en el contrato, se presume que existe y que es lícita mientras el deudor no pruebe lo contrario.

Ver arts. 1261 y 1275 CC; 385 LEC; Ley 21 Compilación de Navarra.

CAPÍTULO III
De la eficacia de los contratos

ART. 1278.

Los contratos serán obligatorios, cualquiera que sea la forma en que se hayan celebrado, siempre que en ellos concurran las condiciones esenciales para su validez.

Ver arts. 11 y 633 CC; 51 C de c; 99 y 164 Ley Cambiaria y del Cheque; 7 a 10 Ley 7/1998, sobre condiciones generales de contratación; Ley 18 Compilación de Navarra.

ART. 1279.

Si la Ley exigiere el otorgamiento de escritura u otra forma especial para hacer efectivas las obligaciones propias de un contrato, los contratantes podrán compelerse recíprocamente a llenar aquella forma desde que hubiese intervenido el consentimiento y demás requisitos necesarios para su validez.

Ver 1258 y 1450 CC; arts. 99 y 164 Ley 19/1985, de 16 julio, Cambiaria y del Cheque; art. 22 Ley 12/1992, de 27 mayo, sobre Contrato de Agencia; art. 6 Ley 28/1998, de 13 julio, de Venta a Plazos de Bienes Muebles; Ley 18 Compilación de Navarra.

ART. 1280.

Deberán constar en documento público:

1.º Los actos y contratos que tengan por objeto la creación, transmisión, modificación o extinción de derechos reales sobre bienes inmuebles.

2.º Los arrendamientos de estos mismos bienes por seis o más años, siempre que deban perjudicar a tercero.

3.º Las capitulaciones matrimoniales y sus modificaciones.

4.º La cesión, repudiación y renuncia de los derechos hereditarios o de los de la sociedad conyugal.

5.º El poder para contraer matrimonio, el general para pleitos y los especiales que deban presentarse en juicio; el poder para administrar bienes, y de cualquier otro que tenga por objeto un acto redactado o que deba redactarse en escritura pública, o haya de perjudicar a tercero.

6.º La cesión de acciones o derechos procedentes de un acto consignado en escritura pública.

También deberán hacerse constar por escrito, aunque sea privado, los demás contratos en que la cuantía de las prestaciones de uno o de los dos contratantes exceda de 1.500 pesetas.

Ver arts. 55, 633, 694, 707, 1008, 1254 y 1255, 1327, 1331, 1332, 1549, 1628, 1667 y 1875 CC; 2 LH; arts. 17, 29, 37 y 38 Compilación de Baleares; leyes 18, 79, 113, 144, 155, 161, 167, 174, 257, 327 y 542 Compilación de Navarra; arts. 623-7 Ley 3/2017 del libro sexto del Código Civil de Cataluña; relativo a las obligaciones y contratos y 461-6 Ley 10/2008 de Cataluña.

CAPÍTULO IV
De la interpretación de los contratos

ART. 1281.

Si los términos de un contrato son claros y no dejan duda sobre la intención de los contratantes, se estará al sentido literal de sus cláusulas.

Si las palabras parecieren contrarias a la intención evidente de los contratantes, prevalecerá ésta sobre aquéllas.

Ver art. 80 RDLeg. 1/2007, de 16 de noviembre, Texto refundido de la Ley General para la Defensa de Consumidores y Usuarios y otras leyes complementarias; arts. 5.5 y 6.3 Ley 7/1998, de 13 abril, sobre Condiciones Generales de la Contratación; Leyes 75 y 490 Compilación de Navarra.

ART. 1282.

Para juzgar de la intención de los contratantes, deberá atenderse principalmente a los actos de éstos, coetáneos y posteriores al contrato.

Ver art. 6 de Ley 7/1998, de 13 de abril, sobre condiciones generales de la contratación.

ART. 1283.

Cualquiera que sea la generalidad de los términos de un contrato, no deberán entenderse comprendidos en él cosas distintas y casos diferentes de aquellos sobre que los interesados se propusieron contratar.

Ver art. 1258 CC.

ART. 1284.

Si alguna cláusula de los contratos admitiere diversos sentidos, deberá entenderse en el más adecuado para que produzca efecto.

ART. 1285.

Las cláusulas de los contratos deberán interpretarse las unas por las otras, atribuyendo a las dudosas el sentido que resulte del conjunto de todas.

ART. 1286.

Las palabras que puedan tener distintas acepciones serán entendidas en aquella que sea más conforme a la naturaleza y objeto del contrato.

Ver arts. 346, 347 y 675 CC.

ART. 1287.

El uso o la costumbre del país se tendrán en cuenta para interpretar las ambigüedades de los contratos, supliendo en éstos la omisión de cláusulas que de ordinario suelen establecerse.

Ver Ley 490 Compilación de Navarra.

ART. 1288.

La interpretación de las cláusulas oscuras de un contrato no deberá favorecer a la parte que hubiese ocasionado la oscuridad.

Ver art. 80 RDLeg. 1/2007, de 16 noviembre, Texto refundido de la Ley General para la Defensa de Consumidores y Usuarios y otras leyes complementarias; art. 6.1 y 6.2 Ley 7/1998, de 13 abril, sobre Condiciones Generales de la Contratación.

ART. 1289.

Cuando absolutamente fuere imposible resolver las dudas por las reglas establecidas en los artículos precedentes, si aquéllas recaen sobre circunstancias accidentales del contrato, y éste fuere gratuito, se resolverán en favor de la menor transmisión de derechos e intereses. Si el contrato fuere oneroso, la duda se resolverá en favor de la mayor reciprocidad de intereses.

Si las dudas de cuya resolución se trata en este artículo recayesen sobre el objeto principal del contrato, de suerte que no pueda venirse en conocimiento de cuál fue la intención o voluntad de los contratantes, el contrato será nulo.

Ver art. 59 C de c.

CAPÍTULO V
De la rescisión de los contratos

ART. 1290.

Los contratos válidamente celebrados pueden rescindirse en los casos establecidos por la ley.

Ver arts. 1074, 1291, 1292 y 1391; Leyes 19, 499 500, 501, 502 y 503 Compilación de Navarra.

ART. 1291.

Son rescindibles:

1.° Los contratos que hubieran podido celebrar sin autorización judicial los tutores o los curadores con facultades de representación, siempre que las personas a quienes representen hayan sufrido lesión en más de la cuarta parte del valor de las cosas que hubiesen sido objeto de aquellos.

2.° Los celebrados en representación de los ausentes, siempre que éstos hayan sufrido la lesión a que se refiere el número anterior.

3.º Los celebrados en fraude de acreedores, cuando éstos no puedan de otro modo cobrar lo que se les deba.

4.º Los contratos que se refieran a cosas litigiosas, cuando hubiesen sido celebrados por el demandado sin conocimiento y aprobación de las partes litigantes o de la Autoridad judicial competente.

5.º Cualesquiera otros en que especialmente lo determine la Ley.

Ordinal 1.º modificado por Ley 8/2021, de 2 de junio, por la que se reforma la legislación civil y procesal para el apoyo a las personas con discapacidad en el ejercicio de su capacidad jurídica (BOE de 03-06-2021). En vigor desde el 3 de septiembre de 2021.

Ver arts. 1074, 1111 y 1297, 1391, 1469, 1479, 1483, 1486, 1556, 1558, último párrafo y 1819 CC; Leyes 366 y 499 Compilación de Navarra; 621-45 Ley 3/2017 de Cataluña.

ART. 1292.

Son también rescindibles los pagos hechos en estado de insolvencia por cuenta de obligaciones a cuyo cumplimiento no podía ser compelido el deudor al tiempo de hacerlos.

ART. 1293.

Ningún contrato se rescindirá por lesión, fuera de los casos mencionados en los números 1.º y 2.º del artículo 1291.

Ver Leyes 499 y ss. Compilación de Navarra; 621-46 Ley 3/2017 de Cataluña.

ART. 1294.

La acción de rescisión es subsidiaria; no podrá ejercitarse sino cuando el perjudicado carezca de todo otro recurso legal para obtener la reparación del perjuicio.

Ver art. 1111 CC; Leyes 503 y 504 Compilación de Navarra.

ART. 1295.

La rescisión obliga a la devolución de las cosas que fueron objeto del contrato con sus frutos, y del precio con sus intereses; en consecuencia, sólo podrá llevarse a efecto cuando el que la haya pretendido pueda devolver aquello a que por su parte estuviese obligado.

Tampoco tendrá lugar la rescisión cuando las cosas, objeto del contrato, se hallaren legalmente en poder de terceras personas que no hubiesen procedido de mala fe.

En este caso podrá reclamarse la indemnización de perjuicios al causante de la lesión.

Ver arts. 1124, último párrafo, CC, excepción a este precepto; 37 LH; Ley 506 Compilación de Navarra.

ART. 1296.

La rescisión de que trata el número 2.º del artículo 1291 no tendrá lugar respecto de los contratos celebrados con autorización judicial.

ART. 1297.

Se presumen celebrados en fraude de acreedores todos aquellos contratos por virtud de los cuales el deudor enajenare bienes a título gratuito.

También se presumen fraudulentas las enajenaciones a título oneroso, hechas por aquellas personas contra las cuales se hubiese pronunciado antes sentencia condenatoria en cualquier instancia o expedido mandamiento de embargo de bienes.

Ver arts. 1111 CC; 37.4.º LH.

ART. 1298.

El que hubiese adquirido de mala fe las cosas enajenadas en fraude de acreedores, deberá indemnizar a éstos de los daños y perjuicios que la enajenación les hubiese ocasionado, siempre que por cualquier causa le fuere imposible devolverlas.

Ver Ley 506 Compilación de Navarra.

ART. 1299.

La acción para pedir la rescisión dura cuatro años.

Para los menores sujetos a tutela, para las personas con discapacidad provistas de medidas de apoyo que establezcan facultades de representación y para los ausentes, los cuatro años no empezarán a computarse hasta que se extinga la tutela o la medida representativa de apoyo, o cese la situación de ausencia legal.

Segundo párrafo sustituido por Ley 8/2021, de 2 de junio, por la que se reforma la legislación civil y procesal para el apoyo a las personas con discapacidad en el ejercicio de su capacidad jurídica (BOE de 03-06-2021). En vigor desde el 3 de septiembre de 2021.

Ver Leyes 33, 34 y 504 Compilación de Navarra.

CAPÍTULO VI
De la nulidad de los contratos

ART. 1300.

Los contratos en que concurran los requisitos que expresa el artículo 1261 pueden ser anulados, aunque no haya lesión para los contratantes, siempre que adolezcan de alguno de los vicios que los invalidan con arreglo a la ley.

Ver Ley 19 Compilación de Navarra.

ART. 1301.

La acción de nulidad caducará a los cuatro años. Ese tiempo empezará a correr:
1.° En los casos de intimidación o violencia, desde el día en que estas hubiesen cesado.
2.° En los de error, o dolo, o falsedad de la causa, desde la consumación del contrato.
3.° Cuando la acción se refiera a los contratos celebrados por los menores, desde que salieren de la patria potestad o la tutela.
4.° Cuando la acción se refiera a los contratos celebrados por personas con discapacidad prescindiendo de las medidas de apoyo previstas cuando fueran precisas, desde la celebración del contrato.
5.° Si la acción se dirigiese a invalidar actos o contratos realizados por uno de los cónyuges sin consentimiento del otro, cuando este consentimiento fuere necesario, desde el día de la disolución de la sociedad conyugal o del matrimonio salvo que antes hubiese tenido conocimiento suficiente de dicho acto o contrato.

Modificado por Ley 8/2021, de 2 de junio, por la que se reforma la legislación civil y procesal para el apoyo a las personas con discapacidad en el ejercicio de su capacidad jurídica (BOE de 03-06-2021). En vigor desde el 3 de septiembre de 2021.

Ver arts. 1322 CC; Ley 19 Compilación de Navarra; arts. 19, 22,29 y 37 Código de Derecho Foral de Aragón; arts. 222.46-1 y 236-1 Ley 25/2010 de Cataluña.

ART. 1302.

1. Pueden ejercitar la acción de nulidad de los contratos los obligados principal o subsidiariamente en virtud de ellos.
2. Los contratos celebrados por menores de edad podrán ser anulados por sus representantes legales o por ellos cuando alcancen la mayoría de edad. Se exceptúan aquellos que puedan celebrar válidamente por sí mismos.
3. Los contratos celebrados por personas con discapacidad provistas de medidas de apoyo para el ejercicio de su capacidad de contratar prescindiendo de dichas medidas cuando fueran precisas, podrán ser anulados por ellas, con el apoyo que precisen. También podrán ser anulados por sus herederos durante el tiempo que faltara para completar el plazo, si la persona con discapacidad hubiere fallecido antes del transcurso del tiempo en que pudo ejercitar la acción.

Los contratos mencionados en el párrafo anterior también podrán ser anulados por la persona a la que hubiera correspondido prestar el apoyo. En este caso, la anulación solo procederá cuando el otro contratante fuera conocedor de la existencia de medidas de apoyo en el momento de la contratación o se hubiera aprovechado de otro modo de la situación de discapacidad obteniendo de ello una ventaja injusta.

4. Los contratantes no podrán alegar la minoría de edad ni la falta de apoyo de aquel con el que contrataron; ni los que causaron la intimidación o violencia o emplearon el dolo o produjeron el error, podrán fundar su acción en estos vicios del contrato.

Modificado por Ley 8/2021, de 2 de junio, por la que se reforma la legislación civil y procesal para el apoyo a las personas con discapacidad en el ejercicio de su capacidad jurídica (BOE de 03-06-2021). En vigor desde el 3 de septiembre de 2021.

Ver arts. 1265 y 1266 CC.

ART. 1303.

Declarada la nulidad de una obligación, los contratantes deben restituirse recíprocamente las cosas que hubiesen sido materia del contrato, con sus frutos, y el precio con los intereses, salvo lo que se dispone en los artículos siguientes.

Ver arts. 451 a 458, 1108 y 1124 CC; 34 y 37 LH.

ART. 1304.

Cuando la nulidad proceda de la minoría de edad, el contratante menor no estará obligado a restituir sino en cuanto se enriqueció con la prestación recibida. Esta regla será aplicable cuando la nulidad proceda de haber prescindido de las medidas de apoyo establecidas cuando fueran precisas, siempre que el contratante con derecho a la restitución fuera conocedor de la existencia de medidas de apoyo en el momento de la contratación o se hubiera aprovechado de otro modo de la situación de discapacidad obteniendo de ello una ventaja injusta.

Modificado por Ley 8/2021, de 2 de junio, por la que se reforma la legislación civil y procesal para el apoyo a las personas con discapacidad en el ejercicio de su capacidad jurídica (BOE de 03-06-2021). En vigor desde el 3 de septiembre de 2021.

ART. 1305.

Cuando la nulidad provenga de ser ilícita la causa u objeto del contrato, si el hecho constituye un delito o falta común a ambos contratantes, carecerán de toda acción entre sí, y se procederá contra ellos, dándose, además, a las cosas o precio que hubiesen sido materia del contrato, la aplicación prevenida en el Código Penal respecto a los efectos o instrumentos del delito o falta.

Esta disposición es aplicable al caso en que sólo hubiere delito o falta de parte de uno de los contratantes; pero el no culpado podrá reclamar lo que hubiese dado, y no estará obligado a cumplir lo que hubiera prometido.

Ver arts. 127 a 129 bis CP.

ART. 1306.

Si el hecho en que consiste la causa torpe no constituyere delito ni falta, se observarán las reglas siguientes:

1.ª Cuando la culpa esté de parte de ambos contratantes, ninguno de ellos podrá repetir lo que hubiera dado a virtud del contrato, ni reclamar el cumplimiento de lo que el otro hubiese ofrecido.

2.ª Cuando esté de parte de un solo contratante, no podrá éste repetir lo que hubiese dado a virtud del contrato, ni pedir el cumplimiento de lo que se le hubiera ofrecido. El otro, que fuera extraño a la causa torpe, podrá reclamar lo que hubiera dado, sin obligación de cumplir lo que hubiera ofrecido.

Ver Ley 510.2 Compilación de Navarra.

ART. 1307.

Siempre que el obligado por la declaración de nulidad a la devolución de la cosa no pueda devolverla por haberse perdido, deberá restituir los frutos percibidos y el valor que tenía la cosa cuando se perdió, con los intereses desde la misma fecha.

ART. 1308.

Mientras uno de los contratantes no realice la devolución de aquello a que en virtud de la declaración de nulidad esté obligado, no puede el otro ser compelido a cumplir por su parte lo que le incumba.

Ver arts. 1100 y 1124 CC.

ART. 1309.

La acción de nulidad queda extinguida desde el momento en que el contrato haya sido confirmado válidamente.

ART. 1310.

Sólo son confirmables los contratos que reúnan los requisitos expresados en el artículo 1261.

ART. 1311.

La confirmación puede hacerse expresa o tácitamente. Se entenderá que hay confirmación tácita cuando, con conocimiento de la causa de nulidad y habiendo ésta cesado, el que tuviese derecho a invocarla ejecutase un acto que implique necesariamente la voluntad de renunciarlo.

ART. 1312.

La confirmación no necesita el concurso de aquel de los contratantes a quien no correspondiese ejercitar la acción de nulidad.

ART. 1313.

La confirmación purifica al contrato de los vicios de que adoleciera desde el momento de su celebración.

ART. 1314.

También se extinguirá la acción de nulidad de los contratos cuando la cosa, objeto de estos, se hubiese perdido por dolo o culpa del que pudiera ejercitar aquella.

Si la causa de la acción fuera la minoría de edad de alguno de los contratantes, la pérdida de la cosa no será obstáculo para que la acción prevalezca, a menos que hubiese ocurrido por dolo o culpa del reclamante después de haber alcanzado la mayoría de edad.

Si la causa de la acción fuera haber prescindido el contratante con discapacidad de las medidas de apoyo establecidas cuando fueran precisas, la pérdida de la cosa no será obstáculo para que la acción prevalezca, siempre que el otro contratante fuera conocedor de la existencia de medidas de apoyo en el momento de la contratación o se hubiera aprovechado de otro modo de la situación de discapacidad obteniendo de ello una ventaja injusta.

Modificado por Ley 8/2021, de 2 de junio, por la que se reforma la legislación civil y procesal para el apoyo a las personas con discapacidad en el ejercicio de su capacidad jurídica (BOE de 03-06-2021). En vigor desde el 3 de septiembre de 2021.

Ver arts. 1183 y 1307 CC.

TÍTULO III
Del régimen económico matrimonial

CAPÍTULO I
Disposiciones generales

ART. 1315.

El régimen económico del matrimonio será el que los cónyuges estipulen en capitulaciones matrimoniales, sin otras limitaciones que las establecidas en este Código.

Ver arts. 1325 y 1335 CC; Arts. 3 y 66 Compilación de Baleares; ley 80 Compilación de Navarra; art. 171 Ley 2/2006 de Derecho Civil de Galicia; arts. 185.1 y 193.1 Código de Derecho Foral de Aragón; art. 125 de Derecho Civil Vasco.

ART. 1316.

A falta de capitulaciones o cuando éstas sean ineficaces, el régimen será el de la sociedad de gananciales.

Ver arts. 1344 a 1410 CC; Arts. 3 y 66 Compilación de Baleares; ley 82 Compilación de Navarra; art. 171 y 172 Ley 2/2006 de Derecho Civil de Galicia; art. 231-10 Ley 25/2010 Cataluña; art. 193.2 Código de Derecho Foral de Aragón; art. 127 de Derecho Civil Vasco.

ART. 1317.

La modificación del régimen económico matrimonial realizada durante el matrimonio no perjudicará en ningún caso los derechos ya adquiridos por terceros.

Ver art. 1325, 1331, 1332, 1399, 1403 y 1404 CC; Ley 78.1 y 81 Compilación de Navarra; art. 231-24 Ley 25/2010 Cataluña; art. 194 Código de Derecho Foral de Aragón; art. 126 y 128 de Derecho Civil Vasco.

ART. 1318.

Los bienes de los cónyuges están sujetos al levantamiento de las cargas del matrimonio.

Cuando uno de los cónyuges incumpliere su deber de contribuir al levantamiento de estas cargas, el Juez, a instancia del otro, dictará las medidas cautelares que estime conveniente a fin de asegurar su cumplimiento y los anticipos necesarios o proveer a las necesidades futuras.

Cuando un cónyuge carezca de bienes propios suficientes, los gastos necesarios causados en litigios que sostenga contra el otro cónyuge sin mediar mala fe o temeridad, o contra tercero si redundan en provecho de la familia, serán a cargo del caudal común y, faltando éste, se sufragarán a costa de los bienes propios del otro cónyuge cuando la posición económica de éste impida al primero, por imperativo de la Ley de Enjuiciamiento Civil, la obtención del beneficio de justicia gratuita.

Ver arts. 103.3.°, 1438 CC; Ley 1/1996, de Asistencia Jurídica Gratuita; Arts. 3 Compilación de Baleares; ley 54.3, 84.1, 84.5 y 103.3 Compilación de Navarra; art. 231-6 Ley 25/2010 Cataluña; art. 187 Código de Derecho Foral de Aragón; art. 134.2 de Derecho Civil Vasco.

ART. 1319.

Cualquiera de los cónyuges podrá realizar los actos encaminados a atender las necesidades ordinarias de la familia, encomendadas a su cuidado, conforme al uso del lugar y a las circunstancias de la misma.

De las deudas contraídas en el ejercicio de esta potestad responderán solidariamente los bienes comunes y los del cónyuge que contraiga la deuda y, subsidiariamente, los del otro cónyuge.

El que hubiere aportado caudales propios para satisfacción de tales necesidades tendrá derecho a ser reintegrado de conformidad con su régimen matrimonial.

Ver arts. 1365 y 1440 CC; 6 a 12 C de c; Arts. 3 Compilación de Baleares; ley 54 Compilación de Navarra; art. 231-4.2, 231-5 y 231-8 Ley 25/2010 Cataluña; art. 189 Código de Derecho Foral de Aragón; art. 134.2 de Derecho Civil Vasco.

ART. 1320.

Para disponer de los derechos sobre la vivienda habitual y los muebles de uso ordinario de la familia, aunque tales derechos pertenezcan a uno solo de los cónyuges, se requerirá el consentimiento de ambos o, en su caso, autorización judicial.

La manifestación errónea o falsa del disponente sobre el carácter de la vivienda no perjudicará al adquirente de buena fe.

Ver art. 96 CC; arts. 91 y 144 RH; Ley 55 Compilación de Navarra; art. 231-9 y 234-3.2 Ley 25/2010 Cataluña; art. 190 Código de Derecho Foral de Aragón.

ART. 1321.

Fallecido uno de los cónyuges, las ropas, el mobiliario y enseres que constituyan el ajuar de la vivienda habitual común de los esposos se entregarán al que sobreviva, sin computárselo en su haber.

No se entenderán comprendidos en el ajuar las alhajas, objetos artísticos, históricos y otros de extraordinario valor.

Ver Ley 90.2 y 91.2 Compilación de Navarra; art. 231-30 y 234-14 Ley 25/2010 Cataluña; art. 266 Código de Derecho Foral de Aragón.

ART. 1322.

Cuando la Ley requiera para un acto de administración o disposición que uno de los cónyuges actúe con el consentimiento del otro, los realizados sin él y que no hayan sido expresa o tácitamente confirmados podrán ser anulados a instancia del cónyuge cuyo consentimiento se haya omitido o de sus herederos.

No obstante, serán nulos los actos a título gratuito sobre bienes comunes si falta, en tales casos, el consentimiento del otro cónyuge.

Ver arts. 71, 1301, 1375, 1377 y 1378 CC; Ley 59 Compilación de Navarra; art. 231-9.2 Ley 25/2010 Cataluña; art. 235 y 237 Código de Derecho Foral de Aragón.

ART. 1323.

Los cónyuges podrán transmitirse por cualquier título bienes y derechos y celebrar entre sí toda clase de contratos.

Ver arts. 1255 y 1458 CC; arts. 4 y 67 Compilación de Baleares; ley 76.1 Compilación de Navarra; art. 231-11 Ley 25/2010 Cataluña; art. 185.1 Código de Derecho Foral de Aragón.

ART. 1324.

Para probar entre cónyuges que determinados bienes son propios de uno de ellos, será bastante la confesión del otro, pero tal confesión por sí sola no perjudicará a los herederos forzosos del confesante, ni a los acreedores, sean de la comunidad o de cada uno de los cónyuges.

Ver Leyes 83.5) y 94 Compilación de Navarra.

CAPÍTULO II
De las capitulaciones matrimoniales

Ver Leyes 78 y ss. Compilación de Navarra; arts. 195 y sigs. Código del Derecho Foral de Aragón; 231-19 Código Civil de Cataluña; 173 y 174 Ley 2/2006, de 14 de junio, de derecho civil de Galicia; 125 y sigs. Ley 5/2015, de 25 de junio, de Derecho Civil Vasco.

ART. 1325.

En capitulaciones matrimoniales podrán los otorgantes estipular, modificar o sustituir el régimen económico de su matrimonio o cualesquiera otras disposiciones por razón del mismo.

Ver arts. 1341, 1392.4.°, 1435.2.° y 1444 CC; 66 Compilación de Baleares; 80 Compilación de Navarra; 231-19 Código Civil de Cataluña; 185 y 195 Código del Derecho Foral de Aragón; 173 y 174 Ley 2/2006, de 14 de junio, de derecho civil de Galicia; 125 y 126 Ley 5/2015, de 25 de junio, de Derecho Civil Vasco.

ART. 1326.

Las capitulaciones matrimoniales podrán otorgarse antes o después de celebrado el matrimonio.

Ver arts. 3 y 66 Compilación de Baleares; 78 Compilación de Navarra; 231-19 Código Civil de Cataluña; 185 y 197 Código del Derecho Foral de Aragón; 173 Ley 2/2006, de 14 de junio, de derecho civil de Galicia.

ART. 1327.

Para su validez, las capitulaciones habrán de constar en escritura pública.

Ver art. 1280 CC; 3 y 66 Compilación de Baleares; 78 Compilación de Navarra; 231-19 Código Civil de Cataluña; 185 y 197 Código del Derecho Foral de Aragón; 231-19 Código Civil de Cataluña; 173 Ley 2/2006, de 14 de junio, de derecho civil de Galicia.

ART. 1328.

Será nula cualquier estipulación contraria a las Leyes o a las buenas costumbres o limitativa de la igualdad de derechos que corresponda a cada cónyuge.

Ver arts 6.3, 66 a 71 y 1255 CC; 185 Código del Derecho Foral de Aragón; LO 3/2007, de 22 de marzo, para la igualdad efectiva de mujeres y hombres.

ART. 1329.

El menor no emancipado que con arreglo a la Ley pueda casarse podrá otorgar capitulaciones, pero necesitará el concurso y consentimiento de sus padres o tutor, salvo que se limite a pactar el régimen de separación o el de participación.

Ver arts. 46.1 y 48.2 CC; 199.1.a) Código del Derecho Foral de Aragón; 231-21 Código Civil de Cataluña; 66 Compilación de Baleares.

ART. 1330.

(SUPRIMIDO)

Suprimido por Ley 8/2021, de 2 de junio, por la que se reforma la legislación civil y procesal para el apoyo a las personas con discapacidad en el ejercicio de su capacidad jurídica (BOE de 03-06-2021). En vigor desde el 3 de septiembre de 2021.

ART. 1331.

Para que sea válida la modificación de las capitulaciones matrimoniales deberá realizarse con la asistencia y concurso de las personas que en éstas intervinieron como otorgantes si vivieren y la modificación afectare a derechos concedidos por tales personas.

Ver arts. 1280, 1317 y 1325 CC; 200.1 Código del Derecho Foral de Aragón; 66 Compilación de Baleares; 231-23 Código Civil de Cataluña.

ART. 1332.

La existencia de pactos modificativos de anteriores capitulaciones se indicará mediante nota en la escritura que contenga la anterior estipulación y el Notario lo hará constar en las copias que expida.

Ver arts. 1317 y 1325 CC; 200.2 Código del Derecho Foral de Aragón.

ART. 1333.

En toda inscripción de matrimonio en el Registro Civil se hará mención, en su caso, de las capitulaciones matrimoniales que se hubieren otorgado, así como de los pactos, resoluciones judiciales y demás hechos que modifiquen el régimen económico del matrimonio. Si aquéllas o éstos afectaren a inmuebles, se tomará razón en el Registro de la Propiedad, en la forma y a los efectos previstos en la Ley Hipotecaria.

Ver arts. 22.1 C de c; 87.6.º, 92.3.º y 93 RRM; 26.3.ª LH; 75 RH; 198 Código del Derecho Foral de Aragón; 231-22.2 Código Civil de Cataluña.

ART. 1334.

Todo lo que se estipule en capitulaciones bajo el supuesto de futuro matrimonio quedará sin efecto en el caso de no contraerse en el plazo de un año.

Ver arts. 42 y 1342 CC; 77.2 RH; 197.2 Código del Derecho Foral de Aragón; 231-19.2 Código Civil de Cataluña; Ley 78 Compilación de Navarra.

ART. 1335.

La invalidez de las capitulaciones matrimoniales se regirá por las reglas generales de los contratos. Las consecuencias de la anulación no perjudicarán a terceros de buena fe.

Ver arts. 1300 y ss. CC.

CAPÍTULO III
De las donaciones por razón de matrimonio

ART. 1336.

Son donaciones por razón de matrimonio las que cualquier persona hace, antes de celebrarse, en consideración al mismo y en favor de uno o de los dos esposos.

Ver art. 231-27 Código Civil de Cataluña; 175 Ley 2/2006, de 14 de junio, de derecho civil de Galicia.

ART. 1337.

Estas donaciones se rigen por las reglas ordinarias en cuanto no se modifiquen por los artículos siguientes.

Ver arts. 618 y ss. CC; 231-27 y 531-9.4 Código Civil de Cataluña.

ART. 1338.

El menor no emancipado que con arreglo a la Ley pueda casarse, también puede en capitulaciones matrimoniales o fuera de ellas hacer donaciones por razón de su matrimonio, con la autorización de sus padres o del tutor. Para aceptarlas, se estará a lo dispuesto en el título II del libro III de este Código.

Ver arts. 46.1, 48.2, 154, 199, 625 a 633 y 1329 CC; Leyes 66 y 78.3 Compilación de Navarra.

ART. 1339.

Los bienes donados conjuntamente a los esposos pertenecerán a ambos en pro indiviso ordinario y por partes iguales, salvo que el donante haya dispuesto otra cosa.

Ver arts. 637, 1040 y 1353 CC; 211.c) Código del Derecho Foral de Aragón; 178.2 Ley 2/2006, de 14 de junio, de derecho civil de Galicia.

ART. 1340.

El que diere o prometiere por razón de matrimonio sólo estará obligado a saneamiento por evicción o vicios ocultos si hubiere actuado con mala fe.

Ver arts. 1475 a 1483 CC.

ART. 1341.

Por razón de matrimonio los futuros esposos podrán donarse bienes presentes.

Igualmente podrán donarse antes del matrimonio en capitulaciones bienes futuros, sólo para el caso de muerte, y en la medida marcada por las disposiciones referentes a la sucesión testada.

Ver arts. 620, 635, 636, 654 y 1271 CC.

ART. 1342.

Quedarán sin efecto las donaciones por razón de matrimonio si no llegara a contraerse en el plazo de un año.

Ver art. 1334 y 1336 CC; 231-29 Código Civil de Cataluña; 8 Compilación de Baleares; 179 Ley 2/2006, de 14 de junio, de derecho civil de Galicia; Ley 117 Compilación de Navarra.

ART. 1343.

Estas donaciones serán revocables por las causas comunes, excepto la supervivencia o superveniencia de hijos.

En las otorgadas por terceros, se reputará incumplimiento de cargas, además de cualesquiera otras específicas a que pudiera haberse subordinado la donación, la anulación del matrimonio por cualquier causa, la separación y el divorcio si al cónyuge donatario le fueren imputables, según la sentencia, los hechos que los causaron.

En las otorgadas por los contrayentes, se reputará incumplimiento de cargas, además de las específicas, la anulación del matrimonio si el donatario hubiere obrado de mala fe. Se estimará ingratitud además de los supuestos legales, el que el donatario incurra en causa de desheredación del artículo 855 o le sea imputable, según la sentencia, la causa de separación o divorcio.

Ver arts. 644 y ss. CC; 4.3 Compilación de Baleares; 231-14, 231-25 y 231-29 Código Civil de Cataluña; 180 Ley 2/2006, de 14 de junio, de derecho civil de Galicia; 118 Compilación de Navarra.

CAPÍTULO IV
De la sociedad de gananciales

Sección 1.ª Disposiciones generales

ART. 1344.

Mediante la sociedad de gananciales se hacen comunes para los cónyuges las ganancias o beneficios obtenidos indistintamente por cualquiera de ellos, que les serán atribuidos por mitad al disolverse aquella.

Ver arts. 1316, 1404 a 1410 y 1435.2.ª CC; 232-30 Código Civil de Cataluña; Leyes 82 a 100 Compilación de Navarra; 129 a 146 Ley 5/2015, de 25 de junio, de Derecho Civil Vasco.

ART. 1345.

La sociedad de gananciales empezará en el momento de la celebración del matrimonio o, posteriormente, al tiempo de pactarse en capitulaciones.

Ver arts. 1315, 1316, 1325 y 1326 CC.

Sección 2.ª De los bienes privativos y comunes

ART. 1346.

Son privativos de cada uno de los cónyuges:

1.º Los bienes, animales y derechos que le pertenecieran al comenzar la sociedad.

2.º Los que adquiera después por título gratuito.

3.º Los adquiridos a costa o en sustitución de bienes privativos.

4.º Los adquiridos por derecho de retracto perteneciente a uno solo de los cónyuges.

5.º Los bienes y derechos patrimoniales inherentes a la persona y los no transmisibles ínter vivos.

6.º El resarcimiento por daños inferidos a la persona de uno de los cónyuges o a sus bienes privativos.

7.º Las ropas y objetos de uso personal que no sean de extraordinario valor.

8.º Los instrumentos necesarios para el ejercicio de la profesión u oficio, salvo cuando éstos sean parte integrante o pertenencias de un establecimiento o explotación de carácter común.

Los bienes mencionados en los apartados 4.º y 8.º no perderán su carácter de privativos por el hecho de que su adquisición se haya realizado con fondos comunes; pero, en este caso, la sociedad será acreedora del cónyuge propietario por el valor satisfecho.

Numeral 1.º modificado por Ley 17/2021, de 15 de diciembre, de modificación del Código Civil, la Ley Hipotecaria y la Ley de Enjuiciamiento Civil, sobre el régimen jurídico de los animales (BOE de 16-12-2021). Modificación vigente desde el 5 de enero de 2022.

Ver arts. 1318, 1324, 1347.4.º, 1373 y 1381 CC; 95 RH; 211 y 212 Código del Derecho Foral de Aragón; 232-32 Código Civil de Cataluña; ley 83 Compilación de Navarra.

ART. 1347.

Son bienes gananciales:

1.º Los obtenidos por el trabajo o la industria de cualquiera de los cónyuges.

2.º Los frutos, rentas o intereses que produzcan tanto los bienes privativos como los gananciales.

3.º Los adquiridos a título oneroso a costa del caudal común, bien se haga la adquisición para la comunidad, bien para uno solo de los esposos.

4.º Los adquiridos por derecho de retracto de carácter ganancial, aun cuando lo fueran con fondos privativos, en cuyo caso la sociedad será deudora del cónyuge por el valor satisfecho.

5.º Las Empresas y establecimientos fundados durante la vigencia de la sociedad por uno cualquiera de los cónyuges a expensas de los bienes comunes. Si a la formación de la Empresa o establecimiento concurren capital privativo y capital común, se aplicará lo dispuesto en el artículo 1354.

Ver arts. 1324 y 1361 CC; 93.1 RH; 210 Código del Derecho Foral de Aragón; 232-31 Código Civil de Cataluña; ley 82 Compilación de Navarra; 133 Ley 5/2015, de 25 de junio, de Derecho Civil Vasco.

ART. 1348.

Siempre que pertenezca privativamente a uno de los cónyuges una cantidad o crédito pagadero en cierto número de años, no serán gananciales las sumas que se cobren en los plazos vencidos durante el matrimonio, sino que se estimarán capital de uno u otro cónyuge, según a quien pertenezca el crédito.

ART. 1349.

El derecho de usufructo o de pensión, perteneciente a uno de los cónyuges, formará parte de sus bienes propios; pero los frutos, pensiones o intereses devengados durante el matrimonio serán gananciales.

Ver art. 1381 CC; ley 82.5 Compilación de Navarra.

ART. 1350.

Se reputarán gananciales las cabezas de ganado que al disolverse la sociedad excedan del número aportado por cada uno de los cónyuges con carácter privativo.

Ver art. 1381 CC.

ART. 1351.

Las ganancias obtenidas por cualquiera de los cónyuges en el juego o las procedentes de otras causas que eximan de la restitución pertenecerán a la sociedad de gananciales.

Ver art. 1371 CC; ley 82.4 Compilación de Navarra.

ART. 1352.

Las nuevas acciones u otros títulos o participaciones sociales suscritos como consecuencia de la titularidad de otros privativos serán también privativos. Asimismo lo serán las cantidades obtenidas por la enajenación del derecho a suscribir.

Si para el pago de la suscripción se utilizaren fondos comunes o se emitieran las acciones con cargo a los beneficios, se reembolsará el valor satisfecho.

Ver art. 1384 CC; RDLeg. 1/2010 de 2 de julio, Ley de Sociedades de capital.

ART. 1353.

Los bienes donados o dejados en testamento a los cónyuges conjuntamente y sin especial designación de partes, constante la sociedad, se entenderán gananciales, siempre que la liberalidad fuere aceptada por ambos y el donante o testador no hubiere dispuesto lo contrario.

Ver arts. 1339 CC; 93.1.º RH; 211.c) Código del Derecho Foral de Aragón; 178.1 Ley 2/2006, de 14 de junio, de derecho civil de Galicia.

ART. 1354.

Los bienes adquiridos mediante precio o contraprestación, en parte ganancial y en parte privativo, corresponderán pro indiviso a la sociedad de gananciales y al cónyuge o cónyuges en proporción al valor de las aportaciones respectivas.

Ver arts. 1323 y 1458 CC; 91 RH.

ART. 1355.

Podrán los cónyuges, de común acuerdo, atribuir la condición de gananciales a los bienes que adquieran a título oneroso durante el matrimonio, cualquiera que sea la procedencia del precio o contraprestación y la forma y plazos en que se satisfaga.

Si la adquisición se hiciere en forma conjunta y sin atribución de cuotas, se presumirá su voluntad favorable al carácter ganancial de tales bienes.

Ver art. 210.2.b) Código del Derecho Foral de Aragón; ley 82.3 Compilación de Navarra.

ART. 1356.

Los bienes adquiridos por uno de los cónyuges, constante la sociedad por precio aplazado, tendrán naturaleza ganancial si el primer desembolso tuviera tal carácter, aunque los plazos restantes se satisfagan con dinero privativo. Si el primer desembolso tuviere carácter privativo, el bien será de esta naturaleza.

Ver art. 210.2.c) Código del Derecho Foral de Aragón.

ART. 1357.

Los bienes comprados a plazos por uno de los cónyuges antes de comenzar la sociedad tendrán siempre carácter privativo, aun cuando la totalidad o parte del precio aplazado se satisfaga con dinero ganancial.

Se exceptúan la vivienda y ajuar familiares, respecto de los cuales se aplicará el artículo 1354.

Ver arts. 1320 CC; 91.2.º y 3.º RH; ley 83.2 Compilación de Navarra.

ART. 1358.

Cuando conforme a este Código los bienes sean privativos o gananciales, con independencia de la procedencia del caudal con que la adquisición se realice, habrá de reembolsarse el valor satisfecho a costa, respectivamente, del caudal común o del propio, mediante el reintegro de su importe actualizado al tiempo de la liquidación.

Ver art. 215.2 y 226 Código del Derecho Foral de Aragón; leyes 82 y 83 Compilación de Navarra.

ART. 1359.

Las edificaciones, plantaciones y cualesquiera otras mejoras que se realicen en los bienes gananciales y en los privativos tendrán el carácter correspondiente a los bienes a que afecten, sin perjuicio del reembolso del valor satisfecho.

No obstante, si la mejora hecha en bienes privativos fuese debida a la inversión de fondos comunes o a la actividad de cualquiera de los cónyuges, la sociedad será acreedora del aumento del valor que los bienes tengan como consecuencia de la mejora, al tiempo de la disolución de la sociedad o de la enajenación del bien mejorado.

Ver art. 211.h) Código del Derecho Foral de Aragón; leyes 82.8, 83.7 y 83.8 Compilación de Navarra.

ART. 1360.

Las mismas reglas del artículo anterior se aplicarán a los incrementos patrimoniales incorporados a una explotación, establecimiento mercantil u otro género de empresa.

Ver art. 211.h) Código del Derecho Foral de Aragón; leyes 82.8 y 83.7 Compilación de Navarra.

ART. 1361.

Se presumen gananciales los bienes existentes en el matrimonio mientras no se pruebe que pertenecen privativamente a uno de los dos cónyuges.

Ver arts. 93 a 96 RH; 217 Código del Derecho Foral de Aragón; ley 82 Compilación de Navarra; 133 Ley 5/2015, de 25 de junio, de Derecho Civil Vasco.

Sección 3.ª De las cargas y obligaciones de la sociedad de gananciales

ART. 1362.

Serán de cargo de la sociedad de gananciales los gastos que se originen por alguna de las siguientes causas:

1.ª El sostenimiento de la familia, la alimentación y educación de los hijos comunes y las atenciones de previsión acomodadas a los usos y a las circunstancias de la familia.

La alimentación y educación de los hijos de uno solo de los cónyuges correrá a cargo de la sociedad de gananciales cuando convivan en el hogar familiar. En caso contrario, los gastos derivados de estos conceptos serán sufragados por la sociedad de gananciales, pero darán lugar a reintegro en el momento de la liquidación.

2.ª La adquisición, tenencia y disfrute de los bienes comunes.

3.ª La administración ordinaria de los bienes privativos de cualquiera de los cónyuges.

4.ª La explotación regular de los negocios o el desempeño de la profesión, arte u oficio de cada cónyuge.

Ver arts. 110 CC; 6 y 7 C de c.; 187, 218, 307.3 Código del Derecho Foral de Aragón; 231-5 y 231-6 Código Civil de Cataluña; ley 84 Compilación de Navarra; 134 Ley 5/2015, de 25 de junio, de Derecho Civil Vasco.

ART. 1363.

Serán también de cargo de la sociedad las cantidades donadas o prometidas por ambos cónyuges de común acuerdo, cuando no hubiesen pactado que hayan de satisfacerse con los bienes privativos de uno de ellos en todo o en parte.

ART. 1364.

El cónyuge que hubiere aportado bienes privativos para los gastos o pagos que sean de cargo de la sociedad tendrá derecho a ser reintegrado del valor a costa del patrimonio común.

Ver art. 1319 CC; 226 Código del Derecho Foral de Aragón; ley 89 Compilación de Navarra.

ART. 1365.

Los bienes gananciales responderán directamente frente al acreedor de las deudas contraídas por un cónyuge:

1.º En el ejercicio de la potestad doméstica o de la gestión o disposición de gananciales, que por ley o por capítulos le corresponda.

2.° En el ejercicio de la profesión, arte u oficio o en la administración ordinaria de los propios bienes.

Ordinal 2.° modificado por Ley 16/2022, de 5 de septiembre, de reforma del texto refundido de la Ley Concursal, aprobado por el Real Decreto Legislativo 1/2020, de 5 de mayo, para la transposición de la Directiva (UE) 2019/1023 del Parlamento Europeo y del Consejo, de 20 de junio de 2019, sobre marcos de reestructuración preventiva, exoneración de deudas e inhabilitaciones, y sobre medidas para aumentar la eficiencia de los procedimientos de reestructuración, insolvencia y exoneración de deudas, y por la que se modifica la Directiva (UE) 2017/1132 del Parlamento Europeo y del Consejo, sobre determinados aspectos del Derecho de sociedades (Directiva sobre reestructuración e insolvencia). (BOE de 06/09/2022). En vigor desde el 26 de septiembre de 2022.

Ver arts. 83 y 102.2.° C; 6 y 7 C de c; 219 Código del Derecho Foral de Aragón; 232-33 Código Civil de Cataluña; leyes 54, 84.4 y 84.6 Compilación de Navarra.

ART. 1366.

Las obligaciones extracontractuales de un cónyuge, consecuencia de su actuación en beneficio de la sociedad conyugal o en el ámbito de la administración de los bienes, serán de la responsabilidad y cargo de aquélla, salvo si fuesen debidas a dolo o culpa grave del cónyuge deudor.

Ver art. 218.1.f) y 219.1.b) Código del Derecho Foral de Aragón; 84 Compilación de Navarra.

ART. 1367.

Los bienes gananciales responderán en todo caso de las obligaciones contraídas por los dos cónyuges conjuntamente o por uno de ellos con el consentimiento expreso del otro.

Ver arts. 71 y 1259 CC; 219.3 Código del Derecho Foral de Aragón; leyes 54, 61, 84 y 85 Compilación de Navarra.

ART. 1368.

También responderán los bienes gananciales de las obligaciones contraídas por uno solo de los cónyuges en caso de separación de hecho para atender a los gastos de sostenimiento, previsión y educación de los hijos que estén a cargo de la sociedad de gananciales.

Ver art. 110 CC.

ART. 1369.

De las deudas de un cónyuge que sean, además, deudas de la sociedad responderán también solidariamente los bienes de ésta.

Ver art. 219.2 Código del Derecho Foral de Aragón; 232-35 Código Civil de Cataluña.

ART. 1370.

Por el precio aplazado del bien ganancial adquirido por un cónyuge sin el consentimiento del otro responderá siempre el bien adquirido, sin perjuicio de la responsabilidad de otros bienes según las reglas de este Código.

Ver art. 222 Código del Derecho Foral de Aragón.

ART. 1371.

Lo perdido y pagado durante el matrimonio por alguno de los cónyuges en cualquier clase de juego no disminuirá su parte respectiva de los gananciales siempre que el importe de aquella pérdida pudiere considerarse moderada con arreglo al uso y circunstancias de la familia.

Ver art. 1351 CC; 15 Ley 13/2011, de 27 de mayo, de regulación del juego.

ART. 1372.

De lo perdido y no pagado por alguno de los cónyuges en los juegos en que la ley concede acción para reclamar lo que se gane responden exclusivamente los bienes privativos del deudor.

Ver Ley 93 Compilación de Navarra; art. 15 Ley 13/2011, de 27 de mayo, de regulación del juego.

ART. 1373.

Cada cónyuge responde con su patrimonio personal de las deudas propias y, si sus bienes privativos no fueran suficientes para hacerlas efectivas, el acreedor podrá pedir el embargo de bienes gananciales, que será inmediatamente notificado al otro cónyuge y éste podrá exigir que en la traba se sustituyan los bienes comunes por la parte que ostenta el cónyuge deudor en la sociedad conyugal, en cuyo caso el embargo llevará consigo la disolución de aquélla.

Si se realizase la ejecución sobre bienes comunes, se reputará que el cónyuge deudor tiene recibido a cuenta de su participación el valor de aquéllos al tiempo en que los abone con otros caudales propios o al tiempo de liquidación de la sociedad conyugal.

Ver arts. 1397.3.º CC; 144 RH; 541 LEC; 220.1 y 223 a 225 Código del Derecho Foral de Aragón; 232-34 Código Civil de Cataluña; ley 85 Compilación de Navarra; 138 Ley 5/2015, de 25 de junio, de Derecho Civil Vasco.

ART. 1374.

Tras la disolución a que se refiere el artículo anterior se aplicará el régimen de separación de bienes, salvo que, en el plazo de tres meses, el cónyuge del deudor opte en documento público por el comienzo de una nueva sociedad de gananciales.

Ver art. 225.2 Código del Derecho Foral de Aragón; Ley 95 Compilación de Navarra.

Sección 4.ª De la administración de la sociedad de gananciales

ART. 1375.

En defecto de pacto en capitulaciones, la gestión y disposiciones de los bienes gananciales corresponde conjuntamente a los cónyuges, sin perjuicio de lo que se determina en los artículos siguientes.

Ver arts. 93, 94 y 96 RH; arts. 227.1 y 229 a 242 Código del Derecho Foral de Aragón; arts. 232-33 y 232-34 Código Civil de Cataluña; Ley 94 Compilación de Navarra; arts. 135 a 137 Ley 5/2015, de 25 de junio, de Derecho Civil Vasco.

ART. 1376.

Cuando en la realización de actos de administración fuere necesario el consentimiento de ambos cónyuges y uno se hallare impedido para prestarlo, o se negare injustificadamente a ello, podrá el Juez suplirlo si encontrare fundada la petición.

Ver arts. 71, 1259 y 1301, último párrafo CC; 90 LJV; 234 Código del Derecho Foral de Aragón; 232-33 Código Civil de Cataluña.

ART. 1377.

Para realizar actos de disposición a título oneroso sobre bienes gananciales se requerirá el consentimiento de ambos cónyuges.

Si uno lo negare o estuviere impedido para prestarlo, podrá el Juez autorizar uno o varios actos dispositivos cuando lo considere de interés para la familia. Excepcionalmente acordará las limitaciones o cautelas que estime convenientes.

Modificado por Ley 15/2015, de 2 de julio, de la Jurisdicción Voluntaria. (BOE de 03-07-2015).

Ver arts. 71, 1259 y 1301 CC; art. 93 RH; art. 90 LJV; arts. 233 y 234 Código del Derecho Foral de Aragón; art. 232-33 Código Civil de Cataluña; Ley 94 Compilación de Navarra.

ART. 1378.

Serán nulos los actos a título gratuito si no concurre el consentimiento de ambos cónyuges. Sin embargo, podrá cada uno de ellos realizar con los bienes gananciales liberalidades de uso.

Ver arts. 71, 1259 y 1322 CC; art. 93.3° RH; art. 237 Código del Derecho Foral de Aragón; Ley 94 Compilación de Navarra.

ART. 1379.

Cada uno de los cónyuges podrá disponer por testamento de la mitad de los bienes gananciales.

Ver art. 238 Código del Derecho Foral de Aragón; Ley 251 Compilación de Navarra.

ART. 1380.

La disposición testamentaria de un bien ganancial producirá todos sus efectos si fuere adjudicado a la herencia del testador. En caso contrario se entenderá legado el valor que tuviera al tiempo del fallecimiento.

Ver art. 238 Código del Derecho Foral de Aragón; arts. 205 a 208 Ley 2/2006, de 14 de junio, de derecho civil de Galicia; Ley 251 Compilación de Navarra.

ART. 1381.

Los frutos y ganancias de los patrimonios privativos y las ganancias de cualquiera de los cónyuges forman parte del haber de la sociedad y están sujetos a las cargas y responsabilidades de la sociedad de gananciales. Sin embargo, cada cónyuge, como administrador de su patrimonio privativo, podrá a este solo efecto disponer de los frutos y productos de sus bienes.

Ver Ley 88 Compilación de Navarra; art. 137.2 Ley 5/2015, de 25 de junio, de Derecho Civil Vasco.

ART. 1382.

Cada cónyuge podrá, sin el consentimiento del otro, pero siempre con su conocimiento, tomar como anticipo el numerario ganancial que le sea necesario, de acuerdo con los usos y circunstancias de la familia, para el ejercicio de su profesión o la administración ordinaria de sus bienes.

Ver arts. 1362 y 1365 CC

ART. 1383.

Deben los cónyuges informarse recíproca y periódicamente sobre la situación y rendimientos de cualquier actividad económica suya.

Ver art. 188 y 227.3 Código del Derecho Foral de Aragón; 231-7 Código Civil de Cataluña.

ART. 1384.

Serán válidos los actos de administración de bienes y los de disposición de dinero o títulos valores realizados por el cónyuge a cuyo nombre figuren o en cuyo poder se encuentren.

Ver art. 232 Código del Derecho Foral de Aragón; Ley 94 Compilación de Navarra; art. 135 Ley 5/2015, de 25 de junio, de Derecho Civil Vasco.

ART. 1385.

Los derechos de crédito, cualquiera que sea su naturaleza, serán ejercitados por aquel de los cónyuges a cuyo nombre aparezcan constituidos.

Cualquiera de los cónyuges podrá ejercitar la defensa de los bienes y derechos comunes por vía de acción o de excepción.

Ver arts. 230.c) y 232 Código del Derecho Foral de Aragón; Ley 94 Compilación de Navarra; art. 136 Ley 5/2015, de 25 de junio, de Derecho Civil Vasco.

ART. 1386.

Para realizar gastos urgentes de carácter necesario, aun cuando sean extraordinarios, bastará el consentimiento de uno sólo de los cónyuges.

Ver Ley 94 Compilación de Navarra.

ART. 1387.

La administración y disposición de los bienes de la sociedad de gananciales se transferirá por ministerio de la ley al cónyuge nombrado curador de su consorte con discapacidad, cuando le hayan sido atribuidas facultades de representación plena.

Modificado por Ley 8/2021, de 2 de junio, por la que se reforma la legislación civil y procesal para el apoyo a las personas con discapacidad en el ejercicio de su capacidad jurídica (BOE de 03-06-2021). En vigor desde el 3 de septiembre de 2021.

Ver arts. 71, 184.1 y 213 CC; 242 Código del Derecho Foral de Aragón; ley 86.4 Compilación de Navarra.

ART. 1388.

Los Tribunales podrán conferir la administración a uno solo de los cónyuges cuando el otro se encontrare en imposibilidad de prestar consentimiento o hubiere abandonado la familia o existiere separación de hecho.

Ver art. 240 Código del Derecho Foral de Aragón; art. 232-33 Código Civil de Cataluña; Ley 94 Compilación de Navarra

ART. 1389.

El cónyuge en quien recaiga la administración en virtud de lo dispuesto en los dos artículos anteriores tendrá para ello plenas facultades, salvo que el Juez, cuando lo considere de interés para la familia, establezca cautelas o limitaciones.

En todo caso, para realizar actos de disposición sobre inmuebles, establecimientos mercantiles, objetos preciosos o valores mobiliarios, salvo el derecho de suscripción preferente, necesitará autorización judicial.

Modificado por Ley 15/2015, de 2 de julio, de la Jurisdicción Voluntaria. (BOE de 03-07-2015).

Ver art. 90 LJV.

ART. 1390.

Si como consecuencia de un acto de administración o de disposición llevado a cabo por uno solo de los cónyuges hubiere éste obtenido un beneficio o lucro exclusivo para él u ocasionado dolosamente un daño a la sociedad, será deudor a la misma por su importe, aunque el otro cónyuge no impugne cuando proceda la eficacia del acto.

Ver art. 1397.2 CC; 226.4 Código del Derecho Foral de Aragón.

ART. 1391.

Cuando el cónyuge hubiere realizado un acto en fraude de los derechos de su consorte será, en todo caso, de aplicación lo dispuesto en el artículo anterior y, además, si el adquirente hubiere procedido de mala fe, el acto será rescindible.

Ver arts. 1392.2 y 1397.2 CC; 236 Código del Derecho Foral de Aragón.

Sección 5.ª De la disolución y liquidación de la sociedad de gananciales

ART. 1392.

La sociedad de gananciales concluirá de pleno derecho:
1.º Cuando se disuelva el matrimonio.
2.º Cuando sea declarado nulo.
3.º Cuando se acuerde la separación legal de los cónyuges.
4.º Cuando los cónyuges convengan un régimen económico distinto en la forma prevenida en este Código.

Modificado por Ley 15/2015, de 2 de julio, de la Jurisdicción Voluntaria. (BOE de 03-07-2015).

Ver arts. 73 a 89 y 1317 CC; art. 244 Código del Derecho Foral de Aragón; art. 232-36 Código Civil de Cataluña; Ley 95 Compilación de Navarra; art. 130 Ley 5/2015, de 25 de junio, de Derecho Civil Vasco.

ART. 1393.

También concluirá por decisión judicial la sociedad de gananciales, a petición de uno de los cónyuges, en alguno de los casos siguientes:
1.º Si respecto del otro cónyuge se hubieren dispuesto judicialmente medidas de apoyo que impliquen facultades de representación plena en la esfera patrimonial, si hubiere sido declarado ausente o en concurso, o condenado por abandono de familia. Para que la autoridad judicial acuerde la disolución bastará que el cónyuge que la pidiere presente la correspondiente resolución judicial.
2.º Venir el otro cónyuge realizando por sí solo actos dispositivos o de gestión patrimonial que entrañen fraude, daño o peligro para los derechos del otro en la sociedad.
3.º Llevar separado de hecho más de un año por acuerdo mutuo o por abandono del hogar.
4.º Incumplir grave y reiteradamente el deber de informar sobre la marcha y rendimientos de sus actividades económicas.

En cuanto a la disolución de la sociedad por el embargo de la parte de uno de los cónyuges por deudas propias, se estará a lo especialmente dispuesto en este Código.

Ordinal 1.° modificado por Ley 8/2021, de 2 de junio, por la que se reforma la legislación civil y procesal para el apoyo a las personas con discapacidad en el ejercicio de su capacidad jurídica (BOE de 03-06-2021). En vigor desde el 3 de septiembre de 2021.

Ver arts. 1373, 1374, 1383, 1390 y 1391 CC; 228 y 245 Código del Derecho Foral de Aragón; 232-36 Código Civil de Cataluña; 87 y 104 Compilación de Navarra; 131 Ley 5/2015, de 25 de junio, de Derecho Civil Vasco.

ART. 1394.

Los efectos de la disolución prevista en el artículo anterior se producirán desde la fecha en que se acuerde. De seguirse pleito sobre la concurrencia de la causa de disolución, iniciada la tramitación del mismo, se practicará el inventario, y el Juez adoptará las medidas necesarias para la administración del caudal, requiriéndose, licencia judicial para todos los actos que excedan de la administración ordinaria.

Ver arts. 246 y 247.1 Código del Derecho Foral de Aragón; Ley 95 Compilación de Navarra.

ART. 1395.

Cuando la sociedad de gananciales se disuelva por nulidad del matrimonio y uno de los cónyuges hubiera sido declarado de mala fe, podrá el otro optar por la liquidación del régimen matrimonial según las normas de esta Sección o por las disposiciones relativas al régimen de participación, y el contrayente de mala fe no tendrá derecho a participar en las ganancias obtenidas por su consorte.

Ver art. 249 Código del Derecho Foral de Aragón.

ART. 1396.

Disuelta la sociedad se procederá a su liquidación, que comenzará por un inventario del activo y pasivo de la sociedad.

Ver arts. 90, 91 y 95 CC; arts. 806 y ss. LEC 1/2000; arts. 258 y ss Código del Derecho Foral de Aragón; Ley 97 Compilación de Navarra.

ART. 1397.

Habrán de comprenderse en el activo:
1.° Los bienes gananciales existentes en el momento de la disolución.
2.° El importe actualizado del valor que tenían los bienes al ser enajenados por negocio ilegal o fraudulento si no hubieran sido recuperados.
3.° El importe actualizado de las cantidades pagadas por la sociedad que fueran de cargo sólo de un cónyuge y en general las que constituyen créditos de la sociedad contra éste.

Ver art. 262 Código del Derecho Foral de Aragón; art. 232-37 Código Civil de Cataluña; Ley 97 Compilación de Navarra; art. 134.1 Ley 5/2015, de 25 de junio, de Derecho Civil Vasco.

ART. 1398.

El pasivo de la sociedad estará integrado por las siguientes partidas:
1.ª Las deudas pendientes a cargo de la sociedad.
2.ª El importe actualizado del valor de los bienes privativos cuando su restitución deba hacerse en metálico por haber sido gastados en interés de la sociedad.
Igual regla se aplicará a los deterioros producidos en dichos bienes por su uso en beneficio de la sociedad.
3.ª El importe actualizado de las cantidades que, habiendo sido pagadas por uno solo de los cónyuges, fueran de cargo de la sociedad y, en general, las que constituyan créditos de los cónyuges contra la sociedad.

Ver arts. 1358, 1364 y 1365 CC; art. 263 Código del Derecho Foral de Aragón; Ley 97 Compilación de Navarra.

ART. 1399.

Terminado el inventario se pagarán en primer lugar las deudas de la sociedad, comenzando por las alimenticias que, en cualquier caso, tendrán preferencia.

Respecto de las demás, si el caudal inventariado no alcanzase para ello, se observará lo dispuesto para la concurrencia y prelación de créditos.

Sobre concurrencia y prelación de créditos ver Libro IV, Título XVII CC; 264 Código del Derecho Foral de Aragón; ley 89 Compilación de Navarra.

ART. 1400.

Cuando no hubiera metálico suficiente para el pago de las deudas podrán ofrecerse con tal fin adjudicaciones de bienes gananciales, pero si cualquier partícipe o acreedor lo pide se procederá a enajenarlos y pagar con su importe.

ART. 1401.

Mientras no se hayan pagado por entero las deudas de la sociedad, los acreedores conservarán sus créditos contra el cónyuge deudor. El cónyuge no deudor responderá con los bienes que le hayan sido adjudicados, si se hubiere formulado debidamente, inventario judicial o extrajudicial.

Si como consecuencia de ello resultare haber pagado uno de los cónyuges mayor cantidad de la que le fuere imputable, podrá repetir contra el otro.

Ver arts. 1084 y 1364 CC; 144 RH; 268 Código del Derecho Foral de Aragón.

ART. 1402.

Los acreedores de la sociedad de gananciales tendrán en su liquidación los mismos derechos que le reconocen las Leyes en la partición y liquidación de las herencias.

Ver arts. 1082 a 1087 CC.

ART. 1403.

Pagadas las deudas y cargas de la sociedad se abonarán las indemnizaciones y reintegros debidos a cada cónyuge hasta donde alcance el caudal inventariado, haciendo las compensaciones que correspondan cuando el cónyuge sea deudor de la sociedad.

Ver art. 265 Código del Derecho Foral de Aragón; Ley 99 Compilación de Navarra.

ART. 1404.

Hechas las deducciones en el caudal inventariado que prefijan los artículos anteriores, el remanente constituirá el haber de la sociedad de gananciales, que se dividirá por mitad entre los cónyuges o sus respectivos herederos.

Ver art. 1344 CC; 267.1 Código del Derecho Foral de Aragón; 232-38 Código Civil de Cataluña; ley 90 Compilación de Navarra.

ART. 1405.

Si uno de los cónyuges resultare en el momento de la liquidación acreedor personal del otro, podrá exigir que se le satisfaga su crédito adjudicándole bienes comunes, salvo que el deudor pague voluntariamente.

ART. 1406.

Cada cónyuge tendrá derecho a que se incluyan con preferencia en su haber, hasta donde éste alcance:
1.° Los bienes de uso personal no incluidos en el número 7 del artículo 1346.
2.° La explotación económica que gestione efectivamente.
3.° El local donde hubiese venido ejerciendo su profesión.
4.° En caso de muerte del otro cónyuge, la vivienda donde tuviese la residencia habitual.

Ver art. 267.2 Código del Derecho Foral de Aragón; 232-38 Código Civil de Cataluña.

ART. 1407.

En los casos de los números 3 y 4 del artículo anterior podrá el cónyuge pedir, a su elección, que se le atribuyan los bienes en propiedad o que se constituya sobre ellos a su favor un derecho de uso o habitación. Si el valor de los bienes o el derecho superara al del haber del cónyuge adjudicatario, deberá éste abonar la diferencia en dinero.

Ver arts. 523 a 529 CC; Ley 99 Compilación de Navarra.

ART. 1408.

De la masa común de bienes se darán alimentos a los cónyuges o, en su caso, al sobreviviente y a los hijos mientras se haga la liquidación del caudal inventariado y hasta que se les entregue su haber; pero se les rebajarán de éste en la parte que excedan de los que les hubiese correspondido en razón de frutos y rentas.

Ver art. 253.2 Código del Derecho Foral de Aragón.

ART. 1409.

Siempre que haya de ejecutarse simultáneamente la liquidación de gananciales de dos o más matrimonios contraídos por una misma persona para determinar el capital de cada sociedad se admitirá toda clase de pruebas en defecto de inventarios. En caso de duda se atribuirán los gananciales a las diferentes sociedades proporcionalmente, atendiendo al tiempo de su duración y a los bienes e ingresos de los respectivos cónyuges.

Ver art. 269 Código del Derecho Foral de Aragón; Leyes 114 a 116 Compilación de Navarra.

ART. 1410.

En todo lo no previsto en este capítulo sobre formación de inventario, reglas sobre tasación y ventas de bienes, división del caudal, adjudicaciones a los partícipes y demás que no se halle expresamente determinado, se observará lo establecido para la partición y liquidación de la herencia.

Ver arts. 1010 a 1034, 1051 a 1087 CC; 270 Código del Derecho Foral de Aragón.

CAPÍTULO V
Del régimen de participación

ART. 1411.

En el régimen de participación cada uno de los cónyuges adquiere derecho a participar en las ganancias obtenidas por su consorte durante el tiempo en que dicho régimen haya estado vigente.

Ver arts. 95 y 1395 CC; 232-13 Código Civil de Cataluña.

ART. 1412.

A cada cónyuge le corresponde la administración, el disfrute y la libre disposición tanto de los bienes que le pertenecían en el momento de contraer matrimonio como de los que pueda adquirir después por cualquier título.

Ver art. 232-13 Código Civil de Cataluña.

ART. 1413.

En todo lo no previsto en este capítulo se aplicarán, durante la vigencia del régimen de participación, las normas relativas al de separación de bienes.

Ver arts. 1435 a 1444 CC; 232-13 Código Civil de Cataluña.

ART. 1414.

Si los casados en régimen de participación adquirieran conjuntamente algún bien o derecho, les pertenece en pro indiviso ordinario.

Ver arts. 1339 y 1353 CC.

ART. 1415.

El régimen de participación se extingue en los casos prevenidos para la sociedad de gananciales, aplicándose lo dispuesto en los artículos 1394 y 1395.

Ver arts. 1392 a 1395 CC; 232-16 Código Civil de Cataluña.

ART. 1416.

Podrá pedir un cónyuge la terminación del régimen de participación cuando la irregular administración del otro comprometa gravemente sus intereses.

Ver 232-16 Código Civil de Cataluña.

ART. 1417.

Producida la extinción se determinaran las ganancias por las diferencias entre los patrimonios inicial y final de cada cónyuge.

Ver 232-18 Código Civil de Cataluña.

ART. 1418.

Se estimará constituido el patrimonio inicial de cada cónyuge:
1.° Por los bienes y derechos que le pertenecieran al empezar el régimen.
2.° Por los adquiridos después a título de herencia, donación o legado.

Ver 232-20 Código Civil de Cataluña.

ART. 1419.

Se deducirán las obligaciones del cónyuge al empezar el régimen y, en su caso, las sucesorias o las cargas inherentes a la donación o legado, en cuanto no excedan de los bienes heredados o donados.

Ver 232-20 Código Civil de Cataluña.

ART. 1420.

Si el pasivo fuese superior al activo no habrá patrimonio inicial.

Ver 232-20 Código Civil de Cataluña.

ART. 1421.

Los bienes constitutivos del patrimonio inicial se estimarán según el estado y valor que tuvieran al empezar el régimen o, en su caso, al tiempo en que fueron adquiridos.

El importe de la estimación deberá actualizarse el día en que el régimen haya cesado.

Ver 232-20 Código Civil de Cataluña.

ART. 1422.

El patrimonio final de cada cónyuge estará formado por los bienes y derechos de que sea titular en el momento de la terminación del régimen, con deducción de las obligaciones todavía no satisfechas.

Ver 232-19 Código Civil de Cataluña.

ART. 1423.

Se incluirá en el patrimonio final el valor de los bienes de que uno de los cónyuges hubiese dispuesto a título gratuito sin el consentimiento de su consorte, salvo si se tratase de liberalidades de uso.

Ver 232-19 Código Civil de Cataluña.

ART. 1424.

La misma regla se aplicará respecto de los actos realizados por uno de los cónyuges en fraude de los derechos del otro.

Ver arts. 1291, 1390, 1391 y 1433 CC; 232-19 Código Civil de Cataluña.

ART. 1425.

Los bienes constitutivos del patrimonio final se estimarán según el estado y valor que tuvieren en el momento de la terminación del régimen y los enajenados gratuita o fraudulentamente, conforme al estado que tenían el día de la enajenación y por el valor que hubieran tenido si se hubiesen conservado hasta el día de la terminación.

Ver 232-19 Código Civil de Cataluña.

ART. 1426.

Los créditos que uno de los cónyuges tenga frente al otro, por cualquier título, incluso por haber atendido o cumplido obligaciones de aquél, se computarán también en el patrimonio final del cónyuge acreedor y se deducirán del patrimonio del cónyuge deudor.

ART. 1427.

Cuando la diferencia entre los patrimonios final e inicial de uno y otro cónyuge arroje resultado positivo, el cónyuge cuyo patrimonio haya experimentado menor incremento percibirá la mitad de la diferencia entre su propio incremento y el del otro cónyuge.

Ver 232-21 Código Civil de Cataluña.

ART. 1428.

Cuando únicamente uno de los patrimonios arroje resultado positivo, el derecho de la participación consistirá, para el cónyuge no titular de dicho patrimonio, en la mitad de aquel incremento.

Ver 232-21 Código Civil de Cataluña.

ART. 1429.

Al constituirse el régimen podrá pactarse una participación distinta de la que establecen los dos artículos anteriores, pero deberá regir por igual y en la misma proporción respecto de ambos patrimonios y en favor de ambos cónyuges.

Ver 232-15 Código Civil de Cataluña.

ART. 1430.

No podrá convenirse una participación que no sea por mitad si existen descendientes no comunes.

ART. 1431.

El crédito de participación deberá ser satisfecho en dinero. Si mediaren dificultades graves para el pago inmediato, el Juez podrá conceder aplazamiento, siempre que no exceda de tres años y que la deuda y sus intereses legales queden suficientemente garantizados.

Ver 232-22 Código Civil de Cataluña.

ART. 1432.

El crédito de participación podrá pagarse mediante la adjudicación de bienes concretos, por acuerdo de los interesados o si lo concediese el juez a petición fundada del deudor.

Ver 232-22 Código Civil de Cataluña.

ART. 1433.

Si no hubiese bienes en el patrimonio deudor para hacer efectivo el derecho de participación en ganancias, el cónyuge acreedor podrá impugnar las enajenaciones que hubieren sido hechas a título gratuito sin su consentimiento y aquellas que hubieren sido realizadas en fraude de sus derechos.

Ver arts. 1291, 1390 y 1391 CC; 232-24 Código Civil de Cataluña.

ART. 1434.

Las acciones de impugnación a que se refiere el artículo anterior caducarán a los dos años de extinguido el régimen de participación y no se darán contra los adquirentes a título oneroso y de buena fe.

Ver 232-24 Código Civil de Cataluña.

CAPÍTULO VI
Del régimen de separación de bienes

ART. 1435.

Existirá entre los cónyuges separación de bienes:
1.° Cuando así lo hubiesen convenido.
2.° Cuando los cónyuges hubieren pactado en capitulaciones matrimoniales que no regirá entre ellos la sociedad de gananciales, sin expresar las reglas por que hayan de regirse sus bienes.

3.º Cuando se extinga, constante matrimonio, la sociedad de gananciales o el régimen de participación, salvo que por voluntad de los interesados fuesen sustituidos por otro régimen distinto.

Ver arts. 1325 a 1335, 1374, 1392.4.º, 1393 y 1416 CC; 203 y 248.1 Código del Derecho Foral de Aragón; 3 y 66 Compilación de Baleares; 231-10 Código Civil de Cataluña; Ley 101 y 102 Compilación de Navarra.

ART. 1436.

La demanda de separación de bienes y la sentencia firme en que se declare se deberán anotar e inscribir, respectivamente, en el Registro de la Propiedad que corresponda, si recayere sobre bienes inmuebles. La sentencia firme se anotará también en el Registro Civil.

Ver arts. 102 CC; 2.4 LH; 10 RH.

ART. 1437.

En el régimen de separación pertenecerán a cada cónyuge los bienes que tuviese en el momento inicial del mismo y los que después adquiera por cualquier título. Asimismo corresponderá a cada uno la administración, goce y libre disposición de tales bienes.

Ver art. 205 Código del Derecho Foral de Aragón; arts. 3 y 67 Compilación de Baleares; art. 5.4 Ley 18/2001, de 19 de diciembre, de Parejas Estables de Baleares; arts. 232-1, 232-2, 232-3, 232-4 Código Civil de Cataluña; Ley 101 Compilación de Navarra.

ART. 1438.

Los cónyuges contribuirán al sostenimiento de las cargas del matrimonio. A falta de convenio lo harán proporcionalmente a sus respectivos recursos económicos. El trabajo para la casa será computado como contribución a las cargas y dará derecho a obtener una compensación que el Juez señalará, a falta de acuerdo, a la extinción del régimen de separación.

Ver arts. 1318 y 1319 CC; art. 90 LJV; art. 187 Código del Derecho Foral de Aragón; arts. 231-6, 232-5 Código Civil de Cataluña; arts. 4 y 67 Compilación de Baleares.

ART. 1439.

Si uno de los cónyuges hubiese administrado o gestionado bienes o intereses del otro, tendrá las mismas obligaciones y responsabilidades que un mandatario, pero no tendrá obligación de rendir cuentas de los frutos percibidos y consumidos, salvo cuando se demuestre que los invirtió en atenciones distintas del levantamiento de las cargas del matrimonio.

Ver arts. 1709, 1718 a 1729 y 1739 CC; 208 Código del Derecho Foral de Aragón; 5.3 Ley 18/2001, de 19 de diciembre, de Parejas Estables.

ART. 1440.

Las obligaciones contraídas por cada cónyuge serán de su exclusiva responsabilidad.

En cuanto a las obligaciones contraídas en el ejercicio de la potestad doméstica ordinaria responderán ambos cónyuges en la forma determinada por los artículos 1319 y 1438 de este Código.

Ver arts. 209 y 307.4 Código del Derecho Foral de Aragón; art. 4.4 Compilación de Baleares; Ley 101 Compilación de Navarra.

ART. 1441.

Cuando no sea posible acreditar a cuál de los cónyuges pertenece algún bien o derecho, corresponderá a ambos por mitad.

Ver arts. 1355 y 1361 CC; art. 206.2 Código del Derecho Foral de Aragón; art. 232-4 Código Civil de Cataluña; Ley 101 Compilación de Navarra.

ART. 1442.

Declarado un cónyuge en concurso, serán de aplicación las disposiciones de la legislación concursal.

Modificado por Ley 15/2015, de 2 de julio, de la Jurisdicción Voluntaria. (BOE de 03-07-2015).

ART. 1443.

La separación de bienes decretada no se alterará por la reconciliación de los cónyuges en caso de separación personal o por la desaparición de cualquiera de las demás causas que la hubiesen motivado.

ART. 1444.

No obstante lo dispuesto en el artículo anterior, los cónyuges pueden acordar en capitulaciones que vuelvan a regir las mismas reglas que antes de la separación de bienes.

Harán constar en las capitulaciones los bienes que cada uno aporte de nuevo y se considerarán éstos privativos, aunque, en todo o en parte, hubieren tenido carácter ganancial antes de la liquidación practicada por causa de la separación.

TÍTULO IV
Del contrato de compra y venta

CAPÍTULO I
De la naturaleza y forma de este contrato

ART. 1445.

Por el contrato de compra y venta uno de los contratantes se obliga a entregar una cosa determinada y el otro a pagar por ella un precio cierto, en dinero o signo que lo represente.

Ver arts. 325 y ss. C de c; 1273 y 1274 CC; RDLeg. 1/2007, de 16 de noviembre, por el que se aprueba el texto refundido de la Ley General para la Defensa de los Consumidores y Usuarios; arts. 1 y 3 Ley 28/1998, de 13 de julio, sobre Venta a Plazos de Bienes Muebles; leyes 563 y 567 Compilación de Navarra.

ART. 1446.

Si el precio de la venta consistiera parte en dinero y parte en otra cosa, se calificará el contrato por la intención manifiesta de los contratantes. No constando ésta, se tendrá por permuta, si el valor de la cosa dada en parte del precio excede al del dinero o su equivalente; y por venta en el caso contrario.

Ver arts. 1282 y 1538 y ss. CC.

ART. 1447.

Para que el precio se tenga por cierto bastará que lo sea con referencia a otra cosa cierta, o que se deje su señalamiento al arbitrio de persona determinada.

Si ésta no pudiere o no quisiere señalarlo, quedará ineficaz el contrato.

Ver art. 1273 CC; Ley 60/2003, de 23 de diciembre, de Arbitraje.

ART. 1448.

También se tendrá por cierto el precio en la venta de valores, granos, líquidos y demás cosas fungibles, cuando se señale el que la cosa vendida tuviera en determinado día, Bolsa o mercado, o se fije un tanto mayor o menor que el precio del día, Bolsa o mercado, con tal que sea cierto.

ART. 1449.

El señalamiento del precio no podrá nunca dejarse al arbitrio de uno de los contratantes.

Ver arts. 1256 y 1690 CC.

ART. 1450.

La venta se perfeccionará entre comprador y vendedor, y será obligatoria para ambos, si hubieren convenido en la cosa objeto del contrato y en el precio, aunque ni la una ni el otro se hayan entregado.

Ver arts. 1254, 1258 y 1278 CC; Ley 28/1998, de 13 de julio, de Venta a Plazos de Bienes Muebles; Ley 563 Compilación de Navarra.

ART. 1451.

La promesa de vender o comprar, habiendo conformidad en la cosa y en el precio, dará derecho a los contratantes para reclamar recíprocamente el cumplimiento del contrato.

Siempre que no pueda cumplirse la promesa de compra y venta, regirá para vendedor y comprador, según los casos, lo dispuesto acerca de las obligaciones y contratos en el presente libro.

Ver ley 563 Compilación de Navarra.

ART. 1452.

El daño o provecho de la cosa vendida, después de perfeccionado el contrato, se regulará por lo dispuesto en los artículos 1096 y 1182.

Esta regla se aplicará a la venta de cosas fungibles, hecha aisladamente y por un solo precio o sin consideración a su peso, número o medida.

Si las cosas fungibles se vendieren por un precio fijado con relación al peso, número o medida, no se imputará el riesgo al comprador hasta que se hayan pesado, contado o medido, a no ser que éste se haya constituido en mora.

Ver arts. 331, 333 y 334 C de c.; 119 Ley 14/2014, de 24 de julio, de Navegación Marítima; ley 569 Compilación de Navarra; RDLeg. 1/2007, de 16 de noviembre, por el que se aprueba el texto refundido de la Ley General para la Defensa de los Consumidores y Usuarios.

ART. 1453.

La venta hecha a calidad de ensayo o prueba de la cosa vendida, y la venta de las cosas que es costumbre gustar o probar antes de recibirlas, se presumirán hechas siempre bajo condición suspensiva.

Ver art. 1114 y 1122 CC; 328 C de c.

ART. 1454.

Si hubiesen mediado arras o señal en el contrato de compra y venta, podrá rescindirse el contrato allanándose el comprador a perderlas, o el vendedor a devolverlas duplicadas.

Ver art. 343 C de c.; ley 467 Compilación de Navarra.

ART. 1455.

Los gastos de otorgamiento de escrituras serán de cuenta del vendedor, y los de la primera copia y los demás posteriores a la venta serán de cuenta del comprador, salvo pacto en contrario.

Ver arts. 1255 y 1463 CC.

ART. 1456.

La enajenación forzosa por causa de utilidad pública se regirá por lo que establezcan las leyes especiales.

Ver art. 349 CC; LEF y su Reglamento.

CAPÍTULO II
De la capacidad para comprar o vender

ART. 1457.

Podrán celebrar el contrato de compra y venta todas las personas a quienes este Código autoriza para obligarse, salvo las modificaciones contenidas en los artículos siguientes.

ART. 1458.

Los cónyuges podrán venderse bienes recíprocamente.

Ver art. 1323 CC.

ART. 1459.

No podrán adquirir por compra, aunque sea en subasta pública o judicial, por sí ni por persona alguna intermedia:

1.° Los que desempeñen el cargo de tutor o funciones de apoyo, los bienes de la persona o personas a quienes representen.

2.° Los mandatarios, los bienes de cuya administración o enajenación estuviesen encargados.

3.° Los albaceas, los bienes confiados a su cargo.

4.° Los empleados públicos, los bienes del Estado, de los Municipios, de los pueblos y de los establecimientos también públicos, de cuya administración estuviesen encargados. Esta disposición regirá para los Jueces y peritos que de cualquier modo intervinieren en la venta.

5.° Los Magistrados, Jueces, individuos del Ministerio Fiscal, Secretarios de Tribunales y Juzgados y Oficiales de Justicia, los bienes y derechos que estuviesen en litigio ante el Tribunal, en cuya jurisdicción o territorio ejercieran sus respectivas funciones, extendiéndose esta prohibición al acto de adquirir por cesión.

Se exceptuará de esta regla el caso en que se trate de acciones hereditarias entre coherederos, o de cesión en pago de créditos, o de garantía de los bienes que posean.

La prohibición contenida en este número 5.° comprenderá a los Abogados y Procuradores respecto a los bienes y derechos que fueren objeto de un litigio en que intervengan por su profesión y oficio.

Ordinal 1.° modificado por Ley 8/2021, de 2 de junio, por la que se reforma la legislación civil y procesal para el apoyo a las personas con discapacidad en el ejercicio de su capacidad jurídica (BOE de 03-06-2021). En vigor desde el 3 de septiembre de 2021.

Ver arts. 389 y ss. LOPJ y 226 CC; Ley 41/2003, de 18 de noviembre, de protección patrimonial de las personas con discapacidad.

CAPÍTULO III
De los efectos del contrato de compra y venta cuando se ha perdido la cosa vendida

ART. 1460.

Si al tiempo de celebrarse la venta se hubiese perdido en su totalidad la cosa objeto de la misma, quedará sin efecto el contrato.

Pero si se hubiese perdido sólo en parte, el comprador podrá optar entre desistir del contrato o reclamar la parte existente, abonando su precio en proporción al total convenido.

Ver arts. 1182 y 1183 CC.

CAPÍTULO IV
De las obligaciones del vendedor

Sección 1.ª Disposición general

ART. 1461.

El vendedor está obligado a la entrega y saneamiento de la cosa objeto de la venta.

Ver art. 1474 CC; 345 C de c; ley 567 Compilación de Navarra.

Sección 2.ª De la entrega de la cosa vendida

ART. 1462.

Se entenderá entregada la cosa vendida cuando se ponga en poder y posesión del comprador.

Cuando se haga la venta mediante escritura pública, el otorgamiento de ésta equivaldrá a la entrega de la cosa objeto del contrato, si de la misma escritura no resultare o se dedujere claramente lo contrario.

Ver art. 1095 CC; 531-2 y 531-4 Código Civil de Cataluña; leyes 564 y 568 Compilación de Navarra.

ART. 1463.

Fuera de los casos que expresa el artículo precedente, la entrega de los bienes muebles se efectuará: por la entrega de las llaves del lugar o sitio donde se hallan almacenados o guardados; y por el solo acuerdo o conformidad de los contratantes, si la cosa vendida no puede trasladarse a poder del comprador en el instante de la venta, o si éste la tenía ya en su poder por algún otro motivo.

Ver art. 531-4 Código Civil de Cataluña.

ART. 1464.

Respecto de los bienes incorporales, regirá lo dispuesto en el párrafo segundo del artículo 1462. En cualquier otro caso en que éste no tenga aplicación se entenderá por entrega el hecho de poner en poder del comprador los títulos de pertenencia, o el uso que haga de su derecho el mismo comprador, consintiéndolo el vendedor.

Ver art. 531-5 Código Civil de Cataluña.

ART. 1465.

Los gastos para la entrega de la cosa vendida serán de cuenta del vendedor, y los de su transporte o traslación de cargo del comprador, salvo el caso de estipulación especial.

Ver art. 338 C de c.; 531-6 Código Civil de Cataluña; ley 574 Compilación de Navarra.

ART. 1466.

El vendedor no estará obligado a entregar la cosa vendida, si el comprador no le ha pagado el precio o no se ha señalado en el contrato un plazo para el pago.

Ver arts. 110, 1124 y 1128 CC; 337 C de c.; ley 565 Compilación de Navarra.

ART. 1467.

Tampoco tendrá obligación el vendedor de entregar la cosa vendida cuando se haya convenido en un aplazamiento o término para el pago, si después de la venta se descubre que el comprador es insolvente, de tal suerte que el vendedor corre inminente riesgo de perder el precio.

Se exceptúa de esta regla el caso en que el comprador afiance pagar en el plazo convenido.

Ver art. 1129 CC.

ART. 1468.

El vendedor deberá entregar la cosa vendida en el estado en que se hallaba al perfeccionarse el contrato.

Todos los frutos pertenecerán al comprador desde el día en que se perfeccionó el contrato.

Ver art. 1094, 1095 y 1519 CC.

ART. 1469.

La obligación de entregar la cosa vendida comprende la de poner en poder del comprador todo lo que exprese el contrato, mediante las reglas siguientes:

Si la venta de bienes inmuebles se hubiese hecho con expresión de su cabida, a razón de un precio por unidad de medida o número, tendrá obligación el vendedor de entregar al comprador, si éste lo exige, todo cuanto se haya expresado en el contrato; pero si esto no fuere posible, podrá el comprador optar entre una rebaja proporcional del precio o la rescisión del contrato, siempre que, en este último caso, no baje de la décima parte de la cabida la disminución de la que se le atribuyera al inmueble.

Lo mismo se hará, aunque resulte igual cabida, si alguna parte de ella no es de la calidad expresada en el contrato.

La rescisión, en este caso, sólo tendrá lugar a voluntad del comprador, cuando el menos valor de la cosa vendida exceda de la décima parte del precio convenido.

Ver arts. 1290 y 1291 CC; RDLeg. 1/2004, de 5 de marzo, por el que se aprueba el texto refundido de la Ley del Catastro Inmobiliario; Real Decreto 417/2006, de 7 de abril, por el que se desarrolla el texto refundido de la Ley del Catastro Inmobiliario.

ART. 1470.

Si, en el caso del artículo precedente, resultare mayor cabida o número en el inmueble que los expresados en el contrato, el comprador tendrá la obligación de pagar el exceso de precio si la mayor cabida o número no pasa de la vigésima parte de los señalados en el mismo contrato; pero, si excedieren de dicha vigésima parte, el comprador podrá optar entre satisfacer el mayor valor del inmueble, o desistir del contrato.

ART. 1471.

En la venta de un inmueble, hecha por precio alzado y no a razón de un tanto por unidad de medida o número, no tendrá lugar el aumento o disminución del mismo, aunque resulte mayor o menor cabida o número de los expresados en el contrato.

Esto mismo tendrá lugar cuando sean dos o más fincas las vendidas por un solo precio; pero, si además de expresarse los linderos, indispensables en toda enajenación de inmuebles, se designaren en el contrato su cabida o número, el vendedor estará obligado a entregar todo lo que se comprenda dentro de los mismos linderos, aun cuando exceda de la cabida o número expresados en el contrato; y, si no pudiere, sufrirá una disminución en el precio, proporcional a lo que falte de cabida o número, a no ser que el contrato quede anulado por no conformarse el comprador con que se deje de entregar lo que se estipuló.

ART. 1472.

Las acciones que nacen de los tres artículos anteriores prescribirán a los seis meses, contados desde el día de la entrega.

ART. 1473.

Si una misma cosa se hubiese vendido a diferentes compradores, la propiedad se transferirá a la persona que primero haya tomado posesión de ella con buena fe, si fuere mueble.

Si fuere inmueble, la propiedad pertenecerá al adquirente que antes la haya inscrito en el Registro.

Cuando no haya inscripción, pertenecerá la propiedad a quien de buena fe sea primero en la posesión; y, faltando ésta, a quien presente título de fecha más antigua, siempre que haya buena fe.

Ver arts. 17 y 25 LH; 609 CC; ley 566 Compilación de Navarra.

Sección 3.ª Del saneamiento

ART. 1474.

En virtud del saneamiento a que se refiere el artículo 1461, el vendedor responderá al comprador:

1.º De la posesión legal y pacífica de la cosa vendida.
2.º De los vicios o defectos ocultos que tuviere.

Ver ley 567 Compilación de Navarra.

§1.º Del saneamiento en caso de evicción

ART. 1475.

Tendrá lugar la evicción cuando se prive al comprador, por sentencia firme y en virtud de un derecho anterior a la compra, de todo o parte de la cosa comprada.

El vendedor responderá de la evicción aunque nada se haya expresado en el contrato.

Los contratantes, sin embargo, podrán aumentar, disminuir o suprimir esta obligación legal del vendedor.

Ver leyes 567 y 568 Compilación de Navarra.

ART. 1476.

Será nulo todo pacto que exima al vendedor de responder de la evicción, siempre que hubiere mala fe de su parte.

Ver art. 1255 CC.

ART. 1477.

Cuando el comprador hubiese renunciado el derecho al saneamiento para el caso de evicción, llegado que sea éste, deberá el vendedor entregar únicamente el precio que tuviere la cosa vendida al tiempo de la evicción, a no ser que el comprador hubiese hecho la renuncia con conocimiento de los riesgos de la evicción y sometiéndose a sus consecuencias.

ART. 1478.

Cuando se haya estipulado el saneamiento o cuando nada se haya pactado sobre este punto, si la evicción se ha realizado, tendrá el comprador derecho a exigir del vendedor:

1.º La restitución del precio que tuviere la cosa vendida al tiempo de la evicción, ya sea mayor o menor que el de la venta.

2.º Los frutos o rendimientos, si se le hubiere condenado a entregarlos al que le haya vencido en juicio.

3.º Las costas del pleito que haya motivado la evicción y, en su caso, las del seguido con el vendedor para el saneamiento.

4.º Los gastos del contrato, si los hubiese pagado el comprador.

5.º Los daños e intereses y los gastos voluntarios o de puro recreo u ornato, si se vendió de mala fe.

Ver ley 570 Compilación de Navarra.

ART. 1479.

Si el comprador perdiere, por efecto de la evicción, una parte de la cosa vendida de tal importancia con relación al todo que sin dicha parte no la hubiera comprado, podrá exigir la rescisión del contrato; pero con la obligación de devolver la cosa sin más gravámenes que los que tuviese al adquirirla.

Esto mismo se observará cuando se vendiesen dos o más cosas conjuntamente por un precio alzado, o particular para cada una de ellas, si constase claramente que el comprador no habría comprado la una sin la otra.

ART. 1480.

El saneamiento no podrá exigirse hasta que haya recaído sentencia firme, por la que se condene al comprador a la pérdida de la cosa adquirida o de parte de la misma.

ART. 1481.

El vendedor estará obligado al saneamiento que corresponda, siempre que resulte probado que se le notificó la demanda de evicción a instancia del comprador. Faltando la notificación, el vendedor no estará obligado al saneamiento.

Ver art. 14 Ley 1/2000, de 7 enero, de Enjuiciamiento Civil.

ART. 1482.

El comprador demandado solicitará, dentro del término que la Ley de Enjuiciamiento Civil señala para contestar a la demanda, que ésta se notifique al vendedor o vendedores en el plazo más breve posible.

La notificación se hará como la misma Ley establece para emplazar a los demandados.

El término de contestación para el comprador quedará en suspenso ínterin no expiren los que para comparecer y contestar a la demanda se señalen al vendedor o vendedores, que serán los mismos plazos que determina para todos los demandados la expresada Ley de Enjuiciamiento Civil, contados desde la notificación establecida por el párrafo primero de este artículo.

Si los citados de evicción no comparecieren en tiempo y forma, continuará, respecto del comprador, el término para contestar a la demanda.

Ver art. 14 Ley 1/2000, de 7 enero, de Enjuiciamiento Civil.

ART. 1483.

Si la finca vendida estuviese gravada, sin mencionarlo la escritura, con alguna carga o servidumbre no aparente, de tal naturaleza que deba presumirse no la habría adquirido el comprador si la hubiera conocido, podrá pedir la rescisión del contrato, a no ser que prefiera la indemnización correspondiente.

Durante un año, a contar desde el otorgamiento de la escritura, podrá el comprador ejercitar la acción rescisoria, o solicitar la indemnización.

Transcurrido el año, sólo podrá reclamar la indemnización dentro de un período igual, a contar desde el día en que haya descubierto la carga o servidumbre.

§2.° Del saneamiento por los defectos o gravámenes ocultos de la cosa vendida

ART. 1484.

1. El vendedor estará obligado al saneamiento por los defectos ocultos que tuviere la cosa vendida, si la hacen impropia para el uso a que se la destina, o si disminuyen de tal modo este uso que, de haberlos conocido el comprador, no la habría adquirido o habría dado menos precio por ella; pero no será responsable de los defectos manifiestos o que estuvieren a la vista, ni tampoco de los que no lo estén, si el comprador es un perito que, por razón de su oficio o profesión, debía fácilmente conocerlos.

2. El vendedor de un animal responde frente al comprador por el incumplimiento de sus deberes de asistencia veterinaria y cuidados necesarios para garantizar su salud y bienestar, si el animal sufre una lesión, enfermedad o alteración significativa de la conducta que tiene origen anterior a la venta.

Se añade un apdo. 2 y el contenido que había pasa a conformar el apdo. 1 por Ley 17/2021, de 15 de diciembre, de modificación del Código Civil, la Ley Hipotecaria y la Ley de Enjuiciamiento Civil, sobre el régimen jurídico de los animales (BOE de 16-12-2021). Modificación vigente desde el 5 de enero de 2022.

Ver art. 1490 CC; Ley 7/1996, de 15 de enero, de Ordenación del Comercio Minorista; RDLeg. 1/2007, de 16 de noviembre, por el que se aprueba el texto refundido de la Ley General para la Defensa de los Consumidores y Usuarios; Ley 7/1998, de 13 de abril, sobre condiciones generales de la contratación; ley 567 Compilación de Navarra.

ART. 1485.

El vendedor responde al comprador del saneamiento por los vicios o defectos ocultos del animal o la cosa vendida, aunque los ignorase.

Esta disposición no regirá cuando se haya estipulado lo contrario, y el vendedor ignorara los vicios o defectos ocultos de lo vendido.

Modificado por Ley 17/2021, de 15 de diciembre, de modificación del Código Civil, la Ley Hipotecaria y la Ley de Enjuiciamiento Civil, sobre el régimen jurídico de los animales (BOE de 16-12-2021). Modificación vigente desde el 5 de enero de 2022.

Ver art. 1490 CC.

ART. 1486.

En los casos de los dos artículos anteriores, el comprador podrá optar entre desistir del contrato, abonándosele los gastos que pagó, o rebajar una cantidad proporcional del precio, a juicio de peritos.

Si el vendedor conocía los vicios o defectos ocultos de la cosa vendida y no los manifestó al comprador, tendrá éste la misma opción y además se le indemnizará de los daños y perjuicios, si optare por la rescisión.

Ver RDLeg. 1/2007, de 16 de noviembre, por el que se aprueba el texto refundido de la Ley General para la Defensa de los Consumidores y Usuarios.

ART. 1487.

Si la cosa vendida se perdiere por efecto de los vicios ocultos, conociéndolos el vendedor, sufrirá éste la pérdida, y deberá restituir el precio y abonar los gastos del contrato, con los daños y perjuicios. Si no los conocía, debe sólo restituir el precio y abonar los gastos del contrato que hubiese pagado el comprador.

ART. 1488.

Si la cosa vendida tenía algún vicio oculto al tiempo de la venta, y se pierde después por caso fortuito o por culpa del comprador, podrá éste reclamar del vendedor el precio que pagó, con la rebaja del valor que la cosa tenía al tiempo de perderse.

Si el vendedor obró de mala fe, deberá abonar al comprador los daños e intereses.

ART. 1489.

En las ventas judiciales nunca habrá lugar a la responsabilidad por daños y perjuicios; pero sí a todo lo demás dispuesto en los artículos anteriores.

Ver RDLeg. 1/2007, de 16 de noviembre, por el que se aprueba el texto refundido de la Ley General para la Defensa de los Consumidores y Usuarios.

ART. 1490.

Las acciones que emanan de lo dispuesto en los cinco artículos precedentes se extinguirán a los seis meses, contados desde la entrega de la cosa vendida.

> *Ver art. 342 C de c.; RDLeg. 1/2007, de 16 de noviembre, por el que se aprueba el texto refundido de la Ley General para la Defensa de los Consumidores y Usuarios; 12 Ley 7/1996, de 15 de enero, de Ordenación del Comercio Minorista; Ley 7/1998, de 13 de abril, sobre condiciones generales de la contratación.*

ART. 1491.

Vendiéndose dos o más animales juntamente, sea en un precio alzado, sea señalándolo a cada uno de ellos, el vicio redhibitorio de cada uno dará solamente lugar a su redhibición, y no a la de los otros, a no ser que aparezca que el comprador no habría comprado el sano o sanos sin el vicioso.

Se presume esto último cuando se compra un tiro, yunta, pareja o juego, aunque se haya señalado un precio separado a cada uno de los animales que lo componen.

ART. 1492.

Lo dispuesto en el artículo anterior respecto de la venta de animales se entiende igualmente aplicable a la de las cosas.

> *Modificado por Ley 17/2021, de 15 de diciembre, de modificación del Código Civil, la Ley Hipotecaria y la Ley de Enjuiciamiento Civil, sobre el régimen jurídico de los animales (BOE de 16-12-2021). Modificación vigente desde el 5 de enero de 2022.*

ART. 1493.

El saneamiento por los vicios ocultos de los animales destinados a una finalidad productiva no tendrá lugar en las ventas hechas en feria o en pública subasta, o cuando sean destinados a sacrificio o matanza de acuerdo con la legislación aplicable, salvo el caso previsto en el artículo siguiente.

> *Modificado por Ley 17/2021, de 15 de diciembre, de modificación del Código Civil, la Ley Hipotecaria y la Ley de Enjuiciamiento Civil, sobre el régimen jurídico de los animales (BOE de 16-12-2021). Modificación vigente desde el 5 de enero de 2022.*

ART. 1494.

No serán objeto del contrato de venta los ganados y animales que padezcan enfermedades contagiosas. Cualquier contrato que se hiciere respecto de ellos será nulo.

También será nulo el contrato de venta de los ganados y animales, si, expresándose en el mismo contrato el servicio o uso para que se adquieren, resultaren inútiles para prestarlo.

ART. 1495.

Cuando el vicio oculto de los animales, aunque se haya practicado reconocimiento facultativo, sea de tal naturaleza que no basten los conocimientos periciales para su descubrimiento, se reputará redhibitorio.

Pero si el Profesor, por ignorancia o mala fe, dejara de descubrirlo o manifestarlo, será responsable de los daños y perjuicios.

ART. 1496.

La acción redhibitoria que se funde en los vicios o defectos de los animales, deberá interponerse dentro de cuarenta días, contados desde el de su entrega al comprador, salvo que, por el uso en cada localidad, se hallen establecidos mayores o menores plazos.

Esta acción en las ventas de animales sólo se podrá ejercitar respecto de los vicios y defectos de los mismos que estén determinados por la Ley o por los usos locales.

> *Ver ley 35 Compilación de Navarra.*

ART. 1497.

Si el animal muriese a los tres días de comprado, será responsable el vendedor, siempre que la enfermedad que ocasionó la muerte existiera antes del contrato, a juicio de los Facultativos.

ART. 1498.

Resuelta la venta, el animal deberá ser devuelto en el estado en que fue vendido y entregado, siendo responsable el comprador de cualquier deterioro debido a su negligencia, y que no proceda del vicio o defecto redhibitorio.

Ver art. 1295 CC.

ART. 1499.

En las ventas de animales y ganados con vicios redhibitorios, gozará también el comprador de la facultad expresada en el artículo 1486; pero deberá usar de ella dentro del mismo término que para el ejercicio de la acción redhibitoria queda respectivamente señalado.

CAPÍTULO V
De las obligaciones del comprador

ART. 1500.

El comprador está obligado a pagar el precio de la cosa vendida en el tiempo y lugar fijados por el contrato.

Si no se hubieren fijado, deberá hacerse el pago en el tiempo y lugar en que se haga la entrega de la cosa vendida.

Ver art. 339 C de c.

ART. 1501.

El comprador deberá intereses por el tiempo que medie entre la entrega de la cosa y el pago del precio, en los tres casos siguientes:

1.º Si así se hubiere convenido.

2.º Si la cosa vendida y entregada produce fruto o renta.

3.º Si se hubiere constituido en mora, con arreglo al artículo 1100.

Ver arts. 1108 CC; 341 C de c.

ART. 1502.

Si el comprador fuere perturbado en la posesión o dominio de la cosa adquirida, o tuviere fundado temor de serlo por una acción reivindicatoria o hipotecaria, podrá suspender el pago del precio hasta que el vendedor haya hecho cesar la perturbación o el peligro, a no ser que afiance la devolución del precio en su caso, o se haya estipulado que, no obstante cualquiera contingencia de aquella clase, el comprador estará obligado a verificar el pago.

ART. 1503.

Si el vendedor tuviere fundado motivo para temer la pérdida de la cosa inmueble vendida y el precio, podrá promover inmediatamente la resolución de la venta.

Si no existiere este motivo, se observará lo dispuesto en el artículo 1124.

ART. 1504.

En la venta de bienes inmuebles, aun cuando se hubiera estipulado que por falta de pago del precio en el tiempo convenido tendrá lugar de pleno derecho la resolución del contrato, el comprador podrá pagar, aun después de expirado el término, ínterin no haya sido requerido judicialmente o por acta notarial. Hecho el requerimiento, el Juez no podrá concederle nuevo término.

Ver art. 59 RH; leyes 464 a 487 Compilación de Navarra.

ART. 1505.

Respecto de los bienes muebles, la resolución de la venta tendrá lugar de pleno derecho, en interés del vendedor, cuando el comprador, antes de vencer el término fijado para la entrega de la cosa, no se haya presentado a recibirla, o, presentándose, no haya ofrecido al mismo tiempo el precio, salvo que para el pago de éste se hubiese pactado mayor dilación.

Ver arts. 11 LH y 59 RH.

CAPÍTULO VI
De la resolución de la venta

ART. 1506.

La venta se resuelve por las mismas causas que todas las obligaciones, y además por las expresadas en los capítulos anteriores, y por el retracto convencional o por el legal.

Ver arts. 1124 y 1156 CC.

Sección 1.ª Del retracto convencional

ART. 1507.

Tendrá lugar el retracto convencional cuando el vendedor se reserve el derecho de recuperar la cosa vendida, con obligación de cumplir lo expresado en el artículo 1518 y lo demás que se hubiese pactado.

Ver leyes 475 a 480 y 576 a 584 Compilación de Navarra.

ART. 1508.

El derecho de que trata el artículo anterior durará, a falta de pacto expreso, cuatro años contados desde la fecha del contrato.

En caso de estipulación, el plazo no podrá exceder de diez años.

Ver ley 480 Compilación de Navarra.

ART. 1509.

Si el vendedor no cumple lo prescrito en el artículo 1518, el comprador adquirirá irrevocablemente el dominio de la cosa vendida.

ART. 1510.

El vendedor podrá ejercitar su acción contra todo poseedor que traiga su derecho del comprador, aunque en el segundo contrato no se haya hecho mención del retracto convencional; salvo lo dispuesto en la Ley Hipotecaria respecto de terceros.

Ver arts. 37 y 38 LH; leyes 475 y 579 Compilación de Navarra.

ART. 1511.

El comprador sustituye al vendedor en todos sus derechos y acciones.

ART. 1512.

Los acreedores del vendedor no podrán hacer uso del retracto convencional contra el comprador, sino después de haber hecho excusión en los bienes del vendedor.

Ver arts. 1111 y 1831 CC; ley 581 Compilación de Navarra.

ART. 1513.

El comprador con pacto de retroventa de una parte de finca indivisa que adquiera la totalidad de la misma en el caso del artículo 404, podrá obligar al vendedor a redimir el todo, si éste quiere hacer uso del retracto.

ART. 1514.

Cuando varios, conjuntamente y en un solo contrato, vendan una finca indivisa con pacto de retro, ninguno de ellos podrá ejercitar este derecho más que por su parte respectiva.

Lo mismo se observará si el que ha vendido por sí solo una finca ha dejado varios herederos, en cuyo caso cada uno de éstos sólo podrá redimir la parte que hubiese adquirido.

ART. 1515.

En los casos del artículo anterior, el comprador podrá exigir de todos los vendedores o coherederos que se pongan de acuerdo sobre la redención de la totalidad de la cosa vendida; y, si así no lo hicieren, no se podrá obligar al comprador al retracto parcial.

Ver art. 568-4 Código Civil de Cataluña.

ART. 1516.

Cada uno de los copropietarios de una finca indivisa, que hubiese vendido separadamente su parte, podrá ejercitar, con la misma separación, el derecho de retracto por su porción respectiva, y el comprador no podrá obligarle a redimir la totalidad de la finca.

ART. 1517.

Si el comprador dejare varios herederos, la acción de retracto no podrá ejercitarse contra cada uno sino por su parte respectiva, ora se halle indivisa, ora se haya distribuido entre ellos.

Pero, si se ha dividido la herencia, y la cosa vendida se ha adjudicado a uno de los herederos, la acción de retracto podrá intentarse contra él por el todo.

ART. 1518.

El vendedor no podrá hacer uso del derecho de retracto sin reembolsar al comprador el precio de la venta, y además:

1.º Los gastos del contrato y cualquier otro pago legítimo hecho para la venta.

2.º Los gastos necesarios y útiles hechos en la cosa vendida.

Ver arts. 1509 y 1525 CC: leyes 576 y 578 Compilación de Navarra.

ART. 1519.

Cuando al celebrarse la venta hubiese en la finca frutos manifiestos o nacidos, no se hará abono ni prorrateo de los que haya al tiempo del retracto.

Si no los hubo al tiempo de la venta, y los hay al del retracto, se prorratearán entre el retrayente y el comprador, dando a éste la parte correspondiente al tiempo que poseyó la finca en el último año, a contar desde la venta.

Ver ley 581 Compilación de Navarra.

ART. 1520.

El vendedor que recobre la cosa vendida, la recibirá libre de toda carga o hipoteca impuesta por el comprador, pero estará obligado a pasar por los arriendos que éste haya hecho de buena fe, y según costumbre del lugar en que radique.

Ver art. 1572 CC; 175 RH; 568-2.2 Código Civil de Cataluña.

Sección 2.ª Del retracto legal

ART. 1521.

El retracto legal es el derecho de subrogarse, con las mismas condiciones estipuladas en el contrato, en lugar del que adquiere una cosa por compra o dación en pago.

Ver arts. 596 y 598 Código del Derecho Foral de Aragón; art. 82 Compilación de Baleares; arts. 568-16 y ss Código Civil de Cataluña; Leyes 445 y ss Compilación de Navarra.

ART. 1522.

El copropietario de una cosa común podrá usar del retracto en el caso de enajenarse a un extraño la parte de todos los demás condueños o de alguno de ellos.

Cuando dos o más copropietarios quieran usar del retracto, sólo podrán hacerlo a prorrata de la porción que tengan en la cosa común.

Ver art. 552-4 Código Civil de Cataluña; leyes 372 y 446 Compilación de Navarra.

ART. 1523.

También tendrán el derecho de retracto los propietarios de las tierras colindantes cuando se trate de la venta de una finca rústica cuya cabida no exceda de una hectárea.

El derecho a que se refiere el párrafo anterior no es aplicable a las tierras colindantes que estuvieren separadas por arroyos, acequias, barrancos, caminos y otras servidumbres aparentes en provecho de otras fincas.

Si dos o más colindantes usan del retracto al mismo tiempo, será preferido el que de ellos sea dueño de la tierra colindante de menor cabida; y si las dos la tuvieran igual, el que primero lo solicite.

Ver art. 568-16, 568-17 y 568-18 Código Civil de Cataluña; ley 446 Compilación de Navarra.

ART. 1524.

No podrá ejercitarse el derecho de retracto legal sino dentro de nueve días contados desde la inscripción en el Registro, y en su defecto, desde que el retrayente hubiera tenido conocimiento de la venta.

El retracto de comuneros excluye el de colindantes.

Ver arts. 249.1.7.º LEC 2000; 37.3.º LH; 1642 CC; 62, 594 y 598 Código del Derecho Foral de Aragón; 568-19 y 568-27 Código Civil de Cataluña; 83.1 Ley 5/2015, de 25 de junio, de Derecho Civil Vasco.

ART. 1525.

En el retracto legal tendrá lugar lo dispuesto en los artículos 1511 y 1518.

Ver art. 595 Código del Derecho Foral de Aragón; leyes 449 y 450 Compilación de Navarra.

CAPÍTULO VII
De la transmisión de créditos y demás derechos incorporales

ART. 1526.

La cesión de un crédito, derecho o acción no surtirá efecto contra tercero sino desde que su fecha deba tenerse por cierta en conformidad a los artículos 1218 y 1227.

Si se refiere a un inmueble, desde la fecha de su inscripción en el Registro.

Ver arts. 149 a 152 de Decreto de 8 de febrero de 1946 por el que se aprueba la nueva redacción oficial de la Ley Hipotecaria; art. 8 de Ley de 16 de diciembre de 1954, sobre hipoteca mobiliaria y prenda sin desplazamiento; arts. 242 a 244 de Decreto de 14 de febrero 1947 por el que aprueba el Reglamento Hipotecario.

ART. 1527.

El deudor, que antes de tener conocimiento de la cesión satisfaga al acreedor, quedará libre de la obligación.

Ver arts. 1157, 1198 y 1842 CC.

ART. 1528.

La venta o cesión de un crédito comprende la de todos los derechos accesorios, como la fianza, hipoteca, prenda o privilegio.

Ver arts. 1097, 1209 y 1212 CC

ART. 1529.

El vendedor de buena fe responderá de la existencia y legitimidad del crédito al tiempo de la venta, a no ser que se haya vendido como dudoso; pero no de la solvencia del deudor, a menos de haberse estipulado expresamente, o de que la insolvencia fuese anterior y pública.

Aun en estos casos sólo responderá del precio recibido y de los gastos expresados en el número 1.º del artículo 1518.

El vendedor de mala fe responderá siempre del pago de todos los gastos y de los daños y perjuicios.

Ver art. 1518 CC; arts. 347 y 348 C de c.

ART. 1530.

Cuando el cedente de buena fe se hubiese hecho responsable de la solvencia del deudor, y los contratantes no hubieran estipulado nada sobre la duración de la responsabilidad, durará ésta sólo un año, contado desde la cesión del crédito, si estaba ya vencido el plazo.

Si el crédito fuere pagadero en término o plazo todavía no vencido, la responsabilidad cesará un año después del vencimiento.

Si el crédito consistiere en una renta perpetua, la responsabilidad se extinguirá a los diez años, contados desde la fecha de la cesión.

ART. 1531.

El que venda una herencia sin enumerar las cosas de que se compone, sólo estará obligado a responder de su cualidad de heredero.

Ver 1271 CC.

ART. 1532.

El que venda alzadamente o en globo la totalidad de ciertos derechos, rentas o productos, cumplirá con responder de la legitimidad del todo en general; pero no estará obligado al saneamiento de cada una de las partes de que se componga, salvo en el caso de evicción del todo o de la mayor parte.

Ver arts. 1474 y ss CC.

ART. 1533.

Si el vendedor se hubiese aprovechado de algunos frutos o hubiese percibido alguna cosa de la herencia que vendiere, deberá abonarlos al comprador, si no se hubiese pactado lo contrario.

ART. 1534.

El comprador deberá, por su parte, satisfacer al vendedor todo lo que éste haya pagado por las deudas y cargas de la herencia y por los créditos que tenga contra la misma, salvo pacto en contrario.

ART. 1535.

Vendiéndose un crédito litigioso, el deudor tendrá derecho a extinguirlo, reembolsando al cesionario el precio que pagó, las costas que se le hubiesen ocasionado y los intereses del precio desde el día en que éste fue satisfecho.

Se tendrá por litigioso un crédito desde que se conteste a la demanda relativa al mismo.

El deudor podrá usar de su derecho dentro de nueve días, contados desde que el cesionario le reclame el pago.

Ver arts. 1165, 1291.4.° y 1785 CC.

ART. 1536.

Se exceptúan de lo dispuesto en el artículo anterior la cesión o ventas hechas:

1.° A un coheredero o condueño del derecho cedido.

2.° A un acreedor en pago de su crédito.

3.° Al poseedor de una finca sujeta al derecho litigioso que se ceda.

CAPÍTULO VIII
Disposición general

ART. 1537.

Todo lo dispuesto en este título se entiende con sujeción a lo que respecto de bienes inmuebles se determina en la Ley Hipotecaria.

Ver art. 37.3° LH.

TÍTULO V
De la permuta

ART. 1538.

La permuta es un contrato por el cual cada uno de los contratantes se obliga a dar una cosa para recibir otra.

Ver art. 346 C de c.; arts. 1446 y 1541 CC.

ART. 1539.

Si uno de los contratantes hubiese recibido la cosa que se le prometió en permuta, y acreditase que no era propia del que la dio, no podrá ser obligado a entregar la que él ofreció en cambio, y cumplirá con devolver la que recibió.

Ver arts. 1124 y 1771 de CC.

ART. 1540.

El que pierda por evicción la cosa recibida en permuta, podrá optar entre recuperar la que dio en cambio, o reclamar la indemnización de daños y perjuicios; pero sólo podrá usar del derecho a recuperar la cosa que él entregó mientras ésta subsista en poder del otro permutante, y sin perjuicio de los derechos adquiridos entretanto sobre ella con buena fe por un tercero.

ART. 1541.

En todo lo que no se halle especialmente determinado en este título, la permuta se regirá por las disposiciones concernientes a la venta.

Ver arts. 1445 a 1536 del CC.

TÍTULO VI
Del contrato de arrendamiento

CAPÍTULO I
Disposiciones generales

ART. 1542.

El arrendamiento puede ser de cosas, o de obras o servicios.

Ver Ley 29/1994, de 24 de noviembre, de Arrendamientos Urbanos; Ley 49/2003, de 26 de noviembre, de Arrendamientos Rústicos; Ley 28/1998, de 13 de julio, de Venta a Plazos de Bienes Muebles.

ART. 1543.

En el arrendamiento de cosas, una de las partes se obliga a dar a la otra el goce o uso de una cosa por tiempo determinado y precio cierto.

Ver arts. 1447 y 1546 a 1582 CC.

ART. 1544.

En el arrendamiento de obras o servicios, una de las partes se obliga a ejecutar una obra o a prestar a la otra un servicio por precio cierto.

Ver arts. 1583 a 1603 de CC.

ART. 1545.

Los bienes fungibles que se consumen con el uso no pueden ser materia de este contrato.

Ver art. 337 CC.

CAPÍTULO II
De los arrendamientos de fincas rústicas y urbanas

Sección 1.ª Disposiciones generales

ART. 1546.

Se llama arrendador al que se obliga a ceder el uso de la cosa, ejecutar la obra o prestar el servicio; y arrendatario al que adquiere el uso de la cosa o el derecho a la obra o servicio que se obliga a pagar.

Ver LAR y LAU.

ART. 1547.

Cuando hubiese comenzado la ejecución de un contrato de arrendamiento verbal y faltare la prueba del precio convenido, el arrendatario devolverá al arrendador la cosa arrendada, abonándole, por el tiempo que la haya disfrutado, el precio que se regule.

Ver arts. 1278 y 1280 del CC.

ART. 1548.

Los progenitores o tutores, respecto de los bienes de los menores, y los administradores de bienes que no tengan poder especial, no podrán dar en arrendamiento las cosas por término que exceda de seis años.

Modificado por Ley 8/2021, de 2 de junio, por la que se reforma la legislación civil y procesal para el apoyo a las personas con discapacidad en el ejercicio de su capacidad jurídica (BOE de 03-06-2021). En vigor desde el 3 de septiembre de 2021.

Ver arts. 199 y ss. CC.

ART. 1549.

Con relación a terceros, no surtirán efecto los arrendamientos de bienes raíces que no se hallen debidamente inscritos en el Registro de la Propiedad.

Ver arts. 2.5 y 32 de la Ley Hipotecaria; arts. 606 y 1571 del CC; art. 13 de del Reglamento Hipotecario; Ley 29/1994, de 24 de noviembre, de Arrendamientos Urbanos; Ley 49/2003, de 26 de noviembre, de Arrendamientos Rústicos; Real Decreto 297/1996, de 23 de febrero, sobre inscripción en el Registro de la Propiedad de los contratos de arrendamientos urbanos.

ART. 1550.

Cuando en el contrato de arrendamiento de cosas no se prohíba expresamente, podrá el arrendatario subarrendar en todo o en parte la cosa arrendada, sin perjuicio de su responsabilidad al cumplimiento del contrato para con el arrendador.

Ver arts. 8 y 32 de la Ley 29/1994, de 24 de noviembre, de Arrendamientos Urbanos; art. 23 de la Ley 49/2003, de 26 de noviembre, de Arrendamientos Rústicos.

ART. 1551.

Sin perjuicio de su obligación para con el subarrendador, queda el subarrendatario obligado a favor del arrendador por todos los actos que se refieran al uso y conservación de la cosa arrendada en la forma pactada entre el arrendador y el arrendatario.

Ver arts. 8 y 32 de la Ley 29/1994, de 24 de noviembre, de Arrendamientos Urbanos; art. 23 de la Ley 49/2003, de 26 de noviembre, de Arrendamientos Rústicos.

ART. 1552.

El subarrendatario queda también obligado para con el arrendador por el importe del precio convenido en el subarriendo que se halle debiendo al tiempo del requerimiento, considerando no hechos los pagos adelantados, al no haberlos verificado con arreglo a la costumbre.

Ver arts. 8 y 32 de la Ley 29/1994, de 24 de noviembre, de Arrendamientos Urbanos; art. 23 de la Ley 49/2003, de 26 de noviembre, de Arrendamientos Rústicos.

ART. 1553.

Son aplicables al contrato de arrendamiento las disposiciones sobre saneamiento contenidas en el título de la compraventa.

En los casos en que proceda la devolución del precio, se hará la disminución proporcional al tiempo que el arrendatario haya disfrutado de la cosa.

Ver arts. 1474 y siguientes del CC.

Sección 2.ª De los derechos y obligaciones del arrendador y del arrendatario

ART. 1554.

El arrendador está obligado:

1.º A entregar al arrendatario la cosa objeto del contrato.

2.º A hacer en ella durante el arrendamiento todas las reparaciones necesarias a fin de conservarla en estado de servir para el uso a que ha sido destinada.

3.º A mantener al arrendatario en el goce pacífico del arrendamiento por todo el tiempo del contrato.

Ver arts. 1559 y 1560 CC; arts. 21 a 24, 26, 27.3º y 30 de la Ley 29/1994, de 24 de noviembre, de Arrendamientos Urbanos; arts. 17 a 21 de la Ley 49/2003, de 26 de noviembre, de Arrendamientos Rústicos.

ART. 1555.

El arrendatario está obligado:

1.º A pagar el precio del arrendamiento en los términos convenidos.

2.º A usar de la cosa arrendada como un diligente padre de familia, destinándola al uso pactado; y, en defecto de pacto, al que se infiera de la naturaleza de la cosa arrendada según la costumbre de la tierra.

3.º A pagar los gastos que ocasione la escritura del contrato.

Ver arts. 1574 y 1922.7º CC; arts. 17 y ss. de la Ley 29/1994, de 24 de noviembre, de Arrendamientos Urbanos; Ley 49/2003, de 26 de noviembre, de Arrendamientos Rústicos.

ART. 1556.

Si el arrendador o el arrendatario no cumplieren las obligaciones expresadas en los artículos anteriores, podrán pedir la rescisión del contrato y la indemnización de daños y perjuicios, o sólo esto último, dejando el contrato subsistente.

Ver art. 1124 del CC; art. 27 de la Ley 29/1994, de 24 de noviembre, de Arrendamientos Urbanos; Ley 49/2003, de 26 de noviembre, de Arrendamientos Rústicos.

ART. 1557.

El arrendador no puede variar la forma de la cosa arrendada.

Ver arts. 23 y 30 de la Ley 29/1994, de 24 de noviembre, de Arrendamientos Urbanos.

ART. 1558.

Si durante el arrendamiento es necesario hacer alguna reparación urgente en la cosa arrendada que no pueda diferirse hasta la conclusión del arriendo, tiene el arrendatario obligación de tolerar la obra, aunque le sea muy molesta, y aunque durante ella se vea privado de una parte de la finca.

Si la reparación dura más de cuarenta días, debe disminuirse el precio del arriendo a proporción del tiempo y de la parte de la finca de que el arrendatario se vea privado.

Si la obra es de tal naturaleza que hace inhabitable la parte que el arrendatario y su familia necesitan para su habitación, puede éste rescindir el contrato.

Ver arts. 1124 y 1556 del CC; arts. 21 y ss. de la Ley 29/1994, de 24 de noviembre, de Arrendamientos Urbanos; Ley 49/2003, de 26 de noviembre, de Arrendamientos Rústicos.

ART. 1559.

El arrendatario está obligado a poner en conocimiento del propietario, en el más breve plazo posible, toda usurpación o novedad dañosa que otro haya realizado o abiertamente prepare en la cosa arrendada.

También está obligado a poner en conocimiento del dueño, con la misma urgencia, la necesidad de todas las reparaciones comprendidas en el número 2.º del artículo 1554.

En ambos casos será responsable el arrendatario de los daños y perjuicios que por su negligencia se ocasionaren al propietario.

Ver art. 1554 del CC; arts. 21 y 30 de la Ley 29/1994, de Arrendamientos Urbanos.

ART. 1560.

El arrendador no está obligado a responder de la perturbación de mero hecho que un tercero causare en el uso de la finca arrendada; pero el arrendatario tendrá acción directa contra el perturbador.

No existe perturbación de hecho cuando el tercero, ya sea la Administración, ya un particular, ha obrado en virtud de un derecho que le corresponde.

Ver arts. 1554 y 1902 CC; art. 27 de la Ley 29/1994, de Arrendamientos Urbanos; Ley 49/2003, de 26 de noviembre, de Arrendamientos Rústicos.

ART. 1561.

El arrendatario debe devolver la finca, al concluir el arriendo, tal como la recibió, salvo lo que hubiese perecido o se hubiera menoscabado por el tiempo o por causa inevitable.

Ver art. 1573 CC; arts. 23 y ss de la Ley 29/1994, de Arrendamientos Urbanos; Ley 49/2003, de 26 de noviembre, de Arrendamientos Rústicos.

ART. 1562.

A falta de expresión del estado de la finca al tiempo de arrendarla, la ley presume que el arrendatario la recibió en buen estado, salvo prueba en contrario.

ART. 1563.

El arrendatario es responsable del deterioro o pérdida que tuviere la cosa arrendada, a no ser que pruebe haberse ocasionado sin culpa suya.

Ver arts. 21 y ss. de la Ley 29/1994, de Arrendamientos Urbanos.

ART. 1564.

El arrendatario es responsable del deterioro causado por las personas de su casa.

Ver art. 1910 del CC.

ART. 1565.

Si el arrendamiento se ha hecho por tiempo determinado, concluye el día prefijado sin necesidad de requerimiento.

Ver arts. 1577 y 1581 CC; Ley 29/1994, de 24 de noviembre, de Arrendamientos Urbanos; Ley 49/2003, de 26 de noviembre, de Arrendamientos Rústicos.

ART. 1566.

Si al terminar el contrato, permanece el arrendatario disfrutando quince días de la cosa arrendada con aquiescencia del arrendador, se entiende que hay tácita reconducción por el tiempo que establecen los artículos 1577 y 1581, a menos que haya precedido requerimiento.

Ver arts. 1577 y 1581 CC; Ley 29/1994, de 24 de noviembre, de Arrendamientos Urbanos; Ley 49/2003, de 26 de noviembre, de Arrendamientos Rústicos.

ART. 1567.

En el caso de la tácita reconducción, cesan respecto de ella las obligaciones otorgadas por un tercero para la seguridad del contrato principal.

Ver art. 1851 del CC.

ART. 1568.

Si se pierde la cosa arrendada o alguno de los contratantes falta al cumplimiento de lo estipulado, se observará respectivamente lo dispuesto en los artículos 1182 y 1183 y en los 1101 y 1124.

Ver arts. 1101, 1124, 1182 y 1183 CC; art. 28 de la Ley 29/1994, de 24 de noviembre, de Arrendamientos Urbanos; Ley 49/2003, de 26 de noviembre, de Arrendamientos Rústicos.

ART. 1569.

El arrendador podrá desahuciar judicialmente al arrendatario por alguna de las causas siguientes:

1.ª Haber expirado el término convencional o el que se fija para la duración de los arrendamientos en los artículos 1577 y 1581.

2.ª Falta de pago en el precio convenido.

3.ª Infracción de cualquiera de las condiciones estipuladas en el contrato.

4.ª Destinar la cosa arrendada a usos o servicios no pactados que la hagan desmerecer; o no sujetarse en su uso a lo que se ordena en el número 2.º del artículo 1555.

Ver arts. 22.4 y 250.1.1º de la Ley 1/2000, de 7 de enero, de Enjuiciamiento Civil; Ley 29/1994, de 24 de noviembre, de Arrendamientos Urbanos; Ley 49/2003, de 26 de noviembre, de Arrendamientos Rústicos.

ART. 1570.

Fuera de los casos mencionados en el artículo anterior, tendrá el arrendatario derecho a aprovechar los términos establecidos en los artículos 1577 y 1581.

Ver arts. 248 a 250 de la Ley 1/2000, de 7 de enero, de Enjuiciamiento Civil.

ART. 1571.

El comprador de una finca arrendada tiene derecho a que termine el arriendo vigente al verificarse la venta, salvo pacto en contrario y lo dispuesto en la Ley Hipotecaria.

Si el comprador usare de este derecho, el arrendatario podrá exigir que se le deje recoger los frutos de la cosecha que corresponda al año agrícola corriente y que el vendedor le indemnice los daños y perjuicios que se le causen.

Ver art. 1549 CC; arts. 14 y 29 de la Ley 29/1994, de 24 de noviembre, de Arrendamientos Urbanos; art. 22 de la Ley 49/2003, de 26 de noviembre, de Arrendamientos Rústicos; art. 2.5 de la LH.

ART. 1572.

El comprador con pacto de retraer no puede usar de la facultad de desahuciar al arrendatario hasta que haya concluido el plazo para usar del retracto.

Ver arts. 1507, 1508 y 1520 CC; art. 25 de la Ley 29/1994, de 24 de noviembre, de Arrendamientos Urbanos.

ART. 1573.

El arrendatario tendrá, respecto de las mejoras útiles y voluntarias, el mismo derecho que se concede al usufructuario.

Ver arts. 487, 488 y 502 CC; art. 21 de la Ley 29/1994, de 24 de noviembre, de Arrendamientos Urbanos; art. 21 de la Ley 49/2003, de 26 de noviembre, de Arrendamientos Rústicos.

ART. 1574.

Si nada se hubiere pactado sobre el lugar y tiempo del pago del arrendamiento, se estará, en cuanto al lugar, a lo dispuesto en el artículo 1171; y, en cuanto al tiempo, a la costumbre de la tierra.

Ver arts. 1171 y 1555.1 CC; art. 17 de la Ley 29/1994, de 24 de noviembre, de Arrendamientos Urbanos; art. 14 de la Ley 49/2003, de 26 de noviembre, de Arrendamientos Rústicos.

Sección 3.ª Disposiciones especiales para los arrendamientos de predios rústicos

ART. 1575.

El arrendatario no tendrá derecho a rebaja de la renta por esterilidad de la tierra arrendada o por pérdida de frutos proveniente de casos fortuitos ordinarios; pero sí, en caso de pérdida de más de la mitad de frutos por casos fortuitos extraordinarios e imprevistos, salvo siempre el pacto especial en contrario.

Entiéndese por casos fortuitos extraordinarios: el incendio, guerra, peste, inundación insólita, langosta, terremoto u otro igualmente desacostumbrado, y que los contratantes no hayan podido racionalmente prever.

Ver art. 13 de la Ley 49/2003, de 26 de noviembre, de Arrendamientos Rústicos.

ART. 1576.

Tampoco tiene el arrendatario derecho a rebaja de la renta cuando los frutos se han perdido después de estar separados de su raíz o tronco.

Ver art. 451 del CC.

ART. 1577.

El arrendamiento de un predio rústico, cuando no se fija su duración, se entiende hecho por todo el tiempo necesario para la recolección de los frutos que toda la finca arrendada diere en un año o pueda dar por una vez, aunque pasen dos o más años para obtenerlos.

El de tierras labrantías, divididas en dos o más hojas, se entiende por tantos años cuantas sean éstas.

Ver arts. 480, 1565 y 1566 CC; arts. 12 y 24.d) de la Ley 49/2003, de 26 de noviembre, de Arrendamientos Rústicos.

ART. 1578.

El arrendatario saliente debe permitir al entrante el uso del local y demás medios necesarios para las labores preparatorias del año siguiente; y, recíprocamente, el entrante tiene obligación de permitir al colono saliente lo necesario para la recolección y aprovechamiento de los frutos, todo con arreglo a la costumbre del pueblo.

Ver arts. 27 de la Ley 49/2003, de 26 de noviembre, de Arrendamientos Rústicos.

ART. 1579.

El arrendamiento por aparcería de tierras de labor, ganados de cría o establecimientos fabriles e industriales, se regirá por las disposiciones relativas al contrato de sociedad y por las estipulaciones de las partes, y, en su defecto, por la costumbre de la tierra.

Ver arts. 28 a 32 de la Ley 49/2003, de 26 de noviembre, de Arrendamientos Rústicos.

Sección 4.ª Disposiciones especiales para el arrendamiento de predios urbanos

ART. 1580.

En defecto de pacto especial, se estará a la costumbre del pueblo para las reparaciones de los predios urbanos que deban ser de cuenta del propietario. En caso de duda se entenderán de cargo de éste.

Ver art. 1554.2 CC; arts. 21, 27, y 30 de la Ley 29/1994, de 24 de noviembre, de Arrendamientos Urbanos.

ART. 1581.

Si no se hubiese fijado plazo al arrendamiento, se entiende hecho por años cuando se ha fijado un alquiler anual, por meses cuando es mensual, por días cuando es diario.

En todo caso cesa el arrendamiento, sin necesidad de requerimiento especial, cumplido el término.

Ver arts. 1289, 1543, 1565, 1566 y 1582 CC; arts. 9 a 16 de la Ley 29/1994, de 24 de noviembre, de Arrendamientos Urbanos.

ART. 1582.

Cuando el arrendador de una casa, o de parte de ella, destinada a la habitación de una familia, o de una tienda, o almacén, o establecimiento industrial, arrienda también los muebles, el arrendamiento de éstos se entenderá por el tiempo que dure el de la finca arrendada.

Ver art. 2 de la Ley 29/1994, de 24 de noviembre, de Arrendamientos Urbanos.

CAPÍTULO III
Del arrendamiento de obras y servicios

Sección 1.ª Del servicio de criados y trabajadores asalariados

ART. 1583.

Puede contratarse esta clase de servicios sin tiempo fijo, por cierto tiempo, o para una obra determinada. El arrendamiento hecho por toda la vida es nulo.

Ver arts. 1544 y 1585 del CC; Real Decreto Legislativo 2/2015, de 23 de octubre, por el que se aprueba el texto refundido de la Ley del Estatuto de los Trabajadores; Real Decreto 1620/2011, de 14 de noviembre, por el que se regula la relación laboral de carácter especial del servicio del hogar familiar; RD 1382/1985, de 1 de agosto que regula la relación laboral de carácter especial del personal de alta dirección.

ART. 1584.

El criado doméstico destinado al servicio personal de su amo, o de la familia de éste, por tiempo determinado, puede despedirse y ser despedido antes de expirar el término; pero, si el amo despide al criado sin justa causa, debe indemnizarle pagándole el salario devengado y el de quince días más.

El amo será creído, salvo prueba en contrario:

1.º Sobre el tanto del salario del sirviente doméstico.

2.º Sobre el pago de los salarios devengados en el año corriente.

Ver Real Decreto Legislativo 2/2015, de 23 de octubre, por el que se aprueba el texto refundido de la Ley del Estatuto de los Trabajadores; Real Decreto 1620/2011, de 14 de noviembre, por el que se regula la relación laboral de carácter especial del servicio del hogar familiar.

ART. 1585.

Además de lo prescrito en los artículos anteriores, se observará acerca de los amos y sirvientes lo que determinen las leyes y reglamentos especiales.

Ver Real Decreto Legislativo 2/2015, de 23 de octubre, por el que se aprueba el texto refundido de la Ley del Estatuto de los Trabajadores; Real Decreto 1620/2011, de 14 de noviembre, por el que se regula la relación laboral de carácter especial del servicio del hogar familiar.

ART. 1586.

Los criados de labranza, menestrales, artesanos y demás trabajadores asalariados por cierto término para cierta obra, no pueden despedirse ni ser despedidos antes del cumplimiento del contrato, sin justa causa.

Ver Real Decreto Legislativo 2/2015, de 23 de octubre, por el que se aprueba el texto refundido de la Ley del Estatuto de los Trabajadores.

ART. 1587.

La despedida de los criados, menestrales, artesanos y demás trabajadores asalariados, a que se refieren los artículos anteriores, da derecho para desposeerles de la herramienta y edificios que ocuparen por razón de su cargo.

Ver Ley 49/2003, de 26 de noviembre, de Arrendamientos Rústicos; art. 285 de la Ley 36/2011, de 10 de octubre, reguladora de la jurisdicción social.

Sección 2.ª De las obras por ajuste o precio alzado

ART. 1588.

Puede contratarse la ejecución de una obra conviniendo en que el que la ejecute ponga solamente su trabajo o su industria, o que también suministre el material.

Ver arts. 1544, 1589 y 1590 CC; Ley 38/1999, de 5 de noviembre, de Ordenación de la Edificación.

ART. 1589.

Si el que contrató la obra se obligó a poner el material, debe sufrir la pérdida en el caso de destruirse la obra antes de ser entregada, salvo si hubiese habido morosidad en recibirla.

Ver art. 1094 y siguientes, y 1100 y siguientes del CC.

ART. 1590.

El que se ha obligado a poner sólo su trabajo o industria, no puede reclamar ningún estipendio si se destruye la obra antes de haber sido entregada, a no ser que haya habido morosidad para recibirla, o que la destrucción haya provenido de la mala calidad de los materiales, con tal que haya advertido oportunamente esta circunstancia al dueño.

Ver arts. 1100 y siguientes, y 1588 del CC.

ART. 1591.

El contratista de un edificio que se arruinase por vicios de la construcción, responde de los daños y perjuicios si la ruina tuviere lugar dentro de diez años, contados desde que concluyó la construcción; igual responsabilidad, y por el mismo tiempo, tendrá el arquitecto que la dirigiere, si se debe la ruina a vicio del suelo o de la dirección.

Si la causa fuere la falta del contratista a las condiciones del contrato, la acción de indemnización durará quince años.

Ver arts. 1484, 1553, 1907, 1908, 1909 y 1964 del CC; Ley 38/1999, de 5 de noviembre, de Ordenación de la Edificación.

ART. 1592.

El que se obliga a hacer una obra por piezas o por medida, puede exigir del dueño que la reciba por partes y que la pague en proporción. Se presume aprobada y recibida la parte satisfecha.

Ver arts. 1169 del CC.

ART. 1593.

El arquitecto o contratista que se encarga por un ajuste alzado de la construcción de un edificio u otra obra en vista de un plano convenido con el propietario del suelo, no puede pedir aumento de precio aunque se haya aumentado el de los jornales o materiales; pero podrá hacerlo cuando se haya hecho algún cambio en el plano que produzca aumento de obra, siempre que hubiese dado su autorización el propietario.

Ver arts. 1255, 1258 y 1262 CC.

ART. 1594.

El dueño puede desistir, por su sola voluntad, de la construcción de la obra aunque se haya empezado, indemnizando al contratista de todos sus gastos, trabajo y utilidad que pudiera obtener de ella.

Ver arts. 1256 del CC.

ART. 1595.

Cuando se ha encargado cierta obra a una persona por razón de sus cualidades personales, el contrato se rescinde por la muerte de esta persona.

En este caso el propietario debe abonar a los herederos del constructor, a proporción del precio convenido, el valor de la parte de obra ejecutada y de los materiales preparados, siempre que de estos materiales reporte algún beneficio.

Lo mismo se entenderá si el que contrató la obra no puede acabarla por alguna causa independiente de su voluntad.

Ver arts. 1124, 1161, 1184 y 1742 del CC.

ART. 1596.

El contratista es responsable del trabajo ejecutado por las personas que ocupare en la obra.

Ver arts. 1902 y 1903 del CC.

ART. 1597.

Los que ponen su trabajo y materiales en una obra ajustada alzadamente por el contratista, no tienen acción contra el dueño de ella sino hasta la cantidad que éste adeude a aquél cuando se hace la reclamación.

Ver art. 1257 CC; art. 17 de la Ley 38/1999, de 5 de noviembre, sobre Ordenación de la edificación.

ART. 1598.

Cuando se conviniere que la obra se ha de hacer a satisfacción del propietario, se entiende reservada la aprobación, a falta de conformidad, al juicio pericial correspondiente.

Si la persona que ha de aprobar la obra es un tercero, se estará a lo que éste decida.

Ver art. 1453 del CC; art. 4 de la Ley 60/2003, de 23 de diciembre, de arbitraje.

ART. 1599.

Si no hubiere pacto o costumbre en contrario, el precio de la obra deberá pagarse al hacerse la entrega.

Ver arts. 1171 y 1500 del CC.

ART. 1600.

El que ha ejecutado una obra en cosa mueble, tiene el derecho de retenerla en prenda hasta que se le pague.

Ver arts. 453, 502, 522, 1730 y 1780 CC; art. 139 de la Ley de Navegación Marítima.

Sección 3.ª De los transportes por agua y tierra, tanto de personas como de cosas

ART. 1601.

Los conductores de efectos por tierra o por agua están sujetos, en cuanto a la guarda y conservación de las cosas que se les confían, a las mismas obligaciones que respecto a los posaderos se determinan en los artículos 1783 y 1784.

Lo dispuesto en este artículo se entiende sin perjuicio de lo que respecto a transportes por mar y tierra establece el Código de Comercio.

Ver arts. 1783 y 1784 CC; Ley 15/2009, de 11 de noviembre, del contrato de transporte terrestre de mercancías; Ley 14/2014, de 24 de julio, de Navegación Marítima.

ART. 1602.

Responden igualmente los conductores de la pérdida y de las averías de las cosas que reciben, a no ser que prueben que la pérdida o la avería ha provenido de caso fortuito o de fuerza mayor.

Ver arts. 1105, 1183 y 1563 CC; Ley 15/2009, de 11 de noviembre, del contrato de transporte terrestre de mercancías; Ley 14/2014, de 24 de julio, de Navegación Marítima.

ART. 1603.

Lo dispuesto en estos artículos se entiende sin perjuicio de lo que prevengan las leyes y los reglamentos especiales.

Ver Ley 14/2014, de 24 de julio, de Navegación Marítima; Ley 15/2009, de 11 de noviembre, del contrato de transporte terrestre de mercancías; Real Decreto 1211/1990, de 28 de septiembre, por el que se aprueba el Reglamento de la Ley de Ordenación de los Transportes Terrestres; Ley Orgánica 5/1987, de 30 de julio, de Delegación de Facultades del Estado en las Comunidades Autónomas en relación con los transportes por carretera y por cable; Ley 16/1987, de 30 de julio, de Ordenación de los Transportes Terrestres; Ley 48/1960, de 21 de julio, sobre Navegación Aérea.

TÍTULO VII
De los censos

CAPÍTULO I
Disposiciones generales

ART. 1604.

Se constituye el censo cuando se sujetan algunos bienes inmuebles al pago de un canon o rédito anual en retribución de un capital que se recibe en dinero, o del dominio pleno o menos pleno que se transmite de los mismos bienes.

Ver arts. 334.10 y 1605 y siguientes CC; art. 2.2 de la Ley Hipotecaria; arts. 565-1 y siguientes de la Ley 5/2006, de 10 de mayo, del libro quinto del Código civil de Cataluña, relativo a los derechos reales; Ley 541 y ss de Ley 1/1973 de 1 de marzo, por la que se aprueba la Compilación del Derecho Civil Foral de Navarra; Decreto Legislativo n.º 79/1990, de 6 de septiembre, por el que se aprueba el texto refundido de la Compilación del Derecho Civil de las Islas Baleares.

ART. 1605.

Es enfitéutico el censo cuando una persona cede a otra el dominio útil de una finca, reservándose el directo y el derecho a percibir del enfiteuta una pensión anual en reconocimiento de este mismo dominio.

Ver arts. 1604 y 1628 a 1654 CC; art. 2.2 de la Ley Hipotecaria; art. 565-14 de la Ley 5/2006, de 10 de mayo, del libro quinto del Código civil de Cataluña, relativo a los derechos reales.

ART. 1606.

Es consignativo el censo, cuando el censatario impone sobre un inmueble de su propiedad el gravamen del canon o pensión que se obliga a pagar al censualista por el capital que de éste recibe en dinero.

Ver arts. 1657 a 1660 CC; Ley 541 y ss de Ley 1/1973 de 1 de marzo, por la que se aprueba la Compilación del Derecho Civil Foral de Navarra; arts. 565-1 y siguientes de la Ley 5/2006, de 10 de mayo, del libro quinto del Código civil de Cataluña, relativo a los derechos reales.

ART. 1607.

Es reservativo el censo, cuando una persona cede a otra el pleno dominio de un inmueble, reservándose el derecho a percibir sobre el mismo inmueble una pensión anual que deba pagar el censatario.

Ver arts. 1661 a 1664 CC; arts. 55 y siguientes del Decreto Legislativo n.° 79/1990, de 6 de septiembre, por el que se aprueba el texto refundido de la Compilación del Derecho Civil de las Islas Baleares.

ART. 1608.

Es de la naturaleza del censo que la cesión del capital o de la cosa inmueble sea perpetua o por tiempo indefinido; sin embargo, el censatario podrá redimir el censo a su voluntad aunque se pacte lo contrario; siendo esta disposición aplicable a los censos que hoy existen.

Puede, no obstante, pactarse que la redención del censo no tenga lugar durante la vida del censualista o de una persona determinada, o que no pueda redimirse en cierto número de años, que no excederá de veinte en el consignativo, ni de sesenta en el reservativo y enfitéutico.

Ver arts. 1651, 1658 y 1662 CC; art. 148 de la Ley Hipotecaria; arts. 565-11 y siguientes de la Ley 5/2006, de 10 de mayo, del libro quinto del Código civil de Cataluña, relativo a los derechos reales; art. 63 del Decreto Legislativo n.° 79/1990, de 6 de septiembre, por el que se aprueba el texto refundido de la Compilación del Derecho Civil de las Islas Baleares.

ART. 1609.

Para llevar a efecto la redención, el censatario deberá avisarlo al censualista con un año de antelación, o anticiparle el pago de una pensión anual.

Ver arts. 565-13 de la Ley 5/2006, de 10 de mayo, del libro quinto del Código civil de Cataluña, relativo a los derechos reales; Ley 541 yss de Ley 1/1973 de 1 de marzo, por la que se aprueba la Compilación del Derecho Civil Foral de Navarra; art. 57 del Decreto Legislativo n.° 79/1990, de 6 de septiembre, por el que se aprueba el texto refundido de la Compilación del Derecho Civil de las Islas Baleares.

ART. 1610.

Los censos no pueden redimirse parcialmente sino en virtud de pacto expreso.

Tampoco podrán redimirse contra la voluntad del censualista, sin estar al corriente el pago de las pensiones.

Ver arts. 565-13 de la Ley 5/2006, de 10 de mayo, del libro quinto del Código civil de Cataluña, relativo a los derechos reales.

ART. 1611.

Para la redención de los censos constituidos antes de la promulgación de este Código, si no fuere conocido el capital, se regulará éste por la cantidad que resulte, computada la pensión al 3 por 100.

Si la pensión se paga en frutos, se estimarán éstos, para determinar el capital, por el precio medio que hubiesen tenido en el último quinquenio.

Lo dispuesto en este artículo no será aplicable a los foros, subforos, derechos de superficie y cualesquiera otros gravámenes semejantes, en los cuales el principio de la redención de los dominios será regulado por una ley especial.

Ver arts. 565-13 de la Ley 5/2006, de 10 de mayo, del libro quinto del Código civil de Cataluña, relativo a los derechos reales; art. 57 del Decreto Legislativo n.° 79/1990, de 6 de septiembre, por el que se aprueba el texto refundido de la Compilación del Derecho Civil de las Islas Baleares.

ART. 1612.

Los gastos que se ocasionen para la redención y liberación del censo serán de cuenta del censatario, salvo los que se causen por oposición temeraria, a juicio de los Tribunales.

Ver Ley 5/2006, de 10 de mayo, del libro quinto del Código civil de Cataluña, relativo a los derechos reales.

ART. 1613.

La pensión o canon de los censos se determinará por las partes al otorgar el contrato. Podrá consistir en dinero o frutos.

Ver arts. 1629, 1630, 1657 y 1663 CC; art. 565-8 de la Ley 5/2006, de 10 de mayo, del libro quinto del Código civil de Cataluña, relativo a los derechos reales.

ART. 1614.

Las pensiones se pagarán en los plazos convenidos; y, a falta de convenio, si consisten en dinero, por años vencidos a contar desde la fecha del contrato, y, si en frutos, al fin de la respectiva recolección.

Ver art. 1630 CC; art. 565-8 de la Ley 5/2006, de 10 de mayo, del libro quinto del Código civil de Cataluña, relativo a los derechos reales; Ley 541 y ss de la de Ley 1/1973 de 1 de marzo, por la que se aprueba la Compilación del Derecho Civil Foral de Navarra.

ART. 1615.

Si no se hubiere designado en el contrato el lugar en que hayan de pagarse las pensiones, se cumplirá esta obligación en el que radique la finca gravada con el censo, siempre que el censualista o su apoderado tuvieren su domicilio en el término municipal del mismo pueblo. No teniéndolo, y sí el censatario, en el domicilio de éste se hará el pago.

Ver art. 1171 del CC; art. 565-8 de la Ley 5/2006, de 10 de mayo, del libro quinto del Código civil de Cataluña, relativo a los derechos reales.

ART. 1616.

El censualista, al tiempo de entregar el recibo de cualquier pensión, puede obligar al censatario a que le dé un resguardo en que conste haberse hecho el pago.

Ver art. 565-8 de la Ley 5/2006, de 10 de mayo, del libro quinto del Código civil de Cataluña, relativo a los derechos reales; art. 58 del Decreto Legislativo n.º 79/1990, de 6 de septiembre, por el que se aprueba el texto refundido de la Compilación del Derecho Civil de las Islas Baleares.

ART. 1617.

Pueden transmitirse a título oneroso o lucrativo las fincas gravadas con censos, y lo mismo el derecho a percibir la pensión.

Ver arts. 1636, 1637 y 1644 del CC; Ley 543 de la de Ley 1/1973 de 1 de marzo, por la que se aprueba la Compilación del Derecho Civil Foral de Navarra; arts. 565-5 y 25 de la Ley 5/2006, de 10 de mayo, del libro quinto del Código civil de Cataluña, relativo a los derechos reales.

ART. 1618.

No pueden dividirse entre dos o más personas las fincas gravadas con censo sin el consentimiento expreso del censualista, aunque se adquieran a título de herencia.

Cuando el censualista permita la división, se designará con su consentimiento la parte del censo con que quedará gravada cada porción, constituyéndose tantos censos distintos cuantas sean las porciones en que se divida la finca.

Ver art. 565-6 de la Ley 5/2006, de 10 de mayo, del libro quinto del Código civil de Cataluña, relativo a los derechos reales; art. 59 del Decreto Legislativo n.º 79/1990, de 6 de septiembre, por el que se aprueba el texto refundido de la Compilación del Derecho Civil de las Islas Baleares.

ART. 1619.

Cuando se intente adjudicar la finca gravada con censo a varios herederos, y el censualista no preste su consentimiento para la división, se pondrá a licitación entre ellos.

A falta de conformidad, o no ofreciéndose por alguno de los interesados el precio de tasación, se venderá la finca con la carga, repartiéndose el precio entre los herederos.

Ver arts. 1062 y 1618 del CC.

ART. 1620.

Son prescriptibles tanto el capital como las pensiones de los censos, conforme a lo que se dispone en el Título XVIII de este Libro.

Ver arts. 1930 y ss., y 1970 CC; art. 565-10 de la Ley 5/2006, de 10 de mayo, del libro quinto del Código civil de Cataluña, relativo a los derechos reales; art. 60 del Decreto Legislativo n.º 79/1990, de 6 de septiembre, por el que se aprueba el texto refundido de la Compilación del Derecho Civil de las Islas Baleares; Ley 23 y ss de la de Ley 1/1973 de 1 de marzo, por la que se aprueba la Compilación del Derecho Civil Foral de Navarra.

ART. 1621.

A pesar de lo dispuesto en el artículo 1110, será necesario el pago de dos pensiones consecutivas para suponer satisfechas todas las anteriores.

Ver art. 1110 CC; art. 565-10 de la Ley 5/2006, de 10 de mayo, del libro quinto del Código civil de Cataluña, relativo a los derechos reales

ART. 1622.

El censatario está obligado a pagar las contribuciones y demás impuestos que afecten a la finca acensuada.

Al verificar el pago de la pensión podrá descontar de ella la parte de los impuestos que corresponda al censualista.

Ver arts. 504 y 505 del CC.

ART. 1623.

Los censos producen acción real sobre la finca gravada. Además de la acción real podrá el censualista ejercitar la personal para el pago de las pensiones atrasadas, y de los daños e intereses cuando hubiere lugar a ello.

Ver art. 1659 CC; art. 116 de la Ley Hipotecaria; arts. 565-8 y 565-9 de la Ley 5/2006, de 10 de mayo, del libro quinto del Código civil de Cataluña, relativo a los derechos reales; Ley 543 de la de Ley 1/1973 de 1 de marzo, por la que se aprueba la Compilación del Derecho Civil Foral de Navarra.

ART. 1624.

El censatario no podrá pedir el perdón o reducción de la pensión por esterilidad accidental de la finca, ni por la pérdida de sus frutos.

Ver arts. 1575 y 1576 del CC.

ART. 1625.

Si por fuerza mayor o caso fortuito se pierde o inutiliza totalmente la finca gravada con censo, quedará éste extinguido, cesando el pago de la pensión.

Si se pierde sólo en parte, no se eximirá el censatario de pagar la pensión, a no ser que prefiera abandonar la finca al censualista.

Interviniendo culpa del censatario, quedará sujeto, en ambos casos, al resarcimiento de daños y perjuicios.

Ver arts. 457 y 1624 CC; art. 565-11 de la Ley 5/2006, de 10 de mayo, del libro quinto del Código civil de Cataluña, relativo a los derechos reales.

ART. 1626.

En el caso del párrafo primero del artículo anterior, si estuviere asegurada la finca, el valor del seguro quedará afecto al pago del capital del censo y de las pensiones vencidas, a no ser que el censatario prefiera invertirlo en reedificar la finca, en cuyo caso revivirá el censo con todos sus efectos, incluso el pago de las pensiones no satisfechas. El censualista podrá exigir del censatario que asegure la inversión del valor del seguro en la reedificación de la finca.

Ver art. 518 CC.

ART. 1627.

Si la finca gravada con censo fuere expropiada por causa de utilidad pública, su precio estará afecto al pago del capital del censo y de las pensiones vencidas, quedando éste extinguido.

La precedente disposición es también aplicable al caso en que la expropiación forzosa sea solamente de parte de la finca, cuando su precio baste para cubrir el capital del censo.

Si no bastare, continuará gravando el censo sobre el resto de la finca, siempre que su precio sea suficiente para cubrir el capital censual y un 25 por 100 más del mismo. En otro caso estará obligado el censualista a sustituir con otra garantía la parte expropiada, o a redimir el censo, a su elección, salvo lo dispuesto para el enfitéutico en el artículo 1631.

Ver arts. 519, 1631 y 1659 del CC; art. 565-11 de la Ley 5/2006, de 10 de mayo, del libro quinto del Código civil de Cataluña, relativo a los derechos reales.

CAPÍTULO II
Del censo enfitéutico

Sección 1.ª Disposiciones relativas a la enfiteusis

ART. 1628.

El censo enfitéutico sólo puede establecerse sobre bienes inmuebles y en escritura pública.

Ver arts. 1279, 1280 y 1605 CC; art. 565-4 de la Ley 5/2006, de 10 de mayo, del libro quinto del Código civil de Cataluña, relativo a los derechos reales.

ART. 1629.

Al constituirse el censo enfitéutico se fijará en el contrato, bajo pena de nulidad, el valor de la finca y la pensión anual que haya de satisfacerse.

Ver arts. 6.3 y 1613 CC; art. 565-4 de la Ley 5/2006, de 10 de mayo, del libro quinto del Código civil de Cataluña, relativo a los derechos reales.

ART. 1630.

Cuando la pensión consista en una cantidad determinada de frutos, se fijarán en el contrato su especie y calidad.

Si consiste en una parte alícuota de los que produzca la finca, a falta de pacto expreso sobre la intervención que haya de tener el dueño directo, deberá el enfiteuta darle aviso previo, o a su representante, del día en que se proponga comenzar la recolección de cada clase de frutos, a fin de que pueda, por sí mismo o por medio de su representante, presenciar todas las operaciones hasta percibir la parte que le corresponda.

Dado el aviso, el enfiteuta podrá levantar la cosecha, aunque no concurra el dueño directo ni su representante o interventor.

Ver art. 1614 CC; art. 565-8 de la Ley 5/2006, de 10 de mayo, del libro quinto del Código civil de Cataluña, relativo a los derechos reales.

ART. 1631.

En el caso de expropiación forzosa se estará a lo dispuesto en el párrafo primero del artículo 1627, cuando sea expropiada toda la finca.

Si sólo lo fuere en parte, se distribuirá el precio de lo expropiado entre el dueño directo y el útil, recibiendo aquél la parte del capital del censo que proporcionalmente corresponda a la parte expropiada, según el valor que se dio a toda la finca al constituirse el censo o que haya servido de tipo para la redención, y el resto corresponderá al enfiteuta.

En este caso continuará el censo sobre el resto de la finca, con la correspondiente reducción en el capital y las pensiones, a no ser que el enfiteuta opte por la redención total o por el abandono a favor del dueño directo.

Cuando, conforme a lo pactado, deba pagarse laudemio, el dueño directo percibirá lo que por este concepto le corresponda sólo de la parte del precio que pertenezca al enfiteuta.

Ver art. 1627 CC; art. 565-11 de la Ley 5/2006, de 10 de mayo, del libro quinto del Código civil de Cataluña, relativo a los derechos reales.

ART. 1632.

El enfiteuta hace suyos los productos de la finca y de sus accesiones.

Tiene los mismos derechos que corresponderían al propietario en los tesoros y minas que se descubran en la finca enfitéutica.

Ver arts. 351 a 353 CC; art. 565-33 de la Ley 5/2006, de 10 de mayo, del libro quinto del Código civil de Cataluña, relativo a los derechos reales; art. 41.3 de la Ley 16/1985, de 25 de junio, del patrimonio histórico español; arts. 16, 25 y 31 de la Ley 22/1973, de 21 de julio, de Minas.

ART. 1633.

Puede el enfiteuta disponer del predio enfitéutico y de sus accesiones, tanto por actos entre vivos como de última voluntad, dejando a salvo los derechos del dueño directo, y con sujeción a lo que establecen los artículos que siguen.

Ver arts. 1635, 1636 y 1644 CC; art. 565-5 y 25 de la Ley 5/2006, de 10 de mayo, del libro quinto del Código civil de Cataluña, relativo a los derechos reales.

ART. 1634.

Cuando la pensión consista en una parte alícuota de los frutos de la finca enfitéutica, no podrá imponerse servidumbre ni otra carga que disminuya los productos sin consentimiento expreso del dueño directo.

Ver art. 596 del CC.

ART. 1635.

El enfiteuta podrá donar o permutar libremente la finca, poniéndolo en conocimiento del dueño directo.

Ver art. 1633 del CC; arts. 565-5 y 25 de la Ley 5/2006, de 10 de mayo, del libro quinto del Código civil de Cataluña, relativo a los derechos reales.

ART. 1636.

Corresponden recíprocamente al dueño directo y al útil el derecho de tanteo y el de retracto, siempre que vendan o den en pago su respectivo dominio sobre la finca enfitéutica.

Esta disposición no es aplicable a las enajenaciones forzosas por causa de utilidad pública.

Ver arts. 1637 y siguientes CC; art. 565-23 a 28 de la Ley 5/2006, de 10 de mayo, del libro quinto del Código civil de Cataluña, relativo a los derechos reales.

ART. 1637.

Para los efectos del artículo anterior, el que trate de enajenar el dominio de una finca enfitéutica deberá avisarlo al otro condueño, declarándole el precio definitivo que se le ofrezca, o en que pretenda enajenar su dominio.

Dentro de los veinte días siguientes al del aviso, podrá el condueño hacer uso del derecho de tanteo, pagando el precio indicado. Si no lo verifica, perderá este derecho y podrá llevarse a efecto la enajenación.

Ver arts. 1639, 1640, 1646 y 1656.6 CC; art. 565-24 de la Ley 5/2006, de 10 de mayo, del libro quinto del Código civil de Cataluña, relativo a los derechos reales

ART. 1638.

Cuando el dueño directo, o el enfiteuta en su caso, no haya hecho uso del derecho de tanteo a que se refiere el artículo anterior, podrá utilizar el de retracto para adquirir la finca por el precio de la enajenación.

En este caso deberá utilizarse el retracto dentro de los nueve días útiles siguientes al del otorgamiento de la escritura de venta. Si ésta se ocultare, se contará dicho término desde la inscripción de la misma en el Registro de la Propiedad.

Se presume la ocultación cuando no se presenta la escritura en el Registro dentro de los nueve días siguientes al de su otorgamiento.

Independientemente de la presunción, la ocultación puede probarse por los demás medios legales.

Ver arts. 348 y 432 CC; art. 249.1.7 de Ley 1/2000, de 7 de enero, de Enjuiciamiento Civil; Ley 446 de la Ley 1/1973 de 1 de marzo, por la que se aprueba la Compilación del Derecho Civil Foral de Navarra; art. 565-24 de la Ley 5/2006, de 10 de mayo, del libro quinto del Código civil de Cataluña, relativo a los derechos reales.

ART. 1639.

Si se hubiere realizado la enajenación sin el previo aviso que ordena el artículo 1637, el dueño directo, y en su caso el útil, podrán ejercitar la acción de retracto en todo tiempo hasta que transcurra un año, contado desde que la enajenación se inscriba en el Registro de la Propiedad.

Ver arts. 1637 y 1638 del CC; art. 565-24 de la Ley 5/2006, de 10 de mayo, del libro quinto del Código civil de Cataluña, relativo a los derechos reales.

ART. 1640.

En las ventas judiciales de fincas enfitéuticas, el dueño directo y el útil, en sus casos respectivos, podrán hacer uso del derecho de tanteo dentro del término fijado en los edictos para el remate, pagando el precio que sirva de tipo para la subasta, y del de retracto dentro de los nueve días útiles siguientes al del otorgamiento de la escritura.

En este caso no será necesario el aviso previo que exige el artículo 1637.

Ver art. 565-24 de la Ley 5/2006, de 10 de mayo, del libro quinto del Código civil de Cataluña, relativo a los derechos reales.

ART. 1641.

Cuando sean varias las fincas enajenadas sujetas a un mismo censo, no podrá utilizarse el derecho de tanteo ni el de retracto respecto de unas con exclusión de las otras.

Ver art. 1618 del CC.

ART. 1642.

Cuando el dominio directo o el útil pertenezca pro indiviso a varias personas, cada una de ellas podrá hacer uso del derecho de retracto con sujeción a las reglas establecidas para el de comuneros y con preferencia del dueño directo, si se hubiese enajenado parte del dominio útil; o el enfiteuta, si la enajenación hubiese sido del dominio directo.

Ver arts. 1522 y 1524 del CC; art. 565-28 de la Ley 5/2006, de 10 de mayo, del libro quinto del Código civil de Cataluña, relativo a los derechos reales.

ART. 1643.

Si el enfiteuta fuere perturbado en su derecho por un tercero que dispute el dominio directo o la validez de la enfiteusis, no podrá reclamar la correspondiente indemnización del dueño directo si no le cita de evicción conforme a lo prevenido en el artículo 1481.

Ver art. 1481 del CC.

ART. 1644.

En las enajenaciones a título oneroso de fincas enfitéuticas sólo se pagará laudemio al dueño directo cuando se haya estipulado expresamente en el contrato de enfiteusis.

Si al pactarlo no se hubiera señalado cantidad fija, ésta consistirá en el 2 por 100 del precio de la enajenación.

En las enfiteusis anteriores a la promulgación de este Código, que estén sujetas al pago de laudemio, aunque no se haya pactado, seguirá esta prestación en la forma acostumbrada, pero no excederá del 2 por 100 del precio de la enajenación cuando no se haya contratado expresamente otra mayor.

Ver arts. 565-15 a 22 de la Ley 5/2006, de 10 de mayo, del libro quinto del Código civil de Cataluña, relativo a los derechos reales.

ART. 1645.

La obligación de pagar el laudemio corresponde al adquirente, salvo pacto en contrario.

Ver art. 1631 CC; art. 565-22 de la Ley 5/2006, de 10 de mayo, del libro quinto del Código civil de Cataluña, relativo a los derechos reales.

ART. 1646.

Cuando el enfiteuta hubiese obtenido del dueño directo licencia para la enajenación o le hubiese dado el aviso previo que previene el artículo 1637, no podrá el dueño directo reclamar, en su caso, el pago de laudemio sino dentro del año siguiente al día en que se inscriba la escritura en el Registro de la Propiedad. Fuera de dichos casos, esta acción estará sujeta a la prescripción ordinaria.

Ver art. 1966.3 CC; arts. 565-14 a 22 Ley 5/2006, de 10 de mayo, del libro quinto del Código civil de Cataluña, relativo a los derechos reales; art. 60 del Decreto Legislativo n.° 79/1990, de 6 de septiembre, por el que se aprueba el texto refundido de la Compilación del Derecho Civil de las Islas Baleares.

ART. 1647.

Cada veintinueve años podrá el dueño directo exigir el reconocimiento de su derecho por el que se encuentre en posesión de la finca enfitéutica.

Los gastos del reconocimiento serán de cuenta del enfiteuta, sin que pueda exigírsele ninguna otra prestación por este concepto.

ART. 1648.

Caerá en comiso la finca, y el dueño directo podrá reclamar su devolución:
1.º Por falta de pago de la pensión durante tres años consecutivos.
2.º Si el enfiteuta no cumple la condición estipulada en el contrato o deteriora gravemente la finca.

Ver art. 565-8 de la Ley 5/2006, de 10 de mayo, del libro quinto del Código civil de Cataluña, relativo a los derechos reales; arts. 61 del Decreto Legislativo n.º 79/1990, de 6 de septiembre, por el que se aprueba el texto refundido de la Compilación del Derecho Civil de las Islas Baleares.

ART. 1649.

En el caso primero del artículo anterior, para que el dueño directo pueda pedir el comiso, deberá requerir de pago al enfiteuta judicialmente o por medio de Notario; y, si no paga dentro de los treinta días siguientes al requerimiento, quedará expedito el derecho de aquél.

Ver art. 565-8 de la Ley 5/2006, de 10 de mayo, del libro quinto del Código civil de Cataluña, relativo a los derechos reales.

ART. 1650.

Podrá el enfiteuta librarse del comiso en todo caso, redimiendo el censo y pagando las pensiones vencidas dentro de los treinta días siguientes al requerimiento de pago o al emplazamiento de la demanda.
Del mismo derecho podrán hacer uso los acreedores del enfiteuta hasta los treinta días siguientes al en que el dueño directo haya recobrado el pleno dominio.

Ver arts. 1111, 1608 a 1612 y 1651 del CC.

ART. 1651.

La redención del censo enfitéutico consistirá en la entrega en metálico, y de una vez, al dueño directo del capital que se hubiese fijado como valor de la finca al tiempo de constituirse el censo, sin que pueda exigirse ninguna otra prestación, a menos que haya sido estipulada.

Ver arts. 1608 a 1612, 1658 y 1662 CC; art. 565-13 de la Ley 5/2006, de 10 de mayo, del libro quinto del Código civil de Cataluña, relativo a los derechos reales; art. 63 del Decreto Legislativo n.º 79/1990, de 6 de septiembre, por el que se aprueba el texto refundido de la Compilación del Derecho Civil de las Islas Baleares.

ART. 1652.

En el caso de comiso, o en el de rescisión por cualquiera causa del contrato de enfiteusis, el dueño directo deberá abonar las mejoras que hayan aumentado el valor de la finca, siempre que este aumento subsista al tiempo de devolverla.
Si ésta tuviese deterioros por culpa o negligencia del enfiteuta, serán compensables con las mejoras, y en lo que no basten quedará el enfiteuta obligado personalmente a su pago, y lo mismo al de las pensiones vencidas y no prescritas.

ART. 1653.

A falta de herederos testamentarios descendientes, ascendientes, cónyuge supérstite y parientes dentro del sexto grado del último enfiteuta, volverá la finca al dueño directo en el estado en que se halle, si no dispuso de ella el enfiteuta en otra forma.

Ver art. 954 del CC.

ART. 1654.

Queda suprimido para lo sucesivo el contrato de subenfiteusis.

Sección 2.ª De los foros y otros contratos análogos al de enfiteusis

ART. 1655.

Los foros y cualesquiera otros gravámenes de naturaleza análoga que se establezcan desde la promulgación de este Código, cuando sean por tiempo indefinido, se regirán por las disposiciones establecidas para el censo enfitéutico en la sección que precede.
Si fueren temporales o por tiempo limitado, se estimarán como arrendamientos y se regirán por las disposiciones relativas a este contrato.

Ver arts. 69 y ss RH.

ART. 1656.

El contrato en cuya virtud el dueño del suelo cede su uso para plantar viñas por el tiempo que vivieren las primeras cepas, pagándole el cesionario una renta o pensión anual en frutos o en dinero, se regirá por las reglas siguientes:

1.ª Se tendrá por extinguido a los cincuenta años de la concesión, cuando en ésta no se hubiese fijado expresamente otro plazo.

2.ª También quedará extinguido por muerte de las primeras cepas, o por quedar infructíferas las dos terceras partes de las plantadas.

3.ª El cesionario o colono puede hacer renuevos y mugrones durante el tiempo del contrato.

4.ª No pierde su carácter este contrato por la facultad de hacer otras plantaciones en el terreno concedido, siempre que sea su principal objeto la plantación de viñas.

5.ª El cesionario puede transmitir libremente su derecho a título oneroso o gratuito, pero sin que pueda dividirse el uso de la finca, a no consentirlo expresamente su dueño.

6.ª En las enajenaciones a título oneroso, el cedente y el cesionario tendrán recíprocamente los derechos de tanteo y de retracto, conforme a lo prevenido para la enfiteusis, y con la obligación de darse el aviso previo que se ordena en el artículo 1637.

7.ª El colono o cesionario puede dimitir o devolver la finca al cedente cuando le convenga, abonando los deterioros causados por su culpa.

8.ª El cesionario no tendrá derecho a las mejoras que existan en la finca al tiempo de la extinción del contrato, siempre que sean necesarias o hechas en cumplimiento de lo pactado.

En cuanto a las útiles y voluntarias, tampoco tendrá derecho a su abono, a no haberlas ejecutado con consentimiento por escrito del dueño del terreno, obligándose a abonarlas. En este caso se abonarán dichas mejoras por el valor que tengan al devolver la finca.

9.ª El cedente podrá hacer uso de la acción de desahucio por cumplimiento del término del contrato.

10. Cuando después de terminado el plazo de los cincuenta años o el fijado expresamente por los interesados, continuare el cesionario en el uso y aprovechamiento de la finca por consentimiento tácito del cedente, no podrá aquél ser desahuciado sin el aviso previo que éste deberá darle con un año de antelación para la conclusión del contrato.

Ver art. 5 de Ley 49/2003, de 26 de noviembre, de arrendamientos rústicos; Leyes 427, 443 y 444 de la de Ley 1/1973 de 1 de marzo, por la que se aprueba la Compilación del Derecho Civil Foral de Navarra; Disposición Transitoria Duodécima de la Ley 5/2006, de 10 de mayo, del libro quinto del Código civil de Cataluña, relativo a los derechos reales.

CAPÍTULO III
Del censo consignativo

ART. 1657.

Cuando se pacte el pago en frutos de la pensión del censo consignativo, deberá fijarse la especie, cantidad y calidad de los mismos, sin que pueda consistir en una parte alícuota de los que produzca la finca acensuada.

Ver arts. 1630 y 1663 CC; Leyes 541 y ss de la de Ley 1/1973 de 1 de marzo, por la que se aprueba la Compilación del Derecho Civil Foral de Navarra; arts. 565-1 y siguientes de la Ley 5/2006, de 10 de mayo, del libro quinto del Código civil de Cataluña, relativo a los derechos reales.

ART. 1658.

La redención del censo consignativo consistirá en la devolución al censualista, de una vez y en metálico, del capital que hubiese entregado para constituir el censo.

Ver arts. 1608 a 1612, 1651 y 1662 CC; art. 57 del Decreto Legislativo n.º 79/1990, de 6 de septiembre, por el que se aprueba el texto refundido de la Compilación del Derecho Civil de las Islas Baleares; arts. 565-12 y 13 de la Ley 5/2006, de 10 de mayo, del libro quinto del Código civil de Cataluña, relativo a los derechos reales.

ART. 1659.

Cuando se proceda por acción real contra la finca acensuada para el pago de pensiones, si lo que reste del valor de la misma no fuera suficiente para cubrir el capital del censo y un

25 por 100 más del mismo, podrá el censualista obligar al censatario a que, a su elección, redima el censo o complete la garantía, o abandone el resto de la finca a favor de aquél.

Ver arts. 1660 y 1664 CC; Ley 543 de la de Ley 1/1973 de 1 de marzo, por la que se aprueba la Compilación del Derecho Civil Foral de Navarra; art. 61 del Decreto Legislativo n.º 79/1990, de 6 de septiembre, por el que se aprueba el texto refundido de la Compilación del Derecho Civil de las Islas Baleares; arts. 565-9 de la Ley 5/2006, de 10 de mayo, del libro quinto del Código civil de Cataluña, relativo a los derechos reales.

ART. 1660.

También podrá el censualista hacer uso del derecho establecido en el artículo anterior en los demás casos en que el valor de la finca sea insuficiente para cubrir el capital del censo y un 25 por 100 más, si concurre alguna de las circunstancias siguientes:

1.ª Que haya disminuido el valor de la finca por culpa o negligencia del censatario.

En tal caso éste será además responsable de los daños y perjuicios.

2.ª Que haya dejado de pagar la pensión por dos años consecutivos.

3.ª Que el censatario haya sido declarado en quiebra, concurso o insolvencia.

Ver Real Decreto Legislativo 1/2020, de 5 de mayo, por el que se aprueba el texto refundido de la Ley Concursal.

CAPÍTULO IV
Del censo reservativo

ART. 1661.

No puede constituirse válidamente el censo reservativo sin que preceda la valoración de la finca por estimación conforme de las partes o por justiprecio de peritos.

Ver art. 1607 CC; art. 56 del Decreto Legislativo n.º 79/1990, de 6 de septiembre, por el que se aprueba el texto refundido de la Compilación del Derecho Civil de las Islas Baleares; arts. 565-2 y ss de la Ley 5/2006, de 10 de mayo, del libro quinto del Código civil de Cataluña, relativo a los derechos reales.

ART. 1662.

La redención de este censo se verificará entregando el censatario al censualista, de una vez y en metálico, el capital que se hubiese fijado conforme al artículo anterior.

Ver arts. 1608 a 1612, 1651 y 1658 CC; art. 57 del Decreto Legislativo n.º 79/1990, de 6 de septiembre, por el que se aprueba el texto refundido de la Compilación del Derecho Civil de las Islas Baleares; arts. 565-12 y 13 de la Ley 5/2006, de 10 de mayo, del libro quinto del Código civil de Cataluña, relativo a los derechos reales.

ART. 1663.

La disposición del artículo 1657 es aplicable al censo reservativo.

Ver art. 1657 del CC.

ART. 1664.

En los casos previstos en los artículos 1659 y 1660, el deudor del censo reservativo sólo podrá ser obligado a redimir el censo, o a que abandone la finca a favor del censualista.

Ver arts. 1659 y 1660 del CC.

TÍTULO VIII
De la sociedad

CAPÍTULO I
Disposiciones generales

ART. 1665.

La sociedad es un contrato por el cual dos o más personas se obligan a poner en común dinero, bienes o industria, con ánimo de partir entre sí las ganancias.

Ver arts. 35.2 y 36 CC; arts. 116 y ss del C de c; Real Decreto Legislativo 1/2010, de 2 de julio, por el que se aprueba el texto refundido de la Ley de Sociedades de Capital; Ley 3/2009, de 3 de abril, sobre modificaciones estructurales de las sociedades mercantiles; art. 22 del Real Decreto Legislativo 1/1993, de 24 de septiembre, por el que se aprueba el Texto refundido de la Ley del Impuesto sobre Transmisiones Patrimoniales y Actos Jurídicos Documentados.

ART. 1666.

La sociedad debe tener un objeto lícito, y establecerse en interés común de los socios.

Cuando se declare la disolución de una sociedad ilícita, las ganancias se destinarán a los establecimientos de beneficencia del domicilio de la sociedad, y, en su defecto, a los de la provincia.

Ver arts. 1255, 1257, 1271 y 1275 CC; art. 515 CP; LO 1/2002, de 22 de marzo, reguladora del Derecho de Asociación.

ART. 1667.

La sociedad civil se podrá constituir en cualquiera forma, salvo que se aportaren a ella bienes inmuebles o derechos reales, en cuyo caso será necesaria la escritura pública.

Ver arts. 1278 a 1280 CC; art. 119 del C de c; Real Decreto Legislativo 1/2010, de 2 de julio, por el que se aprueba el texto refundido de la Ley de Sociedades de Capital; Ley 3/2009, de 3 de abril, sobre modificaciones estructurales de las sociedades mercantiles.

ART. 1668.

Es nulo el contrato de sociedad, siempre que se aporten bienes inmuebles, si no se hace un inventario de ellos, firmado por las partes, que deberá unirse a la escritura.

Ver arts. 1278 a 1280 y 1667 CC.

ART. 1669.

No tendrán personalidad jurídica las sociedades cuyos pactos se mantengan secretos entre los socios, y en que cada uno de éstos contrate en su propio nombre con los terceros.

Esta clase de sociedades se regirá por las disposiciones relativas a la comunidad de bienes.

Ver arts. 35, 36, 392 a 406 del CC.

ART. 1670.

Las sociedades civiles, por el objeto a que se consagren, pueden revestir todas las formas reconocidas por el Código de Comercio. En tal caso, les serán aplicables sus disposiciones en cuanto no se opongan a las del presente Código.

Ver arts. 35, 36 y 1700 CC; arts. 116 y siguientes del Código de Comercio; Real Decreto Legislativo 1/2010, de 2 de julio, por el que se aprueba el texto refundido de la Ley de Sociedades de Capital; Ley 3/2009, de 3 de abril, sobre modificaciones estructurales de las sociedades mercantiles.

ART. 1671.

La sociedad es universal o particular.

Ver arts. 1672 y 1678 del CC.

ART. 1672.

La sociedad universal puede ser de todos los bienes presentes o de todas las ganancias.

Ver arts. 1672 a 1675 del CC.

ART. 1673.

La sociedad de todos los bienes presentes es aquella por la cual las partes ponen en común todos los que actualmente les pertenecen, con ánimo de partirlos entre sí, como igualmente todas las ganancias que adquieran con ellos.

Ver art. 1671 del CC.

ART. 1674.

En la sociedad universal de todos los bienes presentes, pasan a ser propiedad común de los socios los bienes que pertenecían a cada uno, así como todas las ganancias que adquieran con ellos.

Puede también pactarse en ella la comunicación recíproca de cualesquiera otras ganancias; pero no pueden comprenderse los bienes que los socios adquieran posteriormente por herencia, legado o donación, aunque sí sus frutos.

Ver arts. 1271 y 1671 del CC.

ART. 1675.

La sociedad universal de ganancias comprende todo lo que adquieran los socios por su industria o trabajo mientras dure la sociedad.

Los bienes muebles o inmuebles que cada socio posee al tiempo de la celebración del contrato, continúan siendo de dominio particular, pasando sólo a la sociedad el usufructo.

ART. 1676.

El contrato de sociedad universal, celebrado sin determinar su especie, sólo constituye la sociedad universal de ganancias.

Ver art. 1672 del CC.

ART. 1677.

No pueden contraer sociedad universal entre sí las personas a quienes está prohibido otorgarse recíprocamente alguna donación o ventaja.

Ver arts. 226, 752, 754 y 1323 del CC.

ART. 1678.

La sociedad particular tiene únicamente por objeto cosas determinadas, su uso, o sus frutos, o una empresa señalada, o el ejercicio de una profesión o arte.

CAPÍTULO II
De las obligaciones de los socios

Sección 1.ª De las obligaciones de los socios entre sí

ART. 1679.

La sociedad comienza desde el momento mismo de la celebración del contrato, si no se ha pactado otra cosa.

Ver art. 116 del C de c; Real Decreto Legislativo 1/2010, de 2 de julio, por el que se aprueba el texto refundido de la Ley de Sociedades de Capital; Ley 3/2009, de 3 de abril, sobre modificaciones estructurales de las sociedades mercantiles; art. 7 de la Ley 27/1999, de 16 de julio, de Cooperativas.

ART. 1680.

La sociedad dura por el tiempo convenido; a falta de convenio, por el tiempo que dure el negocio que haya servido exclusivamente de objeto a la sociedad, si aquél por su naturaleza tiene una duración limitada; y en cualquier otro caso, por toda la vida de los asociados, salvo la facultad que se les reserva en el artículo 1700 y lo dispuesto en el artículo 1704.

Ver arts. 1700 y ss CC; arts. 221 y 222 del C de c; Real Decreto Legislativo 1/2010, de 2 de julio, por el que se aprueba el texto refundido de la Ley de Sociedades de Capital; Ley 3/2009, de 3 de abril, sobre modificaciones estructurales de las sociedades mercantiles; art. 70 de la Ley 27/1999, de 16 de julio, de Cooperativas.

ART. 1681.

Cada uno es deudor a la sociedad de lo que ha prometido aportar a ella.

Queda también sujeto a la evicción en cuanto a las cosas ciertas y determinadas que haya aportado a la sociedad, en los mismos casos y de igual modo que lo está el vendedor respecto del comprador.

Ver arts. 1094 a 1097, 1475 y siguientes y 1701 CC; art. 218.4 del C de c; Real Decreto Legislativo 1/2010, de 2 de julio, por el que se aprueba el texto refundido de la Ley de Sociedades de Capital; Ley 3/2009, de 3 de abril, sobre modificaciones estructurales de las sociedades mercantiles.

ART. 1682.

El socio que se ha obligado a aportar una suma en dinero y no la ha aportado, es de derecho deudor de los intereses desde el día en que debió aportarla, sin perjuicio de indemnizar además los daños que hubiese causado.

Lo mismo tiene lugar respecto a las sumas que hubiese tomado de la caja social, principiando a contarse los intereses desde el día en que las tomó para su beneficio particular.

Ver arts. 1100 y ss CC; arts. 252 a 254 del CP; art. 218 del Código de Comercio; Real Decreto Legislativo 1/2010, de 2 de julio, por el que se aprueba el texto refundido de la Ley de Sociedades de Capital.

ART. 1683.

El socio industrial debe a la sociedad las ganancias que durante ella haya obtenido en el ramo de industria que sirve de objeto a la misma.

Ver art. 138 del C de c.

ART. 1684.

Cuando un socio autorizado para administrar cobra una cantidad exigible, que le era debida en su propio nombre, de una persona que debía a la sociedad otra cantidad también exigible, debe imputarse lo cobrado en los dos créditos a proporción de su importe, aunque hubiese dado el recibo por cuenta de sólo su haber; pero, si lo hubiere dado por cuenta del haber social, se imputará todo en éste.

Lo dispuesto en este artículo se entiende sin perjuicio de que el deudor pueda usar de la facultad que se le concede en el artículo 1172, en el solo caso de que el crédito personal del socio le sea más oneroso.

Ver art. 1172 CC; arts. 225 y siguientes del Real Decreto Legislativo 1/2010, de 2 de julio, por el que se aprueba el texto refundido de la Ley de Sociedades de Capital.

ART. 1685.

El socio que ha recibido por entero su parte en un crédito social sin que hayan cobrado la suya los demás socios, queda obligado, si el deudor cae después en insolvencia, a traer a la masa social lo que recibió, aunque hubiera dado el recibo por sola su parte.

ART. 1686.

Todo socio debe responder a la sociedad de los daños y perjuicios que ésta haya sufrido por culpa del mismo y no puede compensarlos con los beneficios que por su industria le haya proporcionado.

Ver art. 144 del Código de Comercio.

ART. 1687.

El riesgo de las cosas ciertas y determinadas, no fungibles, que se aportan a la sociedad para que sólo sean comunes su uso y sus frutos, es del socio propietario.

Si las cosas aportadas son fungibles, o no pueden guardarse sin que se deterioren, o si se aportaron para ser vendidas, el riesgo es de la sociedad. También lo será, a falta de pacto especial, el de las cosas aportadas con estimación hecha en el inventario, y en este caso la reclamación se limitará al precio en que fueron tasadas.

Ver arts. 337 y 1701 del CC.

ART. 1688.

La sociedad responde a todo socio de las cantidades que haya desembolsado por ella y del interés correspondiente; también le responde de las obligaciones que con buena fe haya contraído para los negocios sociales y de los riesgos inseparables de su dirección.

Ver art. 142 del Código de Comercio.

ART. 1689.

Las pérdidas y ganancias se repartirán en conformidad a lo pactado. Si sólo se hubiera pactado la parte de cada uno en las ganancias, será igual su parte en las pérdidas.

A falta de pacto, la parte de cada socio en las ganancias y pérdidas debe ser proporcionada a lo que haya aportado. El socio que lo fuere sólo de industria tendrá una parte igual a la del que menos haya aportado. Si además de su industria hubiere aportado capital, recibirá también la parte proporcional que por él le corresponda.

Ver arts. 395, 1691 y 1708 CC; arts. 140 y 141 C de c; Real Decreto Legislativo 1/2010, de 2 de julio, por el que se aprueba el texto refundido de la Ley de Sociedades de Capital; Ley 3/2009, de 3 de abril, sobre modificaciones estructurales de las sociedades mercantiles.

ART. 1690.

Si los socios se han convenido en confiar a un tercero la designación de la parte de cada uno en las ganancias y pérdidas, solamente podrá ser impugnada la designación hecha por él cuando evidentemente haya faltado a la equidad. En ningún caso podrá reclamar el socio que haya principiado a ejecutar la decisión del tercero, o que no la haya impugnado en el término de tres meses, contados desde que le fue conocida.

La designación de pérdidas y ganancias no puede ser encomendada a uno de los socios.

Ver art. 1447 del CC.

ART. 1691.

Es nulo el pacto que excluye a uno o más socios de toda parte en las ganancias o en las pérdidas.

Sólo el socio de industria puede ser eximido de toda responsabilidad en las pérdidas.

Ver art. 141 del Código de Comercio.

ART. 1692.

El socio, nombrado administrador en el contrato social, puede ejercer todos los actos administrativos sin embargo de la oposición de sus compañeros, a no ser que proceda de mala fe; y su poder es irrevocable sin causa legítima.

El poder otorgado después del contrato, sin que en éste se hubiera acordado conferirlo, puede revocarse en cualquier tiempo.

Ver arts. 1732 y ss CC; arts. 129 y ss del C de c; Real Decreto Legislativo 1/2010, de 2 de julio, por el que se aprueba el texto refundido de la Ley de Sociedades de Capital; Ley 3/2009, de 3 de abril, sobre modificaciones estructurales de las sociedades mercantiles.

ART. 1693.

Cuando dos o más socios han sido encargados de la administración social sin determinarse sus funciones, o sin haberse expresado que no podrán obrar los unos sin el consentimiento de los otros, cada uno puede ejercer todos los actos de administración separadamente; pero cualquiera de ellos puede oponerse a las operaciones del otro antes de que éstas hayan producido efecto legal.

Ver arts. 129 y siguientes del C de c; Real Decreto Legislativo 1/2010, de 2 de julio, por el que se aprueba el texto refundido de la Ley de Sociedades de Capital.

ART. 1694.

En el caso de haberse estipulado que los socios administradores no hayan de funcionar los unos sin el consentimiento de los otros, se necesita el concurso de todos para la validez de los actos, sin que pueda alegarse la ausencia o imposibilidad de alguno de ellos, salvo si hubiere peligro inminente de un daño grave o irreparable para la sociedad.

Ver Real Decreto Legislativo 1/2010, de 2 de julio, por el que se aprueba el texto refundido de la Ley de Sociedades de Capital.

ART. 1695.

Cuando no se haya estipulado el modo de administrar, se observarán las reglas siguientes:

1.ª Todos los socios se considerarán apoderados, y lo que cualquiera de ellos hiciere por sí solo, obligará a la sociedad; pero cada uno podrá oponerse a las operaciones de los demás antes que hayan producido efecto legal.

2.ª Cada socio puede servirse de las cosas que componen el fondo social según costumbre de la tierra, con tal que no lo haga contra el interés de la sociedad, o de tal modo que impida el uso a que tienen derecho sus compañeros.

3.ª Todo socio puede obligar a los demás a costear con él los gastos necesarios para la conservación de las cosas comunes.

4.ª Ninguno de los socios puede, sin el consentimiento de los otros, hacer novedad en los bienes inmuebles sociales, aunque alegue que es útil a la sociedad.

Ver arts. 394, 395, 397 y 1693 CC; arts. 129 y siguientes del C de c.

ART. 1696.

Cada socio puede por sí solo asociarse un tercero en su parte; pero el asociado no ingresará en la sociedad sin el consentimiento unánime de los socios, aunque aquél sea administrador.

> Ver arts. 143, y 239 a 243 de Código de Comercio.

Sección 2.ª De las obligaciones de los socios para con un tercero

ART. 1697.

Para que la sociedad quede obligada con un tercero por los actos de uno de los socios, se requiere:
1.º Que el socio haya obrado en su carácter de tal, por cuenta de la sociedad.
2.º Que tenga poder para obligar a la sociedad en virtud de un mandato expreso o tácito.
3.º Que haya obrado dentro de los límites que le señala su poder o mandato.

> Ver arts. 1714 y 1715 CC; Real Decreto Legislativo 1/2010, de 2 de julio, por el que se aprueba el texto refundido de la Ley de Sociedades de Capital.

ART. 1698.

Los socios no quedan obligados solidariamente respecto de las deudas de la sociedad; y ninguno puede obligar a los otros por un acto personal, si no le han conferido poder para ello.

La sociedad no queda obligada respecto a tercero por actos que un socio haya realizado en su propio nombre o sin poder de la sociedad para ejecutarlo; pero queda obligada para con el socio en cuanto dichos actos hayan redundado en provecho de ella.

Lo dispuesto en este artículo se entiende sin perjuicio de lo establecido en la regla 1.ª del artículo 1695.

> Ver arts. 1137 a 1148, y 1695.1 CC; arts. 127, 148 y 237 C de c.

ART. 1699.

Los acreedores de la sociedad son preferentes a los acreedores de cada socio sobre los bienes sociales. Sin perjuicio de este derecho, los acreedores particulares de cada socio pueden pedir el embargo y remate de la parte de éste en el fondo social.

> Ver arts. 1700.3 CC.

CAPÍTULO III
De los modos de extinguirse la sociedad

ART. 1700.

La sociedad se extingue:
1.º Cuando expira el término por que fue constituida.
2.º Cuando se pierde la cosa, o se termina el negocio que le sirve de objeto.
3.º Por muerte o concurso de cualquiera de los socios y en el caso previsto en el artículo 1699.
4.º Por la voluntad de cualquiera de los socios, con sujeción a lo dispuesto en los artículos 1705 y 1707.
5.º Cuando respecto de alguno de los socios se hubieren dispuesto medidas de apoyo que impliquen facultades de representación plena en la esfera patrimonial.

Se exceptúan de lo dispuesto en los números 3.º, 4.º y 5.º de este artículo las sociedades a que se refiere el artículo 1670, en los casos en que deban subsistir con arreglo al Código de Comercio.

> Ordinal 3.º y párrafo final modificados, y ordinal 5.º añadido por Ley 8/2021, de 2 de junio, por la que se reforma la legislación civil y procesal para el apoyo a las personas con discapacidad en el ejercicio de su capacidad jurídica (BOE de 03-06-2021). En vigor desde el 3 de septiembre de 2021.

> Ver arts. 200, y 1701 a 1707 del CC; art. 218 y ss del C de c; arts. 208 a 242 del Reglamento del Registro Mercantil; Real Decreto Legislativo 1/2010, de 2 de julio, por el que se aprueba el texto refundido de la Ley de Sociedades de Capital; Ley 3/2009, de 3 de abril, sobre modificaciones estructurales de las sociedades mercantiles.

ART. 1701.

Cuando la cosa específica, que un socio había prometido aportar a la sociedad, perece antes de efectuada la entrega, su pérdida produce la disolución de la sociedad.

También se disuelve la sociedad en todo caso por la pérdida de la cosa, cuando, reservándose su propiedad el socio que la aporta, sólo ha transferido a la sociedad el uso o goce de la misma.

Pero no se disuelve la sociedad por la pérdida de la cosa cuando ésta ocurre después que la sociedad ha adquirido la propiedad de ella.

Ver arts. 1182, 1183, 1568, 1681, 1687 y 1700 CC.

ART. 1702.

La sociedad constituida por tiempo determinado puede prorrogarse por consentimiento de todos los socios.

El consentimiento puede ser expreso o tácito, y se justificará por los medios ordinarios.

Ver 1703 CC; art. 223 del Código de Comercio; Real Decreto Legislativo 1/2010, de 2 de julio, por el que se aprueba el texto refundido de la Ley de Sociedades de Capital; Ley 3/2009, de 3 de abril, sobre modificaciones estructurales de las sociedades mercantiles; art. 94 del Reglamento del Registro Mercantil.

ART. 1703.

Si la sociedad se prorroga después de expirado el término, se entiende que se constituye una nueva sociedad. Si se prorroga antes de expirado el término, continúa la sociedad primitiva.

Ver art. precedente; art. 223 del Código de Comercio; Real Decreto Legislativo 1/2010, de 2 de julio, por el que se aprueba el texto refundido de la Ley de Sociedades de Capital; Ley 3/2009, de 3 de abril, sobre modificaciones estructurales de las sociedades mercantiles; art. 94 del Reglamento del Registro Mercantil.

ART. 1704.

Es válido el pacto de que, en el caso de morir uno de los socios, continúe la sociedad entre los que sobrevivan. En este caso el heredero del que haya fallecido sólo tendrá derecho a que se haga la partición, fijándola en el día de la muerte de su causante; y no participará de los derechos y obligaciones ulteriores, sino en cuanto sean una consecuencia necesaria de lo hecho antes de aquel día.

Si el pacto fuere que la sociedad ha de continuar con el heredero, será guardado, sin perjuicio de lo que se determina en el número 4.° del artículo 1700.

Ver arts. 1257, 1271, 1680, 1700 y 1708 CC; art. 222 C de c.

ART. 1705.

La disolución de la sociedad por la voluntad o renuncia de uno de los socios únicamente tiene lugar cuando no se ha señalado término para su duración, o no resulta éste de la naturaleza del negocio.

Para que la renuncia surta efecto, debe ser hecha de buena fe en tiempo oportuno; además debe ponerse en conocimiento de los otros socios.

Ver art. 1680 del CC; art. 224 del Código de Comercio.

ART. 1706.

Es de mala fe la renuncia cuando el que la hace se propone apropiarse para sí solo el provecho que debía ser común. En este caso el renunciante no se libra para con sus socios, y éstos tienen facultad para excluirle de la sociedad.

Se reputa hecha en tiempo inoportuno la renuncia, cuando, no hallándose las cosas íntegras, la sociedad está interesada en que se dilate su disolución. En este caso continuará la sociedad hasta la terminación de los negocios pendientes.

Ver arts. 224 y 225 del Código de Comercio.

ART. 1707.

No puede un socio reclamar la disolución de la sociedad que, ya sea por disposición del contrato, ya por la naturaleza del negocio, ha sido constituida por tiempo determinado, a no intervenir justo motivo, como el de faltar uno de los compañeros a sus obligaciones, el de inhabilitarse para los negocios sociales, u otro semejante, a juicio de los Tribunales.

Ver arts. 1680 y 1700 del CC.

ART. 1708.

La partición entre socios se rige por las reglas de las herencias, así en su forma como en las obligaciones que de ella resultan. Al socio de industria no puede aplicarse ninguna parte de los bienes aportados, sino sólo sus frutos y los beneficios, conforme a lo dispuesto en el artículo 1689, a no haberse pactado expresamente lo contrario.

Ver arts. 406, 1045, y 1051 a 1087 CC.

TÍTULO IX
Del mandato

CAPÍTULO I
De la naturaleza, forma y especies del mandato

ART. 1709.

Por el contrato de mandato se obliga una persona a prestar algún servicio o hacer alguna cosa, por cuenta o encargo de otra.

Ver arts. 1544, 1583, 1716, y 1888 a 1894 CC; arts. 244 a 302 del C de c; Ley del Contrato de Agencia.

ART. 1710.

El mandato puede ser expreso o tácito.
El expreso puede darse por instrumento público o privado y aun de palabra.
La aceptación puede ser también expresa o tácita, deducida esta última de los actos del mandatario.

Ver arts. 1280.5 y 1892 CC; arts. 23 a 28 de la Ley de Enjuiciamiento Civil; art. 9 de la Ley Cambiaria y del Cheque.

ART. 1711.

A falta de pacto en contrario, el mandato se supone gratuito.
Esto, no obstante, si el mandatario tiene por ocupación el desempeño de servicios de la especie a que se refiera el mandato, se presume la obligación de retribuirlo.

Ver art. 1726 del CC; art. 277 del Código de Comercio.

ART. 1712.

El mandato es general o especial.
El primero comprende todos los negocios del mandante.
El segundo, uno o más negocios determinados.

Ver art. 1713 del CC.

ART. 1713.

El mandato, concebido en términos generales, no comprende más que los actos de administración.
Para transigir, enajenar, hipotecar o ejecutar cualquier otro acto de riguroso dominio, se necesita mandato expreso.
La facultad de transigir no autoriza para comprometer en árbitros o amigables componedores.

Ver art. precedente y 1259, 1548, 1697, 1710 y 1892 CC; Ley de Arbitraje; art. 139 de la Ley Hipotecaria.

ART. 1714.

El mandatario no puede traspasar los límites del mandato.

Ver arts. 1101, 1715, 1718, 1725 y 1272.2 del CC.

ART. 1715.

No se consideran traspasados los límites del mandato si fuese cumplido de una manera más ventajosa para el mandante que la señalada por éste.

Ver arts. 254 y ss del C de c.

ART. 1716.

El menor emancipado puede ser mandatario, pero el mandante sólo tendrá acción contra él en conformidad a lo dispuesto respecto a las obligaciones de los menores.

Ver art. 239, 1263, 1264 y 1304 del CC.

ART. 1717.

Cuando el mandatario obra en su propio nombre, el mandante no tiene acción contra las personas con quienes el mandatario ha contratado, ni éstas tampoco contra el mandante.

En este caso el mandatario es el obligado directamente en favor de la persona con quien ha contratado, como si el asunto fuera personal suyo. Exceptúase el caso en que se trate de cosas propias del mandante.

Lo dispuesto en este artículo se entiende sin perjuicio de las acciones entre mandante y mandatario.

Ver art. 246 del Código de Comercio; Ley 557 de la Compilación del Derecho Civil Foral de Navarra; Ley de Contrato de Agencia.

CAPÍTULO II
De las obligaciones del mandatario

ART. 1718.

El mandatario queda obligado por la aceptación a cumplir el mandato, y responde de los daños y perjuicios que, de no ejecutarlo, se ocasionen al mandante.

Debe también acabar el negocio que ya estuviese comenzado al morir el mandante, si hubiere peligro en la tardanza.

Ver arts. 1101, 1106, 1737 y 1738 CC; Ley 555 de la Compilación del Derecho Civil Foral de Navarra.

ART. 1719.

En la ejecución del mandato ha de arreglarse el mandatario a las instrucciones del mandante.

A falta de ellas, hará todo lo que, según la naturaleza del negocio, haría un buen padre de familia.

Ver arts. 1714 y 1459.2 CC; arts. 254 a 256 del C de c; art. 9 de la Ley de Contrato de Agencia.

ART. 1720.

Todo mandatario está obligado a dar cuenta de sus operaciones y a abonar al mandante cuanto haya recibido en virtud del mandato, aun cuando lo recibido no se debiera al segundo.

Ver arts. 1724, 1728 y 1729 CC; art. 263 del Código de Comercio; art. 9 de la Ley de Contrato de Agencia.

ART. 1721.

El mandatario puede nombrar sustituto si el mandante no se lo ha prohibido; pero responde de la gestión del sustituto:

1.º Cuando no se le dio facultad para nombrarlo.

2.º Cuando se le dio esta facultad, pero sin designar la persona, y el nombrado era notoriamente incapaz o insolvente.

Lo hecho por el sustituto nombrado contra la prohibición del mandante será nulo.

Ver arts. 261, 262, y 295 a 297 del C de c; art. 5 de la Ley de Contrato de Agencia.

ART. 1722.

En los casos comprendidos en los dos números del artículo anterior puede además el mandante dirigir su acción contra el sustituto.

Ver art. 1890 del CC.

ART. 1723.

La responsabilidad de dos o más mandatarios, aunque hayan sido instituidos simultáneamente, no es solidaria, si no se ha expresado así.

Ver arts. 1731 y ss CC.

ART. 1724.

El mandatario debe intereses de las cantidades que aplicó a usos propios desde el día en que lo hizo, y de las que quede debiendo después de fenecido el mandato, desde que se haya constituido en mora.

Ver arts. 1100, 1108, 1682 y 1720 CC; art. 264 del C de c.

ART. 1725.

El mandatario que obre en concepto de tal no es responsable personalmente a la parte con quien contrata sino cuando se obliga a ello expresamente o traspasa los límites del mandato sin darle conocimiento suficiente de sus poderes.

Ver arts. 1714 y 1727 CC; art. 247 del C d c; Ley 557 de la Compilación del Derecho Civil Foral de Navarra.

ART. 1726.

El mandatario es responsable, no solamente del dolo, sino también de la culpa, que deberá estimarse con más o menos rigor por los Tribunales según que el mandato haya sido o no retribuido.

Ver arts. 1101 a 1104 CC; Ley 555 de la Compilación del Derecho Civil Foral de Navarra.

CAPÍTULO III
De las obligaciones del mandante

ART. 1727.

El mandante debe cumplir todas las obligaciones que el mandatario haya contraído dentro de los límites del mandato.

En lo que el mandatario se haya excedido, no queda obligado el mandante sino cuando lo ratifica expresa o tácitamente.

Ver arts. 1259, 1309, 1714, 1725 y 1892 CC; arts. 253 y 254 C de c; art. 10 de la Ley de Contrato de Agencia; Ley 557 de la Compilación del Derecho Civil Foral de Navarra.

ART. 1728.

El mandante debe anticipar al mandatario, si éste lo pide, las cantidades necesarias para la ejecución del mandato.

Si el mandatario las hubiera anticipado, debe reembolsarlas el mandante, aunque el negocio no haya salido bien, con tal que esté exento de culpa el mandatario.

El reembolso comprenderá los intereses de la cantidad anticipada, a contar desde el día en que se hizo la anticipación.

Ver arts. 250 y 251 C de c; art. 29 de la Ley de Enjuiciamiento Civil; art. 18 de la Ley de Contrato de Agencia.

ART. 1729.

Debe también el mandante indemnizar al mandatario de todos los daños y perjuicios que le haya causado el cumplimiento del mandato, sin culpa ni imprudencia del mismo mandatario.

Ver art. 278 C de c; Ley 555 de la Compilación del Derecho Civil Foral de Navarra.

ART. 1730.

El mandatario podrá retener en prenda las cosas que son objeto del mandato hasta que el mandante realice la indemnización y reembolso de que tratan los dos artículos anteriores.

Ver arts. 453, 1600, 1780, 1872, 1922.2, y 1926.1 CC; art. 276 C de c; arts. 569-3 y ss de la Ley 5/2006, de 10 de mayo, del libro quinto del Código civil de Cataluña, relativo a los derechos reales.

ART. 1731.

Si dos o más personas han nombrado un mandatario para un negocio común, le quedan obligadas solidariamente para todos los efectos del mandato.

Ver art. 1137 del CC.

CAPÍTULO IV
De los modos de acabarse el mandato

ART. 1732.

El mandato se acaba:

1.° Por su revocación.

2.° Por renuncia del mandatario.

3.° Por muerte o por concurso del mandante o del mandatario.

4.° Por el establecimiento en relación al mandatario de medidas de apoyo que incidan en el acto en que deba intervenir en esa condición.

5.° Por la constitución en favor del mandante de la curatela representativa como medida de apoyo para el ejercicio de su capacidad jurídica, a salvo lo dispuesto en este Código respecto de los mandatos preventivos.

Modificado por Ley 8/2021, de 2 de junio, por la que se reforma la legislación civil y procesal para el apoyo a las personas con discapacidad en el ejercicio de su capacidad jurídica (BOE de 03-06-2021). En vigor desde el 3 de septiembre de 2021.

Ver arts. 183 y 1733 a 1739 CC; arts. 248 y 280 C de c; art. 30 de la Ley de Enjuiciamiento Civil; arts. 25 a 27 de la Ley sobre Contrato de Agencia; Ley 559 de la Compilación del Derecho Civil Foral de Navarra.

ART. 1733.

El mandante puede revocar el mandato a su voluntad, y compeler al mandatario a la devolución del documento en que conste el mandato.

Ver arts. 1256 y 1735 CC; art. 279 C de c; Ley 559 de la Compilación del Derecho Civil Foral de Navarra.

ART. 1734.

Cuando el mandato se haya dado para contratar con determinadas personas, su revocación no puede perjudicar a éstas si no se les ha hecho saber.

Ver arts. 290 y 291 C de c; art. 87 Reglamento del Registro Mercantil.

ART. 1735.

El nombramiento de nuevo mandatario para el mismo negocio produce la revocación del mandato anterior desde el día en que se hizo saber al que lo había recibido, salvo lo dispuesto en el artículo que precede.

Ver art. 30 de la Ley de Enjuiciamiento Civil.

ART. 1736.

El mandatario puede renunciar al mandato poniéndolo en conocimiento del mandante. Si éste sufriere perjuicios por la renuncia, deberá indemnizarle de ellos el mandatario, a menos que funde su renuncia en la imposibilidad de continuar desempeñando el mandato sin grave detrimento suyo.

Ver art. 248 del C de c; Ley 559 de la Compilación del Derecho Civil Foral de Navarra.

ART. 1737.

El mandatario, aunque renuncie al mandato con justa causa, debe continuar su gestión hasta que el mandante haya podido tomar las disposiciones necesarias para ocurrir a esta falta.

Ver art. 1888 CC; art. 248 del C de c; art. 30 de la Ley de Enjuiciamiento Civil.

ART. 1738.

Lo hecho por el mandatario, ignorando la muerte del mandante u otra cualquiera de las causas que hacen cesar el mandato, es válido y surtirá todos sus efectos respecto a los terceros que hayan contratado con él de buena fe.

Ver art. 30 de la Ley de Enjuiciamiento Civil; art. 27 de la Ley sobre Contrato de Agencia; Ley 559 de la Compilación del Derecho Civil Foral de Navarra.

ART. 1739.

En el caso de morir el mandatario, deberán sus herederos ponerlo en conocimiento del mandante y proveer entretanto a lo que las circunstancias exijan en interés de éste.

TÍTULO X
Del préstamo

DISPOSICIÓN GENERAL

ART. 1740.

Por el contrato de préstamo, una de las partes entrega a la otra, o alguna cosa no fungible para que use de ella por cierto tiempo y se la devuelva, en cuyo caso se llama comodato, o dinero u otra cosa fungible, con condición de devolver otro tanto de la misma especie y calidad, en cuyo caso conserva simplemente el nombre de préstamo.

El comodato es esencialmente gratuito.

El simple préstamo puede ser gratuito o con pacto de pagar interés.

Ver arts. 337, 1741, 1753 y 1768 CC; arts. 311 a 324 del C de c; art. 1 de la Ley de Contratos de Crédito al Consumo; Ley 531 a 540 de la Compilación del Derecho Civil Foral de Navarra.

CAPÍTULO I
Del comodato

Sección 1.ª De la naturaleza del comodato

ART. 1741.

El comodante conserva la propiedad de la cosa prestada. El comodatario adquiere el uso de ella, pero no los frutos; si interviene algún emolumento que haya de pagar el que adquiere el uso, la convención deja de ser comodato.

Ver art. 1768 CC; Ley 539 a 541 de la Compilación del Derecho Civil Foral de Navarra.

ART. 1742.

Las obligaciones y derechos que nacen del comodato pasan a los herederos de ambos contrayentes, a no ser que el préstamo se haya hecho en contemplación a la persona del comodatario, en cuyo caso los herederos de éste no tienen derecho a continuar en el uso de la cosa prestada.

Ver art. 1257 del CC.

Sección 2.ª De las obligaciones del comodatario

ART. 1743.

El comodatario está obligado a satisfacer los gastos ordinarios que sean de necesidad para el uso y conservación de la cosa prestada.

Ver arts. 500 y 1094 CC; Ley 539 de la Compilación del Derecho Civil Foral de Navarra.

ART. 1744.

Si el comodatario destina la cosa a un uso distinto de aquel para que se prestó, o la conserva en su poder por más tiempo del convenido, será responsable de su pérdida, aunque ésta sobrevenga por caso fortuito.

Ver arts. 457, 1096, 1101, 1182 a 1186, y 1896 del CC.

ART. 1745.

Si la cosa prestada se entregó con tasación y se pierde, aunque sea por caso fortuito, responderá el comodatario del precio, a no haber pacto en que expresamente se le exima de responsabilidad.

Ver arts. 1105 y 1182 CC; Ley 539 de la Compilación del Derecho Civil Foral de Navarra.

ART. 1746.

El comodatario no responde de los deterioros que sobrevengan a la cosa prestada por el solo efecto del uso y sin culpa suya.

Ver Ley 539 de la Compilación del Derecho Civil Foral de Navarra.

ART. 1747.

El comodatario no puede retener la cosa prestada a pretexto de lo que el comodante le deba, aunque sea por razón de expensas.

Ver arts. 1730 CC; art. 569-6 de la Ley 5/2006, de 10 de mayo, del libro quinto del Código civil de Cataluña, relativo a los derechos reales; Ley 540 de la Compilación del Derecho Civil Foral de Navarra.

ART. 1748.

Todos los comodatarios a quienes se presta conjuntamente una cosa responden solidariamente de ella, al tenor de lo dispuesto en esta Sección.

Arts. 1137 a 1148 del CC.

Sección 3.ª De las obligaciones del comodante

ART. 1749.

El comodante no puede reclamar la cosa prestada sino después de concluido el uso para que la prestó. Sin embargo, si antes de estos plazos tuviere el comodante urgente necesidad de ella, podrá reclamar la restitución.

Ver art. 1740 CC; Ley 538 de la Compilación del Derecho Civil Foral de Navarra.

ART. 1750.

Si no se pactó la duración del comodato ni el uso a que había de destinarse la cosa prestada, y éste no resulta determinado por la costumbre de la tierra, puede el comodante reclamarla a su voluntad.

En caso de duda, incumbe la prueba al comodatario.

Ver Ley 538 de la Compilación del Derecho Civil Foral de Navarra.

ART. 1751.

El comodante debe abonar los gastos extraordinarios causados durante el contrato para la conservación de la cosa prestada, siempre que el comodatario lo ponga en su conocimiento antes de hacerlos, salvo cuando fueren tan urgentes que no pueda esperarse el resultado del aviso sin peligro.

Ver arts. 501 y 1743 CC; Ley 540 de la Compilación del Derecho Civil Foral de Navarra; art. 569-6 de la Ley 5/2006, de 10 de mayo, del libro quinto del Código civil de Cataluña, relativo a los derechos reales.

ART. 1752.

El comodante que, conociendo los vicios de la cosa prestada, no los hubiere hecho saber al comodatario, responderá a éste de los daños que por aquella causa hubiese sufrido.

CAPÍTULO II
Del simple préstamo

ART. 1753.

El que recibe en préstamo dinero u otra cosa fungible, adquiere su propiedad, y está obligado a devolver al acreedor otro tanto de la misma especie y calidad.

Ver Ley de 23 de julio de 1908 sobre nulidad de los contratos de préstamos usurarios.

ART. 1754.

La obligación del que toma dinero a préstamo se regirá por lo dispuesto en el artículo 1170 de este Código.

Si lo prestado es otra cosa fungible, o una cantidad de metal no amonedado, el deudor debe una cantidad igual a la recibida y de la misma especie y calidad, aunque sufra alteración en su precio.

Ver arts. 1170 y 1753 CC; art. 312 C d c.

ART. 1755.

No se deberán intereses sino cuando expresamente se hubiesen pactado.

Ver arts. 1108, 1109 y 1753 CC; arts. 314 y 315 C d c; art. 26 de la Ley General Tributaria; Ley de 23 de julio de 1908 sobre nulidad de los contratos de préstamos usurarios.

ART. 1756.

El prestatario que ha pagado intereses sin estar estipulados, no puede reclamarlos ni imputarlos al capital.

Ver art. 1895 del CC.

ART. 1757.

Los establecimientos de préstamos sobre prendas quedan además sujetos a los reglamentos que les conciernen.

Ver art. 1893 CC; Ley de 23 de julio de 1908 sobre nulidad de los contratos de préstamos usurarios.

TÍTULO XI
Del depósito

CAPÍTULO I
Del depósito en general y de sus diversas especies

ART. 1758.

Se constituye el depósito desde que uno recibe la cosa ajena con la obligación de guardarla y de restituirla.

Ver arts. 1766, 1771 y 1775 CC; arts. 303 y ss C d c; ver Reglamento Hipotecario; art. 569-1 y siguientes del Libro Quinto del Código civil de Cataluña, relativo a derechos reales.

ART. 1759.

El depósito puede constituirse judicial o extrajudicialmente.

Ver arts. 1762 y ss, y 1785 y ss CC; Real Decreto 467/2006, de 21 de abril, por el que se regulan los depósitos y consignaciones judiciales en metálico, de efectos o valores; arts. 96 a 109 del Reglamento General de Recaudación de la Seguridad Social; art. 64 de la Ley General Tributaria.

CAPÍTULO II
Del depósito propiamente dicho

Sección 1.ª De la naturaleza y esencia del contrato de depósito

ART. 1760.

El depósito es un contrato gratuito, salvo pacto en contrario.

Ver art. 304 C de c; Ley 547 de la Compilación del Derecho Civil Foral de Navarra.

ART. 1761.

Sólo pueden ser objeto del depósito las cosas muebles.

Ver arts. 335 y 1786 CC; Ley 547 de la Compilación del Derecho Civil Foral de Navarra.

ART. 1762.

El depósito extrajudicial es necesario o voluntario.

Ver arts. 1763 a 1765 del CC para el voluntario y 1781 a 1784 del CC para el necesario.

Sección 2.ª Del depósito voluntario

ART. 1763.

Depósito voluntario es aquel en que se hace la entrega por la voluntad del depositante. También puede realizarse el depósito por dos o más personas que se crean con derecho a la cosa depositada, en un tercero, que hará la entrega, en su caso, a la que corresponda.

Ver arts. 216 a 220 del Reglamento de la organización y régimen del Notariado; Ley reguladora del contrato de aparcamiento de vehículos; Ley 547 de la Compilación del Derecho Civil Foral de Navarra.

ART. 1764.

El depósito hecho por un menor o por persona con discapacidad sin contar con la medida de apoyo prevista vinculará al depositario a todas las obligaciones que nacen del contrato de depósito.

Modificado por Ley 8/2021, de 2 de junio, por la que se reforma la legislación civil y procesal para el apoyo a las personas con discapacidad en el ejercicio de su capacidad jurídica (BOE de 03-06-2021). En vigor desde el 3 de septiembre de 2021.

Ver arts. 1263 y 1302 del CC.

ART. 1765.

Si el depósito ha sido hecho en un menor, el depositante solo tendrá acción para reivindicar la cosa depositada mientras exista en poder del depositario, o a que este le abone la cantidad en que se hubiese enriquecido con la cosa o con el precio. Esta regla también resultará de aplicación cuando el depósito haya sido hecho en una persona con discapacidad que haya prescindido de las medidas de apoyo previstas cuando fueran precisas y el depositante fuera conocedor de la existencia de medidas de apoyo en el momento de la contratación o se hubiera aprovechado de otro modo de la situación de discapacidad obteniendo de ello una ventaja injusta.

Modificado por Ley 8/2021, de 2 de junio, por la que se reforma la legislación civil y procesal para el apoyo a las personas con discapacidad en el ejercicio de su capacidad jurídica (BOE de 03-06-2021). En vigor desde el 3 de septiembre de 2021.

Ver art. 1304 del CC.

Sección 3.ª De las obligaciones del depositario

ART. 1766.

El depositario está obligado a guardar la cosa y restituirla, cuando le sea pedida, al depositante, o a sus causahabientes, o a la persona que hubiese sido designada en el contrato. Su responsabilidad, en cuanto a la guarda y la pérdida de la cosa, se regirá por lo dispuesto en el título I de este libro.

Ver arts. 1088 y ss., 1769 y ss. CC; art. 306 del Código de Comercio; art. 252 CP; Leyes 545 y ss de la Compilación del Derecho Civil Foral de Navarra.

ART. 1767.

El depositario no puede servirse de la cosa depositada sin permiso expreso del depositante. En caso contrario, responderá de los daños y perjuicios.

Ver art. 1768 del CC.

ART. 1768.

Cuando el depositario tiene permiso para servirse o usar de la cosa depositada, el contrato pierde el concepto de depósito y se convierte en préstamo o comodato.

El permiso no se presume, debiendo probarse su existencia.

Ver art. precedente; art. 309 C de c; Ley 554 de la Compilación del Derecho Civil Foral de Navarra.

ART. 1769.

Cuando la cosa depositada se entrega cerrada y sellada, debe restituirla el depositario en la misma forma, y responderá de los daños y perjuicios si hubiese sido forzado el sello o cerradura por su culpa.

Se presume la culpa en el depositario, salvo la prueba en contrario.

En cuanto al valor de lo depositado, cuando la fuerza sea imputable al depositario, se estará a la declaración del depositante, a no resultar prueba en contrario.

Ver art. 307 del Código de Comercio.

ART. 1770.

La cosa depositada será devuelta con todos sus productos y accesiones.

Consistiendo el depósito en dinero, se aplicará al depositario lo dispuesto respecto al mandatario en el artículo 1724.

Ver arts. 353, 1095 a 1097, 1182 a 1186, 1724, 1767, 1768 y 1777 del CC.

ART. 1771.

El depositario no puede exigir que el depositante pruebe ser propietario de la cosa depositada.

Sin embargo, si llega a descubrir que la cosa ha sido hurtada y quién es su verdadero dueño, debe hacer saber a éste el depósito.

Si el dueño, a pesar de esto, no reclama en el término de un mes, quedará libre de toda responsabilidad el depositario, devolviendo la cosa depositada a aquel de quien la recibió.

Ver art. 1763 del CC.

ART. 1772.

Cuando sean dos o más los depositantes, si no fueren solidarios y la cosa admitiere división, no podrá pedir cada uno de ellos más que su parte.

Cuando haya solidaridad, o la cosa no admita división, regirá lo dispuesto en los artículos 1141 y 1142 de este Código.

Ver arts. 1141 y 1142 CC; Ley 551 de la Compilación del Derecho Civil Foral de Navarra.

ART. 1773.

Cuando el depositante, después de hacer el depósito, contara con medidas de apoyo, la devolución del depósito se ajustará a lo que resulte de aquellas.

Modificado por Ley 8/2021, de 2 de junio, por la que se reforma la legislación civil y procesal para el apoyo a las personas con discapacidad en el ejercicio de su capacidad jurídica (BOE de 03-06-2021). En vigor desde el 3 de septiembre de 2021.

Ver art. 1764 del CC.

ART. 1774.

Cuando al hacerse el depósito se designó lugar para la devolución, el depositario debe llevar a él la cosa depositada; pero los gastos que ocasione la traslación serán de cargo del depositante.

No habiéndose designado lugar para la devolución, deberá ésta hacerse en el que se halle la cosa depositada, aunque no sea el mismo en que se hizo el depósito, con tal que no haya intervenido malicia de parte del depositario.

Ver arts. 1171 y 1255 del CC.

ART. 1775.

El depósito debe ser restituido al depositante cuando lo reclame, aunque en el contrato se haya fijado un plazo o tiempo determinado para la devolución.

Esta disposición no tendrá lugar cuando judicialmente haya sido embargado el depósito en poder del depositario, o se haya notificado a éste la oposición de un tercero a la restitución o traslación de la cosa depositada.

Ver arts. 1727, 1766, 1770, 1776 y 1780 CC; Ley 550 de la Compilación del Derecho Civil Foral de Navarra; art. 435 del CP.

ART. 1776.

El depositario que tenga justos motivos para no conservar el depósito podrá, aun antes del término designado, restituirlo al depositante; y, si éste lo resiste, podrá obtener del Juez su consignación.

Ver arts. 1176 a 1181 CC; Ley 496 de la Compilación del Derecho Civil Foral de Navarra.

ART. 1777.

El depositario que por fuerza mayor hubiese perdido la cosa depositada y recibido otra en su lugar, estará obligado a entregar ésta al depositante.

Ver arts. 1766 y 1770 del CC.

ART. 1778.

El heredero del depositario que de buena fe haya vendido la cosa que ignoraba ser depositada, sólo está obligado a restituir el precio que hubiese recibido o a ceder sus acciones contra el comprador en el caso de que el precio no se le haya pagado.

Ver art. 1897 del CC.

Sección 4.ª De las obligaciones del depositante

ART. 1779.

El depositante está obligado a reembolsar al depositario los gastos que haya hecho para la conservación de la cosa depositada y a indemnizarle de todos los perjuicios que se le hayan seguido del depósito.

Ver art. 1893 CC; Ley 549 de la Compilación del Derecho Civil Foral de Navarra.

ART. 1780.

El depositario puede retener en prenda la cosa depositada hasta el completo pago de lo que se le deba por razón del depósito.

Ver arts. 453, 1600, 1730 y 1922 CC; Ley 549 de la Compilación del Derecho Civil Foral de Navarra; artículo 569-3 y 569-4 del Libro Quinto del Código civil de Cataluña, relativo a derechos reales.

Sección 5.ª Del depósito necesario

ART. 1781.

Es necesario el depósito:
1.º Cuando se hace en cumplimiento de una obligación legal.
2.º Cuando tiene lugar con ocasión de alguna calamidad, como incendio, ruina, saqueo, naufragio u otras semejantes.

Ver arts. 445, 494, 1782 y 1870 CC; Reglamento de la Caja General de Depósitos.

ART. 1782.

El depósito comprendido en el número 1.º del artículo anterior se regirá por las disposiciones de la ley que lo establezca y, en su defecto, por las del depósito voluntario.
El comprendido en el número 2.º se regirá por las reglas del depósito voluntario.

Ver art. 1781 del CC.

ART. 1783.

Se reputa también depósito necesario el de los efectos introducidos por los viajeros en las fondas y mesones. Los fondistas o mesoneros responden de ellos como tales depositarios, con tal que se hubiese dado conocimiento a los mismos, o a sus dependientes, de los efectos introducidos en su casa, y que los viajeros, por su parte, observen las prevenciones que dichos posaderos o sus sustitutos les hubiesen hecho sobre cuidado y vigilancia de los efectos.

Ver arts. 1601 y 1784 del CC; art. 120 del Código Penal.

ART. 1784.

La responsabilidad a que se refiere el artículo anterior comprende los daños hechos en los efectos de los viajeros, tanto por los criados o dependientes de los fondistas o mesoneros, como por los extraños; pero no los que provengan de robo a mano armada, o sean ocasionados por otro suceso de fuerza mayor.

Ver arts. 1105 y 1601 del CC; art. 120 del Código Penal.

CAPÍTULO III
Del secuestro

ART. 1785.

El depósito judicial o secuestro tiene lugar cuando se decreta el embargo o el aseguramiento de bienes litigiosos.

Ver arts. 624, 626 a 628, y 701 y ss de la Ley de Enjuiciamiento Civil; arts. 589 y siguientes de la Ley de Enjuiciamiento Criminal; art. 42.4 de la Ley Hipotecaria.

ART. 1786.

El secuestro puede tener por objeto así los bienes muebles como los inmuebles.

Ver art. 1761 del CC.

ART. 1787.

El depositario de los bienes u objetos secuestrados no puede quedar libre de su encargo hasta que se termine la controversia que lo motivó, a no ser que el Juez lo ordenare por consentir en ello todos los interesados o por otra causa legítima.

Ver art. 1776 del CC.

ART. 1788.

El depositario de bienes secuestrados está obligado a cumplir respecto de ellos todas las obligaciones de un buen padre de familia.

Ver art. 1776 del CC; art. 435 del Código Penal.

ART. 1789.

En lo que no se hallare dispuesto en este Código, el secuestro judicial se regirá por las disposiciones de la Ley de Enjuiciamiento Civil.

Ver arts. 624, 626 a 628, 701 y siguientes, y 721 y siguientes de la Ley de Enjuiciamiento Civil.

TÍTULO XII
De los contratos aleatorios o de suerte

CAPÍTULO I
Disposición general

ART. 1790.

Por el contrato aleatorio, una de las partes, o ambas recíprocamente, se obligan a dar o hacer alguna cosa en equivalencia de lo que la otra parte ha de dar o hacer para el caso de un acontecimiento incierto, o que ha de ocurrir en tiempo indeterminado.

Ver art. 1113 CC; Ley 50/1980, de 8 de octubre, de contrato de seguro.

CAPÍTULO II
Del contrato de alimentos

ART. 1791.

Por el contrato de alimentos una de las partes se obliga a proporcionar vivienda, manutención y asistencia de todo tipo a una persona durante su vida, a cambio de la transmisión de un capital en cualquier clase de bienes y derechos.

Ver art. 142 CC; arts. 147 y ss. de la Ley de Derecho civil de Galicia; Ley de Contrato de Seguro; Ley 41/2003, de 18 de noviembre, de protección patrimonial de las personas con discapacidad y de modificación del Código Civil, de la Ley de Enjuiciamiento Civil y de la Normativa Tributaria con esta finalidad.

ART. 1792.

De producirse la muerte del obligado a prestar los alimentos o de concurrir cualquier circunstancia grave que impida la pacífica convivencia de las partes, cualquiera de ellas podrá pedir que la prestación de alimentos convenida se pague mediante la pensión actualizable a satisfacer por plazos anticipados que para esos eventos hubiere sido prevista en el contrato o, de no haber sido prevista, mediante la que se fije judicialmente.

Ver art. precedente y el 1794 del CC.

ART. 1793.

La extensión y calidad de la prestación de alimentos serán las que resulten del contrato y, a falta de pacto en contrario, no dependerá de las vicisitudes del caudal y necesidades del obligado ni de las del caudal de quien los recibe.

Ver art. 146 del CC.

ART. 1794.

La obligación de dar alimentos no cesará por las causas a que se refiere el artículo 152, salvo la prevista en su apartado primero.

Ver art. 152 del CC.

ART. 1795.

El incumplimiento de la obligación de alimentos dará derecho al alimentista sin perjuicio de lo dispuesto en el artículo 1792, para optar entre exigir el cumplimiento, incluyendo el abono de los devengados con anterioridad a la demanda, o la resolución del contrato, con aplicación, en ambos casos, de las reglas generales de las obligaciones recíprocas.

En caso de que el alimentista opte por la resolución, el deudor de los alimentos deberá restituir inmediatamente los bienes que recibió por el contrato, y, en cambio, el juez podrá, en atención a las circunstancias, acordar que la restitución que, con respeto de lo que dispone el artículo siguiente, corresponda al alimentista quede total o parcialmente aplazada, en su beneficio, por el tiempo y con las garantías que se determinen.

Ver arts. 1124 y 1796 del CC.

ART. 1796.

De las consecuencias de la resolución del contrato, habrá de resultar para el alimentista, cuando menos, un superávit suficiente para constituir, de nuevo, una pensión análoga por el tiempo que le quede de vida.

ART. 1797.

Cuando los bienes o derechos que se transmitan a cambio de los alimentos sean registrables, podrá garantizarse frente a terceros el derecho del alimentista con el pacto inscrito en el que se dé a la falta de pago el carácter de condición resolutoria explícita, además de mediante el derecho de hipoteca regulado en el artículo 157 de la Ley Hipotecaria.

Ver art. 157 de la Ley Hipotecaria.

CAPÍTULO III
Del juego y de la apuesta

ART. 1798.

La ley no concede acción para reclamar lo que se gana en un juego de suerte, envite o azar; pero el que pierde no puede repetir lo que haya pagado voluntariamente, a no ser que hubiese mediado dolo, o que fuera menor, o estuviera inhabilitado para administrar sus bienes.

Ver arts. 1371, 1372 y 1895 CC; Ley de Regulación del Juego.

ART. 1799.

Lo dispuesto en el artículo anterior respecto del juego es aplicable a las apuestas.
Se consideran prohibidas las apuestas que tienen analogía con los juegos prohibidos.

Ver arts. 1371, 1372 y 1895 CC; Ley de Regulación del Juego.

ART. 1800.

No se consideran prohibidos los juegos que contribuyen al ejercicio del cuerpo, como son los que tienen por objeto adiestrarse en el manejo de las armas, las carreras a pie o a caballo, las de carros, el juego de pelota y otros de análoga naturaleza.

ART. 1801.

El que pierde en un juego o apuesta de los no prohibidos queda obligado civilmente.

La Autoridad judicial puede, sin embargo, no estimar la demanda cuando la cantidad que se cruzó en el juego o en la apuesta sea excesiva, o reducir la obligación en lo que excediere de los usos de un buen padre de familia.

Ver arts. 1371 y 1372 del CC.

CAPÍTULO IV
De la renta vitalicia

ART. 1802.

El contrato aleatorio de renta vitalicia obliga al deudor a pagar una pensión o rédito anual durante la vida de una o más personas determinadas por un capital en bienes muebles o inmuebles, cuyo dominio se le transfiere desde luego con la carga de la pensión.

Ver art. 99 CC; Ley 520 de la Compilación del Derecho Civil Foral de Navarra; arts. 565-29 y ss del Libro Quinto del Código civil de Cataluña, relativo a derechos reales; arts. 147 y siguientes de la Ley de Derecho civil de Galicia; art. 157 de la LH.

ART. 1803.

Puede constituirse la renta sobre la vida del que da el capital, sobre la de un tercero o sobre la de varias personas.

También puede constituirse a favor de aquella o aquellas personas sobre cuya vida se otorga, o a favor de otra u otras personas distintas.

Ver Ley 520 de la Compilación del Derecho Civil Foral de Navarra; arts. 565-29 y siguientes del Libro Quinto del Código civil de Cataluña, relativo a derechos reales; arts. 147 y ss de la Ley de Derecho civil de Galicia.

ART. 1804.

Es nula la renta constituida sobre la vida de una persona muerta a la fecha del otorgamiento, o que en el mismo tiempo se halle padeciendo una enfermedad que llegue a causar su muerte dentro de los veinte días siguientes a aquella fecha.

ART. 1805.

La falta de pago de las pensiones vencidas no autoriza al perceptor de la renta vitalicia a exigir el reembolso del capital ni a volver a entrar en la posesión del predio enajenado; sólo tendrá derecho a reclamar judicialmente el pago de las rentas atrasadas y el aseguramiento de las futuras.

Ver arts. 1091, 1255, y 1258 CC; Ley 520 de la Compilación del Derecho Civil Foral de Navarra.

ART. 1806.

La renta correspondiente al año en que muere el que la disfruta, se pagará en proporción a los días que hubiese vivido; si debía satisfacerse por plazos anticipados, se pagará el importe total del plazo que durante su vida hubiese empezado a correr.

Ver art. 474 del CC.

ART. 1807.

El que constituye a título gratuito una renta sobre sus bienes, puede disponer, al tiempo del otorgamiento, que no estará sujeta dicha renta a embargo por obligaciones del pensionista.

Ver art. 605 de la Ley de Enjuiciamiento Civil.

ART. 1808.

No puede reclamarse la renta sin justificar la existencia de la persona sobre cuya vida esté constituida.

Ver art. 1804 CC; Ley 520 de la Compilación del Derecho Civil Foral de Navarra.

TÍTULO XIII
De las transacciones y compromisos

CAPÍTULO I
De las transacciones

ART. 1809.

La transacción es un contrato por el cual las partes, dando, prometiendo o reteniendo cada una alguna cosa, evitan la provocación de un pleito o ponen término al que había comenzado.

Ver art. 1713 CC; arts. 19 a 21 de la Ley de Enjuiciamiento Civil.

ART. 1810.

Para transigir sobre los bienes y derechos de los hijos bajo la patria potestad se aplicarán las mismas reglas que para enajenarlos.

Ver art. 166 CC; Ley 65 de la Compilación de Derecho Civil Foral de Navarra.

ART. 1811.

El tutor y el curador con facultades de representación necesitarán autorización judicial para transigir sobre cuestiones relativas a los intereses de la persona cuya representación ostentan, salvo que se trate de asuntos de escasa relevancia económica.

Modificado por Ley 8/2021, de 2 de junio, por la que se reforma la legislación civil y procesal para el apoyo a las personas con discapacidad en el ejercicio de su capacidad jurídica (BOE de 03-06-2021). En vigor desde el 3 de septiembre de 2021.

Ver art. 287 del CC.

ART. 1812.

Las corporaciones que tengan personalidad jurídica sólo podrán transigir en la forma y con los requisitos que necesiten para enajenar sus bienes.

Ver arts. 38 y 39 CC; Ley del Patrimonio de las Administraciones Públicas; Ley General Presupuestaria; Ley Reguladora de las Haciendas Locales.

ART. 1813.

Se puede transigir sobre la acción civil proveniente de un delito; pero no por eso se extinguirá la acción pública para la imposición de la pena legal.

Ver art. 1305 CC; arts. 109 a 115 y 130 CP; arts. 106, 107 y 117 de la Ley de Enjuiciamiento Criminal.

ART. 1814.

No se puede transigir sobre el estado civil de las personas, ni sobre las cuestiones matrimoniales, ni sobre alimentos futuros.

Ver arts. 90, 103, 108, 151 y 1271 CC; arts. 1 y 2 de la Ley de Arbitraje; art. 415 de la Ley de Enjuiciamiento Civil.

ART. 1815.

La transacción no comprende sino los objetos expresados determinadamente en ella, o que, por una inducción necesaria de sus palabras, deban reputarse comprendidos en la misma.

La renuncia general de derechos se entiende sólo de los que tienen relación con la disputa sobre que ha recaído la transacción.

Ver arts. 1281 y ss CC; art. 144 LH.

ART. 1816.

La transacción tiene para las partes la autoridad de la cosa juzgada; pero no procederá la vía de apremio sino tratándose del cumplimiento de la transacción judicial.

Ver art. 517 de la Ley de Enjuiciamiento Civil.

ART. 1817.

La transacción en que intervenga error, dolo, violencia o falsedad de documentos, está sujeta a lo dispuesto en el artículo 1265 de este Código.

Sin embargo, no podrá una de las partes oponer el error de hecho a la otra siempre que ésta se haya apartado por la transacción de un pleito comenzado.

Ver arts. 1265 y siguientes y 1300 y siguientes del CC.

ART. 1818.

El descubrimiento de nuevos documentos no es causa para anular o rescindir la transacción, si no ha habido mala fe.

Ver arts. 1290 y siguientes y 1300 y siguientes del CC.

ART. 1819.

Si estando decidido un pleito por sentencia firme, se celebrare transacción sobre él por ignorar la existencia de la sentencia firme alguna de las partes interesadas, podrá ésta pedir que se rescinda la transacción.

La ignorancia de una sentencia que pueda revocarse, no es causa para atacar la transacción.

Ver arts. 1290 y ss y 1300 y ss CC; arts. 207 de la Ley de Enjuiciamiento Civil; art. 245 de la Ley Orgánica del Poder Judicial.

CAPÍTULO II
De los compromisos

ARTS. 1820 y 1821.

(SIN CONTENIDO)

Sin contenido por la Ley 36/1988, de 5 de diciembre, de Arbitraje

TÍTULO XIV
De la fianza

CAPÍTULO I
De la naturaleza y extensión de la fianza

ART. 1822.

Por la fianza se obliga uno a pagar o cumplir por un tercero, en el caso de no hacerlo éste.

Si el fiador se obligare solidariamente con el deudor principal, se observará lo dispuesto en la Sección 4.ª, Capítulo III, Título I, de este Libro.

Ver arts. 1137 a 1148 CC; arts. 439 a 442 C d c.

ART. 1823.

La fianza puede ser convencional, legal o judicial, gratuita o a título oneroso.

Puede también constituirse, no sólo a favor del deudor principal, sino al del otro fiador, consintiéndolo, ignorándolo y aun contradiciéndolo éste.

Ver arts. 1836, 1838, 1846, 1848, 1854 a 1856 CC; art. 441 C de c.

ART. 1824.

La fianza no puede existir sin una obligación válida.

Puede, no obstante, recaer sobre una obligación cuya nulidad pueda ser reclamada a virtud de una excepción puramente personal del obligado, como la de la menor edad.

Exceptúase de la disposición del párrafo anterior el caso de préstamo hecho al hijo de familia.

Ver art. 1302 del CC.

ART. 1825.

Puede también prestarse fianza en garantía de deudas futuras, cuyo importe no sea aún conocido; pero no se podrá reclamar contra el fiador hasta que la deuda sea líquida.

Ver art. precedente.

ART. 1826.

El fiador puede obligarse a menos, pero no a más que el deudor principal, tanto en la cantidad como en lo oneroso de las condiciones.

Si se hubiera obligado a más, se reducirá su obligación a los límites de la del deudor.

Ver art. 1822 del CC.

ART. 1827.

La fianza no se presume: debe ser expresa y no puede extenderse a más de lo contenido en ella.

Si fuere simple o indefinida, comprenderá no sólo la obligación principal, sino todos sus accesorios, incluso los gastos del juicio, entendiéndose, respecto de éstos, que no responderá sino de los que se hayan devengado después que haya sido requerido el fiador para el pago.

Ver arts. 440, 1301 y siguientes y 1838 del CC.

ART. 1828.

El obligado a dar fiador debe presentar persona que tenga capacidad para obligarse y bienes suficientes para responder de la obligación que garantiza. El fiador se entenderá sometido a la jurisdicción del Juez del lugar donde esta obligación deba cumplirse.

Ver arts. 1263, 1264 y 1854 CC; art. 52.1.3 de la Ley de Enjuiciamiento Civil; Ley 525 y ss de la Compilación del Derecho Civil Foral de Navarra.

ART. 1829.

Si el fiador viniere al estado de insolvencia, puede el acreedor pedir otro que reúna las cualidades exigidas en el artículo anterior. Exceptúase el caso de haber exigido y pactado el acreedor que se le diera por fiador una persona determinada.

Ver Ley 528 de la Compilación del Derecho Civil Foral de Navarra.

CAPÍTULO II
De los efectos de la fianza

Sección 1.ª De los efectos de la fianza entre el fiador y el acreedor

ART. 1830.

El fiador no puede ser compelido a pagar al acreedor sin hacerse antes excusión de todos los bienes del deudor.

Ver los arts. 1111, 1822 y 1856 CC; Ley 525 y ss. de la Compilación del Derecho Civil Foral de Navarra.

ART. 1831.

La excusión no tiene lugar:
1.º Cuando el fiador haya renunciado expresamente a ella.
2.º Cuando se haya obligado solidariamente con el deudor.
3.º En el caso de quiebra o concurso del deudor.
4.º Cuando éste no pueda ser demandado judicialmente dentro del Reino.

Ver los arts. 1137 a 1148, 1856 y 1911 CC; Leyes 525 y ss de la Compilación del Derecho Civil Foral de Navarra.

ART. 1832.

Para que el fiador pueda aprovecharse del beneficio de la excusión, debe oponerlo al acreedor luego que éste le requiera para el pago, y señalarle bienes del deudor realizables dentro del territorio español, que sean suficientes para cubrir el importe de la deuda.

Ver arts. 399, 405, y 412 de la Ley de Enjuiciamiento Civil.

ART. 1833.

Cumplidas por el fiador todas las condiciones del artículo anterior, el acreedor negligente en la excusión de los bienes señalados es responsable, hasta donde ellos alcancen, de la insolvencia del deudor que por aquel descuido resulte.

ART. 1834.

El acreedor podrá citar al fiador cuando demande al deudor principal, pero quedará siempre a salvo el beneficio de excusión, aunque se dé sentencia contra los dos.

ART. 1835.

La transacción hecha por el fiador con el acreedor no surte efecto para con el deudor principal.

La hecha por éste tampoco surte efecto para con el fiador, contra su voluntad.

Ver los arts. 1193, 1207, 1257, 1809, 1816 y 1839 del CC.

ART. 1836.

El fiador de un fiador goza del beneficio de excusión, tanto respecto del fiador como del deudor principal.

Ver los arts. 1846 y 1856 del CC.

ART. 1837.

Siendo varios los fiadores de un mismo deudor y por una misma deuda, la obligación a responder de ella se divide entre todos. El acreedor no puede reclamar a cada fiador sino la parte que le corresponda satisfacer, a menos que se haya estipulado expresamente la solidaridad.

El beneficio de división contra los cofiadores cesa en los mismos casos y por las mismas causas que el de excusión contra el deudor principal.

Ver los arts. 1137 y 1138, y 1831.2 CC; Ley 525 y ss de la Compilación del Derecho Civil Foral de Navarra.

Sección 2.ª De los efectos de la fianza entre el deudor y el fiador

ART. 1838.

El fiador que paga por el deudor, debe ser indemnizado por éste.

La indemnización comprende:

1.º La cantidad total de la deuda.

2.º Los intereses legales de ella desde que se haya hecho saber el pago al deudor, aunque no los produjese para el acreedor.

3.º Los gastos ocasionados al fiador después de poner éste en conocimiento del deudor que ha sido requerido para el pago.

4.º Los daños y perjuicios, cuando procedan.

La disposición de este artículo tiene lugar aunque la fianza se haya dado ignorándolo el deudor.

Ver arts. 1101 a 1108, 1157 y siguientes, 1193, 1209 y 1210 CC; Ley 525 y ss de la Compilación del Derecho Civil Foral de Navarra.

ART. 1839.

El fiador se subroga por el pago en todos los derechos que el acreedor tenía contra el deudor.

Si ha transigido con el acreedor, no puede pedir al deudor más de lo que realmente haya pagado.

Ver arts. 1209 a 1213 y 1835 del CC.

ART. 1840.

Si el fiador paga sin ponerlo en noticia del deudor, podrá éste hacer valer contra él todas las excepciones que hubiera podido oponer al acreedor al tiempo de hacerse el pago.

Ver arts. 1148, 1158, 1159, 1842 y 1853 del CC.

ART. 1841.

Si la deuda era a plazo y el fiador la pagó antes de su vencimiento, no podrá exigir reembolso del deudor hasta que el plazo venza.

Ver arts. 1125 y 1126 del CC.

ART. 1842.

Si el fiador ha pagado sin ponerlo en noticia del deudor, y éste, ignorando el pago, lo repite por su parte, no queda al primero recurso alguno contra el segundo, pero sí contra el acreedor.

Ver arts. 1840 y 1895 a 1901 del CC.

ART. 1843.

El fiador, aun antes de haber pagado, puede proceder contra el deudor principal:
1.° Cuando se ve demandado judicialmente para el pago.
2.° En caso de quiebra, concurso o insolvencia.
3.° Cuando el deudor se ha obligado a relevarle de la fianza en un plazo determinado, y este plazo ha vencido.
4.° Cuando la deuda ha llegado a hacerse exigible, por haber cumplido el plazo en que debe satisfacerse.
5.° Al cabo de diez años, cuando la obligación principal no tiene término fijo para su vencimiento, a menos que sea de tal naturaleza que no pueda extinguirse sino en un plazo mayor de los diez años.
En todos estos casos la acción del fiador tiende a obtener relevación de la fianza o una garantía que lo ponga a cubierto de los procedimientos del acreedor y del peligro de insolvencia en el deudor.

Ver Ley 525 y ss. de la Compilación del Derecho Civil Foral de Navarra.

Sección 3.ª De los efectos de la fianza entre los cofiadores

ART. 1844.

Cuando son dos o más los fiadores de un mismo deudor y por una misma deuda, el que de ellos haya pagado podrá reclamar de cada uno de los otros la parte que proporcionalmente le corresponda satisfacer.
Si alguno de ellos resultare insolvente, la parte de éste recaerá sobre todos en la misma proporción.
Para que pueda tener lugar la disposición de este artículo, es preciso que se haya hecho el pago en virtud de demanda judicial, o hallándose el deudor principal en estado de concurso o quiebra.

Ver los arts. 1145, 1148, 1158, 1831.2 y 1837 CC; Ley 525 y ss de la Compilación del Derecho Civil Foral de Navarra.

ART. 1845.

En el caso del artículo anterior podrán los cofiadores oponer al que pagó las mismas excepciones que habrían correspondido al deudor principal contra el acreedor y que no fueren puramente personales del mismo deudor.

Ver los arts. 1111, 1148, 1840, y 1854 del CC.

ART. 1846.

El subfiador, en caso de insolvencia del fiador por quien se obligó, queda responsable a los cofiadores en los mismos términos que lo estaba el fiador.

Ver los arts. 1823.2 y 1826 del CC.

CAPÍTULO III
De la extinción de la fianza

ART. 1847.

La obligación del fiador se extingue al mismo tiempo que la del deudor, y por las mismas causas que las demás obligaciones.

Ver arts. 1156 a 1213 del CC.

ART. 1848.

La confusión que se verifica en la persona del deudor y en la del fiador cuando uno de ellos hereda al otro, no extingue la obligación del subfiador.

Ver art. 1193 del CC.

ART. 1849.

Si el acreedor acepta voluntariamente un inmueble, u otros cualesquiera efectos en pago de la deuda, aunque después los pierda por evicción, queda libre el fiador.

Ver arts. 1156, 1166, 1175, 1475 y 1842 del CC.

ART. 1850.

La liberación hecha por el acreedor a uno de los fiadores sin el consentimiento de los otros, aprovecha a todos hasta donde alcance la parte del fiador a quien se ha otorgado.

Ver arts. 1143, 1144, 1146, 1190, 1837 y 1844 del CC.

ART. 1851.

La prórroga concedida al deudor por el acreedor sin el consentimiento del fiador extingue la fianza.

Ver arts. 1203, 1204, 1837 y 1844 del CC.

ART. 1852.

Los fiadores, aunque sean solidarios, quedan libres de su obligación siempre que por algún hecho del acreedor no puedan quedar subrogados en los derechos, hipotecas y privilegios del mismo.

Ver arts. 1839 y 1847 del CC.

ART. 1853.

El fiador puede oponer al acreedor todas las excepciones que competan al deudor principal y sean inherentes a la deuda; mas no las que sean puramente personales del deudor.

Ver arts. 1148, 1824, 1840, 1845, y 1937 del CC.

CAPÍTULO IV
De la fianza legal y judicial

ART. 1854.

El fiador que haya de darse por disposición de la ley o de providencia judicial, debe tener las cualidades prescritas en el artículo 1828.

Ver arts. 167, 491 a 494, 507, 522, 1823 y 1828 del CC.

ART. 1855.

Si el obligado a dar fianza en los casos del artículo anterior no la hallase, se le admitirá en su lugar una prenda o hipoteca que se estime bastante para cubrir su obligación.

Ver arts. 1857 y siguientes del CC.

ART. 1856.

El fiador judicial no puede pedir la excusión de bienes del deudor principal.
El subfiador, en el mismo caso, no puede pedir ni la del deudor ni la del fiador.

Ver art. 1830 del CC.

TÍTULO XV
De los contratos de prenda, hipoteca y anticresis

CAPÍTULO I
Disposiciones comunes a la prenda y a la hipoteca

ART. 1857.

Son requisitos esenciales de los contratos de prenda e hipoteca:

1.° Que se constituya para asegurar el cumplimiento de una obligación principal.

2.° Que la cosa pignorada o hipotecada pertenezca en propiedad al que la empeña o hipoteca.

3.° Que las personas que constituyan la prenda o hipoteca tengan la libre disposición de sus bienes o, en caso de no tenerla, se hallen legalmente autorizadas al efecto.

Las terceras personas extrañas a la obligación principal pueden asegurar ésta pignorando o hipotecando sus propios bienes.

Ver arts. 166, 287.2, 1872, 1874 y 1879 del CC; arts. 138 y 139 de la Ley Hipotecaria; arts. 1, 2, 19 y 52 de Ley sobre hipoteca mobiliaria y prenda sin desplazamiento.

ART. 1858.

Es también de esencia de estos contratos que, vencida la obligación principal, puedan ser enajenadas las cosas en que consiste la prenda o hipoteca para pagar al acreedor.

Ver arts. 1872, 1876 y 1884 del CC; arts. 129 a 135 de la Ley Hipotecaria; Título V de la Ley sobre hipoteca mobiliaria y prenda sin desplazamiento.

ART. 1859.

El acreedor no puede apropiarse las cosas dadas en prenda o hipoteca, ni disponer de ellas.

Ver arts. 1869, 1870 y 1872 de CC.

ART. 1860.

La prenda y la hipoteca son indivisibles, aunque la deuda se divida entre los causahabientes del deudor o del acreedor.

No podrá, por tanto, el heredero del deudor que haya pagado parte de la deuda pedir que se extinga proporcionalmente la prenda o la hipoteca mientras la deuda no haya sido satisfecha por completo.

Tampoco podrá el heredero del acreedor que recibió su parte de la deuda devolver la prenda ni cancelar la hipoteca en perjuicio de los demás herederos que no hayan sido satisfechos.

Se exceptúa de estas disposiciones el caso en que, siendo varias las cosas dadas en hipoteca o en prenda, cada una de ellas garantice solamente una porción determinada del crédito.

El deudor, en este caso, tendrá derecho a que se extingan la prenda o la hipoteca a medida que satisfaga la parte de deuda de que cada cosa responda especialmente.

Ver art. 405 CC; arts. 122 a 125 LH; art. 221 del Reglamento Hipotecario.

ART. 1861.

Los contratos de prenda e hipoteca pueden asegurar toda clase de obligaciones, ya sean puras, ya estén sujetas a condición suspensiva o resolutoria.

Ver arts. 1113 y ss CC; arts. 105, 140, 142, 143 LH; arts. 232, y 238 a 240 del Reglamento Hipotecario.

ART. 1862.

La promesa de constituir prenda o hipoteca sólo produce acción personal entre los contratantes, sin perjuicio de la responsabilidad criminal en que incurriere el que defraudase a otro ofreciendo en prenda o hipoteca como libres las cosas que sabía estaban gravadas, o fingiéndose dueño de las que no le pertenecen.

Ver arts. 248 a 251 CP; arts. 9 y 51 (regla 6ª in fine) del Reglamento Hipotecario.

CAPÍTULO II
De la prenda

Sección 1.ª De la prenda

ART. 1863.

Además de los requisitos exigidos en el artículo 1857, se necesita, para constituir el contrato de prenda, que se ponga en posesión de ésta al acreedor, o a un tercero de común acuerdo.

Ver arts. 459, 461, 1857, 1865, 1870 y 1879 CC; Ley sobre hipoteca mobiliaria y prenda sin desplazamiento.

ART. 1864.

Pueden darse en prenda todas las cosas muebles que están en el comercio, con tal que sean susceptibles de posesión.

En ningún caso podrán ser objeto de prenda los animales de compañía.

Modificado por Ley 17/2021, de 15 de diciembre, de modificación del Código Civil, la Ley Hipotecaria y la Ley de Enjuiciamiento Civil, sobre el régimen jurídico de los animales (BOE de 16-12-2021). Modificación vigente desde el 5 de enero de 2022.

Ver arts. 437, 1271 y 1272 CC; arts. 52 a 55 de la Ley sobre hipoteca mobiliaria y prenda sin desplazamiento.

ART. 1865.

No surtirá efecto la prenda contra tercero si no consta por instrumento público la certeza de la fecha.

Ver art. 1218 del CC; art. 56 de la Ley sobre hipoteca mobiliaria y prenda sin desplazamiento.

ART. 1866.

El contrato de prenda da derecho al acreedor para retener la cosa en su poder o en el de la tercera persona a quien hubiese sido entregada, hasta que se le pague el crédito.

Si mientras el acreedor retiene la prenda, el deudor contrajese con él otra deuda exigible antes de haberse pagado la primera, podrá aquél prorrogar la retención hasta que se le satisfagan ambos créditos, aunque no se hubiese estipulado la sujeción de la prenda a la seguridad de la segunda deuda.

Ver arts. 1871, 1886 y 1926.1 del CC.

ART. 1867.

El acreedor debe cuidar de la cosa dada en prenda con la diligencia de un buen padre de familia; tiene derecho al abono de los gastos hechos para su conservación, y responde de su pérdida o deterioro conforme a las disposiciones de este Código.

Ver arts. 453, 1094 y 1182 del CC; arts. 61 y 62 de la Ley sobre hipoteca mobiliaria y prenda sin desplazamiento.

ART. 1868.

Si la prenda produce intereses, compensará el acreedor los que perciba con los que se le deben; y, si no se le deben, o en cuanto excedan de los legítimamente debidos, los imputará al capital.

Ver art. 1173 del CC.

ART. 1869.

Mientras no llegue el caso de ser expropiado de la cosa dada en prenda, el deudor sigue siendo dueño de ella.

Esto no obstante, el acreedor podrá ejercitar las acciones que competan al dueño de la cosa pignorada para reclamarla o defenderla contra tercero.

Ver arts. 348, 446, 464 y 1859 del CC.

ART. 1870.

El acreedor no podrá usar la cosa dada en prenda sin autorización del dueño, y si lo hiciere o abusare de ella en otro concepto, puede el segundo pedir que se la constituya en depósito.

Ver art. 1859 del CC.

ART. 1871.

No puede el deudor pedir la restitución de la prenda contra la voluntad del acreedor mientras no pague la deuda y sus intereses, con las expensas en su caso.

Ver art. 1866 del CC.

ART. 1872.

El acreedor a quien oportunamente no hubiese sido satisfecho su crédito, podrá proceder por ante Notario a la enajenación de la prenda. Esta enajenación habrá de hacerse precisamente en subasta pública y con citación del deudor y del dueño de la prenda en su caso. Si en la primera subasta no hubiese sido enajenada la prenda, podrá celebrarse una segunda con iguales formalidades; y, si tampoco diere resultado, podrá el acreedor hacerse dueño de la prenda. En este caso estará obligado a dar carta de pago de la totalidad de su crédito.

Si la prenda consistiere en valores cotizables, se venderán en la forma prevenida por el Código de Comercio.

Ver arts. 322 a 324 C d c; arts. 569-20 a 22 del Libro Quinto del Código civil de Cataluña, relativo a derechos reales; Ley 469 de la Compilación del Derecho Civil Foral de Navarra.

ART. 1873.

Respecto a los Montes de Piedad y demás establecimientos públicos, que por instituto o profesión prestan sobre prendas, se observarán las leyes y reglamentos especiales que les conciernan y subsidiariamente las disposiciones de este título.

Ver art. 1757 CC; art. 15 de la Ley sobre nulidad de los contratos de préstamos usurarios; arts. 569-20 a 22 del Libro Quinto del Código civil de Cataluña, relativo a derechos reales.

Sección 2.ª De la prenda sin desplazamiento

ART. 1863 bis a 1873 bis.

(DEROGADOS)

Derogados por Ley de 16 de diciembre de 1954.

CAPÍTULO III
De la hipoteca

ART. 1874.

Sólo podrán ser objeto del contrato de hipoteca:

1.º Los bienes inmuebles.

2.º Los derechos reales enajenables con arreglo a las leyes, impuestos sobre bienes de aquella clase.

Ver arts. 1528, 1860, 1861 y 1875 CC; arts. 681 a 698 de la Ley de Enjuiciamiento Civil; arts. 105 a 108, 117, 122, 137 y 154 de la Ley Hipotecaria; art. 219 del Reglamento Hipotecario; Ley sobre hipoteca mobiliaria y prenda sin desplazamiento; arts. 569-27 y ss del Libro Quinto del Código civil de Cataluña, relativo a derechos reales.

ART. 1875.

Además de los requisitos exigidos en el artículo 1857, es indispensable, para que la hipoteca quede válidamente constituida, que el documento en que se constituya sea inscrito en el Registro de la Propiedad.

Las personas a cuyo favor establece hipoteca la ley, no tienen otro derecho que el de exigir el otorgamiento e inscripción del documento en que haya de formalizarse la hipoteca, salvo lo que dispone la Ley Hipotecaria en favor del Estado, las provincias y los pueblos, por el importe de la última anualidad de los tributos, así como de los aseguradores por el premio del seguro.

Ver arts. 145, 159 y 193 y ss LH; arts. 270 y 271 del Reglamento Hipotecario; arts. 3, y 67 a 80 de la Ley sobre hipoteca mobiliaria y prenda sin desplazamiento; arts. 569-27 y ss del Libro Quinto del Código civil de Cataluña, relativo a derechos reales.

ART. 1876.

La hipoteca sujeta directa e inmediatamente los bienes sobre que se impone, cualquiera que sea su poseedor, al cumplimiento de la obligación para cuya seguridad fue constituida.

Ver arts. 104, 105, y 140 de la Ley Hipotecaria; art. 16 de la Ley sobre hipoteca mobiliaria y prenda sin desplazamiento.

ART. 1877.

La hipoteca se extiende a las accesiones naturales, a las mejoras, a los frutos pendientes y rentas no percibidas al vencer la obligación, y al importe de las indemnizaciones concedidas o debidas al propietario por los aseguradores de los bienes hipotecados, o en virtud de expropiación por causa de utilidad pública, con las declaraciones, ampliaciones y limitaciones establecidas por la ley, así en el caso de permanecer la finca en poder del que la hipotecó, como en el de pasar a manos de un tercero.

Ver arts. 109 a 114 LH; arts. 5, 13 y 23 de la Ley sobre hipoteca mobiliaria y prenda sin desplazamiento; art. 215 del Reglamento Hipotecario; arts. 6 y 23 de la Ley de Expropiación Forzosa.

ART. 1878.

El crédito hipotecario puede ser enajenado o cedido a un tercero en todo o en parte, con las formalidades exigidas por la ley.

Ver arts. 149 a 152 LH; art. 8 de Ley sobre hipoteca mobiliaria y prenda sin desplazamiento; arts. 175, 176, 242 a 244 del Reglamento Hipotecario.

ART. 1879.

El acreedor podrá reclamar del tercer poseedor de los bienes hipotecados el pago de la parte de crédito asegurada con los que el último posee, en los términos y con las formalidades que la ley establece.

Ver arts. 126 y 127 LH; arts. 81 y siguientes de la Ley sobre hipoteca mobiliaria y prenda sin desplazamiento.

ART. 1880.

La forma, extensión y efectos de la hipoteca, así como lo relativo a su constitución, modificación y extinción y a lo demás que no haya sido comprendido en este Capítulo, queda sometido a las prescripciones de la Ley Hipotecaria, que continúa vigente.

Ver Ley Hipotecaria.

Ver Reglamento Hipotecario.

Ver D.A. Tercera de la Ley sobre hipoteca mobiliaria y prenda sin desplazamiento.

CAPÍTULO IV
De la anticresis

ART. 1881.

Por la anticresis el acreedor adquiere el derecho de percibir los frutos de un inmueble de su deudor, con la obligación de aplicarlos al pago de los intereses, si se debieren, y después al del capital de su crédito.

Ver art. 1173 CC; arts. 569-23 a 26 del Libro Quinto del Código civil de Cataluña, relativo a derechos reales; Ley 471 de la Compilación del Derecho Civil Foral de Navarra.

ART. 1882.

El acreedor, salvo pacto en contrario, está obligado a pagar las contribuciones y cargas que pesen sobre la finca.

Lo está asimismo a hacer los gastos necesarios para su conservación y reparación.

Se deducirán de los frutos las cantidades que emplee en uno y otro objeto.

Ver arts. 471, 487, 488, 502 a 504 CC; arts. 569-23 a 26 del Libro Quinto del Código civil de Cataluña, relativo a derechos reales; Ley 471 de la Compilación del Derecho Civil Foral de Navarra.

ART. 1883.

El deudor no puede readquirir el goce del inmueble sin haber pagado antes enteramente lo que debe a su acreedor.

Pero éste, para librarse de las obligaciones que le impone el artículo anterior, puede siempre obligar al deudor a que entre de nuevo en el goce de la finca, salvo pacto en contrario.

Ver art. 1871 CC; arts. 569-23 a 26 del Libro Quinto del Código civil de Cataluña, relativo a derechos reales.

ART. 1884.

El acreedor no adquiere la propiedad del inmueble por falta de pago de la deuda dentro del plazo convenido.

Todo pacto en contrario será nulo. Pero el acreedor en este caso podrá pedir, en la forma que previene la Ley de Enjuiciamiento Civil, el pago de la deuda o la venta del inmueble.

Ver arts. 1859, 1869 y 1872 CC; arts. 569-23 a 26 del Libro Quinto del Código civil de Cataluña, relativo a derechos reales.

ART. 1885.

Los contratantes pueden estipular que se compensen los intereses de la deuda con los frutos de la finca dada en anticresis.

Ver art. 1868 CC; Ley 471 de la Compilación del Derecho Civil Foral de Navarra.

ART. 1886.

Son aplicables a este contrato el último párrafo del artículo 1857, el párrafo segundo del artículo 1866 y los artículos 1860 y 1861.

Ver arts. 1859 a 1861, 1866 y 1872 del CC.

TÍTULO XVI
De las obligaciones que se contraen sin convenio

CAPÍTULO I
De los cuasi contratos

ART. 1887.

Son cuasi contratos los hechos lícitos y puramente voluntarios, de los que resulta obligado su autor para con un tercero y a veces una obligación recíproca entre los interesados.

Ver Leyes 488, 508, 510 y 560 de la Compilación del Derecho Civil Foral de Navarra.

Sección 1.ª De la gestión de negocios ajenos

ART. 1888.

El que se encarga voluntariamente de la agencia o administración de los negocios de otro, sin mandato de éste, está obligado a continuar su gestión hasta el término del asunto y sus incidencias, o a requerir al interesado para que le sustituya en la gestión, si se hallase en estado de poder hacerlo por sí.

Ver arts. 1089, 1259, 1718, 1736 y 1737 del CC; leyes 488, 508, 510 y 560 de la Compilación del Derecho Civil Foral de Navarra.

ART. 1889.

El gestor oficioso debe desempeñar su encargo con toda la diligencia de un buen padre de familia, e indemnizar los perjuicios que por su culpa o negligencia se irroguen al dueño de los bienes o negocios que gestione.

Los Tribunales, sin embargo, podrán moderar la importancia de la indemnización según las circunstancias del caso.

Ver arts. 1101 a 1104, 1259, 1718, 1719, 1726 y 1737 CC; leyes 560 a 562 de la Compilación del Derecho Civil Foral de Navarra.

ART. 1890.

Si el gestor delegare en otra persona todos o algunos de los deberes de su cargo, responderá de los actos del delegado, sin perjuicio de la obligación directa de éste para con el propietario del negocio.

La responsabilidad de los gestores, cuando fueren dos o más, será solidaria.

Ver 1137, 1721 a 1723 del CC.

ART. 1891.

El gestor de negocios responderá del caso fortuito cuando acometa operaciones arriesgadas que el dueño no tuviese costumbre de hacer, o cuando hubiese pospuesto el interés de éste al suyo propio.

Ver art. 1105 del CC.

ART. 1892.

La ratificación de la gestión por parte del dueño del negocio produce los efectos del mandato expreso.

Ver arts. 1259, 1710, 1717 y 1727 a 1730 del CC; ley 561 de la Compilación del Derecho Civil Foral de Navarra.

ART. 1893.

Aunque no hubiese ratificado expresamente la gestión ajena, el dueño de bienes o negocios que aproveche las ventajas de la misma será responsable de las obligaciones contraídas en su interés, e indemnizará al gestor los gastos necesarios y útiles que hubiese hecho y los perjuicios que hubiese sufrido en el desempeño de su cargo.

La misma obligación le incumbirá cuando la gestión hubiera tenido por objeto evitar algún perjuicio inminente y manifiesto, aunque de ella no resultase provecho alguno.

Ver arts. 1715, 1717 y 1727 a 1729 del CC; ley 560 de la Compilación del Derecho Civil Foral de Navarra.

ART. 1894.

Cuando, sin conocimiento del obligado a prestar alimentos, los diese un extraño, éste tendrá derecho a reclamarlos de aquél, a no constar que los dio por oficio de piedad y sin ánimo de reclamarlos.

Los gastos funerarios proporcionados a la calidad de la persona y a los usos de la localidad deberán ser satisfechos, aunque el difunto no hubiese dejado bienes, por aquellos que en vida habrían tenido la obligación de alimentarle.

Ver arts. 143 a 145 y 903 del CC.

Sección 2.ª Del cobro de lo indebido

ART. 1895.

Cuando se recibe alguna cosa que no había derecho a cobrar, y que por error ha sido indebidamente entregada, surge la obligación de restituirla.

Ver arts. 1085, 1126, 1158, 1162 a 1165, 1756, 1798 y 1842 del CC.

ART. 1896.

El que acepta un pago indebido, si hubiera procedido de mala fe, deberá abonar el interés legal cuando se trate de capitales, o los frutos percibidos o debidos percibir cuando la cosa recibida los produjere.

Además responderá de los menoscabos que la cosa haya sufrido por cualquier causa, y de los perjuicios que se irrogaren al que la entregó, hasta que la recobre. No se prestará el caso fortuito cuando hubiese podido afectar del mismo modo a las cosas hallándose en poder del que las entregó.

Ver arts. 455, 457, 1101, 1102, 1108 del CC: ley 508 de la Compilación del Derecho Civil Foral de Navarra.

ART. 1897.

El que de buena fe hubiera aceptado un pago indebido de cosa cierta y determinada, sólo responderá de las desmejoras o pérdidas de ésta y de sus accesiones, en cuanto por ellas se hubiese enriquecido. Si la hubiese enajenado, restituirá el precio o cederá la acción para hacerlo efectivo.

Ver arts. 434, 451 y 457 del CC; ley 508 de la Compilación del Derecho Civil Foral de Navarra.

ART. 1898.

En cuanto al abono de mejoras y gastos hechos por el que indebidamente recibió la cosa, se estará a lo dispuesto en el Título V del Libro 2.º.

Ver arts. 452 a 458 del CC.

ART. 1899.

Queda exento de la obligación de restituir el que, creyendo de buena fe que se hacía el pago por cuenta de un crédito legítimo y subsistente, hubiese inutilizado el título, o dejado prescribir la acción, o abandonado las prendas, o cancelado las garantías de su derecho. El que pagó indebidamente sólo podrá dirigirse contra el verdadero deudor o los fiadores respecto de los cuales la acción estuviese viva.

ART. 1900.

La prueba del pago incumbe al que pretende haberlo hecho. También corre a su cargo la del error con que lo realizó, a menos que el demandado negare haber recibido la cosa que se le reclame. En este caso, justificada por el demandante la entrega, queda relevado de toda otra prueba. Esto no limita el derecho del demandado para acreditar que le era debido lo que se supone que recibió.

Ver Ley 509 de la Compilación del Derecho Civil Foral de Navarra.

ART. 1901.

Se presume que hubo error en el pago cuando se entregó cosa que nunca se debió o que ya estaba pagada; pero aquel a quien se pida la devolución puede probar que la entrega se hizo a título de liberalidad o por otra causa justa.

Ver arts. 1276 y 1277 del CC; ley 508 de la Compilación del Derecho Civil Foral de Navarra.

CAPÍTULO II
De las obligaciones que nacen de culpa o negligencia

ART. 1902.

El que por acción u omisión causa daño a otro, interviniendo culpa o negligencia, está obligado a reparar el daño causado.

Ver arts. 106.2 y 121 de la Constitución Española; arts. 7.2, 10.9, 1089, 1093, 1102 a 1107, 1903 a 1910 y 1968.2 del CC; arts. 109 a 122 y D. F. 7ª del Código Penal; art. 100 y ss de la Ley de Enjuiciamiento Criminal, arts. 292 y ss de la Ley Orgánica del Poder Judicial; Reglamento (CE) n.º 864/2007 del Parlamento Europeo y del Consejo, de 11 de julio de 2007, relativo a la ley aplicable a las obligaciones extracontractuales; Ley 48/1960, de 21 de julio, de navegación aérea; Ley 12/2011, de 27 de mayo, sobre responsabilidad civil por daños nucleares o producidos por materiales radiactivos; arts. 45 y siguientes de la Ley de Energía nuclear; el Reglamento sobre Cobertura de Riesgos Nucleares; Real Decreto Legislativo por el que se aprueba el texto refundido de la Ley sobre responsabilidad civil y seguro en la circulación de vehículos a motor; Ley 35/2015, de 22 de septiembre, de reforma del sistema para la valoración de los daños y perjuicios causados a las personas en accidentes de circulación; art. 33.5 de la Ley de Caza; Reglamento para la ejecución de la Ley de Caza; el Reglamento del Seguro de Responsabilidad Civil del Cazador, de suscripción obligatoria; art. 1 del Instrumento de ratificación del Convenio sobre la Ley aplicable a la responsabilidad por productos, hecho en La Haya el 2 de octubre de 1973; arts. 73 a 76 de la Ley del Contrato de seguro; art. 9 de la Ley Orgánica de protección civil del derecho al honor, a la intimidad personal y familiar y a la propia imagen; arts. 32 y siguientes de la Ley de Competencia Desleal; arts. 17 y siguientes de la Ley de Ordenación de la Edificación; Ley Orgánica 3/2018, de 5 de diciembre, de protección de datos de carácter personal y garantía de los derechos digitales; Real Decreto Legislativo 1/2007, de 16 de noviembre, por el que se aprueba el texto refundido de la Ley General para la Defensa de los Consumidores y Usuarios y otras leyes complementarias; Ley 24/2015, de 24 de julio, de Patentes; Ley 15/2007, de 3 de julio, de Defensa de la Competencia; Real Decreto Legislativo 2/2011, de 5 de septiembre, por el que se aprueba el Texto Refundido de la Ley de Puertos del Estado y de la Marina Mercante; Ley 22/2011, de 28 de julio, de residuos y suelos contaminados; Ley 59/2003, de 19 de diciembre, de firma electrónica; art. 13 Ley sobre el régimen jurídico de la tenencia de animales potencialmente peligrosos; art. 22 de la Ley de régimen jurídico de la protección de las obtenciones vegetales; arts. 5.1 y 61 y siguientes de la Ley reguladora de la responsabilidad penal de los menores; arts. 40 y siguientes de la Ley de Marcas; arts. 13 y siguientes de la Ley de servicios de la sociedad de la información y de comercio electrónico; Ley básica reguladora de la autonomía del paciente y de derechos y obligaciones en materia de información y documentación clínica; arts. 52 y siguientes de la Ley de Protección jurídica del Diseño Industrial; Real Decreto sobre la cobertura de la responsabilidad civil por daños causados por la Contaminación de los hidrocarburos, para combustible de los buques; Ley 488 y ss de la Compilación del Derecho Civil Foral de Navarra; arts. 94 y 456 RDLeg. 1/2020, TR de la Ley Concursal; art. 23 de la Ley del Notariado; art. 42 de la Ley de Prevención de Riesgos Laborales; art. 42 y siguientes de la Ley sobre Infracciones y Sanciones en el Orden Social; Ley General de la Seguridad Social.

ART. 1903.

La obligación que impone el artículo anterior es exigible no sólo por los actos u omisiones propios, sino por los de aquellas personas de quienes se debe responder.

Los padres son responsables de los daños causados por los hijos que se encuentren bajo su guarda.

Los tutores lo son de los perjuicios causados por los menores que están bajo su autoridad y habitan en su compañía.

Los curadores con facultades de representación plena lo son de los perjuicios causados por la persona a quien presten apoyo, siempre que convivan con ella.

Lo son igualmente los dueños o directores de un establecimiento o empresa respecto de los perjuicios causados por sus dependientes en el servicio de los ramos en que los tuvieran empleados, o con ocasión de sus funciones.

Las personas o entidades que sean titulares de un centro docente de enseñanza no superior responderán por los daños y perjuicios que causen sus alumnos menores de edad durante los períodos de tiempo en que los mismos se hallen bajo el control o vigilancia del profesorado del centro, desarrollando actividades escolares o extraescolares y complementarias.

La responsabilidad de que trata este artículo cesará cuando las personas en él mencionadas prueben que emplearon toda la diligencia de un buen padre de familia para prevenir el daño.

Párrafo tercero modificado y párrafo cuarto añadido por Ley 8/2021, de 2 de junio, por la que se reforma la legislación civil y procesal para el apoyo a las personas con discapacidad en el ejercicio de su capacidad jurídica (BOE de 03-06-2021). En vigor desde el 3 de septiembre de 2021.

Ver las disposiciones legales citadas en el art. Precedente; arts. 106.2 y 121 de la Constitución Española; art. 1904 del CC; arts. 20, 120 y 121 del Código Penal; Capítulo IV del Título Preliminar de la Ley de Régimen Jurídico del Sector Público; Ley reguladora de la responsabilidad penal de los menores; Ley del Procedimiento Administrativo Común de las Administraciones Públicas; art. 42 de la Ley de Prevención de riesgos laborales; Ley de modificación de los códigos civil y penal en materia de responsabilidad civil del profesorado.

ART. 1904.

El que paga el daño causado por sus dependientes puede repetir de éstos lo que hubiese satisfecho.

Cuando se trate de centros docentes de enseñanza no superior, sus titulares podrán exigir de los profesores las cantidades satisfechas, si hubiesen incurrido en dolo o culpa grave en el ejercicio de sus funciones que fuesen causa del daño.

Ver concordancias de artículos precedentes.

ART. 1905.

El poseedor de un animal, o el que se sirve de él, es responsable de los perjuicios que causare, aunque se le escape o extravíe. Sólo cesará esta responsabilidad en el caso de que el daño proviniera de fuerza mayor o de culpa del que lo hubiese sufrido.

Ver arts. 465 y 612 del CC; Ley sobre régimen jurídico de tenencia de animales potencialmente peligrosos.

ART. 1906.

El propietario de una heredad de caza responderá del daño causado por ésta en las fincas vecinas, cuando no haya hecho lo necesario para impedir su multiplicación o cuando haya dificultado la acción de los dueños de dichas fincas para perseguirla.

Ver art. 33 de la Ley de caza; art. 35 del Reglamento para la ejecución de la Ley de Caza.

ART. 1907.

El propietario de un edificio es responsable de los daños que resulten de la ruina de todo o parte de él, si ésta sobreviniere por falta de las reparaciones necesarias.

Ver arts. 389, 391, 500, 503, 543, 544, 575 a 577, 1554, 1558, 1559, 1580 y 1909 CC; art. 10 de la Ley de Propiedad Horizontal; arts. 3.1.b) y 16 a 19 de la Ley de Ordenación de la Edificación.

ART. 1908.

Igualmente responderán los propietarios de los daños causados:
1.° Por la explosión de máquinas que no hubiesen sido cuidadas con la debida diligencia, y la inflamación de sustancias explosivas que no estuviesen colocadas en lugar seguro y adecuado.
2.° Por los humos excesivos, que sean nocivos a las personas o a las propiedades.
3.° Por la caída de árboles colocados en sitios de tránsito, cuando no sea ocasionada por fuerza mayor.
4.° Por las emanaciones de cloacas o depósitos de materias infectantes, construidos sin las precauciones adecuadas al lugar en que estuviesen.

Ver art. 390 CC.

ART. 1909.

Si el daño de que tratan los dos artículos anteriores resultare por defecto de construcción, el tercero que lo sufra sólo podrá repetir contra el arquitecto, o, en su caso, contra el constructor, dentro del tiempo legal.

Ver art. 1591 CC.

ART. 1910.

El cabeza de familia que habita una casa o parte de ella, es responsable de los daños causados por las cosas que se arrojaren o cayeren de la misma.

TÍTULO XVII
De la concurrencia y prelación de créditos

CAPÍTULO I
Disposiciones generales

ART. 1911.

Del cumplimiento de las obligaciones responde el deudor con todos sus bienes, presentes y futuros.

Ver arts. 659, 1001, 1034, 1082 y ss, 1111, 1365 a 1373, 1697 a 1699 y 1807 CC; arts. 6, 127 y 242 del C d c; arts. Cap. III del Título IV del Libro III de la Ley de Enjuiciamiento Civil; art. 1 de la Ley de Sociedades de Capital; art. 140 de la Ley Hipotecaria; arts. 192, 483 a 486 del RDLeg. 1/2020, TR de la Ley Concursal

ARTS. 1912 a 1920.

(DEROGADOS)

Derogados por Ley 22/2003, de 9 de julio, Concursal.

CAPÍTULO II
De la clasificación de créditos

ART. 1921.

Los créditos se clasificarán, para su graduación y pago, por el orden y en los términos que en este Capítulo se establecen.
En caso de concurso, la clasificación y graduación de los créditos se regirá por lo establecido en la Ley Concursal.

Ver arts. 613 a 620 de la Ley de Enjuiciamiento Civil; art. 269 y ss y 429 y ss del RDLeg. 1/2020, TR de la Ley Concursal.

ART. 1922.

Con relación a determinados bienes muebles del deudor, gozan de preferencia:

1.º Los créditos por construcción, reparación, conservación o precio de venta de bienes muebles que estén en poder del deudor, hasta donde alcance el valor de los mismos.

2.º Los garantizados con prenda que se halle en poder del acreedor, sobre la cosa empeñada y hasta donde alcance su valor.

3.º Los garantizados con fianza de efectos o valores, constituida en establecimiento público o mercantil, sobre la fianza y por el valor de los efectos de la misma.

4.º Los créditos por transporte, sobre los efectos transportados, por el precio del mismo, gastos y derechos de conducción y conservación, hasta la entrega y durante treinta días después de ésta.

5.º Los de hospedaje, sobre los muebles del deudor existentes en la posada.

6.º Los créditos por semillas y gastos de cultivo y recolección anticipados al deudor, sobre los frutos de la cosecha para que sirvieron.

7.º Los créditos por alquileres y rentas de un año, sobre los bienes muebles del arrendatario existentes en la finca arrendada y sobre los frutos de la misma.

8.º Los créditos a favor de los tenedores de bonos garantizados, respecto de los préstamos y créditos, y otros activos que los garanticen, integrados en el conjunto de cobertura, conforme al Real Decreto-ley 24/2021, de 2 de noviembre, de transposición de directivas de la Unión Europea en las materias de bonos garantizados, distribución transfronteriza de organismos de inversión colectiva, datos abiertos y reutilización de la información del sector público, ejercicio de derechos de autor y derechos afines aplicables a determinadas transmisiones en línea y a las retransmisiones de programas de radio y televisión, exenciones temporales a determinadas importaciones y suministros, de personas consumidoras y para la promoción de vehículos de transporte por carretera limpios y energéticamente eficientes, hasta donde alcance su valor.

Si los bienes muebles sobre que recae la preferencia hubieren sido sustraídos, el acreedor podrá reclamarlos de quien los tuviese, dentro del término de treinta días, contados desde que ocurrió la sustracción.

Punto 7.º se modifica y punto 8.º se añade por Real Decreto-ley 24/2021, de 2 de noviembre, de transposición de directivas de la Unión Europea (BOE 03/11/2021). Modificación en vigor desde 8 de julio de 2022.

Ver arts. 1600 y 1926 CC; arts. 320 y 340 C de c; arts. 10 y 66 de la Ley sobre hipoteca mobiliaria y prenda sin desplazamiento; art. 16 de la Ley de venta a plazos de bienes muebles; art. 269 y ss. del RDLeg. 1/2020, TR de la Ley Concursal.

ART. 1923.

Con relación a determinados bienes inmuebles y derechos reales del deudor, gozan de preferencia:

1.º Los créditos a favor del Estado, sobre los bienes de los contribuyentes, por el importe de la última anualidad, vencida y no pagada, de los impuestos que graviten sobre ellos.

2.º Los créditos de los aseguradores, sobre los bienes asegurados, por los premios del seguro de dos años; y, si fuere el seguro mutuo, por los dos últimos dividendos que se hubiesen repartido.

3.º Los créditos hipotecarios y los refaccionarios, anotados e inscritos en el Registro de la Propiedad, sobre los bienes hipotecados o que hubiesen sido objeto de la refacción.

4.º Los créditos preventivamente anotados en el Registro de la Propiedad, en virtud de mandamiento judicial, por embargos, secuestros o ejecución de sentencias, sobre los bienes anotados, y sólo en cuanto a créditos posteriores.

5.º Los refaccionarios no anotados ni inscritos, sobre los inmuebles a que la refacción se refiera y sólo respecto a otros créditos distintos de los expresados en los cuatro números anteriores.

6.º Los créditos a favor de los tenedores de bonos garantizados, respecto de los préstamos y créditos hipotecarios, y otros activos que los garanticen, integrados en el conjunto de cobertura, conforme al Real Decreto-ley 24/2021, de 2 de noviembre, de transposición de directivas de la Unión Europea en las materias de bonos garantizados, distribución transfronteriza de organismos de inversión colectiva, datos abiertos y reutilización de la información del sector público, ejercicio de derechos de autor y derechos afines aplicables a determinadas transmisiones en línea y a las retransmisiones de programas de radio y televisión, exenciones temporales a determinadas importaciones y suministros, de personas consumidoras y para la promoción de vehículos de transporte por carretera limpios y energéticamente eficientes, hasta donde alcance su valor.

Punto 5.° se modifica y punto 6.° se añade por Real Decreto-ley 24/2021, de 2 de noviembre, de transposición de directivas de la Unión Europea (BOE 03/11/2021). Modificación en vigor desde 8 de julio de 2022.

Ver art. 1927 CC; arts. 42.8, 44, 59 a 64, 104, 129, 168.6 y 7, 194 a 197 LH; arts. 140, 141, 270 y 271 del Reglamento Hipotecario; arts. 77 y 78 de la Ley General Tributaria; arts. 137 y 138 de la Ley de navegación marítima; art. 9 de la Ley de Propiedad Horizontal; art. 269 y ss. del RDLeg. 1/2020, TR de la Ley Concursal; art. 14 de la Ley de regulación del Mercado Hipotecario.

ART. 1924.

Con relación a los demás bienes muebles e inmuebles del deudor, gozan de preferencia:

1.° Los créditos a favor de la provincia o del municipio, por los impuestos de la última anualidad vencida y no pagada, no comprendidos en el artículo 1923, número 1.°

2.° Los devengados:

A) *(Derogada)*

B) Por los funerales del deudor, según el uso del lugar, y también los de su cónyuge y los de sus hijos constituidos bajo su patria potestad, si no tuviesen bienes propios.

C) Por gastos de la última enfermedad de las mismas personas, causados en el último año, contado hasta el día del fallecimiento.

D) Por los salarios y sueldos de los trabajadores por cuenta ajena y del servicio doméstico correspondientes al último año.

E) Por las cuotas correspondientes a los regímenes obligatorios de subsidios, seguros sociales y mutualismo laboral por el mismo período de tiempo que señala el apartado anterior siempre que no tengan reconocida mayor preferencia con arreglo al artículo precedente.

F) Por anticipaciones hechas al deudor, para sí y su familia, constituida bajo su autoridad, en comestibles, vestido o calzado, en el mismo período de tiempo.

G) *(Derogada)*

3.° Los créditos que sin privilegio especial consten:

A) En escritura pública.

B) Por sentencia firme, si hubiesen sido objeto de litigio.

Estos créditos tendrán preferencia entre sí por el orden de antigüedad de las fechas de las escrituras y de las sentencias.

Ver 269 y ss. y 429 y ss. del RDLeg. 1/2020, TR de la Ley Concursal; arts. 122 y ss de la Ley de navegación marítima; art. 133 de la Ley de Navegación Aérea; art. 147 de la Ley Hipotecaria; arts. 77 y 78 de la Ley General Tributaria; art. 32 de la Ley del Estatuto de los Trabajadores; arts. 22 y 24 de la Ley General de la Seguridad Social.

ART. 1925.

No gozarán de preferencia los créditos de cualquiera otra clase, o por cualquiera otro título, no comprendidos en los artículos anteriores.

Ver art. 1929.3 CC; art. 269.3 del del RDLeg. 1/2020, TR de la Ley Concursal.

CAPÍTULO III
De la prelación de créditos

ART. 1926.

Los créditos que gozan de preferencia con relación a determinados bienes muebles, excluyen a todos los demás hasta donde alcance el valor del mueble a que la preferencia se refiere.

Si concurren dos o más respecto a determinados muebles, se observarán, en cuanto a la prelación para su pago, las reglas siguientes:

1.ª El crédito pignoraticio excluye a los demás hasta donde alcance el valor de la cosa dada en prenda.

2.ª En el caso de fianza, si estuviere ésta legítimamente constituida a favor de más de un acreedor, la prelación entre ellos se determinará por el orden de fechas de la prestación de la garantía.

3.ª Los créditos por anticipos de semillas, gastos de cultivo y recolección, serán preferidos a los de alquileres y rentas sobre los frutos de la cosecha para que aquéllos sirvieron.

4.ª En los demás casos el precio de los muebles se distribuirá a prorrata entre los créditos que gocen de especial preferencia con relación a los mismos.

Ver arts. 1028, 1837 y ss, y 1872 CC; arts. 613 a 620 de la Ley de Enjuiciamiento Civil; arts. 10 y 66 de la Ley sobre hipoteca mobiliaria y prenda sin desplazamiento; art. 16.5 de la Ley de venta a plazos de bienes muebles; art. 429 y ss. del RDLeg. 1/2020, TR de la Ley Concursal.

ART. 1927.

Los créditos que gozan de preferencia con relación a determinados bienes inmuebles o derechos reales, excluyen a todos los demás por su importe hasta donde alcance el valor del inmueble o derecho real a que la preferencia se refiera.

Si concurriesen dos o más créditos respecto a determinados inmuebles o derechos reales, se observarán, en cuanto a su respectiva prelación, las reglas siguientes:

1.ª Serán preferidos, por su orden, los expresados en los números 1.º y 2.º del artículo 1923 a los comprendidos en los demás números del mismo.

2.ª Los hipotecarios y refaccionarios, anotados o inscritos, que se expresan en el número 3.º del citado artículo 1923 y los comprendidos en el número 4.º del mismo, gozarán de prelación entre sí por el orden de antigüedad de las respectivas inscripciones o anotaciones en el Registro de la Propiedad.

3.ª Los refaccionarios no anotados ni inscritos en el Registro a que se refiere el número 5.º del artículo 1923, gozarán de prelación entre sí por el orden inverso de su antigüedad.

Ver arts. 613 a 620 de la Ley de Enjuiciamiento Civil; arts. 429 y ss del RDLeg. 1/2020, TR de la Ley Concursal.

ART. 1928.

El remanente del caudal del deudor, después de pagados los créditos que gocen de preferencia con relación a determinados bienes, muebles o inmuebles, se acumulará a los bienes libres que aquél tuviere para el pago de los demás créditos.

Los que, gozando de preferencia con relación a determinados bienes, muebles o inmuebles, no hubiesen sido totalmente satisfechos con el importe de éstos, lo serán, en cuanto al déficit, por el orden y en el lugar que les corresponda según su respectiva naturaleza.

Ver arts. 429 y ss del RDLeg. 1/2020, TR de la Ley Concursal.

ART. 1929.

Los créditos que no gocen de preferencia con relación a determinados bienes, y los que la gozaren, por la cantidad no realizada, o cuando hubiese prescrito el derecho a la preferencia, se satisfarán conforme a las reglas siguientes:

1.ª Por el orden establecido en el art. 1924.

2.ª Los preferentes por fechas, por el orden de éstas, y los que la tuviesen común, a prorrata.

3.ª Los créditos comunes a que se refiere el artículo 1925, sin consideración a sus fechas.

Ver arts. 429 y ss del RDLeg. 1/2020, TR de la Ley Concursal.

TÍTULO XVIII
De la prescripción

CAPÍTULO I
Disposiciones generales

ART. 1930.

Por la prescripción se adquieren, de la manera y con las condiciones determinadas en la ley, el dominio y demás derechos reales.

También se extinguen del propio modo por la prescripción los derechos y las acciones, de cualquier clase que sean.

Ver arts. 468, 513-7.º, 537, 546-2.º, 609, 1620, 1940 a 1960 y 1961 a 1975 CC; art. 531-23 Ley 5/2006 de Cataluña; art. 121.1 Ley 29/2002, de 30 de diciembre, Primera Ley del Código Civil de Cataluña; leyes 26 a 41, 355 y 356, 397, 398, 406 y 407 Compilación de Navarra.

ART. 1931.

Pueden adquirir bienes o derechos por medio de la prescripción las personas capaces para adquirirlos por los demás modos legítimos.

Ver art. 443 CC; art. 22 Ley 33/2003, de 3 de noviembre, del Patrimonio de las Administraciones Públicas.

ART. 1932.

Los derechos y acciones se extinguen por la prescripción en perjuicio de toda clase de personas, inclusas las jurídicas, en los términos prevenidos por la ley.

Queda siempre a salvo, a las personas impedidas de administrar sus bienes, el derecho para reclamar contra sus representantes legítimos cuya negligencia hubiese sido causa de la prescripción.

Ver art. 121.6 Ley 29/2002, de 30 de diciembre, Primera Ley del Código Civil de Cataluña; art. 531-26.1 Ley 5/2006 de Cataluña.

ART. 1933.

La prescripción ganada por un copropietario o comunero aprovecha a los demás.

Ver arts. 450 y 548 CC.

ART. 1934.

La prescripción produce sus efectos jurídicos a favor y en contra de la herencia antes de haber sido aceptada y durante el tiempo concedido para hacer inventario y para deliberar.

Ver arts. 440, 442, 989 y 1010 a 1034 CC.

ART. 1935.

Las personas con capacidad para enajenar pueden renunciar la prescripción ganada; pero no el derecho de prescribir para lo sucesivo.

Entiéndese tácitamente renunciada la prescripción cuando la renuncia resulta de actos que hacen suponer el abandono del derecho adquirido.

Ver arts. 6.2 y 1457 CC; ley 27 Compilación de Navarra; art.121.10 Ley 29/2002, de 30 de diciembre, Primera Ley del Código Civil de Cataluña.

ART. 1936.

Son susceptibles de prescripción todas las cosas que están en el comercio de los hombres.

Ver arts. 1271, 1956 y 1965 CC; art. 30.2 Ley 33/2003, de 3 de noviembre, del Patrimonio de las Administraciones Públicas.

ART. 1937.

Los acreedores, y cualquiera otra persona interesada en hacer valer la prescripción, podrán utilizarla a pesar de la renuncia expresa o tácita del deudor o propietario.

Ver arts. 6.2, 1001, 1111 y 1935 CC; arts. 531-28 y 531-29.2 Ley 5/2006 de Cataluña.

ART. 1938.

Las disposiciones del presente título se entienden sin perjuicio de lo que en este Código o en leyes especiales se establezca respecto a determinados casos de prescripción.

Ver arts. 232, 292, 369, 460-4.°, 513-7.°, 546-2.°, 612, 646, 652, 1076, 1299, 1301, 1472 y 1620 CC, 945 a 954 Código de comercio; art. 23 de la Ley50/1980 de Contrato de Seguro; arts. 88 y 157 Ley 19/1985 Cambiaria y del Cheque; arts. 4 y 31 de la Ley 12/1992 sobre Contrato de Agencia; art. 19 de la Ley 7/1998 sobre condiciones generales de la contratación; art. 18 de la Ley 38/1999 de Ordenación de la Edificación, arts. 15, 25 y 105 Ley 47/2003 General Presupuestaria; arts. 64 a 67 Ley 58/2003 General Tributaria; 140.3 de la Ley de Propiedad Intelectual; art. 78 de la Ley 24/2015 de Patentes; art. 45 de la Ley 17/2001 de Marcas; art. 57 de la Ley 20/2003, de 7 de julio, de Protección Jurídica del Diseño Industrial; art. 59 de la Ley del Estatuto de los Trabajadores (RD-Legislativo 2/2015); 24 Ley General de la Seguridad Social (RD-Legislativo 8/2015); arts. 56 y 164 del TR Ley General para la Defensa de los Consumidores y Usuarios, aprobado por RD Leg 1/2007 de 16 de noviembre y 79 de la Ley 15/2009, de 11 de noviembre, del contrato de transporte terrestre de mercancías.

ART. 1939.

La prescripción comenzada antes de la publicación de este Código se regirá por las leyes anteriores al mismo; pero si desde que fuere puesto en observancia transcurriese todo el tiempo en él exigido para la prescripción, surtirá ésta su efecto, aunque por dichas leyes anteriores se requiriese mayor lapso de tiempo.

Ver D.T. 1ª y 4ª CC.

CAPÍTULO II
De la prescripción del dominio y demás derechos reales

ART. 1940.

Para la prescripción ordinaria del dominio y demás derechos reales se necesita poseer las cosas con buena fe y justo título por el tiempo determinado en la ley.

Ver arts. 433, 434, 464, 1950 y 1952 a 1954 CC; art. 573 Código de Comercio; art. 35 Ley Hipotecaria; arts. 531-23 y 531-24 Ley 5/2006 de Cataluña; leyes 357 y 358 Compilación de Navarra.

ART. 1941.

La posesión ha de ser en concepto de dueño, pública, pacífica y no interrumpida.

Ver arts. 430, 441, 444, 448 y 449 CC; 35 LH; arts. 522-6 y 531-24 Ley 5/2006 de Cataluña; ley 357 Compilación de Navarra.

ART. 1942.

No aprovechan para la posesión los actos de carácter posesorio ejecutados en virtud de licencia o por mera tolerancia del dueño.

Ver arts. 444 a 447 CC.

ART. 1943.

La posesión se interrumpe, para los efectos de la prescripción, natural o civilmente.

Ver arts. 450, 451, 459 y 466 CC; arts. 531-25 Ley 5/2006 de Cataluña; ley 359 Compilación de Navarra.

ART. 1944.

Se interrumpe naturalmente la posesión cuando por cualquier causa se cesa en ella por más de un año.

Ver arts. 460, 466 y 1968.1 CC; arts. 531-25.1 Ley 5/2006 de Cataluña; ley 37 y 359 Compilación de Navarra.

ART. 1945.

La interrupción civil se produce por la citación judicial hecha al poseedor, aunque sea por mandato de Juez incompetente.

Ver arts. 1947 y 1973 CC; 149 y ss., 404 y 440.1 LEC 1/2000; arts. 33 y 34 Ley 18/2011, de 5 de julio, reguladora del uso de las tecnologías de la información y la comunicación en la Administración de Justicia; arts. 531-25.1 Ley 5/2006 de Cataluña; ley 359 Compilación de Navarra.

ART. 1946.

Se considerará no hecha y dejará de producir interrupción la citación judicial:
1.º Si fuere nula por falta de solemnidades legales.
2.º Si el actor desistiere de la demanda o dejare caducar la instancia.
3.º Si el poseedor fuere absuelto de la demanda.

Ver arts. 20, 237 y 240 LEC; arts. 531-25.1 Ley 5/2006 de Cataluña.

ART. 1947.

También se produce interrupción civil por el acto de conciliación, siempre que dentro de dos meses de celebrado se presente ante el Juez la demanda sobre posesión o dominio de la cosa cuestionada.

Ver art. 143 Ley 15/2015, de 2 de julio, de Jurisdicción Voluntaria; art. 531-25.1 Ley 5/2006 de Cataluña.

ART. 1948.

Cualquier reconocimiento expreso o tácito que el poseedor hiciere del derecho del dueño interrumpe asimismo la posesión.

Ver art. 1973 CC; art. 531-25.1 Ley 5/2006 de Cataluña.

ART. 1949.

Contra un título inscrito en el Registro de la Propiedad no tendrá lugar la prescripción ordinaria del dominio o derechos reales en perjuicio de tercero, sino en virtud de otro título igualmente inscrito, debiendo empezar a correr el tiempo desde la inscripción del segundo.

Ver arts. 32, 35 y 36 LH y 462 CC.

ART. 1950.

La buena fe del poseedor consiste en la creencia de que la persona de quien recibió la cosa era dueño de ella, y podía transmitir su dominio.

Ver arts. 433 a 436 CC; ley 357 Compilación de Navarra.

ART. 1951.

Las condiciones de la buena fe exigidas para la posesión en los artículos 433, 434, 435 y 436 de este Código, son igualmente necesarias para la determinación de aquel requisito en la prescripción del dominio y demás derechos reales.

Ver art. 1950 CC; ley 357 Compilación de Navarra.

ART. 1952.

Entiéndese por justo título el que legalmente baste para transferir el dominio o derecho real de cuya prescripción se trate.

Ver arts. 448, 464, 537, 539 a 541, 609, 1940, 1953, 1954 y 1959 CC; art. 35 de la Ley Hipotecaria; ley 357 Compilación de Navarra.

ART. 1953.

El título para la prescripción ha de ser verdadero y válido.

Ver arts. 1940 y 1952 CC; art. 33 LH.

ART. 1954.

El justo título debe probarse; no se presume nunca.

Ver arts. 448 CC; art. 35 LH; art. 385 LEC; leyes 357 y 360 Compilación de Navarra.

ART. 1955.

El dominio de los bienes muebles se prescribe por la posesión no interrumpida de tres años con buena fe.

También se prescribe el dominio de las cosas muebles por la posesión no interrumpida de seis años, sin necesidad de ninguna otra condición.

En cuanto al derecho del dueño para reivindicar la cosa mueble perdida o de que hubiese sido privado ilegalmente, así como respecto a las adquiridas en venta pública, en Bolsa, feria o mercado, o de comerciante legalmente establecido y dedicado habitualmente al tráfico de objetos análogos, se estará a lo dispuesto en el artículo 464 de este Código.

Ver arts. 464, 615 y 1962 CC; arts. 85 y 86 Código de Comercio; art. 537-27.1 Ley 5/2006 de Cataluña; leyes 356 y 357 Compilación de Navarra.

ART. 1956.

Las cosas muebles hurtadas o robadas no podrán ser prescritas por los que las hurtaron o robaron ni por los cómplices o encubridores, al no haber prescrito el delito o falta, o su pena, y la acción para exigir la responsabilidad civil nacida del delito o falta.

Ver arts. 1964 CC; arts. 27 a 31, 131 a 135 y 451 y ss CP y arts. 100, 108, 111 y ss. LECr.

ART. 1957.

El dominio y demás derechos reales sobre bienes inmuebles se prescriben por la posesión durante diez años entre presentes y veinte entre ausentes, con buena fe y justo título.

Ver arts, 468, 537, 538, 598, 1949, 1950 y 1952 CC; art. 36 Ley Hipotecaria; art. 531-27.1 Ley 5/2006 de Cataluña; leyes 356 y 357 Compilación de Navarra.

ART. 1958.

Para los efectos de la prescripción se considera ausente al que reside en el extranjero o en Ultramar.

Si parte del tiempo estuvo presente y parte ausente, cada dos años de ausencia se reputarán como uno para completar los diez de presente.

La ausencia que no fuere de un año entero y continuo, no se tomará en cuenta para el cómputo.

Ver arts. 181 y ss. y 198.1.º CC.

ART. 1959.

Se prescriben también el dominio y demás derechos reales sobre los bienes inmuebles por su posesión no interrumpida durante treinta años, sin necesidad de título ni de buena fe, y sin distinción entre presentes y ausentes, salvo la excepción determinada en el artículo 539.

Ver arts. 444 y 447 CC; art. 36 LH; y art. 19 Ley 43/2003, de Montes; leyes 357 y 397 Compilación de Navarra.

ART. 1960.

En la computación del tiempo necesario para la prescripción se observarán las reglas siguientes:

1.ª El poseedor actual puede completar el tiempo necesario para la prescripción, uniendo al suyo el de su causante.

2.ª Se presume que el poseedor actual, que lo hubiera sido en época anterior, ha continuado siéndolo durante el tiempo intermedio, salvo prueba en contrario.

3.ª El día en que comienza a contarse el tiempo se tiene por entero, pero el último debe cumplirse en su totalidad.

Ver arts. 440, 442 y 459 CC; ley 361 Compilación de Navarra.

CAPÍTULO III
De la prescripción de las acciones

ART. 1961.

Las acciones prescriben por el mero lapso del tiempo fijado por la ley.

Ver arts. 1930, 1956 y 1965 del CC; arts. 342 y 943 C de c; ley 26 de la Compilación del Derecho Civil Foral de Navarra; art. 121-8 de la Primera ley del Código civil de Cataluña; arts. 88 y 157 de la Ley cambiaria y del cheque.

ART. 1962.

Las acciones reales sobre bienes muebles prescriben a los seis años de perdida la posesión, salvo que el poseedor haya ganado por menos término el dominio, conforme al artículo 1955, y excepto los casos de extravío y venta pública, y los de hurto o robo, en que se estará a lo dispuesto en el párrafo tercero del mismo artículo citado.

Ver arts. 460, 464, 615 y 1956 del CC.

ART. 1963.

Las acciones reales sobre bienes inmuebles prescriben a los treinta años.

Entiéndese esta disposición sin perjuicio de lo establecido para la adquisición del dominio o derechos reales por prescripción.

Ver arts. 1957 a 1960 CC; art. 544-3 del Libro Quinto del Código civil de Cataluña, relativo a derechos reales; arts. 121.20 y ss de la Primera ley del Código civil de Cataluña.

ART. 1964.

1. La acción hipotecaria prescribe a los veinte años.

2. Las acciones personales que no tengan plazo especial prescriben a los cinco años desde que pueda exigirse el cumplimiento de la obligación. En las obligaciones continuadas de hacer o no hacer, el plazo comenzará cada vez que se incumplan.

Modificado por Ley 42/2015, de 5 de octubre, de reforma de la Ley 1/2000, de 7 de enero, de Enjuiciamiento Civil. (BOE de 06-10-2015).

Ver art. 1880 CC; art. 142 de la Ley de Navegación Marítima; D. A. 2ª y 10ª de la Ley de Arrendamientos Urbanos; art. 128 de la LH; art. 11 de la Ley sobre hipoteca mobiliaria y prenda sin desplazamiento.

ART. 1965.

No prescribe entre coherederos, condueños o propietarios de fincas colindantes la acción para pedir la partición de la herencia, la división de la cosa común o el deslinde de las propiedades contiguas.

Ver art. 384 y ss, 400, 1051 y 1052 CC; Leyes 41, 349 y 374 de la Compilación del Derecho Civil Foral de Navarra; art. 121.2 de la Primera ley del Código civil de Cataluña.

ART. 1966.

Por el transcurso de cinco años prescriben las acciones para exigir el cumplimiento de las obligaciones siguientes:

1.ª La de pagar pensiones alimenticias.

2.ª La de satisfacer el precio de los arriendos, sean éstos de fincas rústicas o de fincas urbanas.

3.ª La de cualesquiera otros pagos que deban hacerse por años o en plazos más breves.

Ver arts. 142 y 1620 CC; D.A. 10 de la Ley de Arrendamientos Urbanos; Leyes 23 y ss la Compilación del Derecho Civil Foral de Navarra.

ART. 1967.

Por el transcurso de tres años prescriben las acciones para el cumplimiento de las obligaciones siguientes:

1.ª La de pagar a los Jueces, Abogados, Registradores, Notarios, Escribanos, peritos, agentes y curiales sus honorarios y derechos, y los gastos y desembolsos que hubiesen realizado en el desempeño de sus cargos u oficios en los asuntos a que las obligaciones se refieran.

2.ª La de satisfacer a los Farmacéuticos las medicinas que suministraron; a los Profesores y Maestros sus honorarios y estipendios por la enseñanza que dieron, o por el ejercicio de su profesión, arte u oficio.

3.ª La de pagar a los menestrales, criados y jornaleros el importe de sus servicios, y el de los suministros o desembolsos que hubiesen hecho concernientes a los mismos.

4.ª La de abonar a los posaderos la comida y habitación, y a los mercaderes el precio de los géneros vendidos a otros que no lo sean, o que siéndolo se dediquen a distinto tráfico.

El tiempo para la prescripción de las acciones a que se refieren los tres párrafos anteriores se contará desde que dejaron de prestarse los respectivos servicios.

Ver arts. 59 de la Ley del Estatuto de los Trabajadores; art. 36.2 de la Ley de Asistencia Jurídica Gratuita; Ley 23 y ss de la Compilación del Derecho Civil Foral de Navarra; art. 121-20 y ss de la Primera ley del Código civil de Cataluña.

ART. 1968.

Prescriben por el transcurso de un año:

1.º La acción para recobrar o retener la posesión.

2.º La acción para exigir la responsabilidad civil por injuria o calumnia, y por las obligaciones derivadas de la culpa o negligencia de que se trata en el artículo 1902, desde que lo supo el agraviado.

Ver arts. 460.4, 652, 1483, 1646 y 1969 CC; arts. 250.1.2 y 250.1.4, y 439.1 de la Ley de Enjuiciamiento Civil; arts. 131 y 205 a 210 del Código Penal; arts. 100 y 112 de la Ley de Enjuiciamiento Criminal; art. 7 de la Ley sobre responsabilidad civil y seguro en la circulación de vehículos a motor; art. 143.1 de la Ley General para la Defensa de los Consumidores y Usuarios; Leyes 23 y ss de la Compilación del Derecho Civil Foral de Navarra; arts. 121-20 y ss de la Primera Ley del Código Civil de Cataluña.

ART. 1969.

El tiempo para la prescripción de toda clase de acciones, cuando no haya disposición especial que otra cosa determine, se contará desde el día en que pudieron ejercitarse.

Ver art. 1968 CC; art. 270 de la Ley Orgánica del Poder Judicial; art. 59 del Estatuto de los Trabajadores; art. 121-23 de la Primera Ley del Código Civil de Cataluña; arts. 88 y 157 de la Ley Cambiaria y del Cheque.

ART. 1970.

El tiempo para la prescripción de las acciones, que tienen por objeto reclamar el cumplimiento de obligaciones de capital, con interés o renta, corre desde el último pago de la renta o del interés.

Lo mismo se entiende respecto al capital del censo consignativo.

En los censos enfitéutico y reservativo se cuenta asimismo el tiempo de la prescripción desde el último pago de la pensión o renta.

Ver arts. 1620 y 1623 CC; Leyes 29 y 32 de la Compilación del Derecho Civil Foral de Navarra.

ART. 1971.

El tiempo de la prescripción de las acciones para exigir el cumplimiento de obligaciones declaradas por sentencia, comienza desde que la sentencia quedó firme.

Ver art. 518 de la Ley de Enjuiciamiento Civil; art. 245.3 de la Ley Orgánica del Poder Judicial.

ART. 1972.

El término de la prescripción de las acciones para exigir rendición de cuentas corre desde el día en que cesaron en sus cargos los que debían rendirlas.

El correspondiente a la acción por el resultado de las cuentas, desde la fecha en que fue éste reconocido por conformidad de las partes interesadas.

Ver arts. 168, 232, 292 y 1032 del CC.

ART. 1973.

La prescripción de las acciones se interrumpe por su ejercicio ante los Tribunales, por reclamación extrajudicial del acreedor y por cualquier acto de reconocimiento de la deuda por el deudor.

Ver arts. 1943 a 1948 CC; arts. 88, 89 y 158 de la Ley cambiaria y del cheque; art. 143 de la Ley de Jurisdicción Voluntaria; art. 944 C de c; arts. 121-11 y ss de la Primera Ley del Código civil de Cataluña; arts. 65 y 73 de la Ley reguladora de la jurisdicción social; art. 68 de la Ley General Tributaria; art. 410 de la Ley de Enjuiciamiento Civil; art. 16 de la Ley de Asistencia Jurídica Gratuita; art. 43.3 Real Decreto 1415/2004, de 11 de junio, por el que se aprueba el Reglamento General de Recaudación de la Seguridad Social; art. 155 del RDLeg. 1/2020, TR de la Ley Concursal; art. 8 de la Directiva 2008/52/CE del Parlamento Europeo y del Consejo, de 21 de mayo de 2008, sobre ciertos aspectos de la mediación en asuntos civiles y mercantiles.

ART. 1974.

La interrupción de la prescripción de acciones en las obligaciones solidarias aprovecha o perjudica por igual a todos los acreedores y deudores.

Esta disposición rige igualmente respecto a los herederos del deudor en toda clase de obligaciones.

En las obligaciones mancomunadas, cuando el acreedor no reclame de uno de los deudores más que la parte que le corresponda, no se interrumpe por ello la prescripción respecto a los otros codeudores.

Ver arts. 1084, 1138, 1139, 1143, 1146, 1148, 1150 y 1933 CC; art. 43.3 Real Decreto 1415/2004, de 11 de junio, por el que se aprueba el Reglamento General de Recaudación de la Seguridad Social.

ART. 1975.

La interrupción de la prescripción contra el deudor principal por reclamación judicial de la deuda, surte efecto también contra su fiador; pero no perjudicará a éste la que se produzca por reclamaciones extrajudiciales del acreedor o reconocimientos privados del deudor.

Ver arts. 1834 y 1835 del CC.

DISPOSICIONES FINALES

ART. 1976.

Quedan derogados todos los cuerpos legales, usos y costumbres que constituyen el derecho civil común en todas las materias que son objeto de este Código, y quedarán sin fuerza y vigor, así en su concepto de leyes directamente obligatorias como en el de derecho supletorio. Esta disposición no es aplicable a las leyes que en este Código se declaran subsistentes.

DISPOSICIONES TRANSITORIAS

Las variaciones introducidas por este Código, que perjudiquen derechos adquiridos según la legislación civil anterior, no tendrán efecto retroactivo.

Para aplicar la legislación que corresponda, en los casos que no están expresamente determinados en el Código se observarán las reglas siguientes:

D.T. 1.ª

Se regirán por la legislación anterior al Código los derechos nacidos, según ella, de hechos realizados bajo su régimen, aunque el Código los regule de otro modo o no los reconozca. Pero si el derecho apareciere declarado por primera vez en el Código, tendrá efecto desde luego, aunque el hecho que lo origine se verificara bajo la legislación anterior, siempre que no perjudique a otro derecho adquirido, de igual origen.

D.T. 2.ª

Los actos y contratos celebrados bajo el régimen de la legislación anterior, y que sean válidos con arreglo a ella, surtirán todos sus efectos según la misma, con las limitaciones establecidas en estas reglas. En su consecuencia serán válidos los testamentos aunque sean mancomunados, los poderes para testar y las memorias testamentarias que se hubiesen otorgado o escrito antes de regir el Código, y producirán su efecto las cláusulas «ad cautelam», los fideicomisos para aplicar los bienes según instrucciones reservadas del testador y cualesquiera otros actos permitidos por la legislación precedente; pero la revocación o modificación de estos actos o de cualquiera de las cláusulas contenidas en ellos no podrá verificarse, después de regir el Código, sino testando con arreglo al mismo.

D.T. 3.ª

Las disposiciones del Código que sancionan con penalidad civil o privación de derechos actos u omisiones que carecían de sanción en las leyes anteriores, no son aplicables al que, cuando éstas se hallaban vigentes, hubiese incurrido en la omisión o ejecutado el acto prohibido por el Código.

Cuando la falta esté también penada por la legislación anterior, se aplicará la disposición más benigna.

D.T. 4.ª

Las acciones y los derechos nacidos y no ejercitados antes de regir el Código subsistirán con la extensión y en los términos que les reconociera la legislación precedente; pero sujetándose, en cuanto a su ejercicio, duración y procedimientos para hacerlos valer, a lo dispuesto en el Código. Si el ejercicio del derecho o de la acción se hallara pendiente de procedimientos oficiales empezados bajo la legislación anterior, y éstos fuesen diferentes de los establecidos por el Código, podrán optar los interesados por unos o por otros.

D.T. 5.ª

Quedan emancipados y fuera de la patria potestad los hijos que hubiesen cumplido veintitrés años al empezar a regir el Código; pero si continuaren viviendo en la casa y a expensas de sus padres, podrán éstos conservar el usufructo, la administración y los demás derechos que estén disfrutando sobre los bienes de su peculio, hasta el tiempo en que los hijos deberían salir de la patria potestad según la legislación anterior.

D.T. 6.ª

El padre que voluntariamente hubiese emancipado a un hijo, reservándose algún derecho sobre sus bienes adventicios, podrá continuar disfrutándolo hasta el tiempo en que el hijo debería salir de la patria potestad con arreglo a la legislación anterior.

D.T. 7.ª

Los padres, las madres y los abuelos que se hallen ejerciendo la curatela de sus descendientes, no podrán retirar las fianzas que tengan constituidas, ni ser obligados a constituirlas si no las hubieran prestado, ni a completarlas si resultaren insuficientes las prestadas.

D.T. 8.ª

Los tutores y curadores nombrados bajo el régimen de la legislación anterior y con sujeción a ella, conservarán su cargo, pero sometiéndose, en cuanto a su ejercicio, a las disposiciones del Código.

Esta regla es también aplicable a los poseedores y a los administradores interinos de bienes ajenos, en los casos en que la ley los establece.

D.T. 9.ª

Las tutelas y curatelas, cuya constitución definitiva esté pendiente de la resolución de los Tribunales al empezar a regir el Código, se constituirán con arreglo a la legislación anterior, sin perjuicio de lo dispuesto en la regla que precede.

D.T. 10.ª

Los Jueces y los Fiscales municipales no procederán de oficio al nombramiento de los consejos de familia sino respecto a los menores cuya tutela no estuviere aun definitivamente constituida al empezar a regir el Código. Cuando el tutor o curador hubiere comenzado ya a ejercer su cargo, no se procederá al nombramiento del consejo hasta que lo solicite alguna de las personas que deban formar parte de él, o el mismo tutor o curador existente; y entretanto quedará en suspenso el nombramiento del protutor.

D.T. 11.ª

Los expedientes de adopción, los de emancipación voluntaria y los de dispensa de ley pendientes ante el Gobierno o los Tribunales, seguirán su curso con arreglo a la legislación anterior, a menos que los padres o solicitantes de la gracia desistan de seguir este procedimiento y prefieran el establecido en el Código.

D.T. 12.ª

Los derechos a la herencia del que hubiese fallecido, con testamento o sin él, antes de hallarse en vigor el Código, se regirán por la legislación anterior. La herencia de los fallecidos después, sea o no con testamento, se adjudicará y repartirá con arreglo al Código, pero cumpliendo, en cuanto éste lo permita, las disposiciones testamentarias. Se respetarán, por lo tanto, las legítimas, las mejoras y los legados, pero reduciendo su cuantía, si de otro modo no se pudiera dar a cada partícipe en la herencia lo que le corresponda según este Código.

D.T. 13.ª

Los casos no comprendidos directamente en las disposiciones anteriores, se resolverán aplicando los principios que les sirven de fundamento.

DISPOSICIONES ADICIONALES

D.A. 1.ª

El Presidente del Tribunal Supremo y los de las Audiencias Territoriales elevarán al Ministerio de Gracia y Justicia, al fin de cada año, una Memoria, en la que, refiriéndose a los negocios de que hayan conocido durante el mismo las Salas de lo Civil, señalen las deficiencias y dudas que hayan encontrado al aplicar este Código. En ella harán constar detalladamente las cuestiones y puntos de derecho controvertidos y los artículos u omisiones del Código que han dado ocasión a las dudas del Tribunal.

D.A. 2.ª

El Ministro de Gracia y Justicia pasará estas Memorias y un ejemplar de la Estadística civil del mismo año a la Comisión General de Codificación.

D.A. 3.ª

En vista de estos datos, de los progresos realizados en otros países que sean utilizables en el nuestro y de la jurisprudencia del Tribunal Supremo, la Comisión de Codificación formulará y elevará al Gobierno cada diez años las reformas que convenga introducir.

D.A. 4.ª

La referencia a la discapacidad que se realiza en los artículos 96, 756 número 7.º, 782, 808, 822 y 1041, se entenderá hecha al concepto definido en la Ley 41/2003, de 18 de noviembre, de protección patrimonial de las personas con discapacidad y de modificación del Código Civil, de la Ley de Enjuiciamiento Civil y de la Normativa Tributaria con esta finalidad, y a las personas que están en situación de dependencia de grado II o III de acuerdo con la Ley 39/2006, de 14 de diciembre, de Promoción de la Autonomía Personal y Atención a las personas en situación de dependencia.

A los efectos de los demás preceptos de este Código, salvo que otra cosa resulte de la dicción del artículo de que se trate, toda referencia a la discapacidad habrá de ser entendida a aquella que haga precisa la provisión de medidas de apoyo para el ejercicio de la capacidad jurídica.

Modificada por Ley 8/2021, de 2 de junio, por la que se reforma la legislación civil y procesal para el apoyo a las personas con discapacidad en el ejercicio de su capacidad jurídica (BOE de 03-06-2021). En vigor desde el 3 de septiembre de 2021.

Disposición añadida por la Ley 41/2003, de 18 de noviembre (BOE de 19 de noviembre).

ÍNDICE ANALÍTICO

A

Mandato, 1738
Matrimonio 78 y 79
Pérdida por evicción de la cosa permutada, 1540
Posesión, 433 a 436, 442, 451, 452, 454, 457 y 464

BUENAS COSTUMBRES
Capitulaciones matrimoniales, 1328
Institución condicional, 792
Objeto del contrato, 1271
Obligaciones condicionales, 1116

BUQUES
Contratos a bordo, 11
Ley aplicable, 10.2
Matrimonio, 52.3.º
Testamento, 722 a 731

C

CABALLERÍAS
Caballerías, 346

CABEZA DE FAMILIA
Responsabilidad por daños, 1910

CABIDA
Compraventa, 1469, 1470 y 1471

CADUCIDAD
Concesión de aguas, 411
Esponsales, 43
Impugnación cuando falta la posesión de estado, 140
Impugnación del reconocimiento de la paternidad, 141
Legado, 871
Nulidad de matrimonio, 74 y 76
Testamentos, 719, 730 y 743

CALICATAS
Calicatas, 426

CALLES
Bienes de uso público, 344

CAMINO DE SIRGA
Servidumbre, 553

CAMINOS
Caminos, 334.1.º, 339.1.º y 344

CANALES
Bienes de dominio público, 339.1.º

CANTERAS
Bienes inmuebles, 334.8.º
Usufructo, 476

CAÑADAS
Paso de ganado, 570

CAPACIDAD
Albaceas, 893
Depósito, 1764 y 1765
Derecho foral, 14
Donaciones, 624 a 628
En la compraventa, 1457
Establecimientos de beneficencia, 38
Establecimientos de instrucción, 38
Iglesia Católica, 38
Mandato, 1716

DEFUNCIONES
 Inscripción en el Registro Civil, 198

DELITO
 Causa de desheredación, 853 a 855
 Deudas, 1185
 Fuente de obligaciones, 1089, 1092 y 1093
 Impedimentos matrimoniales, 47.3 y 48
 Indignidad para suceder, 756 a 758
 Nulidad de los contratos, 1305 y 1306
 Revocación de donaciones, 648.1.° y 2.°
 Tutela, 217.2.°

DEMANDA
 De divorcio, 102
 De extinción de la adopción, 180
 De separación, 81 y 102
 Evicción, 1481
 Prescripción, 1946 y 1973
 Promesa de matrimonio, 42
 Separación de bienes, 1436

DEMENCIA
 Capacidad de testar, 663.2.° a 666
 Testamento cerrado, 742
 Testigos, 681
 Ver CURATELA
 Ver MEDIDAS DE APOYO A PERSONAS CON DISCAPACIDAD

DEMOLICIÓN
 Obra en terreno ajeno, 363
 Obra ruinosa, 389 y 391

DEPENDIENTES
 Responsabilidad, 1903 y 1904
 Testigos en los testamentos, 681

DEPÓSITO
 Capacidad, 1764, 1765 y 1773
 Clases por su causa, 1759
 Concepto general, 1758
 De dinero, 1770
 Derecho de retención, 1780
 Devolución, 1774 a 1776
 Guarda y custodia, 1766
 Irregular, 1768
 Necesario, 1781 a 1784
 Obligaciones del depositante, 1779 y 1780
 Obligaciones del depositario, 1766 a 1778
 Ordinario o depósito propiamente dicho, 1760 a 1780
 Presunciones, 1768 y 1769
 Responsabilidad, 1766 y 1769
 Secuestro, 1785 a 1789
 Uso de la cosa, 1767 y 1768
 Venta por los herederos, 1718

DEPÓSITO DE AGUAS
 Construcción, 416

DEPÓSITO JUDICIAL
 Depósito judicial, 1785 a 1789

DEPÓSITO DE MATERIAS CORROSIVAS
 Distancias, 590

DEPÓSITO DE MATERIAS INFECTANTES
 Responsabilidad por daños, 1908.4.° y 1909

DEPÓSITO NECESARIO
 Concepto, 1781
 Fuentes, 1782

G

H

I

J

LL

M

O

P

POSESIÓN DE ESTADO

POSTULACIÓN

POZOS

PRÁCTICA

PRECARIO

PRECIO

PRECONTRATO

PREFERENCIA DE CRÉDITOS

PRELACIÓN DE CRÉDITOS

PRELACIÓN DE FUENTES

PRELACIÓN DE LEGADOS

PREMORIENCIA

PRENDA

S

T

U

Y

Z